Die Sprache des Traumes.

„Veniet tempus, quo ista, quae nunc latent, in lucem dics extrahat.“

Seneca.

Die

Sprache des Traumes.

Eine Darstellung der Symbolik und Deutung des Traumes in ihren Beziehungen zur kranken und gesunden Seele

für

Ärzte und Psychologen

von

Dr. Wilhelm Stekel.

Dritte, unveränderte Auflage

München · Verlag von J. F. Bergmann · 1927

ISBN-13: 978-3-642-90429-5 e-ISBN-13: 978-3-642-92286-2
DOI: 10.1007/ 978-3-642-92286-2

Manuldruck von F. Ullmann G. m. b. H., Zwickau Sa.

Vorrede zur zweiten Auflage.

Seit dem Erscheinen der ersten Auflage dieses Werkes hat die Traumforschung große Fortschritte zu verzeichnen. Ich kann es — ohne unbescheiden zu sein — behaupten, daß dies Werk trotz mancher Fehler die Traumwissenschaft außerordentlich bereichert und viele Forscher angeregt hat. Stillschweigend sind die Erkenntnisse zum Allgemeingut aller Analytiker geworden.

Ich war nun bei der zweiten Auflage vor eine schwere Aufgabe gestellt. Ich habe unendlich viel Neues gelernt und sehe jetzt viel tiefer in das Gewebe des Traumes. Ich hätte eigentlich das ganze Buch neu schreiben müssen. Ich habe mich aber entschlossen, das Werk zu kürzen, Übertreibungen und fragliche Erkenntnisse auszumerzen, einiges Neue hinzuzufügen und dem Werke einen zweiten Band folgen zu lassen: „Die Fortschritte der Traumdeutung". Da mich aber jetzt die Bearbeitung der „Störungen des Trieb- und Affektlebens" voll und ganz in Anspruch nimmt, werden meine Freunde und Leser wohl noch eine geraume Zeit auf die Fortsetzung warten müssen.

Bad Gastein, im August 1921.

Der Verfasser.

Inhaltsverzeichnis.

I.

Die Bedeutung der Symbolik.

„Wahrlich, wären die Menschen sinniger, die feinen Winke der Natur zu beobachten und zu deuten, dieses Traumleben müßte sie aufmerksam machen. Sie müßten finden, daß von dem großen Rätsel, nach dessen Lösung sie dürsten, die Natur uns hier schon die erste Silbe eingeflüstert hat.“ *Kürnberger.*

Die Kunst der Traumdeutung ist eine uralte. Die ältesten Überlieferungen erzählen uns von gedeuteten Träumen. Der Traum war der Mittler zwischen den höheren Gewalten und den Menschen. Meistens war es die Stimme der Gottheit, die sich im Traume verkündigte. Auch Dämonen und alle finsteren Mächte konnten durch den Traum mit den Menschen verkehren. Es war eine Zeit, die wir Nüchternen uns kaum vorstellen können. „Die Beleuchtung und die Farben allerdings“ — sagt Nietzsche — „haben sich verändert! Wir verstehen nicht mehr ganz, wie die alten Menschen das Nächste und Häufigste empfanden — zum Beispiel den Tag und das Wachen: dadurch, daß die Alten an die Träume glaubten, hatte das wache Leben andere Lichter.“

Doch das einfache Volk hat im Gegensatz zu den Gelehrten die Träume niemals als Schäume betrachtet. In ihm schlummerte das Bewußtsein von der Wichtigkeit dieses psychischen Materiales. Nur bestand es hartnäckig auf den Glauben, den wir den „historischen“ nennen dürfen: es wollte aus dem Traume die Zukunft erschließen. Der Traum galt als der unfehlbare Prophet. Wer Träume deuten konnte, dem war die Gabe gegeben, die Rätsel der Zukunft zu lösen. Eine Abspaltung dieses Glaubens ist die Verwendung des Traumes zu Zwecken des Gelderwerbes. Die Umdeutung der Traumbilder in Nummern wird noch heute fleißig geübt und spielt eine große Rolle im Volke [1]. Die „Gebildeten“ hielten es für ihre Pflicht, über diese Tendenzen erhaben zu lächeln. Der Traum wurde als ein müßiges Spiel einer vom Bewußtsein nicht gelenkten Phantasie betrachtet. Allerdings hätte die einfache Überlegung sagen müssen: Auch in dieser verzerrten Form handelt es sich um psychisches Rohmaterial. Laßt uns nachsehen, was wir daraus gewinnen können.

---

[1]) Ich will bei dieser Gelegenheit mitteilen, daß ich es nicht verschmäht habe, die verschiedenen ägyptischen und persischen Traumbücher durchzusehen. Ich wollte mich überzeugen, ob unsere aus Traumanalysen erworbenen Kenntnisse durch die Überlieferungen gestützt würden. Das ist nur selten der Fall gewesen. Die Traumbücher, die im Volke zirkulieren, machen mir den Eindruck von willkürlichen Machwerken. Die Umdeutung von Traumbildern in Nummern ist offenbar dem erst einige Jahrhunderte alten Lotteriespiele zu verdanken.

Hie und da fanden sich auch Forscher, die den Versuch wagten, das Rätsel des Traumes zu lösen. Mehr als glückliche Anfänge und mißglückte Theorien kamen nicht zutage [1]).

Es ist das unsterbliche Verdienst von Freud, dieses große Werk in Angriff genommen zu haben. Mit seinem grundlegenden Werke „Die Traumdeutung" beginnt eine neue Epoche der Traumwissenschaft.

Die neue These, die Freud aufgestellt hat, hieß: Der Traum ist eine Wunscherfüllung. Diese neue Erkenntnis stützte er durch eine große Reihe von geistreichen Traumanalysen. Er zeigte, daß die Sprache des Traumes gewissen Gesetzen unterworfen ist und durch den Prozeß der Traumentstellung unkenntlich gemacht wird. Er bewies, daß der Unsinn der Träume nur ein Schein ist, der dazu dient, den wahren Sinn zu verbergen. Wir sollen nicht erfahren, was wir bei Nacht denken.

Auf diese Erkenntnisse kam er bei seinen Studien über die Hysterie und über die anderen Neurosen. Er hatte durch Janet die Bedeutung des Unbewußten kennen gelernt. Wer sich nur um die Regungen des Bewußtseins bekümmerte, für den war der Traum in der Tat ein nebensächliches psychisches Produkt. Dem Forscher, der an unbewußte Regungen glaubte, mußte sich der Traum als wichtigstes unbewußtes Gebilde aufdrängen. Bestand die neue Lehre von Freud darin, daß man hinter den neurotischen Symptomen unbewußte Vorstellungen finden konnte, so mußte gerade der Traum einen Zugang zu diesen unbewußten psychischen Gebilden verschaffen können.

Diese Voraussetzungen erfüllen sich im reichsten Maße. Heute ist die „Traumdeutung" ein wichtiger Bestandteil der Psychanalyse. Heute muß sich der Arzt mit der Traumdeutung beschäftigen, wenn er auch Seelenarzt sein will. Und wie könnte ein wahrhafter Arzt etwas anderes sein wollen als ein Seelenarzt?

Wie recht hat Anatol France, wenn er sagt: „Ich bin fest überzeugt, daß die Macht der Träume größer ist als die der Wirklichkeit." Der Traum ist die Brücke der realen Welt zu der übersinnlichen. Das wußten die Alten besser als wir. Sie glaubten an die Träume und fühlten sich im Traume der Gottheit näher.

Die Gottheit ist die Projektion unseres Ideals in die Unendlichkeit. Was wir von unserem idealen Ich fordern, das erscheint uns dann wie eine Forderung der Gottheit. Alle Erscheinungen des Ich werden immerwährend in Beziehungen zu diesem höchsten Ideal gebracht. Daher war die erste primitive Auffassung vom Wesen des Traumes, er wäre uns von Gott gesandt. Die Stimme Gottes mahne und warne, verkünde und belobe uns im Traume. Die Traumdeuter der Vergangenheit rühmten sich der Gabe, diese geheimnisvolle Sprache verstehen und dadurch die Zukunft vorhersagen zu können.

Aber nicht nur das ideale Ich wird in die Unendlichkeit projiziert. Auch das böse Ich wird nach außen gestrahlt und erscheint uns wieder als Versuchung und Beeinflussung dämonischer Mächte. Auch der Teufel benützt den Traum, um sich unserer Seele zu bemächtigen und uns satanische Gedanken einzugeben. Die naive Auffassung des Mittelalters sah in dem Traume einen Kampf zwischen Himmel und

---

[1]) Die reiche Literatur über den Traum findet bei Freud eingehende Würdigung.

Hölle, ein Ringen zwischen Gott und dem Satan. Dieser Kampf hat die Phantasie der Menschen immer intensiv beschäftigt. Von Hiob und Jesus bis zu Faust und Parsival — welche Fülle von dichterischen Gestalten!

Es ist der ewige Krieg zwischen Trieb und Hemmung, zwischen dem Urmenschen und dem Kulturmenschen, der sich in diesem großartigen symbolischen Bilde ausdrückt. Unsere Kultur verlangt ein immerwährendes Unterdrücken unserer Triebe. Je höher der Kulturmensch auf der sozialen Stufenleiter emporsteigt, desto strenger werden die Gesetze, durch welche die Gesellschaft ihre ethischen Errungenschaften sichert. Kultur ist gut funktionierende Hemmung. Je größer das Maß der sozialen Freiheit wird, je machtvoller das soziale Recht des einzelnen zur Geltung kommt, desto geringer wird die individuelle Freiheit, desto größer wird die Beschränkung, die der einzelne sich zugunsten der Allgemeinheit auferlegen muß. Aller Fortschritt beruht auf der Vernichtung des Individualismus.

Der Traum stellt uns ein Phantasieren ohne Kontrolle des Bewußtseins oder mit beschränkter Kontrolle des Bewußtseins dar. Er ist eine Halluzination. Das Bewußtsein ist der Träger der Hemmungen. Das ethische Ich bemächtigt sich zuerst des Bewußtseins und dringt erst allmählich in die Tiefen des Unbewußten. Deshalb muß sich zwischen den Bildern des wachen Ich und den Halluzinationen des Traumes die Kluft des Gewissens dehnen. Das Gewissen ist die Summe aller Hemmungen religiöser und ethischer Natur. Schon der Ausdruck „Gewissen“ beweist uns, daß es sich um ein Wissen von Gut und Böse handelt. Der Urmensch hat dieses Wissen nicht. Er kennt nur die Forderung seiner Triebe und die Unlust, die ihm aus der Nichterfüllung der Wünsche, die Lust, die aus ihrer Befriedigung erwächst. Im Traume lebt sich der Urmensch aus.

Allein, die ungeheure Spannung, die zwischen den Forderungen des kulturellen Ich und dem Trieb-Ich herrscht, führt schließlich zu einem merkwürdigen Zustand. Das Kultur-Ich kennt oder will sein Trieb-Ich nicht kennen. Es darf die Sprache des Traumes nicht verstehen, um dieses scheinbare Nichterkennen fernerhin ungehindert festzuhalten. Deshalb führt der Traum seine Bilder in einer geheimen symbolischen Sprache vor. Diese Sprache ist gleichzeitig die Sprache der ersten Menschen. Denn sie drückten sich gleichfalls in symbolischer Art aus. Die ersten Schriften sind Symbolschriften. Ein „Schwert“ bedeutete „Kampf“, ein „Baum“ die „Natur“, ein „Blitz“ die „Gottheit“ usw. Die Traumdeutekunst verlangt eine Auflösung dieser symbolischen Sprache in die des Alltags.

Welche Funktion hat also der Traum? Wir übergehen die alten Auffassungen, welche den Traum als ein wirres Spiel der Gedanken ansahen, wir vernachlässigen die Hypothesen der Alten, welche in dem Traum die Einflüsse höherer Mächte suchten. Wir wenden uns gleich zur Theorie von Freud, welcher den Traum als eine „Wunscherfüllung“ auffaßt. „Unser Verhältnis zur Welt“ — sagt Freud in seinem letzten Werke über den Traum [1]) — „scheint es mit sich zu bringen, daß wir es nicht ohne Unterbrechung aushalten. Wir ziehen uns darum zeitweise in den vorweltlichen Zustand zurück, in die Mutterleibsexistenz also. Wir schaffen uns wenigstens ganz ähnliche Verhältnisse, wie sie damals bestanden; warm, dunkel und reizlos. Einige von uns rollen sich zu einem

---

[1]) Vorlesungen über Psychoanalyse. Wien 1920.

engen Paket zusammen und nehmen zum Schlafen eine ganz ähnliche Körperhaltung wie im Mutterleibe ein. Es sieht so aus, als hätte die Welt auch uns Erwachsene nicht ganz, nur zu zwei Dritteln: zu einem Drittel sind wir überhaupt noch ungeboren. Jedes Erwachen am Morgen ist dann wie eine neue Geburt." Hebbel hat das schöner ausgedrückt, ohne die zweifelhafte Hypothese von dem Versinken in die Mutterleibsphantasie. „Schlafen ist ein Versinken in sich selbst." Ich habe das in meiner Broschüre, „Der Wille zum Schlaf" (Verlag von J. F. Bergmann in Wiesbaden 1915), so ausgedrückt: „Schlafen heißt seine Vergangenheit erleben, seine Gegenwart vergessen und seine Zukunft ahnen." Schon dieses eine Beispiel aus dem neuen Werke von Freud zeigt uns, wie einseitig seine Auffassung des Traumes ist. Für ihn ist und bleibt der Traum eine „Wunscherfüllung". In dieses Prokrustesbett des Wunsches preßt er alle Träume. Dabei vernachlässigt er vollkommen die telepathischen Träume, die in sein System schon gar nicht hineinpassen. Er glaubt nicht an den telepathischen Traum. Er übergeht aber auch alle anderen Träume, die wir als Warnungs-, Angst- und Belehrungsträume auffassen müssen. Angst ist ihm immer nur ein unterdrückter Wunsch. Wissen wir aber, daß im Traume ein ewiger Kampf zwischen Trieb und Hemmung stattfindet, ein Ringen zwischen dem Urmenschen und dem Kulturmenschen, so müssen wir den Traum als einen Spiegel dieser Kämpfe auffassen, in dem sich sowohl die Triebe als die Hemmungen bildlich kenntlich machen müssen, auf dem sich auch fremde Gedanken auf telepathischem Wege sichtbar machen können. Sieht man nur die Triebe, so kommt man leicht zu der irrigen Auffassung, der auch ich eine zeitlang beigepflichtet habe, der Traum wäre nur eine Wunscherfüllung. Denn hinter jedem Wunsch verbirgt sich ein Trieb: Geschlechtstrieb, Nahrungstrieb, Machttrieb, Höhentrieb usw.... Forscht man aber den Hemmungen nach, so findet man die Wirkungen der Kultur: Warnungen, Vorbereitung der Zukunft, Prophezeiungen, Religiosität und überhaupt das Ethische in jeder Form.

Vielleicht wird meine Auffassung verständlicher, wenn ich sie mit der von Freud an einem konkreten Beispiel vergleiche. Freud erzählt in seinem erwähnten Werk einen sonderbaren Traum und fügt seine Deutung hinzu. Lassen wir ihm das Wort:

(1.) „Eine meiner Patientinnen hat während der Behandlung ihren Vater verloren. Sie bedient sich seitdem jedes Anlasses, um ihn im Traume wieder zu beleben. In einem ihrer Träume kommt der Vater in einem gewissen, weiter nicht verwertbaren Zusammenhang vor und sagt: „Es ist einviertel Zwölf, es ist halb Zwölf, es ist dreiviertel Zwölf". Zur Deutung dieser Sonderbarkeit stellte sich nur der Einfall ein, daß der Vater es gerne gesehen hatte, wenn die erwachsenen Kinder die gemeinschaftliche Speisestunde pünktlich einhielten. Das hing gewiß mit dem Traumelement zusammen, gestattete aber keinen Schluß auf dessen Herkunft. Es bestand ein durch die damalige Situation der Kur gerechtfertigter Verdacht, daß eine sorgfältig unterdrückte, kritische Auflehnung gegen den geliebten und verehrten Vater ihren Anteil an diesem Traume hätte. In weiterer Verfolgung ihrer Einfälle, anscheinend weit vom Traume entfernt, erzählt die Träumerin, gestern sei in ihrer Gegenwart viel Psychologisches besprochen worden, und ein Verwandter habe die Äußerung getan: „Der Urmensch lebt in uns allen fort". Jetzt glauben wir zu verstehen. Das gab eine ausgezeichnete

Gelegenheit für sie, den verstorbenen Vater wieder einmal fortleben zu lassen. Sie machte ihn also im Traum zum Uhrmenschen, indem sie ihn die Viertelstunden der Mittagszeit sagen ließ."

Wer dieses Wortspiel „Uhrmensch" und „Urmensch" gezwungen findet, wird vom geistreichen Meister belehrt, daß dieser Witz im Wesen des Traumes liege. Die Träumerin wünscht ihren Vater zu sehen, und der willige Traum erfüllt ihr diesen Wunsch. Also nach Freud eine typische, klare Wunscherfüllung. Ich würde aber diesen Traum als eine Warnung auffassen. Der Tod des Vaters hat die Patientin stark beeinflußt und ihre Gedanken vom Weltlichen auf das Überirdische gelenkt. Sie beschäftigt sich mit dem Thema des Lebens nach dem Tode. Das irdische Leben soll doch nur eine Vorbereitung des ewigen himmlischen sein. Es ist nun, als ob der Vater ihr zurufen würde: „Dein Leben geht zu Ende! Nütze deine Zeit aus! Bald schlägt die zwölfte Stunde (die Geisterstunde)! Bald ist dein Tag beendet!"

In geradezu genialer Weise ist das Drängen der Zeit durch die Steigerung ausgedrückt: „Es ist schon viertel Zwölf, es ist halb Zwölf, es ist dreiviertel Zwölf! Da die Neurose den Kampf zwischen Trieb und Hemmung in Form eines Leidens ausdrückt, verstehen wir das Leiden dieser Kranken. Eine Kraft drängt sie zu Genuß und Lebensfreude und die andere zum Verzichten und Überwinden. Der Vater erscheint als Repräsentant aller Autorität (also auch des himmlischen Vaters) und ruft ihr zu: „Verzichte auf alle irdischen Freuden und bereite dich für die Prüfung durch Gott, für die Ewigkeit vor. Deiner harrt das jüngste Gericht!"

Ist aber dieser Traum eine Wunscherfüllung? Hätte der Vater, wenn er ihrem Wunsche zufolge wieder erscheinen und die Sehnsucht nach einem Wiedersehen erfüllen sollte, keine anderen Worte, keine milderen Gesten. gefunden, um sich seinem Kinde wieder zu nähern? Ich sehe in diesem Traume nur die Macht des Gewissens. Ich fühle die quälende Angst, ich merke die folternde Reue über ein verfehltes oder verlorenes Leben, ich höre einen Angstschrei, der mich mit Mitleid erfüllt.

Dieser Traum ist ein Warner und verrät uns zugleich die Zukunft dieser Träumerin. Sie wird auch weiterhin die Pfade der Askese und Entsagung wandeln. Sie wird fromm werden, und die Hoffnung auf himmlische Freuden wird ihr den Entgang der irdischen ersetzen müssen. Mit Flammenschrift leuchtet am Traumhimmel der Patientin der Hinweis auf das Ende, das uns allen beschieden ist.

Und das Wesen des Traumes? Es ist Wunsch, es ist Warnung, je nach der Kraft (Trieb oder Hemmung), die sich durchsetzt. Der Traum sucht Lösungen für unlösliche Aufgaben. Es ist ein Vergleichen der Vergangenheit mit der Gegenwart und ein Bauen der Zukunft. Er ist in seinem Reichtum unerschöpflich und nicht in eine Formel zu pressen. Er ist eigentlich unerklärlich wie das Rätsel des Menschen und doch so durchsichtig, wenn man nicht von vorgefaßten Meinungen ausgeht. Lassen sich die Gedanken des wachen Menschen auf eine Formel zurückführen? Oder denken wir nur in Wunscherfüllungen? Diese Frage erübrigt sich ja durch die Tatsache des Gewissens. Der Traum ist der Strom unserer Seele, der durch das Filter des Gewissens aus unerforschter Tiefe in die Höhe steigt ....

Jedes Einschlafen ist ein Sterben für den Tag. Jedes Erwachen ein Neugeborenwerden. In sonderbaren Bildern schleicht sich der Gedanke an den Tod in die Träume. Haben wir bei Tag an das Sterben vergessen, hat der Lärm des Tages die Stimmen des Gewissens übertönt, so ruft uns der Traum sein immerwährendes „Memento mori" zu. Jedem von uns tönt diese Stimme: „Es ist schon dreiviertel Zwölf!" Durch unsere wirren Wünsche, durch all das frevelhafte Begehren schallen die Posaunen des Todes. So sterben wir unzählige Male, so erleben wir unzählige Male die große Abrechnung, so überschauen wir prüfend und wägend, zitternd und bereuend die Vergangenheit. Jede Nacht ein reinigendes Fegefeuer der Gedanken! In uns der Himmel und die Hölle, in uns der Angeklagte und der Richter. Als ob das Ideal, das wir in die Unendlichkeit verlegt haben, des Nachts wieder den Weg zu unserem Innern fände, als ob wir jede Nacht die Dämonen besiegen wollten, die uns von Genuß zu Genuß hetzen, unser Kinderherz mit Neid und Rachsucht, mit trügerischem Ehrgeiz und verbotenem Verlangen füllen. Und jeder Traum trägt das Bild dieses erbitterten Kampfes, jeder Traum ist ein Beweis, daß die Menschheit sich über sich hinaus zu ungeahnter Größe entwickeln will! In dem genialen Drama von Grillparzer „Der Traum, ein Leben", ist diese Funktion des Traumes als Warner, als Ausdruck des Kampfes zwischen Trieb und Hemmung wunderbar dargestellt. Der Dichter hat uns mit diesem Stück den Schlüssel zum Verständnis des Traumes gegeben.

Jedenfalls müssen wir Freud dankbar sein, daß er uns den Weg in das Land des Traumes gewiesen und mit genialem Entdeckerblick die ersten Schleier gehoben hat, welche das Wesen des Traumes verhüllt haben. Heute ist die Traumdeutung ein unentbehrliches Rüstzeug der Seelenheilkunde geworden. Wer Seelenarzt werden will, muß sich die Kunst der Traumdeutung aneignen.

Es ist nicht so leicht, sich diese Kenntnisse anzueignen. Es bedarf darin einer eigenen Schulung und großer Ausdauer. Es bedarf gewissenhafter Nachprüfung der bisher gefundenen Resultate, bis man einmal selbst die Überzeugung gewonnen hat und an die Dinge glaubt.

Die eigene Schulung zum Lesen des Traumes besteht in einer veränderten Auffassung der Sprache, in einem Aufspüren der Zweideutigkeiten und einer Kenntnis der Symbolismen und Vorgänge der Traumentstellung.

Die Bedeutung der Symbolik für das menschliche Leben wird noch immer unterschätzt. „Alle Kunst ist Symbolik", sagt Feuchtersleben. „Als die wichtigste Aufgabe meines Lebens", sagt Hebbel, „betrachte ich die Symbolisierung meines Innern". Wir sind durchsetzt von Symbolik. Die Sprache, die Gebräuche, die Gesten, die Gedanken sind mehr oder minder versteckte Symbolismen.

Ohne die Kenntnis der Symbolik ist die Traumdeutung unmöglich. Der große Irrtum der modernen Traumforscher vor Freud bestand gerade in dem Umstande, daß sie sich mit der Symbolik nicht befreunden konnten. Darin waren uns die Alten überlegen. Wie herrlich ist die Symbolik des Traumes in der Bibel dargestellt! Und wie vollendet erscheint die Symbolik bei Artemidoros aus Daldis, dessen Buch „Die Symbolik der Träume" [1]) noch heute für den Psychanalytiker lesenswert ist!

---

[1]) In vortrefflicher deutscher Übersetzung von Friedr. S. Krauß bei Hartleben in Wien (1881) erschienen. Leider fehlt das wichtigste Stück: Die Symbolik der Geschlechtsvorgänge.

Ehe wir mit der Darstellung der Traumdeutekunst beginnen, wollen wir uns kurze Zeit mit den Träumen der Bibel und mit der Deutekunst der Griechen befassen. Ich wüßte keine schöneren Beispiele zur Einführung in die Symbolik des Traumes.

Am bekanntesten ist ja die Traumdeutekunst Josefs aus dem ersten Buch Moses. Josef verdankte seine große Stellung nur seiner außerordentlichen Fähigkeit, die Träume seines Herrschers treffend deuten zu können. Der erste Traum, den er seinen Brüdern erzählte, lautet:

(2.) „Wir banden Garben auf dem Felde und meine Garbe richtete sich auf und stund; und eure Garben wieder neigeten sich vor meiner Garbe“ [1]).

Die Brüder deuten diesen Traum sofort dahin, daß Josef sie überragen sollte: „Sollst du unser König werden und über uns herrschen?“ Auch wir Kinder der neuen Zeit könnten diesen Traum nicht anders deuten. Nur, daß wir aus diesem Traume den Schluß ziehen, ein Ehrgeiziger habe ihn geträumt. Und da Ehrgeizige es bekanntlich sehr weit bringen, wenn sie die nötige Klugkeit mit nicht erlahmender Energie verbinden, so könnten wir fast günstige Schlüsse auf die Zukunft eines Menschen ziehen, der in seiner Jugend von solchen Träumen erfüllt ist [2]). Auch der zweite Traum Josefs ist ein solcher Ehrgeiztraum:

(3.) „Mich däuchte, die Sonne und der Mond und die elf Sterne neigten sich vor mir.“

Dieser Traum sollte sein Verderben werden und war der Anfang seines märchenhaften Glückes. Ebenso wunderbar sind die weiteren Deutungen Josefs:

(4.) „Die sieben häßlichen mageren Kühe, welche die sieben schönen fetten Kühe auffressen“,

wurden von ihm genialerweise als sieben magere Jahre der Hungersnot, die den sieben fetten Jahren der Fruchtbarkeit folgen würden, gedeutet.

Alle diese Deutungen zeigen uns ein wunderbares Erfassen der Traumsymbolik. In gleichen Bahnen bewegte sich die Deutekunst der Griechen, von der ich hier zwei Beispiele aus dem Artemidoros (S. 236) anführen will:

(5.) „Es träumte jemand, er wäre mit einer Kette an das Postament des Poseidon am Isthmos gefesselt. Er wurde Poseidonpriester; denn als solcher mußte er vom Orte des Heiligtums unzertrennlich sein.“

Dieser Blick in die Zukunft ist ebenso wohlfeil, als die nächste Prophezeiung des Artemidoros, die ich bald mitteilen werde. Es wird keiner Priester, der es nicht vorher lebhaft wünschte, es sei denn, er würde dazu gezwungen werden . . . .

---

1) Vielleicht läßt auch der Traum Josefs noch eine zweite, erotische Bedeutung zu. Größenwahn und der Wunsch einer außerordentlichen Potenz, eines außerordentlichen Phallus gehen oft Hand in Hand. Paranoiker mit Größenwahnideen pflegen sich zu rühmen, sie hätten 1000 Frauen, 1000 Söhne u. dgl. Renomistereien mehr.

2) Die Träume Ehrgeiziger äußern sich häufig mit den Ausdrucksmitteln der modernen Zeit: Die Menschen fliegen hoch über den Köpfen der anderen im Luftballon, mit einem Aeroplan oder nach alter guter Tradition als Engeln. Mitunter fliegen sie ohne Flügel durch eine bloße Bewegung der Arme und des Körpers. Sie überragen die andern Menschen. Sie sind oben und die andern unten.

Der zweite Traum aus dem Artemidoros zeigt uns eine Symbolik, die uns noch des öfteren beschäftigen wird. Das Sexuelle wird in diesem Traumgesichte als Fleisch dargestellt. Das Fleischliche im Menschen durch das Fleisch eines Tieres.

(6.) „Einer träumte, daß er sein eigenes Weib verführe und abopfere, das Fleisch ausschrote und feilbiete, und daß ihm daraus ein großer Gewinn erwachse. Darauf träumt er, er empfinde darüber Freude und mache den Versuch, das zusammengebrachte Geld, um dem Neide der Umstehenden zu entgehen, zu verstecken."

„Dieser Mann verkuppelte sein eigenes Weib und zog aus der Schande Gewinn. Diese Einnahmequelle erwies sich für ihn zwar als sehr ergiebig, war aber angezeigt, geheim gehalten zu werden."

Auch diesem Mann ist der Wunsch vor der Tat Gevatter gestanden. Er träumte zuerst das, was er auszuführen noch nicht wagte. Da er den Traum als eine Mahnung der Götter auffassen konnte, löste der Traum möglicherweise eine Tat aus, die wahrscheinlich auch ohne Traum geschehen wäre. Vielleicht nur einige Zeit später. Der Traum ist ein Ungeduldstraum. Der Träumer kann es kaum erwarten, seine Frau zu verkaufen und den Gewinn einzuziehen.

Von der Traumdeutekunst der Orientalen könnte man auch manche köstliche Probe geben. Ich beschränke mich auf die Mitteilung eines Schwankes von Buadem [1]), der nach Dr. Müllendorf nur ein von dem Herausgbeer Mehemed Tewfik gefundener Deckname für den bekannten Schwänkedichter Nassr-ed-din ist. Dieser türkische Eulenspiegel soll im 14. Jahrhundert gelebt haben.

Buadem war kaum fünf bis sechs Jahre alt, da erzählte er eines Morgens seinem Vater folgenden Traum:

(7.) „Vater, heute Nacht habe ich im Traum Kuchen gesehen".

„Mein Sohn, das ist eine gute Vorbedeutung. (Im Scherz.) Gib mir zehn Para [2]), und ich will dir den Traum auslegen!"

„Wenn ich zehn Para hätte, so hätte ich nicht von Kuchen geträumt [3])".

Machen wir jetzt einen kühnen Sprung ins 16. Jahrhundert und teilen wir einen Traum des berühmten Arztes, Philosophen und Mathematikers „Cardanus" mit, der ein Buch „De somniis" geschrieben, und dessen Glaube an die prophetische Wahrheit seiner Träume so unerschütterlich war, daß er seine Gattin, die Tochter eines Straßenräubers nach einem Traumgesicht wählte; der Traum hatte ihm bei dieser Frau das Erwachen seiner bisher schlummernden Natur vorhergesagt. Er war bis zum 34. Lebensjahre impotent. Daß ein Impotenter sich danach sehnt, in den „Garten der Liebe" einzudringen, dürfte jedermann verständlich sein. Hören wir, wie Cardanus dies ausdrückt.

(8.) „Ich befand mich einstmals des Nachts in einem schönen von Blumen und Früchten erfüllten Garten. Es wehte eine sanfte Luft, so daß kein Maler, kein Dichter, kein menschlicher Gedanke etwas Angenehmeres hätte hervorbringen können. Ich befand mich am Eingange des Gartens. Die Türe stand offen, als ich ein Mädchen in weißem

[1]) Deutsch: Dieser Mann.

[2]) Kleinste in Konstantinopel kursierende Scheidemünze, nicht ganz 5 Pfennig.

[3]) „Die Schwänke des Nassr-ed-din und Buadem". Reclam 2735.

Kleide erblickte. Ich umarmte und küßte sie; aber beim ersten Kusse schon riegelte der Gärtner die Türe zu. Ich bat ihn inständigst, daß er sie offen lassen möchte. Es kam mir also vor, indem ich darüber traurig war und immer noch an dem Mädchen hing, daß ich hinausgeschlossen wurde."

Wovon soll ein phantasiereicher Mensch träumen, wenn ihm der Garten der Liebe verschlossen ist? An diesem schönen Beispiele sehen wir die Tageswünsche in einer nur halbverhüllten Symbolik. Aber nicht immer ist die Symbolik so durchsichtig, wie in diesem Falle. Oft kann ein ganzer Traum im Dienste einer symbolischen Darstellung stehen. Ich will den komplizierten Problemen, die wir zu besprechen haben werden, hier aus dem Wege gehen. Ich möchte nur zu der Art, wie der Traum die Redewendungen durch Bilder ausdrückt, ein Beispiel aus der Traumdeutung von Freud anführen.

Im Traume einer Dame heißt es:

(9.) „Ein Stubenmädchen steht auf der Leiter wie zum Fensterputzen und hat einen Schimpanse und eine Gorillakatze (später korrigiert: Angorakatze) bei sich. Sie wirft die Tiere auf die Träumerin; der Schimpanse schmiegt sich an die letztere an, und das ist sehr ekelhaft."

„Dieser Traum hat seinen Zweck durch ein höchst einfaches Mittel erreicht, indem er nämlich eine Redensart wörtlich nahm und nach ihrem Wortlaute darstellte. „Affe", wie Tiernamen überhaupt, sind Schimpfwörter, und die Traumsituation besagt nichts anderes als „mit Schimpfworten um sich werfen".

Wir sind also hie und da gezwungen, die Situationen und Bilder des Traumes auf Redewendungen zurückzuführen. Der Traum nimmt die Rede wörtlich; wir müssen die Vorgänge bildlich nehmen. Das erfordert eine eigene Kunst und eigene Übung. Die wollen erst erworben sein.

Zur Illustration des Gesagten will ich hier noch einen kleinen Traum sehr sonderbaren Inhaltes mitteilen. Ein an Angstzuständen leidender Herr namens Beta träumt:

(10.) „Ich sehe ein großes hölzernes Christusbild vor mir. Ich nehme mir ein Stück heraus."

Auch dieser Traum ist symbolisch aufzufassen. Der Träumer ist in seinem Innern noch gläubig, sogar strenggläubig, nach außen hin ein fanatischer Freidenker. Er hatte am Tage vor dem Traume ein Buch gelesen, das sich „La folie de Jésus" betitelt. Er mußte plötzlich in der Lektüre abbrechen. Er kann nicht angeben, warum. Es war wie ein Zwang. Wie ein Gebot: Jetzt höre auf, zu lesen! Die tieferen Beweggründe enthüllt uns dieser Traum. Er hat sich etwas gegen seine Gottheit herausgenommen.

Auf die weitere Bedeutung dieses Traumes und auf die Beziehungen von Angst und Wunsch will ich an dieser Stelle nicht mehr eingehen. Ich habe nur den Versuch gemacht, die Grundlinien der Traumsymbolik mit einigen Strichen zu zeichnen. Das Verständnis der Symbolik ist die Grundlage der Traumdeutung. Wir haben auch vor Freud eine Ahnung gehabt, welche Bedeutung die Symbolik im Leben des Menschen spielt. So hat Schubert und Kleinpaul auf die symbolische Auffassung des ganzen Lebens hingewiesen. Diese Forscher haben auch ungescheut auf die sexuelle Symbolik aufmerksam gemacht. Ist es nicht sonderbar, daß unsere Sprache die Worte nach dem Geschlechte unterscheidet?

Erst wenn wir uns mit Traumanalysen beschäftigen, bemerken wir, wie unglaublich tief uns das symbolische Denken und besonders das sexualsymbolische Denken innewohnt. Im Traume kann alles Lange einen Penis und alles Runde eine Vagina repräsentieren. Aber nur im Traume? Man höre einmal, was Kleinpaul in dem Werke „Das Leben der Sprache (II. Band in dem Kapitel „Die Psychopathia sexualis des Volkes“, S. 490, l. c.) ausführt. Er weist darauf hin, wie die ganze Sprache symbolisiert und sexualisiert ist. Die Sprache wimmle von sexuellen Symbolen.

„Ja, die Menschheit“, sagt er, „ist liebestoll. Man kann nicht umhin, ihre ewige, auf das Geschlechtliche gerichtete Phantasie halb krankhaft, halb lächerlich, am Ende langweilig zu finden. Sie hat geradezu den Verstand verloren. Das Männliche, das Weibliche will ihr gar nicht mehr aus dem Sinn, sie kann keinen Stiel und kein Loch sehen, ohne daran zu denken — und wenn es ein Turm ist, darin die Gefangenen schmachten, so nennt sie ihn il maschio di Volterra.“ „Nicht deshalb, weil man ein Mädchen darin sieht, heißt der Augapfel: das Mädchen des Auges. Sondern die Iris ist selbst ein Mädchen. Weil sie in der Mitte ein Loch hat — dazu braucht es keine Anatomie, das Schwarze im Auge erschien eben als ein Loch im Auge. Loch, *Τρῦπα*, trou ist in allen Sprachen ein Name für das Weib, das schon in der Genesis (I, 27) die Gelochte heißt, und weil das Auge klein ist, betrachtete man das Auge als ein junges Mädchen.“ „Besonders nehmen die Gedanken diese erotische Richtung dann, wenn eine Hervorragung in die Höhlung paßt, wie der Fuß in den Schuh oder wie das Messer in die Scheide, wenn beide Dinger für einander gemacht sind und ineinander stecken. Dann stellen sie das große Glück aller Geschlechtswesen, die geschlechtliche Vereinigung und das dar, was sie am Ganges Lingam nennen.“ „Qual Buco, tal Cavicchio“, sagen die Italiener sprichwörtlich, wie Fischart einmal bemerkt: es war eben ein Zapff für diese Flasch, denn faul Eyer und stinkend Butter gehören zusammen, oder wie sich das Volk bei uns ausdrückt: auf jedes Töpfchen gehört sein Deckelchen. Es ist eben recht dahinterher, und unzählige technische Ausdrücke lassen sich nur durch seine unablässige Adam- und Eva-riecherei erklären. So die vielen Mütter, Nonnen und Matrizen in den Gewerben.

„Mutter, Nonne, Weib auch Schnecke; auf der anderen Seite Vater, Mönch und Mann stehen hier nur für den wesentlichen Teil. Das läßt tief blicken: Mönch und Nonne. Oft ist es so, daß die männliche Hälfte noch einen vernünftigen Namen führt, wie Stempel oder Spindel, und nur die bessere weibliche poetisch verklärt wird. Ein eheliches Verhältnis scheint für die Schraube zu bestehen (Spindel und Mutter)“.

Wir müssen eigentlich nur den Geist der Sprache erfassen, und wir können manche Träume deuten. Ein junger Bursche von 16 Jahren, dessen Vater ein berühmter Künstler und ein liebenswürdiger, von allen Frauen vergötterter Don Juan ist, erzählt mir einen Traum:

(11.) „Der Vater entdeckt in den Zimmern verschiedene Löcher. Ich ärgere mich, daß er sie alle allein verstopfen will.“

Als ich ihn frage, warum er sich geärgert habe, sagt er: Weil er sich der Mühe unterzieht. Ich konnte ihm ja helfen. Das ist keine passende Arbeit für einen so großen Künstler." Er rationalisiert — nach dem treffenden Ausdrucke von Jones — seinen Traum. Aber wir fassen den Traum lieber wörtlich auf. Der junge Mann ist ein Alexander, der sich ärgert, weil Philipp ihm nichts zu erobern übrig läßt. Alle Frauenzimmer im Hause verehren den Vater: die Mutter, die Tante, die Französin, die Sekretärin. Er verdächtigt den Vater grob sexueller Beziehungen. Vielleicht nicht mit Unrecht. Die Löcher in der Mauer sind im Sinne Kleinpauls aufzufassen.

Ich möchte hier noch einen Vorgänger Freuds anführen, den bekannten Traumforscher Scherner [1]), der gleich vielen modernen Traumforschern alle Träume auf Leibreize zurückführte. Diese Hypothese hat sich als ganz unhaltbar erwiesen und erklärt nur die auslösenden Traumanlässe und vereinzelte Träume. Trotzdem drängte sich diesem Forscher die Sexualsymbolik in vollkommen richtiger Form auf:

„Die Geschlechtsregung symbolisiert sich in Form von Nachbildungen des erregten Organs selbst oder in Bildern und Phantasieaktionen, welche das erregte Verlangen nach Geschlechtsbefriedigung ausdrücken. Auch hier herrscht aber das verhüllte Schaffen, welches die malerische Kraft der Phantasie aufrecht erhält. Z. B. man findet auf der Straße des Ortes, wo man gerade geht, den oberen Teil einer Klarinette, daneben den gleichen Teil einer Tabakspfeife, daneben wieder einen Pelz (die oberen Teile von Klarinette und Tabakspfeife stellen unverkennbar die annähernde Form der vordringenden männlichen Gliedmaße dar, die röhrenartige Beschaffenheit des Gefundenen die durchgehende Röhre des Geschlechtsorganes; die gefundenen Gegenstände sind aber doppelt gesetzt aus Anregung des paarigen Gesichtssinnes, welcher beim Erblicken des Gefundenen wesentlich interessiert ist. Endlich steht der wolligste Pelz für das Schamhaar, so wie die Bürste für die Augenbrauen und Wimpern sich vorfindet, anstatt des sonst üblichen symbolischeren Geästs; alle drei Bilder nebeneinander gefunden, bedeuten die Zusammenverbindung des dadurch Ausgedrückten). Oder man findet in Verbindung mit Harnreizen eine ganz kurios zusammengeschrumpfte kurze Tabaks- oder Zigarrenpfeife, womit sich der Gesamttriß der männlichen Organik versinnbildlicht. Schärfer ausgeprägt aber erscheint die Symbolik bei angespanntem Zustande der Sexualität, welcher gemeiniglich dem Harnreize folgt, und es steht der schärfere symbolische Ausdruck dem schärferen Reize kongruent. Z. B. man sieht durch das Geäst von Bäumen hindurch, unter welchen man steht, nach einem hochragenden Turm der Gegend, an dem (aus der Wirklichkeit bekannten) Turme gewahrt man zur Verwunderung, daß seine oberste Spitze eine abgestumpfte Gestalt angenommen habe und indes man die runde Kuppel darunter betrachtet, meint man, ein zweiter Kopf (der niemals in Wirklichkeit war) müsse herunter gefallen sein; während dieses aufmerksamen Hinsehens aber sieht man sich unter Frauen, oder solche an sich vorübergehen. Der hochragende Turm steht für die Gespanntheit des aktiven Organs, die Turmspitze erscheint abgestumpft der oberen Struktur des Organes gemäß; die Phantasie sucht mit Gewalt zwei Kuppeln, wo nur eine vorhanden ist, um die Paarigkeit des unteren Organes auszudrücken; sie läßt den Träumer unter dem Geäst hervor auf den ragenden Turm blicken, weil das aktive Organ aus dem umgebenden Schamhaar (Geäst) hervortretend gesetzt ist. Turm, Spitze, doppelte Kuppel, Baum-

[1]) „Das Leben des Traumes". Berlin, Heinrich Schindler, 1861.

geäst aber drücken allzusammen nur einen zusammengehörigen Begriff aus, weil die Phantasie durch die Aktion des Sehens, welche aus dem Geäst hervor nach dem Ziele des Blickes verläuft, alle Bilder in eins verschmilzt." (Das Leben des Traumes, S. 197, l. c.)

Nun hören wir einmal einen Traum eines sitzengebliebenen 30jährigen Mädchens an:

(12.) „Papa geht im Zimmer herum und schneidet allen Figuren die Spitzen der Blätter ab. Ich ärgere mich darüber und will es verhindern. Ich denke: Ist er denn verrückt geworden?"

Das Mädchen erzählt uns, ihr Papa wäre immer schrecklich eifersüchtig gewesen. Er hatte es nicht einmal geduldet, daß sie fremden Männern die Hand reiche. Es kamen nie junge Leute ins Haus. Sie durfte keinen Ball besuchen. So kam es, daß sie sitzen blieb.

Wir können auch diesen Traum grob sinnlich nehmen. Der Vater hat alle Spitzen entfernt und sie vor der Gelegenheit bewahrt, einen Phallus kennen zu lernen. Im Traume findet sie die Kraft, ihn deshalb zur Rede zu stellen, was sie im Leben leider nicht getan hat. Sie war der Typus einer gehorsamen Tochter. Sie denkt an eine Figur, die vorne ein Feigenblatt hat. Wir merken den Umweg, den die Traumgedanken machen. Wozu die Verhüllung? Wozu das Feigenblatt, wenn es der Spitzen beraubt erscheint? Sie merkt, wie sinnlos das Benehmen des Vaters gewesen. Sie erkennt das Krankhafte (Verrückte) seines Benehmens.

So haben wir an zwei Träumen gesehen, wie das „Loch" und die „Spitze" aufgefaßt werden. Die Sprache des Traumes benützt die geheimen Kräfte, aus denen die Sprache des Tages geschaffen wurde.

Diese Symbolik gilt nicht nur für die Träume! Sie zieht sich durch die Märchen, Mythen, durch den Folklore und durch die Witze.

Eine schier unerschöpfliche Fundgrube für die Symbolik bieten die vom bekannten Folkloristen Dr. F. S. Krauß herausgegebene „Anthropophyteia" betitelten Sammelwerke. (Leipzig. Deutsche Verlagsaktiengesellschaft.) Das ungeheure, daselbst aufgestapelte Material bedarf noch der zusammenfassenden Bearbeitung im Dienste der Traumsymbolik. Ich will an einzelnen Stellen auf die Zusammenhänge zwischen der Sprache des Volkes und der des Traumes hinweisen.

Ich habe hier nur einige bescheidene Proben gegeben, die uns die Bedeutung der sexuellen Symbolik darlegen sollen. Wir können keine Traumanalyse schreiben, ohne die Erotik zu berücksichtigen. Anerotische Träume sind selten.

So gewaltig ist die Macht des Geschlechtstriebes, daß er uns vielleicht keine Sekunde unseres Lebens aus seinem Bann läßt. Wir werden später an den plötzlichen Träumen, an den hypnagogen Bildern (Träumen vor dem Einschlafen) sehen, wie das Sexuelle eigentlich beständig auf den Moment lauert, sich des Menschen zu bemächtigen.

Die Symbolik des Traumes ist hauptsächlich eine sexuelle. Noch einen Faktor gibt es, der eine bedeutende Rolle im Traumleben spielt: Das Kriminelle. Der geheime Verbrecher in uns tobt sich im Traume aus.

Der uralte, ewige Kampf zwischen Trieb und Gesellschaft, zwischen Eigenem und Fremdem (Otto Groß) ruht auch im Traume nicht. Die

Wunscherfüllung, die Freud postuliert, kann auch eine Wunscherfüllung des moralischen Ich sein.

Aber es gibt sehr viele Träume, die nicht in den Rahmen der Wunscherfüllung passen, auch wenn man die Gewissensträume als Wunsch des moralischen Ich auffassen würde. Vor allem sind es die telepathischen Träume, an deren Existenz heute ein objektiver Forscher nicht mehr zweifeln kann.

II.

Der Traum vom Telephon.

(Analyse eines einfachen Traumes.)

Der große Fortschritt der Freudschen Traumdeutung besteht darin, daß sie ein neues Hilfsmittel zur Deutung der Träume eingeführt hat: den Einfall des Träumers. Auf dem Wege der Assoziationen fällt dem Träumer das traumbildende Material ein.

Doch der Einfall versagt manchmal. Dem Träumer fällt wiederholt aus Gründen innerer Widerstände gar nichts ein. Über diesen toten Punkt hilft uns die Kenntnis der Traumsprache und der Symbolismen hinweg. Hier zweigen meine Forschungen von Freud ab. Freud legt das größte Gewicht auf das Material, das hinter der manifesten Traumfassade aufgestapelt ist. Ich habe mich bemüht, nachzuweisen, daß der manifeste Trauminhalt uns schon das Wichtigste vom Inhalt, von den latenten Traumgedanken verrät. Auf diesem Wege bin ich zu überraschenden Resultaten gekommen. Ich habe Zusammenhänge gefunden (z. B. die Symbolik des Todes), die ich nie und nimmer von den Einfällen des Träumers erfahren hätte. Ich habe die Traumdeutung unabhängiger vom Willen des Analysierten gemacht. Das geht nicht bei allen Träumen.

Die Träume sind eben verschieden. Manche sind dunkel und verworren und bedürfen mühsamer langwieriger Arbeit. Der Traum muß mit Hilfe aller Finessen in seine Elemente aufgelöst werden. Wir wollen als leichtes Schulbeispiel einen Phantasietraum analysieren, der sich eigentlich auf eine einzige Symbolisierung zurückführen läßt.

Es gibt nämlich auch solche Träume, die man mit einem einzigen Schlüssel auflösen kann. Wenn beispielsweise

> (13.) „eine Frau in die Fleischbank geht, um Einkäufe zu machen, die Fleischbank offen findet, ein großes hartes Stück Fleisch in Form einer Wurst wählt, es in die Tasche steckt, in die es kaum hineingeht, weil es in der Wärme der Tasche aufgeht."

so wird jedes Detail des Traumes verständlich, wenn man weiß, daß es sich um fleischliche Gelüste und um Einkäufe auf dem Liebesmarkt handelt. Einen solchen Traum, bei dem das „Telephon" eine erotische Bedeutung hat, will ich hier mitteilen. Er ist sehr lang und anschaulich, enthält eine Unsumme Details, die natürlich für die Analyse ebenfalls von Bedeutung sind und über die ich vorläufig hinwegsehen will. Bemerkenswert ist dieser Traum noch aus dem Grunde, weil er mit einer poetischen Produktion abschließt. Gedichte im Traume sind keineswegs sehr selten. Einzelne Verse kommen in Träumen vor und sind mitunter sehr gelungen. Ich will hier der Versuchung widerstehen, auf das interessante Kapitel von der Produktion im Traume einzugehen. Dichtung und Traum sind beide Produkte des Unbewußten [1]) und zeigen natürlich eine innige Verwandtschaft.

Der lustige Traum der Frau „Alpha", der mit einer Ballade abschließt, lautet also [2]):

(14.) „Ich mache bei meiner Schwester einen Besuch und treffe bloß meinen Schwager zu Hause. Es klingelt am Telephon. Erstaunt frage ich, seit wann ein solches in der Wohnung eingeführt wäre. Mein Schwager wirft mir einen geringschätzenden Seitenblick zu und sagt, ob ich denn keine Zeitung lese. Ich antworte, daß ich dies wahrscheinlich nicht mit gebührender Aufmerksamkeit besorge, und erkundige mich um den diesbezüglichen telephonischen Zusammenhang. Der Schwager erklärt mir, es sei jetzt eine Reform im ganzen Telephonwesen und dadurch, daß man die dummen, unverläßlichen Telephondamen durch Herren ersetzt hat, die den gebildeten Ständen angehören, sich freiwillig angeboten haben und abwechselnd stundenweise den Dienst versehen, gibt es keinen Anlaß zu Ärger und Beschwerde mehr. Es existiert bereits keine anständige Familie in ganz Wien, die nicht ihr eigenes Telephon hat, und die Gebühr ist dadurch, daß die Zahl der Teilnehmer ins Ungeheure gestiegen ist, bedeutend verbilligt. Mir leuchtet sofort die Notwendigkeit dieses Sprachrohres ein und mit Begeisterung entschließe ich mich auch zu dieser Anschaffung. „Ein Schuft, wer kein Telephon hat", beteuere ich voll Eifer und frage nach der Gebühr. „Bloß 100 Kronen pro Jahr", meint der Schwager. „Lächerlich, diese Kleinigkeit", sage ich, nobel, wie ich schon bin, und zaubere sofort aus meiner an Leere gewohnten Tasche die genannte Banknote hervor. Mit Ungeduld dränge ich, daß nur rasch meine Teilnehmerschaft eingeleitet wird. Mein Schwager nimmt mir das Geld ab und ich höre ihn telephonisch unterhandeln. Da erscheint ein Herr, bartlos, schwarz, klein, mit unsympathischem Äußern und dröhnend lauter Stimme. Er stellt sich als Bassist der Hofoper vor und sagt, er wäre derjenige, dessen Obsorge meine Telephonnummer anvertraut sei. Der Schwager nimmt mich beiseite und unterweist mich, ich soll recht liebenswürdig mit dem Herrn sein und ihn ab und zu zum Nachtessen einladen, da werde ich dann ganz anders berücksichtigt. Ich sage ihm ganz offen, daß ich die Stimme des fürchterlichen Menschen nicht vertrage und bei der Vorstellung, der Gräßliche werde mir künftig in die Ohren brüllen, lieber auf das Telephon verzichte. „Gib mir mein Geld zurück", sage ich sehr ernüchtert. „Das kann ich nicht mehr, denn ich habe bereits eingezahlt", erhalte ich zur Antwort. Von höchster Seligkeit zu tiefstem Jammer ist bei mir stets bloß ein kleiner Schritt und trostlos, mit dem Telephon behaftet zu sein, frage ich, ob denn nicht lieber der Tenor der Hofoper mir zugeteilt werden könnte. Tenöre haben viel nettere Stimmen! Da erscheint wieder ein Herr, groß, bartlos mit roten Backen wie ein

---

1) Vergleiche meine Studie „Dichtung und Neurose", Grenzfragen des Nerven- und Seelenlebens; J. F. Bergmann 1909 und mein Buch „Träume der Dichter" — ibidem.

2) Bei dieser Gelegenheit bemerke ich, daß ich alle Träume in dem Wortlaute bringe, wie die Träumer sie mir niedergeschrieben haben. Die unscheinbarste Redewendung, ein Verschreiben, die Wahl der Interpunktionen — das alles kann bei der Analyse eine große Bedeutung haben.

Borsdorfer Äpfelchen, stellt sich mir als Tenor der Hofoper vor und fragt wegen des Telephons an. Ich erkläre ihm sofort, sein Organ sei mir viel sympathischer als das des Bassisten und ich wünschte sehr, die Herren vertauschen zu können. In der Gesellschaft des Herrn befand sich eine Dame, die er mir als seine Schwester, welche Schauspielerin ist, vorstellt. Der Herr ersucht meinen Schwager, mit dem Bassisten wegen des Tausches zu verhandeln. Dieser tut es mit sichtlichem Widerwillen und gleich darauf höre ich, nach einem erregten Wortwechsel, dessen Sinn ich nicht verstehe, den Bassisten sich schimpfend entfernen. Mein Unglück ist geschwunden und überselig fordere ich Herrn und Dame auf, Platz zu nehmen. Ich bemühe mich, liebenswürdig zu sein und, eingedenk der Weisung meines Schwagers, bringe ich meine Einladung zum Abendessen vor, die bereitwilligst angenommen wird. „Nein, werden das genußreiche Abende sein", schwärme ich entzückt. Die Schauspielerin stellt mir in Aussicht, gelegentlich deklamieren zu wollen und meine Freude kennt keine Grenzen. „Übrigens trage ich Ihnen, wenn Sie es gern hören, gleich etwas vor", sagt das entzückende Geschöpf und beginnt zu sprechen. Angeblich ein unbekanntes Gedicht von Baumbach: „Der arme Igel", das ich sehr aufmerksam anhöre. Darauf erwache ich und notiere das Gedicht:

Der arme Igel. (Ballade.)

Ein Igel fand Gefallen — Einst an der Jungfer Maus,
Der putzigsten von allen — Im kinderreichen Haus
Beim guten Feldmausvater — Dem Wirt: „Zum schwarzen Kater". — —

Da hielt, wie sich gebühret — Um Mausi Igel an,
Der Vater ward gerühret — Gab seinen Segen dann.
Und selig führt die liebe Maus — Der Igel in sein Igelhaus. — —

Im Rausch des Glücks versunken — Voll Zärtlichkeit den Sinn,
Naht er sich liebestrunken — Der süßen Mauselin.
Sein Herz schlug vor Verlangen — Sie liebend zu umfangen. — —

Kaum hat er sie umfasset — Mit treuem, starkem Arm,
Voll Schreck er von ihr lasset — Sie piepst, daß Gott erbarm.
Doch wirds dabei dem Ehmann klar — Daß er als Igel stachlig war. — —

Trotz aller Liebesgluten — Blieb Igels Glück beschränkt;
Es hat bei Maus, der guten — Die Furcht die Lieb' verdrängt
Und nimmer durft, o — wehe — Der Maus er in die Nähe. — —

Dem Igel stieg zu Kopfe — Der Stachelunglückswahn,
Er ward zum irren Tropfe — Und kränkelnd starb er dran;
Man hat nach dreien Tagen — Zu Grabe ihn getragen. — —

Moral:

Drum Igel frei in klugem Sinn — Stets nur um eine Igelin.

Dieser anscheinend so heitere, von Humor übersprudelnde Traum enthält die Tragödie eines Lebens. Die Ballade vom armen Igel ist die Geschichte ihrer Ehe. Sie ist unglücklich verheiratet. Ihr Mann ist ihr unsympathisch; sie bringt es nicht über sich seine Liebkosungen zu dulden. Wenn er einen Koitus versucht, beginnt sie plötzlich, mitten im Akte, laut aufzuschreien und ihn von sich zu stoßen. Sie fürchtet ihre eigene

Libido. Könnte sie ihm ohne libidinöse Erregung angehören, sie würde es tun. Da sie aber für ihn nicht empfinden will, stößt sie ihn von sich. Sie hat alle möglichen Vorwände gefunden, um ihn fernzuhalten. Heute hat sie Migräne, morgen Influenza, übermorgen hat sie die Menstruation, die bei ihr viele Wochen dauert, was natürlich nicht der Wahrheit entspricht. Schließlich wurde die Angst vor den Umarmungen des Mannes ihre überwertige Idee und sie flüchtete in eine schwere Neurose, die ihr ein keusches Leben ermöglichte. Daß sich ihre Keuschheit nur auf ihren Mann bezog, dem gegenüber die Furcht „die Liebe verdrängt hat", wie es in der Ballade heißt, erhellt aus der Analyse des Telephontraumes und ihrer anderen Träume. Einer ihrer ersten Träume, den sie mir brachte, schilderte eine sehr verfängliche Situation. Der Mann, den sie wirklich geliebt und nicht geheiratet hatte, lag bei ihr im Bette und bewährte sich als feuriger, nie ermüdender Liebhaber. Ich trete ein und das Liebespaar läßt sich nicht stören, worauf ich die Verse spreche:

„Zur Liebe ist es nie zu spat,
Wie man es jetzt gesehen hat."

Darauf erwidert der Liebhaber:

„Heil! Heil! Heil!
Schön ist ihr Hinterteil [1])."

Ihre sexuelle Abneigung gilt also nur dem armen Gatten, der von ihr bewußt gehaßt wird. In der traurigen Ballade läßt sie ihn sogar wahnsinnig werden und in drei Tagen an Liebesgram sterben.

Das hat einen tiefen Sinn. Der Mann ist tatsächlich nicht normal und leidet an einer mild verlaufenden progressiven Paralyse. Ihr Hausarzt sagte ihr, er könne es vielleicht noch drei Jahre mitmachen.

Ihre erste Liebe war ein Tenor. Das erklärt uns in diesem langen Traumgebilde den Gegensatz von Bassisten und Tenor. Ihr Mann hat eine tiefe, sonore Baßstimme, die ihren Ohren weh tut und ihr „ekelhaft" erscheint. Sie hat sich angewöhnt, an ihm vorbei zu hören. Sie hört einfach nicht zu, wenn er spricht.

Das macht uns den telephonischen Traum verständlich. Die sexuelle Symbolik des Telephons war in Wien eine zeitlang sehr bekannt und geradezu aktuell. In einem der heiteren Muse gewidmeten Vergnügungslokal sang eine populäre Soubrette durch ein Jahr und noch darüber hinaus ein Telephonlied, das von Anzüglichkeiten strotzte. Eigentlich war es eine deutliche Schilderung eines Geschlechtsaktes, wobei die verschiedenen technischen Telephonbezeichnungen in überaus geschickter Weise verwendet wurden. Ein junger Mann will das Telephonieren lernen. Die Dame, die den Apparat bedient, gibt ihm die „Muschel" in die Hand, er läutet an, die Zentrale gibt die Antwort; er verlangt eine andere „Nummer", telephoniert so stürmisch, daß er fast den ganzen Apparat ruiniert usw.

Dieselbe sexuelle Symbolik gibt den Schlüssel zum Verständnis dieses Traumes.

Der Traum beginnt mit Inzestgedanken auf den Schwager, der in überaus glücklicher Ehe lebt. Sie trifft ihn allein zu Hause und sofort

[1]) Die Dame hatte die Gewohnheit und Fertigkeit tagelange in Versen zu sprechen. Deshalb ist die Komponierung der Ballade im Traum durchaus glaubwürdig.

klingelt das Telephon, d. h. es melden sich sexuelle Gelüste. Der Schwager, der bisher ein solider, strenggläubiger Katholik gewesen, allen **Reform**bestrebungen, die eine Löslichkeit der katholischen Ehe anstrebten, abhold, derselbe Schwager, der keine Zeitung lesen will, die dem Fortschritt dient, dieser Erzklerikale, erklärt ihr jetzt, das Sexuelleben der Menschheit sei jetzt auf eine andere, moderne Basis gestellt. Es ist dies das oft besprochene Thema der „freien Liebe". Herren der besten Stände, gebildete Herren (welcher Gegensatz zu ihrem Manne!) kämen freiwillig, um Telephondienst zu machen und wechselten sich stundenweise ab. Wie wir bemerken, eine Art männlicher Herrendienst, wobei der durch das Telephonieren geschwächte Mann sofort von einem zweiten abgelöst wird. Da gibt es natürlich keine Angst und Beschwerden wie bei ihrem Manne, dessen Potenz mit seiner Appetenz in schreiendem Mißverhältnis zu stehen scheint.

Dieses „Telephonieren" ist nicht mehr unanständig. Im Gegenteil! Es existiert keine anständige Familie in ganz Wien, die kein eigenes Telephon hätte. Die Schuld ist ja um so geringer, je mehr sich derselben Sünde teilhaftig machen. (Die Zahl der Teilnehmer steigt ins Ungeheuere; die Gebühr ist dadurch verbilligt.) Auch sie zahlt hundert Kronen für ein Sprachrohr [1]). Soviel kostete bisher ein Automatentelephon (d. h. Onanie = automatisch betriebene Sexualität = Autoerotismus). Auch meine letzte Rechnung betrug hundert Kronen, womit sich der Schwager als eine Verdichtung aus meiner Person und dem wirklichen Schwager erweist. Der Vorgang der Verdichtung zweier oder mehrerer Personen in eine, oder mehrere Vorfälle in einen, wird uns noch des öfteren beschäftigen. Eine Erwähnung verdient noch die „an Leere gewöhnte Tasche", die wieder nichts anderes als die leere **Vagina** bedeutet, die sich einen ordentlichen sympathischen Mann kaufen will. Der Schwager vermittelt nun den „Anschluß" an das Telephon. Als erster erscheint ihr eigener Mann, dem sie angetraut wurde, wobei der Schwager Trauzeuge gewesen („dessen Obsorge meine Telephonnummer anvertraut sei"). Die Aufforderung, ihn zum „Nachtessen" einzuladen, verrät die Zusammenhänge zwischen dem Essen und der Sexualität. Das „Nachtessen" bedeutet hier ein Nachtlager [2]). Sie verzichtet aber lieber auf das Telephonieren. Das entspricht ja, wie wir eingangs vernommen haben, wirklich den Tatsachen. Sie ist unzufrieden, sie will das Geld zurück (bedeutet hier die Mitgift, die inzwischen aufgezehrt wurde), sie will sich scheiden lassen, was der katholische Schwager bisher mit seinem ganzen Einflusse verhindert hat.

Der zum Hineinbeißen appetitliche Tenor, der nun erscheint, gefällt ihr sehr gut. Sie möchte ihn gegen ihren Mann umtauschen. Dieser Mann, der ihr so gefallen hat, ist jetzt leider verheiratet. („Er befindet sich immer in Gesellschaft einer Dame.") Sie macht im Traume ihren Wünschen gemäß aus der unsympathischen Frau eine ihr sehr sympathische Schwester. Die Schauspielerin ist ein Vorwurf gegen die Frau des Tenors und heißt soviel als: Sie ist eine Komödiantin und hält dich zum besten.

---

[1]) Das Sprachrohr natürlich ein Symbol für den Penis. Wir merken hier das Bestreben alle Sexualsymbole, womöglich bisexuell auszudrücken, eine Tendenz des Traumes, über die wir noch viel zu reden haben werden. Das Telephon enthält ein Sprachrohr und eine Muschel.

[2]) Ebenso häufig „einen zum Abendbrot einladen" in derselben Bedeutung.

Der Bassist verschwindet endlich schimpfend, sie wird liebenswürdig und lädt den Herrn zum Abendessen ein. Sie hat also einen Mann und eine Frau zu ihrer Verfügung. Durch dieses Bild wird sehr deutlich auf die homosexuellen Neigungen der Patientin hingewiesen. Ihre beiden erotischen Komponenten, Homo- und Heterosexualität werden in Aktion treten. Wir verstehen jetzt ihren begeisterten Ausruf: „Nein! Werden das genußreiche Abende sein!“

Die Schauspielerin soll auch „deklamieren“, was offenbar denselben geheimen Sinn wie das „Telephonieren“ hat. Das „entzückende“ Geschöpf deklamiert nun das Gedicht, das eine Verhöhnung ihres Mannes bedeutet und in den Vers ausklingt, zu einem Igel gehöre nur ein Igel. In zweiter Bedeutung ist sie selber das „entzückende“ Geschöpf. So wurde sie als Mädchen oft charakterisiert. Sie identifiziert sich mit der Frau des geliebten Mannes [1]).

Endlich hat das „Telephonieren“ noch eine andere Bedeutung, die ihr bekannt ist. In congressu pflegt der Constrictor cunnei in Funktion zu treten, was durch eine entsprechende Muskelbewegung des Mannes erwidert wird. Die erste Zeit ihrer Ehe war sie glücklich und ... telephonierte. Bald verschwand die Libido beim Akte und wurde durch Angst vor der Libido ersetzt. Das Telephonieren hatte aufgehört [2]).

Der Traum würde natürlich noch eine Menge von Beziehungen verraten können. Wir wollen uns nicht aufhalten und rasch zu anderen Analysen übergehen. Ich möchte nur noch eine Bemerkung über den Typus des Traumes sagen. Ich habe ihn einen „Phantasietraum“ genannt. Das hat die Bedeutung, daß dieser Traum offenbar die Übersetzung einer Tagesphantasie in die wenig veränderte Traumsprache vorstellt. Bei Hysterischen trifft man diesen Typus sehr häufig. Sie erzählen uns einen „Roman“, wie er auch in Tagträumen wochenlang fortgesponnen wird. Sie geben dem Traumdeuter die wenigsten Rätsel auf.

III.

Auf der Oberfläche der Probleme.

„Suche in das Innere jedes Menschen einzudringen; aber gestatte auch jedem anderen in deine Seele einzugehen!“ *Marc Aurel.*

Versuchen wir wieder an einigen Beispielen die oberflächlichen Beziehungen des Traumlebens festzustellen. Betrachten wir wieder einen Traum, der eine einfache Symbolik zeigt.

Es ist dies der Traum des Fräulein Gamma.

(15.) „Ich habe einen Waschsack in der Hand. Den habe ich ganz ausgeleert. Es war lauter schmutzige, graue Wäsche darin. Ein Kissen-

---

[1]) Hier verrät sich ihre starke Eigenliebe, der sogenannte Narzißmus, der auch schon im „Automatentelephon“ angedeutet wurde.

[2]) Die Telephonsymbolik führt über die „Muschel“. Im VI. Buch der Antropophyteia fidnet sich eine sehr instruktive Abhandlung von Dr. Aigremont, „Muschel und Schnecke als Symbole der Vulva ehemals und jetzt“. Die Schnecke ist übrigens ein bisexuelles Symbol und steht auch als „Der Schneck“ für den Penis. Knaben nennen ihr Glied das „Schneckeli“ oder das „Schneckerl“. Vgl. auch den Ausspruch: Er ist ein lieber Schneck!

überzug, der grauschmutzig war, Monatsbinden (ganz unten!), ein ganzer Pack — alles eklig. Ich mußte alles ausleeren."

Eine symbolische Darstellung ihrer psychanalytischen Kur. Sie muß jetzt bei mir ihre ganze „schmutzige Wäsche" waschen. Sie erzählte mir die letzte Stunde von ihren Beschwerden bei der Menstruation; „der Kissenüberzug" bezieht sich auf intime Dinge, die sich im Bette zugetragen haben. Sie hat vor diesen Dingen einen großen Ekel. Sie hat aber die Empfindung, sie müsse alles sagen („den Sack ganz ausleeren"), damit sie mit ihren Beschwerden fertig werden könne. Ihr ganzes Denken dreht sich um die Begriffe „rein" und „schmutzig". Sie besorgt jetzt eine Art Mohrenwäsche. Es graut ihr davor. (Doppelsinn des Wortes grau, das sowohl die Anspielung auf Schmutz als auf den Ekel und die Angst enthält.) Der ganze Traum eine schöne symbolische Übersetzung ihrer wachen Gedanken.

Diese Deutung entspricht der oberflächlichsten Schichte. In ihr vereinigen sich die rezenten Anlässe. Ein jeder Traum muß aber aus mehreren Traumquellen eine Einheit gemacht haben. Er muß mehrfach zu deuten („überdeterminiert") sein. Er muß auch eine infantile Wurzel haben.

Die früheren Schichten der Traumgedanken erzählen von ihren ersten Empfindungen bei der Menstruation. Sie kam sich damals unrein vor. (Bei manchen Völkern gilt die menstruierende Frau als „unrein" und ist während einer gewissen Zeit tabu.) Weitere Erlebnisse beziehen sich auf die Jugend, da sie nach solchen Flecken im Bette der Eltern geforscht hatte. Und schließlich tauchen infantile Begebenheiten auf, die beweisen, daß ihrem Ekel vor dem Schmutz eine intensive Mysophilie vorangegangen ist.

Die weitere Bedeutung des Waschsackes geht auf einen andern Sack — das scrotum. Zwei schwere Traumen tauchen vor ihrem geistigen Auge auf. Ein Onkel gab ihr seinen Phallus in die Hand. Die Erinnerung an die Ejakulation („Ich mußte alles ausleeren") ist mit großem Ekel verbunden. Eine frühere Erinnerung erzählt von einer ähnlichen Agression ihrerseits auf den jungen Bruder. Auffallend ist wieder die bisexuelle Verwendung des Waschsackes, der noch eine Beziehung zur Onanie aufweist.

Doch halten wir uns nicht auf und versuchen wir noch unser Glück bei einigen oberflächlichen Analysen. Begnügen wir uns meistens mit der obersten Schichte.

Eine ältere Dame, die vor zwei Jahren ihren Gatten verloren hatte, träumt:

(16.) „Ich sehe unsern Hund alt und verfallen am Sofa liegen und sein Leben aushauchen. Mein Schwiegersohn kommt plötzlich nach Hause mit einem kleinen, lieben, braunen Hund. Ich frage ihn: „So schnell hast Du Dich getröstet?" Er zuckt die Achseln und sagt: „Warum nicht? Wer hat was davon, wenn ich noch trauere. Man muß sich in das Unvermeidliche fügen."

Dieser Traum wurde gerade am Todestag des Mannes geträumt. Zwei Jahre hatte die Witwe Trauerkleider getragen und sich kein Vergnügen gegönnt. Im Traume vertritt ihr kluger Schwiegersohn ihre eigenen Gedanken: Trauere nicht weiter. Was hast du von der ewigen Trauer? Sieh, wie es die klugen Leute machen.

Diese Objektivierung der eigenen Gedanken durch einen anderen ist ungemein häufig. Wir könnten noch weitere geheime Gedanken annehmen. Der Alte (Hund als Schmähung) stirbt, nimm dir einen Jungen.

Ein sehr feines, künstlerisch veranlagtes Mädchen erzählte mir, sie hätte heute nachts einen „wunderschönen hochpoetischen" Traum gehabt, der ihr einen unvergeßlichen Eindruck gemacht habe. Sie erzählt ihn mir und schreibt ihn auch über mein Verlangen auf:

(17.) „Ich hatte mich schon vorher mit zwei Mädchen in dem Eisenbahnzug befunden, und zwar bei der geöffneten Tür und dunkel empfunden, daß ich mit der einen, J. K., harmonierte und zwischen der H. und mir etwas lag. Später saß ich in einem großen Durchgangscoupé III. Klasse an dem Fensterplatze ganz links vorn (mit der Fahrtrichtung) Rücken an Rücken mit mir die beiden. Im übrigen hatte ich die Empfindung, als ob niemand weiter im Coupé sei. Dann stand ich auf und sah vor diesem Fenster den Mond schweben in Gestalt eines riesigen Eidotters, in der doppelten Größe ungefähr, wie wir ihn gewohnt sind zu sehen. Links davon einen leuchtenden, dazu passenden Ring, wie der Saturn ihn haben soll. Ich sagte nun, wie eigentümlich es doch sei, daß der Mond so nahe der Eisenbahn schwebe, worauf mir H. entgegnete, es sei nur eine optische Täuschung. „So", sagte ich, „sollte nur ich das sehen" und griff hinaus, um den Mond mit beiden Händen zu fassen und in das Coupé hereinzunehmen. Den Ring ließ ich unbeachtet, er schwebte nur so mit. Aber der Mond war unter meinen Händen ganz elastisch und schwebte fest und sicher im Raume. Es war nur so ungefähr, wie wenn man ein schönes Dotter in der Suppe mit dem Löffel bearbeitet und es nicht auseinandergeht und immer wieder rund wird. Da ließ ich ab und setzte mich ganz erschöpft zurück mit dem Gedanken, wie es doch von mir vermessen sei, den Mond hereinnehmen und der Erde den Mond rauben zu wollen und ich weiß nicht, ob ich es ausgesprochen habe, aber jedenfalls gab mir H. zu verstehen: „Vermessen wäre es nicht. Du verstehst das nur nicht, Du bist noch nicht so weit und kennst den Zusammenhang der Dinge nicht". (Sie meinte deutlich den psychologischen Zusammenhang.) „Alles greift ineinander mit unendlichen Fäden und geht wieder in sich selbst zurück."

Ich setzte mich zurück und schwieg, dachte mir aber: „Wie sonderbar und komisch!"

Aus diesem „unschuldigen Traum einer Jungfrau" könnte man fast eine Analyse ihres Seelenzustandes machen. Man merkt, wie vieles ihr schon dunkel bewußt ist und wie sie sich gegen manche Erkenntnis wehrt. So wird das Zusammenpassen von einem ins andere als „psychologisch" vom Organischen abgedrängt. Man merkt ferner, wie sie diese Regungen als Sünde empfindet und ihre Freundin H., das einfache süße Mädel, das einen Geliebten hat, um ihre Erfahrungen beneidet. Der Traum gibt keine Rätsel auf: es ist eine einfache, poetisch angelegte unbefriedigte Person. Ich setze voraus, daß man das Bild des Mondes sofort als Penis und Testikel entlarvt hat.

Der Ring ist der Ehering. Den Ring läßt sie später unbeachtet. Sie ist also zu einem außerehelichen Koitus wie ihre Freundin H. bereit. Der Absatz „das verstehst du noch nicht. Alles greift ineinander mit unendlichen Fäden (Samenfäden!) und geht wieder in sich selbst zurück", ist besonders auffallend. Auch ist es bezeichnend, daß ihr Coupé (Vagina) ein Durchgangscoupé ist. Der vulgäre Ausdruck der Hoden kommt in dem „Eidotter“ zum Vorschein.

Einen fast identischen Traum berichtet uns das Frl. Gamma:

(18.) „Ich sah in der Luft einen großen Globus, von einem Ring aus blauem Glase wie ein Rad umgeben, schweben.“

Die Deutung ist die gleiche. Der Ehering ihrer Mutter trägt ein wundervolles blaues Glas. Der Ring am Finger ist aber das Symbol der geschlechtlichen Vereinigung. Der Priester steckt den Ring an den Finger der Braut, d. h. sie soll jetzt den Akt der Ehe kennen lernen. In beiden Träumen wird das bisexuelle Symbol gesehen: die Kugel und der Ring — also das Lingam.

Eine andere Genitalsymbolik bringt der Traum der Witwe J. N.:

(19.) „Ich war auf dem Markte einkaufen. Die Leute gingen nach Hause. Die Lichter erloschen. Wir gingen in die Garderobe. Mein Regenschirm war nicht da — sondern ein anderer mit abgebrochenem Griff. Der Griff war wie ein polnischer Jude geschnitten — mit einer großen Nase wie ein Korkzieher. Ich nahm ihn in die Hand, um zu probieren, ob ich mich darauf stützen kann und dachte: Der Schirm ist besser wie er aussieht.“

Der Regenschirm ist ein häufiges phallisches Symbol. Das Aufmachen entspricht der Erektion. Die arme Frau hat ihren Mann verloren („das erloschene Licht“). Sie hat keinen Phallus mehr („mein Regenschirm ist nicht da“). Ihr bester Freund ist ein Jude. (Der abgebrochene Griff und der geschnittene Griff Anspielungen auf die Zirkumzision.) Der Sinn des Traumes ist: „In der Not frißt der Teufel Fliegen. Versuche es mit dem Juden; er ist jetzt deine einzige Stütze in deinem Elend. Vielleicht ist er stärker, als du geglaubt hast.“ Die „große Nase“ ist ein Symbol eines großen Penis [1]).

Etwas komplizierter ist der nächste Traum, den mir ein Philosoph X. Z. erzählte:

(20.) „Ich träume von einem Dreieck, das irgend einen philosophischen Gedanken symbolisieren soll und mir und vielleicht noch jemand anderem als Unterlage dient. Das Dreieck wird immer schmäler und spitzer, zuletzt ist es nur wie ein Spieß und kann also für nichts mehr die Basis bilden und ich muß in eine ungeheure Tiefe hinabfallen. Ich erwache mit einem lauten Schrei und zittere am ganzen Körper.“

Er lebt gemeinsam mit einem Ehepaar. Der Mann ist sein bester Freund. Er hat ein dreieckiges Verhältnis. Die Basis dieses Verhältnisses ist der Freund. Diese Basis entschwindet, d. h. der Freund stirbt. Er vereinigt sich mit der Frau. Dieser Tod soll künstlich herbeigeführt werden. Er hat Mordgedanken (Spieß — Spießgeselle) und der Sturz in die Tiefe ist das grauenvolle Verbrechen, von dem seine geheimsten Gedanke träumen. Der Lingam nach dem Tode des Mannes erklärt das Rätsel, wie aus einem Dreieck eine Einheit wird. Hier führen Assoziationen zum religiösen Schuldbewußtsein (Dreieinigkeit). Die „philosophischen“ Gedanken sind verhüllte erotische Wünsche. Tiefere Schichten

[1]) Vgl. das bekannte Scherzwort: An der Nase des Mannes — erkennt man seinen Johannes.

gehen auf das Verhältnis des Kindes zu den Eltern. (Ferner Angst vor der Homosexualität.)

Herr Dalton träumt:

(21.) „Ich habe zwei verschiedene Schuhe an: links einen gelben, rechts einen schwarzen."

Er liebt zwei Wesen: ein blondes und ein schwarzes. Noch wichtiger die Bedeutung: schwarzgelb. Er ist Österreicher und tritt die Farben des Kaisers (Vaters) mit Füßen. Er ist ein typischer Zweifler. Er schwankt ewig zwischen Mann (der schwarze Vater) und Weib (die blonde Mutter). Sein Wunsch ist es, beiden gerecht zu werden .... Seine Bisexualität drückt sich wunderschön in diesem Bilde aus. Auch seine heftigsten Leidenschaften: die Eifersucht (gelb) und seine finsteren Rachegedanken (schwarz).

Mancher Traum bringt seltsame Wunscherfüllungen. Er trachtet sündhafte Wünsche in anständige Realitäten umzuwandeln. Eine keusche, ihrem Manne innig ergebene Frau interessiert sich für einen jungen Schriftsteller. Sie möchte ihn gerne kennen lernen. Der Traum bringt ihr die erwünschte Situation. Sie träumt:

(22.) „Ich liege im Bette nach einer schweren innerlichen Operation. Zu meinen Häupten steht mein Gatte, sieht mich zärtlich und gütig an, hält seine Hand auf meiner Schulter. Über mich gebeugt, so daß er mir in die Augen sieht, steht der junge Dichter. Ich erwache nach einer Narkose oder tiefem Schlaf. Wie ich meinen Mann und den Dichter sehe, fühle ich im Traume, wie mir das Blut heiß in die Wangen schießt und ich sage zum Dichter: „Sie hier?" Er sieht mich liebevoll an und sagt: „Gott sei dank, Sie sind gerettet!" „Und Sie, wie kommen Sie jetzt hierher?" frage ich. „Ich bin ja Mediziner, gnädige Frau", sagt er, „habe bei der Operation assistiert." Meine Wangen glühen, ich lege den Kopf seitwärts in die Kissen und schließe die Augen."

Alle Wünsche gehen in Erfüllung. Sie hat einen wunderschönen weißen Körper. Der Dichter ist Arzt und hat sie nackt gesehen. Er hat sie operiert und gerettet (beide Ausdrücke Symbolismen für den Kongressus). Alles ging ehrbar vor sich. Ihr Mann war dabei. Ihre mimosenhafte Schamhaftigkeit wurde nicht verletzt. Alles ging in der Narkose [1]) vor sich .....

Wir wollen jetzt einen politischen, sogenannten schönen Traum analysieren. Der Traum ist sehr lebhaft und gestattet einen tiefen Einblick in die gebräuchlichste Traumsymbolik.

Der Traum vom Rathaus.

(23.) „Im Rathause großer Empfang. Auch der Kaiser ist anwesend. Unten eine vieltausendköpfige Menge, die die Abfahrt des Kaisers erwartet. Es ist Abend und der Platz vor dem Rathause ist feenhaft beleuchtet. Vor dem Haupteingange drei Gestalten, die gleichsam Wache halten. In der Mitte ein überlebensgroßer Mann in der Rüstung des eisernen Mannes, ein blendend weißes Licht geht von ihm aus. Zu

[1]) Ich weiß es längst, daß die nach Narkosen auftretenden Neurosen und Psychosen auf solche unbewußte Vergewaltigungsphantasien zurückgehen. Vergleiche das ähnliche Beispiel in den „Nervösen Angstzuständen" (III. Aufl.).

seiner Rechten und Linken je eine Figur in gleicher Tracht, in goldenen Gewändern. Diese beiden sind schweigsam, fast unbeweglich, nur der eiserne Mann ist nervös, er kann den Moment nicht erwarten, wo er dem Volke zurufen wird: Der Kaiser kommt! — Stundenlang harrt die Menge. Ich und wenige andere haben das Glück, eingelassen zu werden. Wir werden den Kaiser in unmittelbarer Nähe sehen dürfen, dieser Gedanke verursacht mir ein ganz außergewöhnliches Herzklopfen. Ich werde selbst nervös und renne auf der Treppe atemlos bergauf, bergab. Eine unbeschreibliche Aufregung hat sich meiner bemächtigt; da höre ich plötzlich von draußen tosenden Lärm, wie das Brüllen des Meeres tönt es herein und schaurig widerhallt es in dem Wunderbau. Erschreckt frage ich einen Diener, was geschehen sei. Er sagt: Die drei vor dem Tore seien des Wartens müde geworden und hätten unter Verwünschungen gegen das Haus ihre Posten verlassen, das Volk sei dadurch noch ungeduldiger geworden und darum brülle es. In diesem Augenblick öffnen sich die Saaltüren, ein Meer von Licht blendet mir die Augen. Ich sehe den Bürgermeister mit der großen goldenen Kette und den roten Ordensbändern die Treppe heruntereilen, ganz nahe an mir vorbei, ich spüre fast seinen Atem; es reißt mich mit, ich stürze ihm nach, die großen Tore des Hauses springen auf, wie von Geisterhand geöffnet. Der Bürgermeister ruft erregt: Wo ist der Kaiser? Man bedeutet ihm, der Kaiser hätte bei einer Seitentür das Rathaus verlassen und fahre gerade vis-à-vis beim Burgtheater. Ich sehe den Wagen noch ganz deutlich in der Volksmenge verschwinden. Aber jetzt regt sich kein Laut . . . . . dann bin ich erwacht!“

Der Traum eines heimlichen Dichters (im Leben ist er ein nüchterner Kaufmann), voll von dramatischem Leben, voll von plastischen Gestalten, der anscheinend politische Verhältnisse behandelt. Ein junger Mann hat ihn geträumt, der ein armes Mädchen heiraten will. Seine Eltern sind dagegen. Sein Vater (der Kaiser!) ist jetzt mittellos und auf seine Unterstützung angewiesen. Am Vorabend des Traumes sann er lange verzweifelt nach, wie er sich aus dieser bitteren Lage befreien könne. Der Traum hat ihm die Lösung gebracht. Im Hause der Braut, wo er sich gut beraten wähnt (Rathaus), ist großer Empfang. Bei der Analyse schwebt ihm ein Ball, eine Hochzeit vor. Er soll heiraten (Empfängnis). Aber zuerst muß der Vater (Kaiser) abfahren (sterben), dann ist das Hindernis beseitigt. Ein Todeswunsch gegen den Vater. Die vieltausendköpfige Menge, die widrigen Verhältnisse. Vor dem Rathause wachen drei Gestalten. Der eiserne Mann ist wieder der Vater (überlebensgroße!), der trotz seiner Rüstigkeit nichts verdient. Daher die Rüstung. — Das blendendweiße Licht, das von ihm ausgeht, ist eine Verspottung seiner Glatze und seines geringen hausbackenen, philiströsen Verstandes. Die schweigsame Figur in goldenen Gewändern ist sein goldiges Mutterl, ebenfalls verdoppelt, die ihm keine Vorwürfe macht; der eiserne Mann (eiserne Gesundheit!) ist nervös und spielt sich immer auf den Haustyrannen heraus. Der Kaiser kommt! Deutlich entwickelt dieser wunderbare Traumbau die Gefühle in der Brust des jungen Mannes; der Vater soll das entscheidende Wort sprechen, die Verhältnisse sprechen ihr gewaltiges Wort. Der Vater hat seinen Posten als Beamter verloren (die drei vor dem Tore haben den Posten verloren), dadurch sind die Verhältnisse unleidlich geworden. Jetzt kommt die Wunscherfüllung in strahlender Form. Ein Meer von Licht blendet die Augen. Der Bürgermeister ist seine Geliebte, seines bürgerlichen Herzens Meisterin, die goldene Kette die Ehekette und die roten Ordensbänder — die roten Ordensbänder bedeuten Blut — sagt die Analyse. Wie beschreibt er die Macht der Geliebten? Ich spüre fast seinen (ihren) Atem, er reißt mich mit, ich stürze ihm (ihr) nach, alle Hindernisse sind überwunden, die Tore des großen Hauses springen auf, wie von Geisterhand geöffnet. Der Kaiser fährt beim Burgtheater vorbei. Dort sah er vor einigen Tagen einen großen Leichenzug. Das Burgtheater als Symbol des Elternhauses ist nun ein überwundener Standpunkt. — Kaiser und Burgtheater — beide überwundene Standpunkte.

Er war im Traume ungeheuer erregt. Aber Kaiser und Bürgermeister lassen ihn im gewöhnlichen Leben kalt. Nur weil sie hier Symbole sind, weil der Kaiser sein größtes Hindernis, seinen Vater, und der Bürgermeister sein sehnlichstes Ziel, seine Geliebte, symbolisieren, verknüpfen sich mit diesen Traumgedanken so ungeheure Affekte. Sehr hübsch ist der Satz: Der Bürgermeister ruft erregt: Wo ist der Kaiser. Das ist gleichsam der Höhepunkt des kleinen Dramas, das sich vor uns abgespielt hat, die große Szene zwischen dem Vater und der Geliebten. Natürlich siegt sie. Wer jedoch glauben würde, daß diese Analyse einigermaßen erschöpfend ist, der würde sich einer argen Täuschung hingeben. Der Traum zeigt uns das Rätsel seiner Liebe. Er hat eine Identifizierung seiner Mutter mit der Geliebten vollzogen. Das Rathaus bedeutet ebenso die Mutter als die Geliebte; es bedeutet eben die geliebte Mutter oder die Geliebte, die die Mutter seiner Kinder werden soll. Die Mutter empfängt den Vater (Kaiser) — natürlich am Abend. Die tausendköpfige Menge bedeutet häufig die rebellischen Wünsche, die unzähligen bösen Gedanken. Die drei Gestalten, die Wache halten, symbolisieren wie die meisten Drei den Penis und die beiden Hoden. Hier ist der Penis der „eiserne Mann mit der Lanze"; die Hoden (eigelb) sind durch goldene Gewänder [1]) charakterisiert. Einer rechts, der andere links. Es entspricht einer uralten Traumsymbolik, daß der Vater auch den Gebärvater, d. h. den Penis bedeutet. Die Hoden sind natürlich „unbeweglich", nur der Penis will, daß es ihm „kommen" soll.

„Ich und einige andere haben das Glück eingelassen zu werden [2])." Natürlich, es war ja im Mutterleibe drinnen. Nun macht er aus der Vergangenheit die Gegenwart. Er wird alle Vorgänge belauschen können. (Ein Thema, das uns noch oft beschäftigen wird: die Mutterleibsphantasie!)

Die Wünsche werden immer drängender. Die drei eines anderen — werden seine Dreieinigkeit [3]). Der Kaiser verläßt durch eine Seiten-

---

[1]) „Die goldenen Kugeln" als Testikel „Anthropophyteia. II. Bd., S. 142.

[2]) Er hat zwei Geschwister. Sie sind drei Kinder in der Familie.

[3]) Interessantes Material zur Symbolik findet sich in dem Buche: „Ancient Pagan and Modern Christian Symbolism" by Thomas Juman. M. D. Second Edition. New York. Pater Ecker, Publisher. Nach diesem Autor stellt das Kreuz die Vereinigung von 4 Phalli dar, ist phönizischen Ursprungs und hat von Haus aus nichts Christliches an sich. Der Cruxansatz repräsentiert die Kombination der Dreifaltigkeit mit der Einheit. Es ist dasjenige Symbol, das man in der ägyptischen Kunst am häufigsten antrifft.

türe das Haus (d. h. er stirbt; sein Wagen verschwindet in der Volksmenge) — — — die Situation wird immer mehr einem Koitus ähnlich (treppauf — treppab) und unser Träumer erwacht.

Natürlich mengt sich die Geburtsphantasie mit der Deflorationsphantasie. Er will nicht so lange warten. Der „Eiserne Mann" ist ungeduldig. — — — —[1]).

Ein anderes Bild:

Der Traum vom zügellosen Leben.

(24.) „Ich bin in einem Tramwaywaggon, der zur Franz-Josef-Bahn fährt. Ein Pferd ist vorgespannt mit einem Zügel aus einem dünnen Strick. Der Strick zerreißt . . . ."

Diesen Traum träumte ich im Herbst nach Rückkehr meiner Frau aus einer Sommerfrische an der Franz-Josef-Bahn. Eine deutliche Wunscherfüllung, das zügellose Leben eines Strohwitwers fortzuführen; offenbar eine dunkle Unterströmung des Unbewußten. In Wirklichkeit war ich glücklich darüber, daß meine Frau die Zügel des Haushaltes wieder in die Hand genommen hatte und ich in geordneten Verhältnissen leben konnte. Meine Strohwitwerfreiheiten habe ich niemals ausgenützt. — — Aber ein geheimer Wunsch war doch vorhanden!

Das Zugpferd bin natürlich ich. Eine beliebte Symbolik für den Ehemann im Gegensatze zur Frau, die als Wächter erscheint. Die Bande, die mich an die Ehe knüpfen, sind in diesem Traume sehr dünne. Der Strick reißt. (Doppelsinnig: der Strick, d. h. der leichtsinnige Kerl reißt aus!) Auch der Todeswunsch dringt durch die Traumgedanken. Die Parzen durchschneiden den Lebensfaden [2]). Der Lebensfaden reißt.

Die infantile Schichte ist durch die Franz-Josef-Bahn — (Kaiser Franz Josef = Vater) bezeichnet. Ich komme wieder in das Jugendland, ich kehre zur Mutter zurück . . . verlasse meine Frau.

Ich möchte dieses Kapitel mit einem kurzen, aber lehrreichen Traum beschließen, der die Beziehungen zwischen Wunsch und Angst in einwandfreier Weise klarlegt.

Ein ca. 30jähriger Mann leidet an einer schweren Perversion. Er begehrt nur Kinder unter 10 Jahren. Diese Leidenschaft hat er mit Energie und Erfolg bekämpft. Er wußte seine Bestie in Ketten zu halten. Eine seiner Lieblingsideen war es, sich eine Situation auszudenken, in der die Ausführung der Perversion für ihn keine Sünde wäre. Z. B. wenn ihn Räuber dazu zwingen würden . . . . Dann wäre er ja unschuldig und könnte sich vor der irdischen und himmlischen Gerechtigkeit mit Hinweis auf die vis major verteidigen.

Dieser Mann träumte:

---

[1]) Deutlich ist auch seine bipolare Einstellung zum Vater: Haß und Liebe. Deutlich seine Homosexualität, die verschwindet, um der Heterosexualität Platz zu machen.

[2]) Der Lebensfaden heißt im Volksmunde auch der Penis. (Anthropophyteia. II. Bd., S. 112.) Das Schuldbewußtsein sich durch Onanie (Ziehen am Lebensfaden) das Leben verkürzt zu haben, ist ebenfalls ein latenter Traumgedanke. Die Vorwürfe, die man sich wegen der infantilen Onanie macht, spielen in den Neurosen eine große Rolle und finden sich als schwer aufzulösende Vexierbilder gleich den Todesgedanken in den meisten Träumen.

(25.) „Ich wurde auf freiem Felde von einem Pülcher, einem sehr starken Burschen verfolgt. Dieser hatte ein kleines Mädchen mit. Ich fürchtete, daß er mich zwingen könnte, mit dem Mädchen den Geschlechtsakt auszuführen, dachte mir aber dann: schließlich würde ich mir heute schon nicht gar so starke Gewissensbisse daraus machen. Ich lief und traf dann Leute, so daß ich gerettet war."

Der Träumer möchte also einen sündhaften Akt vollziehen unter Umständen, die ihn von der Sünde freisprechen. Er sucht die force majeure des Schicksals, in der Gestalt eines „Pülchers" [1]). Aber selbst dieser alte Wunsch ist jetzt infolge der Hemmung in Furcht verwandelt [2]).

Dieser Traum ist die Übertragung einer wachen Phantasie ins Traumleben. Er zeigt uns ein sonderbares Grenzgebiet, wo Wunsch und Angst in einem Affekt zusammenfließen.

IV.

Der Traum vom versunkenen Baum.

„Fürchterlich tief leuchtet der Traum in den in uns gebauten Epikurs- und Augiasstall hinein, und wir sehen in der Nacht alle die wilden Grabtiere und Abendwölfe ledig umherstreifen, die am Tage die Vernunft an der Kette hielt." *Jean Paul.*

Wir haben an den Beispielen der Bibel und des Artemidoros und an vielen anderen Träumen gesehen, wie die Symbolik den Schlüssel zu einer Traumdeutung liefern kann. Man sollte also glauben, eine genaue Kenntnis aller Traumsymbole müßte uns eine glatte Erklärung des Traumes ermöglichen. So einfach ist die Sache nicht. Hie und da kann man freilich schon bei flüchtiger Durchsicht eines Traumes seinen Inhalt erkennen. Aber nur hie und da! Oft ist es nicht der Fall. Und wenn man wieder eine Deutung erkannt hat, was hat das zu sagen? Jeder Traum ist mehrdeutig. Der Traum ist entstellt durch verschiedene Mechanismen, die wir zum Teile schon kennen gelernt haben, zum Teile erst später besprechen werden. Wir müssen nach Freud zwei Begriffe scharf voneinander scheiden: den manifesten Trauminhalt und den latenten Trauminhalt. Der latente ist in vielen Fällen ohne Mithilfe des Träumers nicht zu erkennen. Denn die Symbole haben nur bedingt eine bestimmte Bedeutung. Und alles kann zum Symbol werden. Auch ist die Symbolik der verschiedenen Menschen verschieden. Ein Violinkünstler wird eine andere symbolische Sprache haben als ein Gewürzkrämer. Jeder bezieht seine Symbolismen aus seinem Wissen. So stellt sich im Traume der Vater immer als eine Autorität dar, den meisten Menschen als der Kaiser, dem Chorsänger der Oper als Operndirektor, dem ewigen Schüler als der „Herr Lehrer", dem Politiker als der Ministerpräsident, dem Landbäuerlein als der Amtsrichter, dem Vagabunden als der Polizeibeamte, dem Wiener Spießer als der „Bürgermeister", dem „geistlichen Herrn" als der Papst, was nicht ausschließt, daß auch anderen der Papst (Papa!) den Vater bedeutet. Der Kaiser bedeutet

[1]) Ein Wiener Ausdruck für einen „Strolch".

[2]) Vergleiche den Fall eines Rabbiners in „Nervöse Angstzustände", Kap. XXII.

aber in den meisten Fällen den „herrschenden Gedanken", die „Dominante der Seele".

Das wollte ich nur vorausschicken, um eine einseitige Überschätzung der Traumsymbole zu verhüten. Doch beginnen wir mit einer scheinbar sehr leichten, einfachen Traumanalyse:

Frau Delta träumt:

(26.) „Ich war in einem offenen viereckigen Raum (er war nicht geschlossen!) — ein Garten oder ein Hof? — In der Ecke stand ein Baum, der ist vor unseren Augen langsam versunken, als ob er ins Wasser gesunken wäre. Ich habe geistreicherweise bemerkt, als der Baum und der Hof auch Schaukelbewegungen machten: „Da sehen wir, wie die Veränderung an der Erdoberfläche vor sich geht."

Nach diesem Traume kam ein zweites, vergessenes Traumbild, das mit einem leisen Angstaffekt schloß.

Man sieht, der Traum stellt eigentlich die Geschichte eines Erdbebens dar. Erinnerungen an die furchtbare Katastrophe von Messina haben dazu beigetragen, das Traumbild zu schaffen. (Rezenter Anlaß — oberste Traumschichte). Damals verschwand ein Dorf fast spurlos vom Erdboden, die Konturen der Küste waren an einzelnen Stellen verändert. Auch hatte die Träumerin vor ein paar Tagen einen Roman von Ganghofer „Der laufende Berg" gelesen, in dem geschildert wurde, wie ein Häuschen immer tiefer und tiefer in die Erde versank. Wir hätten somit eine einfache Reproduktion einer in der Zeitung und in einem Buche gelesenen Szene und die Angst wäre die Angst vor dem Erdbeben, die so viele Menschen gezeigt haben, als soviel von Messina und San Franzisko die Rede war.

Wenn wir nun mit Swoboda[1]) nachweisen könnten, daß die Dame vor 28 Tagen den Roman gelesen oder vor x-mal 28 Tagen, oder x-mal 23 Tagen das Erdbeben vor sich gegangen ist, so könnten wir beruhigt behaupten, es sei die einfache periodische Wiederholung eines vor einiger Zeit überstandenen heftigen Eindruckes. Gesetzt, es wäre der Fall — was wäre damit für die Analyse des Traumes gewonnen?

Wir müssen also versuchen, etwas tiefer in die Symbolik des Traumes einzudringen. Der Patientin fällt ein, daß bei einem Erdbeben einmal eine Insel aus dem Meere aufstieg, also geboren wurde. Wir ahnen gleich, das Thema dreht sich um die zwei polaren Gegensätze Geburt und Tod, Gegensätze, die im Traume oft durch die gleichen Symbolismen ausgedrückt werden. Merken wir uns das. Ein weiterer Einfall der Patientin bezieht sich auf das letzte Wiener Erdbeben. Da machte sich ein geistreicher Spötter den Spaß und sandte einer Zeitung einen wissenschaftlich klingenden, konfusen Gallimathias als Ansicht eines Fachmannes ein und bemerkte zum Schlusse: „Meine Frau verspürte auch einige Stöße", was die verschämte Redaktion in einige „Erschütterungen" verwandelte. Jetzt kommen wir dem Wesen des Traumes immer näher. Ein großer Baum, der verschwindet, Stöße, Erschütterungen, Geburt! — Was soll das bedeuten? Die Antwort ist nicht schwer.

Der ganze Traum bekommt ein anderes Gesicht. Es handelt sich um eine infantile Szene aus der frühesten Kindheit, bei der die Dame einen Koitus der Eltern beobachtet hatte. Eigentlich hörte sie nur die

[1]) „Studien zur Grundlegung der Psychologie." Ein sehr interessantes Werk, das beweist, daß gewisse Eindrücke periodisch im Traume zum Ausdruck kommen.

rhythmische Erschütterung des Bettes. Der viereckige Raum war das Schlafzimmer der Eltern und das Ehebett [1]), das auch vier Ecken hat. Die weiteren Zusätze „er war nicht geschlossen" — Garten oder Hof — dienen teils als Traumentstellung, teils als Überdeterminierung, um das Zimmer als Bett zu charakterisieren. Ebenso wie zwei Verneinungen eine Bejahung ergeben, ebenso ist hier die Einschiebung (er war nicht geschlossen) als Bejahung aufzufassen. Freud sagt sehr treffend: „Es gibt keine Verneinung im Traume". Steht in einem Traum die positive Behauptung: „Meine Frau war nicht dabei" — so bedeutet sie gerade das Gegenteil, daß nämlich die Anwesenheit der Frau peinlich empfunden und womöglich vertuscht werden soll.

Hier geht also eine Szene mit Schaukelbewegungen in einem Bette (oder Zimmer) vor sich. Was hat das mit einem im Wasser versinkenden Baum zu tun? Hier kommt uns die bekannte Traumsymbolik zu Hilfe. Das Wasser bedeutet manchmal einen Hinweis auf die Geburt [2]). Aus dem „Wasser" kommen die Kinder, so lautet die erste infantile Sexualtheorie. Im Fruchtwasser schwimmen die Kinder, lernen wir Alten. Und der Baum? Was bedeutet er anderes als das lebenserhaltende Prinzip, als den Penis? Geburt und Tod, beide werden durch den Phallus symbolisiert. Beim Koitus verschwindet der Penis unter Schaukelbewegungen in der Vagina. Der Traum lautet also in der Übersetzung: „Ich war im Schlafzimmer der Eltern. Ich sah, wie der Vater seinen Penis in die Vagina versenkte und unter Schaukelbewegungen einen Koitus ausübte. Als ein frühreifes Kind dachte ich mir: so entstehen die Kinder!"

Die Mutter wird hier als Erde, als „Mutter Erde" dargestellt. Die Veränderungen der Erdoberfläche (das Anschwellen des Bauches) symbolisieren die Gravidität.

Hier stoßen wir auf ein sonderbares Problem. Das Problem vom Leben und Sterben im Traume. Ist es nicht merkwürdig, daß Gegensätze dasselbe bedeuten sollen? Gravidität und Erdbeben? Denn eine weitere Bedeutung des Traumes besagt, daß es sich um Tod handelt. Darauf wollen wir später noch zurückkommen.

Hier möchte ich nur aufmerksam machen, daß ein deutscher Gelehrter schon längst diese Zusammenhänge gekannt hat. Schubert [3]) sagt in der seiner Zeit eigentümlichen, etwas blütenreichen Sprache:

„Dasselbe, was wir bei der Sprache des Traumes bemerken, jenen Ton der Ironie, jene eigentümliche Ideenassoziation und den Geist der Weissagung, finden wir denn auch auf ganz vorzügliche Weise in dem Original der Traumwelt, in der Natur wieder. In der Tat, die Natur scheint ganz mit unserem versteckten Poeten einverstanden und gemeinschaftlich mit ihm über unsere elende Lust und lustiges Elend zu spotten, wenn sie bald aus Gräbern uns anlacht, bald an Hochzeitsbetten ihre Trauerklagen hören läßt, und auf diese Weise Klage mit Lust, Fröhlichkeit mit Trauer wunderlich paart, gleich jener Naturstimme, der Luftmusik auf Ceylon, welche im Tone einer tiefklagenden, herzzerschneidenden Stimme furchtbar lustige Menuetten singt. Die Zeit der Liebe und der Freude ist es, wenn die Nachtigall ihren klagenden Gesang am meisten hören läßt, worin sie nach einem dichterischen Ausdruck die Rose über Gräbern besingt, und alle Freudengesänge der Natur haben den klagenden Mollton, während umgekehrt ein ephemeres Geflügel den Tag seiner

---

[1]) In diesem Sinne „viereckig" wird auch Tisch für Bett gebraucht. Beachte die Redewendung: „Trennung von Tisch und Bett".

[2]) Einer zusammenfassenden Darstellung der Geburtsträume ist ein späteres Kapitel gewidmet.

[3]) „Die Symbolik des Traumes". Leipzig, F. A. Brockhaus, 1840.

Hochzeit unmittelbar am Grabe, am Tage des Todes feiert. Tod und Hochzeit, Hochzeit und Tod liegen sich in der Ideenassoziation der Natur so nahe, wie in der des Traumes, eines scheint oft das andere zu bedeuten, eines das andere herbeizuführen oder vorauszusetzen; sie erscheinen öfters in der Sprache der Natur als zwei gleichbedeutende Worte, davon nach Gelegenheit eines für das andere gesetzt wird. Die Erzeugung und letzte Auflösung der Körper sind sich, wie schon anderwärts bemerkt worden, in der ganzen Natur, sowohl in Hinsicht der Erscheinungen als der dabei hervorkommenden Stoffe, unmittelbar verwandt und gleich; Phosphorus ist Morgen- wie Abendstern, Fackel der Hochzeit und des Todes, und während der eine Teil des immer kreisenden Rades sich zur neuen Zeugung emporhebt, geht der andere in demselben Verhältnis hinabwärts. Schmerz und Lust, Lust und Schmerz sind auf dieselbe Weise verbrüdert; das Kind der Freude wird mit Schmerzen geboren, auf den höchsten Grad der sinnlichen Unlust und Qual folgt, selbst schon im Zustande der Ohnmacht und des Scheintodes die höchste Lust; umgekehrt ist die sinnliche Lust eine Gebärerin des Schmerzes.

Jene seltsame Verschwisterung scheint die Vorwelt wohl verstanden zu haben, wenn sie den Phallus oder dessen kolossales Sinnbild, die Pyramide, als Malzeichen auf Gräber gestellt, oder das geheime Fest der Todesgottheit mit Vortragung des Phallus gefeiert; obgleich jene Aufopferung des Werkzeuges sinnlicher Lust der rohe Ausdruck auch noch eines anderen tieferen Verständnisses gewesen. Mitten unter den Todesfeierlichkeiten und Trauerklagen der Mysterien ertönte, wie in einer Shakespearischen Tragödie, die Stimme des Lachens über Baubo und Jacchus; mitten unter zum Teil komischen und heiteren Festlichkeiten blickte öfters ein sehr ernster und tragischer Sinn hervor." (S. 38).

Wir werden auch in unserem Traume nach tieferen Zusammenhängen forschen. Wir erfahren eine weitere Bedeutung des Traumes: Er ist eine Todesphantasie. Sie liegt im Grabe. Ein ihr gepflanzter Baum sinkt immer tiefer in die Erde, wie sie es auf Friedhöfen öfter gesehen hat. Der Raum, in dem sie liegt, der viereckig ist, ist das Grab [1]).

Wie der Erdgeist im Faust verkündet:

„Geburt und Grab,
Ein ewiges Meer,
Ein wechselnd Weben,
Ein glühend Leben."

Sie liegt also im geschlossenen Grabe, am Friedhofe, wo Blumen blühen (Garten) und Bäume zum Gedenken gepflanzt werden und versinken.

Beim jüngsten Gericht öffnen sich die Gräber und die Toten steigen wieder auf. Wehe! Wie hat sie ihr Leben verbracht? War es nicht eine Kette von sündigen Gedanken? Hier sehen wir das tiefe Schuldbewußtsein, das sich am Schluß des Traumes als Angst entladen muß.

Damit ist die Deutung dieses Traumes noch nicht erschöpft. Das Wichtigste soll noch kommen. Die Angst am Schlusse deutet auf unterdrückte Sexualität; auf Wünsche, die als unerreichbare, unerfüllbare, verbrecherische sich in Angst gewandelt haben. Wir erfahren, daß ihr Mann aus Angst vor dem Kindersegen viele Jahre den „Coitus interruptus" gepflegt hat. Diese Angst vor der Gravidität drückt sich auch in diesem Traumbilde aus. Auch Befürchtungen, ihr Mann, der ein so gesunder

---

[1]) „Eine Dame träumt, sie gehe einer Dame ihrer wirklichen Bekanntschaft, welche sich an wirklicher langwieriger Krankheit dem Tode nahe befand, einen Krankenbesuch abstatten; wie sie hinkommt, erstaunt sie nicht wenig, dieselbe im Wochenbett zu finden, worüber sie im Hinblick auf das Alter der Patientin und ihres daneben stehenden erwachsenen Sohnes sich gar nicht zu fassen vermag. (Hier ist der Zustand der Bettlägerigkeit bei Sterben und Gebären das Assoziationsmoment.)" (Das Leben des Traumes von Karl Albert Scherner. Berlin. Verlag von Heinrich Schindler, 1861, S. 147.)

kräftiger Mensch ist, könnte ihr plötzlich sterben, er könnte ihr untreu werden usw.[1]).

Hier führt eine Brücke zu den wichtigsten Traumgedanken. Sie hat ein einziges Kind, einen Sohn, der in den nächsten Monaten heiraten soll. Am Vorabend des Traumes kam ihre künftige Schwiegertochter zu ihr, und sie sprachen über die Ausstattung. Man legte Modelle verschiedener Hemden vor und das Mädchen meinte zu einem Modell, das vorne zu schließen war: „Das ist ja sehr bequem. Wenn ich einmal Amme sein werde, kann ich solche Hemden brauchen". Sie staunte über die Freiheit, mit der die modernen Mädchen über diese Dinge sprechen können. Sie war als Mädchen ganz anders. Einen Moment lang durchzuckte sie der Haß gegen das blühende, junge, reiche Mädchen, das ihr das Herz ihres einzigen Sohnes geraubt hatte.

Jetzt verstehen wir die dritte Bedeutung des Traumes. Der Baum, der im Wasser versinkt, das ist ihr Sohn[2]). Sie sieht ihn im Geiste in der Brautnacht, sie sieht die Gravidität ihrer Schwiegertochter voraus. Sie ist eifersüchtig und leidet schwer unter dieser Eifersucht. Der kleine Sohn, dessen Amme sie gewesen, hat häufig im Traum die Bedeutung eines Penis. Hier steht er für beides. Der Traum lautet also: Ich sehe das Ende meiner Liebe voraus. Mein Sohn wird bald heiraten. Immer mehr verschwindet er für mich. Ich bedeute ihm immer weniger. Er geht ganz in seiner Liebe auf. (Der versinkende Baum!) Er wird seine Frau gravid machen, er wird Vater werden. So ändern sich die Zeiten.

Nun wäre es sehr interessant, zu erfahren, was die Fortsetzung des Traumes besagt. Wie sie sich aus diesen Schwierigkeiten befreit. Das ist das wichtigste Stück des Traumes und deshalb vollkommen unterdrückt.

Wir können nur aus anderen Analogien schließen, aus früheren Träumen der Patientin — um eine solche handelt es sich — daß das fehlende Stück vom Tode der jungen Rivalin handelt. Eine solche Rivalin starb ihr einmal vor 4 Jahren, und da brach infolge der Vorwürfe, die sie sich im Unbewußten machte, die Neurose aus. Jetzt treiben ihre Gedanken dasselbe Spiel und reagieren auf diese Schuld mit der Sühne der Angst.

Die Angst ist in letzter Linie immer die Angst vor sich selber[3]).

Der wichtigste Gedanke ist hier der verdrängteste. Es ist der Todesgedanke. Bevor sie ihrer Schwiegertochter den eigenen Sohn gönnt,

---

[1]) Die Angst, der Mann könnte sterben, verrät ihren geheimen Wunsch. Der Mann ist ein Gefangener und darf sie keinen Moment lang allein lassen. Wir können die Motive verstehen: Er soll nicht von ihr gehen, d. h. sterben.

[2]) Sie hat ihn gepflanzt, ihn aufgezogen, ihn gepflegt. Er sollte ihre Stütze sein!

[3]) Vergleiche die Worte, die Richard III. nach dem furchtbaren Traume vor der Schlacht spricht:

„Was fürcht ich denn? Mich selbst? Sonst ist hier niemand.
Richard liebt Richard: das heißt Ich bin Ich.
Ist hier ein Mörder? Nein. — Ja — ich bin hier.
So flieh! — Wie? Vor dir selbst? Mit gutem Grund:
Ich möchte rächen. Wie? Mich an mir selbst?
Ich liebe mich ja selbst. Wofür, für gutes,
Das ich je selbst hätt' an mir selbst getan?
O leider nein! Vielmehr hass' ich mich selbst!"

möchte sie ihn lieber sterben sehen. Er soll sterben, er soll verschwinden. Man gräbt ein Grab und legt einen Menschen hinein. Das sind für sie die wichtigsten Veränderungen der Erdoberfläche.

Solche böse Gedanken müssen eine Hemmung erfahren und sich als Angst äußern. Denn sie liebt ja ihren Sohn. Sie will ihn nicht verlieren.

In jeden Traum spielt das Problem des Todes hinein. Es gibt keinen Traum, hinter dem nicht das Gespenst des Todes steht.

Unsere Patientin lebt nur mit den Toten. Sie ist reich an Geistern (geistreich).

Noch ein anderer blühender Baum ist ihr ins Unbewußte (das Wasser als Symbol der Seele!) versunken. Sie hatte einen Bruder, den sie über alles liebte. Dieser Bruder kam zu ihr ins Bett, als sie 17 Jahre alt war. Es kam zu keinem Koitus. Aber er gab ihr den Penis in die Hand und berührte mit der Glans ihre Scheide. Dieser Vorgang wiederholte sich durch ein ganzes Jahr. Dann kamen sie zur Besinnung. Der Bruder heiratete dann und sie wurde auf ihre Schwägerin maßlos eifersüchtig. Sie wünschte ihr den Tod. Da starb der Bruder an einer Lungenentzündung. Sie machte sich Vorwürfe, sie könnte an seinem Tode schuld sein. Sie hatte ihm ja den Tod gewünscht. Ehe sie ihn der Schwägerin gönnte, sollte er lieber sterben. Jetzt soll ihr Sohn heiraten. Das Gesetz des „Psychischen Parallelismus“ und von der „Wiederkehr des Gleichen“ (Nietzsche) besagt, daß die gleichen Situationen die gleiche Einstellung bringen.

Weitere Beziehungen des Traumes gehen auf die Onanie (Schaukelbewegungen) und auf die Bisexualität [1]). Doch ich würde meine Leser verwirren. Der Traum ist schon zu schwer geworden. Es gibt eben keine einfachen Träume!

V.

Die Traumentstellung.

(Zwei Träume vom Nachlaufen. Mein politischer Bismarcktraum. Der Traum von der prächtigen Villa. Der Traum vom Zuckerbäcker.)

Wir haben an zahlreichen Beispielen gesehen, daß der Traum eine symbolische Sprache spricht, daß mit der Auflösung der Symbolismen eine teilweise Erklärung des Traumes möglich ist. Ich betone es noch einmal: nur eine teilweise Erklärung, weil außer den Symbolismen noch verschiedene Vorgänge der Traumentstellung eine Rolle spielen, die ich hier erwähnen muß. Eine der wichtigsten Formen der Traumentstellung ist die Verkehrung in das Gegenteil. Dies ist schon den ältesten Traumdeutern bekannt gewesen, und auch vom Volke in ähnlicher Weise aufgefaßt worden. Träumte einer vom Tod, so weissagte das

[1]) Auch die sogenannte Mutterleibsphantasie, d. h. die Vorstellung im Leibe (Sarg!) der Mutter zu sein und alle Vorgänge des ehelichen Lebens zu beobachten, kommt in disem Traume zum Durchbruch. Sie leidet an der Angst, „lebendig begraben zu werden“.

ägyptische Traumbuch Geburt; erlebte jemand im Traume ein großes Unglück, so hatte das nach Ansicht der alten Traumdeuter ein großes Glück zu bedeuten. Über diese Auslegungen des Volkes haben sich manche Gelehrte lustig gemacht; es scheint aber, daß, wie Freud sehr treffend bemerkt, das Volksbewußtsein der Wahrheit viel näher gekommen ist als die Weisheit der Gelehrten. Eine ganze Reihe von Träumen wird nur dadurch zu deuten sein, daß wir das Prinzip der Verkehrung ins Gegenteil anwenden. „Kot bedeutet Gold. Gold und Kot sind Gegensätze, daher sich das Teufelsgeld der Sage nach in Dreck verwandeln muß. Eine Eigentümlichkeit des Traumes ist es aber gerade, Gegenteil für Gegenteil zu setzen. So bedeutet es Krankheit, wenn man jemanden geputzt sieht, Zank, wenn man sich lieb hat und so ist lebhafte sinnliche Freude im Traume nicht selten eine Vorbotin von Schmerzen: „Vae ribi ridenti, quia mox post gaudia flebis." (Kleinpaul — Sprache ohne Worte.)

Das lehrreichste Beispiel, das mir je untergekommen ist, will ich gleich mitteilen. Eine Dame sagte mir: Träume sind Unsinn. Es ist schon das viertemal, daß ich folgenden lächerlichen Traum geträumt habe:

(27.) „Eine kleine, alte, häßliche Frau läuft mir um den Tisch herum nach; ich habe Angst und wache mit Schrecken auf."

Die Deutung war sehr einfach. Übersetzen wir die kleine, alte, häßliche Frau in das Gegenteil, so erfahren wir, daß ihr im Traume ein großer, junger, schöner Mann um den Tisch herum nachgelaufen ist, ein Vorgang, der natürlich einen Wunsch dieser üppigen mit einem sehr schwachen, zarten Manne verheirateten Dame darstellt, einen Wunsch, der durch Verdrängung zu Angst geworden ist. Die Fortsetzung des Traumes fällt der Dame erst nach meiner Deutung ein und gibt uns eine Bestätigung unserer Erklärung. Die bewußte alte Frau des Traumes reißt der Dame die Bluse auf und will ihr die Hand in den Busen hineinstecken, ein Vorgang, der für die alte Frau vollends unverständlich, für den jungen Mann in dieser Situation, die eine Vergewaltigungsphantasie darstellt, begreiflich ist. Wir lernen wieder ein Phänomen des Traumes kennen, welches „Verlegung von unten nach oben" (Freud) heißt. In vielen Träumen spielt sich alles, was sich unten abspielen soll, oben ab und auch umgekehrt. Das ist eine außerordentlich häufige Form der Traumentstellung, ein Vorgang übrigens, der auch in der Symptomatologie der Neurosen eine große Rolle spielt. Wenden wir das Prinzip von unten nach oben an, so ergibt sich der Wunsch, der Mann möge ihr an die Genitalien greifen.

Die alte Frau, die ihr ans Herz greift, ist der Tod. Eine uralte Symbolik. Jede Angst ist auch Todesangst. Eigentlich auf Umwegen immer Todesangst.

So spielen hier Sehnsucht zu leben und Angst zu sterben, die Angst zu leben (sich auszuleben) und der Wunsch zu sterben ineinander. Übrigens ist diese Form der Traumentstellung geradezu sprachlich begründet.

Sprachforscher haben darauf hingewiesen, daß in der Ursprache viele Worte einen Doppelsinn hatten, indem sie sowohl die eine Bedeutung als die gegenteilige Bedeutung ausdrücken konnten.

In den Träumen spielt dieser Gegensinn eine große Rolle. Die wunderbarste Eigenschaft des Menschen, seine „Bipolarität", äußert sich in diesem hochinteressanten psychischen Phänomen. Es gibt, wie Freud treffend bemerkt, kein „Nein" im Traume. Aber in diesem Sinne auch kein „Ja". Der Traumgott ist der Typus eines Zweiflers.

In manchen Träumen wird dieser Gegensinn geradezu ausgedrückt, und zwar durch einen Zweifel, so im folgenden Traum eines an Berufsneurose leidenden Künstlers:

(28.) „Ich bin vor jemandem davongelaufen oder jemanden nachgelaufen, durch Wasser, Stiegen und Zimmer.

Mit einem sehr interessanten politischen Traum, in dem die Umkehrung eine große Rolle spielt, setze ich diese Reihe fort.

(29.) „Ich bin in der Hofburg und sehe Bismarck. Ich schreie mit anderen Leuten: „Hoch!" Da fängt einer die Volkshymne an. Ich stimme kräftig ein. Einige Leute fallen auf die Knie ..... Dann sehe ich Bismarck wieder. Wir sprechen über den Vorfall, auch über die Bücher, die er mit hat. Ich erkläre ihm, daß bei uns in der Bibliothek eine fühlbare Lücke sichtbar wird, wenn wir einige Bücher auf die Reise mitnehmen. Er meint, er habe die Empfindung nie gehabt, was ich damit erkläre, daß bei seiner ungeheuer großen Bibliothek einige Bücher mehr oder weniger nicht in Betracht kämen."

Wie man sieht, ein politischer Traum, bei dem einige Deutschnationale Bismarck durch aufdringliches Hochschreien dadurch unangenehm werden, daß sie gewissermaßen als Reaktion die Antwort der guten Patrioten, die Volkshymne, herausfordern. Und doch! Dieser Traum hat, wie die meisten politischen Träume, mit Politik gar nichts zu tun. Ich träumte ihn in P., einer lieblichen Gartenstadt am Wörthersee. Dort hatten wir unser Sommerquartier aufgeschlagen. Leider sollte mir mein Urlaub nicht ohne schweren Kummer verstreichen. Eine Woche vor der projektierten Abreise nach P. erhielt ich beunruhigende Nachrichten von F., wo meine hochbetagte Mutter lebte. Ein Telegramm rief mich an ihr Krankenlager. Ich fand sie in einer schlimmen Situation, die meine tägliche Anwesenheit erforderte. Unter solchen Umständen war an P. nicht zu denken. Ich faßte rasch den Entschluß, meine Familie aus P. zu holen und in Abbazia einzuquartieren, von wo aus ich meine Mutter täglich besuchen konnte. Auch erhoffte ich von der Anwesenheit meiner Familie für die Kranke freudige Anregungen, die die Genesung beschleunigen konnten. (So war es in der Tat. Es gibt keinen besseren Arzt als die Freude!) Ich blieb also einige Tage in F., bis der Zustand sich etwas besserte, und fuhr dann nach P., das ich schweren Herzens verlassen sollte. In der zweiten Nacht meines dortigen Aufenthaltes träumte ich meinen „politischen" Traum.

Und nun die Analyse: „Ich bin in der Hofburg". Meine Sommerwohnung gefiel mir außerordentlich gut. Es war eine Villa mit großer Veranda, von der man einen entzückenden Blick auf Maria-Wörth hatte. Alles war so vornehm und komfortabel, daß meine Kleine den Ausspruch tat: „Der Kaiser kann nicht schöner wohnen". Hofburg drückt also das Vornehme in einer Sommerwohnung aus. Eine weitere Beziehung bildet der Name des Eigentümers. Er heißt nämlich Schweinburg. Es ist der Baumeister, der das Bürgertheater in Wien erbaut hat, das ein naheliegender Kalauer Schweinburg-Theater getauft hat. Die Hofburg des Traumes ist also meine Villa und der Anfang des Traumes lautet: Ich bin in P., in meiner vornehmen, herrlich gelegenen Sommerwohnung. „Und sehe Bismarck". Was hat Bismarck mit P. zu tun? Auch das ist leicht zu deuten. Der Bismarck des Traumes war ein auffallend großer magerer Mann mit gelblich verfallenem Teint und weißem Schnurrbart. Der Traum leistet sich hier den häufig vorkommenden Witz, durch Verkehrung in das Gegenteil den Trauminhalt zu verbergen. Der große magere Mann mit weißem Schnurrbart und gelblichem Teint ist ein kleiner dicker, blühend aussehender Herr mit einem dunklen Schnurrbart, mein Kollege Dr. M., dessen Sommerwohnung in P. im Vorjahre mir so gefiel, daß ich mir die gleiche, nur einen Stock tiefer gemietet hatte. Dr. M. hatte einen unangenehmen Streit in einem Verein, dem wir beide angehörten, mit so großer diplomatischer Kunst geschlichtet, daß ich ihm damals versicherte: Bismarck hätte das nicht besser ausführen können. Außerdem hatte mir ein zweiter Kollege über Dr. M. gesagt, er wäre sehr klug und erfahren, ein zweiter Bismarck in seinem Beruf. Er sollte sich auch diesmal als Bismarck bewähren und mir behilflich sein, meinen Kontrakt bezüglich der Sommerwohnung ohne allzu großen Schaden zu lösen, damit ich rasch zu meiner Mutter zurückkehren könnte.

„Ich schrie mit anderen Leuten „Hoch". Wir sind eine Gesellschaft, die alle P. mit Recht preisen. Wir loben die liebliche Lage am See, die Reinheit der Wege. Man gehe überall wie in einem großen Garten, könne schöne Ausflüge machen; wir heben das angenehme Bad, die reizende Lage des Etablissements hervor usw.

„Da fängt einer die Volkshymne an". Herr S., ein Mann aus dem Volke, jetzt sehr wohlhabend, meinte, der Ort wäre sehr teuer. Er habe in einigen Wochen eine Unmenge Geldes gebraucht. Der Ort sei nicht geeignet für gewöhnliche Sterbliche.

„Ich stimme kräftig ein", das entspricht den Tatsachen. Der Mangel eines guten Gasthauses mit bürgerlichen Preisen könnte mir den Aufenthalt in P. verleiden.

„Einige Leute fallen auf die Knie", bezieht sich auf das lächerlich demütige Benehmen, das einige Menschen vor dem Besitzer des Etablissements zeigen.

„Dann sehe ich Bismarck wieder, wir sprechen über den Vorfall". Vorfall ist ein wichtiges Wort. (Ein Wechsel, der den Zug auf ein anderes Geleise bringt.) So lautet der Name der Krankheit, die einem mir teuren Wesen böse Stunden bereitet. Doch das würde uns in eine andere Richtung des Traumgedanken bringen. Hüten wir uns vor Abschweifungen und führen wir die Deutung in der begonnenen Richtung weiter. Ich sprach mit Dr. M. über meine Sorgen, und er versicherte mich seiner Mithilfe bei der Lösung des Kontraktes. „Auch über die Bücher, die er mithat. Ich erkläre, daß bei mir in der Bibliothek eine fühlbare Lücke sichtbar wird, wenn wir einige Bücher auf die Reise mitnehmen. Er meint, er habe die Empfindung nicht gehabt, was ich damit erkläre, daß bei einer so ungeheuer großen Bibliothek einige Bücher mehr oder weniger nicht in Betracht kämen." Es handelt sich um das Sparkassenbuch, das ich vor meiner Abreise ins Depot gab. Meine Frau, die immer die zurückhaltende sparsame Kraft unseres Haushaltes darstellte, meinte, die Ausgaben des Sommers — ich wollte heuer das erste Mal sechs Wochen der Ruhe pflegen — würden eine fühlbare Lücke in unserem bescheidenen Besitzstand erzeugen. Dr. M., der ebenfalls sechs Wochen ausbleibe, sei wohlhabend und könne sich den Luxus eher erlauben. Diesen Gedankengang nimmt mein Traum auf. Tatsächlich habe ich mit Dr. M., über die Kosten des Sommerurlaubes gesprochen [1]).

Soweit wäre der Traum bis jetzt gedeutet. Er enthüllt gewissermaßen Reuegedanken, daß ich einen so kostspieligen Sommeraufenthalt gewählt. Es ist, als ob ich Dr. M. im Traume sagen würde; „Ja, du kannst es dir leisten, in der Hofburg zu wohnen. Was liegt daran, wenn du dich auch einiger Sparkassenbücher beraubtest? Ich bin ein Mann aus dem Volke, dem ein einfacher, billiger Landaufenthalt auch genügen würde!"

Forschen wir weiter. Ich habe schon erwähnt, daß das Wort „Vorfall" der Wechsel ist, der in ein anderes Geleise führt. Gehen wir einmal auf dem anderen Geleise weiter ....

Es gibt eine Reihe von Traumsymbolen, die mit fast gesetzmäßiger Folge eine genaue Übersetzung gestatten. So ein Symbol ist auch der Kaiser im Traume, von dem ich schon sagte, daß er gewöhnlich den Vater darstellt. Wenden wir diesen Schlüssel an, so ist die Hofburg die Wohnung meines Vaters, und Bismarck, das wäre meine Mutter. Das stimmt noch besser. Ein auffallend hoher, magerer Mann — stellt in der Umkehrung eine kleine dicke Frau dar, eben meine Mutter, die der Vater immer seinen Bismarck genannt hat. Klugheit ist ihre hervorragendste Eigenschaft. Ebenso stimmt der krankhaft gelbliche Teint. Ich habe meine Mutter schwerkrank getroffen und war entsetzt über den fahlen, leidenden Ausdruck ihres Gesichtes. Bismarck stellt also zwei Personen dar, ein Vorgang, den Freud „Verdichtung" genannt hat. „Ich schreie mit anderen Leuten „Hoch". Wir wünschen, sie möge sich bald erholen. „Kopf hoch — Mütterchen! Es wird schon besser werden!" habe ich der betagten Kranken, die mir vom Sterben und Testament sprach, gesagt. Da fängt einer die Volkshymne an. Die heißt ja: Gott erhalte — Gott beschütze — unsern Kaiser. In diesem Falle: meine Mutter. „Einige Leute fallen auf die Knie" entspricht einer Szene bei dem Wiedersehen. „Wir sprechen über den Vorfall" ... eine Reproduktion eines tatsächlichen Ereignisses. „Auch über die Bücher, die er mithat usw. . . ." enthält die Lösung des Traumes. Ich habe der Mutter gestanden, daß ich mit dieser Reise ein großes Opfer gebracht habe. (Ein Sparkassenbuch.) Sie sprach von der Verteilung ihrer Schmucksachen, die für uns nicht als Geldwert, sondern nur als teure Andenken in Betracht kommen.

Im Traume jedoch mache ich meine Mutter zu einer immens reichen Frau mit einer ungeheuer großen Bibliothek. Die Wunscherfüllung ist nun klar. Wir Geschwister sind die Erben. Statt der Reliquien erhalten wir ungeheure Summen Geldes, sie ist ja reich wie eine Fürstin (Bismarck). Der Traum enthüllt mir einen häßlichen, unangenehmen, peinlichen Gedanken, den ich im Wachen nie gehabt habe, der aber unbedingt in meiner Seele geschlummert haben muß. Als die Mutter von der Verteilung ihrer kärglichen Güter

[1]) Das Sparkassenbuch bedeutet hier auch das Weib. Ich habe in meiner Broschüre „Keuschheit und Gesundheit" den Ausspruch getan: „Für die Spermatozoen gibt es keine Sparbüchse". Dr. M. gilt als Schätzer der Frauen. Ich imputiere ihm einen Harem, während ich nur eine Frau habe. Nach der „symbolischen Gleichung", über die wir im nächsten Kapitel sprechen werden, bedeutet Sperma auch Geld. (Beachte die Ausdrücke „Fühlbare Lücke" und „Ungeheuer große Bibliothek" von diesem Gesichtspunkte aus!)

gesprochen, muß ich eine Regung unterdrückt haben, die, in Worten ausgedrückt, ungefähr so gelautet hätte: „Was sprichst du denn von deiner armseligen Erbschaft, als ob es sich um große Summen handeln würde. Die Kosten meiner Reise wirst du mir doch nicht ersetzen können.“

Ich brauche nicht erst zu betonen, daß meinem Wachbewußtsein derartige Gedanken vollkommen fremd sind. In Geldsachen bin ich alles eher als ein guter Rechner und von übertriebener Feinfühligkeit. Daß aber solche unbewußte Strömungen selbst die edelsten Gefühle bei guten Menschen begleiten können, das sollte uns mild stimmen gegen alle Menschen, die wir ohne Kenntnis der näheren Umstände als „schlecht“ bezeichnen. Doch noch immer fehlt der Analyse die Anknüpfung an die Kindheit. Sie ist vorhanden. Sie erinnert mich an einen der bösesten Augenblicke meiner Kindheit. Ich war ein kleiner Knabe und stand vor der großen Bibliothek, die den Stolz meines um sechs Jahre älteren Bruders bildete. Plötzlich durchzuckte mich ein Gedanke: „Wenn dein Bruder jetzt sterben würde, so wäre diese Bibliothek dein.“ Erschreckt lief ich davon. Ich kam mir als ein großer Sünder vor, und die Erinnerung an diesen bösen Gedanken hat mir oft die Schamröte ins Gesicht getrieben. (Ein ähnliches Erlebnis erzählt Sudermann in einer Novelle „Die Geschwister“.) Auch glaube ich damals mit der Versuchung gekämpft zu haben, einige Bücher zu stehlen und beim Antiquar zu verklopfen, ein Weg, der mir mit meinen eigenen Büchern nicht ungeläufig gewesen.

Der schöne politische Traum hat also noch eine tiefere Motivierung. Meine Mutter ist reich. Aber ich bin der alleinige Erbe. Mein Bruder kommt nicht in Betracht. Der häßliche Wunsch des Knaben hatte noch Kraft, die Bildersprache des Traumes zu beeinflussen. (Bibliothek.) Drei Wochen später hatte ich in Abbazia einen Traum, der die Fortsetzung des ersten bildete. Ein Beweis, daß die Traumgedanken dasselbe Thema in verschiedenen Formen variierten.

(30.) „Ich bin in Neuwaldegg. Eines der letzten Häuser ist eine prachtvolle Villa, die meiner Mutter gehört. Ich steige eine Marmortreppe hinauf und komme in einen riesigen Salon, der mit verschwenderischer Pracht — rot in Gold — ausgestattet ist. Ah — sage ich; da haben wir alle ja bequem Platz‘“

Die Vorgeschichte des Traumes ist teilweise bekannt. Ich hatte eine Wohnung in Abbazia genommen, in der wir ziemlich gedrängt beisammen waren. Auch meiner Mutter hatte ich ein Zimmer gemietet, das mir jedoch nicht elegant genug vorkam. Im Traume bin ich in Wien. Bequemer kann man es sich nicht mehr einrichten, wenn man statt nach dem fernen Abbazia nach Neuwaldegg, einem Vororte Wiens, fährt. Meine Mutter ist eine reiche Dame. In ihrem Salon haben wir alle bequem Platz. Da fällt mir noch die Fortsetzung des Traumes ein: „Herr W. will unserem Diener eine Krone Trinkgeld geben, was dieser spöttisch ignoriert“.

Einen Tag vorher habe ich an Herrn W. eine Krone im Tarok verloren. In der nächsten Nacht nimmt sie nicht einmal „unser“ Diener als Trinkgeld an. Das spricht Bände . . . . . Der Traum ließe noch ebenso wie der erste, eine tiefere Analyse zu. Ich muß es mir versagen, darauf einzugehen. Ich habe ja ohnehin zuviel von dem geopfert, was die meisten Menschen scheu verbergen.

Der Traum vom Zuckerbäcker.

(31.) „Ich bin auf der Straße. Ein großer — nein, ein mittelgroßer, eher kleiner Mann, mit einem schwarzen herunterhängenden Schnurrbart hält meine Hand und will mich nicht loslassen. Er will mich drücken. Ich sage: Lassen Sie mich los, sonst rufe ich einen Wachmann, der dort neben meinen Kindern steht. Er will trotzdem drücken. Ich schreie laut: Wachmann, Wachmann! Der Wachmann hört meinen Ruf nicht. Der Mann will noch stärker drücken. Ich winde mich hin und her und schüttle die Hand so fest, daß der Druck gar nicht wehtut. Dabei schreie ich wieder: Wachmann, Wachmann! Der Wachmann bemerkt uns und läuft auf uns zu. Der Mann wird verhaftet (?). Plötzlich sind wir in der Liliengasse. Ich mit meinen zwei Kindern im Zimmer, in der Küche der schwarze Mann, der jetzt einen großen schwarzen Bart hat. Ein schmales Vorzimmer trennt uns. Der Mann heißt Pellmann und hat vor Gericht durch sein erstaunliches Gedächtnis Aufsehen gemacht. Ich kann die Türe nicht absperren. Wie er draußen ist, sperre ich ab. Er kommt aber von hinten in mein Zimmer. Ich sage ihm lachend: Freilich, einem so guten Turner kann ich nichts anhaben. Er sieht aus wie Sokrates — der Sturmgeselle."

Ein sonderbarer, widersinniger Traum. Dringen wir in das Gestrüpp des Traumgedankens und zerfasern wir das dichte Gewebe.

Der Traum knüpft an zwei Erlebnisse des Vortrages.

Ein Herr R. hatte mir mitgeteilt, daß er sich mit dem ägyptischen Traumbuche beschäftigt habe, weil er darin soviel Anklänge an Pellmans Gedächtnislehre gefunden habe; dann sah ich im Kaffeehause eine Illustration aus dem Sudermannschen Stücke „Sokrates der Sturmgeselle"; ferner ein satirisches Bild: Sudermann nimmt den Kampf gegen die Kritik auf. Das die rezenten Anlässe. Beginnen wir die Analyse: „Ich bin auf der Straße". Mir fällt dabei die Landesgerichtsstraße ein und der Ort, wo sich die Handlung abspielt, ist der kleine Park vor dem Czerninpalais, in dem sich die Czerningalerie befindet. In der Czerningalerie ist mir das Verständnis der Malkunst aufgegangen. Besonders eine Szene mit Professor Ehrmann fällt mir ein. Wir standen vor dem Bilde von Paulus Puter, nein es soll ja „Potter" heißen. Er rief aus: „Das Bild hat Luft! Luft! Luft!

Ein großer — nein ein mittelgroßer — eher kleiner Mann mit einem schwarzen herunterhängenden Schnurrbart hält meine Hand und will mich nicht loslassen. Da fällt mir ein Herr Rummel, Zuckerbäcker in meiner Heimat ein, den ich überhaupt nur einige Male und das letzte Mal vor 15 Jahren gesehen habe. Dieser Rummel hatte einmal ein herzlich seichtes Feuilleton unter dem Pseudonym Lemur [1]) geschrieben, das mich zu den Lessing nachempfundenen Versen veranlaßte:

Wer wird nicht einen Lemur lesen —
Doch wird ihn jemand loben? nein!
Wir wollen weniger gelesen
Und mehr belobet sein. —

Was soll die Schilderung ein großer, nein ein mittelgroßer, eher kleiner Mann bedeuten? Offenbar eine Person, die alle diese Eigen-

[1]) Eine Umkehrung von Rummel.

schaften in sich vereinigt, in diesem Falle ich selber. Ich, der ich mir einbilde ein großer, nein ein mittelgroßer Forscher zu sein, und in Wahrheit ein kleiner bin. Jetzt verstehe ich den Zuckerbäcker. Ich setze meinen Lesern Zuckerwaren vor, wie der Herr Rummel, Feuilletonist und Zuckerbäcker gleich mir. Tatsächlich habe ich mich am Vorabend des Traumes mit meinem Buche beschäftigt. Ich fürchtete, es sei nicht tief genug, es werde nur „Zuckerwerk" enthalten. Ich habe beschlossen, diese Bonbons, wie mir einmal ein Kollege gesagt hat, auszumerzen. Aber der nun folgende Passus: Er will mich nicht loslassen, er will mich drücken (d. h. das Niveau meiner Leistungen herunterdrücken). Der Wachmann, der bei den Kindern steht, ist eine Wachfrau, nämlich meine eigene Frau, die an meine Leistungen den strengsten Maßstab legt und sehr selten zufrieden zu stellen ist. Sie soll mir helfen — den „Rummel" in meiner Brust loszuwerden. Der Wachmann hört meinen Ruf nicht. Meine Frau befaßt sich meiner Meinung nach zu wenig mit meinen Arbeiten. Ich wende mich hin und her und schüttle die Hand so fest, daß der Druck nicht weh tut. Ich verberge meine Oberflächlichkeit, ich fahre gut dabei, verdiene Geld; Professor E. und Professor F. schütteln mir warm die Hand. Ich werde vorwärts kommen. Ich verstehe jetzt etwas von Bildern, ich lasse mir keinen Druck für ein echtes Ölbild anhängen. Der Mann wird verhaftet, führt auf eine Übermalung der Traumbilder, auf eine Überdetermination, deren Analyse nur zuweit führen würde. Sehr interessant ist der Denkfehler Puter statt Potter. Puter heißt nämlich in einem vergessenen Dialekte der Kindheit „frei". Dieser erste Teil verwirklicht Vorsätze, sich mit Hilfe der Frau und der Professoren E. und F. aus der kleinlichen Zuckerbäckerei freizumachen.

Der Wachmann ist auch das Symbol des Gewissens.

Plötzlich sind wir in Cz. Der Traum streckt wie jeder Traum seine Wurzeln ins Infantile. Ich mit meinen Kindern im Zimmer, in der Küche der schwarze Mann, der einen großen schwarzen Bart hat. Jetzt bin ich schon einen Grad höher; denn ich bin es, den ich im Traume sehe. Ich bin Pellmann, der ein erstaunliches Gedächtnis hat. Ich trage mich seit Tagen mit dem Plane herum, über das Gedächtnis zu schreiben. Er hat vor Gericht durch sein erstaunliches Gedächtnis Aufsehen gemacht. Eine eitle Selbstverherrlichung. Ich bilde mir auf meine letzte Zeugenaussage als Sachverständiger, der die gespannteste Aufmerksamkeit des Gerichtshofes erzwungen hat, unendlich viel ein. Jetzt wird Pellmann in Sudermann verwandelt, der gegen die Kritik kämpft. Ich möchte meine Selbstkritik loswerden. Ich bin der Sokrates, der zugleich Sturmgeselle ist; Sokrates kritiisert den Sturmgesellen. Die vorne verjagte Kritik kommt nun rückwärts. Einem so guten Turner kann man nichts anhaben. Mir fällt das Kinderzimmer bei Herrn K. auf der hohen Warte ein, das ein unterirdischer Gang mit dem Turnzimmer verbindet, damit die Kinder sich bei schlechten Wetter nicht verkühlen sollen. Der Turner bin ich und der Traum spricht mir die Sicherheit zu, sich aus allen mißlichen Lebenslagen geschickt zu befreien, über alle Widerstände hinweg zu voltigieren. Größenwahnträume betreffend mein Buch! Kindliche, dunkle, sexuelle Erinnerungen! Unangenehme Erlebnisse der letzten Jahre! Zweifel über meine persönliche Tüchtigkeit! Eine endlose Selbstberäucherung! Eine Ignorierung jeder Kritik! Alles in ein

Gewebe verdichtet, verschoben. Hier sehen wir, wie reich determiniert der Traum ist. Nicht zwei, nein drei, vier oder noch mehr Handlungen können ineinander laufen. Dabei wie geistreich der „Rummel" — der Feuilletonist und Zuckerbäcker gewählt wurde!

Das Wichtigste enthält die vorangehende Analyse nicht. Wer hält mich zum Leidwesen meines „Unbewußten" fest? Natürlich meine Frau. Ich fühle mich durch die Ehe gebunden. Die Frau und die beiden Kinder sind ein Hindernis, mich nach dem Sinne meiner polygamischen Instinkte auszutoben. Ich möchte Sokrates sein und zugleich das Leben mit „Sturm und Drang" genießen.

Ein zweites Moment ist noch zu betonen. Warum spielt hier ein großer schwarzer Mann eine Rolle? Mir fällt ein auffallend schöner Kollege ein, mit dem ich gemeinsam geturnt habe. Es sind offenbar homosexuelle Regungen in dem Traume durchgebrochen, Regungen, vor denen mich meine Frau schützen soll und die einen ins Landesgericht bringen können. Deshalb kommt er von hinten in mein Zimmer. Alles Fliehen, alle Bewachung im Traume sind vergebens.

Hier zweigt eine Beziehung zum analen Komplexe ab. Das war schon bei Luft! Luft! Luft! zu vermuten.

Soweit wäre ich ohne Umkehrung gekommen. Da fällt mir ein, daß das Pseudonym Lemur das umgekehrte Rummel ist. Das fordert mich auf, auch den großen, schwarzen Mann umzukehren. Und siehe da! Mir fällt ein kleines, blondes Mädchen „Berta" ein. Meine erste Liebe! Just an dem Tage, da das Lemur-Feuilleton erschienen, sah ich sie vor dem Laden des Zuckerbäckers, des Helden des Tages, stehen und verliebte mich blitzartig in sie. Man kann sich die Erregung eines Gymnasiasten vorstellen, der lyrische Gedichte in Masse produziert und endlich so glücklich ist, sich unglücklich zu verlieben! Diese erste Liebe war wirklich unglücklich. Ich habe meine Auserwählte nie gesprochen. Sie ließ mir nur einmal sagen, mein ewiges „Nachsteigen" sei ihr ekelhaft.

Trotzdem habe ich ihr viele Jahre die Treue bewahrt. Ja, vielleicht habe ich diese erste Liebe nie vergessen. Es lag eine süße Wehmut über meiner Leidenschaft. Der Druck im Traume tat mir nicht weh, obgleich sie meine Hand nicht losließ. Man merkt die Wunscherfüllung. Sie erfaßt mich und läßt mich nicht los. Sie hält mich fest.

Jetzt verstehe ich den unterirdischen Haß, der in meinen Träumen gegen meine Frau sein Unwesen treibt. Ich räche mich an den Frauen für die schmähliche Abweisung, die ich von meiner unvergessenen ersten Liebe erfahren habe. Es ist dies ein Vorgang, der auch für die Psychologie des Don Juan (außer den bereits erwähnten Momenten) in Frage kommt.

Pellmann erinnert mich an einen Psychiater Pellmann, der ein anregendes Buch geschrieben hat und an einen Jugendfreund Pekelmann. Er war ein kleines Männchen — ein mittelgroßer Schauspieler und ein großer genialer Rezitator. (Beachte die Assoziationsreihe Stekel — ekelhafter Mann — Pekelmann — Pellmann.) Mein Freund trug wiederholt eine Ballade von Meissner vor, das sich die „Jüdin" betitelte und mit einem Refrain schloß: „Ihr Grab, das wartet".

Der schwarze Mann ist der Tod. Bei der zusammenfassenden Besprechung der Todessymbolik werden wir noch mehr über den „schwarzen Mann" zu sprechen haben. Der Tod will mich holen.

Ich bin Sokrates, der mit philosophischer Gleichmut seinen Schierlingsbecher getrunken hat. Doch mir fällt ein, daß der große Turner, dessen Bild mir im Traume vorschwebt, Richter geheißen hat. (So auch ein riesenstarker Schulkollege, der schon gestorben ist.) Die Assoziationen Landesgerichtsstraße, Wachmann, Richter führen in das kriminelle Gebiet. Auch das Lachen am Ende des Traumes ist umgekehrt zu verstehen. Es ist ein trauriger Traum mit traurigen Gedanken. Pellmann ist der Verbrecher, vor dem ich die Türe meines Herzens absperre.

Nun überstürzen sich die Assoziationen. Die tiefsten Traumschichten wollen sich offenbaren. Doch brechen wir die Analyse ab. Verweisen wir nur auf die Tatsache, daß der schwarze Mann sich aus einer Reihe von Personen zusammensetzt. Wir überblicken diese: Rummel, Berta, Richter, Pellmann, Pekelmann, der Tod und schließlich meine Wenigkeit. Sind doch alle Personen des Traumes Abspaltungen meines Ichs und mit meinen Gedanken lebendig gemacht! Das Problem der Verdichtung geht auf die Fähigkeit der Psyche zurück, sich mit verschiedenen Personen zu identifizieren. Weitere Beispiele wollen wir in den nächsten Kapiteln kennen lernen. Ich möchte nur darauf verweisen, daß auch dieser Traum einen ausgesprochenen bisexuellen Charakter hat und Zeugnis für den „psychischen Hermaphroditismus" ablegt.

VI.

Die Traumentstellung.

(Verlegung von unten nach oben. Von vorne nach hinten. Schmähungen unter der Maske von Liebenswürdigkeiten. Ein Traum, der verkehrt gelesen werden muß.)

Das Prinzip der Verkehrung in das Gegenteil wird im Traume in verschiedenen Varianten durchgeführt. Ein beliebtes Mittel zur Entstellung ist die Verlegung von „unten nach oben". Alles, was sich in moralisch verpönten Gegenden unterhalb des Nabels abspielt, kann nach oben verlegt werden. Daher kann der Mund für die Vagina stehen. Wir stoßen hier auf die erste symbolische Gleichung. Diese symbolischen Gleichungen erleichtern demjenigen, der sie kennt, mitunter die Traumdeutung in verblüffender Weise. Diese Gleichung lautet: Alle Körperöffnungen sind (im Traume!) einander gleich und können für einander stehen. Also Mund, Augen, Ohren, Nasenloch, Anus, Vagina, Urethralöffnung und Nabel[1]) können einander ersetzen.

Ein Beispiel soll uns diese symbolische Gleichung illustrieren. Ein Mädchen träumt:

(32.) „Mama hat mir gesagt, ich solle nicht so viel die Nase bohren „lassen" und wundert sich über das unmotivierte „lassen". Sie hatte

---

[1]) Nabeln für coire Anthropophyteia VII. S. 13. Beispielsweise wird der Anus das Einauge genannt. (Ant. VII, S. 44.) Französisch auch „Cyclope". Das „einäugige Geschäft" heißt Homosexualität. (Ant. II, S. 428.) Die Vagina heißt auch das „Ohr zwischen den Beinen". (Ant. I, S. 339.)

die schlimme Gewohnheit, die Nase zu bohren, was wohl bei den meisten Menschen einen symbolischen Ersatz in der Verlegung von unten nach oben darstellt. Hier wurde der Introitus der Nase für den unteren Eingang eingesetzt."

Herr Theta träumt:

(33.) „Ich bin mit Herrn J. L. im Gespräche begriffen, da werde ich dessen gewahr, daß ich am Hinterkopf oben einen flachen fleischigen Auswuchs habe, nach dem ich mit meiner rechten Hand greife. Dessen Vorhandensein mißfällt mir und ich überlege, wie ich ihn wegbekommen könnte. Da hat er das Aussehen eines glänzenden Wulstes. Ich drücke an ihm mit der linken Hand und es wird zuerst ein kleiner blutiger Tropfen sichtbar und beim weiteren Drücken kommt eine blutige Flüssigkeit heraus, wobei der Wulst allmählich kleiner wird. Ich suche etwas zum Aufsaugen der Flüssigkeit, benütze dazu vielleicht ein Sacktuch in der rechten Hand, möchte aber eine hinreichende Menge Watte. Dabei bietet sich Herr J. L. an, hinunter zu gehen und mir welche zu holen. (Im Hause beim Herrn Dr. Stekel dürfte welche vorhanden sein.) Indes bin ich mit dem Wulst beschäftigt und reinige ihn und werfe die so getränkte Watte in den Nachttopf, der mit Urin angefüllt, unter dem Bette steht. Habe aber dabei die Empfindung, es wird das Schamgefühl des Herrn J. L. unangenehm berühren, wenn er mich bei seiner Rückkehr mit seinem Nachttopf beschäftigt findet. Ich glaube auch, er ist jetzt ins Zimmer getreten. Der Sprechraum war ursprünglich ein Direktionsgebäude und hat sich, als ich mit der Reinigung beschäftigt war, in ein Wohnzimmer verwandelt.

Im wesentlichen enthält dieser Traum eine symbolische Darstellung der Kur. Er ist mit Herrn J. L., der sich dann in Dr. Stekel verwandelt, im Gespräche. Sein Kopf ist nicht in Ordnung. Er trägt seine Neurose wie eine Eiterbeule. Ich soll ihn nun von dieser Beule befreien. Ich soll all den Schmutz (Eiter, Blut, Urin) wegputzen. Ich soll ihm einen neuen Weg weisen, ihn dirigieren („der Sprechraum war ursprünglich ein Direktionsgebäude"). Dabei wünscht er eine intime Beschäftigung mit seinen verschiedenen Sekreten. Wir stoßen hier auf die zweite symbolische Gleichung. Alle Se- und Exkrete sind einander gleich. Schleim (Nasenschleim, Zerumen usw.), Blut, Eiter, Urin, Stuhl, Sperma, Milch, Schweiß und Tränen sind einander gleich.

Das „Aufsaugen der Flüssigkeit" muß uns auf die Vermutung bringen, es handle sich um Saugen an der Ammenbrust. (Eiter statt Milch!) Dieser Träumer hat seine Amme noch nicht vergessen. Fast alle seine Träume handeln von der Amme (vgl. das Kapitel „Ammenträume"). Hier ist der Auswuchs auch der Busen. Also eine Verlegung von unten nach oben und von vorne nach hinten. Bei dieser Gelegenheit lernen wir eine dritte symbolische Gleichung kennen. Busen, Daumen, die großen Zehen, Arme, Hände, Beine, Füße, Hinterbacken und Penis sind einander gleich zu setzen[1]).

Der Mund des Patienten ist seine erogene Zone. Er ist ein Lutscher, ein Feinschmecker, der sehr gerne nascht und „zutzelt".

---

[1]) Der Hoden und die Ohren wären noch zu ergänzen. Mit Ausnahme des Penis lauter paarweise vorhandene Organe.

Nun zur weiteren Analyse. „Ich sehe an dem Hinterkopfe eine flache, fleischige Geschwulst, die ich mit meiner rechten Hand greife". Wenn wir nun die Verlegung von oben nach unten berücksichtigen, handelt es sich um einen Griff nach der Hinterbacke. Dieser Griff spielt in seinem derben Liebesleben eine große Rolle. Ziehen wir auch die Verlegung von vorne nach hinten in Betracht, so ist die Geschwulst sein Penis, nach dem er nur allzuoft gegriffen hat. Er ist trotz seiner 39 Jahre noch immer Onanist. „Das Vorhandensein mißfällt mir und ich überlege, wie ich ihn wegbekommen könnte".

Aus diesem Traumstück verrät sich der „psychische Hermaphroditismus" des Träumers. Er möchte keinen Penis haben. Er möchte ein Weib sein! Kastrationsphantasien haben bei ihm eine große Rolle gespielt . . . .

Der weitere Verlauf des Traumes schildert einen onanistischen Akt, der für ihn immer ein Melkakt ist. Er ist die Amme, die gemelkt wird. Hier verrät sich seine Fellatiophantasie [1]). Er hat sich wiederholt von Dirnen Fellatio machen lassen. Allerdings geht dieser Wunsch auf die Fellatio von einem Manne (seinem Freunde J. L.).

Eine weitere Verdichtung zeigt eine Erinnerung an eine schwere Gonorrhöe. Beim Drücken aus der Harnröhre kam lange Eiter und eine zeitlang auch Blut heraus. Die Watte benützte er damals, um das Beflecken der Wäsche zu verhindern. Das Sacktuch gebrauchte er beim Onanieren. (Selbstbefleckung!)

Das „Hinuntergehen" des Herrn J. L. ist die kritische Stelle. Er soll mit seiner Hand und mit seinem Munde hinuntergehen und die „Watta" (Atta — nannte er seinen Vater!) ersetzen. Ich spiele in dieser Kur J. L. und den Vater. Ich bin ihm Freund und Vater. Der weitere Traum enthält deutliche skatologische Phantasien. Ich beschäftige mich mit seinen Schweinereien. Er will sich mit den meinigen beschäftigen.

Der Nachttopf des Herrn J. L. ist die Gattin desselben. (Nach dem Ausspruche Moltkes: Die Frau ist ein Klosett.) Deshalb will er bei dieser Beschäftigung nicht gesehen werden. Natürlich tauchen hier die infantilen, wohlbekannten Konstellationen auf. Ein anderes Beispiel:

> (34.) „Ich habe einen Besuch bei den Verwandten gemacht. Trotzdem schon Sommer war, habe ich einen Winterrock angezogen. Ich habe dort den Vater erwartet. Als ich hineinkam, habe ich meine Mutter dorten bemerkt. Weil sie die erste bei der Türe gesessen ist, habe ich sie begrüßt. Dann habe ich sofort den Vater bemerkt. Ich habe ihn begrüßt und die Hand geküßt. Dachte mir, daß die Verwandten sich denken werden, daß ich das nur vor ihnen gezwungen tue. Ich habe mich tatsächlich dazu zwingen müssen. Es ist mir die rote geschwollene Hand des Vaters aufgefallen, die zu küssen mir peinlich und unangenehm ist."

Er kommt ins Elternhaus (Besuch bei Verwandten). Er haßt den Vater und muß mit ihm zärtlich sein. Er soll Hitze empfinden und ihm fröstelt, was er durch den Winterrock im Sommer ausdrückt. (Geheuchelte Liebe!) Er schützt sich gegen alle wärmeren Gefühle durch eine dicke Schichte von Gleichgültigkeit, die hier durch den Rock symbolisiert ist. Die Mutter ist bei der Tür. Umkehrung. Er kam

---

[1]) Er spielt beide Rollen: die Amme und den Säugling.

zuerst bei der (Türe) Mutter heraus. Deshalb begrüßt er sie zuerst und dann erst den Vater. Er zwingt sich zur Liebe. Er hat Ekel vor der roten geschwollenen Hand. Dieser Ekel ist uns verdächtig. Wir erfahren jetzt, daß er seinen Vater ebenso heiß liebte, als haßte. Die rote geschwollene Hand ist der rote geschwollene (erigierte) Penis (Verlegung von unten nach oben). Das führt auf seine unterdrückte Perversion, einem Manne eine Fellatio zu machen. Tatsächlich dringt dies Begehren durch andere Träume vollkommen deutlich und nicht verhüllt durch.

Hier zeigt sich, wie im vorigen Traume, eine merkwürdige Verschiebung. Dort wird angenommen, Dr. Stekel werde sich schämen. Hier wird den Tanten ein Gedanke unterschoben. „Sie könnten denken daß ich das gezwungen tue“. Beide Vorgänge sind Verschiebungen. Im ersten Fall überträgt der Traum den Affekt der Scham, daß er mir das alles sagen müsse, („alle Schweinereien“) auf mich. In diesem Falle wird die eigene Empfindung der Unwahrheit und Unaufrichtigkeit auf die Tanten übertragen. „Sie könnten denken“.

„Affektverschiebungen“ und „Affektübertragungen“ werden uns noch des öfteren zu beschäftigen haben.

Ein Patient träumt:

(35.) „**Es war ein Palais auf der hohen Warte und ein Park und ein Zinshaus des Baron Rosenfeld. Im Park fand ich den Sohn Rosenfeld und sprach mit ihm. Ich war ganz verliebt in ihn.**“

Analyse: Der Traum ist eitel Wonne und Bewunderung für den Baron Rosenfeld. Doch der „jüdische“ Name weckt schon unser Mißtrauen. Der Träumer versichert, es handle sich um die Barone Rosenfeld, ein altes Adelsgeschlecht. Doch die weiteren Assoziationen strafen seine Versicherung Lügen. Zu „Palais“ fällt ihm, nachdem er es Palaiss ausgesprochen, „ein paar Läus“ ein; zu Park ein jüdischer Pferdehändler Parcheles (Parch ein jüdisches Schimpfwort für Grindkopf); das Zinshaus entnimmt seine Bedeutung dem „Zins“, der hier „Zinsen“ — also einen Wucherer bedeutet. „Auf der „Hohen Warte“: Auch der junge Rosenfeld, der eine Villa auf der hohen Warte besitzt, ist in seinem Traume ein „Parch“. „Ich war ganz verliebt in ihn“ — die größte Heuchelei und bestimmt, die Empfindung, „ein freches, arrogantes, unausstehliches Judenjüngel“ zu verbergen. Der Traum ist ein Rachetraum an seinem Arzt und dessen Sohn. Die Rachephantasien entspringen der verschmähten Liebe. Er ist wirklich in den Sohn (Symbol für den Penis. — Der Kleine!) verliebt. Er will nicht mehr zahlen, wenn er keine organische Liebe erhält.

Doch dieser Traum muß auch in der direkten Form einen Sinn haben. Er liebt ja den Baron Rosenfeld! Freilich dadurch kommen wir auf eine ganz andere Symbolik: Das Palais ist wie jedes Haus ein Symbol des Körpers. Der Park steht für den Haarwald beim Genitale. Der Sohn ist das uns schon bekannte phallische Symbol. Die „Hohe Warte“ geht dann auf das Phänomen der Erektion. Das „sprechen“ entspricht einem sexuellen Akte. Und das Zinshaus?

Bevor wir das Zinshaus näher erklären, müssen wir wieder die „Zweite symbolische Gleichung“ (nennen wir sie S. G. II) besprechen.

Sie bedarf nämlich einer Erweiterung. Sie lautet: **Alle Sekrete und Exkrete, ebenso wie Blut, Urin, Eiter, Wasser sind im Traume (und im Unbewußten) einander gleich. Sie sind aber** auch der Seele, der Luft, (Atem — Flatus) der Sprache, dem Gelde und dem Gifte gleich zu setzen.

Bethe (Die dorische Knabenliebe; Rheinisches Museum, Bd. 62, 1907) führt eine Menge Beispiele dafür an, daß nach primitiver Anschauung die verschiedenen Se- und Exkrete des Menschen seine Seele waren. Im Urin, Kot, Blut, Samen steckte die Lebenskraft. Mit dem Samen wurde die Seele in den Körper eingeführt.

Auch die Sprache des Volkes kennt diesen Zusammenhang. Blut ist beispielsweise Geld [1]). Ein Wucherer ist ein Blutsauger; man verblutet sich für einen Menschen, wenn man sich für ihn arm macht. „Pumpen" heißt Geld borgen. Ein ausgepumpter Mensch heißt ein Impotenter. Der „Spieß" oder auch „Speer" heißt der Gulden (also Geld) und der Penis. Ebenso die „Pistolen", die Geld und Phallus bedeuten [2]).

Diese symbolische Gleichung nimmt alle Flüssigkeiten auf: Milch, Öl, Petroleum, Tränen usw. In den sieben Bänden der Anthropophyteia finden sich zahllose Bestätigungen für diese „S. G. II." Ja der Penis wird direkt als Geld bezeichnet. (Anthropophyteia VI. S. 15.) Oder das Öl als das Sperma. Anthropophyteia VI. S. 9.) Die Ejakulation heißt: Der Penis erbricht (Anthropophyteia I. S. 146) oder er spuckt. (Anthropophyteia I. S. 144, 143, 142, 74.) An anderer Stelle: Der Penis weint. (Anthropophyteia I. S. 364.) „Einem Mädchen in die Mütze spucken" für Koitus usw.

Wenden wir diese S. G. II hier an, so ist der Zins das Sperma.

Ich will hier noch einige Formen der Umkehrung vorführen. Erstens einen Traum, den Frau Alpha träumt:

Der Traum vom erstickenden Kinde.

(36.) „Ein fremdes Kind kommt zu mir. Dasselbe schaut schlecht aus und sieht mich mit traurigen Augen an. Ich lasse es zu Tische setzen und gieb ihm zu essen. Das Kind ißt gierig unglaubliche Mengen und scheint sich zu sättigen. Man sieht, wie gut ihm das Essen bekommt, das Gesicht wird ganz frisch und rund und ich freue mich darüber. Plötzlich fängt es zu würgen an und ich merke, daß ihm ein Bissen im Halse stecken blieb. Es wird blaurot im Gesicht, die Augen treten vor und zu meinem Entsetzen bemerke ich alle Anzeichen höchster Erstickungsgefahr. Das Kind klammert sich voll Angst an mich, ich sollte ihm helfen. Ich weiß, daß kein Mensch in der Nähe ist, den ich rufen könnte. Wenn ich nur ein Arzt wäre — ist mein Gedanke, wie schön muß es sein, helfen zu können. Wenn Dr. Stekel jetzt hier wäre! Was soll ich tun? Jeder Augenblick kann dem Kinde den Tod bringen. Entschlossen reiße ich dem Kinde, das sich dagegen sträubt, den Mund auf und merke, daß ein großes Stück Fleisch im Hals steckt, jedoch so tief, daß ich die Unmöglichkeit einsehe, es mit den Fingern hervorbringen zu können. Am Tische liegt ein Kochlöffel; ich nehme ihn rasch und stoße beherzt mit dem Stiel desselben dem Kinde in den Hals, um das Hindernis wenigstens hinunterzubringen. Beim Herausnehmen des Kochlöffels sehe ich, daß er voll Blut ist, und erschrecke nicht wenig, das Kind verletzt zu haben. Doch es bekommt wieder seine normale Gesichtsfarbe, atmet ruhig und scheint schmerzlos. Ich freue mich, doch dringe ich, noch immer beunruhigt durch die Stumm-

---

[1]) Im Märchen von der kleinen Meta verwandeln sich die Blutstropfen in Dukaten. Die Analogie zum Dukatenscheißer und zum Goldeselein fällt sofort auf.

[2]) (Die Braut erhält eine Mitgift!)

heit des Kindes, in dasselbe, doch zu sprechen, ich wolle wissen, ob es Schmerzen habe. Da ruft das Kind zweimal nacheinander: „Papa“ und ich erwache.“

Analyse: Eine wunderbar durchgeführte Verlegung von unten nach oben. Das „fremde Kind“, das sie füttern will, ist ihre Vagina. „Zu Tisch setzen“ — ins Bett legen. Das Kind bekommt endlich wieder „Fleisch“. Das Weitere die Phantasie eines riesigen Penis, der stecken bleibt. „Wie schön muß es sein, helfen zu können“ bezieht sich auf mich. Ich soll ihrer sexuellen Not ein Ende machen.

An diese durchsichtigen Phantasien schließen sich Reminiszenzen an die Onanie, bei der der Finger das Kind nicht erreichen konnte und allerlei Gegenstände (Kochlöffel) den Penis ersetzen sollten. Schließlich entschleiert sich in dem Traum die Übertragung. Das Kind schreit nach dem „Papa“. Es will einen Vater haben. (Vater wieder in der Bedeutung des Gebärvaters — als wieder der Hasta virilis.) Aber auch der wirkliche Vater spielt in der Neurose eine große Rolle — ebenso wie die Phantasie einer Fellatio, wobei das Kind den Mund symbolisiert [1]).

Die Kranke hat seit Monaten aufgehört, Fleisch zu essen. Sie hat die Angst (die natürlich einem Wunsche entspricht), das Fleisch könnte ihr stecken bleiben.

Die onanistischen Manipulationen (ich stoße beherzt — ich dringe in dasselbe) werden häufig von solchen Reaktionen des Ekels ersetzt. Die Onanie ging mit Inzestphantasien vor sich. (Das Kind schrie zweimal „Papa“.) In zwei Perioden: vor dem zehnten Lebensjahre und nach der Pubertät. Einmal verletzte sie sich dabei. Jetzt hat bei ihr „die Furcht die Liebe verdrängt“. (Vgl. den Traum vom Telephon Nr. 13.) Die Masturbation war immer sehr stürmisch und wurde bis zu zweimaligem Orgasmus durchgeführt. (Das Kind schrie zweimal „Papa“.)

Wunderschön tritt der „psychische Hermaphroditismus“ zutage. Sie zeigt, wie energisch sie sich als Mann benehmen kann, wenn eine fremde Frau um Liebe fleht. („Wenn ich ein Arzt wäre, wie schön muß es sein, helfen zu können.“) Sie hilft so kräftig, daß sie das Kind verletzt. Sie ist ein ganz anderer Mann wie ihr Arzt. Sie weiß sofort, was dem schlecht aussehenden Kinde fehlt. Sie identifiziert sich mit ihrem „Papa“, der ein bekannt tüchtiger Chirurge ist.

---

[1]) Artemidoros sagt: „Bei der Auslegung von Traumgesichten muß man sie einmal vom Anfange gegen das Ende, das andere Mal vom Ende gegen den Anfang hin ins Auge fassen. Denn es kann der Fall eintreten, daß der Anfang das dunkle und nicht leicht zu durchschauende Ende erhellt, oder es tritt der umgekehrte Fall ein. Man muß aber auch in die verstümmelten Traumgesichte, welche für die Erklärung keinen festen Anhaltspunkt darbieten, von selbst etwas sinnreich hineintragen, und zwar vorzugsweise in jene, in welche gewisse Buchstaben geschaut werden, die keinen befriedigenden Sinn geben oder ein nicht zur Sache gehöriges Wort enthalten, wo mitunter durch Umstellung, Verwechselung oder Zugabe von Buchstaben oder Silben, dann und wann auch durch Auffindung eines gleichwertigen Wortes, eine deutlichere Bestimmung möglich gemacht wird.“

VII.

Die Traumentstellung.

(Verschiebung und Verdichtung.)

„Wie im Auge ein Punkt ist, der nicht sieht. so ist in jeder Seele ein dunkler Punkt, der den Keim des inneren Verderbens enthält."
Feuchtersleben.

Zu den Mitteln der Traumentstellung gehört die von Freud gefundene Verschiebung und Verdichtung. In einem Traume kommt ein Mörder vor. Die Analyse enthüllt, daß der Träumer Mordimpulse und Rachegedanken hat und diese unangenehmen Triebkräfte zu unterdrücken trachtet. Im Traum schiebt er nun diesen bösen Gedanken einem anderen zu. Ferner bemerken wir, daß eine Person aus vielen Personen zusammengeschweißt ist. Dieses Phänomen nennt Freud „Verdichtung". Wir wollen nun ein sehr instruktives Beispiel vorführen. Es handelt sich um einen „ersten Traum". Das heißt, um den ersten Traum, den ein Neurotiker in der Psychanalyse vorgebracht hat. Diese ersten Träume sind sehr bedeutsam. Sie handeln meistens von dem Verhältnis des Patienten zum Arzte und enthalten gewöhnlich das ganze Programm seiner Neurose.

Der Traum des Herrn Theta lautet also:

(37.) „Ich habe einen Polizisten, von dem ich wußte, daß er einen Revolver hatte, innerhalb meines Zimmers, links von der Türe zur Bewachung aufgestellt. Links von seinem Posten stand ein Kasten, durch den er aber nach außen gegen Sicht nicht gedeckt war. Ich hatte ihn zum Schutze gegen Eindringlinge aufgestellt. Da kam mir der Gedanke: es wäre für mich unangenehm, wenn ich da zuerst hinein müßte. Da müßte ich vorher jemanden hineinschicken. Da dachte ich: da könnte ich einen Dienstmann nehmen, in Ermangelung einer mir sonst bekannten Person, sonst müßte ich hinein. Es kam mir der Gedanke, daß dieser Eindringling eventuell vom Wachmann erschossen werden könnte. Doch dieser Gedanke hat mich bald verlassen.

Als Nachtrag fällt ihm noch ein zweiter Traum ein:

(38.) „Es war ein großes Feuer. Da bin ich zur Mauer gegangen. Sie war so niedrig, daß ich auf die Mauer sprang."

In diesem Traume fallen einige Affekte auf. Erstens die Angst vor Einbrechern, eigentlich ein spezifisch „weiblicher" Traum. Zweitens die Angst vor dem Polizisten. Drittens die Angst, zuerst hineinzugehen und viertens Angst vor dem Schicksal des Dienstmannes.

Wir lassen den Patienten seine Einfälle zum „Polizisten" erzählen. Dieser war für ihn in der Kindheit die größte Respektsperson. Mit dem Polizisten wurde ihm gedroht, wenn er schlimm war. Er hat noch immer ein unangenehmes Gefühl, wenn er einen Polizisten oder einen Gendarmen sieht. Als wenn er etwas angestellt hätte. Er fühle sich aber unschuldig. Er habe nichts angestellt.

Dieser Erscheinung, der Angst vor Behörden und Organen der öffentlichen Sicherheit begegnen wir bei Neurotikern ziemlich häufig. Sie verrät ein latentes Schuldbewußtsein.

So auch in unserem Falle. Die hohe „Polizei“ ist hier der Vater, vor dem er Angst hat; er könnte ihm auf seine Streiche kommen. Alle „bewachenden“ Organe können im Traum als Polizisten vorgeführt werden. Der Ehemann (für die Frau) und vice versa die Ehefrau (für den Mann), die strenge Gouvernante, der Hofmeister, der Vorgesetzte usw., aber auch das Bewußtsein, die Kritik, die Moral, die Ethik usw. Hier fällt dem Patienten die höchste Respektsperson ein: der Vater. Der Vater hat ihn früher sehr strenge überwacht. Sonderbarerweise fällt ihm ein Erlebnis aus dem dritten Lebensjahre ein. Er lag beim Vater im Bette und fühlte plötzlich den mächtig erigierten Penis. Er griff danach und wollte damit spielen. Der Vater fuhr jedoch aus dem Schlafe auf und sagte strenge: „Was machst du da?“ Dieselben Worte hatte ihm einmal ein Polizist gesagt, als er in einem Parke auf einem verbotenen Wege Rosen pflücken wollte.

Doch lassen wir diese Fährte und hören wir seine weiteren Einfälle. Er stand unter dem Einflusse einer seinem Vater befreundeten Dame, die sie „Tante“ nannten. Diese Tante bewachte ihn und sorgte, daß er die Hände immer auf der Decke halte. Auch diese Tante hatte ihm einmal des Morgens, als sie ihn onanierend traf, zugerufen: „Was machst du da?!“

Es fällt ihm aber zum Polizisten ein, daß er am ehesten noch einem Vetter Franz ähnlich gesehen habe. Dieser war Arzt und starb an Syphilis. Es fällt ihm ein zweiter Franz ein, der sich erschossen hat, und schließlich noch ein dritter Franz, sein eigener Bruder.

Wir merken also, daß dieser Polizist im Traume eine wichtige aus vielen Personen verdichtete Figur ist. Sie enthält bis jetzt den „Polizisten“ als Repräsentanten der Justiz, den Vater, die Tante, den Bruder, zwei Vettern, von denen der eine Arzt war. Wir können immer vermuten, daß der erste Traum sich mit dem Verhältnis zum Arzt beschäftigt. Daß also auch ich im Polizisten dargestellt bin. Doch davon später. Die größte Ähnlichkeit scheint der Polizist mit dem Bruder zu haben.

Wir erfahren die rezenten Traumquellen. Sie sind wichtig genug. Er wohnt hier bei seinem Bruder. Erst seit zwei Tagen. Bei seinem Bruder wohnt auch die Schwester seiner Schwägerin, ein sehr liebes Mädchen, die Konservatoristin ist. Sie soll heuer zur Bühne gehen. Sie ist ziemlich kokett. Er verrät nun einige seiner Phantsien. Er hatte die Absicht, einige Wochen in Wien zu bleiben. Da sei ihm der Gedanke durch den Kopf geschossen: du könntest vielleicht etwas mit der Schwester der Schwägerin anfangen. Nur ein anderer Gedanke war ihm dabei peinlich. Wenn sein Bruder darauf kommen würde?! — Und noch ein zweiter: wenn sie eine virgo intacta ist? Das wäre ihm sehr unangenehm. („Da kam mir der Gedanke, es wäre für mich unangenehm, da zuerst hineinzugehen“.)

Er ist äußerst mißtrauisch. Er verdächtigt (im Unbewußten) alle seine Bekannten. Er bemerkt, daß sein Bruder mit der Schwägerin sehr liebenswürdig ist. Am Ende hat er auch mit ihr ein Verhältnis? Die Schwägerin wird in diesem Traume durch den „Kasten“ dargestellt. „Kasten“, „Kiste“, „Koffer“, „Schachtel“, „Schrank“, „Schreibtisch“, „Möbel“ (altes Möbel), „Tisch“ sind häufige Symbole für Frauenzimmer, wie das „Zimmer“ selber. Der Kasten steht links vom Bruder. Das hat eine gewisse Bedeutung, wie wir später hören werden. Es deutet das Unerlaubte dieses Verhältnisses an. Auf dieses Verhältnis bezieht sich der Satz, „durch den er aber nach außen gegen Sicht“ nicht gedeckt war, d. h. — er hat das Verhältnis gleich durchschaut. Er hat für diese Liebe keine Deckung. Andererseits sind die Ausdrücke „Sicht“ und „Deckung“ [1]) der Wechselsprache entnommen. Ein Wechsel auf Sicht muß sofort eingelöst, d. h. gedeckt werden. Sein Bruder hat einen Wechsel vollzogen, von der Frau zur Schwägerin. Er hat auch die Absicht zu „wechseln“, d. h. dieselbe zu lieben, wie sein Bruder.

Der Bruder ist ein häufiges Symbol für den Penis. Besonders der jüngere Bruder. So auch hier. Jetzt begreifen wir, warum er den Polizisten zweimal aufstellt und, wer der Polizist ist. Die Darstellung ist heuchlerisch und bedeutet eine Verschiebung. Er verwandelt die Agression in eine Schutzmaßregel. Ein häufiges Vorkommnis im Traum. Man wehrt sich gegen Räuber und Eindringlinge mit Stöcken, Schirmen, Revolver (Alles: Symbole für das Membrum). In dieser Form werden homosexuelle Akte dargestellt.

Dieser Traum ist wie alle Träume bisexuell. Er verrät sexuelle Absichten auf seinen Bruder und die ersten Spuren der Neigung zu mir. (Übertragung.) Das Weib in dem Traume sucht sich männliche Ideale. Der Mann symbolisiert sein gegengeschlechtliches Sexualobjekt im „Zimmer“ und im „Kasten“.

Er muß in diesem Traume jemand in das Zimmer hineinschicken: einen Dienstmann. Dieser Dienstmann ist wieder nur — sein Penis. Diener [2]), Knecht, Dienstbote, Dienstmann, Dienstmädchen, Stubenmädchen sind Symbole für das Genitale.

Man denke an das reizende „Tagebuch“ Goethes, der sein Membrum folgendermaßen anspricht:

„Und wie wir oft sodann im Raub genossen
Nach Buhlenart des Ehstands heilige Rechte,
Von reifer Saat umwogt, vom Rohr umschlossen,
An manchen Unort, wo ichs mich erfrechte,
Wir waren augenblicklich, unverdrossen
Und wiederholt bedient vom braven Knechte!
Verfluchter Knecht, wie unerwecklich liegst du!
Und deinen Herrn ums schönste Glück betrügst du.“

Deutlicher kann die Symbolik nicht zum Ausdruck gebracht werden. Also unser Dienstmann ist auch der Penis. Eine feine Traumverstellung, die einen fremden Menschen die Sünde begehen und sich der Gefahr aussetzen läßt. „In Ermangelung einer mir sonst bekannten Person“ bezieht sich auf das begehrenswerte Mädchen. Er hat gar keine andere Gelegenheit zum Koitus und hofft auch ihr nicht ungelegen zu kommen. Die Befürchtung, der Bruder könnte es übel nehmen, drückt sich in dem Satze aus: Dieser Eindringling (wörtlich zu nehmen) könnte vom Polizisten erschossen werden. Auch eine leise Infektionsangst spielt in seine Erwägungen hinein. War doch eine der ersten Personen, die ihm einfielen, ein infolge von Syphilis gestorbener Vetter.

---

[1]) Decken, bedecken = begatten. Eine weitere Bedeutung: Seine Tante, die nach dem Wechsel ist, will noch bedeckt werden.

[2]) Diener für Penis: Anthropophyteia. I. S. 41.

Auf die heißen Leidenschaften deutet der Nachtrag vom Feuer. (Es war ein Feuer.) Er brennt. Er hofft, daß auch das Mädchen brennt. Die Hindernisse sind nicht groß, der Widerstand gering, wenn die Frau in Leidenschaft entbrannt ist. Er überspringt die niedere Mauer ... [1])

Soweit die ersten traumbildenden unbewußten und bewußten Gedanken. Allein dieser Traum gestattete noch viel tiefere Einblicke in seine Konflikte. Woher stammt die Angst vor den Werkzeugen der Justiz? Hat er nicht ein Verbrechen begangen?

Hier tauchen unter Widerständen einige Situationen aus seinem Leben auf. Er hatte wirklich einmal einen Dienstmann zu einem Mädchen geschickt, mit dem er ein Verhältnis hatte. Sie war gravid gewesen und hatte sich über seinen Rat bei einer Hebamme einen Abortus ausführen lassen. Er war damals im Zweifel über den Ausgang der Operation und sehr erregt. Er wollte hingehen und sich persönlich erkundigen, fürchtete aber in unangenehme gerichtliche Affären verwickelt zu werden. Er schickte deshalb einen Dienstmann, der ihn nicht kannte, zu der Hebamme und wartete an einer Straßenecke zitternd auf die Antwort. Von dieser Geschichte her blieb ihm eine längere Zeit eine gewisse Unruhe und eine Angst vor „gerichtlichen Akten", wie sie jedermann zugestellt werden können.

Doch hinter dieser Angelegenheit verbergen sich noch einige andere. Er hatte einmal ein Verhältnis mit einer verheirateten Frau (Kasten auf der linken Seite), die, von ihrem Manne bedrängt, ihr Vergehen eingestand. Damals fürchtete er, von dem eifersüchtigen Ehemanne „erschossen" zu werden. Der Mann bewachte später seine Frau auf Schritt und Tritt. Auch dieser Frau ließ er durch einen Dienstmann eine Nachricht zukommen. Auch diese Frau hatte ihm einen Dienstmann geschickt, der einen Absagebrief erklären und illusorisch machen sollte, den Absagebrief, den sie auf Befehl ihres Mannes nach dem Geständnisse an ihn schreiben mußte.

Allein noch eine zweite Geschichte eines Abortus spielt mit in die Traumgedanken hinein. Wahrlich — seine Angst vor Polizisten und Gendarmen war nicht unbegründet. Sie bezog ihre Affekte aus längst vergangenen Tatsachen. Sie entsprang einem tiefen Schuldbewußtsein.

Nun wissen wir, wer der Polizist ist. Er selber muß sich vor sich in acht nehmen. Es handelt sich um das Phänomen der „Spaltung der Persönlichkeit", das uns noch mehrere Male beschäftigen wird. Er muß vor sich selber auf der Hut sein. Er muß seine niederen Instinkte, seine geheimen Leidenschaften bewachen.

Ja — er hat noch einen anderen Grund, sich sorgfältig zu bewachen und in acht zu nehmen. Er hat in den letzten Jahren heftige Mordimpulse gegen seinen Prinzipal (er ist Postbeamter) niederkämpfen müssen, weil ihn dieser schon zweimal beim Avancement präterierte. Der Prinzipal hat eine große Glatze. Seit jener Zeit kann er keine Glatze sehen, ohne zu denken, daß sie sich wie eine Melone mit einem Knittel einschlagen ließe. Auch sein Vater hatte eine große Glatze. Hier erfahren wir seinen tiefsten Konflikt. Sein Vater und er bewarben sich einmal um dieselbe Dame und sein Vater, der noch rüstige, besser situierte Witwer blieb der Sieger. Ein Konflikt, der schon im infantilen Leben des Neurotikers präformiert war.

---

[1]) Die Mauern symbolisieren auch die Schutzwälle, welche die Phobie um die kriminellen Triebkräfte gebaut hat. Unser Träumer ist ja entschieden ein Krimineller.

Alle diese Dinge wollte er mir nicht erzählen. Ich bin der Polizist, dem er einen fremden Menschen (Dienstmann) schicken will, d. h. er hat sich vorgenommen, mir das Wichtigste nicht zu sagen. So sehen wir, wie der Traum sich der außerordentlichsten Verdichtungsarbeit bedient, um die im Dienste der Zensur durchgeführte Traumentstellung zu ermöglichen. Der Polizist ist der Vater, der Bruder, der Arzt, der Penis, er selber. Der Dienstmann sein Penis, der wirkliche Dienstmann, er selber und schließlich das Dienstmädchen, bei dem er als der erste eingedrungen und, die sich dann einen Abortus hatte machen lassen. Der Polizist ist auch die Tante und seine Schwägerin, so daß der Traum eine Deutung nach der männlichen und weiblichen Seite hin gestattet.

Im Nachtrag verrät er auch eine homosexuelle Phantasie. Die „Mauer" oder „glatte Wand" hat manchmal die Bedeutung eines Mannes. (Es ist keine Türe da!) Sie stellt die „Hemmungen" dar (Schutzwälle) und das Gehemmte.

Kurz, dieser Traum enthüllt uns das ganze Programm seiner Neurose.

Eine weitere Vertiefung erhält die Analyse, wenn man weiß, daß „Wachmann" im Traume den Tod bedeutet. Ebenso wie der Gendarm, der Soldat, der Ritter, der Offizier. Es ist der Tod, der uns fortwährend bewacht und nicht außer acht läßt.

Der Kasten symbolisiert das Grab und den Sarg. Er möchte nicht als der erste sterben. („Es wäre mir unangenehm, wenn ich zuerst hineinmüßte.") Er will zuerst einen anderen hineinschicken, d. h. in den Tod schicken. Die Mauer ist die Friedhofsmauer. Das große Feuer symbolisiert das Leben., Die Flamme, die sich selbst verzehrt.

Er nimmt das Hindernis und überspringt die Mauer: Er kämpft mit Selbstmordgedanken. Er will sich erschießen.

Das ist wohl die wichtigste und tiefste Bedeutung dieses Traumes. —

Aber wir sehen sogleich seine feindliche Einstellung zur Analyse. In seine Seele soll kein Fremder eindringen. Er selber will nicht wissen, was drinnen versperrt ist. (Der Kasten — das Safe der geheimen Gedanken.) Das gibt böse Aussichten für eine Analyse. Solche Träume lassen einen prognostischen Schluß auf die Schwierigkeiten der Behandlung zu.

VIII.

Die Spaltung der Persönlichkeit im Traume.

„Daß wir uns im Traume selbst sehen, kommt daher, daß wir uns oft im Spiegel sehen ohne daran zu denken, daß es ein Spiegel ist. Es ist aber im Traume die Vorstellung lebhafter und das Bewußtsein und Denken geringer." *Lichtenberg.*

Eine besondere Art der Verschiebung ist die Spaltung der Persönlichkeit im Traume. Der Träumer zerfällt in sein gutes und in sein böses Ich. Die Dichter haben diesen Kunstgriff immer benützt [1]).

[1]) Vergleiche die diesbezüglichen Ausführungen in meiner Arbeit „Dichtung und Neurose". (Bausteine zur Psychologie des Kunstwerkes. J. F. Bergmann, Wiesbaden 1909. Solche Paare sind: Mephisto und Faust, Zanga und Rustan, Franz und Karl Moor usw.)

Da der Träumer der Dichter seines Traumes ist, so ist es ja selbstverständlich, daß alle Personen des Traumes nur Abspaltungen seiner Persönlichkeit sind, Personifikationen eines Partial-Ich, die im Traume scheinbar ihr eigenes Leben führen. Je schwerer die Neurose ist, desto größer ist die Selbständigkeit dieser Partial-Seelen, welche oft zum Dominanten-Ich feindlich eingestellt sind.

Betrachten wir einen Traum, der ebenfalls Verschiebungen bringt und ein schönes Beispiel von Spaltung der Persönlichkeit im Traume darstellt.

Ein Richter träumt folgenden Traum:

(39.) „Ich habe eine Villa neben einer Strafanstalt gehabt, und momentan war die Situation so, daß von einem Zimmer dieser Villa aus eine Art Veranda war, und die ging auf das Dach dieser Strafanstalt. Nun war mir bekannt worden, daß dort ein Sträfling entsprungen ist, und es ist auch davon gesprochen worden. Es wäre unheimlich, so ein Sträfling könne auch da zu uns einbrechen. Tatsächlich erblicke ich plötzlich, allein in diesem Zimmer sitzend, durch die Veranda hinausblickend, auf dem Dache einen entsetzlich schlecht aussehenden, mageren Sträfling mit einem blassen Gesichte, tiefliegenden Augen, rasiert, und habe sofort den Eindruck, dieser Sträfling wird sich da hinausschwingen. Dann habe ich den Eindruck gehabt, der Mensch stürzt sich unter Umständen auf mich, habe ein auf dem Tische liegendes Messer ergriffen, bin in ein durch eine Glastüre von diesem Zimmer getrenntes kleines Zimmer gegangen und habe mich abgesperrt und habe durch die Glastüre hineingesehen. Du lieber Gott — dachte ich, es ist ja möglich, daß er durch die Glastüre kommen kann, ich kann ihn ja mit dem Messer abwehren."

Ein für einen Richter sehr charakteristischer Traum. Freilich bricht durch diesen Traum das Schuldbewußtsein des Neurotikers gewaltig durch. Er hat selber mancherlei auf dem Gewissen, natürlich in sexueller Hinsicht; seine ewige Angst ist, daß seine Frau von seinen kleinen Ausflügen ins Erotische etwas erfahren könnte, und seine glückliche Ehe dann gestört wäre. Besonders wäre das der Fall, wenn eine der von ihm geliebten und umarmten Personen in andere Umstände käme. Manche seiner Abenteuer gefährden direkt seine soziale Position. Klarer konnte er das in dem Traume nicht ausdrücken, als daß neben der Villa eine Strafanstalt gebaut ist. In diesem Traume sehen wir die Spaltung der Persönlichkeit, die ich ja schon einmal angedeutet habe (Faust — Mephisto usw.), in besonders schöner Weise dargestellt. Er ist der behaglich in der Villa sitzende Mann, er ist aber auch der Sträfling, der strafbar leichtsinnige Mensch, der in den Frieden seines Hauses einbrechen und das schöne Familienglück zerstören will. Er möchte gerne diesem Einbrecher den Eintritt verwehren. Dies führt zu dem Bilde von der geschlossenen Türe, einem Bilde, das typisch wiederkehrt, wenn sich die Menschen vor Versuchungen fürchten, und der Traum ihnen zeigt, wie sie den Riegel vorschieben können, um die Leidenschaften nicht einzulassen. Die Leidenschaften sind in solchen Fällen entweder als wilde Tiere, Pferde oder auch als Verbrecher symbolisiert. Andererseits hat dieser Traum noch eine zweite Beziehung. In seinem Bureau befindet sich eine Dame, blühend aussehend, wohlgenährt, mit roten Wangen, leichten Basedow-Augen und reicher Haarfülle (daraus durch

Umkehrung entstanden: ein entsetzlich aussehender, magerer Sträfling mit einem blassen Gesichte, tiefliegenden Augen, rasiert). „Schwingen" („hinausschwingen") führt zu schwängern und zu „Umständen" [1]). Im Bureau sitzt er so, daß er von ihr nur durch eine Glastüre getrennt ist. Vorläufig sind die Beziehungen noch platonisch, es trennt sie noch eine schmale Wand, aber er nimmt sich vor, diesen Sträfling mit dem Messer abzuwehren. Darauf bezieht sich der letzte Satz seines Traumes: „Lieber Gott — es ist ja möglich, daß er durch die Glastüre kommen kann." Daß die Verteidigung natürlich zum Angriffe wird, das bedeutet eben die Wunscherfüllung des Traumes. Die Spaltung der Persönlichkeit bekommt in diesem Traume ein besonderes Interesse, weil er den Sträfling zugleich mit der Person identifiziert, um derentwillen er zum Sträfling wird, so daß das bewußte, abwehrende Ich vollkommen rein und unantastbar dasteht. Der Sträfling mit blassen, tiefliegenden Augen ist wieder einmal eine Maske des Todes!

Beachtenswert ist der bisexuelle Charakter des Traumes. Die Raufszene mit dem Sträfling ist eine strafbare homosexuelle Handlung; in der Umkehrung eine Aggression (mit seinem Phallus) auf die heißbegehrte Dame. Eine merkwürdige Tatsache möchte ich hier erwähnen: Richter, Staatsanwälte und Advokaten verraten in ihren Träumen auffallend häufig einen „Kriminellen Komplex". Unser Richter besteht offenbar aus zwei Menschen und dies drückt sich in dem Traumbilde aus. Solche Träume sind sehr häufig. So träumte eine Dame:

(40.) „Ich sehe eine große sumpfige Wiese, und Fräulein M. sollte darübergehen. Ich warnte sie und sagte: „Da sinkt man gewöhnlich ein." Sie läuft trotzdem hinüber, macht sich schmutzig, aber lacht darüber und ruft mir zu: „Versuche es nur einmal!" Ich wußte, daß ich nicht einsinken würde und, trotzdem mir etwas unrichtig schien, lief ich ungefährdet hinüber."

Sie kämpft mit der Versuchung und personifiziert jene Strömung im Innern, die das Laster sucht, mit der Freundin M. Sie warnt sich selbst vor dem „Sumpf" der Großstadt, aber das Unbewußte lacht über die Gefahren, es rät ab, macht sich nichts aus dem Schmutz und fordert sie auf hinüberzugehen. Schließlich läuft sie hinüber, ohne beschädigt zu werden. Sie möchte Verschiedenes erfahren und erleben, aber sie fürchtet die Folgen. Sie ist eine glänzende Illustration zu dem köstlichen Witz des Simplizissimus: Moral ist die Angst, daß etwas passiert.

Anschließend noch zwei wunderschöne Beispiele von Spaltung der Persönlichkeit im Traume:

(41.) „Ich sah mich wie eine Vision, die schnell verschwand. Es war im Freien. Ich sah mich viel kleiner — mit den Zügen des Erwachsenen — mit Füßen und Händen ans Kreuz geschlagen. Da wollten mir zwei Männer noch Nägel in den Kopf schlagen. Da sagte ich: Das ist zu viel. Es war ja nur ein Dornenkranz."

„Es war mir im Traume so, als würde ich auf den Arm gestützt sinnend zuschauen". Sie sieht sich ans Kreuz geschlagen. Sie ist noch ein Kind, so jung und muß so schwer leiden. Sie ist im Traume die Leidende und die Beobachterin. Das Kreuz der Neurose ist in ihrem Falle eine schwere Neuralgie, die den ganzen Trigeminus umfaßt und

---

[1]) „Unter Umständen", d. h. im Zustand der Gravidität. Die Redewendung lautet: „In andere Umstände kommen".

bis in den Rücken [1]) ausstrahlt. Die zwei Männer sind ihre zwei Sexualideale, von denen sie eine Defloration wünscht. Die Nägel im Kopfe sind Verlegung von unten nach oben und bedeuten einen Kongressus. Der Dornenkranz ist der Junfgernkranz, dessen Verlust sie nicht schmerzen würde. Der Jungfernkranz war für sie nur ein Dornenkranz. Die zwei Seelen ihrer Brust, die fromme und die leidenschaftliche, kommen in diesem Traume sehr schön zum Ausdruck. Eine schwere Sünde lastet auf ihren Schultern. Sie liebt zwei Männer und begehrt sie leidenschaftlich [2]).

Für diese „sündhaften" Begierden hat sie sich ans Kreuz der Neurose geschlagen. Zugleich kommt ihr sadistisch-masochistischer Trieb dabei auf seine Rechnung. . . . .

Noch deutlicher kommen diese Regungen in dem nächsten Traum zum Ausdruck.

(42.) „Ich war in einem Panoptikum und stand vor einem Glaskasten, in dem eine wunderschöne Frau lag. Sie sagte: „Sehen Sie — so weit kommt man, wenn man sich nicht beherrschen kann. Jetzt muß ich mein Elend und meine Schande den Menschen preisgeben. Ich sah sie an, dann wurde sie grünlich, gelblich, leichenhaft, wie eine Wachsfigur blaß wird. Ich sah hin, da war ihr Körper in zwei Teile geteilt (einen Ober- und einen Unterkörper), und eine Schlange hat sich innen durchgeringelt. Die Schlange ist immer dicker worden, und der Spalt zwischen den zwei Körperteilen größer und größer. Neben ihr stand ein Mann — der war viel grauslicher — mit entsetzlichen, großen, blauen Glasaugen, gelbem Gesichte. Er sagte, das ist noch nichts. Wenn erst die Leidenschaften zum Verbrechen werden. Ich gehöre ja eigentlich nicht in das Panoptikum, sondern in die Folterkammer. Ich bin ein Verbrecher, aber ich habe meine Verbrechen so begangen, daß niemand darauf gekommen ist. Ich habe da die Trophäen aufbewahrt. Er zeigte eine Fischblase wie einen gläsernen Kasten — durchsichtig (wie die aufgeblasenen Schweindel, die Männer am Graben verkaufen). Die Trophäen bestanden aus einem Finger, und unter andern auch ein Auge [3]). Wie ein Glasauge, das automatisch das Lid bewegte. Immer wieder auf und ab! Die Wachsfiguren wurden kleiner und größer, sie schnellten in die Höhe und sanken zusammen. Plötzlich wurde der Saal größer. Ich wollte zur Tür, die ich von weitem sah. Ich war wie gelähmt — konnte nicht vor. Plötzlich war ich dort — konnte die Schnalle nicht in die Hand nehmen. Endlich war ich draußen, sehe einen langen Korridor — ich laufe und laufe — und

---

[1]) Wie sie sagte: bis ins Kreuz. Die schwere Neuralgie steht im Dienste einer Kreuzigungsphantasie, welche mit der Deflorationsphantasie als Buße und Schuld zu einem Bilde verschmilzt.

[2]) Selbstverständlich spielt auch die bei „tugendhaften" Mädchen so häufige Vergewaltigungsphantasie hinein. Sie will Lust erwerben, ohne Schuld zu empfinden und Scham zu überwinden. Sie will aber noch mehr. Sie will zwei Männer auf einmal. Ein obszönes Bild lieferte dieser Phantasie eines Congressus à trois die Anregung. Nagel natürlich ein phallisches Symbol. (Nageln für coire. Anthropophyteia. II. S. 89.)

[3]) Das Auge ein Symbol für die Vagina. (Erste symbolische Gleichung!) Der Finger Ersatz des Penis. (Dritte symbolische Gleichung!) Ein Auge, das sich automatisch auf- und abbewegt, verrät die Reflexbewegungen beim Koitus. (Verlegung von unten nach oben!) Das Auge ist übrigens, wie die meisten Sexualsymbole bisexuell und bedeutet auch den Hoden (Anth. I. S. 215). Ein Finger und zwei Augen = das männliche Genitale.

sehe die Wachsfiguren, die mich anstarren. Endlich bin ich bis zur Stiege — die war endlos. Da bin ich nicht mehr gegangen, sondern habe mich gesenkt. Ich dachte: jetzt bist du ohnedies am Karlsplatz. Unten ist eine gestanden — eine Wachsfigur. Ich sagte mir: das bin ja ich. Dann sagte ich: Nein, das ist die Salome. In der Hand hielt sie einen Kürbis, den hat sie nach mir geschleudert, da bin ich aufgekommen."

Analyse: Sie sieht ihr Leben. Das Panoptikum ist die Kur. Sie liegt im Glaskasten und muß sich von mir ins Innere sehen lassen. Die Schlange, die den Körper in zwei Teile teilt, so daß der Spalt immer größer und größer wird, brauche ich wohl nicht zu übersetzen. Die Teilung ist eine horizontale, weil sie die Trennung von Geist und Körper symbolisieren will. Der Geist ist stark — das Fleisch ist schwach.

„Die Menschheit oder der Mensch", sagt Hebbel „ist wie die edle Melusine nur passabel bis zum Nabel — dann folgt das Ungeheuer." Ähnliche Aussprüche finden sich bei Nietzsche und Shakespeare. Auch unsere Träumerin sieht ihr Spiegelbild, das durch die Sünde (Schlange) in einen edlen und unmoralischen Teil getrennt wird. Diese Trennung wird immer größer. Das bedeutet die Tragödie der Neurose — die Verdrängung. Doch auch physisch genommen, hat dies Bild für sie eine große Bedeutung. Sie träumt von einer verlorenen Virginität, die heimlich geopfert wurde. Gegen die Gefahren der Gravidität sollte sie „die Fischblase" schützen. Sie träumt davon, das heimlich hinter dem Rücken der Eltern zu machen. Der geliebte Mann, der dies Werk vollführen soll, heißt Karl (Karlsplatz). Die Salome ist wieder eine Abspaltung ihres Ichs — aber auch die Gattin des Herrn Karl, deren Zorn sie fürchtet. Diese Dame vertraute ihr einmal, daß ihr Mann (Karl) Fischblasen benütze, sie wolle keine Kinder mehr haben. Bei ihrer Fruchtbarkeit (Kürbis) könnte sie sonst ein Dutzend Kinder haben. Mit dieser Frau war sie gemeinsam in der Oper „Salome".

Der Mann mit der Fischblase (Kondom) ist das Laster — ihr Verführer. Auch der „Finger" soll bei der Verführung eine Rolle spielen. Die automatischen Augen sind die Augen einer Dirne, die sich Männer heranlockt. Die Schweindeln symbolisieren die Schweinerei! Am Graben gehen die Dirnen spazieren. Die Wachsfiguren (wachsenden Figuren) sind Penisse. Sie geht nicht mehr, sie senkt sich. Sie ist eine Gefallene. Daran schließt sich eine Geburtsphantasie. Das Kondom scheint seine Schuldigkeit nicht getan zu haben. Der Kürbis steht als Symbol des Samenreichtums, also der Fruchtbarkeit da. Sie sieht eigentlich immer nur sich. In fünf Gestalten: 1. das von der Schlange geteilte Weib, 2. die erfahrene Dirne, 3. die Onanistin (Finger!), 4. die grausame Sadistin, die in blutrünstigen Phantasien schwelgt, 5. der Mann, der zum Verbrecher wird. Also wieder ein bisexueller Traum mit stark kriminalistischem Einschlag. Die Wachsfiguren lassen, wie die Statuenliebe, eine verdrängte Nekrophilie[1]) erkennen.

---

[1]) Nekrophile Neigungen sind bei Neurotikern sehr häufig und äußern sich als Angst vor Toten, Leichen, Begräbnissen und sublimiert als Vorliebe für Statuen, Wachsfiguren und tote Gegenstände. Das Motiv der infantilen Nekrophiliephantasien liegt in der Wehrlosigkeit der Toten. (Anthropophyteia. VI. S. 249.) Einen Beweis für die Existenz dieser Phantasien können wir in nekrophilen Flüchen kulturell tiefer stehender Völker finden. (Vergleiche die Flüche der Kroaten. Anthropophyteia I. Ähnliches kann ich von den Flüchen der Rumänen berichten. Siehe übrigens das Beispiel Anthrop. II. S. 293.)

Der Traum zeigt deutlich den Charakter eines Warnungstraumes. „Soweit kommt man, wenn man sich nicht beherrschen kann". Hüte dich! Gehe die Pfade der Tugend! Meide das Laster.

IX.

Transformationen und Bisexualität.

Als charakteristisch für den Traum gilt von jeher die Transformation der verschiedenen agierenden Personen, ja selbst der Gegenstände. Jemand spielt Klavier. Plötzlich ist das Klavier kein Klavier mehr, es ist eine Frau. Die Frau verwandelt sich wieder in einen Tiger. In dieser Form drückt der Traum Identifizierungsprozesse aus. Klavier, Frau und Tiger sind einander gleich zu setzen. Mit anderen Worten: Auf dieser Frau kann man wie auf einem Klavier spielen. Sie ist aber sehr leidenschaftlich. Ich wollte ihre Eifersucht nicht herausfordern. Da würde sich die wilde Tigerkatze sofort zeigen. Dieser ziemlich umständliche Gedankengang wird durch eine Transformation ausgedrückt.

Manchmal drückt der Traum durch eine solche Veränderung einen Zweifel oder ein Schwanken zwischen zwei Wünschen aus. Wenn z. B. ein Angsthysteriker träumt:

(43.) „Ein Vogel hat mich in den Finger gebissen. Dann hat sich der Vogel in eine Katze verwandelt, die auf mich gesprungen ist",

so ist der psychische Hermaphroditismus in diesen zwei verschiedenen Objekten ausgedrückt. Der Mann wird durch den Vogel (Penis), das Weib durch die Katze (Vagina) ausgedrückt. Oder jemand träumt von einer nackten Frau. Plötzlich hat sie einen riesigen Penis. Zum Schlusse verwandelt sie sich in einen bärtigen Mann.

Andere Träume geben der Transformation in Form des Zweifels Ausdruck.

(44.) „Ich sah Herrn N. im Traume. Ich weiß nicht bestimmt. Später kam es mir vor, als ob es Frau X. wäre."

Doch studieren wir dies Phänomen an einigen Beispielen. Eine Patientin träumt am fünften Tage der Behandlung:

(45.) „Vetter Karl brachte Paul nach Hause, nachdem es unterwegs Abend geworden. Ich war sehr erschrocken und fragte, ob wir Paul, gleich ins Bett legen sollten. Karl wandte sich zu mir, aber als ich sein Antlitz sah, war es gar nicht Paul, sondern ich sah den dunklen Kopf von Dr. Stekel vor mir. Durch den ausgestandenen Schrecken sehr ermüdet, lehnte ich meinen Kopf auf seinen Arm."

Analyse: Ein Teil der Situation ist dem Leben entnommen. Ihr Vetter brachte seine Frau „Paula" nach einem Sturze vom Automobil schwerkrank nach Hause. Paula war ihre beste Freundin. Karl ihre stärkste Liebe. Eine unglückliche Liebe, die ein rasches Ende nahm. Ein Ende im äußerlichen Sinne. Sie brach alle Beziehungen ab. Aber innerlich liebt sie ihn mit aller Glut eines einsamen, nach Liebe lechzenden, alternden Mädchens. Ihre zweitstärkste Liebe ist ihr Bruder Paul. Auch dieser wird im Traume als Schwerkranker nach Hause gebracht.

d. h. er stirbt bald. Natürlich symbolisch. Ihrem Herzen stirbt er, nicht dem Leben.

Ich bin der Erbe aller Leidenschaften. Auf mich überträgt sie die Liebe von Karl und Paul. Ich soll sie aufrichten und stützen.

Die Transformation von Karl in meine Person ist der symbolische Ausdruck der Affektübertragung. Unsere Bilder verschwimmen in eines. Ich werde mit Karl und, wie ein nächster Traum besagt, mit Paul identifiziert. (Alte Todeswünsche gegen den Bruder finden jetzt eine Wiederbelebung.)

Frl. „Etha" träumt:

(46.) „Aus unserer früheren Wohnung wollten wir ausziehen; es war schreckliche Unordnung in allen Zimmern. Das Mädchen brachte plötzlich zwei Karten herein und sagte: „Ich habe die Herren in den Salon geführt". — Es war Hugo und ein fremder Mann. Den hat er mitgenommen, damit wir ihn empfangen — denke ich. Mama ging mit mir in den Salon. Dort sah es staubig und kahl aus, an Hugo ging Mama wortlos vorüber. Ich begann mit ihm zu sprechen: „Du hast ein ganz verändertes Wesen" — sagte Hugo. „Mein Wesen hat dich nicht mehr zu kümmern" — antwortete ich. Dann tat er mir plötzlich leid und ich begann ihm die Haare zu streicheln. Wir saßen nun nebeneinander auf einem umgestürzten Sofa. „Du, nun bin ich fast gesund" — sagte ich. Er sah mich ungläubig an. „Und ich war sehr nervenkrank" — fuhr ich fort, und dabei dachte ich: „das ist zum größten Teil deine Schuld". — Dann erzählte ich von Dr. Stekel. „Ist ja alles Quatsch", murrte Hugo. — „So", sagte ich, — „die anderen Ärzte kümmern sich gar nicht um die Seele; und die ist doch der Hauptfaktor bei jeder Krankheit". — Ich hielt ihn umschlungen, er begann sich in einen großen Hund zu verwandeln, wurde kleiner und plötzlich war es Schary, den ich in den Armen hielt und streichelte."

Dieser Traum wird verständlich, wenn man erfährt, daß Hugo ihr Bräutigam war, der ihr plötzlich die Liebe kündigte. Er erscheint hier mit einem fremden Manne. Das ist eine Art, wie der Traum es darstellt, daß Hugo ihr ein fremder Mann geworden ist. Die Überdeterminierung des fremden Mannes ergibt sich aus dem Umstand, daß er im Salon empfangen werden soll. Hugo hat sich ihr gegenüber nie als Mann bewährt. Der fremde Mann ist hier auch ein phallisches Symbol [1]).

Wir sehen in diesem Traum eine Menge Veränderungen. Hugo ist ihr ein fremder Mann [2]). Aber auch sie ist verändert. Auch das umgestürzte Sofa zeigt die große Veränderung zwischen einst und jetzt. Einst kosten sie am Sofa. Sie legte sich nieder, er saß neben ihr. Manchmal wurde er wild und begann sie stürmisch zu umarmen. Sie zitterte schon und dachte: Jetzt kommt das Letzte. Aber es kam nicht. Hugo ist kein Mann. Jetzt schon gar nicht. Er braucht kein Sofa. Wozu denn? Auch das Liegen ist überflüssig. Sie sitzen beide am umgestürzten Sofa. (Beziehungen zu „Sitzenbleiben" und „Umstürzen" der Verhältnisse.)

---

[1]) Eine weitere Überdeterminierung, die Bedeutung des „fremden Mannes" als Vertreter des Todes soll später bei der zusammenfassenden Darstellung der Todessymbole verständlich werden.

[2]) Der psychische Mechanismus dieses seelischen Phänomens wird in dem Kapitel „das Gefühl des Fremden im Traume" ausführlich klargelegt werden.

Ihre Krankheit liegt in der Vergangenheit. Sie war sehr krank. Jetzt ist sie gesund . . . Dann trete ich in Aktion. Sie betont, daß ich mich um die Seele kümmere. Das ist die Hauptsache, sagt sie heuchlerisch. Sie straft sich gleich Lügen. Denn Hugo wird ein großer Hund. (Schmähung!) Und plötzlich wird er mein Hund, der kleine liebe Schary, der bei allen Psychanalysen zugegen ist. Der Hund steht als Vertreter meiner Person. Aber wohlgemerkt meiner animalischen Person [1]). Die Transformation Hugo — großer Hund — kleiner Hund — Schary — Dr. St. — drückt die Affektübertragung vom ungetreuen Bräutigam auf meine Person aus.

Die nächsten zwei Träume sind von einem Zwangsneurotiker Herrn Omikron geträumt. Auch sie bringen eine Transformation, welche der sicherste Beweis einer Indentifizierung ist.

Der erste Teil des Traumes zeigt, daß die Onanie des Kranken mit geheimen Inzestphantasien verknüpft ist. Auf wen sich die Phantasien beziehen, das werden wir gleich erfahren:

(47.) „Ich ging mit einem Mädchen, mit dem ich vor kurzem bekannt wurde, über eine Stiege herunter. Die sagte mir, ich solle dem Stubenmädchen von Dr. Stekel eine Schürze bringen, das würde mir wahrscheinlich nicht schwer ankommen, weil meine Schwester die Schürzen im Geschäft hat. So eine Schürze koste wahrscheinlich 15 Kreuzer. Ich sagte ihr zu und dachte mir, daß solche Schürzen 35 Kreuzer kosten, wie sie es meint. Ich ging mit ihr eingehängt, in dem Momente war es meine Schwester. Ich wollte sie küssen und zögerte. Sie sagte ich soll nur lustig sein, das mache nichts, ich solle sie nur küssen."

Die Schwester fordert ihn auf, sie zu küssen, das mache nichts. Das entspricht den Tatsachen. Er war 6 ($15 = 5 + 1 = 6$), die Schwester 8 Jahre ($35 = 3 + 5 = 8$), als er bei der Schwester im Bette lag, und sie miteinander zärtlich waren. Sie hatte ihn damals aufgefordert, sie zu küssen.

Er liebt seine Schwester noch heute sehr innig. Ihm fällt ein Gedicht von Paul Heyse ein:

„Ein Bruder und eine Schwester — Nichts Treueres kennt die Welt;
Kein Goldkettlein hält fester — Als das zusammenhält." — —

Die Schürze [2]) in mehrfacher Bedeutung . . . . .

Deutlich ist die Verschiebung der Übertragung von mir auf mein Stubenmädchen. (Verladung.)

Und sofort bringt er einen zweiten Traum, aus dem ein tiefes Schuldbewußtsein wegen infantiler Inzestvorgänge spricht.

(48.) „Ich ging an einer Auslage vorüber und habe ganz unbewußt die Auslage aufgemacht und einige goldene Ketten herausgenommen. Ich bin darüber erschrocken und überlegte, was ich da eigentlich getan habe. Ich lief in ein Juwelengeschäft, wo ich meine Schwester antraf, die dem Goldarbeiter etwas verkaufte (oder kaufte sie selbst ein?). Ich

---

[1]) Hunde sind im Traum Vertreter der „schamlosen" Sexualität und aller tierischen Leidenschaften. Mopseln = coire. (Anthropophyteia. III. S. 222.) Ebenso „Pudeln".

[2]) Die Schürze heißt das Frauenzimmer. „Meine Schwester hat die Schürzen im Geschäft" verrät die intimere Bedeutung der Schürzen als Schamlippen. Geschäft = vulva.

fürchtete, daß man mich arretieren wird, habe mir aber dabei das gewünscht, damit ich sagen soll, ich weiß nicht, warum ich das getan habe."

Er ist der Goldarbeiter, der sich wünscht, mir einmal die Geschichte seines Traumas zu erzählen. Zwischen ihm und der Schwester waren verschiedene Dinge vorgefallen. Er erinnert sich daran, daß seine Schwester erzählte, er habe ihr in der Kindheit in den Mund uriniert (Urin = Stuhl = Gold. Zweite symbolische Gleichung). Auch die Erinnerung an heiße Küsse und Umarmungen wird präsent. Die Eltern waren so unvorsichtig, die Kinder jahrelang zusammen schlafen zu lassen. Er erinnert sich, daß er der Schwester unzüchtige Dinge erzählt hatte. Auch die Geschichte einer Fellatio spielte eine Rolle. Ein Mäderl erzählte es ihm, als er schon zehn Jahre alt war. Er war ganz entsetzt und hatte Zweifel, ob er das der Mutter erzählen sollte. Schließlich sagte er es doch und fühlte sich dann sehr erleichtert. Damals litt er an heftiger Polyurie. Er lief mehrere Male in der Stunde auf den Lokus . . .

Der Traum erzählt, daß er der Schwester den kostbarsten Schmuck, die Unschuld, gestohlen hat. Er macht sich darüber, wie über seine Inzestgedanken Vorwürfe. (Zur näheren Analyse vergleiche die Träume: 34, 98.)

Die Transformation meines Dienstmädchens in die Schwester verrät, daß hinter allen seinen weiblichen Idealen das Ideal seiner Jugend, die Schwester, steckt. Der Traum lüftet das Rätsel der Objektwahl. Mein Dienstmädchen, (die eine weiße Schürze trägt), gefällt ihm, weil sie ihn an die Schwester erinnert. . . . .

Ich schließe diese Darstellung der Transformationen mit einem Traum des Künstlers „Epsilon". Es ist ein typischer bisexueller Traum.

(49.) „Ich gehe in eine Dirnengasse und gehe zu einem Mädel hinein. Wie ich hineinkomme, verwandelt sie sich in einen Mann, der halbausgezogen auf einem Sopha liegt. Er sagt: Es wird sie „dich" doch nicht genieren oder: es geniert „Sie" doch nicht (daß ich jetzt ein Mann bin)." Der Mann sah ältlich aus, mit einem weißen Backenbart. Erinnerte mich an einen guten Freund des Papas, einen Oberförster N.

Die Dirne verwandelt sich in einen Freund seines Vaters und dann in seinen Papa, den er so in einem Bordell überrascht. Andererseits geht sein homosexuelles Begehren auf den Vater. Die Verwandlung des Mädchens in den Vater verrät uns den Mechansimus der Transformation. Er spielt den Vater, wenn er zu Frauen geht. Er sucht den Vater, wenn er sich mit der Mutter identifiziert. Sein Schwanken zwischen Mann und Weib prägt sich im Traume in der Verwandlung aus. Auch der Vogel, der sich in eine Katze verwandelt, wollte uns dieselben Tatsachen mitteilen.

Wir haben jetzt schon ein halbes hundert Träume analysiert. Alle ziemlich flüchtig und oberflächlich. Wir können aus Gründen der Darstellungskunst nur auf das wichtigste und uns interessierende Detail eingehen. Aber in allen Träumen, wo wir uns die Mühe genommen haben, danach zu forschen, sind wir auf das Problem der Bisexualität gestoßen.

Ich behaupte nun: Alle Träume sind bisexuell angelegt. Wo die Bisexualität nicht zu finden ist, steckt sie in den latenten Traumgedanken. Ich will nun an einigen Beispielen illustrieren, wie sich der „psychische Hermaphroditismus" (Adler) im Traume ausdrückt.

Nehmen wir ein altes Beispiel vor. Den Traum Nr. 10 des Herrn Beta:

(10.) „Ich sehe ein großes hölzernes Christusbild vor mir. Ich nehme mir ein Stück heraus."

Wir haben diese Metapher übersetzt und dahin gedeutet, er habe sich etwas gegen seine Gottheit herausgenommen. Die weitere Analyse zeigt jedoch, daß er gerade das Mittelstück, also das Genitale herausgeschlagen hat. D. h. er verwandelt seinen Gott in seine Göttin. Oder er entmannt seinen Gott. Wir werden später sehen, wie mächtig die aktiven und passiven Kastrationsphantasien die Neurose des Herrn Beta beeinflussen. In dieser Entmannung liegt der bisexuelle Charakter dieses Traumes.

Diese Bisexualität des Neurotikers drückt sich also im Traume ebenso deutlich aus wie im „hysterischen Symptom" oder im hysterischen Charakter.

Doch wie versteckt, wie zart angedeutet, heimlich zeigt sich diese Bisexualität in den Träumen. Betrachten wir einige Beispiele.

Frl. Gamma träumt zwei Träume hintereinander:

(50.) „Ich ging hin und her, wußte nicht, ob ich meine Bluse oder meinen Schlafrock anziehen sollte, war unruhig und wußte überhaupt nicht, was ich eigentlich wollte."

(51.) „Karl kam und bot mir aus einem Kasten Zigaretten an, aber ich mochte keine nehmen, da es Morgen war und ich keine Lust zum Rauchen hatte."

Bluse oder Schlafrock bedeutet hier die bange Frage: Mann oder Weib? „Fühle ich mich heute als Mann oder als Weib?" Der zweite Traum lehnt die weiblichen Tendenzen ab. Sie ist ein Mann und kann daher auf den Penis (Zigarette) verzichten, den Karl ihr anbietet. Der Satz: „Ich wußte überhaupt nicht, was ich wollte", drückt ihr Schwanken zwischen Mann und Weib aus.

Der nächste Traum eines 30jährigen Mannes ist klarer:

(52.) „Dr. X. sitzt in einem Zimmer in Frauenkleidern und sieht sehr groß aus. Er trägt eine graue Bluse . . . ."

Herr S. T. sieht seinen Bureaukollegen Dr. X. als Weib. Hier sehen wir die Bluse als weibliches Zeichen. Im ersten Traume (50) war sie männlich. Alle Sexualsymbole sind ursprünglich bisexuell.

Herr Dr. X träumt:

(53.) „Ich habe für gewöhnlich Männerkleider und auch einen Mädchenanzug. In demselben gehe ich spazieren und sehe ganz wie ein Mädchen aus, so daß niemand vermutet hat, daß ich ein Mann wäre . . . ."

Wie fein hat der Träumer (Nr. 52) das feminine Wesen des Dr. X. herausgefühlt! In seinem Traume entpuppt sich Dr. X. als ein echter „Transvestite". Das Wort ist von Magnus Hirschfeld geprägt worden. (Die Transvestiten. Eine Untersuchung über den erotischen Verkleidungstrieb [1])). „Transvestiten" nennt Hirschfeld Menschen, „bei welchen ein heftiger Drang vorhanden ist, in der Verkleidung desjenigen Geschlechtes zu leben, dem die Betreffenden ihrem Körper-

[1]) Medizinischer Verlag Alfred Pulvermacher u. Co. Berlin 1910.

bau nach nicht angehören." Wenn wir vom „heftigen Drang" absehen und eine Neigung zur Verkleidung berücksichtigen, so müssen wir sagen: Alle Neurotiker sind Transvestiten, weil sie alle psychische Hermaphroditen sind und die Bisexualität eine wichtige Komponente ihres Charakters ausmacht.

Deshalb spielen in ihren Träumen Verkleidungen eine große Rolle. Aber nicht nur in den Träumen, auch im Leben des Neurotikers. Dabei gibt es zahllose Übergänge. Bei Männern hat der Mann in langen Kleidern eine große Bedeutung. Hierher gehören: Priester, Richter, Advokaten (im Talar), der Mann im Bademantel, der schöne Knabe, der sich dem Femininen nähert. Auf der anderen Seite: Frauen in Hosenrollen auf der Bühne, Touristinnen oder Radfahrerinnen in Dreß, Frauen mit einem Anflug eines Schnurrbärtchens, mit einer tiefen männlichen Stimme oder männlichem Gebahren und alte Frauen, die sich ja dem männlichen Typus nähern. In diese Kategorie gehört der Mann mit dem Zopf (Chinese) und die kurz geschorene Frau, der langhaarige Poet und die gaminhafte Mignon mit kurzem krausen Haar.

Bisexualität ist Trumpf in der Neurose und im Traume. Wo gebe es ein Symbol, das — wenn es die Phantasie nur einigermaßen erlaubt — nicht männlich und weiblich zugleich gebraucht werden könnte!

Betrachten wir einige Beispiele:

Die Schlange ist ein exquisit männliches Sexualsymbol und steht für den Phallus. Sie kann aber auch weiblich gebraucht werden, wie alle glatten, feuchten, schlüpfrigen Tiere und für die Vulva stehen. Muschel und Schnecke sind weibliche Symbole. Die Schnecke steht für die Vulva (Z. B. Anth. III. S. 98.) An anderer Stelle heißt es jedoch der Schneck. Ja man sagt von einem Weibe, es wäre „ein lieber Schneck". Der Schneck heißt auch der Penis. (Anth. VI. S. 50.) Das Schneckenhaus — als aufnehmender Gegenstand — sollte weiblich sein. Trotzdem wird es für den Penis gebraucht. (Anth. III. S. 189.) „Die Schneckerl" sind bisexuell und bedeuten die Schamhaare.

Ebenso werden die Maus und die Ratte bisexuell gebraucht. Das „Mäuschen" steht für die Behaarung der Vulva. „Mäuse fangen" für den Geschlechtsverkehr. (Anth. III. S. 52.) Die Maus heißt aber auch der Anus bei Mann und Weib. (Anth. I. S. 143 u. S. 144.) Der Ratt steht für den Penis (Anth. III. S. 186.) Die Ratte steht für die Vagina. ist aber in den meisten Träumen ein homosexuelles Symbol.

Besonders deutlich tritt diese bisexuelle Verwendung bei den pflanzlichen Symbolen hervor. Der Apfel ist ein Symbol des Hodens. Doch auch die Brüste heißen die Liebesäpfel. (Anth. VI. S. 2.) Nennen sich doch die Brüste einmal „die Hoden der Frau" (Anth. III, S. 105). Die Kirsche wird für die Eichel verwendet. (Anth. III. S. 141.) Aber ebenso häufig für den Mund, die Vulva und die Mamilla. Die Kornelkirsche steht für die Klitoris. (Anth. I. S. 240.) Ebenso wird die Erdbeere bisexuell gebraucht. Auch die Birne bedeutet Uterus und Testikel; die Pflaume Vagina und Testikel usw. Wir werden bei Besprechung der „Pflanzenträume" noch einige Beispiele anführen.

Ich greife noch einige bisexuelle Symbole auf gut Glück heraus: Besen heißt in der ganzen Welt ein Frauenzimmer. Der Besen ist auch der Phallus. (Anth. II. S. 26.) Die Lampe ist bisexuell und stellt den Lingam dar. Die Lampe steht für die Vulva, der Docht für den Penis, das Petroleum für das Sperma. (Anth. II. S. 141 und S. 230.) Der Fisch steht meistens für den Penis. (Er hat einen Schwanz!) Trotzdem bedeuten Hecht und Karpfen die Vagina. Das Tertium comparationis = ihre Unersättlichkeit. (Anth. I. S. 251.) (Fischen heißt coire.) Die Kröte ist ein bekanntes weibliches Symbol und bedeutet den Uterus. Kranke Frauen spendeten der Mutter Gottes eine silberne oder goldene Kröte. Der Frosch steht für Penis. (Anth. II. S. 132.) Beide Symbole Kröte und Frosch können bisexuell gebraucht werden. Der Kamm heißt die Vulva (Anth. VI. S. 37), aber auch der Penis. Kämmen = coire. (Aus zahlreichen Traumanalysen.) Der Turm wird häufig für den Penis gebraucht; die zwei Türmchen sind der Busen. Anth. III. S. 129.) Der Zwicker die beiden Testikel, aber auch eine enge Vagina. (Aus meinen Traumanalysen.)

In dieser Zwitterstellung der Sexualsymbole zeigt sich ein Rest des heidnischen Hermaphroditismus, der seine Gottheiten als Riesenweiber mit einem riesigen Penis oder als Männer mit einem Busen darstellte. In der symbolischen „Gleichung“ kommen diese Ähnlichkeiten zum Ausdruck. „Einen Penis melken“ heißt onanieren. Da ist der Penis für eine Mamma eingetreten. In solchen Kleinigkeiten verrät sich der psychische Hermaphroditismus.

Die bisexuelle Gottheit zeigt sich auch in den Traumbildern der Neurotiker. Zwar nicht jeder Traum ist so durchsichtig wie der folgende, von einem 20jährigen Neurotiker geträumte:

(54.) „Ich träume, daß ich mit meiner Mutter im Bett liege und sie glühend umarme. Wie ich mit der Hand hinunterfahre, fühle ich zu meinem Schrecken einen großen, erigierten Penis. Ich erwache mit einem Schrei.“

Dieser Neurotiker hat eine besondere Fixation seiner Libido. Er schwärmt für stramme, muskulöse Waden. Dieses Sexualziel ist schon so gewählt, daß es sowohl beim Mann als bei der Frau Libido erregen kann. Er trägt immer Damenstrümpfe, die bis über die Knie reichen müssen, und rasiert sich trotz reichlichen Bartwuchses ganz glatt. Andere Männer tragen Armbänder, interessieren sich für Toiletten, parfümieren sich usw. Alle solche Züge können im Traume die Bisexualität verraten.

Wenn wir nun das ewige Schwanken des Neurotikers zwischen Mann und Weib kennen gelernt haben, so werden uns viele Transformationen des Traumes klar werden. Besonders die Verwandlungen vom Mann in eine Frau und umgekehrt. Der Träumer, der seinen Vater als Dirne findet (Nr. 49) verrät in diesem Traum seinen eigenen psychischen Hermaphroditismus. Er sucht den Mann im Weibe [1]) und das Weib im Manne. Er will die beiden Hälften seiner Seele vereinigen. So wie er Mann und Weib zugleich ist, will er dieses Ideal bei anderen finden. Denn jeder sucht sich in dem anderen. „Lieben“, sagt Hebbel, „heißt in dem andern sich selbst erobern.“

Wie unglaublich fein der Traum den „psychischen Hermaphroditismus“ und das Suchen des Mannes im Traume zum Ausdruck bringt, das beweist uns der Traum des an Platzangst leidenden Herrn Zamara.

Die Analyse ist vom geheilten Patienten verfaßt. Lassen wir einmal dem Träumer selber das Wort:

„Herr Dr. Stekel ersucht mich um Veröffentlichung folgenden Traumes:

(55.) „Ich war von einem Freund eingeladen worden, den Weihnachtsabend bei ihm zu verbringen. Die Einladung hatte ich angenommen. Ich sah dann in einem Saale eine Ausstellung von zum Verkauf gestellten Weihnachtsgeschenken, insbesondere kleinen Pferden, die Abends eingepackt wurden. Auch an Weihnachtsbäumen hingen Pferdchen; ich half beim Einpacken der Sachen. Als ich dann meinen Freund aufsuchen wollte, stellte sich heraus, daß mir seine Adresse entfallen war. Ich fragte ein in dem Saale befindliches Mädchen nach der Adresse des Herrn. Es kannte wohl die Adresse; ich konnte aber die Aussprache des Mädchens nicht verstehen, trotzdem es die Adresse mehrfach wiederholte. Ich dachte, es ist doch eigentlich sonderbar, da sprechen wir, Deutsche und Österreicher, eine gemeinsame Sprache

[1]) Schließlich triumphiert er über den Vater. Denn er liegt „oben“. (Adler.)

und können einander doch nicht verstehen. Plötzlich sah ich eine ganze Anzahl von Herren und Damen. Eine dieser Damen, der die Adresse meines Freundes bekannt sein mußte, wollte ich danach fragen; zu meiner Freude erblicke ich aber meinen Bekannten zwischen den Personen. Ich trat auf ihn zu mit der Frage: „Haben Sie sich auf heute Abend eingerichtet?“ Auf seine bejahende Antwort sagte ich: „Ich hätte Sie nicht aufsuchen können, da ich Ihre Adresse vergessen habe.“ Er holte eine Kiste mit Zigarren hervor und bot mir eine an.“

„Die Analyse dieses Traumes gestaltet sich sehr einfach. Ein Freund ladet mich ein, bei ihm eine „weihevolle Nacht“ zu verbringen. Zunächst bin ich bei einer Weihnachtsbescherung zugegen. Unter den „Weihnachtsbäumen“ und den „kleinen Pferden“ sind männliche und weibliche Genitalien zu verstehen; der Saal, in dem ich alle diese Herrlichkeiten schaue, geht auf Inzest- und Geburtsphantasien zurück und ist hier als Symbol des Mutterleibes aufzufassen. Meine im Eingange des Traumes nur angedeutete homosexuelle Neigung wird in überaus geschickter und geistvoller Weise durch das Gespräch mit dem Mädchen weiter verfolgt. „Es ist doch sonderbar, da sprechen wir Deutsche und Österreicher eine gemeinsame Sprache und können einander doch nicht verstehen.“ Also alles ist verlorene Liebesmühe, ich werde mich mit dem Mädchen niemals verständigen können, das uns beiden gemeinsame Band ist ja nichts Geringeres als der Mann, den ich mit allen Fasern des Herzens wünsche und bei den Frauen vergeblich suche. Der Traum läßt sich hieran noch nicht genügen, er spinnt den Gedanken der Homosexualität jetzt unverhüllt fort und bringt zum Schluß die volle Wunscherfüllung. Ich bin glücklich, daß ich nicht erst mit einer Dame wegen der mir entfallenen Adresse meines Freundes in Verbindung zu treten brauche, um auf diesem Umwege zu einer mir nicht zusagenden geschlechtlichen Befriedigung zu gelangen, denn ich erblicke ihn, den Langersehnten, selber im Saal. Nun beginnen auch für mich fröhliche Weihnachten. Und können wir, der Freund und ich, das Fest der Liebe wohl würdiger feiern als wenn wir uns in Liebe vereinen? Der homosexuelle Gedanke wird jetzt sogleich in die Tat umgesetzt, indem der Freund mir eine Zigarre, d. h. seinen Penis, darbietet.“

Soweit die Analyse des Patienten. Sie verrät uns das ganze Elend des „psychischen Hermaphroditismus“. Er sieht viele Frauen — und eine bekannte darunter [1]). In jedem Weibe sucht er den Mann. Er frägt sie nach der Adresse seines Freundes. Er und die Frau sprechen verschiedene Sprachen. Wir werden jetzt verstehen, warum er noch nicht geheiratet, ja sogar noch nie ernstlich geliebt hat.

Er ist ein Don Juan und flattert von Blume zu Blume. Er sucht immer wieder nur sich selbst, weil er sich mit seiner Mutter identifiziert. Er spielt die Mutter, die ihr einziges Kind sucht. Noch eine Bemerkung zum Verständnis des Falles: Die Homosexualität war diesem Träumer vor der Analyse nicht bewußt und eine Quelle seiner neurotischen Erscheinungen. Jetzt kennt er seinen inneren Feind und kann ihn durch die Einsicht überwinden. Es ist der Triumph des Lichtes über die Finsternis!

---

[1]) Das heißt alle Frauen verbergen ein „bekanntes“ Gesicht, seine teure Mutter. Der Ausdruck „darunter“ ist wörtlich zu nehmen. Unter dem Bilde der Geliebten verbirgt sich das übermalte Bild seiner Jugend.

X.

Rechts und links im Traume.

Sehr häufig bemerken wir in Träumen, daß es eine Rolle spielt, ob die Träumer nach rechts oder nach links gehen. Der rechte Weg bedeutet immer den Weg des Rechtes, der linke den des Verbrechens [1]). So kann das Linke Inzest, Homosexualität, Perversion, das Rechte die Ehe, Verkehr mit einer Dirne usw. darstellen. Immer gewertet von dem individuell moralischen Standpunkte des Träumers. Einem Geistlichen kann beispielsweise der linke Weg auch den Weg zur Dirne bedeuten, während er dem mit der Inzestphantasie kämpfenden freisinnigen Menschen als der rechte erscheint. Diese Symbolik ist uns ja längst bekannt. Bürger sagt in seiner Ballade, wo rechts der Engel und links der Teufel erscheint: „Lass' dich vom guten Engel warnen und von dem Bösen nicht umgarnen." Wer mit dem linken Beine aus dem Bette aufsteht, der hat ein Unglück zu erwarten, was ja auch nur das Glied auf der linken Seite bedeutet. „Ein guter Mensch in seinem dunkeln Drange ist sich des rechten Weges wohl bewußt." Die Ehefrau führt man zur rechten; zur linken Seite angetraut ist eine nicht legitime Verbindung. Ich habe immer beobachten können, daß der neurotische Schwindel stets nach links geht, was ich für ein sehr bedeutsames differentialdiagnostisches Symptom halte. Ein nach rechts gehender Schwindel ist sehr verdächtig, als ein organisch bedingter. Man hört häufig die Neurotiker darüber klagen, daß es sie nach einer Seite ziehe. Fragt man sie nach welcher, so erhält man typisch die Antwort: nach der linken [2]). Ob sich da nicht ein Anhaltspunkt für die psychische Grundlage der Linkshändigkeit ergibt, das müßten erst weitere Analysen von Linkshändern ergeben. Noch wichtiger ist die Auffassung von Rechts als männlich und Links als weiblich. Fließ [3]) hat sich bemüht der Bisexualität eine biologische Grundlage zu geben und kam zum Resultate, die „Rechte Seite" bedeute die „gleichgeschlechtige", die „linke" die „gegengeschlechtige".

Dr. Aigremont sagt in seinem außerordentlich interessanten, sehr lesenswerten Büchlein Fuß- und Schuh-Symbolik und -Erotik (Deutsche Verlagsaktiengesellschaft, Leipzig 1909):

„Schon in frühen Zeiten sind rechte wie linke Seite, rechter wie linker Fuß von der Symbolik der Völker umsponnen worden. Die Bevorzugung der rechten Körperhälfte (Hand, Fuß) ist uralt, man denke an die jahrtausendlange Wirkung

---

[1]) „Linkshändig schreiben bedeutet, daß man etwas Verschmitztes tun und durch Betrug und Kniffe jemand übervorteilen und Unbill zufügen, oft auch, daß man Ehebruch treiben und im geheimen Bastarde in die Welt setzen wird. Ich kenne aber jemand, der nach diesem Traumgesichte Dichter humoristischer Lieder wurde." (Artemidoros S. 207 l. c.) Ferner: „Es gibt eine alte Auffassung, mit der es seine Richtigkeit hat, und die so lautet: Die rechte Hand bezeichnet den Vater, den Sohn, den Freund und denjenigen, von dem wir in der gewöhnlichen Umgangssprache zu sagen pflegen „er ist seine rechte Hand"; die linke aber die Gattin, die Mutter, die Schwester, die Tochter, die Sklavin." (Artemidoros S. 50 l. c.)

[2]) Hier und da begegnet man einer Variante: Die Kranken wollen sich rechts auf etwas stützen und greifen ins Leere. Die Bedeutung dieses Symptoms ist manchesmal als mangelndes Vertrauen zur anderen Ehehälfte oder zu Verwandten aufzulösen. Auch die Lösung kommt in Frage: „Ich habe jeden Halt verloren."

[3]) Wilhelm Fließ, Der Ablauf des Lebens. Franz Deuticke, Wien.

auf die linke Hirnhälfte. — Man setzte die beiden Geschlechter den beiden Seiten gleich und sah in der rechten Seite das aktive, erwerbende männliche Prinzip, in der linken das passive, erhaltende weibliche; die rechte ist die zeugende, die linke die empfangende Seite. Wir haben genügende und hinlänglich deutliche Zeugnisse, daß das Altertum die Weiblichkeit lediglich auf die linke Seite verlegte. Plutarch (Symp. 88, und 57) gibt die weit verbreitete Ansicht wieder, die Knaben würden aus dem rechten, die Mädchen aus dem linken Hoden gezeugt. Plinius (7, 7) berichtet von den sagenhaften Machlyern, die als vollkommene Zwitter sich wechselseitig bald als Mann, bald als Weib begatten konnten: Aristoteles fügte hinzu, daß ihre rechte Brust männlich, ihre linke weiblich sei. — Besonders bei dem Fuße tritt diese Unterscheidung zutage: der rechte Fuß gilt als männlich, der linke als weiblich. Der linke ist der mütterlichen Erdgottheit, der tellurischen Weiblichkeit geweiht. Der einbeschuhte Jason trägt die Sandale an dem rechten Fuße, die linke verliert er im Sumpfe, d. h. mit dem nackten linken Fuß schreitet der erdbefruchtende Dämon durch die gebärende Erdmaterie, der verlorene linke Schuh ist das Symbol ihrer Erdfruchtbarkeit, ihrer Kteis, die der Dämon begattet. Im Anschluß an Jasons nackten linken Fuß bemerkt der Scholiast zu Pyth. 4, 133: daß auch die Ätoler mit nacktem linken Fuß in die Schlacht zögen und Macrobius (5, 18) berichtet, daß jene Sitte die Herniker in Italien von den Ätolern übernommen hätten. Die Entblößung beruht, wie Bachofen (Mutterrecht 159) klarlegt, nicht in einem praktischen Grunde zweckmäßiger Kriegsbewaffnung, sondern in der Entblößung des linken Fußes liegt die Darbringung des linken Schuhes an die Muttergottheit. Es sind also Überreste uralten Matriarchats; Herniker und Ätoler zeigten sich als Sprößlinge und Verehrer des großen weiblichen Naturprinzipes. Als solch ein Ätoler zieht auch Meleager, wie Euripides in seiner gleichnamigen Tragödie besonders hervorhebt, mit nacktem linken Fuß in den Eberkampf. Auch noch heute gilt der linke Fuß als weiblich, ähnlich wie im Kinderspiel der rechte Zeigefinger als Gatte des linken weiblichen gilt. Als Symbol des weiblichen Prinzips mischt die südungarische Wanderzigeunerin einige Blutstropfen des linken Fußes mit den Haupthaaren des Burschen und kocht sie mit Quittenkernen zu einem Brei, den sie im Munde kaut. (Am Urquell III, 1.)

Im allgemeinen galt der rechte Fuß als der tatkräftige männliche bei den Griechen wie bei den Römern, auch bei den modernen Kulturvölkern als der glückverheißende. Man soll mit dem rechten Fuß seinen Gang, Marsch, seine Reise, seine wichtigen Gänge beginnen. Im Deutschen heißt es z. B., man soll die Schwelle zuerst mit dem rechten Fuß überschreiten, wenn man Glück in einer wichtigen Sache haben will. Bei den Türken betritt die Braut das Haus des Bräutigams mit dem rechten Fuß, damit sie in der Ehe glücklich werde. — Wenn man nun trotzdem die linke Seite (bzw. den linken Fuß) als die gute, glückbringende im Altertum angesehen findet, so ist dieser Umstand aus der Idee des weiblichen Tellurismus, des fruchtbaren und daher segenspendenden Weibtums, dem die linke Seite geheiligt war, zu erklären. Der linken, weiblichen „guten" Seite wird der Vorzug in der Religion wie in der Familie zuerkannt (Pult. quaest. rom. 78). In der Anschauung moderner Völker ist dieser dunkle Hintergrund geschwunden, die linke ungeschickte Seite, speziell der linke Fuß, bringen wenig Glück. So heißt es: Wer mit dem linken Fuß fehltritt, muß sich auf Enttäuschungen gefaßt machen, wer verdrießlich ist, steht wieder auf dem „linkeren" Fuße; wer mit dem linken Fuß zuerst aus dem Bette tritt, wird an dem Tage Mißgeschick erfahren. Freilich heißt es auch (vielleicht ein Nachklang jener obigen uralten Vorstellungen): Wer mit dem linken Fuß die Schwelle überschreitet, wird Glück in seinen Angelegenheiten haben (czechisch), wer mit dem linken Fuße stolpert, wird Freude erleben (deutsch).

Der Traum wiederholt diese Symbolik von links und rechts in ziemlich deutlicher Weise, wie einige Traumbeispiele zeigen sollen. Ein Patient (Zwangsneurose) träumt:

(56.) „Ich begegne dem Fräulein Fritzi König, die eingehängt am Arme eines Mannes mir entgegenkommt. Ich grüße sie im Vorbeigehen sehr devot. Es hat mir schon früher einen kleinen Ruck gegeben, und ich habe mich zum Grüßen gerichtet: nämlich meinen Stock von der linken in die rechte Hand gegeben. Der Herr und ich haben uns dabei eigentümlich angeschaut."

Der Mann, der ihm dazu einfällt, ist Beamter in der „Samenkontrollstation". Die erste Samenkontrollstation hatte aber sein Vater eingerichtet, der ihn wegen der Onanie belehrte und seine Wäsche aufs genaueste kontrollierte. Das Fräulein König ist die Königin, seine Mutter, die ihm entgegenkommt, was ja eigentlich sein geheimer Wunsch ist; für die Mutter hat er auch eine große Verehrung: „ich grüße sie im Vorbeigehen sehr devot.“ — „Es hat mir schon früher einen kleinen Ruck gegeben“, d. h. diese Liebe geht bis auf die Kindheit zurück, bis auf die Zeit, da ihn die Mama gebadet und zu sich ins Bett genommen hat. Wenn er sich dort zu herausfordernd benahm, gab ihm die Mama einen kleinen Ruck und schob ihn in die Mitte des Bettes, wo er zwischen Vater und Mutter lag, ein Observationsposten, der sehr geeignet erscheint, die Grundlage zu einer Neurose zu geben. Von diesen ersten Beobachtungen datiert sein Haß gegen seinen Vater: „der Herr und ich haben uns dabei eigentümlich angeschaut.“ Der „Herr“ als der Eigentümer hat das Recht, eigentümlich zu schauen. Andererseits ist Fritzi König das einzige Mädchen, das ihm so gefällt, daß er den Versuch einer Ehe mit ihr wagen würde. Durch meine Behandlung in die Grundlagen der Neurose eingeweiht, will er den Inzestgedanken entsagen und seine Kusine heiraten, d. h. er gibt seinen Stock von der linken Hand in die rechte. Die Kusine ist ja eines der Kompromisse zwischen Inzest und gestatteter Neigung; die Kusine ist die beste Freundin der Schwester und hat denselben Vornamen wie diese. Er wird also der Illusion sich hingeben können, den Inzest zu begehen, ohne mit dem Gesetze und der Moral in Konflikt zu kommen. Es ist derselbe Vorgang, nur daß er den Stock von der linken in die rechte Hand gegeben hat.

Der Traum eines anderen schweren Zwangsneurotikers:

(57.) „Ich fahre Fahrrad. Mein Fahrrad will immer weiter nach links fahren, zuletzt halte ich mich mit Gewalt nach rechts und steige ab. Das Fahrrad verwandelt sich in ein Tier, das außer sich ist, meinen Finger in den Mund nimmt, wie um zu beißen. Dann ist es, als ob es nur den Vorderteil habe, der hintere ab sei oder als ob ein Teil des Felles nicht mehr da sei, so daß es zugrunde gehen müsse.“

Ein anderer Traum dieses Patienten lautet:

(58). „Ich war auf der rechten Seite des Körpers gelähmt, das rechte Auge konnte ich nicht aufmachen.“

Dieser hoch in den Fünfzigern stehende unglückliche Mann ist mit all seinem Fühlen und Begehren bei seiner über 70 Jahre alten Mutter verankert. Er ist nicht imstande zu heiraten. Verliebt er sich heute in ein Mädchen, so ist es ihm am nächsten Tage vollkommen gleichgültig. Er ist in der Tat auf der rechten Seite des Körpers gelähmt, er hat ja kein Auge für die Schönheiten der anderen Frauen. Das rechte Auge kann er nicht aufmachen, er sieht alles mit dem linken. Jetzt werden wir auch den Traum mit dem Fahrrad verstehen. Das Fahrrad, das sich in ein Tier verwandelt, ist seine Leidenschaft, die ihn immer nach links reißt. Es ist die Mutter selber, die ihn zu sich zieht. Er hält sich nur „mit Gewalt nach rechts“, d. h. er sucht Dirnen auf, um seine Sexualität zu befriedigen. Allerdings kann er sie nur ein einziges Mal benützen. Die Dirne ist der der Mutter entgegengesetzte Typus; sie ist für ihn kein Weib, sie ist eine Fremde. Geht er ein zweites Mal zu ihr, so besteht zwischen ihnen schon etwas wie eine Verbindung, sie wird ihm eine Bekannte, erinnert ihn an die Mutter. Er ist dann unfähig zu koitieren. Das Tier, das seinen Finger in den Mund nimmt, um zu beißen, ist die

Mutter, die die Gewohnheit hatte, an seinen Fingerchen zu saugen. Er selbst ist noch bisexueller „Lutscher“ [1]) und würde gern an einem Mann die Fellatio ausführen. Seine wichtigsten infantilen Phantasien beziehen sich auf die anale Zone. Deshalb verschwindet bei dem Tier der Hinterteil. Tatsächlich sind diese Phantasien vollständig verdrängt. Auch ist seine Mutter sehr alt geworden. Sie, die einstmals sehr stattlich und kräftig gebaut war, ist jetzt eingeschrumpft; besonders fällt ihm auf, daß sie kein Hinterteil mehr hat; auch ist sie runzlig; ihre einst so glatte Haut ist heute welk: „als ob ein Teil des Felles nicht mehr da sei, und daß es zugrunde gehen müsse.“ — Er hat einen Freund, der Maler ist und von der Haut der Frauen nur wie von einem Fell spricht. (Vgl. Fell und Fellatio!)

Derselbe Patient hat einen dritten Traum:

(59.) „Ich sitze auf einem alten Klavier wie auf einem Pferde und gebe ihm dabei eine Erschütterung. Es setzt sich in Bewegung und ich reite so allmählich nach Hause an einem Ufer entlang. Ich kann dabei sogar Klavier spielen. Ich begegne auf der rechten Seite einem jungen Mädchen, überhole auf der linken Seite einen Mann. Ich habe Angst, daß die Sache plötzlich entzwei geht.“

Das alte Klavier ist wieder die Mutter; das Ufer bezieht sich auf die Geburtsphantasie, die Erschütterung brauche ich nicht zu erklären, auch das Klavierspielen nicht. Das junge Mädchen, dem er begegnet, ist ein Fräulein, die einmal in ihn verliebt war, sehr reich ist, und die er hätte heiraten können, wenn er sie nicht gemieden hätte. Der Herr, den er überholt, ist sein Vater, der vor ihm gestorben ist, und den er jetzt überlebt [2]). Die Angst, daß die Sache plötzlich entzwei geht, ist vollkommen berechtigt. Mit dem Mädchen ging die Sache wegen seiner Inzestgedanken entzwei; vor dem Vater hatte er als Kind entsetzliche Angst, die im Traume um so mehr berechtigt ist, als er auf dem alten Klavier des Vaters spielt. Seine Mutter ist gebrechlich, sehr krank und kann täglich sterben. Wieder sehen wir die Anspielung auf Geburt und Tod; die Mutter, die ihm das Leben gegeben hat, soll jetzt sterben. Seine Geburt war so schwer, daß sie seiner Mutter fast das Leben gekostet hätte. Auch in diesem Traume ist die rechte Seite, wo er dem Mädchen begegnet, die erlaubte, heterosexuelle eheliche Verbindung, während der Mann auf der linken Seite die homosexuelle Neigung des Patienten darstellt.

Der Traum eines anderen Patienten lautet:

(60.) Mein Papa, Fräulein N. und ich waren an einem Ort an der Südbahn (Hinterbrühl). Wir gingen zu Fuß und begegneten einem Mann, der ein sehr unruhiges Pferd führte. Dasselbe schlug aus und traf mich, der ich Papa und Fräulein N. zu schnellem Fortgehen aufforderte, die aber trotzdem nicht von der Stelle gingen, an der rechten Brustseite. Ich fiel um, war aber nur ganz leicht getroffen und verspürte nur etwas Sausen im rechten Ohr.“

---

[1]) Wie viele Muttersöhnchen ist er ein Don Juan mit stark homosexueller Komponente. Vergleiche das über die Psychologie des Don Juan Ausgeführte in Band II meiner „Störungen des Trieb- und Affektlebens“.

[2]) Überholen in der Bedeutung von Überleben sehr häufig. „Jemanden auf dem Lebenswege einholen“ lautet das Bild, das unser Leben als einen langen Weg mit zahllosen Wanderern auffaßt. Das Ende der „langen Straße“ ist das dunkle Tor des Todes.

Der Traum geht noch weiter. Wir wollen uns aber mit einer kurzen Analyse dieses Bruchstückes begnügen. Fräulein N. war eine Erzieherin, die mit dem Vater ein Verhältnis hatte. Die Südbahn drückt, wie alle Orte im Süden, eine besonders heftige Leidenschaft aus. Wo viel von Sonne, Feuer, Spanien, Italien die Rede ist, da handelt es sich um Gluten der Liebe. Diese Glut ist auch im Orte Hinterbrühl angedeutet. Dem Patienten fällt sofort brûler (brennen) ein. Es handelt sich um Beobachtungen, die er an einem Ort gemacht hat, wo der Hintere eine große Rolle spielt: am Abort. Er leidet auch an heftigem Brennen im Hintern, ist überhaupt Analerotiker. Der Satz: „wir gingen zu Fuß“, betont seine stärkste Leidenschaft, den Fußfetischismus. Der Mann, dem sie begegnen, ist sein Erzieher, der zugleich sein Verführer war. Durch diesen Erzieher hat er eine Reihe von schweren Traumen erlitten, die zum Teil auch seinen Hintern betrafen und welche ihm die ersten homosexuellen Lustgefühle vermittelten. Unruhige Pferde bedeuten immer Leidenschaften, ebenso wie die wilden Tiere, Löwen, Tiger, bissige Hunde, wütende Hunde u. dgl. Die Aufsicht des Papas und der Erzieherin störten ihn in seinen Neigungen zum Erzieher, mit dem sich noch eine zweite Figur verdichtet: ein etwas älterer Junge, der mit ihm allerlei erotische Spiele trieb, worauf sowohl der Vater als die Erzieherin kamen, und wofür er und der Junge gestraft wurden. Damals traten Rachegedanken gegen den Vater auf, die sich hier in dem Satze äußern: „den ich zum schnellen Fortgehen (d. h. Sterben) aufforderte, der aber trotzdem kaum von der Stelle ging.“ Dieser Patient zeichnete sich später durch eine geradezu krankhafte Liebe zum Vater aus. Als der Vater starb, gebärdete er sich wie wahnsinnig und sein Schmerz war unermeßlich. Wir sehen, auf welchem Untergrunde von Haß sich diese übergroße Liebe kompensatorisch aufgebaut hat. Im Traume lebt ihm der Vater viel zu lange, er fordert ihn auf fortzugehen; der rührt sich aber nicht von der Stelle. Seine rechte Brustseite ist verletzt, d. h. durch diese Vorgänge der Jugend hat sein Empfinden zum Weib einen empfindlichen Stoß erlitten. Er müsse immer daran denken, wenn er zum Weibe gehe. Diese Vorgänge stehen mit seiner Impotenz, an der er leidet, im innigsten Konnex; denn seine erste sexuelle Aggression gegen den Jungen wurde vom Vater verhindert; er wurde dafür empfindlich bestraft. Diese Komplexe sind unlustbetont. Im Volksmunde sagt man, wenn das Ohr klingt, so bedeute das etwas. „Haben Ihnen nicht die Ohren geklungen? frägt man einen, von dem man gesprochen hat. Das Sausen im rechten Ohr bedeutet, daß er an den Vorfall der Kindheit denken muß, wenn er zum Weibe geht. Er ist (im sexuellen Sinne) lahm auf der rechten Seite. Aber dieses schwere Trauma wird im Traume als ein leichtes dargestellt: „Ich fiel um, war aber nur ganz leicht getroffen“, heißt es. Wir sehen aus diesem Traume, wie die Beziehungen zur Homosexualität mit der linken Seite des Körpers assoziiert werden. (Dazu würde die Beobachtung von Fließ stimmen, daß soviele Homosexuelle Linkshänder sind. Wie überhaupt die linke Seite nach seiner Ansicht die gegengeschlechtliche Seite darstellt. Bei einem Angstanfalle konstatierte er einmal eine Erweiterung der linken Pupille.)

Ähnlich wie im Traume setzt sich diese Symbolik von rechts und links auch in den verschiedenen Zwangshandlungen und Zwangsvorstellungen fort. Der Patient, der den charakteristischen Traum hatte, von einem kleinen Pferde an der rechten Seite verwundet zu werden, litt auch an einer Zwangsvorstellung, die folgendermaßen lautete: er schwor sich, er werde bis zu seiner Matura nur auf der linken Seite schlafen. Diesen Vorsatz führte er getreulich aus; er konnte überhaupt nicht anders als links schlafen. Der Prüfungstraum, über dessen Bedeutung ich noch sprechen werde, bedeutet manchmal die sexuelle Prüfung bei einem Weibe. Freud [1]) gibt meine Ansicht nicht genau wieder, wenn er sagt, meine Auslegung gehe dahin, der Patient träume diesen Traum, wenn er am nächsten Tage einen Koitus vorhabe, vor dem er sich fürchtet. Es handelt sich hauptsächlich darum, daß er sich vor der Liebe fürchtet. Dieser Maturitätstraum des Patienten äußerte sich nach seiner Matura in einem typischen, sich wiederholenden Traum:

(61.) „Er ist wieder im Gymnasium und muß die Prüfung in Mathematik und Physik machen, was ihn in entsetzliche Angst versetzt."

Eine viel wichtigere Bedeutung der Prüfungsträume ist die religiöse. Es handelt sich um die Prüfung am jüngsten Tage. Gott ist der gefürchtete Prüfer.

Aber nicht von diesem Traum und dessen Beziehungen will ich hier sprechen, sondern nur darauf hinweisen, wie diese Zwangsvorstellung diesen Maturitätstraum gewissermaßen präludiert hat. Er nahm sich vor, auf der linken Seite zu schlafen, d. h. mit anderen Worten: er nahm sich vor, nur mit einem Mann zu tun zu haben und speziell bis zur Matura, d. h. bis zu dem Momente, wo er den Weg zum Weibe gefunden haben wird. So erklärt die Symbolik von links und rechts diese absonderliche Zwangshandlung. Diese Zwangshandlung war eine Art Buße, eine Bestrafung für seine Sünden. Er wollte sich nämlich wie die Flagellanten mit einem Akte strafen, der selber zur Lust wurde.

Ähnlich der Symbolik von links und rechts ist die Symbolik von gerad und ungerad. Krumme Wege im Traume bedeuten Abwege, auf die der Kranke geraten soll, bedeuten häufig Perversionen und Inzest, gerade Wege das Gegenteil. Besonders der Weg der Sünde wird sehr oft durch Serpentinenwege [2]) dargestellt. Bei manchen Patienten kommen diese Träume sehr häufig vor, sie werden zu stereotypen [3]) Träumen. Unter solchen „stereotypen" Träumen verstehe ich die typischen Träume des Individuums, d. h. Träume, die sich in gleicher oder in ähnlicher Form wiederholen und meistens das Leitmotiv der Neurose verraten. Manchmal dringen diese Träume ins Bewußtsein durch, treten als Wachträume auf und sind mit Lustgefühlen verbunden. Ein solcher Traum, der immer mit einer Pollution endete, lautet:

(62.) „Mir träumte, ich steige auf einen Berg, auf dem eine Ruine stand. Oben angelangt, schien es mir, als wäre ich ein Reis- oder Hirsenkorn und die Bergmasse bestand aus dem gleichen Material. Ich liess mich dann herunterrollen, was mir infolge der grossen Schnelligkeit ein besonderes Vergnügen bereitete, so dass ich eine Pollution bekam. Dieses Gefühl konnte ich auch bei Tage erzeugen, wenn ich starr auf einen Punkt hinschaute, mir dachte, ich sei ein Korn und rollte in Serpentinen herunter."

---

[1]) Traumdeutung. 2. Aufl.
[2]) Serpentinenwege heißen auch Schlangenwege!
[3]) Vgl. Kapitel N. XLII.

Diese Serpentinen zeichnet Patient:

Die Deutung ist einfach genug. Auf einem Berge, Schamberge, befindet sich die Ruine = Urine = Blase. In zweiter Determination ist die Ruine der altersschwache Vater, der das Recht hat, dort oben zu stehen, der aber seinem Wunsche nach, bald stürzen und einfallen, d. h. sterben soll. Er ist das Samenkorn, das in Serpentinen herunterrollt, und zwar mit großer Geschwindigkeit. Es ist also das Bild eines Beischlafes und muß folgerichtig mit einer Pollution enden. Bei Tage tritt infolge der Autohypnose durch Hinstarren auf einen Punkt dieselbe Phantasie mit demselben Effekt ein.

Es handelt sich um einen Spermatozoentraum (Vaterleibstraum).

Ein anderer Neurotiker, der seine Mutter bei der Geburt verlor, dachte schon sehr früh als Kind über die Ewigkeit nach und stellte sie sich als Spirale [1]) vor. Das führt zu einem Problem, das wir später besprechen werden, zum Problem des Lebens und des Todes im Traume. Wie die Analyse ergab, dachte er immer an seine Geburt, die zugleich den Tod eines anderen Wesens bedeutete. Ewigkeit, Tod, Koitus und Geburt wurden für ihn zu identischen Vorstellungen. Eine Zwangsvorstellung, an der er litt, hieß: Wo ich hinkomme, geschieht ein Unglück. Er war ja schon beim Kommen auf die Welt ein Mörder und kämpft mit Mordphantasien, welche im tiefsten Grunde wieder nichts anderes sind als Geschlechtsakte. In seinen Träumen spielen Schlangen eine große Rolle, er sieht überall Schlangen, so daß er von seinen Bekannten scherzweise der „Schlangenmensch genannt wird. Auch die Symbolik von links und rechts drückt sich bei ihm sowohl in Träumen als in Zwangshandlungen aus. Wenn er einen Schritt nach links gemacht hat, so macht er dann zur Kompensation drei Schritte nach rechts.

Das Thema von Tod und Liebe in Verbindung mit der Symbolik von rechts und links bringt ein kleiner Traum des Herrn Theta:

(63.) „Es hängen nebeneinander eine Reihe von Lampions — da schlagen aus dem linken Flammen und er verbrennt.“

Die Lampions sind mehrere Frauen. Wir kennen den Träumer aus dem interessanten Polizistentraum Nr. 37 (vgl. 36). Die Lampions, die brennen, sind Schwägerin und Schwester, die Tante und das Dienstmädchen. Der linke (in der Analyse die Schwägerin) verbrennt. Das Verbrennen symbolisiert trefflich die Liebe und den Tod. Die Flamme erlöscht — der Mensch ist tot. (Die Tante soll sterben.) Die Flamme verzehrt: die Schwägerin soll ihn lieben. Lampion (in dem eine Kerze

---

[1]) Ich erinnere mich an einen abstinenten Patienten, der die Lösung der Welträtsel und alles Geschehens in der Spiralform entdeckt hatte. Die Spirale war auch in diesem Falle das „Ewig Weibliche“, durch sein Symbol ausgedrückt. Die Spirale, die Schraube, die Wendeltreppe, die Stiege drücken alle die Sünde und die Geburt aus. Bei einer Spirale kommt man nach einer Drehung wieder auf denselben Punkt. (Neurotische Phantasie von der Wiederkehr des Gleichen.)

steckt) ein Symbol für die Frau (Vagina [1])) gleich der Lampe und dem Leuchter.

Ich beschließe diese Reihe mit dem Traum eines geistig sehr hochstehenden Gelehrten, dessen Träume so kompliziert sind, daß sie dem Scharfsinn des Deuters die schwierigsten Aufgaben stellen. Es handelt sich in den Träumen um die sonderbarsten Verkehrungen und Verdrehungen. So träumte er einmal:

(64.) „Er wäre in einer Stadt, wo alles verkehrt sei: die Schwerkraft wirke verkehrt, die Menschen gehen verkehrt usw."

Wenn wir diese Schwierigkeiten betont haben, wollten wir damit die Mängel der Analyse entschuldigen. Der Traum lautet:

(65.) „Kleine deutsche Residenzstadt. In dem weiten, über Hügel sich dehnenden Park begegne ich beim Spaziergange zwei Damen, von denen eine die jung, die andere alt ist. Ich bin Berufsdiplomat, Minister (wohl Bülow). Bedauere sehr, daß es mir infolge einer Verabredung unmöglich ist, die Damen zu begleiten. Wir sprechen aber stehend; ich unterhalte sie 40 bis 45 Minuten. Dann gehe ich rechts hinauf, durch die breite Allee zum Musentempel."

Neapel. Abwärts über steinerne Treppenwege.
. . . . Geld . . . . . schlagen . . . . . Riga.
„Sie hat mir ja nie gesagt, daß sie mich lieb hat."

Als er mir den Traum erzählte, stellte er es so dar, daß ihn die Damen aufforderten, statt rechts links zu gehen, später verbesserte er sich: geradeaus zu gehen. Es fällt ihm nachträglich ein, wie dieser Weg aussieht. Er führt erst steil durch einen Wald in die Höhe und dann über eine Menge Serpentinen. Wo diese Serpentinen vorkommen, haben sie eine bestimmte Bedeutung. Es handelt sich um einen Schlangenweg; in diesem Falle wäre es der linke Weg, der Weg des Inzests; es wäre eine Verführung durch eine Eva, durch die Schlange wie im Paradiese. An die biblische Geschichte erinnert ja auch der Tempel, zu dem der rechte Weg führt, was eine deutliche Anspielung auf die Hochzeit ist. Er bewirbt sich in der Tat um eine Jüdin, was ihm als Christen ein unangenehmer Gedanke ist. Besonders ihre Mutter und die ganze jüdische Familie gehen ihm stark auf die Nerven. Er soll jetzt nach Nauheim, an dessen Terrainwege die Serpentinen erinnern, fahren und sich verloben. Gegen diese Verlobung hat er offenbar zahllose Widerstände. Darauf bezieht sich Bülow. Tags vorher hatte er gelesen, daß Bülow seine Demission geben werde. Auch er möchte gerne seine Demission geben, aber die Sache in sehr feiner diplomatischer Weise durchführen. Diesen Wunsch erfüllt sein Traum, denn wie er sich erinnert, benimmt er sich außerordentlich diplomatisch und bedauert ja, daß es unmöglich wäre, die Damen zu begleiten. Die kleine Provinzstadt ist Gotha. Dieser Ort führt zu einer neuen Assoziation. Bülow hat eine italienische Gräfin geheiratet. Er steht schon lange mit einer italienischen Gräfin in Verkehr und sie waren fast wie verlobt. Seine Familie wäre eher für die italienische Gräfin als für die zum Tempel gehörige Angebetete. Die kleine deutsche Provinzstadt ist aber der Ort, wohin er eine Berufung als Professor erwartet. Er erwartet das Diplom der Professur und soll ordentlicher Professor werden — jetzt ist er außerordentlicher —,

[1]) Wieder ein bisexuelles Symbol!

was er nur durch eine Berufung werden kann. Im Traum ist er Berufsdiplomat. Da die Berufung vom Minister ausgeht, ist er zugleich der Minister und hat das alleinige Entscheidungsrecht über seine Ernennung. Bülow heißt ferner der Musiker, der in Meiningen tätig war und Meiningen verlassen hat. Die „Meinige“ nennt er seine Braut und hat ebenfalls die Absicht, sie zu verlassen. Aber der Musiker Bülow hatte es noch leichter: denn Richard Wagner nahm ihm die Cosima einfach weg (Cosima: Beziehung zu cosinus, 40 bis 45 Grad, es handelt sich nämlich um Gradminuten). Cosima Wagner, die Tochter von Liszt, welcher ebenfalls Beziehungen zur Diplomatie, zum Listigen hat, ist aber hier im Gegensatz zu Mathilde Wesendonk dargestellt. Auch Wagner hat einer Liebe entsagt, der Mathilde Wesendonk, als sie alterte, und nahm sich eine andere. Allein auch ihm wurde eine Liebe weggenommen: eine seiner Schwestern, die liebste seiner Schwestern. Jetzt erfahren wir erst, wer die beiden Damen sind. Sie sind eine Verdichtung aus der Verlobten und der zukünftigen Schwiegermutter, aus Schwester und Mutter. Diese letzten konnte er freilich auf ihrem Lebenswege nicht begleiten. Er hat sie nur unterhalten; freilich, wie er es hier ausdrückt, stehend. 40 bis 45 Grad erweckt bei ihm die Erinnerung an die Thermometergrade; ein Fieber von 45 Grad hält kein Mensch aus; er muß dann sterben. 40 Grad war das h ö c h s t e, w a s e r g e h a b t h a t. Seine Geliebte schrieb ihm, daß sie fiebere. Er läßt sie also an Fieber zugrunde gehen. Er selber verzehrt sich und noch mehr verzehrte er sich in seiner Jugend an der heißesten Leidenschaft: an der unsinnigen, fiebrigen Inzestliebe ging er fast zugrunde. Im Traum läßt er sich nicht verleiten, den linken Weg zu gehen. Er geht den wohl beschwerlichen, bergauf führenden, aber breiteren Weg rechts, der ihn zum Tempel der Liebe führt. Dort erwarten ihn alle Musen. Er will ein Heim gründen, wo die Kunst zu Hause ist. Aus seiner jetzigen prekären Sexualsituation will er sich in die hohe, erhabene, keusche Liebe flüchten. Allerdings führt auch der Weg über den Tempel zur höchsten Glut. Zu den tiefsten Niederungen gelangt er über steinerne Treppenwege nach Neapel. Soll am Ende aus der Hochzeit nichts werden? Oder soll er doch die italienische Gräfin heiraten? „A b e r s i e h a t m i r j a n i e g e s a g t, d a ß s i e m i c h l i e b h a t.“ Soweit die bisherige Deutung. Nur die Worte: „— — — — Geld — — — — schlagen — — — — Riga“ passen nicht hinein. Allein bei 40 Grad fällt ihm Regiomontanus, der Königsberger Forscher ein, der wieder zu Kant führte. Er weiß ja nicht, ob das Ding an sich die Opfer wert ist, die er ihm bringen will; er müßte mit der Kritik der reinen Vernunft die Sache durchleuchten, um sie los zu werden; er könnte vielleicht durch die Macht des Gemütes gesund werden. Riga — Rigorosum — rigoros führen ja diplomatisch anderseits über Erektion, Erigieren zu dem in „s t e h e n d“ schon angedeuteten Gedankengang über Potenz. Seine Potenz ist sofort vernichtet, wenn er eine große Vagina findet („b r e i t e A l l e e“). Er erwartet immer etwas Kleines („k l e i n e d e u t s c h e R e s i d e n z s t a d t“). Das Kleinste, was er erwartet, das sehr Enge, erweist sich als der Anus. Daran mahnt schon „Geld“. Nun kommen eine Menge infantiler Erinnerungen an Analerotik. — Der Tempel steht zur Analerotik in einer bestimmten Assoziation; es fällt ihm eine Anekdote ein: Ein Jude war einmal krank und litt an Diarrhöe. Als nichts fruchten wollte, schickte er in den Tempel und ließ tillim (Psalmen) beten, was ihm sofort half. Tags darauf blickte seine Frau zum Fenster hinaus und sah eine andere

Jüdin durch die Straße laufen. „Wohin läufst du", fragte sie. „Ich laufe zu dem Tempel", sagte sie, „tillim sagen lassen; mein Mann ist schon acht Tage verstopft und kann keinen Stuhl haben". „Unglückselige"! ruft die erste, „was willst du für einen Unsinn machen. Ich weiß es ja besser: tillim stopft". Auch bei ihm handelt es sich darum, etwas ganz auszustopfen, und zwar den Anus. Nun zeigte sich, warum bei ihm im Traume alles verkehrt ist. Er lebt in einer großen Stadt, ist alles eher als ein Diplomat, läuft allen Damen nach, begleitet sie, kann sie dann nicht immer stehend unterhalten; er „brennt" nicht genug und es geht mit ihm bergab. Der rechte Weg des Traumes ist der linke, der durch eine schmale Öffnung zum Tempel, das heißt, wie wir jetzt erfahren, der zum Abort führt. In Neapel hätte er einen Jungen kaufen können, wo er dann über steinerne Treppenwege abwärts gekommen wäre, wenn er nicht so rigoros gewesen wäre. Jetzt fällt ihm ein, daß er beim letzten Koitus unwillkürlich mit dem Finger nach dem Anus gegriffen hat. Es fällt ihm ein, daß er nie in die Vagina treffen kann, weil er sie immer tiefer vermutet. Offenbar sucht er etwas anderes, nämlich den Anus. Es fällt ihm ferner ein, daß er beim Koitieren wiederholt die Empfindung hatte, er befinde sich in einem zu weiten Raume, und wenn er diese Empfindung hatte, konnte er nicht zur Ejakulation kommen. Diese Form des Coitus sine ejaculatione tritt nach meinen Erfahrungen nur dann auf, wenn das Sexualziel des Patienten ein ganz anderes ist als dasjenige, das er eben besitzt. In der Vagina dachte er an den Anus.

In diesem Traum ist der gerade Weg, respektive der linke, auf den ihn die Frauen führen wollten, durch den Inzestgedanken vermittelt. Jede Frau ist für ihn ein Stück seiner Mutter oder einer seiner Schwestern. Er mußte eine Drehung von 45 Grad durchmachen, worauf schon einer seiner früheren Träume deutete, wo die Figuren um 90 Grad gedreht waren, was einen rechten Winkel bedeutet. Diesmal macht er nur eine halbe Drehung, d. h. er sucht einen Kompromiß zwischen Mann und Weib. Ein solches Mannweib, das ihm sowohl Bruder als Schwester ersetzt, ist aber die Braut, die ihn in Nauheim erwartet, und deshalb dürfte er sie trotz aller Widerstände heiraten und zum Musentempel führen.

XI.

Träume eines Zweiflers.

(Der Traum von den Süßigkeiten. Träume von gestohlenen Büchern.)

Es handelt sich um einen schweren Neurotiker, Herrn Sigma, in seinem Berufe ein strenger Richter, 40 Jahre alt, der mit einem hübschen jungen Mädchen, das jedoch arm ist, verlobt ist. Ein typischer Zweifler, fühlt er sich durch die Verlobung gebunden. Er benützte die Abwesenheit dieses Mädchens, um ihr einen Absagebrief zu schreiben. Wir erfahren jedoch, daß dieser Absagebrief ihm von seiner Schwester Rosa in die Feder diktiert wurde. (Über sein Verhältnis zur Schwester, siehe die Träume Nr. 77 und 78.)

Sein größter Schmerz ist es, daß seine Braut arm ist. Er war sehr genußsüchtig, wollte das Leben in vollen Zügen genießen, hatte jene

Gier nach Vergnügen, wie sie gerade Kinder aus armen Häusern, denen nur bescheidene Mittel zur Verfügung stehen, so oft zeigen. Nachdem er seiner Braut den Absagebrief geschrieben hatte, merkte er, daß er nicht mehr fähig war, seinen Beruf mit Aufmerksamkeit und Energie zu erfüllen. Er mußte beispielsweise einen Akt zehnmal lesen, ehe er ihn ganz verstand. Hatte er Parteien einzuvernehmen, so überhörte er die Antworten, stellte zerstreute Fragen. Er hatte für seinen Beruf die tschechische Sprache erlernt, die er tadellos sprach und vollkommen verstand. Plötzlich zerflatterten ihm die Kenntnisse, und er war Tschechen gegenüber ratlos. Er wurde schlaflos, seine Verdauung war gestört, seine Stimmung war trübe, er hatte Angst, daß er wahnsinnig werden könnte, suchte einen Psychiater auf, der die Diagnose „Neurasthenie" stellte. Mitten in dieser Berufsqual verfolgten ihn Reuegedanken wegen seiner Braut. Er machte seiner Schwester so bittere Vorwürfe, daß sie schließlich der Braut schrieb, die Verlobung wieder zu erneuern. Trotzdem das auch geschah, wurde der Depressionszustand ärger. In diesem Zustande kam er in meine Behandlung. Ich will hier die ersten Träume dieses Kranken mitteilen, weil sie uns einen tiefen Einblick in das Wesen dieser Neurose und aller komplizierten Vorgänge, die die Psychiater „Neurasthenie" nennen, gestatten.

(66.) „Ich stehe mit Marie vor einem kleinen Tischchen und schütte aus einer Schachtel Zuckerln auf dasselbe. Die Zuckerln haben das Aussehen von großen Perlen und Sternchen und sind von weißer und rosenroter Farbe. Ich ordne die Sternchen in Reihen und sage zu Marie: Nun wähle!"

Was geht in diesem Traume vor sich? Er bietet seiner Braut Süßigkeiten an, unter denen sie eine Wahl treffen soll. In der Tat hat er ihr den Antrag gestellt, bald zu heiraten, und gemeint, dann werde sie die Süßigkeiten der Ehe kennen lernen. Das Tischchen ist ein Bettchen. Die Perlen und Tropfen (vergleiche Freud, Bruchstück einer Hysterieanalyse. Beiträge zur Neurosenlehre, II. Bd.) sind Sperma. Allein diese Darstellung im Traume ist durchwegs heuchlerisch. Denn das erste, was ihm zu diesem Traume einfällt, ist die Gerichtsaffäre eines Oberleutnant Hofrichter, der verzuckerte Pillen an Kollegen sandte, um sie aus dem Leben zu schaffen. Die Pillen, die angeblich die Manneskraft stärken sollten, enthielten Zyankali und waren dazu bestimmt, lästige Vordermänner zu beseitigen. Wir sehen, daß in diesen Traumgedanken die Idee verborgen ist, die Braut solle sich mit diesen Süßigkeiten vergiften. Vergiften heißt in der Traumsprache gravid werden; er hat im Unbewußten und sekundenlang im Bewußten mit dem Gedanken eines außerehelichen Verkehrs gespielt, und die Angst vor der Gravidität und ihren diffamierenden Folgen dringt durch die manifesten Traumgedanken. Noch deutlicher wird die Absicht des Traumes, wenn wir uns von ihm die Einfälle zu Perlen und Sternchen sagen lassen. Zu Perlen fallen ihm Tränen ein, eine uralte Symbolik, von der auch Kleinpaul in seinem kleinen Traumlexikon erzählt, das sich in dem köstlichen Buche „Sprache ohne Worte" findet [1]).

[1]) Daselbst führt er aus: „Ich könnte ihm gram sein, diesem Geschmeide", sagt Emilia Galotti, „wenn es nicht von Ihnen wäre. Denn dreimal hat mir von ihm geträumt, als ob ich es trüge und als ob sich plötzlich jeder Stein desselben in eine Perle verwandelte. Perlen aber, meine Mutter, Perlen bedeuten Tränen." Ich

Zu Sternchen fällt dem Träumer zuerst der Komet, der Stern mit dem „langen Schweife“ ein. Dann aber eine merkwürdige Symbolik: die Sonne als Vater, der Mond als Mutter und die Sterne als die Kinder; also wieder Graviditätsgedanken. Schließlich jedoch fällt ihm das Wichtigste für die Sternchen ein, die Spitzen und Stacheln. Es ist, als ob er seiner Braut sagen würde: „Schau was Deiner in der Ehe wartet: Viel Tränen, viel Kummer, viele Nadelstiche und Verletzungen, mit denen du die paar Süßigkeiten bezahlen mußt.“

Eine wichtige Bedeutung hat die rosenrote Farbe. Rosa heißt seine Schwester. Er schwankt zwischen weiß (der keuschen Braut Maria) und Rosa, seiner Schwester; und sein Zweifel, ob er heiraten soll oder nicht, geht auf die Wahl zwischen Marie und Rosa zurück. (Über diesen Konflikt werden wir in den nächsten Traumanalysen Näheres erfahren.)

Endlich fällt ihm zu „Reihen“ ein, daß die Bonbons wie die Soldaten in Reihen dastehen, und daß der frühere Verlobte seiner Braut ein Oberleutnant gewesen. Sie hatte den Soldaten ausgeschlagen, um den Richter zu wählen. Er läßt ihr im Traume nochmals die Wahl zwischen ihm und dem Oberleutnant. „Reihe“ bringt ferner als die nächste Assoziation: „Reue“; er meint, sie würde die Ehe noch bereuen. Seine Krankheit ist die Unmöglichkeit zu wählen, sich zwischen der Schwester und der Braut zu entscheiden. In diesem Traume überläßt er die Entscheidung seiner Braut und kommt so aus dem Dilemma heraus. Eine tiefere Bedeutung verbirgt den Plan, daß seine Schwester die Braut „vergiften“ sollte (Hofrichter; er ist ja „Richter“).

Doch versuchen wir etwas tiefer in seine Seele einzudringen. Ich teile jetzt hintereinander drei Träume desselben Patienten mit:

(67.) I. „Ich habe aus der Bibliothek des Abgeordneten V. v. Z. ein oder mehrere Bücher entlehnt. Mir scheint es jedoch, daß ich geträumt habe, meine Mutter habe die Bücher für mich entlehnt und sie mir gebracht. Ich hatte das Verlangen, die Bücher für mich zu behalten. Ich nähere mich heimlich dem Kasten, in welchem die Empfangsscheine der entlehnten Bücher liegen, entferne in einem unbewachten Augenblicke meinen Empfangsschein und zerreiße ihn.

Ich schleiche mich im Korridore vor der Wohnung des V. v. Z., die in einem großen prächtigen Hause gelegen ist, umher. Ich fühle, daß ich ein Unrecht, etwas Unredliches begangen habe, fühle mich von einer Schuld bedrückt und möchte die Spuren meiner Untat tilgen. Allein junge Burschen stehen an der gegenüberliegenden Seite des Korridors. Ich glaube sie sprechen über mich und beobachten mich.

Ich will in das Zimmer (die Bibliothek) eindringen. Ein unerklärlicher Zwang hält mich zurück.“

---

weiß nicht, ob das Emilia von der Gemahlin des Königs Heinrich IV., der am 13. Mai 1610 von Ravaillac ermordet ward, gelernt hat. Den König verfolgte das Gespenst des Messers, wie Wallenstein sagt, unmittelbar; Maria von Medici sah ihre Tränen (deren sie in Wahrheit wenig vergossen haben soll) symbolisch voraus. Die Königin sollte bekanntlich während des Jülichschen Krieges die Regentschaft führen und deshalb am 12. Mai 1610 gekrönt werden. Am 10. Mai hatte sie dem Juwelier noch zwei große Diamanten in die Krone zu setzen gegeben. In der Nacht vom 10. zum 11. Mai träumte sie nun, diese beiden Diamanten verwandelten sich in Perlen. Charakteristisch ist die Verwandlung, denn an sich bedeuten Perlen und Edelsteine eher Kinder, die wie Schmuck am Halse der Mutter hängen; man denke an Cornelia, die Mutter der Gracchen.“

(68.) II. „Es sind zwei Bücher. Eines derselben liegt bei mir zu Hause; das andere habe ich zu Marie gebracht, oder richtiger in ihrer Wohnung ohne ihr Vorwissen versteckt.

Ich frage einmal Marie wegen des Buches. Sie antwortet: „Ja, ich habe geglaubt, daß es dir gehört, ich habe es mehrere Male zu dir hinübergebracht; du hast es aber immer wieder zu uns zurückgetragen. Im übrigen weiß ich von der ganzen Sache nichts, sie geht mich gar nichts an.“

(69.) III. „Ich erhalte eine Vorladung vor das Landwehrgericht. Ein Soldat überbringt mir dieselbe. Ich öffne das Kuvert und entnehme aus der Ladung, daß man mich vor dem Gerichte wegen meiner Schuld zur Rechenschaft ziehen wird.

Ich sinne auf Verteidigungsmittel. Ich will vor Gericht sagen: „Nicht ich, sondern meine Mutter hat den Bibliotheksschein zerrissen. Aber meine Mutter hat dies nicht aus bösem Willen getan, sondern weil sie nichts von der Sache verstand, sie ist unschuldig.“

In diesen Träumen taucht eine neue Figur auf, seine Mutter. Sein Schuldbewußtsein, als hätte er ein Verbrechen begangen, dringt durch die Traumgedanken mächtig durch. Überall, wo wir so ein Schuldbewußtsein finden, wo es sich um Anklagen vor Gericht, um Beschuldigung eines Diebstahls handelt, zeigt die Analyse, daß der Träumer sich wegen irgend eines Vorganges, der ihm ein Unrecht oder ein Verbrechen dünkt, schwere Vorwürfe macht. Über die Bedeutung von Büchern habe ich bereits in einem anderen Traume gesprochen. Sie lassen auch hier dieselbe Deutung zu und handeln von seinem Geize. Er kränkt sich, daß seine Braut so wenig Sparkassenbücher hat, überdies macht er sich Vorwürfe, daß er infolge seiner K ankheit die geringen Ersparnisse seiner Braut angreifen muß. Sie hat ein Sparkassenbuch, das sie ihm zur Verfügung gestellt hat. Damit scheint jedoch dieser Traum noch nicht erklärt zu sein. Seine Mutter ist arm, hat zu dem Sparkassenbuch der Braut keine Beziehung. Hier kommt offenbar die zweite Bedeutung vom Buch in Frage. Ein Buch, das jedermann lesen kann, ist das Symbol einer Dirne. Noch in anderer Beziehung findet Buch als das Symbol für den Dirnenkomplex seine Erklärung. Wenn ein Mädchen zur Dirne wird, erhält sie von der Polizei ein Buch. „Sie hat ein Buch“ oder „ein Büchel“, wie der Wiener sagt, bedeutet, sie steht unter sittenpolizeilicher Kontrolle. Endlich assoziiert er zum Buch das Wort Nummer [1]), einen in der Sexualsprache sehr bekannten Ausdruck. In dem Traume scheint er seiner Mutter einen gewissen Vorwurf zu machen. Er möchte irgend ein Erlebnis aus der Vergangenheit der Mutter ungeschehen machen (den Empfangschein zerreißen). Ich mache ihn auf diese Zusammenhänge aufmerksam. Nun fällt ihm eine Reihe von traumatischen Szenen ein, die er in seiner Kindheit erlebt hat. Er überraschte einmal seine Mutter im trauten Tête-à-tête mit einem Zimmerherrn, dessen Name eine bestimmte Beziehung zum früher erwähnten Worte „Reihe“ zeigt. Etwa, als würde er Reihental heißen. Außerdem assoziiert er beim Ritter V. v. Z., daß er ein sehr zügelloses Leben führt, aber nicht nur er, sondern auch seine Frau. Als sie sich eine neue Villa bauten, meinte dieser Mann zu seinen Freunden: „Ich habe hier zwei

---

[1]) Jedes Buch in einer großen Bibliothek hat seine Nummer.

Stockwerke. In dem ersten empfängt meine Frau, in dem zweiten ich. Oder in dem ersten Stock hat meine Frau ihr Bordell, in dem zweiten ich . . . . ."

Dieser Ritter führt zu einem anderen „Ritter von . . . .", zu dem seine Mutter Beziehungen hatte. Er war ihr Nachbar. Einmal nach einem heftigen Streite warf seine Schwester der Mutter vor, sie hätte sich des Nachts wiederholt zu dem „Ritter" geschlichen. Hier indentifiziert er sich mit seiner Mutter und möchte die Spuren dieser Untat tilgen; denn er glaubt die ganze Stadt wisse davon und mache sich über ihn lustig. („Junge Burschen stehen an der gegenüberliegenden Seite des Korridors. Ich glaube, sie sprechen über mich und beobachten mich.") Die Vorwürfe gehen jedoch auf einen anderen viel peinlicheren Gedanken. Es ist dies der Inzestgedanke auf die Mutter. Sie ist das Zimmer, sie ist die Bibliothek mit den vielen Nummern, sie ist der Kasten mit den Empfangsscheinen (Empfängnis ist gleich Gravidität). Er hat den Plan, in dieses Zimmer einzudringen, und wir verstehen, was der letzte Satz des Traumes bedeutet — ein unerklärlicher Zwang hält mich zurück. — Dieser Satz ist doppelsinnig. Der Zwang hält ihn sowohl von der Mutter zurück, als auch von der Braut; denn die Liebe zur Mutter, deren Parallelaffekt, die Liebe zur Schwester, ebenfalls eine große Rolle spielt, ist sein größtes Hindernis, sich für eine Ehe zu entscheiden.

Der zweite Traum zeigt eine zweite Komponente seines Zweifels, nämlich den Zweifel an der Braut. Er fürchtet nach den traurigen Erfahrungen seiner Kinderjahre, er könnte eine zweite Auflage (beachte die Beziehung zu Büchern) bei seiner Braut erleben. Auch sie wird ihn betrügen und unerlaubte Dinge treiben. Er hat alles Mißtrauen, alle Verachtung, alle Zweifel, die er der Mutter gegenüber hegte, auf die Braut übertragen. So oft er sich sagen wollte, die Braut könne doch nichts für das Vergehen seiner Mutter, versagte sein Intellekt vor dem übermächtigen Affekt. Wer jetzt den Traum aufmerksam durchliest, wird wissen, was er bei der Braut versteckt hat; er wird aber auch ihre Verteidigung verstehen und die Ehrlichkeit ihrer Worte nicht anzweifeln: „Im übrigen weiß ich von der ganzen Sache nichts, sie geht mich gar nichts an."

Im dritten Traume wird er vorgeladen und soll sich verteidigen. Es würde zu weit führen, hier den ganzen Gang der Analyse mitzuteilen. Es ergaben sich intime Beziehungen zu einem anderen Oberleutnant von der Landwehr. Das Wichtigste ist wohl der Gedanke, daß er wegen des Inzestes, den er mit seiner Mutter vollzogen hat (die stärkste Wunscherfüllung), sich verteidigen soll. Das Landwehrgericht ist die Mutter; der Vorladung zu Gericht [1]) entspricht eine Einladung. Es ist, als ob er seine Mutter entschuldigen wollte. Uns dämmert die Erkenntnis einer fürchterlichen Familientragödie, eines schauerlichen infantilen Dramas, das bei einer schwer psychopathischen Frau, als welche er seine Mutter schildert, nicht unwahrscheinlich erscheint. Und er spricht in nie versiegender Liebe von der Spenderin der ersten Freuden: „Aber meine Mutter hat es nicht aus bösem Willen getan, sondern weil sie nichts von der Sache verstand, sie ist unschuldig." Überdies entspringt die Vorladung vor Gericht einer wirk-

---

[1]) Gericht ist doppelsinnig und auch als Gerücht zu lesen. Schlimme Gerüchte gingen über seine Mutter um.

lichen Drohung seiner Mutter. Es steigen in seiner Erinnerung furchtbare Szenen auf, die alles übertreffen, was die Meisterschaft eines Zola uns überliefert hat. Er und seine Schwester versuchten mit gewaltsamen Mitteln dem hysterischen Toben der Mutter Einhalt zu tun. Es kam zu häßlichen Prügelszenen und seine Mutter drohte mit einer Anzeige beim Gerichte. . . So sehen mitunter Menschen aus, die über andere Leute zu Gerichte sitzen.

XII.

Leben und Sterben im Traume.

„Vivre enfin, c'est mourir!"
Maupassant.

Ein russischer Militärarzt erzählt in seinen Erinnerungen an den russisch-japanischen Krieg eine interessante Episode. Es war vor einer der großen Entscheidungsschlachten. Sein Regiment sollte am frühen Morgen als das erste in die Schlacht und in den Tod gehen. Die schlaflosen Soldaten stürmten sein Zelt mit der Bitte: Er möge ihnen ein Mittel gegen die furchtbaren, schmerzhaften Erektionen geben. Er konnte sich nicht anders helfen, als daß er ihnen drastische Abführmittel verabreichte, um eine Ableitung auf den Darm zu erzielen.

Ähnliche Beobachtungen werden von dem letzten Erdbeben in Messina mitgeteilt. Die Häuser stürzten ein, die Flammen schlugen aus den wankenden Wohnstätten und die Liebe feierte ihre kühnsten Orgien. Keine züchtige Jungfrau, keine ehrbare Gattin dachte an einen Widerstand gegen die jäh aufflammende Begierde der Männer. Der nahe Tod hatte alle Instinkte des Lebens wachgerufen [1]).

In jüngster Zeit war in den Zeitungen eine rührende Episode zu lesen. Ein zu Tode verletztes Mädchen bat einen vorübergehenden Arbeiter: „Küsse mich! daß ich die Liebe kennen lerne, bevor ich sterbe." Es waren ihre letzten Worte.

Wo sich der Tod zeigt, meldet sich auch der Lebenstrieb. In dem Märchen vom Gevatter Tod ersucht der Arzt den Tod, sein zur Neige gehendes Lebenslicht durch ein frisches zu ersetzen. Was erwidert der Tod? „Ich kann nicht. Erst muß eines verlöschen, damit ein neues anbrennt."

Swoboda hat aus dieser Erscheinung ein „Gesetz von der Erhaltung des Lebens" [2]) abgeleitet. „Es besteht", sagt er, „eine Äquivalenz zwischen Leben und Tod, der zufolge die Abgabe von Geschlechtszellen — denn es braucht ja nicht jeder Zeugungsakt zur Neuschöpfung von Leben zu führen — eine vorübergehende Lebensverminderung, Tod in irgend einer Form und in irgend einem Ausmaße zur Folge hat." Mit Recht verweist er auf Celsus: „Seminis emissio est partis animae jactura."

[1]) Arthur Schnitzler hat dies Motiv im „Ruf des Lebens" dramatisch verwertet.

[2]) Dr. Hermann Swoboda „Die Periode im menschlichen Organismus". Franz Deuticke. Wien und Leipzig 1904.

So wird uns der Umstand begreiflich, daß der Koitus im Traume so häufig durch ein Sterben dargestellt wird. Auch die sonderbare Erscheinung, daß der Mord ein psychisches Äquivalent des Geschlechtsaktes werden konnte. Er ist die höchste Potenz des Besitzens, des Allein- und als „Letzter" Besitzens.

Eine sehr feinsinnige, geniale Dame, eine Malerin, träumt:

(70.) „In einem Urwalde steht ein hoher, zerklüfteter Baum. Von einem weit vorragenden Aste hängt ein langes, scharfes Schwert herab. Ich stehe vor der Waffe in langem weißen Gewande. Mir gegenüber steht ein Mann, den ich nicht deutlich erkennen kann. Das Schwert ist zwischen uns, und wir können einander nicht sehen und fassen. Immer heißer, immer brennender wird unser Verlangen; mit starkem Arm faßt der Mann das Schwert und will es herabreißen; — ich jauchze hell auf und werfe beide Arme in die Höhe. — Er hat das Schwert zu hastig ergriffen, es entgleitet seiner Hand und bohrt sich mir mitten ins Herz. Ich sinke nieder, das Schwert steckt in meiner Brust. Die Gestalt des Mannes zerfließt schattenhaft, und ich liege allein und sterbend auf der Erde."

Bedeutet dieser Traum wirklich nur einen Tod durch einen Unfall? Durch eine Ungeschicklichkeit des Mannes? Gar keine Spur. Es handelt sich nicht um einen Traum vom Sterben, sondern um einen vom Leben. „Der hohe zerklüftete Baum im Urwald" ist der Mann. Die Erektion wird als langes, scharfes Schwert gekennzeichnet. „Immer heißer und brennender wird das Verlangen", und nun führt er den erigierten Penis in die Vagina. Herz und Brust dienen der Verlegung nach oben. Wenn etwas stirbt, so ist es nur ihre Unschuld, mit der sie einen Teil ihres Wesens identifiziert. . . .

„Das schattenhafte Zerfließen der Gestalt" bezieht sich auf einen Toten. Ihre stärkste Liebe. Andererseits eine rohe Anspielung auf die Ejakulation . . .

Sonderbare Darstellung! Gerade in dem Momente, wo sie zu leben anfängt, wo sie das Leben kennen lernt, stirbt sie.

Sehr treffend sagt Schubert (l. c.):

„Nicht selten scheint es, als wenn der Wahl der Bilder, womit die träumende Seele gewisse Dinge bezeichnet, ein Art von Witz zugrunde läge, der von tiefem Sinne ist. So, um es hier nur spielend anzudeuten, sind wohl körperliche Schmerzen und überhaupt äußere Leiden in mehrfachem Sinne mit einem Wasser zu vergleichen, das zwar zuweilen bis an die Seele geht, das aber auch, gleich dem äußerlichen Wasser, reinigend wirkt und stärkend. Auch gibt es hier auf Erden gar manche Träne, die einmal zur Perle und zum Perlenschmuck werden wird. Durch einen ähnlichen Witz des Traumes wird denn auch in anderen Fällen, durch irgend ein Bild, etwas davon sehr Verschiedenes, ja scheinbar ganz Entgegengesetztes, angedeutet. So kennt der Verfasser dieser kleinen Schrift selber sehr genau zwei Fälle, wo einem Träumenden der nahe Todestag zweier Menschen unter dem Bilde eines Geburtstages vorgestellt wurde. Einen anderen, wo der Tod einer geliebten Person unter dem Bilde feierlicher Vermählung angedeutet war usw.

Scheint es doch selbst, als wenn unsere alten Oneiromanten diesen Witz in der Sprache des Traumes gekannt und ihn bei einem Teil ihrer aberwitzigen Ausdeutungen, mit denen wir hier nichts zu tun haben wollen, vorausgesetzt hätten. So sollte, ihrer ziemlich allgemeinen Angabe zufolge, Weinen und Betrübtsein im Traume öfters eine nahe sinnliche Lust und Freude, dagegen Lustigsein im Traume bei vielen Menschen eine nahes äußerliches Leiden vorausbedeuten. Auch sollte nach eben diesen Oneiromanten Kot im Traume öfters Geld, Erdeessen und Spreusammeln Reichwerden und Schätzesammeln bedeuten, ja es sollten sogar in der guten altmodischen Sprache des Traumes große Reichtümer unter dem Bilde des höllischen Feuers oder des Besessenseins vom Teufel dargestellt werden.

so wie anderwärts unter dem Bilde eines lastbaren Esels; gutes äußeres Glück im Handel und Wandel unter dem Bild von Bettlern, Huren und Trunkenen. Umgekehrt solle im Traume ein naher großer Geldverlust manchen Menschen unter dem Bilde eines großen Gewinnes angezeigt werden; Spott und Verachtung vor der Welt durch blühende Lilien. Überhaupt soll der versteckte Poet in unserem Inneren, der im Traume so geschäftig ist, den Menschen auch auf andere Weise in seinen nächtlichen Bildern an die Kehrseite alles seines irdischen Glückes erinnern, solle z. B. der träumenden Seele vor der nahen Beförderung zum äußeren Glücke das Bild einer Totenbahre oder des eigenen Leichenbegängnisses zeigen, ihr zuweilen die im Inneren herrschenden Leidenschaften und Begierden unter dem Bilde häßlicher oder furchtbarer Tiere (die von dem Träumer auf dem Schoße oder sonst wie gehegt werden) versinnlichen.“

Gerade wie der Traum eigentlich eine Verneinung im allgemeinen nicht kennt, so kennt er auch keine Verneinung des Lebens. Sterben bedeutet im Traume meist soviel als leben, und gerade die höchste Lebenslust drückt sich oft in einem Todeswunsch aus. Ähnliche pyschologische Gesichtspunkte gelten übrigens auch für den Selbstmord [1]) und selbst die Wahl der Todesart wird von bestimmten erotischen Phantasien beeinflußt. Diese Gedanken wurden von den Dichtern wiederholt ausgesprochen, und auch die Philosophen haben diese Zusammenhänge zwischen Eros und Thanatos wiederholt beleuchtet [2]). Selbst der Mord im Traume ist, wie so häufig im Leben, auch ein Lustmord und stellt oft nichts anderes als einen stark sadistisch gefärbten Sexualakt dar. Ein typischer Traum junger Mädchen — wir haben ja eingangs ein Beispiel analysiert — handelt davon, daß sie nackt auf der Straße stehen, daß sich ein großer Mann auf sie stürzt und ihnen ein Messer in den Bauch stößt. In solchen Fällen dient der Mord der Illustration einer Defloration durch Gewalt, es ist die „Ehre“, die unwiderbringlich umgebracht wird; es ist der Tod der Virginität, welche wieder das Leben des Weibes bedeutet. Homosexuelle träumen, daß sie sich auf einen Mann stürzen und ihn mit einem Stock niederschlagen. Eine nähere Erklärung dieser Träume brauche ich ja nicht zu geben.

Ich will nun einige Beispiele vom Sterben im Traume mitteilen:

Eine Frau träumte:

(71.) „Ich war auf der Gasse, bekam einen Schwindel; voller Angst rief ich: „Das ist der Rückfall, das ist bestimmt ein Rückfall. Jetzt werde ich endlich sterben.“

Dieses 55jährige Mütterchen lebte ganz ruhig dahin, bis ihre einzige 34jährige Tochter sich plötzlich verliebte, geliebt wurde und heiratete. Da setzten heftige erotische Phantasien bei ihr ein, die zu schweren Depressionszuständen führten. Sie neidete ihrer Tochter den Schwiegersohn und die sexuellen Freuden. Sie begann an Schwindel zu leiden, und zwar fiel sie nach links oder hatte das Bedürfnis, sich rechts zu stützen. Diese Stütze gab dann gewöhnlich nach, sie hatte die Empfindung, daß die Stütze nicht fest genug sei: diese Stütze war ihr Mann, der vollkommen impotent war, ihr Schwindel die Angst und der Wunsch zu fallen. Der Rückfall ist natürlich nur ein „Fall“ auf den Rücken und erklärt die neurotische Angst vieler Frauen vor einem „Rückfall“ auf einfache Weise.

---

1) Vergleiche meine Ausführungen über den Selbstmord. „Diskussionen“ Heft 1. 1910. J. F. Bergmann, Wiesbaden.

2) Nur ein Beispiel, der bekannte Satz von Euripides: „Wer weiß denn, ob das Leben nicht ein Sterben, der Tod ein Leben ist?“ (*Τίς οἶδεν, εἰ τὸ ζῆν μέν ἐστι κατθανεῖν, το κατθανεῖν δὲ ζῆν?*)

(Man denke an die Worte der Amme in „Romeo und Julia“: „Fällst du nach vorwärts, liebes Kind, wirst rückwärts fallen, wenn du älter bist.“) Daß „sie endlich sterben wird infolge eines Rückfalles“, heißt nichts anderes, als daß sie endlich wieder einmal leben wird. Der Traum heißt in der Übersetzung: Ich gehe auf die Straße, suche mir eine Gelegenheit zu einem Sündenfall, falle wirklich und genieße nach Herzenslust.

Die in meiner Behandlung stehende Frau Delta träumt:

(72.) „Es ist abends, finster. Die Mädels wollen das Geschäft schließen. Da hören wir einen Lärm und „Muttermörder“ rufen und viele Leute draußen laufen. Wir fürchten uns sehr, und es kommt langsam ein Zug, ganz hell beleuchtet, die Straße herunter. Voran Geistliche, alles ganz weiß, dann eine Bahre, weiß bedeckt, da liegt der Mörder; dann noch eine Menge Menschen. Ich fürchte mich sehr und werde vor Angst wach.“

Frau Delta ist eine Kranke, die unter Inzestphantasien leidet. Diesmal handelt es sich um den vielgeliebten Sohn, der sich gerade verheiratet hat. Sie sieht sein Leichenbegängnis, sieht ihn auf der weißen Bahre, d. h. sie stellt sich seine Hochzeit vor, die weißgekleidete Braut. Eine Hochzeit, die ihrer Ansicht nach den bürgerlichen Tod ihres Sohnes, jedenfalls den Tod ihrer Liebe bedeutet. Was sie von ihm erwartet hatte, war doch, daß er einen Muttermord (natürlich Mord in der Bedeutung eines sexuellen, lebensbejahenden Aktes) vollziehen würde; deshalb dieser heftige Haß gegen ihre Schwiegertochter. Die vielen Menschen sind ein „Geheimnis“, die Geistlichen bedeuten im Traume sehr häufig als Umkehrung lebende Leiblichkeit in weißen Gewändern. Eine ähnliche Symbolik benützt ja der Geisterglaube und die Gespensterfurcht. Es sind immer teure Anverwandte in weißen Kleidern, die einstens Lustquelle waren und nun als Gespenster Angst verbreiten. „Die Mädels wollen das Geschäft schließen“ soll neben homosexuellen Phantasien auch das Bedauern ausdrücken, daß ihre Töchter nicht imstande sind, ihr sexuelles Verlangen zu befriedigen. (Vergleiche Traum 25.)

Anfänger lassen sich leicht von den Affekten des Traumes irreleiten. Wir haben schon gesehen, daß Liebe für Haß, Ironie für Bewunderung usw. stehen kann. Wir können noch weiter gehen und sagen: Auch hier kommt die symbolische Gleichung zur Geltung. Es ist die vierte symbolische Gleichung, die da lautet: Affekte im Traume sind oft verschoben und können für einander einstehen.

Wir wollen gleich noch ein Beispiel analysieren, das uns beide Probleme (Leben und Sterben und die vierte symbolische Gleichung (illustrieren wird.

Frl. Delta träumt:

(73.) „Ich komme zum Geburtstag von meiner Freundin Christine. Ich habe das Geburtstagsgeschenk vergessen. Es war keine Zeit es zu kaufen. Sie liegt im Bette, ist sehr blaß, wie eine Wachsfigur, worüber ich mich sehr wundere.“

Ich will nicht viel Worte machen. Christine ist die Frau des Mannes, nach dem sie sich verzehrt. Der Traum bedeutet: Ich komme zum Tode (Begräbnis) von meiner Freundin Christine. Ich habe den Kranz vergessen. Sie starb so rasch, daß ich keine Zeit dazu hatte. Sie lag wachsbleich auf ihrem Totenlager, worüber ich mich sehr freute.

Der Geburtstag steht hier für den Todestag. Der Affekt des „Sichverwunderns" für den Affekt der freudigen Genugtuung.

Eine 34jährige Dame, die an der Angst, der Schlag werde sie treffen, leidet, erzählt folgenden Traum:

(74.) „Ich habe meinen gestorbenen Bruder, so angezogen wie er im Sarge gelegen ist, mit einer zweiten Person getragen und wollte den noch Lebenden in ein Grab hinunterlegen. Da sagte ich zu der andern: „Du, der Franzl lebt ja noch, wir können ihn ja nicht hineinlegen." Man sah noch viele andere Beerdigungen und viele Menschen. Ich erwache mit Grauen."

Dieser Traum bedeutet, daß der Bruder für sie nicht gestorben ist. In ihrer Seele, die so viele andere Menschen begraben hat, lebt er. In ihrer Seele lebt alles, was sie mit ihm erlebt.

Eine andere Bedeutung hat der Bruder als Symbol der Neurose [1]).

Ein an Depressionen leidender abstinenter Kleriker träumt:

(75.) „Ich saß auf einem Stuhle in dem Studierzimmer meines Vaters. Plötzlich hatte ich einen Schmerz im Leibe und brach einen Strom Blut heraus. Ich rief dabei: „Ich muß sterben!"

Er hatte viele Jahre hindurch onaniert, bis ihm sein Vater gesagt hatte: „Wenn du die Onanie nicht aufgibst, mußt du sterben." Einmal hatte er so heftig onaniert, daß er angeblich aus der Harnröhre stark geblutet hatte. Seit einer Reihe von Jahren ist er abstinent, aber es zeigen sich schwere angstneurotische Symptome; er leidet an einem Gefühl von Druck und Schmerz im Leibe und hat die Empfindung: etwas steckt darin und kann nicht weiter. Es will nicht heraus. Das, was darin steckt und nicht weiter kann, was nicht heraus will, das ist sein Penis. Jetzt kämpft er mit dem Entschluß, zu einem Weibe zu gehen; ich muß sterben, heißt hier in diesem Traume: ich gehe an meiner Abstinenz zugrunde, ich muß jetzt anfangen zu leben. Dieser Entschluß setzte sich kurze Zeit nach diesem Traume in die Tat um. Der Traum läßt sich mit Hilfe der zweiten symbolischen Gleichung leicht auflösen. „Ich bin bei einem Weibe. Plötzlich habe ich ein großes Lustgefühl und ejakuliere. Ich rufe: Es lebe das Leben!" (Blut für Sperma; Sterben für Leben.)

Sein Wunsch, Frauen aufzusuchen, äußerte sich in einem kleinen Traume, den ich ohne Detaildeutung wiedergebe, und der aus dem Vorhergehenden verständlich wird:

(76.) „Ich ging auf einem schmalen Wege, der rechts und links von Strauchwerk eingesäumt war. Am Rande des Weges stand in einiger Entfernung rechts eine Dame, die mich zu erwarten schien. Als ich dies merkte, kehrte ich um."

Diese Dame war eine Prostituierte, der er schon sechs Tage lang begegnete. Strauchwerk ist ein Werk des Teufels, dem er es — gleich Luther — zuschreibt, wenn er straucheln" wird. Die Dame stand an der Ecke der Strauchgasse. Die symbolische Darstellung der Vagina: schmaler Weg von Strauchwerk umsäumt, ist sehr deutlich. Er ist aber

---

[1]) Die Darstellung der Neurose im Traume. Zentralbl. f. Psychoanalyse. Bd. 4. Dieses Problem wird in Bd. 2 dieses Werkes noch ausführlich besprochen werden.

auch homosexuell und die Hauptursache seiner Neurose ist eine Neigung zu seiner Schwester, mit der er sein wichtigstes Trauma erlebt hatte [1]) („links"). In diesem Traume hat er noch soviel Widerstandskraft umzukehren. Einige Tage später straft er, wie ich schon sagte, seinen Traum Lügen.

XIII.

Die Reden im Traume.

Herr Sigma, den wir aus den Analysen (66, 67, 68, 69) schon kennen, träumt:

(77.) „Marie bietet mir eine Busennadel zum Geschenke an. Ich lehne dies mit den Worten ab: „Ich danke Dir. Du weißt, Nadeln als Geschenke bringen Unglück. Im übrigen wirst Du von mir eine andere bessere Nadel (eine lebendige, warme) zum Geschenk erhalten."

Eine von Freud aufgestellte Regel besagt: Eine Rede im Traume ist einer wirklichen Rede im Leben entnommen. Dies stimmt für diesen Fall vollkommen. Die Braut des Träumers, Marie brachte seiner Schwester verschiedene Geschenke; aber eine sehr schöne Busennadel behielt sie für sich. Der Träumer meinte, sie solle auch diese Nadel seiner Schwester Rosa geben. Marie antwortete darauf: „Das kann ich nicht. Du weißt: Nadeln als Geschenk bedeuten Unglück."

Auch ein rezenter Traumanlaß ist zu erwähnen: Seine Braut hatte im Walde (nach einer Umarmung) bemerkt, daß sie die Busennadel verloren hatte. Man suchte sie lange vergebens.

Der Träumer ist ein großer Schätzer eines schönen Busens. Sein größtes Vergnügen ist es, an den Mamillen (dafür das Symbol „Busennadel") zu saugen, ein Vorgang, der einen spezifisch infantilen Charakter hat und auf die Ammenzeit zurückgeht. Seine Amme betreute ihn bis zum fünften Lebensjahr. Er schlief in einem Bette mit ihr, spielte mit ihrem Busen und schlief mit dem Busen im Munde ein [2]). Der Mund ist seine stärkste erogene Zone. Der Traum drückt (den auch bewußten) Gedanken aus, den Beischlaf mit der Braut auszuführen oder ihr wegen der Gefahr der Konzeption (Unglück bedeutet hier Gravidität) eine Fellatio vorzuschlagen.

Eine zweite von Freud gemachte Beobachtung ist hier zu erwähnen. Er sagt (Bemerkungen über einen Fall von Zwangsneurose. Jahrbuch für psychoanalytische Forschungen. I. Band. 1909. Franz Deuticke, Wien): „Man macht die Erfahrung, daß Träume den eigentlichen Text des Zwangsgebotes u. dgl. bringen können, der im Wachen nur verstümmelt und entstellt wie in einer verun-

[1]) Man wird sich wundern, daß ich so viel von Inzestvorgängen zwischen Geschwistern erzähle. Ich kann nichts anderes machen, als das mir Mitgeteilte gewissenhaft zu registrieren. Auch wolle man bedenken, daß es sich meistens um kranke Menschen handelt.

[2]) Die Amme gab ihm einmal, als er hustete, ihren eigenen Urin zu trinken! Ein gutes Beispiel für die „symbolische Gleichung". Solange er an der Brust war, erhielt er in einem solchen Falle die Milch der Brust. Nun suchte sie nach einem Ersatz und gab ihm ein anderes Produkt ihres Körpers.

staltetenDepesche bekannt worden ist. Diese Texte treten im Traume als Reden auf, entgegen der Regel, daß Reden im Traume von Reden am Tage herrühren."

Sigma, dessen Krankengeschichte wir ja aus den früheren Träumen kennen, leidet an einem schweren psychischen Konflikt, der sich in die einfache Formel auflösen läßt: Braut oder Schwester (Marie oder Rosa) [1]). Er zweifelt an allem: An sich, an der Braut, an der Schwester; ob er sie glücklich machen, ernähren könne, ob er treu bleiben werde, ob er sie befriedigen könne, ob sie treu bleiben werde usw.

Wir erfahren aus diesem Traume seine Zwangsgedanken. Er wünscht, daß Marie der Rosa die Nadel (Symbol für Penis, ebenso wie die vulgäre „Nudel") übergeben möge.

Sie hat es nicht getan. Er nimmt die Partei seiner Schwester. Marie ist die Kusine der Rosa, das typische Inzestkompromiß. Die Rede geht jetzt an Rosa und heißt: „Tröste dich. Du hast zwar die Busennadel meiner Braut nicht erhalten, aber ich werde dir eine andere, viel schönere, lebendige warme Nadel schenken."

Der Imperativ, unter dem er leidet, lautet also: Liebe deine Schwester. Gegen diesen Imperativ wehrt er sich mit aller Macht, und die Folge dieses Kampfes ist eine schwere Neurose.

Ob die Schwester an dieser Neurose unschuldig ist? Man lese die anderen Träume nach und man wird sich seine Meinung bilden können. Bevor er nach Wien (zur psychanalytischen Kur) fuhr, sagte seine Schwester zu ihm: „Du kannst die Marie heiraten. Aber wundere dich nicht, wenn ich mir dann einen Liebhaber nehme und ein Verhältnis eingehe." Diese lächerliche Drohung seiner Schwester hatte ihn sehr erregt. „Das wäre sein größtes Unglück." Die Schwester soll keine andere „Nadel" erhalten. Er gönnt sie keinem anderen. Sie soll ledig bleiben. Er ist eifersüchtig, wenn sie mit anderen Herren spricht. Aber auch seine Braut will er nicht verlieren. Auch sie gönnt er keinem anderen. Beide Frauen möchte er nicht verlieren. Als einzigen Ausweg erscheint ihm der Selbstmord, der allen diesen Qualen, Wünschen, Begierden und Zweifeln ein Ende machen würde.

Ein Traum desselben Träumers:

(78.) „Vor mir sitzt in der rechten Ecke des Fensterbrettes ein kleiner gelbbrauner Affe und streichelt eine vor ihm sitzende rötlichgraue Taube. Ich sehe den Tieren zu, habe dabei die Empfindung, als ob der Affe im nächsten Augenblicke seine Krallen in das Täubchen schlagen werde und rufe ihm spottend zu: „Möchtest sie fressen? Wie?!"

Die Taube ist die gute sanfte Marie, die ihm so viel Sorgen macht (graue Taube). Die Rede hat er an seine Schwester gehalten: „Du möchtest am liebsten die Marie in einem Kaffeelöffel Wasser ertränken! Nicht wahr?" Seine Braut hat ihm erst gestern geschrieben, daß die Schwester sie täglich besuche und mit ihr sehr freundlich sei. Doch er weiß, daß die Schwester die arme Braut haßt und am

[1]) In vielen Fällen von Zweifel habe ich gefunden, daß der Zweifler in der frühesten Kindheit zwischen zwei Personen gestanden ist, die er beide liebte. (Mutter und Amme — oder Mutter und Kindsmädchen — Mutter und Tante — Mutter und Vater.) Herr Sigma sucht seine Konflikte in der typischen Konstellation. Das alte Schema „Mutter oder Amme" wird jetzt durch die Frage „Braut oder Schwester" neubelebt.

liebsten „fressen“ möchte. Er hat seine Braut zum „Fressen“ lieb. Er will sie ja heiraten. (Rechte Ecke!) Er kommt sich häßlich vor, wie ein Affe. Er ist ein Affe. Er mußte alles nachmachen, was ihm früher die Schwester und jetzt die Braut vorgemacht haben. Er ist eifersüchtig (gelb!) und gönnt weder die Braut noch die Schwester einem anderen Mann.

Eine besondere Bedeutung haben hier die Farben. Das „Rötliche“ deutet auf sadistische Regungen. Er freut sich auf die Defloration. Sein Zweifel, ob Marie eine Virgo ist, wird nach der Hochzeit bald behoben sein. Sie wird „bluten“ müssen.

Ebenso wichtig ist „gelbbraun“. „Brauner“ hieß ein Mann, der ihm eine Geliebte abspenstig gemacht hatte. Er war damals fürchterlich eifersüchtig. „Gelb“ hieß ein Zimmerherrr, der bei ihnen wohnte. Dieser war ein großer Don Juan, der täglich andere Frauenzimmer auf sein Zimmer führte. Einmal machte es ihm ein besonderes Vergnügen, den „Don Juan“ zu stören, der sich gerade eine reizende Frau auf sein Zimmer geführt hatte. Er brüllte nach einigen Minuten so laut er konnte: „Ja die Liebe ist so schön!“ usw. — Woher er es gewußt habe, daß Gelb eine Dame bei sich hatte? „Weil die Wände so dünn sind. Auch war da eine Türe, die schlecht schloß. Übrigens hat mich meine Schwester darauf aufmerksam gemacht.“

Wir erfahren, daß auch die Schwester zu dem Zimmerherrn in intimen Beziehungen gestanden ist und er wieder einmal sehr eifersüchtig war. Das Absingen des Liedes war eine gelungene Rache des edlen Geschwisterpaares. Denn die Dame — eine sog. „anständige“ Frau — erschrak derart, daß sie sofort das Zimmer verließ. „Gelb“ drohte ihm dann mit Ohrfeigen und Prügeln. so daß er gelb, braun und blau werden solle.

Aber auch das „Rötlichgrau“ ist mehrfach determiniert. „Grauer“ hieß ein Bekannter, der eine große Mitgift bekam und seiner Schwester ohne Wissen seiner Frau 20 000 Kronen als Brautgabe übermittelte. Als die Frau dies erfuhr, verlangte sie das Geld zurück und wollte sich scheiden lassen. „Roth“ hieß ein junger Mann, der Marie den Hof machte und sie heiraten wollte. Und schließlich die letzte Assoziation „Tauber“, ein Offizier mit roten Aufschlägen (er hatte vorher angegeben, daß die Taube um den Hals einen roten Schimmer hatte), der viel mit seiner Braut verkehrte und mit ihr kurze Zeit verlobt war. Also Zweifel an der Unschuld seines Täubchens!

So entpuppen sich die Farben „gelbbraun“ und „rötlichgelb“ als mehrfach determiniert. Der „Tauber“ hatte kein Geld. Da man beim Militär eine Kaution haben muß, löste Marie die Verbindung. Die Liebe war aussichtslos.

Alle seine Gedanken gehen auf die Loslösung von seiner Braut. Erst will er sie besitzen und dann beiseite werfen. Seine Schwester sollte ihm helfen, die Braut los zu werden. Sie sollte sie vergiften. (Siehe — den „Hofrichtertraum“ — von den Zuckerln!)

Tatsächlich lautete die Rede der Schwester: „Du möchtest sie am liebsten vergiften, wie der „Hofrichter“ seine Kameraden“ [1]).

[1]) Wie häufig findet man hinter den Zwangsvorstellungen Imperative der Verwandten! Ein Herr konsultiert mich wegen der quälenden Zwangsvorstellung, er müsse seine Frau umbringen. Eine kurze Analyse ergibt, daß seine Frau und seine Mutter sich sehr schlecht vertragen. Einmal gab es eine häßliche Szene. Beide

Marie wollte sich auch vergiften. Sie wurde daran gehindert. Der Traum erwägt alle diese Möglichkeiten. Die spöttische Frage an die Schwester ist in Wahrheit ein Imperativ und lautet: „Schaff sie mir und dir vom Halse. Erwürge sie oder vergifte sie — nur mache mich frei."

Beim Erwachen furchtbare Reue und Selbstmordgedanken (Talion). Sein fast grenzenloser Sadismus dringt durch diesen Traum durch. Dieser Sadismus äußert sich nicht nur psychisch, indem er sich, die Braut, die Schwester und die ganze Umgebung maßlos quält. Nein, er muß sich auch physisch austoben. Er hat seine Mutter geschlagen und am Halse gewürgt. Das Schlagen der Schwester, das Reißen an ihren Haaren wurde bei ihm eine ständige Einrichtung. Und er fürchtet, daß er seine sanfte Braut auch schlagen wird, wenn er einmal den Anfang gemacht hat.

Kannibalische Instinkte leben in seinen Seelentiefen. Er ist ein Raubtier, das mit den Zähnen kämpfen wollte. Er beißt beim Koitus — und er wäre vielleicht imstande, seine Braut aus Liebe aufzufressen. Er ist der gelbbraune Affe, der an der Taube seine kannibalischen Instinkte befriedigen möchte. Sie besitzen und sie töten! Sie tötend besitzen!

Wieder stoßen wir auf die Zusammenhänge von Leben und Sterben. Nur in einer agressiven Variante: Besitzergreifen und Töten [1]).

XIV.

Der Affekt im Traume.

„Ein Dienst zu Nacht ist unser Leben,
Genuß in fauler Wächter Traum:
Vor keinem Hirngespinste beben, —
So leicht es klingt, kanns einer kaum!"
Feuchtersleben.

Es gibt eigentlich keinen affektlosen Traum. Denn die affektlosen Träume — oder sagen wir besser die affektschwachen Träume werden gar nicht erinnert. Es ist für mich selbstverständlich, daß die Traumarbeit einsetzt, so wie der Mensch die Augen schließt. Dafür will ich später auch einige Beweise bei der Besprechung der hypnagogen Bilder erbringen. Schlafend träumen wir permanent. Wir erwachen, wenn der Affekt so groß wird, daß er das Bewußtsein aufrüttelt. Ebenso erinnern wir uns nur an die sehr stark affektbetonten Träume. Nur diese erregen unsere Aufmerksamkeit. Ist die Aufmerksamkeit doch, wie

---

Frauen lagen sich in den Haaren. Damals sagte ihm seine Mutter: „Ich begreife nicht, wie du mit dieser Frau leben kannst. Ein anderer hätte sie schon längst umgebracht." Aus diesem „hypothetischen Imperativ" der Mutter entstand die quälende Zwangsvorstellung, die nach der Zurückführung auf ihre Quelle sofort verschwand.

[1]) Es besteht für mich kein Zweifel, daß alle Morde aus Eifersucht stark lustbetont sind. Wenn Othello die Desdemona erwürgt, so erfüllt er damit ein instinktives Verlangen, er vollzieht an ihr den letzten Geschlecktsakt. Die Rache wird ihm so zur höchsten Lust. Unser Genießen soll immer ein Vernichten des anderen sein. Wir leben vom Sterben der anderen.

Bleuler [1]) treffend bewiesen hat, ein affektativer Zustand. Der Traum ist eigentlich ein Spiel von Darstellungen im Dienste der Affekte.

Die deutlich durchbrechenden Affekte im Traume sind deshalb so wichtig, weil sie natürlich meistens die verdrängten Affekte sind.

(79.) „Eine Frau träumt, ihr Mann sei ihr untreu. Sie stürzt sich auf ihn mit einem Messer. Sie ruft ihm häßliche Worte zu."

Sie entlädt mächtige Affekte des Hasses. Sie erwacht und ist glücklich, daß es nur ein Traum ist. Aber der Traum hat uns verraten, daß sie mißtrauisch ist und daß sie ihren Mann haßt. Ja, noch mehr. Sie sucht eine Rechtfertigung für ihren Haß. Dieselbe Frau hatte einmal gesagt: „Wenn ich dich einmal bei einer Untreue erwische, so werde ich mich sofort revanchieren." Der Traum gibt ihr das Recht, den Mann zu hassen und ihre Geschlechtsinstinkte auszuleben. So gestattet uns der offen durchbrechende Affekt immer einen tiefen Einblick in das Seelenleben.

Doch auch die Affekte sind trügerisch. Auch bei den Affekten kann die Affektverkehrung eine große Rolle spielen: Anbetung und Verehrung statt Verachtung, Überschätzen statt Geringschätzen, Liebe statt Haß. Ich betone bei dieser Gelegenheit, daß die Träume auch ohne die Umkehrung deutbar sein müssen. Es bestehen eben beide Regungen nebeneinander. Der Neurotiker — wie jeder Mensch — bewegt sich immer in Gegensätzen. Alle Symptome, alle Erscheinungen menschlichen Denkens und Fühlens sind bipolar. Wo Haß ist, da ist Liebe; wo Achtung Verachtung; wo Vertrauen, da ist Zweifel usw. Alle Affekte können beim Menschen bald positiv mit einem Pluszeichen +, bald negativ mit einem Minuszeichen — auftreten. Haß ist Liebe mit einem negativen Vorzeichen . . . Man denke auch an die vierte symbolische Gleichung. Die Affekte können einander ersetzen.

Sehr häufig findet man in Träumen einen Affekt, der zu dem Trauminhalt gar nicht paßt. Das hat ja Freud sehr ausführlich dargestellt und ich verweise diesbezüglich auf seine „Traumdeutung". Ich möchte hier nur ergänzen, daß der Affekt im Traume in einer Reihe von Fällen äußerst verräterisch ist und den psychischen Konflikt fast unverhüllt darstellt. Überhaupt kann ich die Regel geben, sich bei der Deutung der affektreichen Träume, die ja gerade die wichtigsten sind, immer an die Regel Freuds zu halten, daß der Affekt berechtigt ist. Ich beginne überhaupt die Deutung, indem ich vom Affekt ausgehe. Dann zeigt es sich, daß das Traummaterial durch Umkehrung, Verschiebung usw. verstellt ist, und daß der Affekt eine falsche Verknüpfung eingegangen ist. Durch kleine Kunstgriffe läßt sich aber dann das Wesen des Affektes sofort erkennen. Da die tiefste Ursache der Neurose eigentlich eine Störung der Affektivität darstellt, so lege ich gerade auf die sorgfältige Analyse der Affektträume großen Wert. Freilich, es gibt affektlose Träume, die ungeheuer große Affekte verbergen, d. h. sie sind nur scheinbar affektlos. (Freud.) Es ist ähnlich wie bei den Zwangsvorgängen, die nur scheinbar affektlos verlaufen, was ja eine ganze Reihe von deutschen

---

[1]) Affektivität, Suggestibilität, Paranoia. Carl Marhold, Halle a. S 1906. „Wahrscheinlich handeln wir" — sagt Bleuler — „nur unter dem Eindrucke von Lust- und Unlustgefühlen; die logischen Überlegungen erhalten ihre treibende Kraft erst durch die damit verbundenen Affekte." — Auch der Traum ist kein Spiel der Gedanken, sondern ein Kampf der Affekte!

Psychiatern zu der irrtümlichen Ansicht geführt hat, das Kriterium der Zwangsvorgänge sei die Abwesenheit des Affektes [1]).

Ich will nun an einigen Beispielen klarlegen, wie die Affektträume einen tiefen Einblick in die Struktur der betreffenden Neurose gestatten. Eine Patientin hat eine Reihe von typischen Träumen, die sich bei ihr immer wiederholen: Sie hetzt sich fürchterlich und kommt doch nicht zurecht [2]). Diese Hetze findet besonders beim Koitus statt. Ihre Angst ist, daß der Mann zu früh fertig wird, ehe sie noch zur Libido gekommen ist; ihr ewig unerfüllter Wunsch: einmal zurecht zu kommen. Diesen Konflikt drückt sie in einem Traume folgendermaßen aus:

(80.) „Ich treffe Vorbereitungen, um abends in Gesellschaft zu gehen, und gehe erregt hin und her. Öffne und schließe den Kleiderschrank, die verschiedenen Fächer einer Kommode, den Schreibtisch, bereite Handschuhe, Geschmeide und alle zur Toilette nötigen Kleinigkeiten vor. Immer wieder fällt mir das eine oder das andere ein, das ich vergessen habe. Das Öffnen und Suchen beginnt von vorn. Endlich setze ich mich vor den Spiegel, löse mein Haar, um es zu frisieren; nutzloses Beginnen. Ich bringe die Frisur nicht fertig. Ermüdet von den erfolglosen Anstrengungen lasse ich die Arme sinken. Mein Mann wartet schon angekleidet, damit wir in die Gesellschaft gehen. Ich haste außer Atem von Zimmer zu Zimmer, bin aber außerstande, meine Toilette zu vollenden. Endlich erwache ich erschöpft."

Die Deutung ist sehr einfach. Sie trifft Vorbereitungen zu einer geheimen Unterhaltung (Gegensatz zu „Gesellschaft") mit ihrem Mann. Sie bereitet die Kleinigkeiten vor („Geschmeide"). Besonders verräterisch ist der Satz: „Das Öffnen und Suchen beginnt von vorn." Sie bringt keine Frisur zustande, d. h. sie kommt zu keiner Libido; ihr ganzes Leben ist ein Suchen nach Libido. Alle ihre Gedanken gehen in symbolischen Bildern auf das eine Problem zurück. Frisieren ein bekannter Ausdruck für Koitieren. Die Toilette ist ebenfalls der congressus, andererseits als Gegensatz bedeutet sie die Entkleidung. Das Nichtfertigwerden als Gegensatz zu dem Zufrühfertigwerden ihres Mannes drückt die Grundstimmung dieses und aller ihrer anderen Affektträume aus. In Gesellschaft gehen — empfangen werden — führt wieder zu Empfängnis. Ihr größter Schmerz: Sie ist kinderlos, sie hat im Hause keine Kinder, keine Gesellschaft, keine Kleinigkeiten. „Kleiderschrank, Kommode, Schreibtisch, Handschuhe, Geschmeide, Kleinigkeiten" = alles Symbole für die weiblichen Genitalen. Ihr Mann wartet schon, d. h. er ist früher fertig als sie.

---

[1]) Stekel, Zwangszustände, ihre psychischen Wurzeln und ihre Heilung. Med. Klinik. 1910. Nr. 5—7.

[2]) „Bei einer meiner Patientinnen haben alle Träume den Charakter des „Gehetzten"; sie hetzt sich, um zurecht zu kommen, den Eisenbahnzug nicht zu versäumen u. dgl. In einem Traume soll sie ihre Freundin besuchen; die Mutter hat ihr gesagt, sie soll fahren, nicht gehen; sie läuft aber und fällt dabei in einem fort. — Das bei der Analyse auftauchende Material gestattet, die Erinnerungen an Kinderhetzereien zu erkennen (man weiß, was der Wiener eine „Hetz" nennt), und gibt speziell für den einen Traum die Zurückführung auf den bei Kindern beliebten Scherz, den Satz: „Die Kuh rannte bis sie fiel" so rasch auszusprechen, als ob er ein einziges Wort wäre, was wiederum ein „Hetzen" ist. Alle diese harmlosen Hetzereien unter kleinen Freundinnen werden erinnert, weil sie andere minder harmlose, „ersetzen." (Freud, Traumdeutung.)

Ich führe noch einen ihrer Träume als Beispiel an:

(81.) „Ich liege krank zu Bett und fühle eine innere Unruhe. Es läßt mir keine Ruhe, denn in meiner Wirtschaft [1]) geht nicht alles, wie ich wünschte, am Schnürchen. Ich raffe mich auf, verwinde meinen kranken Zustand, binde ein Tuch um den Kopf, nehme einen Federwisch [2]) zur Hand, entferne Spinngewebe, Staub und Schmutz aus allen Winkeln. Ich bin ganz erschöpft vor Arbeit und seufze schwer ob meiner Ohnmacht, denn trotz aller Mühe und Arbeit kann ich nicht fertig werden. Überall sehe ich die alte Unordnung. Da erscheint meine Mutter, zankt mit mir, warum ich denn immer bis über den Kopf in der Arbeit stecke. Ich flehe sie an, mir beizustehen, denn dieses Nichtfertigwerdenkönnen lastet auf mir gleich einem Fluch."

Die Mutter ist hier wieder die Gebärmutter, die ihr Vorwürfe macht. Auch in diesem Traume kann sie nicht „fertig" werden. Das ist der Fluch ihres Lebens. Der Mann ist früher fertig. Er ist überhaupt fertig. Sie seufzt ob der Ohnmacht ihres Mannes, der bei der Arbeit kaum den Kopf hineinsteckt. Was nutzt es ihr, daß sie sich so rein hält, wäre es nicht besser, sie würde den moralischen Schmutz nicht scheuen und würde sich nicht in frustranen Erregungen, in wollüstigen Phantasien krank machen und erschöpfen?! — Im nächsten Traume, den ich als Ergänzung anführen möchte, macht sie ihre ganze Ehe rückgängig. Sie ist wieder jung und kann wieder einen anderen (potenten) Mann wählen:

(82.) „Ich sehe mich als Mädchen wieder daheim im Elternhause. Bei meiner Jugendfreundin ist ein großes Fest; es wird ihre Verlobung gefeiert. Ich bin zugegen, durchaus nicht traurig gestimmt, jedoch recht einsilbig. Die meisten deuten meine Schweigsamkeit falsch, zischeln unter sich und sagen, daß ich die Freundin beneide. Ich lächle nur überlegen, denn ich bin mir meines höheren Wertes bewußt und leiste mir innerlich den Schwur, nur dann zu heiraten, wenn einmal die große Liebe, von der ich träume, von mir Besitz ergreift."

Einige Worte charakterisieren diesen Traum. Für diese Freundin hatte sich früher ihr jetziger Mann eine zeitlang interessiert. Sie tritt ihrer Freundin ihren Mann ab. Sie ist ihr auf Grund ihrer Erfahrungen nicht neidisch um die kommenden Genüsse. Andererseits ist sie selbst ihre Jugendfreundin und sieht ihre eigene Verlobung wie im Traume, von dem sie erst später spricht: „Die große Liebe, von der ich träume". Es ist ein Traum im Traume, mit dem sie ihre übereilt geschlossene Verlobung rückgängig macht, weil sie jetzt nur aus großer Liebe heiraten will. Die große Liebe ist die Liebe eines „Großen". Von einem „Großen" möchte sie sich besitzen lassen. Der Traum ist eine wunderschöne Wunscherfüllung, der ihr die Jugend, die Freiheit und die Liebeswahl freigibt. Sie ist einsilbig. Denn eine Silbe, das Wörtchen „Ja!", übereilt gesprochen, hat sie für das Leben unglücklich gemacht. Sie will jetzt in der Lotterie der Ehe einen Haupttreffer machen. Ihr Mann ist eine Niete gewesen.

Sehr häufig sind Träume, in denen die Träumer nicht zurecht kommen. Sie kommen entweder zur Vorstellung zu spät oder sie ver-

---

[1]) Vaginasymbol.

[2]) Symbol für den Phallus. Im Volksmunde: Laß dir deine Wirtschaft ausbürsten.

säumen den Zug, der ihnen gerade vor der Nase abfährt. Diese Träume stehen in einem Gegensatz zu den Träumen, die vom Nichtfertigwerden handeln und die wir schon besprochen haben. Einer meiner Patienten, der an einer schweren Zwangsneurose litt, wurde von dem Gedanken gepeinigt, man merke ihm den Juden an. Auch fürchtete er immer, in seiner Abwesenheit könnte seine greise Mutter erschlagen werden. Um sein Alibi zu beweisen, sammelte er die verschiedensten Dokumente, wie Tramwaykarten, Rechnungen usw. Als Grundlage der Neurose erwies sich eine noch immer bestehende leidenschaftliche Liebe zu seiner Mutter. Jüdisch ist für ihn gleichbedeutend mit sinnlich. Man merke ihm den Juden an, heißt soviel als man merke seine grobe Sinnlichkeit. Deshalb leidet er auf der Gasse an den unangenehmsten Sensationen; er glaubt, jeder Mensch fixiere ihn, mache ein unfreundliches Gesicht, und kam wiederholt in die peinlichsten Konflikte.

(83.) „Dieser Kranke träumt regelmäßig, er komme auf den Bahnhof und der Zug fahre ihm vor der Nase weg. Er hetzt sich immer fürchterlich, um zurecht zu kommen, es will ihm aber nicht gelingen.

(84.) Oder er läuft einer Elektrischen nach und kann sie nicht einholen.

In Wirklichkeit sprang er am liebsten auf eine fahrende Elektrische, um, wie er sagte, den Verfolgern die Verfolgung unmöglich zu machen. Außer diesen Motiven beherrschte ihn das viel wichtigere, eine in Bewegung befindliche, ihm vorfahrende Elektrische einzuholen. Ein drittes Mal träumte er,

(85.) daß er in einem Wagen einem Automobil nachfahre, das er nicht erreichen könne.

Allen diesen Gedanken liegt die Tatsache zugrunde, daß seine Mutter um 28 Jahre älter ist als er. Diese ungeheuere Differenz ist es, die er in seinem Leben nicht nachholen kann. Sein Wunsch war: O, wäre ich der Vater, o, hätte ich die Mutter kennen gelernt, als sie noch jung war. Sein Vater nahm sie ihm vor der Nase weg. Sie ist krank; er weiß, sie kann jeden Tag sterben und er wird sie nie besitzen. Jedesmal kommt er mit so viel Gepäck zum Bahnhofe, daß er damit nicht fertig werden kann. Dieses Gepäck ist besonders charakteristisch. Es bedeutet fast immer — es gibt ja kein absolut sicheres Symbol, unter Umständen kann auch ein Symbol etwas anderes bedeuten — die moralische Last, die er mit sich herumträgt. Ähnlich wie bei den Walfahrern im Tannhäuser, die da singen: „Gar schwer drückt mich der Sünden Last". Er hat so viel Gepäck und kommt infolgedessen zu spät. Anderseits werden auch die moralischen Hemmungsvorstellungen als Gepäck in den Träumen bezeichnet.

Der Gedanke, man könnte ihn als Mörder bezeichnen, ist ja eigentlich berechtigt. Was er an seiner Mutter vollziehen wollte, wäre eigentlich ein Mord, ein Lustmord, um sie zu besitzen. Sie könnte ihn dann nicht mehr verraten. Seine Lieblingslektüre ist Dostojewskys „Raskolnikow". Auch bedeutet der Mord die symbolische Vorstellung, wie einem ein Messer in den Leib gebohrt wird; oder einem den Tod geben nichts anderes als einem das Leben schenken. Davon haben wir ja bereits gesprochen.

Einen ähnlichen Traum kann ich von einem anderen Patienten berichten, nur daß es sich in diesem Traume um die zehn Jahre ältere, schon verheiratete Schwester handelt:

(86.) „Ich befinde mich auf einem Bahnhof und war zunächst in großer Sorge, ob ich auf dem rechten Bahnhof sei. Nachdem diese Sorge beseitigt war, dachte ich mir eine Fahrkarte zu kaufen. Ich finde in einem Portemonnaie eine goldene Münze mit einer großen 10. Zunächst glaubte ich, diese Münze nicht verwenden zu können. Dann überwinde ich meine Bedenken. Ich war auch, da mittlerweile die Zeit schon vergangen war, in Aufregung, ob ich den Zug noch erreichen würde. Als ich mich zum Bahnsteig aufmachte, merkte ich, daß ich zu viel Gepäck hatte. Einiges brauchte ich gar nicht. Leider war aber das Gepäck, das ich zurücklassen wollte, nicht in meiner Nähe; es stand in einer entfernten Ecke des Bahnhofes. Ich wußte nicht, was ich machen sollte. Schließlich gab ich einem Gepäckträger einen Wink und sagte, er solle sich meines Gepäckes annehmen und es in die Handgepäckausgabe schaffen. Dort wollte ich es nach meiner Rückkehr abholen. Kaum war ich fertig, eilte ich zum Zug, allein es war zu spät, er war eben abgefahren."

Das Gepäck ist hier doppelsinnig verwendet: 1. für das Genitale und 2. für die verschiedenen Hemmungsvorstellungen. Die um zehn Jahre ältere Schwester ist ihm durch ihre Heirat weggenommen worden. Bei der Besprechung der Zahlensymbolik werden wir auf die Zahl 10 noch zurückkommen; sie besteht aus einer 1, das ist das Symbol des Penis, und einer 0, welche die Vagina darstellt. Diese Zahl 10 symbolisiert die geschlechtliche Vereinigung, die Patient bis heute noch nicht vollzogen hat, denn er ist Onanist [1]). Deshalb sucht er diese Münze in einem Portemonnaie (Vagina). Zuerst denkt er an das Portemonnaie der Schwester. Daher der Affekt der Sorge, ob er auf dem rechten Bahnhofe sei, die Bedenken, ob er diese Münze verwenden könne. Um einen Inzest auszuführen, dazu ist er viel zu moralisch. Ja, seine Moral — er ist Theologe — hindert ihn sogar, einen Koitus überhaupt auszuführen. Er hatte nie ein Weib berührt, außer ein einziges Mal als zwölfjähriger Knabe die jüngere Schwester, wobei es aber zu keiner Immissio penis kam. Darauf bezieht sich der Satz: „Es stand in einer entfernten Ecke des Bahnhofes". Sein Zweifel kommt in dem Traum klar zum Ausdruck: 1. in der Sorge wegen des richtigen Bahnhofes, 2. in den Bedenken, er dürfe die Münze nicht verwenden, und endlich 3. in dem Satze: „Ich wußte nicht, was ich machen sollte." So erkennen wir schon aus diesem einen Traume, daß der psychische Konflikt dieses Patienten die Unmöglichkeit, die Onanie aufzugeben und durch den normalen Verkehr mit Frauen zu ersetzen, darstellt. Der Weg zum Weibe ist ihm außerdem durch die Inzestgedanken versperrt, Inzestgedanken, welche ihn wieder auf die andere Seite, nämlich zum Mann, getrieben haben. Der fortlaufende Zug hat hier dieselbe Bedeutung wie in dem

---

[1]) Zehn bedeutet auch die beiden Hände und bezieht sich auf Onanie. Der Penis heißt ja im Volksmunde der elfte Finger. Noch wichtiger ist in diesem Traume (es handelt sich um einen Kleriker) eine andere Bedeutung von zehn: Die zehn Gebote! Bei der großen Bedeutung der Religion für das Zustandekommen neurotischer Symptome sind bei Zahlen immer die zehn Gebote in Betracht zu ziehen!

vorhergehenden Beispiele. Er wird seine Schwester nie erreichen! „Die Handgepäckausgabe“ zeigt das Gepäck in der zweiten Bedeutung als das Genitale [1]). Er hat zuviel Gepäck. Seine Sexualität plagt ihn zuviel. Er kehrt zur Onanie zurück. Er überwindet seine Bedenken . . . .

Die Onanie (die Handgepäcksausgabe) ersetzt ihm den Inzest. Aus diesem Grunde meidet er die Frauen. Die mit der Onanie verbundene Inzestphantasie ist ihm lustbetonter als jeder andere erotische Vorgang.

Es wird sehr instruktiv sein, jetzt einen Traum kennen zu lernen, in dem sich die Affekte verbergen. Er enthält auch einen Eigennamen in wichtiger Bedetuung und handelt über das Thema „Das kann ich nicht verstehen“. Manches verstehen die Träumer im Traume sehr gut; im Wachen entpuppt es sich als (scheinbarer) Unsinn. Hier haben wir einmal das Gegenteil. Er versteht etwas nicht, der Träumer, und zwar im folgenden Traume:

(87.) „Ich las von einer Klage eines Herrn X. gegen den am selben Tage verstorbenen Gymnasialdirektor Weihrich. Es waren drei Klagepunkte, und Weihrich wurde nur wegen des dritten Punktes verurteilt, und zwar zu einem Gang in Sandalen und noch etwas. Das konnte ich nicht verstehen.

Nachtrag: Ich sah eine Photographie Geßmanns und sprach mit ihm davon.

Am Vortage aß der Träumer „Herr Beta“ einen schwarzen Wecken mit Butter, der in Wien Bosniak oder nach einem bosnischen Insurgentenführer Hadschi-loja genannt wird. Er erbrach nach kurzer Zeit und hatte heftige Schmerzen in der Nierengegend. Wie er glaubt, wegen der Säuren. Alle Säuren machen ihn erbrechen. Auch nach saftigen Birnen leidet er an ähnlichen Schmerzen und Diarrhöen.

Die Analyse ergibt wichtige Einfälle zu Direktor Weihrich. Zuerst die Assoziationen: Weihrauch — Weihe — Weiher — Wei (geschrieen). In Verbindung mit X(-füßen) Wei — und Geßmann, einem bekannten Antisemiten, eine Schmähung seines Arztes. Er beklagt sich, daß dieser ihm die Lust an seinen Perversionen verdorben habe. Man mache ihm einen Schwindel (Rauch) vor! Der Schwindel führt zu Schaukeln. Er erinnert sich, daß er als ein kleiner Knabe auf dem Fuße eines Soldaten geschaukelt hat.

Das ist die Wurzel seines Fußfetischismus. Dazu kommt noch die von Adler hervorgehobene Tatsache, daß er an seiner großen Zehe gelutscht hat. Sein Verlangen geht danach, einen schmutzigen, schweißigen Fuß- resp. die große Zehe in den Mund zu stecken. Nach der symbolischen Gleichung kann Fuß für Hand, die große Zehe für den Daumen, den Penis und die eine Mamma stehen. Von hier führen Fäden zur Perversion (Fellatio) und zum Ammenkomplex.

Der Bosniak ist ein Wiener Ausdruck für einen bosnischen Soldaten. Hadschi-loja führt ihn auf hatschen = gehen. Sein Erbrechen, die Schmerzen, die Diarrhöe gehen auf die Phantasie zurück, eine Zehe

---

[1]) Das männliche Genitale heißt auch das „Päckchen“, das „Gemächte“, das „Gepäck“ und schließlich auch das „Gewicht“. (Anth. II. B.) Ähnlich das weibliche Genitale der Koffer, der Ranzen, der Korb, die Kiste, der Sack, der Rucksack, die Tasche, die Handtasche. Es sind Dinge, die dem Menschen wichtig sind und für ihn Gewicht haben. In dem Ausdrucke „Bagage“ wird der geheime sexuelle Sinn als Schmähung verwendet.

(Butylsäure = Butter) in den Mund gesteckt und Schweißsäuren geschluckt zu haben. Vor der Traumanalyse waren Wachphantasien, einen großen Fuß zu schlucken und in sich aufzunehmen.

Eine andere Wurzel des Fußfetischismus: Man hatte ihm den Penis als etwas Ekelhaftes, dessen man sich schämen muß, dargestellt. Er übertrug alle Libido auf den erogen betonten Fuß.

Geßmann geht auf „guess“ (englisch) erraten zurück. Ich bin der Mann, der nur errät und nichts weiß. Die Photographie (mein Bild!) ist ihm sehr schlecht vorgekommen. Sie war viel zu weiß. (Geßmann ist ein Schwarzer.) Weiß führt wieder zu Schweiß und zu einer Idiosynkrasie gegen blutiges Roastbeef. Blut heißt in der Jägersprache Schweiß. Auch das Roastbeef erinnert ihn an Schweiß, der durch das Gehen in Sandalen vermindert wird. (Symbolische Gleichung: Blut, Schweiß, Eiter, Schleim, Urin, Sperma, Luft, Sprache, Geld usw.).

Die drei Klagepunkte des Traumes sind: 1. Seine Engländerin, 2. sein Bruder, 3. der Schweißfuß. Von den ersten beiden habe ich ihn schon durch die Psychanalyse getrennt; jetzt will ich ihm noch den Schweißfuß entreißen. Deshalb die Schmähung, deshalb der Vorwurf: Fuß — Plattfüße — Weigeschrien! Weitere Gedanken gehen zum „Ewigen Juden“ von Eugen Sue, der wieder zu „suer“ (schwitzen) führt.

Der Ahasver ist aber wieder er selber. Es ist einer seiner Lieblingsphantasien, Ahasver, der fliegende Holländer oder ein anderer ewig Verdammter zu sein. Seine Fußideen sind alle masochistisch gefärbt und Bußideen.

Das, was er nicht verstehen kann, ist alles, was er bei mir lernt. Er will es nicht verstehen. In dem Augenblicke, wo er es versteht, ist es mit dem Zwang vorüber. Es hängt aber zuviel Lust an diesen infantilen Dingen. Er will sie nicht aufgeben.

Dieser Traum enthält eine Reihe schwerer Affekte. Es sind grobe Schmähungen gegen mich enthalten. Doch so versteckt, daß der Traum scheinbar gar keinen Affekt enthält.

Schließlich bin ich ja gestorben. Er wirft mich zu den Toten. Der Gang in Sandalen ist der Marsch in die Ewigkeit. Manchmal versteht er mich nicht. Es ist ihm etwas zu geistreich. Ich werde hier auch zu einem Geist (Geßmann = Geistmann). Ein Geist ist weiß, bleich. Ich bin ihm viel zu schwarz. Ich lebe für ihn nur noch im Bilde (Photographie). Das führt zu einer neuen Fährte: zu seinem Teufelsglauben. Ich bin für ihn der Teufel. Ich will ihn potent machen, d. h. zum Weibe bringen. Er will in der Askese bleiben und ein Heiliger sein.

Er sucht immer Situationen, wo ihm ein Unrecht geschieht. Er wird zu einer Soirée geladen. Die Hausfrau sagt aus irgendwelchen Gründen ab. Sofort konstruiert er sich eine schwere Beleidigung. Er braucht ungerechte Kränkungen! Er will unschuldig leiden. So schrieb er mir nach der Absage der Soirée folgenden, hochinteressanten Brief:

„Die Absage der morgigen Soirée, die Einladung und die darauf sofort erfolgte Absage eines anderen Besuches hat mich in einen Zustand einer ganz enormen Depression gebracht, obwohl ich eigentlich die Absage der Jagd sehr angenehm empfand, da mich die ganze Jagd „nervös“ machte. Ja, auch die Depression war keine verzweifelte, sondern ich fühlte sie angenehm. Es war eine Enttäuschung, eine Zurücksetzung, aus der ich Lust schöpfte. Ich bin eben Masochist. Und ein Masochist

ist ein Passiver. Passiv ist aber die Frau, aktiv der Mann. Daher empfindet der Masochist nach Frauenart und will einen Mann über sich kommen lassen, einen aktiven, daher die Vorliebe für einen Berufssoldaten, einen aktiven Soldaten. Die Hauptlust des Passiven, des Masochisten ist das „pati", die „Passion", daher die Bußideen; seine ärgste Unlust die „Aktion", der Koitus. Es muß mir einmal ein großes Unrecht in der Kindheit getan worden sein, aus dem ich Lustgefühl schöpfte und das zu reproduzieren ich stets gesonnen bin. Und jetzt, versage ich mir denn nicht alles? Meine Krankheit ist ein Sichallesversagen. Ich koitiere nicht, ich treibe Asexualität, ich sehe kaum einen Menschen mehr, ich gehe in kein Theater, ich schließe mich immer mehr ab und umgebe mich mit lieben Büchern, ja ich gehe nicht aus, das erste, was man machen muß, um etwas zu unternehmen. Meine Angst ist Schutz vor der Lust. Jetzt habe ich Momente, in denen ich nichts sehnlicher herbeiwünschen würde, als zu sterben und vergessen zu werden: — höchster Masochismus."

„In diesen Depressionen kam mir auch ein ganz merkwürdiger Phantasietraum:

(88.) „Es war ein Mann, der wegen eines Mordes unschuldig verurteilt wurde. Das Merkwürdige war, daß er sich kaum verteidigte und das Urteil mit einer Ruhe hinnahm, wie es eben nur jemand kann, der fälschlich beschuldigt wird, aber rein wie ein Engel ist. Er wird zu lebenslänglichem Kerker verurteilt. Im Kerker ist er so groß, daß selbst alle Wärter in ihm einen Heiligen betrachten, er tröstet Kranke, heilt sie, ja er wirkt fast Wunder. Nach Jahren und Jahren dringt selbst zu dem Regenten die Kunde von der Heiligkeit des Verbrechers. Er begnadigt ihn, ohne das Urteil aufzuheben. Es wird dem Heiligen hinterbracht. Der aber versteht nichts mehr von der Welt und ihren kleinlichen Schmerzen. Er ist ganz verklärt, er ist Christus selbst; sein enormster Triumph ist, daß er durch seine Heiligkeit das Genitale verloren; er ist geschlechtlos und zieht wie ein unendlicher Lichtstrahl zum Himmel. Der Regent ist sprachlos, aber unfähig, ihm auch nur im Geringsten nahe zu kommen; er lebt sein gewöhnliches Leben weiter!"

Diese Phantasie enthüllt uns die Wurzeln seiner Askese! Er klagt sich (Weihr-ich) bitter an, daß er ein sündiges Leben führt. —

Das Wort „Weihrich" ist vom Unbewußten genial gewählt. Es geht auf seinen Teufels- und Riech-Komplex. (Der Teufel stinkt!) Es führt aber auch zum Heiligenkomplex über Weihrauch. Der Direktor steht für den Vater. Von diesem hatte er einmal ungerechterweise Schläge erhalten. Dieser infantilen Situation läuft er im Leben nach. „Selig sind, die Verfolgung leiden um der Gerechtigkeit willen. Denn ihrer ist das Himmelreich." —

Und er will ins Himmelreich. Er will seinen Vater übertreffen. Er will durch Askese einen höheren Platz im Himmel erobern. Hier bestätigen sich die Anschauungen Adlers. Er will ein Weib sein und keinen Penis haben. Allein diese weiblichen Tendenzen sollen dazu dienen, über den Vater zu triumphieren. Im ewigen Leben wird er über seinem Vater stehen und triumphieren. Er der Heilige und der Vater der Sünder. Vor Gottes Stuhl wird er gegen den Vater (Direktor), gegen den Toten drei Anklagen erheben. Allein aus welchen Quellen stammt sein Haß gegen den Vater? Aus einer uralten Rivalität — wegen seiner Engländerin. Die Engländerin war seine stärkste Liebe. Nach der Entlassung der Amme wurde die „nurse“ sein Alles. Sie durfte mit keinem andern freundlich sein. Da konnte er wütend werden. Sein Vater war mit der englischen Kinderfrau sehr liebenswürdig. Beta belauschte viele kleine und eine große Szene, die ihn tief unglücklich machten. Wie?! „Seine“ Marry konnte einen anderen Mann küssen? Das stachelte seine Empfindlichkeit und seinen Egoismus zu verbrecherischen Rachephantasien. Das kleine Kind ist den Großen gegenüber wehrlos. Aber wenn es ein Gift hätte, so könnte es sich an seinen Feinden rächen! Deshalb das Erbrechen und das Übelsein, die Diarrhöen nach dem Genusse des Hadschiloja! Der Vater war ein Pascha und hatte einen Harem. Seine masochistischen Ideen sind die Buße für die kriminellen Phantasien seiner Kindheit. Ferner bin ich der Direktor, über den er sich beklagt. Besonders wegen des dritten Punktes. (III. Punkt = III. Krankheit = III. Geschlecht = Homosexualität.) Sein Haß ist unerwiderte Liebe. Wer hätte hinter diesem einfachen Traume diese Fülle von Affekten vermutet? Sein Haß gegen mich und den Vater stammt aus der unerwiderten Liebe. Er wollte ein Weib sein, um dem Vater alle anderen Weiber zu ersetzen. Nun ist ihm jedes sexuelle Ziel wertlos, da er sein höchstes Ziel, die physische Liebe des Vaters nicht erreichen konnte. Aber er wird dafür von der großen Welt geliebt. Er ist Christus. Wir sehen hier das erste Beispiel einer „Christusneurose“.

Nun folgt ein affektreicher Traum eines Zwangsneurotikers, des Herrn „Gino“.

(89.) „Ein Dampfschiff kommt in unsere Bootshütte; ich will nach der rechten Seite ausweichen, es geht nicht. Ich gehe auf die linke Seite, auf einen Feldweg. Viele Leute laufen entsetzt herum und schreien: etwas Entsetzliches wird geschehen. Auch ich fühle dasselbe. Ich bin in Uniform und treffe einen kleinen Knaben, der mir ein großes Messer in die Hand gibt. Erschreckt rufe ich aus: „Traumgespinst verschwinde!“ worauf es sofort verschwindet.“

Der kleine Knabe heißt Teller. Der Affekt in diesem Traum ruht auf den vielen Menschen, die da rufen, etwas Entsetzliches müsse geschehen. Wir wissen es: „Viele Menschen“ bedeuten ein Geheimnis oder viele Gedanken, viele Wünsche seiner Seele. Er hat dieselbe Empfindung. Das Entsetzliche, das geschehen muß, ist ein Mord; er erhält ja von dem Knaben ein Messer. Früh belauschte er den Koitus der Eltern (Einfahren des Dampfschiffes in die Bootshütte); vor dieser Erinnerung wollte er auf die rechte Seite flüchten, es war ihm aber nicht möglich, er kam auf die linke Seite. Er ist in Uniform; das erinnert ihn an seine Freiwilligenzeit, wo er die schwersten Krisen durchmachen mußte, so daß er schließlich wegen Neurasthenie superarbitriert wurde. In Uniform gehen heißt aber im Traum nackt sein, denn die Nacktheit ist die einzige Uniform, in der alle Menschen gleich — uniform — sind. Auch die weißen Unterkleider werden im Traume als bunte Uniform dargestellt. Damals, in der Freiwilligenzeit, hatte er den Zwangsgedanken, mit seinem Messer jemand zu erstechen. Das Schreckliche, das geschehen sollte, war ein Mord an seinem Bruder oder an seinem Vater. Diese Erinnerung war ihm peinlich, deshalb wird sie in dem Traume als Traumgespinst aufgefaßt. „Traumgespinst verschwinde“, d. h. er hat diese Gedanken gar nicht, es war nur ein Traum, wie wir dies ja früher bereits an einigen Beispielen ausgeführt haben. Der kleine Knabe, der Teller heißt, wird von ihm erst als Amor, später als der Penis, das Heinzelmännchen, der Däumling und schließlich als das Schneiderlein gedeutet. Teller erinnert ihn zuerst an das Zerschneiden des Fleisches mit einem Messer; dann an eine Magd, die einen Teller zerbrochen hatte; an Tiller, eine Uniformierungsanstalt, wo er seine Uniform gekauft hatte; an to tell (englisch: sagen), Tuttel = weibliche Brüste, weiter an tailor, den Schneider, worauf er auf ein englisches Märchen vom tapferen Schneiderlein kommt, der einen großen Riesen besiegt. Schon früher war ihm Tell eingefallen, der Geßler erschlagen hat. In „Tell“ tritt auch Johann Parricida auf. Das Entsetzliche, das er machen wollte, war der Mord, und der Affekt des Traumes erwies sich wieder einmal als vollkommen berechtigt. Außerdem verrät der Traum den Einfluß des Kastrationskomplexes. Ihm wurde wegen der Onanie mit Kastration gedroht. Dafür will er blutige Rache nehmen.

Er ist ein Mensch, der fortwährend Todesgedanken gegen die Seinen im Kopfe trägt. Immer unbewußt. Jede Elektrische, jeder Lokalzug, jedes Pferd ist ein Träger des Todes. Das Dampfschiff kann ein kleines Boot umrennen. Das wäre seinem Vater und seinen Brüdern fast geschehen. Auf dem Feldweg kann man von Räubern überfallen werden. Auch das Rad, das Automobil, die Straße, das Gewitter, das Gift, die Infektion — all das steht bei ihm im Dienste der Mordideen. Nur daß sein Wunsch jetzt zur Angst wurde. Er fürchtet anderen Menschen weh zu tun — sie zu beschädigen — seine Hände zu beschmutzen und so das Gift weiter zu verbreiten.

Früher hatte er Mordinstinkte. Er wollte sich auf die Mutter stürzen und sie erstechen. Aus Rache. Weil sie seine erste Liebe, ein Kindermädchen, entlassen hatte. Aus Begierde. Weil dieser Mord symbolisch das Besitzergreifen ausdrückt. Für diese Mordinstinkte büßt er nun mit den Qualen der Neurose. Er sieht sich als Mörder mit einem Messer und will sich in dieser Gestalt nicht sehen . . . . .

Freud hat ja wiederholt auf das Identische der Traumgedanken mit den verschiedenen Zwangsvorstellungen und Zwangshandlungen der Neurotiker hingewiesen. Ein kurzes Beispiel möchte ich noch hinzufügen. Ein Patient hatte einmal, nachdem er drei Wochen mit seinem Bruder gemeinsam in einem Kurorte gelebt hatte, die Empfindung: Jetzt halte ich's nicht mehr aus, jetzt müßte ich mich auf ihn stürzen und ihn niederschlagen. Die Analyse ergibt die Reste einer mächtigen Liebe aus infantiler Zeit zu demselben Bruder. Die Empfindung: ich halte es nicht mehr aus, ich müßte mich auf ihn stürzen, ihn zu Boden werfen und per anum benützen, ist hier in Zorn umgewandelt. Angst wird sehr häufig in Zorn konvertiert. Das merken wir besonders bei der infantilen Form der Angstneurose. Kinder, die leicht in Wut geraten, leiden an einem Überschuß von Angst [1]).

---

[1]) Hier zeigt sich eine biologische Wurzel der vierten symbolischen Gleichung. („Alle Affekte im Traume können für einander entstehen.“) Angst, Zorn, Wut und Zweifel können einander ablösen und für einander vikariierend eintreten. An Platzangst Leidende verlieren die Angst, wenn sie in Zorn geraten. Es gibt Menschen, die ohne einen Affekt nicht leben können. Ein affektloses Leben ist für sie wertlos. Sie schaffen sich die Affekte, welche sie benötigen. Es ist ihnen dann ziemlich gleichgültig, welcher Affekt das ist. Masochisten wollen die Affekte der Qual, während die Sadisten (die offenen und die sublimierten) in Affekten der Lust schwelgen.

Nun zu einem anderen Beispiel:

Ein Student der Medizin fällt bei einem Rigorosum durch und hat dann gegen den Prüfer, Professor Zuckerkandl, einen fürchterlichen Haß. Zwischen die wilden Phantasien, in denen er sich Situationen ausmalt, wie er sich an dem Professor rächen könnte, drängen sich Phantasien, daß er mit ihm auf gutem Fuße stünde, ihm „du" sage und von ihm fordern würde, daß er ihn durchkommen lasse. Phantasien, als ob der Professor ihm durch irgend eine Tat verpflichtet wäre. Er müßte ihn nur an die Verpflichtung erinnern und alle Strenge wäre gewesen. Dieser Patient, Herr Zenta, träumt:

(90.) „Ich erfahre, daß Professor Z., dem ich mein Unglück zuschreibe, eigentlich ein guter Bekannter von mir ist. Ich komme mit ihm zusammen und er wird von mir in sehr zuvorkommender, auszeichnender Weise behandelt. Ich weiß bestimmt, daß Z. mir gegenüber große moralische Verpflichtungen hat. Ich suche ihm auf verblümte Weise verstehen zu geben, daß bei dem Umstande, als wir miteinander so gut bekannt sind und bei seinen großen Verpflichtungen gegen mich ein etwas kulanteres Benehmen am Platze wäre. Ich verschweige ihm, daß er sich gegen mich hinterlistig benommen hat. Er hat aber weiter gar nicht reagiert, während ich mit ihm gesprochen habe, wie ich mit einer Person sprechen würde, die eine große soziale Position (Minister oder so etwas) einnimmt. Infolge dieser hohen sozialen Position habe ich im weiteren Gespräche jede Anspielung an seine Verpflichtungen und auf meinen Durchfall unterlassen. Dieser Traum ging mit großem Affekte vor sich."

Wir erkennen sofort, daß diese hochgestellte Persönlichkeit niemand anderer als der Vater ist, mit dem er auf du und du steht, dem er ein höfliches Benehmen zeigt, den er aber der Urheberschaft seiner Neurose bezichtigt. Der Vater ist offenbar Analerotiker und hat sich mit den analen Funktionen seines Sohnes in allzu liebevoller, geradezu auffälliger Weise beschäftigt.

Er erfährt im Traume, daß der Prüfer, dem er sein Unglück zuschreibt (Unglück sowohl bei der Prüfung beim Weibe, denn er ist impotent dem Weibe gegenüber und Onanist, als auch Unglück bei der wirklichen Prüfung), eigentlich ein guter Bekannter von ihm ist. Ein Bekannter, der ihn seinerzeit mit „Zuckerln" verhätschelt hat und dem er allerlei sexuelle Lust verdankt. „Er behandelt ihn in zuvorkommender Weise": das ist die Wahrheit. Er hat die dunkle Empfindung, daß der Vater die moralische Verpflichtung hat, für ihn zu sorgen, denn er sei ja an seinem Unglück schuld. Der Traum erfüllt ihm den Wunsch, daß er dies dem Vater wenigstens in verblümter Form mitteilt. Er erwartet ein kulanteres Benehmen: das erklärt sich durch die ihm aufsteigende Assoziation: cul = Popo, worauf auch „hinterlistig" deutet, d. h. jemand, der nach dem Hintern lüstern ist. Die hohe soziale Position verrät wieder den Vater, während der „Durchfall" eine Brücke von den Analfunktionen zur Prüfung bildet. Der Affekt, jemand mit Hochachtung behandeln zu müssen, den man hassen sollte, dringt in überaus klarer Weise durch und enthüllt die Wurzeln der Neurose, die im wesentlichen auf dem Hange zur Urolagnie und Koprolagnie beruht. Im ganzen Traume hat er das Gefühl der Überlegenheit über den Professor.

Herr Gino, ein Zwangsneurotiker, der an Angst vor Verrat, an Schmutzfurcht leidet und als Abwehrhandlung einem Waschzwang unterworfen ist, träumt:

(91.) „Ich will zu einer Dirne gehen; vorher mache ich noch einen Besuch bei Frau Strabo und ihrer Schwester. Ich sehe, daß ihre Nase und ihre Finger mit weißer Bandage eingebunden sind. Ich gebe ihr beim Abschied die Hand, denke mir aber, ich kann jetzt nicht mehr am selben Tage zur Dirne gehen, weil ich doch vorher nach Hause gehen müßte, um mir die Hände zu waschen, wozu aber keine Zeit mehr war. Ich fürchtete nämlich, eine Krankheit weiter zu verschleppen, wenn ich mir nicht mehr die Hände wasche."

Es ist der Patient aus dem Traume Nr. 89. Die Berührungsfurcht des Patienten ist nämlich immer eine altruistische; er fürchtet nicht, selber eine Krankheit zu bekommen, sondern seine Angst geht dahin, die vermeintlichen K ankheitskeime auf andere zu verschleppen und andere zu infizieren. Dieser Angst gibt er hier im Traume ziemlich deutlich Ausdruck. Wir sehen, daß die Angst davon herrührt, daß er einer Frau Strabo, die verbunden war, die Hand gegeben hat. Strabo führt bei diesem Patienten (er ist Mediziner) über Strabismus zu schielen. Er selbst hat eine zeitlang geschielt, und zwar nach innen. Bei dieser Gelegenheit möchte ich erwähnen, daß eine Reihe von rätselhaften Sehstörungen die Strafe für das Sehen des Verbotenen sind. Es ist die Talion, die der Kranke an sich selbst vollzieht. Der alte Aberglaube, daß jemand, der bei Nacht in den Spiegel sieht, blind wird, oder die Vorstellung frommer Juden, man dürfe die segnenden Priester nicht ansehen, beruhen auf diesem Talion. Ich erinnere mich einer Sehstörung eines achtjährigen Knaben, die sich der Augenarzt nicht erklären konnte und die darauf beruhte, daß der Knabe etwas gesehen hatte, was er nicht hätte sehen sollen [1]). Auch das Schielen dieses Patienten war neurotisch: er hatte zu sehr nach seiner Mutter und ihren Reizen („Schwester") geschielt [2]). Die Mutter hatte ihn nach einer Nasenoperation gepflegt, was ihm wegen ihrer großen Aufopferung unvergeßlich war. Aber auch eine Operation an seinem Penis, zehn Jahre später, hatte eine langwierige Nachbehandlung zur Folge. Die Wunde wollte nicht heilen und seine Mutter mußte ihn, den Zwanzigjährigen, täglich verbinden. Dabei war für ihn die Berührung ihrer zarten Finger mit hohen Lustgefühlen verbunden.

In seinem Familienroman spielte die Phantasie der Mutter als Dirne eine große Rolle. Ebenso in seinen Onaniephantasien. Infolge der Onanie kam er sich schmutzig vor und der ganze Waschzwang ging auf Vorwürfe wegen der Onanie zurück. Wie Freud einmal sehr treffend bemerkte, beziehen sich diese Vorwürfe nicht auf die Onanie als solche, sondern auf die damit verbundenen Phantasien. Die Phantasien aber waren derartige, daß die Mutter darin zur Dirne gemacht wurde. Im Traume besucht er vor der Dirne noch die Frau Strabo; das ist die Art und Weise, wie der Traum es darstellt, daß er Frau Strabo besucht,

[1]) Einem meiner Kranken rief seine Mutter zu, als sie die mictio vollführte Schau nicht her, sonst wirst du blind werden!

[2]) Vergleiche Freud, „Die psychogene Sehstörung in psychoanalytischer Auffassung. „Ärztliche Standeszeitung". 1910. Nr. 9. Der strafenden Stimme des Innern gibt Freud folgendermaßen Ausdruck: „Weil du dein Sehorgan in böser Sinnenlust mißbrauchen wolltest, geschieht es dir ganz recht, wenn du überhaupt nicht mehr siehst."

die eine Dirne ist: er identifiziert die Strabo mit einer Dirne. Daß er ihr beim Abschiede die Hand reicht, ist die Erinnerung an die Berührung seines Penis durch die Hand der Mutter, wobei die Finger den Symbolwert des Penis erhalten. Andererseits die Phantasie, im Falle er impotent wäre, mit einem Finger onanistische Manipulationen vorzunehmen. Dadurch wird der Weg zur Dirne überflüssig. Freilich ist seine Motivierung, „er müßte nach Hause gehen, um sich die Hände zu waschen," eine Traumentstellung, die rückgängig gemacht, lautet: diese Phantasie hat mich so beschmutzt, daß ich eigentlich jetzt nach Hause müßte, um mir die Hände zu waschen. „Wozu aber keine Zeit mehr war" bezieht sich darauf, daß in dieser Nacht, in der er dies träumte, die Mutter nicht mehr da war; sie war schon am Abend vorher, nach mehrtägigem Aufenthalt, in ihre Heimat abgereist.

Der Affekt, er könnte eine Krankheit weiter verschleppen, würde auf die Phantasie einer Infektion deuten; einer Infektion durch die Dirne oder die Mutter, worauf sich ebenfalls Beziehungen vorfinden: die Nase erinnert ihn an eine durch Lues zerfressene Nase, die Finger an Psoriasis palmarum. Wir haben aber bei Freud gelernt, daß derartige Befürchtungen bei Patienten entschieden berechtigt sind. Auch im Traume ist der Affekt das einzig Wahre. Alles, was sich um den Affekt herum gruppiert, kann entstellt, verkehrt, verschoben sein. Der Affekt als solcher hat, selbst in der Transformation, seine Berechtigung. Und da erfahren wir auf einem ziemlich langen Umwege, daß er eine tiefe innere Berechtigung hat, sich vor dem Schaden zu fürchten, den er den anderen zufügen könnte. Er hat sich nämlich mit Gedanken getragen, seinen Vater und seine Brüder zu vergiften und die Phantasie dieser Vergiftung hat in seiner Jugend eine ungeheure Rolle gespielt; auch die Phantasie des Niederschlagens. Er muß sich waschen, weil er gleich Lady Macbeth das Blut von seinen Fingern waschen will. Und die Befürchtung lautet, in ihre Elemente aufgelöst: ich fürchte, daß die verbrecherische Leidenschaft zu meiner Mutter mich dazu bringen wird, den Vater und die Geschwister zu schädigen. Ich fürchte das mit um so größerer Berechtigung, weil ich ihnen wiederholt den Tod gewünscht habe. Wie sein Waschzwang die Abwehr gegen den moralischen Schmutz ist, in dem er sich befindet, aber auch das Reinwaschen der Hände vom Blute der Ermordeten, so führt er auch sonderbare Zwangshandlungen aus, die deutlich beweisen, wie diese Abwehrhandlungen Kompromisse aus Versagen und Nachgeben sind. Er steckt den rechten Zeigefinger zwischen die gehöhlte linke Hand, fährt einige Male hin und her, dreht die Hand im Wasser auf sonderbare Weise. Überdies war er — denn er ist heute bereits geheilt — einem sonderbaren Waschzeremoniell unterworfen, das nach einem strengen Rituale eingehalten werden mußte und das sich ebenfalls durch die Analyse in seine ursprünglichen Wunschelemente auflösen ließ [1]).

---

[1]) Eine tiefere Wurzel jeder Vergiftungsangst geht auf die Bedeutung von Gift als Samen und Vergiftung als Gravidität. (Erweiterung der II. symbolischen Gleichung!) Einer meiner Patienten hatte die Befürchtung, durch das Wasser der Wanne, in das er onaniert hatte, könnte seine Schwester geschwängert werden. Auch bei Herrn Gino besteht diese Form der Angst. Die so verbreitete Syphilisangst hat Beziehungen zu diesen Komplexen. (Gift bedeutet auch Geld; Geld für Penis und in weiterer Beziehung für Liebe, siehe Anth. VI, S. 15. Die Bedeutung des Geldes als Ersatz und Symbol der Liebe ist sehr wichtig. So findet der Geiz der Analerotiker eine neue Begründung.)

Zum Schlusse noch ein kleines Beispiel. Ein Traum des Herrn Sigma (Vergleiche: 66, 67, 68, 69, 77, 78).

(92.) „Ich befinde mich auf einem freien Platze. Ich werde von diesem herausgedrängt oder festgehalten (?). Jedenfalls wird mir ein Zwang angetan, worüber ich mich nicht kränke."

Analyse: Der Träumer hat in einer oft bereuten Stunde einem Mädchen erklärt, daß er sie heiraten werde. Kurze Zeit nachher schrieb er ihr einen Absagebrief. Sie wollte sich das Leben nehmen. Daraufhin verlobte er sich ein zweites Mal. Kurze Zeit nach der zweiten Verlobung brach eine schwere Neurose aus. Dieser Stimmung gibt der kurze Traum Ausdruck. Der „freie Platz" ist seine Braut. Er hat um sie „gefreit"; und seine Erklärung ist ihm wider Willen „herausgeplatzt". Außerdem ist „freier Platz" hier auch eine Schmähung. Jeder andere wäre seiner Braut auch willkommen gewesen. Er hat einen gerade freien Platz eingenommen.

„Er wird herausgedrängt"! Das ist richtig. Seine Schwester drängte ihn dazu, die Verlobung aufzulösen. Ja — sie diktierte ihm sogar den Abschiedsbrief. „Oder festgehalten". Auch richtig. Seine Braut hält ihn fest und läßt ihn nicht locker. Sein psychischer Konflikt heißt: Ein armes Mädchen heiraten und sein Wort halten — oder frei sein und sein Wort brechen. Außerdem ein Kampf zweier Frauen um seine Liebe: Schwester und Braut. Was ist sein Wunsch? Er ist unselbständig. Er will zu einem Entschlusse gezwungen werden. Deshalb kränkt er sich nicht. Doch diese Verneinung ist die größte Heuchelei. Es soll ja heißen: Über diesen Zwang kränke ich mich unendlich. Der Affekt „des Nichtkränkens" ist die reine Wunscherfüllung. Wie schön ist sein Zweifel ausgedrückt! „Herausgedrängt" oder „Festgehalten" und schließlich noch ein Fragezeichen. Wer die früheren Analysen des Herrn Sigma gelesen hat, wird sofort verstehen, daß sich hinter dieser Fassade von Gleichgültigkeit ungeheure Affekte verbergen, Affekte, die den armen Zweifler zum Selbstmord drängen. So sehen die affektarmen Träume aus. In diesem Falle ist die Affektlosigkeit die Wunscherfüllung eines mit Affekten Überladenen.

Sehr häufig wundern sich die Träumer über irgend einen Traumvorgang. Analysieren wir so ein Beispiel. (Beta).

(93.) „Ich sah in der Weihburggasse Herrn Springer, der auf dem Kutschbock eines Fiakers saß, mit drei ungarischen Infanteristen reden. Einer hatte einen schwarzen Schnurrbart; die beiden anderen nur ganz kleine blonde Bärtchen. Ich wunderte mich über das Benehmen des Herrn Springer. Es kam mir ordinär und deklassierend vor."

Der Herr Springer stellt seinen Vater vor. Er wirft dem Vater seine Liebesabenteuer vor. (Springen — bespringen — begatten.) Der Wagen ist die Engländerin, mit der der Vater ein Verhältnis hatte. Doch wer sind die drei Infanteristen? Dem Träumer fällt das männliche Genitale, die sexuelle Dreieinigkeit ein. Der große mit dem schwarzen Schnurrbart ist der Penis, während die kleinen mit den blonden (eigelben!) Flaumbarte die Testikel symbolisieren. Der Vater hat sich zuviel mit seinem Genitale unterhalten.

Das ist der Gegenstand seines Wunderns. Doch aus der infantilen Periode fällt ihm noch ein früheres Erlebnis ein. Die ungarischen Soldaten mit den engen Hosen erinnern ihn daran, daß er einmal mit Puppen gespielt hat. Er untersuchte alle anatomisch und fand zu seinem Erstaunen kein Genitale. Nur glatte Gliedmaßen. Nirgends eine Öffnung. Dann sah er immer nach, wie die Puppen drinnen aussehen möchten. Er fand nur Sägespäne. Er kam zum Schlusse, Puppen und Frauen hätten kein Pipi. Darüber wunderte er sich sehr. Auch eine Ballettänzerin, die Abel, sah er in einem fleischfarbenen Trikot und rief erstaunt: „Die Abel hat kein Pipi". Diesen Ausspruch wiederholte er jahrelang. Die größte Schande war es für ihn, kein Pipi zu haben. Er hatte Rachephantasien, in denen er dem Papa das Pipi ausreißen wollte. Warum? Weil ihm der Vater mit dem Abschneiden gedroht hatte, da er immer die Hand unten hielt und mit dem Pipi spielte. Auch war seine Liebe zur Engländerin unendlich groß. Daher seine maßlose Eifersucht. Er wollte sich am Papa rächen und ihn entmannen. Die Folge dieser Erlebnisse und Phantasien war eine psychische Impotenz, die erst der Analyse gewichen ist. Das Wundern führt hier zu Wunde, die durch die Kastration gesetzt wird und zum Trauma, das wir an anderer Stelle ausführlich besprechen werden.

Man beachte die Beziehungen von Weihburggasse zu Weihrich. (Traum Nr. 87). Auch der Affekt des „Wunderns" ist nicht richtig. (Symbolische Gleichung der Affekte!) Er steht für den Affekt des Zornes und soll heißen: Ich ärgerte mich maßlos über das Benehmen des Herrn Springer. — —

Für die Kunst der Tıaumdeutung ist die Kenntnis der Affektverschiebung von der allergrößten Bedeutung. Affekte werden auf andere Personen verschoben, vielleicht um auf diese Weise leichter überwunden zu werden. Aber oft steht diese Affektverschiebung im Dienste des Gewissens und dient als Warnung und als Spiegelbild des eigenen Innern.

Ein polygamisch lebender Schriftsteller träumt:

(94.) Marta gesteht mir in etwas gleichgültigem Tone — wie eine psychologisch interessante Tatsache —, daß sie der Diener Franz besessen habe. Sie habe dabei an mich gedacht und die Augen geschlossen, was ihr die Täuschung ermöglicht habe. Unangenehm waren ihr seine rauhen Hände, die sie immer mit meinen feinen Händen verglichen habe. Franz habe ihr Vorwürfe gemacht, daß sie die Augen während des Verkehres geschlossen halte. Ich werde sehr eifersüchtig und mache ihr Vorwürfe. Hätte sie nicht einen Tag warten und sich beherrschen können?

Die Veranlassung zu diesem Traume ist folgende: Der Träumer ist verheiratet und hat ein Verhältnis mit einer anderen Frau (Marta), die er leidenschaftlich liebt und heiraten würde, wenn sie und er frei wären. Sie können selten zusammenkommen. Er hatte unendliche Sehnsucht nach ihr und war sehr leidenschaftlich erregt. In dieser Stimmung schlich er von der Seite seiner Frau, mit der er sehr selten verkehrt, weil es ihm keinen Genuß bereitet, zu dem Stubenmädchen. Er schloß die Augen und dachte an seine geliebte Marta. Die rauhen Hände der Magd genierten ihn. Er hatte keinen besonderen Genuß und schlich etwas beschämt in sein Schlafzimmer zurück. Er dachte in Reue an seine Geliebte, aber mit keinem Gedanken an seine Frau.

Im Traume findet sich kein Affekt der Reue und keiner der Beschämung. Im Gegenteil! Er verschiebt den Treubruch auf seine Geliebte und macht ihr Vorwürfe, fühlt sogar die Eifersucht, die sie fühlen müßte. Nun könnte man mit **Freud** glauben, es handle sich um eine einfache Wunscherfüllung. Diese Erklärung wäre zu billig. Der Traum ist ein Warnungstraum und ein Spiegeltraum. Er zeigt dem Träumer das Gemeine seines Benehmens an dem Beispiele seiner Geliebten. Der Traum besagt: Wäre es dir recht, wenn Marta so an dir handeln würde, wie du an ihr gehandelt hast. Du darfst nicht deine Augen schließen und gegen deine eigenen Fehler blind sein. Oder willst du den Balken im eigenen Auge nicht sehen und den Splitter im fremden tadeln? Er hatte sich vorgemacht, daß er den Koitus mit der Magd aus psychologischem Interesse ausgeführt hatte: Ihn interessierte der Ausdruck des Orgasmus und die Art der individuellen Verschiedenheiten der Frauen während und nach der Kohabitation. Jetzt zeigte ihm der Traum, wie er sich selbst belog und seine Sinnlichkeit durch allerlei psychologische Kunststücke zu entschuldigen trachtete.

Statt des Affektes der Reue trat der der Eifersucht auf. Er machte im Traume die Qualen durch, welche seine Geliebte durchmachen würde, wenn sie die grausame Wahrheit erfahren würde. Er liebte diese Frau über alles in der Welt. Die gleiche Liebe setzte er bei ihr voraus. Aber auch die gleiche Schwäche und ein leises Gefühl der Angst, sie könnte in ähnlichen Situationen straucheln, gab den Grundton an, über den sich die anderen Harmonien und Disharmonien aufbauten.

Ähnlich läßt Raimund im „Alpenkönig und Menschfeind" den Menschenfeind durch ein Spiegelbild zur Selbsterkenntnis seiner Schwächen kommen. Ähnlich läßt Grillparzer im „Der Traum, ein Leben" Rustan die Folgen seiner ungezügelten Leidenschaften im Traume erleben.

Wir sehen hier eine höhere Funktion des Traumes als Führer und Leiter zu einem höheren Leben. Wir sehen den Traum — im Gegensatz zur Anschauung von Freud — als Kämpfer gegen die Triebe und als Lenker des schwachen Ich in das Reich des Ethos.

In allen Fällen von unklaren Affekten haben wir nach einer solchen Affektverschiebung zu suchen. Die symbolische Gleichung der Affekte wird erst durch diese Tatsache verständlich. Hinter dem geträumten Affekte verbirgt sich oft ein anderer. Die Traumdeutung hat die Aufgabe, diese Affekte zu demaskieren und in dem dynamischen Kräftespiel des Traumes das X durch eine andere Größe zu ersetzen.

Die scheinbare Affektlosigkeit eines Traumes ist immer ein interessantes Problem. Manche Traume grauenvollen Inhaltes verlaufen ohne Affekt. Wie kommt das?

Ein grauenhafter Traum Freuds findet eine einfache Erklärung, welche die Affektlosigkeit verständlich macht.

„In dem Traume", sagt Freud, „von der sonderbaren Aufgabe, die mir der alte Brücke stellt, mein eigenes Becken zu präparieren, vermisse ich im Traume selbst das dazu gehörige Grauen. Dies ist nun Wunscherfüllung in mehr als einem Sinne. Die Präparation bedeutet die Selbstanalyse, die ich gleichsam durch die Veröffentlichung des Traumbuches vollziehe, die mir in Wirklichkeit so peinlich war, daß ich den Druck des bereitliegenden Manuskriptes um mehr als ein Jahr aufgeschoben habe. Es regt sich nun der Wunsch, daß ich mich über diese abhaltende Empfindung hinaussetzen möge, darum verspüre ich im Traume kein „Grauen". Das Grauen im anderen Sinne möchte ich auch gern vermissen; es graut bei mir schon ordentlich, und dies Grau der Haare mahnt mich gleichfalls, nicht länger zurückzuhalten. Wir wissen ja, daß am Schlusse des Traumes der Gedanke zur Darstellung durchdringt, ich würde es den Kindern überlassen müssen, in der schwierigen Wanderung ans Ziel zu kommen.“ (Traumdeutung S. 294.)

Auch die Affektlosigkeit in diesem Traume des Begründers der modernen Traumdeutungslehre soll eine Wunscherfüllung sein. Freud wollte sich über „die anhaltenden Empfindungen“ hinaussetzen.

So bestätigen selbst die affektlosen Träume den von mir aufgestellten Satz: Es gibt keinen Traum, hinter dem sich nicht mächtige Affekte verbergen. Das Phänomen, daß die Träume bewußt werden, hängt außer von der Tiefe des Schlafes von der Stärke der traumbildenden Affekte ab [1]).

XV.

Was die Tiere im Traume bedeuten.

„Jenes Tier, dessen Bedeutung mir am klarsten wurde ist der Hund. Ich weiß nicht, ob der Hund das Symbol des Verbrechers überhaupt ist; aber das Symbol eines Verbrechers ist er.“ *Otto Weininger.*

Unendlich häufig träumen die Menschen von Tieren. Schon die Kinder haben zahlreiche Tierträume und den Erwachsenen erscheinen verschiedene Tiere, die meistens — wie es schon der alte Schubert wußte — Leidenschaften bedeuten. Aber nicht immer. Manchmal haben die Tiere eine ganz besondere Bedeutung, die wir an einer Reihe von Analysen studieren wollen.

Zuerst ein eigener Traum. Er erzählt die Geschichte meiner unterdrückten Leidenschaften in grotesker Weise.

Aus einem früheren Traume (dem vom „zügellosen Leben“) war zu ersehen, daß ich mich in meinen unbewußten Gedanken häufig mit einem Zugpferd identifiziere. Eine Symbolik, die überaus häufig ist, wie ja Pferde in Träumen ungemein häufig vorkommen. Bald als sexuelles Symbol (reiten als begatten), bald als Symbol eines eingespannten, eine Last ziehenden Tieres.

Sehen wir uns einen solchen Tiertraum etwas näher an. Es wird sich zeigen, welch tiefer Sinn in all diesem Unsinne steckt und wie mächtig die sexuellen Begierden die Traumgebilde beeinflussen.

Mein „Traum von den wilden Tieren“ lautet:

(95.) „Ich bin in einem großen Saale. Auf einem Podium produziert sich ein Doppelwesen nach Art der Zentauren — halb Pferd und halb Wolf oder Tiger. Ich stehe beim Eingang des Saales, weil ich fürchte, er könnte entkommen. Richtig löst sich der Tiger vom Pferde und springt mit großen Sätzen auf die Türe los. Schon bin ich hinten und riegle sie zu.

---

[1]) Auch P. Meunier und R. Masselon (Les rêves et leur interprétation. Blend et Cie., Paris 1910) kommen zu ähnlichen Schlüssen: „La logique des rêves est entièrement affective.“ Referat von Maeder im Zentralbl. f. Psychoanalyse. 1910. Heft I/II.)

Nach einer Weile trete ich ein. Im Saale herrscht großes Entsetzen. **Krafft-Ebing**, der Löwenbändiger, eilt hin und her. Ein Mensch mit zwei Kindern steht zitternd in der Mitte des Saales. Vom Turme ertönen warnende Trompetensignale."

Wie sinnlos und verworren erscheinen diese Traumgespinste! Sehen wir uns das Gespinst näher an und verfolgen wir die feinen Fäden des Zusammenhanges mit dem Tage. Der Traum knüpft an ein erregtes Gespräch über den Roman von **Zola** „La bête humaine" an. Wir hatten tagsvorher darüber diskutiert. Ich vertrat die Ansicht, daß in jedem Menschen Pathologisches schlummere, daß keiner die Bestie ganz in seiner Gewalt habe. Ich meinte nur, das Zugpferd käme gewöhnlich nicht zum Bewußtsein, daß es sich in einen Tiger verwandeln könne. In zwei Teile gespalten, bin ich im Traum der Beobachter meines pathologischen Ichs! Ich sehe mich als Wolf und Tiger, riegle aber mittlerweile die Türe zu. Sie müssen im Innern bleiben, sie dürfen mir nicht entkommen die wilden Triebe. Oh, wie groß bin ich in diesem Traume! **Krafft-Ebing**, der größte Kenner der Sexualpathologie, läuft im Saale ratlos hin und her. Ich — habe die Bestien in meiner Gewalt. Der zitternde Mensch mit den zwei Kindern ist eine feine Anspielung auf mich als Familienvater, eine objektivierte tragische Figur, die einen anderen Teil meiner Gefühle repräsentiert. Die Trompetensignale sind genau die Signale aus Fidelio. Die Gattentreue triumphiert über den größten Tyrannen des Menschen, seinen wildesten Trieb.

Dieser Traum ist eine sinnreiche Wunscherfüllung. Er enthält viele befriedigte Wünsche, Größenwahn, Kraft der Selbstbeherrschung; ja ein Muster bin ich für andere. Ich warne sie mit schmetternden Fideliosignalen. Doch auch das kleinmütige Ich kommt in dem zitternden Mann zum bildlichen Ausdruck.

Hören wir den weiteren Verlauf des Traumes:

(96.) „Es folgt eine Pause, die ich unmöglich ausfüllen kann. Sie ist meinem Gedächtnis total entschwunden. Plötzlich finde ich den Faden wieder. Ich bin in einer kleinen Scheune und spiele Klavier; dadurch wird der wütende Dr. N., der einer Anstalt entsprungen ist, gegen meinen Willen auf mich aufmerksam. Er sagt: „Das kann nur Dr. S. sein. So spielen kann nur er. Ich erkenne ihn am Anschlag." Ich spreche mit Dr. N., zittere aber, da ich weiß, daß er wütend und einer Anstalt entsprungen ist. Er versichert, daß er gesund sei; er werde sich von einem Arzte, vielleicht von seinem Chef, Professor **Krafft-Ebing**, ein Zeugnis geben lassen, daß er keine Rabies (Hundswut) habe. Vorläufig will er sich verstecken. Ich rate ihm die Täler und Berge im Kamptale an . . . Bevor ich Dr. N. verlasse, löse ich mir von der Hand einige Schuppen. Ich denke: „Nur ein Ekzem." Dr. N. reibt sich den ganzen mageren, erbärmlichen Körper. Die Schuppen fallen in Massen: „Pemphikus!"

Der zweite Teil meines Traumes erfüllt einige stille Herzenswünsche. Ich bin ein leidenschaftlicher Klavierspieler. Mein Kollege N., der mir einige unangenehme Stücklein aufgeführt hat und einer meiner größten Konkurrenten in der Praxis war [1]), ist auch ein sehr guter Klavierspieler.

[1]) Der Traum ist schon im Jahre 1902 geträumt worden, da ich noch praktischer Arzt war.

Trotzdem anerkennt er im Traume meine Superiorität. Aber ich bin in jeder Hinsicht höher stehend. Ich kann meine Bestie bändigen (vgl. den ersten Teil des Traumes). Kollege N. ist ihr ganz verfallen. Er hat — Hundswut, — er ist ein wütendes Tier. Wie lächerlich! Krafft-Ebing, der ja ratlos hin und her lief, soll ihm helfen. Nein, der Mann ist verloren. Ich bin einen lästigen Konkurrenten los. Überdies lasse ich ihn noch an der schwersten Hautkrankheit (Pemphikus) erkranken. Sie führt in der Mehrzahl der Fälle zum Tode Kollege N. ist ein bekannter Don Juan. Sein Schicksal soll mir als warnendes Beispiel dienen.

Etwas rätselhaft ist es mir noch, warum ich ihm gerade die Täler und Berge im Kamptale anrate. Auch das erklärt sich in der Analyse des Traumes. Mir ist daselbst ein Patient gestorben. So muß doch der verhaßte Dr. N. hinkommen. Ich habe seit Jahren daselbst keine Kranken mehr. Er kann mir dort nicht gefährlich werden. Das Kamptal ist mit großer Schlauheit gewählt.

Natürlich hat das Klavierspielen und der Anschlag [1]) noch eine zweite Bedeutung. Ich bin hier ein größerer Don Juan und in der „ars amandi" ihm überlegen. Auch lasse ich N. (der eine schwere Gonorrhöe überstanden hat) noch an Lues erkranken, für die hier die Rabies angesetzt ist. In diesem Dr. N. stellt mir der Traum ein schreckliches Beispiel vor die Augen! So wird es dir gehen, wenn du deine Leidenschaften nicht hinter Schloß und Riegel [2]) hältst.

Nun zum Kamptal. Dorthin habe ich mit meiner Braut einen Ausflug gemacht. Sie wurde damals plötzlich blaß, fühlte sich äußerst matt und sah erbärmlich aus. Hier taucht der Traum in die untersten Tiefen des Bewußtseins und holt die Todeswünsche empor, die keinem Menschen fehlen, von deren Verbreitung wir uns keine Vorstellung machen können.

Eine bekannte Dame und ein Vetter sind am Pemphikus gestorben. Hinter dem Kollegen N. verbirgt sich ein anderer Kollege — meine Frau. Während ich nur ein Ekzem akquiriere, hat sie Pemphikus, Rabies, ist in eine Anstalt eingesperrt, steht in Beobachtung von Krafft-Ebing... Eine nette Auswahl von abscheulichen Wünschen.

Die Schuppen, die ich mir löse, sind die Schuppen, die mir von den Augen fallen. Wozu hast du die Ehe nötig gehabt? Könntest du nicht in vollen Zügen deine Freiheit genießen, wenn du ein freier Mensch wärest?

Daß ich dabei mit den körperlichen Reizen meiner Frau grausam und ungerecht vorgehe (magerer, erbärmlicher Körper), nur nebenbei...

Doch der Traum hat ja eine Fortsetzung:

(97.) „Ich bin auf dem Platze vor dem Rathause in Cz. Der Kaiser und eine Dame fahren vor. Der Kaiser trägt eine hechtgraue Uniform. Am Platze sind viele wilde Tiere, Löwen. Ich habe keine besondere Angst! Von einem Wagen (ohne Pferde) aus verfolge ich gespannt die Bewegungen der Tiere. Man rät, die Löwen nicht freundlich, sondern ernst anzusehen. Überhaupt beißen wilde Tiere nicht, ohne gereizt zu werden. Frau Dr. St. läßt mich ihr Pferd besteigen, auf dem man Pianino spielen kann. Ich bezweifle das. Sie will das Pianino sofort

[1]) Klavierspielen in der Bedeutung von Onanieren. Anschlag und Ausschlag führen über Pemphikus zu Lues und ihrer Folgekrankheit: „Progressive Paralyse". Dahinter steckt die Angst, die ihfantile Onanie könne Geistesschwäche verursachen.

[2]) Schloß = vagina; Riegel = penis (Anthop. III. S. 4001).

bringen. Währenddessen eile ich mit den Pferden davon, froh, die Löwen los zu werden. Ich denke: das Pferd werden sie nicht einholen. Es kitzelt mich etwas am Fuß. Ein kleiner Hund."

Hier schließt der Traum.

Der Traum verläßt die Gegenwart und wendet sich ins Infantile. Ich bin in meiner Heimat, wo ich meine Jugend verbracht habe. Der Vater und die Mutter (Kaiser und Dame) erscheinen. Verschiedene Szenen aus dem Eheleben meiner Eltern tauchen in mir auf. „Ich habe keine besondere Angst". Das stimmt. Ich habe weder als Kind noch als Erwachsener unter Angstzuständen gelitten, allerdings auch sehr wenige von meinen erotischen Gedanken verdrängt. „Von einem Wagen (ohne Pferde) verfolge ich gespannt die Bewegungen der Tiere". — Auch das ist richtig. Es handelt sich um meinen Kinderwagen, von dem aus ich alles gesehen habe. „Man rät die Löwen nicht freundlich, sondern ernst anzusehen". Eine Warnung! Sei mit gewissen Leuten (Fr. Dr. St.!) nicht zu freundlich. Spiele nicht mit dem Feuer und den wilden Leidenschaften.

Ein Pferd, das zugleich ein Pianino ist, kann nur eine Frau sein, auf der man reiten und mit der man spielen kann. Eine Verdichtung zweier Symbole zu einem einheitlichen Gebilde. Ich rette mich vor dieser Potiphar (der Frau Dr. St., die merkwürdigerweise eine schöne alte Frau ist — Gerontophilie? — Mutter?) durch die Ehe (das Zugpferd!).

Die großen Leidenschaften bin ich los geworden. Die kleinen können mich noch beißen.... Der Hund kitzelt mich am Fuße.

Das ist mir manchmal beim Radfahren passiert. Da springen die Hunde empor und kommen an die Füße an. Wie im „Traume vom Zuckerbäcker" (Nr. 31) schließt der Traum mit einer Reise ins Jugendland. Doch durch den ganzen Traum zieht wie ein Eudämonium eine warnende Stimme: Sei deiner Gattin treu (Fidelio!) und sei deinen Leidenschaften gegenüber nicht nachsichtig. („Man rät die Löwen nicht ernst, sondern freundlich anzusehen.") Reize die wilde Bestie nicht — du kannst sonst auf den Hund kommen! Soll das der Hund sein, der meine Ferse kitzelt? Ich kenne leider die Bedeutung dieses Symbols nicht genau[1]). (Der Biß der Schlange als Symbol der Sünde?)

Der Traum ist ein deutlicher Warnungstraum und spricht die Stimme meines Gewissens.

Hunde, die den Fuß, die Ferse beißen, sind außerordentlich häufig. Sie stellen vielleicht eine Angst vor Infektionen dar. Die Rabies steht für die sexuelle Infektion....doch ich werde nicht gebissen, nur gekitzelt. Hier mündet der Traum in homosexuelle Phantasien, die auszuführen mir hier unmöglich ist.

Wie niedlich träumt Herr Omikron von einem Bären!

(98.) „Ich war in meiner Heimat. Meine Familie hatte dort einen toten Bären aufbewahrt. Sein Kopf war aus Holz und aus dem Bauche wuchs ein mächtigerBaum, der uralt aussah. Um den Hals hatte das Tier eine Kette. Ich zog an derselben, fürchtete aber nachher, daß ich ihn vielleicht erwürgt habe, trotzdem er längst tot war."

---

[1]) Diese Situation — ein Hund den Träumer in den Fuß beißend — kommt sehr oft vor. Ich habe sie zahllos gefunden. Es ist die Warnung vor den tierischen Leidenschaften, die Angst vor Infektionen und vielleicht ein dunkler Rest der Kastrationsangst.

Der Bär ist ein Brummbär, der ihm einst manchen Bären über die Entstehung der Kinder aufgebunden — sein Vater. Er schmäht ihn deshalb. Er war töricht, er hatte einen hölzernen Kopf. Der mächtige Baum ist der Phallus. Die Kette ist die Ehe. Er war auch ein Pantoffelmann, ein gezähmter Bär. Mutter hielt ihn an der Kette. Diese Kette (das Band der Ehe) wollte Omikron zerreißen. (Inzestgedanken!)

Als der Vater starb, hielt er die Hand vor seinen Mund, um sich zu überzeugen, ob er noch atme. Dann verfolgten ihn Zwangsvorstellungen, er habe den Vater getötet. Im Traume tauchen dieselben Vorwürfe auf. Wir erkennen, wie mächtig seine Mordimpulse waren. Seine Vorwürfe sind berechtigt. Denn er hatte unzählige Todeswünsche, die sein teuerstes Haupt umkreisten. Er war an den Vater fixiert, an ihn gekettet, jetzt hält ihn das Schuldbewußtsein.

In weiterer Bedeutung ist der Bär seine eigene tierische Leidenschaft. Er wünscht sie zu überwinden und möchte sie behalten. — —

Ich will jetzt einen Tiertraum einer Dame analysieren:

(99.) „Ich habe zwei kleine Hunde gehabt, einen braunen und einen gelben. Beide sind durch das unmögliche Loch eines Brettes verschwunden. Ich habe mich darüber sehr gewundert."

Analyse: Die Dame verehrt zwei Männer; der eine hat einen braunen Hund, der andere einen gelben. Der erstere hat eine Frau, die ein schweres Frauenleiden hat (unmögliches Loch) und darf mit ihr keinen Verkehr haben. Der zweite hat einen gelben Hund. Der erste ist ihr Geliebter. Der zweite hat eine zarte magere Frau [Brett[1]) auch sonst ein beliebtes Symbol für eine Frau.] Sie möchte den zweiten auch erobern. Sie wundert sich, daß er sich mit so einem Brett begnügt.

Ihr fällt in der Analyse der Vers ein: „Gar manche junge Mädchenbrust — du wie ein Brettchen finden mußt." Sie ist sehr fesch, von üppigen Formen. Da beide Hunde durch dasselbe Loch springen, erfüllt sich ihr Wunsch nach beiden Männern. Der zweite ist seiner Frau treu und offenbar schwer zu verführen (unmöglich!). Der Hund dient hier als Symbol des Herrn. Eigentlich ist er der Penis. Auch das Pferd kann einen großen Penis und mächtige Potenz symbolisieren, ebenso wie der Stier, der Hahn und der Bock.

Der Hund ist auch ein Symbol der Schamlosigkeit. Er ist eigentlich das schamloseste Tier. Er verrichtet seine Notdurft auf der Straße, zeigt deutliche homosexuelle Instinkte und absolviert auch im Gegensatz zu anderen Tieren — seine Liebesaffären auf der Straße (Dirnenphantasie). Er ist ein riechendes, leckendes Tier. In allen diesen Eigenschaften kommt er im Traume vor.

Ein anderer Hundetraum (Theta):

(100.) „Ich liege und ein neben mir liegender Hund schnuppert mir an Gesicht und Händen, zeitweise als ob er spielen, zeitweise als ob er beißen wollte. Ich rufe nach seinem unweit von mir rückwärts befindlichen Herrn und erwache."

Wiederholung einer des öfteren vorkommenden Situation. Der Träumer liegt bei der Psychanalyse am Kanapee und mein Hund, dem

---

[1]) Bretteln = coire (Anthrop. II. S. 252). Holz sehr häufig für Fleisch (z. B. Tisch, Bett, Brett, Stock, Baum usw.). Holz für den Penis (Anthrop. II. S. 263). „Eine Fuhre Süßholz" im Berliner Dialekt eine Dirne. Vgl. ferner „Süßholzraspeln". Ob das Brennen des Holzes das Tertium comparationis abgibt?

er immer Zucker mitbringt, schnuppert an ihm herum. Er zeigt die ersten Stadien jener Neigung (Übertragung), die die in der Psychanalyse behandelten Patienten zu ihrem Arzt fassen.

Der Hund ist hier das Symbol für seinen Herrn. Ich soll mit ihm zärtlich sein und ihn nicht rauh anfassen. Bisher sagte ich ihm ziemlich belanglose Dinge. Jetzt fange ich zu „beißen" an. Ich komme auf tiefverborgene, ängstlich gehütete, ihm peinliche Geheimnisse. Ferner: Er ist ein Sadist und hat schon als Kind gebissen. „Nicht beißen!" war ein Ruf, den er von seinem Vater des öfteren gehört hatte.

Andererseits symbolisiert der gelbe Hund eine blonde Dame, seine Schwägerin. Er ruft mich zu Hilfe im Kampfe gegen seine Instinkte. Bisher hat er mit ihr nur gespielt. Sie könnte „beißen". Er ruft ihren Mann (seinen Bruder), der an Jahren und Rang hinter ihm steht (rückwärts) zu Hilfe. Er solle den Hund entfernen.

Außerdem Anspielungen auf seine perversen Neigungen, wie Fellatio, Kunnilingus usw.

Er hat immer Angst vor tollen Hunden gehabt. Sie könnten ihn beißen. Er leidet auch an Angst vor Wahnsinn. Beides zeigt seine Angst vor seinen wilden Trieben. Die könnten ihn seiner Vernunft berauben. Auch hinter dieser Angst lauert ein leiser Wunsch. Wahnsinnigen verzeiht das Gesetz die schrecklichsten Verbrechen. Sie können nichts dafür.....

Der Wahnsinn wäre hier also als ein Mittel zur Erreichung des Zieles aufzufassen. Er hat auch den typischen Hundetraum, daß ihn ein Hund in die Füße beißt, während er zu Pferde sitzt. Also Angst vor Infektionen. Von Hunden holt man sich Flöhe. Seine erste Infektion war Phthyrius pubis. Das erkannte er am „Beißen".

Wenden wir uns weiteren Hundeträumen zu, die wieder eine andere Bedeutung haben. Herr L. P. bringt mir eine Reihe von Hundeträumen, von denen ich hier einige mitteilen will.

(101.) „1. Ich schlug den Hund, bis die Peitsche kaput gegangen ist."

(102.) „2. Ich träumte, ich komme hinaus mit der Peitsche und schlage den Hund. Er war an eine Kette angebunden. Am Halsband war nicht der Hund, sondern eine blutige Maske, als wenn er skalpiert wäre. Der Hund lag daneben."

(103.) „3. Mein Hund hatte schmutzig gemacht. Draußen finde ich den Skalp meines Hundes. Neben dem Skalp lag der Hund mit einem viel kleineren behaarten Kopf. Da hatte ich ein solches Mitleid, daß mir die Peitsche aus der Hand fiel."

(104.) „Ferner: 4. Mein Hund begegnete einem andern weißen Hund. Während des Raufens wurden die Maulkörbe abgestreift, so daß sie am Halse hängen. Ich hatte Angst, daß einer den andern stark beißen wird."

Und der letzte Traum:

(105.) „5. Mein Hund war mit einem Spitz beisammen. Beide haben sich sehr gut miteinander vertragen. Da kam die Hausfrau mit einem Staubwedel und fürchtete, daß sie sich beißen würden und drohte ihnen. Ich sagte, daß sie sich nicht fürchten soll, sie werden sich nichts tun, sie haben sich schon aneinander gewöhnt."

Dieser Patient träumte fast jede Nacht von seinem Hunde, einer riesigen, häßlichen Bulldogge. Sehr häufig träumte er, daß er sie schlug, was ja seinen sadistischen Neigungen entsprechen würde. Allein, es handelt sich hier um die infantile sadistische Auffassung des Geschlechtsaktes. Er hatte als Kind bei seinem Onkel einen Koitus belauscht und geglaubt, daß die beiden Menschen miteinander raufen. Er sagte seinem Onkel: „Du, ich werde der Mama sagen, daß du die Tante immer herumhaust, wenn sie weggeht!"

Wir müssen hier hinter seinen sadistischen Motiven des Traumes ähnliche Regungen suchen. In der Tat! Er gesteht, daß er als Knabe einen Hund besaß, den er abgerichtet hatte, ihn zu lecken. Das wurde vom 12. bis zum 16. Lebensjahre fortgesetzt.

Jetzt verstehen wir die große Bedeutung des Hundes für diesen Träumer. Der Hund soll ihm eine Geliebte ersetzen. Er leidet an Angst vor Infektionen und moralischem Katzenjammer, wenn er zu einer Dirne geht. Sein geheimer Wunsch geht nach einer Fellatio. Jetzt ist seine stärkste Perversion die Sodomie mit seinem Hunde. (Zoophilie!)

Die Analyse ergibt folgende Bedeutungen. Traum 1. Der Hund soll ihn lecken, bis der Penis (die Peitsche) zusammenfällt.

Traum 2. Hier wird der eine Hund, den er für seine Sünden schlagen will, sein eigener Penis. Die Vorhaut soll hinunter gehen, so daß man die Glans (blutiger Kopf; Vorhaut herunterziehen = skalpieren) sieht. Sein Hund soll daneben liegen, d. h. er soll daran lecken.

Traum 3. Dieselbe Bedeutung. Der Affekt des Mitleides maskiert die große Liebe zum Hunde [1]).

Traum 4. Der eine Hund (der weiße!) sein Penis; der andere seine Bulldogge. Maulkorb = Präputium. Hier bricht die Angst durch, der Hund könnte ihn beißen, d. i. lecken oder beim Lecken beißen (Gewissensbisse!). Die unterdrückte Libido ist in Angst verwandelt.

Traum 5. Sein Penis ist wieder ein Hund und zwar ein Spitz. Die Hausfrau (er selber!) mit dem Staubwedel (Wedel, deutscher Ausdruck für Schwanz; Staubwedel = Penis) die moralische Komponente seines Ichs, die sich vor dem „Beißen" fürchtet. Die unmoralische Komponente im Traume (das unbewußte Ich) im Gegensatze zur Hemmung des Bewußtseins beruhigt die Skrupeln durch den Hinweis, es werde zu nichts kommen. Er habe sich schon an seinen Hund gewöhnt.

Endlich sind alle diese Träume homosexuelle Träume. Die Hunde stehen für andere Männer. Der „Spitz" für einen fremden Penis, dem er die Vorhaut herunterzieht. Sein Sinn ging danach, einem anderen Manne einen herunterzureißen (Erinnerungen früher infantiler Begebenheiten).

In diesen Träumen ist der Hund ausnahmsweise selber ein Sexualobjekt und steht auch für einen Mann. Die Liebe zum Hunde soll seine starke homosexuelle Komponente decken. Im Vergleiche mit den „wilden Tieren" stellen die Hunde eine harmlosere Form des Sexuallebens dar.

Deutlich verrät sich die pathologische Zoophilie in allen diesen Träumen.

Den Charakter der Schmähung zeigt folgender Tiertraum:

(106.) „Ich saß vor einem Wirtshaus, als mit einmal zwei zottige, ungeheuere, fast eselgroße Hunde, die sich von ihrem Karren, dem

---

[1]) Symbolische Gleichung der Affekte. Mitleid für Verlangen.

sie vorgespannt sind, in toller Brunst losrissen, sich zu paaren trachteten, was ringsum bei den Umstehenden das lebhafteste Aufsehen erregte, um so mehr, als der Begatter in spe im Verhältnis zum weiblichen Tier lächerlich klein war und zum Ziele seiner Wünsche kaum hinauflangen konnte. Allgemein schallendes Gelächter."

Nachtrag:

„Die Hunde waren zottig, schottischen Schäferhunden ähnlich, mit eselartigem, gleichwohl schönem ausdrucksvollen Kopf und Blick, wie man ihn an asiatischen Eseln findet. Dem ungestümen Andrängen des kleinen, der schnuppernd nach Hundeart, unter den Beinen der Hündin herumläuft, sich an ihr reibt, wiederholt vergebliche Besprungversuche unternimmt, da dies aber immer wieder mißlingt, bösartig wird und zu beißen droht, wird nur dadurch Einhalt getan, daß sich einige Männer auf das kleinere Tier stürzen, es zu Boden werfen, an Füßen binden und so lange festhalten, bis das weibliche Tier längst wieder an den Karren geschirrt ist, und davon läuft."

Analyse: Sehr einfacher, durchsichtiger Rachetraum eines Zwangsneurotikers, der seine Mutter tief verehrt und den Vater ebenso haßt als verachtet. Der Vater ist das männliche Tier, klein, zottig und dumm (eselartiger Hund!). Zwei Tiere vor einem Karren bedeuten die Ehegatten. Der Vater ist in Wirklichkeit kleiner als die schlanke, große Mutter. Als Knabe hat er wiederholt den Koitus der Eltern belauscht. (Schäferhunde = Schäferstunden; asiatische Esel [1]) = Orientalen = sinnliche Menschen.)

Die Szene schließt im Sinne einer eklatanten Wunscherfüllung mit der Überwältigung des Vaters und dem Davonlaufen der Mutter.

Doch auch eine starke masochistische Triebregung kommt in diesem Traume auf ihre Kosten. Er ist der kleine Hund, der sich mit dem Vater identifiziert und sich auf die große Hündin stürzt. Er litt als Knabe an Wutanfällen, während denen er von den Erwachsenen gebändigt wurde. Dieses Bändigen war mit großer Libido verbunden. Er möchte dieselbe Situation wieder erleben: Die tiefste Schmach, die Vergewaltigung, das Verlachen durch die Umstehenden und die Geliebte, die man ziehen lassen muß, ohne sie berührt zu haben.

Das zottige Fell geht auf die Behaarung der Erwachsenen.

Nun wollen wir einen kleinen Spaziergang durch die Tierwelt als Vertreter des Phallus machen. Die Träume sind unendlich häufig. Ich könnte ein Buch damit füllen. Beginnen wir:

(107.) „Während der Transferierung mußte ich die Vögel einpacken. Damit hatte ich große Mühe, weil sie sich nicht so gut unterbringen ließen. Einer flog davon und wie ich ihn eingefangen habe, war er viel größer als vorher, so daß ich ihn mit Mühe durch das enge Türchen in den Bauer zwängte. Da war der alte Vogel noch drinnen. Das hat mich sehr beruhigt, daß der noch dort ist. Zum Schluß waren sie alle doch beisammen. Ich suchte noch drei frische Vögel. Die waren in Nestern unter Holzwolle samt den Eiern versteckt. Endlich waren sie beisammen."

---

[1]) „Das männliche Glied erscheint dem Volke bald als ein Esel, bald als ein geiler Bock, bald als der leibhaftige Hosenteufel; das weibliche bald als Maus, bald als Schwein, bald als Muschel." Kleinpaul, Das Leben der Sprache. III. S. 164.

Analyse: Traum einer neurotischen Dame, die offenbar schwer unter der Monogamie leidet, welche hier vom „alten Vogel“ [1]) repräsentiert wird. Sehr durchsichtige Symbolik. Sie sucht einen Vogel, der so groß ist, daß er kaum in das enge Türchen hineingeht. Wenn's nur der eine wäre! Sie sucht einen ganzen männlichen Harem. Auch auf drei Ehemänner, die in warmen „Nestern“ sitzen, hat sie ein heißes Verlangen und hebt sie aus. Die Dreizahl, wie immer, zur Symbolisierung des männlichen Genitales verwendet (Penis + 2 Hoden). Dabei die Beruhigung, daß sie wenigstens einen, ihren Mann, sicher hat. („Das hat mich sehr beruhigt, daß der alte Vogel noch dort ist“.) Sonst ist sie in ständiger Transferierung ihrer Begierden..... Sie ist Frau eines Militärs und hat schon viele Transferierungen durchgemacht. „Einpacken“ sehr häufiges Symbol für sich etwas hineinstecken lassen. Hier sind es die „Vögel“, die eingepackt werden sollen. (Sie übersetzt übrigens geistreicherweise die Transferierung mit „Übertragung“, einen Ausdruck, den sie bei mir gelernt hat.)

Ein anderer Traum dieser Dame:

(108.) „Der große Künstler Sauer ist gemordet worden von irgend einem Schüler! Ich bin zu Grünfeld gegangen, um mit ihm darüber zu sprechen. Wie ich das Vorzimmer passiert habe, bevor ich zu ihm gekommen bin, hat sich etwas am Boden Liegendes bewegt. Ich habe es für einen Dackel gehalten. Plötzlich habe ich es bemerkt, daß es eine grausliche, schwarze, gefleckte, ekelhafte, riesige Schlange war, die mich bedrohte. Ich habe so einen Ekel und Entsetzen empfunden, daß ich laut aufgeschrien habe. Da ist der Meister Grünfeld herausgekommen und hat mich beruhigt. Er sagte: „Das ist ja nur ein Dackel, nicht eine Schlange.“ Da war es wirklich nur ein Dackel. Dann erzählte er mir, daß seine Tante nicht zu Hause wäre, da sie ein Verhältnis mit einem jungen Studenten habe. Darüber habe ich mich nicht genug wundern können und habe ihm gleich den Mord des Sauer erzählt. Darüber hat er sich sehr gewundert. Wir haben hin und her geraten, wer der Mörder sein könnte, ob der Felix Weingartner oder der Paul Weingarten oder der Weinwurm. Die drei standen im Verdacht.“

Analyse: Es handelt sich um eine neurotische Klavierspielerin, die sich in alle großen Künstler, besonders Musiker verliebt. Ihr Mann macht ihr das Leben sauer. Er muß aus dem Wege geräumt werden. Sie hat Tagesphantasien, wo sie sich die Vergiftung des Mannes mit allen Details ausmalt. Die Lieblingsphantasie ist ein vergifteter Becher Weines. (Weingärtner, Wein-wurm, Wein-garten.) Dann wäre sie frei und könnte allen Meistern nachlaufen. (Sauer, Grünfeld, Weingartner, Weingarten usw.) Die Hindernisse räumt sie in diesem Traume aus dem Wege. Die gesetzte ernste Tante des Künstlers Grünfeld wird zu einem leichtsinnigen Geschöpf umgewandelt, die mit einem Studenten angebandelt hat. Ein aufmunterndes Beispiel für sie und den Künstler und....der Weg

[1]) Der Vogel ist in allen Sprachen der Welt der Penis. Daher das gebräuchlichste Wort für den Geschlechtsakt: Vögeln. Auch der Vogelhändler in der Zauberflöte (Papageno) ist ein Penis: Ein zeugender Papa. Das Vöglein singt = Koitus; das Vöglein spricht = Ejaculatio (Anthop. I. S. 234). Vögel fangen = coire (Anthrop. II. S. 16). Der Phallus wurde früher bildlich dargestellt mit zwei Flügeln, zwei Hühnerfüßen oder zwei Glöckchen (Anthop. III. S. 414). Das bekannte Bild von Kaulbach „Wer kauft Liebesgötter“ verwendet die Symbolik des Phallus mit Flügeln.

zum Meister ist ihr offen. Allein der Neigung zum Sexuellen (Dackel) steht der Ekel vor dem Sexuellen (Schlange) gegenüber. In diesem Falle sind Dackel und Schlange Membra. Die Größe des Membrum (Schlange = erigierter Penis), jagt ihr Angst und Grauen ein. Doch sie läßt sich beruhigen, besonders durch den Hinweis, daß auch die ernste Tante leichtsinnig ist.

Da die Träume vom Kanarienvogel, der nicht in den Käfig hineingeht, und dem Dackel, der eine riesige Schlange ist, von derselben Dame herrühren, können wir mit Recht schließen, daß sie mit den Dimensionen des ihr zur Verfügung stehenden „Vogels“ nicht zufrieden ist. Angsthysterische haben häufig die Phantasie eines gigantischen Phallus. (Vgl. ähnliche Träume in meinem Buche „Nervöse Angstzustände“.) Die Wirklichkeit enttäuscht diese Leute immer und der Traum läßt sie dann riesige Schlangen, kolossale Pyramiden, wiehernde Hengste, schreckliche Stiere, Ritter mit riesigen Lanzen usw. sehen und fühlen.

Die Schlange ist wohl das häufigste Penissymbol [1]), kann aber auch (vgl. S. 60) für das weibliche Genitale stehen, wie alle naßfeuchtenschlüpfrigen Tiere wie Kröten [2]), Frösche, Schnecken, Krebse. Nur der Fisch ist, vermöge seiner Gestalt und des „Schwanzes“ meistens phallisches Symbol. Doch vergesse man nicht, daß alle Symbole bisexuell gebraucht werden!

Kleinere behaarte Tiere symbolisieren den Haarwuchs des Genitales — besonders die Maus und bei stärkerer Ablehnung die Ratte, die des langen Schweifes halber einen deutlicheren bisexuellen Charakter hat. Die Ratte ist den Träumen oft ein Symbol der mann-männlichen Liebe.

Wie sonderbar die Tiere in Träumen zur sexuellen Symbolik verwendet werden, das erzählen uns die nächsten Träume. Die Assoziationen liegen ja so nahe. Jede sinnliche Leidenschaft wird als „tierisch“ stig-

---

[1]) „Die Schlange ist vielleicht das bekannteste Phallussymbol, das es überhaupt gibt. Dafür einige Belege: In Brasilien dürfen die Mädchen beim Herannahen der Pubertät nicht in den Wald gehen aus Furcht vor den verliebten Angriffen seitens der Schlange. In Port-Lincoln (S.-Australien) wird die Menstruation einem Bandiku (ob Schlange oder Eidechse?) zugeschrieben, der die Vagina kratzte, bis sie blutete. Bei den Chiriguanes von Bolivia liefen die alten Weiber beim Eintritt der Menstruation mit Stöcken umher und suchten die Schlange, die das Mädchen verletzt habe.“

„Die Bassutos in Südafrika lassen ihre jungen Mädchen um eine aus Lehm geformte Schlange tanzen. Die Suaheli-Frauen (Deutsch-Ostafrika) haben in ihrer eigenen Privatsprache das Wort Schlange für Penis. Im Berliner Museum für Völkerkunde befindet sich eine geschnitzte Holzfigur aus Neuguinea, die ein Weib darstellt, in dessen Vulva ein Krokodil seinen Schwanz einführt; bei einer anderen Figur kriecht ein schlangenähnliches Krokodil aus der Vulva; bei einer dritten eine kleine runde Schlange mit kleinem Kopf, dem Penis sehr ähnlich, am Eingang der Vagina. In den Märchen von Grimm haben wir einige, wo die Schlange die typische Rolle spielt, z. B. in einer Version des springenden singenden Löweneckerchen, wo das Sexualtier, je nach den Gegenden, eine Schlange, ein Rabe, Widder, blauer Vogel, ein Löwe, Bär (sogar ein goldener Stamm) ist“ (Maeder. Die Symbolik in Legenden, Märchen und Gebräuchen. Psych.-Neurolog. Woch. X. 6 u. 7). Vergleiche über dieses Thema auch das reiche Material, das Ricklin in seiner bekannten Schrift „Wunscherfüllung und Symbolik im Märchen“ bringt.

[2]) Die Kröte ist das Symbol der Gebärmutter, der Mutter in der Mutter. „Daher man bei wundertätigen Gnadenbildern unter Wachshänden und Wachsfüßen so häufig auch wächserne Kröten antrifft. Nach dem Volksglauben kriecht die kranke Gebärmutter als Kröte aus dem Munde heraus, um sich zu baden und kehrt zurück, während die Inhaberin schläft. Kleinpaul. (Das L. d. Sp. III. S. 164.)

matisiert. Sie muß sich dann in den Träumen durch das Bild der Tiere ähnlich charakterisieren.

Sehr häufig sind Träume von kleinen Insekten. Sie haben die verschiedenste Bedeutung. Besonders prägnant vertreten sie die Bedeutung von Vorwürfen. Aber auch andere Bedeutungen, die allerdings zugleich den biblischen Vorwurf der „Hurerei" in sich schließen.

Sehen wir uns einige solcher Insektenträume näher an.

Ein junges Mädchen träumt:

(109.) „Auf meinem Kopfkissen waren eine Wanze und zwei Flöhe. Die Wanze habe ich tot gemacht — da kam so viel Saft aus der Wanze heraus — weißer Saft. Die Flöhe habe ich in irgend etwas Weißes — war es das Nachthemd oder Kopfkissen? — eingeschlagen. Ich wollte sie so zerdrücken."

Rezenter Anlaß: Sie hat im Hotel eine Wanze gefunden und einen großen Ekel davor empfunden. Derselbe Ekel beherrscht sie dem Grobsexuellen gegenüber. Aber nur im bewußten Leben. Im Unbewußten nimmt sie einen Phallus (Wanze) mit seinen beiden Testikeln (2 Flöhe)[1]) und drückt sie an sich. Das erklärt den weißen „Saft" (Sperma). Wieder sehen wir die für das Genitale des Mannes cha akteristische Dreizahl: Ein größeres Tier und zwei kleinere. Das weiße Nachthemd vervollständigt die Situation. Die Wanze führt über eine Klangähnlichkeit zum Phallus. (Wanze, Schwanze, Schwanz; übrigens wird der Phallus häufig „Wonz" genannt. Derselbe Klang läßt die Zahl 20 im Deutschen als Phallussymbol in Verwendung treten.)

Viel deutlicher ist ein anderer Wanzentraum einer anderen Patientin:

(110.) „Ich merke, daß aus einem anderen Zimmer eine große Wanze in mein Bett kriecht. Sie bewegt sich langsam vorwärts und wird immer größer und größer. An der Wand sehe ich ein kleines Loch. Ich dachte mir: Wie wird diese riesige Wanze in das kleine Loch hineinkommen? Dabei hebe ich meinen Unterrock auf und stand mit nacktem Unterkörper da, damit die Wanze nicht auf mein Kleid springen könne."

Wieder das Phänomen der Erektion. Alles, was wächst und größer wird, ist Erektion. Sie wünscht sich den Mann ihrer Freundin, einen sehr großen, starken, robusten Nachbarn. Er soll vom anderen (Frauen-) Zimmer zu ihr kommen. Nur eine bange Frage bewegt sie im Traume. Wird die Wanze für das kleine Loch nicht zu groß sein? Sie richtet auch die Toilette zum Empfang des unheimlichen Insektes. Der letzte Satz „damit die Wanze nicht auf mein Kleid springen könne" dient der Traumentstellung und ist „Rationalisierung" ihrer unanständigen Gebärde durch anständige Motive.

Ein Spinnentraum eines Mädchens mit gleicher Bedeutung:

(111.) „Ich sah eine Spinne — riesengroß — mit langen Beinen wie wir sie Schneider nennen. — Ich meinte, es wäre ein Kreuz darauf gewesen. Sie war grauenhaft — entsetzlich groß. Einen Meter lang. Dann nahm ich den inneren Körper und machte Gemüse daraus — ich glaube Spinat — vielleicht weißes Gemüse — Stielgemüse — vielleicht Spargel?"

---

[1]) „Der Floh ist nach Kleinpaul ein männliches Symbol, weil er ein kühner Springer und ein Liebhaber von Weiberfleisch ist. Daher der Floh. „Der roch nach einem Maskulinum." (L. d. Sp. II. S. 483.)

Auch die Spinne ist ein Phallus, dessen innere Substanzen begehrt werden. Die Verwendung als Nahrungsmittel deutet auf die Phantasie einer Fellatio, wozu der Spargel [1]) besonders gut stimmen würde.

Analysieren wir kurz zwei andere Spinnen-Träume, die uns sonst keine interessanten Gesichtspunkte bieten:

(112.) „Ich sah eine Spinne auf einem großen Tisch, der mit einem Tischtuch bedeckt war.“

(113.) „Ich hatte ein kleines Tierchen in der Hand und setzte es ins Waschbecken; da erst sah ich, daß es eine Spinne war.“

Tisch = Bett. Tischtuch = Linnen. Die Spinne ist der Phallus. Das Waschbecken = Becken — steht für die Vulva.

(114.) „Ich hatte am linken Arm viele kleine Flöhe, ich verwunderte mich über die kleinen, aber einen großen fand ich nicht.

Die Träumerin sucht einen „großen“ ... Floh. Der Floh hier wieder als ein phallisches Symbol. Scheint doch Kleinpaul mit dem „Kühnen Springer“ Recht zu haben! Der kleine Floh ist keck und aggressiv. Die Träumerin ist von einem kleineren Bruder geliebt worden (Linker Arm!).

Diese Sammlung dürfte ja genügen. Andere Insekten dienen der Symbolisierung von Vorwürfen und Infektionen. Die Ansteckung wird durch kleine Tiere dargestellt. Ähnlich denkt sich ja das Volk die Mikroorganismen.

Einen sehr charakteristischen „Läusetraum“ mit durchsichtiger Bedeutung erzählt Sante de Sanctis in seinem bekannten Buche „Die Träume“ [2]). Er führt daselbst aus:

„Die Notwendigkeit, die Gefühle unabhängig von den sie begleitenden Phantasmen zu betrachten, hat sich mir durch eine zahllose Menge von Tatsachen aufgedrängt, die ich hier unmöglich einzeln behandeln kann. Einer meiner Freunde, ein mäßiger Träumer, hatte nach einer in schweren finanziellen Sorgen zurückgelegten Reise nachts einen langen peinlichen Traum:

(115.) „Er fühlte sich mit Läusen bedeckt und geriet in Verzweiflung, weil kein Mittel half, sich von ihnen zu befreien.“

Wie man sieht, war die peinliche Verstimmung geblieben, die Vorstellung war aber mit einer phantastischen vertauscht. Die Läuse traten an die Stelle der Gläubiger.“

Es ist ja gar nicht verwunderlich, daß die Tiere im Traume eine so große Rolle spielen. In der infantilen Periode zeigen die Menschen ungeheures Interesse für alle Tiere. Und welche wichtige Rolle spielen die Tiere in den Märchen! Dabei können die Tiere die wunderlichsten Bedeutungen haben. In den meisten Fällen erotische. Besonders die

---

[1]) Die Bedeutung der Gemüse gehen bei dieser Träumerin über „Samen“. Gemüse entstehen aus Samen. Daher enthält die Spinne Gemüse. Die Spinne als Phallussymbol scheint auch im Aberglauben lebendig zu sein. „Spinne am Abend, süß und labend.“ Noch verräterischer im Französischen: „Araignée au soir, bon espoir.“ Die Spinne spinnt „Fäden“ (Samenfäden!), das bestimmt wahrscheinlich die Symbolisierung. Der „Faden“ ein uraltes phallisches Symbol. In derselben Bedeutung: Zwirn, Leine, Strick, Band, Tau, Seil, Kabel, Schnur, Garn, Faser, Haar, Kette, Draht, Bandage, Schlinge, Riemen.

[2]) Carl Marhold, Halle a. S.

haarigen Tiere haben es der Phantasie des Menschen angetan, wie ja das Haar im Liebesleben eine noch immer unterschätzte Bedeutung hat.

Es handelt sich in Träumen von haarigen Tieren um Schambergphantasien. Die Behaarung des Mons veneris wird durch das Fell des Tieres ersetzt. Eine Katze ist ein haariges Tier mit einem Schwanz. Ebenso die Maus, die Ratte und der Hund [1]).

Ein Fischtraum eines jungen Mädchens [2]).

(116.) „Ich bekomme einen eigenen sehr schönen Fisch. Ich spiele mit ihm. Lege ihn ins Wasser und nehme ihn heraus Im Wasser stellt er immer den Kopf in die Tiefe und den Schwanz in die Höhe. Dann nehme ich den Fisch in den Mund und sauge ihm das Gehirn aus. Ich habe Lust, den Kopf nach russischer Sitte abzubeißen.“

Eine Analyse erscheint überflüssig. Koitus und Fellatiophantasie. Zum Schluß die gar nicht seltene Kastrationsphantasie durch Abbeißen.

Es folgt nun ein Insektentraum einer schwer neurotischen Jünglings.

Der Traum von der Kirche und dem Tempel.

(117.) „Ich befand mich bei einer Einsegnung in einer Kirche. Es waren außer mir noch viele von den Verwandten dort anwesend. Ich verließ noch vor den übrigen Anwesenden diese Kirche, weil ich mir bei einem in der Nähe sich befindlichen Kaufmannsladen ein Frühstück holen wollte. Einen Teil desselben hatte ich bereits verzehrt, als ich auf dem Reste dieser Speise, wie auch auf meinem Körper eine Menge kleiner Insekten sowie Ameisen wahrnahm, welche mir großen Ekel einflößten. Dann kam mir vor, als wäre ich in der Zeremonienhalle der israelitischen Abteilung auf dem Zentralfriedhofe, wo sich auch die bereits eingangs erwähnten Leute als Trauergäste eingefunden hatten, und wo der Kantor die rituellen Trauerchoräle vortrug. Um auf diese Kirche, was mir in dem Traum als das Lebhafteste erschien, zurückzukommen, so muß ich sagen, daß sie sehr weit und groß war und nur äußerst spärlich beleuchtet wurde. Der Mittelgang war sehr breit und gänzlich leer, während sich an den beiden Seiten kurze Bänke befanden.“

Nachtrag:

„Der Oberkantor fuhr mit dem Vater in einem Wagen hinaus. Das hörte ich von einer anderen Person draußen.“

Der Träumer hat ein Verhältnis mit einem Dienstmädchen. Sie ist groß und stark. Von ihren Reizen, die offenbar vielen Konkurrenten zugänglich sind, scheint er nicht entzückt zu sein. Man höre die Schilderung der Kirche, wo er eingesegnet wird: sehr weit und sehr groß, kein Feuer (äußerst spärlich beleuchtet), der Mittelgang sehr breit und leer. „An den beiden Seiten Bänke“ verrät seine Angstvorstellung. Er fürchtet, daß er ihr ein uneheliches Kind machen könnte (einen

---

[1]) Der schwarze Hund ist das Symbol des Bösen. Er charakterisiert den Teufel als Verführer (Faust).

[2]) Der Fisch gilt auch als das Symbol der Fruchtbarkeit (bisexuelle Verwendung!). Bei dem Kampfe zwischen Typhon und den Olympischen Göttern verwandelt sich die Venus in einen Karpfen. Dies heidnische Symbol wurde dann vom Christentum übernommen, in dem der Fisch und die Vesica piscis — die Fischblase — eine große Rolle spielen. Auch in anderen Sprachen ist der Fisch der Penis. Zum Beispiel: Italienisch pesce. (Anth. VII. S. 46.) Fischen = coire. Sehr verbreitet. Anth. VI. S. 123.)

Bankert). Sie hat schon zwei Kinder gehabt. Deshalb die Erweiterung des Mittelganges!

Was aber ist der Tempel? Im Gegensatze zum katholischen Dienstmädchen seine jüdische Mutter, bei der er so früh schon da war, von der er ein Stück ist (Frühstück im Kaufmannsladen).

Allein das Frühstück (eine Wurst, wie er nachträglich angibt) ist über und über mit Insekten, besonders Ameisen bedeckt, die herumkrabbeln.

Diese Tiere bedeuten Hausgenossen, aber auch Infektionen und in wichtigster Symbolisierung Vorwürfe. Die Hausgenossin ist das Dienstmädchen. Die Angst vor Infektionen [1]) gibt er auch zu. Doch wohin gehen die Vorwürfe? Darüber kann uns der Nachtrag belehren. Freud sagt mit Recht:

„Es kommt gar nicht selten vor, daß mitten in der Deutungsarbeit plötzlich ein ausgelassenes Stück des Traumes auftaucht, das als bisher vergessen bezeichnet wird. Dieser der Vergessenheit entrissene Traumteil ist nun jedesmal der wichtigste; er liegt auf dem kürzesten Wege zur Traumlösung und war darum dem Widerstand am meisten ausgesetzt.“ (Traumdeutung S. 319.)

Dies Stück, das ihm nachträglich einfällt, enthält die Lösung. Der Oberkantor fährt mit seinem Vater auf den Zentralfriedhof. Das heißt mit dürren Worten: der Vater ist tot und wird mit dem Leichenkondukt hinausgeführt.

Die Einsegnung der Kirche wurde auch an einem Vater vollzogen, an seinem Gebärvater — am Phallus. Wo Leben entsteht, muß Leben sterben. Der Vater muß sterben, damit er leben kann.

An diesem Todesgedanken ist er erkrankt. Seine schwere Angsthysterie zeigt in allen Symptomen einen auffallenden Infantilismus. Er geht nicht allein aus, nimmt immer eine Flasche Milch mit — kurz er benimmt sich wie ein unschuldiges Kind. Er möchte eben alle Schuld loswerden. Auch durch Übertritt in eine andere Religion wird man von den alten Sünden losgesprochen. Darauf beruht die Konvertierung so vieler Neurotiker. Auch er dachte daran, in den Schoß der alleinseligmachenden Kirche einzutreten. Wie doppelsinnig! Er schwankt im Leben zwischen Stubenmädchen und Familie, und zwischen Kirche und Tempel. Der fromme Vater ist ein Hindernis bei der Konvertierung. Dies Hindernis wird durch das Begräbnis hinweggeräumt.

Jetzt lassen wir einem anderen Träumer das Wort:

(118.) „Ich sah einen „Schwaben“ die Wand hinaufkriechen. An der Decke blieb er stehen. Ich fürchtete immer, daß er auf mich herunterfällt.“

---

[1]) Die kleinen Insekten (wie alle kleinen Tiere) sollen nach Grüner und Freud auch Kinder bedeuten. A priori ist es anzunehmen, da alles Kleine das Kind symbolisiert. Hier handelt es sich um Vorwürfe und Mikroorganismen. In weiterer Bedeutung um Samenfäden. Viele Angstzustände, die sich auf Infektionen beziehen, sind Angst vor Gravidität. Die schwerste Infektion ist die Schwangerschaft. Der gefährlichste Mikroorganismus: der Samenfaden. Die Ameise enthält die für unseren Kranken wichtige Silbe Ame (Amme!). In ähnlichem Sinne wird Beamte für Säugling gebraucht.

Analyse: Am Abend sah er auf der Stiege einen Schwaben laufen. Ein Kollege erzählte ihm, daß er mit einer Dame vom Ballet ein Verhältnis habe. Er bewunderte diesen Mut. Er hat Angst vor Infektionen. Das Zimmer symbolisiert ein Frauenzimmer. Die Decke einerseits die Bettdecke, unter der er eine schmerzhafte Erektion („blieb er stehen") hatte. Er fürchtet die Übertragung einer Syphilis.

Es folgt ein Insektentraum mit der Deutung eines Kollegen Dr. F.

(119.) „Eine Stubenfliege sitzt am Fensterbrett und ist damit beschäftigt, einem unendlich kleinen Insekt den Kopf abzubeißen. Die Fliege streckt den Rüssel weit vor und bearbeitet das kleine Insekt so lange, bis der Kopf desselben losgelöst ist. Das kleine Insekt ist so klein, daß ein Mikroskop erforderlich wäre, dasselbe zu erkennen, welcher Kategorie es angehört.

Das Insekt hat die Form eines Käfers — ähnlich den Marienkäfern — ist aber schwarz.

Trotz der Kleinheit des Insektes bin ich imstande, dasselbe mit freiem Auge genau zu sehen."

Zur Analyse des Traumes sei bemerkt: Patient leidet an einer Phobie; Patient kann nicht aus seiner Wohnung gehen. Er ist selbst die Stubenfliege. Er ist Sadist ohne den Mut zum Sadismus. Der Traum erfüllt ihm seinen Wunsch; mit seinem Rüssel — (Penis) bearbeitet — (koitiert) er ein kleines Insekt (— Käfer — Mädchen —) so lange, bis diesem der Kopf abfällt (Sadismus). Der Kopf für Genitale und in engerer Beziehung für Hymen. Er wünscht sich in der Tat immer jungfräuliche Sexualobjekte.

Der Käfer ist schwarz = das Mädchen hat schwarze Haare. „Er sucht zu erkennen, welcher Kategorie es angehört", heißt: ich will erkennen, ob es ein Käfer, eine Spinne oder eine kleine Fliege ist, was soviel bedeutet, ob es ein anständiges oder nicht anständiges Mädchen ist (Marienkäfer = Frauenkäfer). Er hat gegenwärtig eine kleine schwarzhaarige Schülerin, die ihm gut gefällt. Seinem Sexualgefühl sagt ein Kind besser zu als eine üppige Frau.

Die Fliege ist aber für ihn ein sehr unappetitliches Insekt, was wieder mit dem Ekelgefühl zusammenhängt; es fällt ihm dann ein Abort ein und für Fensterbrett das gefensterte Brett des Abortes.

Weiter führt die Fliege auf Mücke, Mucken = Launen, womit er viele seiner neurotischen Symptome bezeichnet, dann auf Malaria, Infektion, Krankheit. Er hat lange Zeit in der Idee gelebt, an Malaria zu leiden, besonders wenn er am Lande bei seinen Schwestern war. Er litt unter der Ausdünstung der Frauen (Mala aria), die er in ihren Zimmern immer zu verspüren glaubte.

Hier brechen die Inzestgedanken mächtig durch; er konnte es bisweilen nicht einmal vertragen, im Nebenzimmer zu schlafen, weil durch die geschlossene Tür der Geruch der Schwestern hereindrang. Das Fieber, das ihn angeblich bisweilen plagte, zeigt viel Verdächtiges auf ein einfaches Neurosensymptom.

„Das Insekt ist mikroskopisch klein", bedeutet, daß es genauen Zusehens bedarf, um den Kampf zu beobachten; durch sein geübtes Auge — (d. h.: durch die Behandlung in der Psychanalyse geübt) kann er mit freiem (im übertragenen Sinne: ohne Furcht) Auge zusehen — (Übertragung auf den Arzt)."

Ein Wespentraum.

(120.) „Ich liege im Bette. Wespen fliegen herum und geben mir keine Ruhe. Aber sie kommen mir immer wieder.“

Der Träumer hat immer *Angst* vor Wespen [1]. „Sie sind schlank und beweglich, machen keinen Lärm; auf einmal sind sie da und stechen.“ „*Gewissensbisse*“ fallen ihm sofort ein. Er macht sich heftige Vorwürfe wegen verschiedener Vorfälle im Leben.

Die „Wespe“, das weibliche Tierchen mit einem langen Stachel ist entschieden ein bisexuelles Symbol. Ihm fällt sein Vater ein, wie er jung war: schlank und beweglich. Er schlich durch das Zimmer, machte keinen Lärm und „auf einmal“ war er da, was ihm, dem typischen Onanisten, sehr unangenehm war. Seine Angst vor Wespen ist die Angst vor dem Vater. Die Angst vor Männern mit einem langen Stachel. Der *Stachel* ist ein Symbol des Penis. Seine Schwestern haben eine Wespentaille. Er schwärmt für schlanke, aristokratische Gestalten. Auch sein Vater hat eine vornehme Gestalt.

Die Richtigkeit dieser Analyse beweist sein zweiter Traum.

(121.) „Ich sehe einen Mann, der zwei Rebhühner trägt. Ich gehe weiter. Wie ich mich umdrehe, bemerke ich, daß der Mann mit einem Revolver auf mich zielt.“

Rebhühner und *Wild* kommen in Träumen außerordentlich häufig vor und bedeuten erotisches Wild, auf das man Jagd macht. Sein Vater ist ein passionierter Jäger. Die „Rebhühner“ sind die zwei Schwestern des Träumers. Er ist eifersüchtig, daß der Vater die Schwestern bevorzugt und mit ihnen zärtlicher ist als mit ihm. Darum enthält das Traumbild eine Verdächtigung des Vaters, der einer Inzestliebe mit beiden Töchtern beschuldigt wird. Das Bedrohen mit dem „*Revolver*“ entspricht dem *Stechen* mit dem *Stachel*. Auch ein Jäger schleicht sich leise an das Wild heran.

Andere Jagdträume befassen sich mit Rehen. Die Rehe werden von vorne oder von hinten geschossen. Braune Rehe (braune Rehaugen!), Rehe mit goldenen Geweihen, weiße Rehe, kranke Tiere, denen die Eingeweide herausgeschnitten sind usw. spielen eine große Rolle.

Sehen wir uns zwei solcher Jagdträume etwas näher an.

Sie sind beide sehr charakteristisch. Der erste Traum ist von einem sehr intelligenten, 50jährigen Manne geträumt.

Der Traum von den zwei Rebhühnern.

(122.) „Ich war im Freien und habe einen Schuß gehört und habe ein Volk Rebhühner auffliegen gesehen. Wie sie über mir in einem Kartoffelfeld geflogen sind, fielen zwei herunter. Ich ging hin, wo sie hingefallen sind. Unterdes ist ein Bauer von der anderen Seite hin. Ich habe nur eines aufgehoben, das war ein altes Rebhuhn, der Bauer hob ein junges auf. Ich habe das Rebhuhn niedergelegt. Ich habe mir gedacht, wenn mich jemand sehen wird, könnte er sagen, daß ich mir das Rebhuhn angeeignet habe. Aber wie es der Bauer nehmen wollte, habe ich es doch genommen. Dann bin ich aufgewacht.“

---

[1] Die neurotische Angst vor *Bienen*, *Wespen*, *Hornissen*, *Stechfliegen* ist sehr verbreitet und geht bei Männern häufig auf verdrängte homosexuelle Regungen zurück.

Der Träumer, ein passionierter Jäger, leidet schwer unter dem monogamischen Zwang der Ehe. Was er im Leben nicht tut, das führt er beim Jagen aus. Er „wildert" am liebsten. Es macht ihm das größte Vergnügen, etwas Verbotenes zu jagen. Raubjagen und Raubfischen in fremden Revieren erzeugen ihm hohe Lustgefühle [1]).

Im Traume ist er wieder frei. Der Schuß dürfte von ihm ausgegangen sein. Dieser wichtige Schuß sollte ihn offenbar von der Frau befreien. Deshalb der verräterische Satz: „Ich habe gedacht, wenn mich jemand sehen wird" usw.

Er glaubt, daß der Schuß von seinem Freunde L., einem Landesgerichtsrate, abgegeben wurde. Die Gerichtsperson verrät ebenso wie der Wachmann und der Polizist verbrecherische Instinkte. Beispiele haben wir genug dafür gegeben. Er hatte eine junge Tochter. Diese starb plötzlich an einer akuten Krankheit. Der junge Bauer symbolisiert hier den Tod. Ein Hindernis zur Freiheit hat der Tod schon geholt, das andere nimmt er, ehe es der Bauer holen kann. Die Frau hatte soeben eine schwere Blinddarmentzündung und die Operation glücklich überstanden. Nein — die holt kein Bauer [2]). Das muß er schon selber besorgen. Das alte Rebhuhn (seine Frau) muß beseitigt werden, dann kann er nach Herzenslust auf dem Felde der Liebe jagen.

In zweiter Bedeutung ist er selber der junge Bauer. Seine tatkräftigen, mächtigen Instinkte schiebt er auf den Bauern, während er der Grübler, die Hauptperson des Traumes ist (Spaltung der Persönlichkeit). Den verhängnisvollen Schuß läßt er von einer Amtsperson abgeben.

Die wichtigste Bedeutung ist die infantile. Zwei freundliche Frauengestalten (Mutter und Schwester — altes und junges Rebhuhn) verschönerten seine Jugend. Beide hat der Tod geholt.....Für ihn sind sie nicht gestorben. Sie kehren in allen seinen Träumen wieder. Und die wichtigste Rolle spielt ein Trauma, das ihm nur halbbewußt wurde, eine Szene erotischer Natur, bei der ein junger Bauer sich seiner Erinnerung aufdrängt. Vor dem Bewußtwerden dieser Szene unterbrach der Träumer die Behandlung. Das passiert einem hie und da. Die Analyse führt zu einem kritischen Punkt. Der Kranke beginnt die Wahrheit halb zu ahnen, halb zu wissen. Das Ziel ist fast erreicht. Nun ergreift er die Flucht und wird mit seinen Beschwerden allein fertig.

Ähnlich ging es bei dem nächsten Kranken, der einer der schwersten Fälle war, die ich je behandelte: Heftige Angstzustände, Depression, Taedium vitae, Halluzinationen, vollständige Schlaflosigkeit.

Die Beschwerden wurden in der Analyse alle besser. Vor dem Schluß ergriff er die Flucht.) Es handelte sich um ein schweres Inzesttrauma in der Jugend.) Über seinen Zustand berichtet mir sein Hausarzt, der ihn an mich gewiesen, von Zeit zu Zeit. Er ist vollkommen genesen, behauptet aber, sich aus eigener Kraft herausgearbeitet zu haben. Einer seiner charakteristischen Jagdträume möge hier den Reigen der verschiedenen Tierträume beschließen.

---

[1]) Vergleiche meinen Aufsatz: „Die sexuelle Wurzel der Kleptomanie". — Zeitschr. f. Sexualwissenschaft. 1908, Heft 10.

[2]) Der Bauer holt hier seine Bedeutung als Tod in zweifacher Weise. Der Kranke ist ein passionierter Schachspieler. Der Bauer schlägt eine Königin und wird selber zur Königin (bisexuelles Symbol). Ferner von seinen Vorwürfen wegen der Onanie, die „Kalter Bauer" genannt wird. Dieser Bauer hat auch die Aufgabe, einen „Kalt" zu machen.

Der Traum von den nichtlosgehenden Gewehren.

(123.) „Ich mache mit vielen Leuten eine Landpartie. Mein Vater und mein Bruder Paul sind dabei. Wir sind auf einer steilen Waldwiese. Es sind viele Vögel da, Fasanen und Nußhäher, die aber phantastisch wie Paradiesvögel aussehen. Es wird auf die Vögel geschossen, es sind aber nur zwei Gewehre da. Mein Vater schießt, dann schießt mein Bruder und mein Vater sagt: „Paul hat den schönsten Fasan geschossen.“ Endlich bekomme ich ein Gewehr. Da gehen aber die Leute fort und die Vögel sind auch verschwunden. Ich will mitgehen, habe aber Pantoffeln an und will meine Schnürschuhe suchen und anziehen. Meine Schnürschuhe sind grau. Ich sehe einen Haufen Schuhe, auch zwei Paar graue. Ich schaue diese an, sie haben schmale rechteckige Sohlen, es sind nicht meine. Leute stehen herum und geben acht, ob ich nicht ihre Schuhe nehme.“

Auch bei diesem Träumer war der Zwang der Ehe (Schnürschuhe!) die Ursache der Neurose. Seine Frau ist infolge des Kummers, den er ihr bereitet hat, früh grau geworden. (Erstes Paar grauer Schnürschuhe.)

Der Ausflug, den er macht, geht ins Gebiet der Erotik, wie alle Ausflüge im Traum. Die Hauptrolle spielen die Genitalien (Vater und Bruder). Aber auch die Genitalien und das Liebesleben des Vaters und des um zehn Jahre älteren Bruders Paul. Die schießen schon lange, während er noch kein „Gewehr“ hat. Paul hat eine sehr schöne Frau. (Der schönste Fasan.)

Fasan geht aber auf seine homosexuellen Regungen. Einen Homosexuellen nennt man in der Jägersprache einen Fasan. Auch ein Tenor seiner Bekanntschaft wurde so bezeichnet. Seine Homosexualität ist überaus mächtig entwickelt. Die Vögel sind alle bisexuelle Symbole[1]. So auch im früheren Traume. Ein Vogel bedeutet einen Penis — aber auch unter Umständen ein Frauenzimmer. Sein Vater starb früh. (Das Fortgehen der Leute bedeutet ihr Sterben!)

Nun, da er ein Gewehr hat, kommt er infolge der Ehe nicht zum Schießen. Er ist ja ein Pantoffelmann. („Ich habe aber Pantoffeln an“.) Er sieht eine Menge Frauen. Schuhe sind das typische Symbol einer Frau, weil man den Fuß (Penis) in sie hineinsteckt. Aigremont (l. c.) sagt: „Der Schuh ist das Symbol des weiblichen Geschlechtsteils. Alte Volksrätsel offenbaren uns dies: man fährt in Schuhe, Stiefel, Pantoffel hinein. Diese Fußbekleidungen haben eine Öffnung, ein Loch, oft mit Pelzhaaren umwachsen, dieses Loch wird mit menschlichem Bein und Fleisch ausgefüllt. Mit dem Bein wird auch der Penis verglichen, er heißt im Slovenischen tretja noga, der dritte Fuß.“

Der Träumer sieht einen Haufen Schuhe. Auch seine Mutter und seine Frau. (Zwei Paar graue!) Die Schuhe sind nicht sein. In einem Falle stimmt es. Im zweiten Falle ist es die nackte Wunscherfüllung.

[1]) Der Putz der hier in Betracht kommenden Vögel ermöglicht ihre Verwendung als weibliche Symbole. Der Paradiesvogel erinnert an ein reich geschmücktes, mit bunten Federn überladenes Weib. Die großen Federhüte der Frauen geben das Tertium comparationis. (Der Hut ist bisexuell und stellt den Lingam dar: ein rundes Loch und eine Feder oder ein Vogel.) Paradies = der Anus (Anth. VI. 371), Paradies auch Vagina (viel häufiger).

Warum sind aber die Schuhe rechteckig und haben schmale Sohlen? Hier verdichtet sich der Schuh mit zwei anderen Symbolen: mit dem Bette und dem Sarge. Die Sohlen deuten auf das Sterben. Die Frau soll sterben, wie seine Mutter gestorben ist, dann kann er Paradiesvögel jagen.

Aigremont sagt in seinem Buche über Fußsymbolik: „Der Schuh hat wie der Fuß, die Fußspur funerale Bedeutung Der Sterbende schreitet gewissermaßen von dannen.“ (S. 65, l. c.) Näheres darüber will ich noch bei der zusammenfassenden Besprechung der Todessymbole sagen. — Hier zeigt schon der Paradiesvogel, daß es sich um Objekte handelt, die entweder im Paradiese sind (die Mutter, auf die der mitjagende Vater hinweist), und seine Frau, die ins Paradies kommen soll, damit er sich andere lockere Vögel (andere Schuhe) aufs Korn nehmen kann. Besonders gefällt ihm eine verheiratete Frau. Doch ihr Mann bewacht sie eifersüchtig. „Leute stehen herum und geben acht, ob ich nicht ihre Schuhe nehme“. Auch die Eltern haben zu viel acht gegeben. Die alten Todeswünsche gegen seinen älteren Bruder und gegen seinen Vater tauchen aus der Versenkung des Unbewußten auf.

Auch in unserem Falle stecken hinter diesem Traume Mordgedanken. Und sein Bruder ist merkwürdigerweise auch . . . Landesgerichtsrat. Die Jagd ist ja überhaupt der gestattete Mord. UnzähligeMenschen toben ihre Mordinstinkte auf diesen Bahnen aus. Wer weiß, wie die Welt aussehen würde, wollte man die Jagd, dieses wohltätige Ventil sadistischer Instinkte, verbieten. Es ist doch bezeichnend, daß einmal ein Bauernaufstand ausbrach, weil man den Bauern die Jagd entzog. Die Gewehre richteten sich dann gegen die Herren.

Auch die Liebe [1]) spielt in den Jagdträumen eine ungeheure Rolle. Rehe werden geschossen, und man erfährt, es sei eine Frau mit Rehaugen. Einmal geht der Schuß von hinten, ein andermal von vorne. All das hat eine große Bedeutung.

Soll ich nochmals wiederholen, daß Gewehre, Revolver, Pistolen [2]) die männlichen Genitalien bedeuten? Daß der Schuß der Ejakulation, die Verwundung dem Liebesakte gleichzusetzen ist? — —

Nicht immer haben die Tiere gerade die Bedeutung des Tierischen. Wir haben so viele Träume kennen gelernt, wo sie als Schmähung verwendet wurden. Es heißt in jedem Falle der Bedeutung nachspüren.

Es kommt im Traume oft vor, daß Tiere wie Menschen sprechen. Diese Tiere vertreten dann Menschen oder eine menschliche Eigenschaft.

Ein an Schlaflosigkeit leidender Vierziger schläft nach Mitternacht ein und wird bei Tagesgrauen von einem krähenden Hahn geweckt.

---

[1]) Der Aberglauben verrät jedem Kundigen die intimen Zusammenhänge. Es bringt dem Jäger Glück, wenn er ein junges Mädchen oder eine Zigeunerin (die Vertreterin der feurigsten Liebe) vor der Jagd trifft. Unglück bringt ein altes Weib und ein Pfarrer, dem jedes Lieben verboten ist. Ganz unverhüllt zeigt den Zusammenhang der Aberglaube, den mir ein passionierter Jäger mitgeteilt hat und der sehr verbreitet ist: Berühren der weiblichen Genitalien, besonders der virginalen, vor einer Jagd bringt Unglück.

Einem anderen Gebiet scheint der Aberglaube anzugehören, das Zusammentreffen mit einem alten Juden beim Ausrücken zur Jagd bringe Glück. Aber nur scheinbar! Denn der Jud heißt in allen deutschen Gauen die Klitoris. (Anth. Bd. II und VII.)

[2]) Pulver = Sperma (Anth. VI, S. 371.)

Er kann lange nicht einschlafen, findet dann den ersehnten Schlaf, aus dem ihn ein kurzer Traum mit Herzklopfen erweckt:

(124.) „Ich bin unten im Hühnerhofe. Wie ich über den Hof gehen will, kommt mir der Hahn entgegen und spricht mich mit menschlicher Stimme an: Du hast hier nichts zu suchen. Das ist mein Reich!“

Der Träumer ist ein polygamisch veranlagter Mensch, der sich vorgenommen hat, seiner Frau treu zu bleiben. Er will seiner jetzt 13jährigen Tochter nicht ein böses Beispiel geben. Am Vorabende des Traumes traf er eine Dame, mit der er einmal intime Beziehungen hatte. Sie lud ihn ein, sie zu besuchen. Er sagte erst zu, schrieb ihr aber dann mit Berufung auf sein Nervenleiden ab. Es scheint aber, daß die Versuchung zu groß gewesen ist und daß er sich vornahm, sich der Dame wieder zu nähern. Er hat Verlangen, wieder andere Frauen zu besitzen. Der Hahn ist ein polygamer Vogel. In diesem Traume aber spricht er die Stimme des Gewissens. Du bist kein Hahn, du hast kein Recht, dich um andere Frauen zu kümmern.

Wieder sehen wir einen Traum, der uns keine Spur einer Wunscherfüllung zeigt.

Ich habe hier nur einige Beispiele der Deutungsarten bringen können. Es heißt gerade bei diesem Thema viel lernen und fleißig Material sammeln. Auch für meine Mitteilungen gilt der Satz des großen Laplace: Ce que nous connaissons, est peu de chose; mais ce que nous ignorons, est immense

---

XVI.

Was die Pflanzen bedeuten.

> Hier nur die Vermutung: Wenn alle Tiere unter den Menschen Verbrecher sind, gibt es Pflanzen unter den Menschen und was repräsentieren diese? *Otto Weininger.*

Die Symbolik der Pflanzen spielt im Leben eine große Rolle Man vergleicht die Menschen, besonders die Frauen, so gerne mit Blumen. Die hohe keusche Dame gleicht der Lilie, das bescheidene Mädchen dem Veilchen, das junge Mädchen der Knospe usw. Man verwendet die Blumen und Pflanzen in symbolischer Bedeutung. Eine rote Rose erklärt die Zuneigung; das Eichenlaub schmückt den Sieger; die Palme und der Lorbeer symbolisieren ebenfalls den Triumph; die Zypresse und die Trauerweide die Trauer; die Akazie und Lilie die Keuschheit. (Siehe Kleinpaul, Sprache ohne Worte, Kapitel II, Die Symbolik.)

Ganz hervorragend eignen sich die Blumen zur Symbolisierung der Geschlechtsvorgänge. Wenn neuere Pädagogen vorschlagen, den Kindern die sexuellen Wahrheiten an Pflanzen beizubringen, so folgen sie hierin nur einem historischen Brauche. Die Blüten haben einen Stempel (Griffel), der dem Volke immer als phallisches Symbol imponiert hat. Der geöffnete Kelch der Blüte gleicht dem der Liebe sich öffnenden Kunnus. „Diese Analogie,“ sagt Kleinpaul, „geht so weit, daß die Gärtner bei Rosenknospen sogar von einem Jungfernhäutchen (Hymen) sprechen.“

Wir werden diese Symbole bei den Träumen wiederfinden. Merkwürdigerweise seltener, als man vermuten sollte. Immerhin spielen Pflanzen in den Träumen eine große Rolle im Sinne der im Volksbewußtsein schlummernden historischen Überlieferung.

Ein praktisches Beispiel, das in jeder Hinsicht interessant ist, soll uns zu unserem engeren Thema zurückführen.

Es handelt sich um einen Traum, in dem eine Weidengerte eine große Rolle spielt. Die Weide ist von jeher ein Symbol der unglücklichen Liebe und Trauer gewesen. Ja, nach Kleinpaul soll sie im Volke im Rufe stehen, ein Keuschheitsbaum allerersten Ranges zu sein. „Rinde, Blätter und Kätzchen der Weide standen in dem Ruf, jede geschlechtliche Regung zu unterdrücken.“ Vielleicht rührt daher die Verwendung der Weide als Abortivmittel, die ziemlich verbreitet ist.

Von diesen Eigenschaften scheint unser Traum nicht zu erzählen. Ein 25jähriges, recht verträumtes Mädchen erzählte ihn mir:

Der Traum von der Weidengerte.

(125.) „Onkel Pischke ging mit mir in den Wald. „Kleine,“ sagte er, „ich will dir eine Weidengerte abschneiden.“ Er schnitt mir eine ab. Die war mir viel zu weich und zu klein. „Du mußt mir eine größere abschneiden,“ sagte ich. „Ich will das Marie-Examen machen, da muß die Gerte doch größer sein, als beim Handarbeitsexamen.“ Da gab er mir eine große Gerte und einen Brief. Den sollte ich der Mutter nicht zeigen. „Gut,“ sagte ich, „ich werde sie (ich meinte die Gerte) unterschlagen.“

Pischke ist der Onkel einer Freundin. Das Mädchen hatte mit einem anderen Onkel (einem sogenannten Rufonkel!) ein unangenehmes Erlebnis. Er war der Freund ihrer Mutter und sollte sie auf einer Reise von Wien nach Dresden beschützen. Das tat er in dieser Weise, daß er im gemeinsamen Schlafcoupé mit ihr allerlei Unfug trieb und ihr schließlich seinen Phallus in die Hand gab, bis eine Ejakulation erfolgte. Das war ihr Handarbeitsexamen. (Der Samen kam ex; ex-samen.) Im Traume will sie der Onkel Pischke heiraten. Sie spricht meistens französich. Er soll sie marier — und ihr mari sein. Das hoffte sie nach der Szene im Eisenbahncoupé. Diesen Wunsch erfüllt der Traum. Es handelt sich um die Brautnacht. (Das Mari-ex-samen.) Dabei eine neue Wunscherfüllung: die Gerte soll viel größer sein als beim Handarbeitsexamen.

Doch der gute Onkel Pischke (sie kennt den Ausdruck pischen [1]) für urinieren; der Name ist deshalb hier verwendet) hat ja mit ihrer Mutter ein Verhältnis. Der Brief steht für eine Neuigkeit [2]). Diese darf sie der Mutter nicht sagen. Der Brief ist aber auch ein Symbol des Koitus. (Die spitze Feder, aus der ein Saft fließt, symbolisiert den Penis; das weiße Papier, worauf sie schreibt, den weißen Körper. Auch das Hineinstecken des Briefes in ein Kuvert kommt in Betracht.)

Sie gönnt der Mutter den Onkel nicht. Sie will ihr Brief und Gerte unterschlagen.

Die Weidengerte ist auch ein Symbol des Todes. Dieser Todeswunsch gegen die Mutter ist der Träumerin auch bewußt aufgestiegen.

---

[1]) Im Wiener Dialekt statt „pissen“.

[2]) Die Neuigkeit = Vagina (Anth. III. S. 52.)

Sie will nicht der Mutter den Onkel gönnen. Sie fühlt sich als Rivalin. Hier führt uns das Versprechen auf die Fährte. Sie sagte, ich werde sie statt ihn (den Brief) unterschlagen. Ihr fällt die Lösung prompt ein. Unterschlagen heißt: Und — erschlagen!

Sie will sich auf die Mutter stürzen und sie erschlagen. So spielt die Weidengerte hier eine doppelte Rolle: den Phallus und den Tod. Sich wünscht sie den Phallus, der Mutter den Tod....

Wir sind bei der Analyse dieses Traumes auf eine „Weidengerte" als Symbol des Phallus und des Todes gekommen. Wenn wir uns mit der Bedeutung der Pflanzen im Traume beschäftigen, so werden wir auch Beziehungen zu zwei wichtigen Themen finden: Onanie und Geburt.

Die Weidengerte — um bei diesem Beispiele zu bleiben — spielt eine große Rolle in der Symbolik der Volksgebräuche. Aigremont, der verdienstvolle Forscher, erwähnt in seinem Buche „Volkserotik und Pflanzenwelt" (Eine Darstellung alter wie moderner erotischer und sexueller Gebräuche, Vergleiche usw. Halle a. S. Gebr. Treusinger, 1908) von dem seltsamen Brauche, Frauen und weibliches Hausvieh mit der Lebensrute zu schlagen, um sie fruchtbar zu machen. Die Weidengerte [1]) ist für diese Zwecke allgemein sehr beliebt. Meine Träumerin kannte diesen Brauch aus ihrer Heimat.

Auch die Sitte des fruchtbringenden Maibaumes deutet auf die kolossale Wichtigkeit der Pflanzen in der sexuellen Symbolik. Der mächtige Stamm eines Baumes als Symbol des Phallus ist ungemein häufig. Sollte nicht daher die Vorstellung des deutschen Volksglaubens kommen, daß die Menschen von den Bäumen stammen? Die Bäume als Eltern des Menschen! Aigremont meint: „Ich glaube wohl darum, weil die Pflanzen das offenbarste Zeugnis, die direkten Kinder der großen gebärenden Erde waren, sie stiegen aus dem Erdschoß selbst in das Licht der Sonne. Tagtäglich sah der Urmensch den fruchtbaren Mutterschoß sich öffnen und Kinder (Pflanzen) gebären, das große Mysterium enthüllte sich ihm jeden Tag seinen Blicken. So ist auch der Vergleich der Erde mit dem Mutterschoß uralt, bei fast allen Völkern gebräuchlich."

Denken wir an den Traum vom versinkenden Baum, den ich hier analysiert habe (Nr. 26). Dort sehen wir den Baum als den Erzeuger, den Tod und den Sohn in einer Person... Die Symbolik der Pflanzen beschäftigt die Menschen unausgesetzt. Sie spiegelt sich in ihren Träumen. Wie häufig ist das menschliche Genitale als Garten, der Haarschmuck als Wald, der Mann, der es bearbeitet als Gärtner dargestellt. Bezeichnenderweise ist der Garten immer der Friedhof, das Grab und der Gärtner der Tod. Immer Leben und Sterben Hand in Hand! Blumen pflücken, für verbotene Genüsse und besonders Onanie (Blüten abreißen, sich einen herunterreißen) kehren immer wieder. Entjungfern heißt „deflorieren", ein Mädchen seiner Blüte berauben. (Die Blume nennt man den ersten Schluck beim Becher!) Man raubt dem Mädchen die Blume. Schon die Hellenen (Aigremont) bezeichneten mit „Pflügen" das Zeugen und die Ackerfurche bezeichnet die weibliche Scham. Dieselbe Symbolik zeigt sich in Träumen. Im Sinne von begatten heißt es „einen

---

[1]) Aigremont betont auch die düstere Bedeutung der Weide. Selbstmörder hängen sich am liebsten auf Weiden auf. Sollte der Traum auch auf Selbstmordgedanken schließen lassen? Ich habe keine Bestätigung dafür gefunden . . . Aber wer anderen den Tod bereiten will, geht zur Strafe freiwillig in den Tod. (Vergleiche meine Ausführungen über den „Selbstmord" l. c.)

Acker bebauen" (man arbeitet im Weinberg des Herrn! — ein Ausdruck für coire). Den Acker begießen, ähnlich wie den Garten begießen, die Blumen begießen. Auch die Früchte dienen der sexuellen Symbolik im Traume wie im Leben. Nüsse als Hoden [1]), Apfel ebenfalls als Hoden oder als Brüste, die Feige als Vulva, ebenso die Birne [2]) als weibliches Symbol, um nur einige zufällig herausgegriffene Beispiele zu nennen. Der Samen der Pflanzen, das Einsenken des Samens in die Erde, das Pflanzen, Inokulieren, das Beschneiden, Begießen, Bespritzen, Blühen, Verblühen der Pflanzen — alle Vorgänge spielen in den Träumen eine bedeutsame Rolle. Wir wollen hier nur einige bescheidene Beispiele anführen. Das Kapitel würde ein eigenes Studium an einem reichen Materiale erfordern.

Die gebräuchliche Symbolik stellt das Genitale als den Garten dar. Im ersten Kapitel habe ich den schönen Traum von Cardanus (Nr. 7) erzählt. Er ist vor dem Eingang eines Gartens, dessen Tür der Gärtner aber nach dem ersten Kuß verriegelt [3]).

Der Gärtner, der die Blumen begießt, ist wieder ein häufiges Symbol für den Mann.

Davon erzählt uns ein Gartentraum des Frl. Irma:

Der Traum vom Gewächshaus.

(126.) „Ich ging mit Mutter von B. nach C. Unterwegs gingen wir zum Gärtner, der Mann war aber nicht in seinem Garten. Wir fanden ihn auch nicht beim Gewächshaus. Man sagte uns wir müßten durch ein Durchhaus zu ihm hin. Auf den Stufen, die wir hinuntergehen mußten, um in einen Hausraum zu langen, kam mir ein kleines Kind entgegen. Das Kind schwankte so drollig die Stufen hinauf und es schien mir so eigen zu lächeln, so als ob das kleine Ding eine Ahnung davon hätte, daß ich nicht leichten Herzens daherkäme. Es war mir auch, als ob hinter der Kleinen nicht weit von den Stufen eine Frau stünde, die ebenfalls aussah, als ob sie um mich wüßte...."

Sie sucht einen Gärtner. Das ist ja schon seit einigen Jahren der Fall. Der Gärtner, der ihr gefällt, hat einen eigenen Garten [4]) und ein eigenes Gewächshaus, das sie als den schwangeren „Mutterleib" bezeichnet. Die Stiegen, das Durchhaus — alles Genitalsymbolik. Das kleine Kind der Penis. Die Frau, die in der Ferne steht, ist die Frau des Gärtners. Dieser Traum enthält auch eine Mutterleibsphantasie. Davon später. Außerdem eine reiche Todessymbolik. Der Gärtner ist ein geheimes Symbol für den Tod. Ihre Mutter soll sterben, wie ihr Vater gestorben ist. Das lächelnde Kind enthält ihren tiefsten Konflikt. Sie

---

[1]) Nach Aigremont bedeutet die Nuß noch häufiger den weiblichen Geschlechtsteil. „Nüsse knacken" sei schon seit alter Zeit ein Euphemismus für „ein Weib beschlafen".

[2]) Nach Aigremont ein männlicher Baum. Meine Analysen haben in mehreren Fällen das Gegenteil erwiesen. Offenbar bisexuell.

[3]) „Von diesen bedeutet einerseits die mit dem Riegel versehene Türe die Gattin, die unmittelbar daran stoßende die Sklavin und andererseits wiederum die erstere den Mann, die letztere die Gattin." (Artemidoros S. 111 l. c.) Der Riegel ist ein häufiges Motiv im Traume. Vergleiche meinen Traum von den wilden Tieren (Nr. 99). Eine ehrbare Frau nennt man in Wien „riegelsam".

[4]) Sehr treffende Bemerkungen zur Symbolik des Gartens macht Maeder (Essai d'interprétation de quelques rêves. Archives de Phsychologie. Tome VI. Nr. 29. Avril 1907).

hatte gelächelt (sich gefreut) als Vater gestorben war, da er das ganze Haus tyrannisierte. Es traten dann Zwangsvorstellungen auf, sie hätte einem Gärtner eine Rechnung nicht bezahlt.....

Wenden wir uns zu dem Frl. F. E., die uns wieder 3 Träume (charakteristische Dreizahl!) einer Nacht beschert:

(140.) „Ich stand an einem Toilettentisch, plötzlich erschrak ich, denn ich hätte mich beinahe an der Tischkante gestoßen, wenn ich nicht davor zurückgewichen wäre."

(141.) „Ich sah einen starken abgebrochenen Baumstamm. Ich schrak abermals zusammen und wich davor zurück."

(142.) „Ich ging einen Waldweg und stolperte über eine Wurzel, aber glücklicherweise fiel ich nicht hin."

Diese drei Träume einer Nacht sind Variationen über ein Thema: Die Angst vor dem Phallus. Man könnte auch sagen: Die Angst vor dem Fehltritt.

Der Phallus erscheint in drei Formen. 1. Als Tischkante. 2. Als abgebrochener Baumstamm. 3. Als Wurzel.

Der „abgebrochene Baumstamm" bedarf einer kleinen Erklärung. Sie hatte eine infantile Sexualtheorie. Wie stellte sie sich den Geschlechtsakt vor? Recht komisch! Vom Phallus werde ein Stück abgeschnitten oder abgebrochen und dann in die Vagina hineingesteckt. Das Stück wachse dann immer nach. Auch die Wurzel wird in die Erde gesteckt und kann dann wachsen. Alles, was wächst, sich dehnt, größer wird — vom Gummi bis zum Regenschirm — wird zum Symbol des Phallus...

Alle drei Phallussymbole sind „Holz". Holz ist steif und hart und fängt leicht Feuer. (Wie erwähnt, heißt die Dirne „eine Fuhre Süßholz)[1]). Auch der Tisch, dieses wichtige Sexualsymbol und das Bett (seine assoziative Ergänzung) sind aus Holz. Der Stock ist wohl das häufigste Phallussymbol, weil er eben aus Holz ist.

Nicht alle Träume sind so durchsichtig wie die jetzt analysierte Trias. Frl. Etha bringt mir Träume, die von roten Rosen handeln.

(127.) „Mit Mama, Bruder und Schwester fuhr ich in einem Wagen. Mama sah jung aus und war blond und sprang plötzlich aus dem fahrenden Wagen. Ich schrie zornig und erschrocken auf. Mama ging in eine Blumenhandlung und kaufte eine rote Rose für ihre Schwester. Die Schwester stieg dann auch aus und warf Ballen von Werg im Scherze nach mir. „Geh' dem Pferd nicht so nahe," rief ich erregt. Nur mein Bruder saß ruhig im Wagen. „Benimm dich doch etwas damenhafter, nicht wie ein kleines Mädel," sagte er verweisend zu mir."

Sie will leben und genießen. Die Mutter ist das Hindernis. Sie soll sterben. „Sie sprang plötzlich aus dem fahrenden Wagen", das heißt: sie stirbt. Sie unterbricht die Lebensfahrt. Freilich übernimmt dann der Bruder die Rolle des Moralisten. Aber mit dem kann sie schon fertig werden.....

Eine zweite Möglichkeit, zur sexuellen Freiheit zu kommen, drückt der Satz aus: „Mama ging in eine Blumenhandlung und kaufte eine rote Rose für ihre Schwester". Mama ist selber leichtsinnig.....

---

[1]) Vgl. das bekannte Berliner Lied: Im Grunewald, im Grunewald ist Holzauktion. Dort kost' ne Fuhre Süßholz nur n'en Taler.

Die rote Rose ist ein häufiges Geschlechtssymbol, vielleicht das beliebteste. Aigremont sagt: „Wegen ihrer roten Farbe. Die rote Farbe hat in allen Zeiten sexuelle und erotische Beziehungen in sich geborgen". Er verweist auf: Penis, Vulva, Brustwarzen und Lippen. „Der rote König" heißt die Menstruation, aber auch „die rote Rose", die „Monatsrose", der „Rosenkranz".

Das letzte Traumstück bringt die deutlichen Anspielungen auf diesen Vorgang. Wenn man gravid ist, kann man sich helfen. Man springt aus einem Wagen, wie es die Freundin Else getan hat. Ein Abortus ist nicht schwer zu arrangieren. Man kann sich mit Geld helfen und die „rote Rose"[1]) wieder kaufen. Da identifiziert sie sich mit der Mama. Sie spielt bloß mit Bruder und Schwester, d. h. mit den Genitalien. Alles ist ein Scherz. Die „Ballen mit Werg", die so leicht Feuer fangen.... Aber sie muß sich hüten, dem Pferd (hier für Hengst — siehe die ausnahmsweise dicke Pflanze!) zu nahe zu kommen. Ob der Mann zufrieden sein wird, daß sie nur wie ein Kind spielt? Sie ist doch schon erwachsen — eine Dame. Sie sollte sich doch scheinbar anständig benehmen und der Gefahr einer Gravidität und eines Skandals ausweichen. In diese Mahnung klingt der Traum aus.

Allein wie alle Geschlechtssymbole verkörpert der Rosengarten auch den Friedhof [2]).

Frl. F. E. träumt:

Der Traum von den grünen Pflanzen.

(128.) „In einem Salon waren viele grüne Pflanzen, aber sie waren armselig. Auch zwei leere Blumenkörbe standen da, einer mit hohem Ständer. Die weißen, schmalen, geflochtenen Körbe hatten auch so etwas Verlorenes an sich."

Sie ist eine Dirne. Sie ist in einem Salon mit vielen anderen „Verlorenen" zusammen. Sie und die Mutter sind zwei Blumenkörbe [3]). Die Mutter hat aber einen hohen „Ständer". Sie hat vielen Männern in ihrer Unschuld (weiß) Körbe ausgeteilt. Sie ist auf schmale sexuelle

---

[1]) Die Rose hat Beziehungen zum Dirnenkomplex. Rosengassen heißen die Dirnengassen, Rosengäßler ihre Besucher. Ein solches Haus in Erfurt heißt „Zur großen Rose" (Aigremont). Ein bekanntes Volkslied heißt: „Was nützet mir — mein schöner Rosengarten — wenn andere drinnen spazieren gehen — Und pflücken all' die Blüten ab, woran ich meine, woran du deine, woran er seine Freude hat." Die zweite Strophe wird noch deutlicher: „Was nützet mir mein wunderschönes Mädchen — wenn andere Knaben zu ihr gehen . . . . und pflücken ihre Reize ab — woran ich meine, woran du deine, woran er seine Freude hat." Auch Kleinpaul erwähnt diese Symbolik des Rosengartens. Er sagt: „Rosengärten, Rosengassen, Rosentäler sind in den deutschen Städten Euphemismen für eine andere Art von Paradiesen. Das Leipziger Rosental hat seinen Namen auch nicht von den Rosen, wohl aber von den hübschen Mädchen, sozusagen von Huris, die mit Rosen verglichen werden. Das Heilige und das Unheilige, Himmelwonne und Wollust wohnt nahe beieinander." (Die Lebendigen und die Toten S. 236 l. c.)

[2]) Wunderschön führt das Kleinpaul aus: „Rosengarten, noch heute eine populäre Bezeichnung des Gottesackers, der gleich dem griechischen Hades seine Schrecken verloren und das ewige Leben eingetauscht hat —

hier lieg ich im Rosengarten
und muß auf Frau und Kinder warten,

erzählt ein verstorbener Bauer auf seinem Leichenstein: Rosengarten bedeutete in christlicher Zeit den Himmel und die himmlische Seligkeit.

[3]) „Körbe bedeuten Hausgenossen" (Artemidoros S. 155).

Kost gesetzt. — Der „geflochtene" Korb deutet auf eine Verbindung [1]) — aber eine hoffnungslose Verbindung....

Sie hatte erst vor kurzer Zeit das „Tagebuch einer Verlorenen" gelesen. Sie hat keinen Mann. Die Mutter hat den Vater. (Der hohe Ständer!) Sie will um jeden Preis die Liebe kennen lernen. Sie will ihre Unschuld opfern, auf ihren Reichtum verzichten, arm aber selig sein (armselig). „Die grüne Pflanze" steht hier in derselben Bedeutung wie der Wiener Ausdruck „Früchtl", d. h. ein leichtsinniges Geschöpf.

Dieselbe Dame träumt:

(129.) „Ich traf auf der Straße einen großen, schweren Herrn. Ich gab ihm meine Rose unter der Bedingung, daß er mir seine Zigarre abtreten würde."

Die „Rose" ein uraltes Symbol für den Kunnus. Die „Zigarre" ein beliebtes Phallussymbol. (Anthrop. II, S. 95.) Alles, was auf der Straße spielt, bezieht sich auf den Dirnenkomplex.

Nun folgen noch einige kleinere Traumbilder:

(130.) „Mein kleiner Franz verlangt, ich soll ihm zwei Äpfel und eine Birne [2]) geben. „Was gibst Du mir dafür?" frage ich. Er erwidert lachend: „Einen langen, saftigen Spargel."

Durchsichtiger Traum des Frl. F. E. Die zwei Äpfel = der Busen [3]). Die Birne = die Vagina. Der Spargel = der Penis.

(131.) „Ich war in einem vornehmen Restaurant. Man servierte mir einen Teller voll grüner Feigen. Ich nahm eine und erbrach heftig."

Traum des Herrn Beta. Phantasie eines Kunnilingus. Die Feige ist Wiens populärer Ausdruck für die Vagina. Ein Schürzenjäger heißt „Feigentandler".

Das Symbol des Lebens kann und muß im Traume das Symbol des Todes sein. Auch die fruchtbaren weiblichen Genitalsymbole stellen Todessymbole dar.

Reife Früchte fallen vom Baume. Das ist ein Vorgang, der den geschlechtlichen Fall, aber auch das Sterben symbolisieren kann. Artemidoros, der doch auf eine große Überlieferung zurückblickt, erzählt:

(132.) „Jemand, der eine reiche, aber zugleich kranke Schwester hatte, träumte, vor dem Hause seiner Schwester sei ein Feigenbaum gewachsen, von dem er schwarze Feigen, sieben an der Zahl, abpflücke und esse. Die Schwester starb, nachdem sie noch sieben Tage gelebt und den Träumenden als Erben eingesetzt hatte." (S. 304 l. c.)

Die Beziehungen sind klar.

Hier ist die schwarze Feige besonders geeignet, das Symbol des Todes abzugeben. Die Japaner sollen (Krauß) alle weiblichen Genitalsymbole schwarz darstellen.

---

[1]) Alles, „was geflochten wird, nicht bloß Flachs, Fischnetze, Körbe, Kette, Kränze sind wegen der „Verflechtung" in bezug auf Heiraten, Freundschaften von günstiger Bedeutung." (Artemidoros S. 244.)

[2]) Der Birnbaum ist ein equisit männlicher Baum. Auch die Früchte sollen als männliche Symbole dienen können (Aigremont). Der Apfel kommt auch als Hoden und Hinterbacke vor. „love apple" = Hoden (Anth. VI. S. 36).

[3]) „Süße und reife Äpfel sehen und essen ist gut, es bedeutet nämlich großen Liebesgenuß, besonders denen, welche sich um eine Gattin oder Geliebte bewerben; denn der Apfel ist der Aphrodite geheiligt." (Artemidiros S. 82 l. c.)

Und Kleinpaul sagt sehr treffend:

„Die Fortpflanzung war der Haupttrost der alten Welt, wenn sie ratlos vor dem Tode stand; wie Dionysos den Feigenbaum vor die Pforten des Hades pflanzte, so schüttete der Heide die Symbole der Fruchtbarkeit, Bohnen und Nüsse, in die Gräber. Man darf annehmen, daß gewisse Sitten, die sich noch unter den christlichen Völkern finden, bis auf diesen Tag noch keinen anderen Unsterblichkeitsglauben predigen, weil sie aus dem Altertum übrig geblieben sind. Das Getreide, der Reis ist wie der Same Abrahams, den der Herr mehren will wie Sand oder wie die Sterne am Himmel. Bei der israelitischen Hochzeit wünscht der Rabbiner der Braut, daß sie zu Tausenden von Myriaden werde; der Brautvater aber tut Geld in eine Schüssel voll gerösteter Gerste, die mit dem Rufe: seid fruchtbar und mehret euch! — von den Gästen auf das Brautpaar geworfen wird." (Die Lebendigen und die Toten, S. 261.)

Ein Herr träumt:

Der Traum von den Erdbeeren.

(133.) „In einem kleinen Orte gehe ich mit Berta und Manfred zur Bahn. Es kommt ein altes Weib mit Erdbeeren vorbei. Ich will ein Körbchen Ananaserdbeeren kaufen. Berta sagt: „Ja, wenn Du so reich bist, um Dir das spendieren zu können." „Ich — lächerlich — man wird doch ein Häuferl Erdbeeren kaufen können." Indem ich das Tuch aufhebe, mit dem der Korb der Alten bedeckt ist, sehe ich, daß darunter, nicht wie ich dachte, Körbchen oder Häufchen von Erdbeeren lagen, sondern nur eine große Zahl einzelner, größerer Ananasbeeren. Ich denke, aus denen muß man eine Auswahl treffen, und sich ein Häuferl zusammenstellen."

Tags vorher hatte er Erdbeeren eingekauft, um sie mit seiner Geliebten zu verspeisen. Da er eine Milchdiät halten sollte, so aß er die Erdbeeren mit Milch. Die Ananaserdbeere schien ihm eine zeitlang der Höhepunkt der raffinierten Obstgenüsse. Er kennt ein Kind, das seine Tante Anna immer „Ananas" nennt. Der Geruch der Erdbeere ist ihm sehr angenehm.

Das sind die Traumanlässe. Die Erdbeeren in der Milch führen zur Brustwarze. Die Erdbeere ist nach Aigremont (Volkserotik und Pflanzenwelt, Halle a. S. 1908) das Symbol der Weltlust, der Verlockung zur Sünde. Die Form erinnert deutlich an die Brustwarze. Manche volkstümliche Bezeichnungen der Erdbeere deuten darauf hin. (Brüstlein — Brüstlinge — Bröstlinge — Brestlinge — Brastling). Manfred und Berta sind ein Ehepaar. Der Träumer denkt ans Heiraten. Er möchte ein Kind haben wie den kleinen Alex, der Tante „Ananas" ruft. Ob er so reich ist? Die Alte wird ihm schon einen Haufen Geldes hinterlassen. Freilich bringt der Traum eine Enttäuschung. So viel Geld läßt ihm die Mutter nicht zurück. Von Geld führt die Symbolik zu Blut [1]). Die Erdbeeren lassen einen blutroten Saft. Versteckte Gedanken auf die „Menstruation" der alten Frau, wozu die Gedanken auf Schwangerschaft (Erdbeeren in Milch!) ja passen. Die weitere Beziehung geht über Bär

[1]) Vgl. die Ausführungen zur roten Rose.

zu einem Kunnilingus — an einer sanguinolenten Vagina. (Letzterer Gedanke schon als erinnerte Wachphantasie der Jugend vorgebracht!) [1]).

Am nächsten Tag träumt er:

(134.) „Ich führe einen Kunnilingus aus. Wie ich die Vagina auseinander nehme, liegt ein in der Mitte gespaltenes rotes Schleimhautwärzchen vor mir. Ich lecke es, wobei es mir rauh vorkommt und sage: „Es ist ja ganz angenehm."

In der Analyse (133) hat er die Möglichkeit, die Erdbeeren könnten Kunnilingus bedeuten, bestritten. Der Traum bestätigt die Annahme. Zur gespaltenen Warze fällt ihm die Glans penis ein. Er stellt sich offenbar ein Weib mit einem Penis vor und verbindet so die Fellatio mit einem Kunnilingus. (Psychischer Hermaphroditismus.)

Frl. Kella träumt:

(135.) „Robert hält ein Holzbrett an die Wand und lacht dabei; das Brett hat einen roten Knopf wie eine Kirsche. Den Holzteil, auf welchem die Kirsche war, konnte man abnehmen. Das Brett war von mir, aber ich hatte keine Ahnung, was es für Bewandtnis damit haben sollte."

Der erste Einfall der Patientin macht sie lachen. „Wissen Sie, wie wir zu Hause ein mageres Mädchen nennen? Eine an ein Brett genagelte Linse [2]). Komisch, daß mir das einfällt..." Es handelt sich hier um ihren Busen (die Kirsche ist die Mamilla), den Paul in die Hand nimmt.

Es würde zu weit führen, die ganze Symbolik der Pflanzen hier aufzurollen. Das würde fast ein Werk für sich erfordern. Eines ist zu berücksichtigen. Die meisten Symbole, wie der Apfel, die Birne sind bisexuell, ähnlich wie die Schlange und die Maus im Tierreiche. Die Analyse ergibt durch die Einfälle des Träumers die betreffende Bedeutung. In meinem Buche „Nervöse Angstzustände" finden sich (ebenso wie bei Freud) einige charakteristische Pflanzenträume. So die an Angsthysterie leidende Dame (Fall Nr. 111), die am Platze Äpfel und Orangen einkauft, dann bei der Kräutlerin einen großen Karfiol; es sind immer männliche Genitalien.

Die Träumerin (S. 329) kauft einmal bei einer Gemüsefrau Äpfel. Die Kiste ist geteilt. Auf der einen Seite befinden sich bessere, auf der anderen schlechtere Äpfel. Ihr Mann hat den einen Testikel tiefer herabhängen als den anderen. Er leidet an Varikokele. Auch Pilze als Steinpilze und Herrenpilze [3]) spielen in ihrer sexuellen Symbolik eine Rolle. Ich wiederhole: alle diese Pflanzen sind auch Todessymbole. Sie eignen sich wegen ihrer Vergänglichkeit sehr gut, die Fruchtbarkeit und das Sterben in einem Bilde darzustellen.

---

[1]) Der von einem Tuch bedeckte Korb der Alten ist nicht schwer zu deuten. Eine durch zahlreiche Traumanalysen bestätigte Erfahrung zeigt, daß alle Silben on und an (nan), ebenso wie nie und anie auf Onanie schließen lassen. Er onaniert offenbar mit Rücksicht auf den Korb der Alten, d. h. mit Inzestphantasien. Das „alte Weib" ist auch ein Todessymbol. Er hat sich durch die Onanie ruiniert und ist ein „Häuferl Elend" geworden. Ananas = Onanos. Tags vorher erzählte er mir von einem Herrn „Onaneios", d. h. von einem Onanisten.

[2]) Linse = kleiner Busen (Anth. III. S. 143).

[3]) Die Morchel als Glans penis: Anth. VII. S. 32.

XVII.

Die Rolle des Kindes und der Verwandten im Traume.

Ich habe schon angedeutet, daß die Verwandten im Traume meistens die Rolle von Genitalien spielen. Der Vater ist der Gebärvater, die Mutter die Gebärmutter, die Schwester die Vagina, der Bruder der Penis. Man glaube nicht, daß diese Symbolik nur im Traume vorkommt.

Sie findet sich ebenso im Folklore, in der Sprache, in den Witzen, Anspielungen usw. In der Verbrechersprache beispielsweise, die zahlreiche mit der Traumsprache identische Ausdrücke hat, heißt die Vagina „die Schwester" kurzweg oder „die kleine Schwester", ebenso der Penis „der kleine Bruder" oder „Bruder". Die Kinder bedeuten meistens die Genitalien [1]). Träumt z. B. eine Frau:

(136.) „Ich bin mit meinem kleinen Mäderl vor dem Tor gestanden; dieses war ganz nackt",

so heißt das, sie hat sich entblößt und zeigt ihre Vagina aller Welt. Es ist dies ein typischer Dirnentraum, den fast alle weiblichen Neurotiker träumen. So z. B.

(137.) „Ich sitze mit meiner kleinen Schwester in einem herrlich schönen Blumengarten. Um mich herum stehen massenhaft viele Körbe mit Blumen. Ich winde Kränze und Bukette, ergötze mich an Duft und Farbenpracht der Blüten. So oft ich mit irgend einem Arrangement fertig bin, kommen Mädchen, die mit silbernen Vasen und Tassen das Fertige forttragen. Es sind auch viel Männer im Garten, die meisten

---

[1]) Scherner sagt: „Die Geschlechtsregung symbolisiert sich durch Vorbildungen kleiner Kinder und damit verbundener Phantasieaktionen. Es ist offenbar, daß der Umgang mit den Säuglingen zum großen Teile das Gemütsleben des Weibes zur Darstellung bringt; ebensowenig aber ist zu leugnen, daß gerade in dem Bilde des Säuglings die verwandtschaftliche Beziehung desselben zum Schoße, dem er kaum entsprossen war, also zur Geschlechtlichkeit des Weibes sich ausdrückt. Schon in den Wassersgefahrträumen des Weibes ist es sehr auffallend, daß die Träumerin, wiewohl sie bereits Matrone ist und ihre Kinder erwachsen, dennoch zumeist den gefährdeten Sohn oder Tochter als kleines Kind sieht und zu retten sucht. Zum Beispiel eine unverheiratete Dame träumte, sie sei bei einer Wiege beschäftigt, habe einen kleinen Knaben zu wiegen und zu warten; gleich sieht sie noch ein anderes ihr bekanntes kleines Kind neben dem ersteren in der Wiege; wie sie es näher betrachtet, ist es ein niedlicher Kanarienvogel; und endlich soll sie noch einen dritten Kleinen in Pflege nehmen, der aber, wie die danach eintretende Traumerkundigung ergibt, erst noch geboren werden soll, wozu die Entbindung erwartet werde. Wie verräterisch ist dieser Traum! Mit der dreifachen Zahl der kindlichen Wesen enthüllt sich die fruchtbare Natur des zugrunde liegenden Reizes; mit der Verwandlung des zweiten Kindes in das lebhafte Wesen des Vogels spiegelt sich der erregte Reiz; durch die Verwandlung von Kind zu Vogel zudem die Annäherung der Frucht (Vogel für Kind) der Größe nach an das geschlossene Fruchtorgan der Jungfrau; mit dem dritten Kind endlich, was die Phantasie deutlichst als noch nicht geborenes resp. als noch vom Fruchthalter umfangenes bezeichnet, versetzt sich die Symbolik objektiv unmittelbar in das Organ, in dem sie erregt wurde, und bezeichnet das innere Geschlechtsorgan des Weibes als den direkten Erreger des Traumes. — Solche und ähnliche Traumspiele der Frauen und Jungfrauen mit Kindern sind äußerst häufig und bilden die scheinbar harmloseste Beschäftigung im Traum und beweisen wie sehr diese bedeutsam ist. Ebenso gern treten Vögel und überhaupt niedliche und sanfte Tiere als Objekte der Zärtlichkeit auf." (Das Leben des Traumes S. 200 bis 201 l. c.)

bleiben stehen, sehen mir zu, loben meine Geschicklichkeit; mich läßt ihr Lob doch ganz kalt.“

Dieser Traum ist sehr leicht zu verstehen. Sie ist der Typus der anständigen Frau, die unter der Dirnenphantasie leidet. An Bewerbern hat es ihr bisher nicht gefehlt, allein sie konnte die Blumen nicht pflücken, sie gab lauter „Körbe“. Es waren sehr viel junge Leute darunter, die sich dann andere, reiche Mädchen nahmen („Mädchen mit silbernen Vasen und Tassen tragen das Fertige fort“). Was hat sie davon, daß sie so leidenschaftlich ist und sich einbildet, eine Künstlerin in der Liebe zu sein? Die Männer, die ihren Liebesgarten besuchen könnten, die sie lieben, die stehen bleiben (bei ihrem Mann ist das zu ihrem Bedauern nicht der Fall, sein Penis bleibt nur sehr kurz stehen), müssen davon gehen und sie kalt zurücklassen. Da sitzt sie nun mit ihrer Schwester (Vagina) inmitten all dieser Blumen und kann keine pflücken. Ihr fällt das Gedicht ein: An der Quelle saß der Knabe, Blumen wand er sich zum Kranz. Sie muß sich mit der Onanie trösten. Der Traum knüpft an ein Erlebnis des Vortages an. Sie war bei einem Blumenkorso, woselbst ihr mehrere Kavaliere unter Schmeichelworten Blumen zuwarfen.

Eine andere Form des Dirnentraumes, wobei die Schwester ebenfalls die Rolle der Vagina spielt, ist folgende:

(138.) „Meine Schwester macht mir heftige Vorwürfe, daß ich dieses Faulenzerleben jetzt führe. Ich bin nicht fähig, eine Wirtschaft zu führen. Überhaupt paßt ihr dieses Leben nicht, das ich jetzt führe. Es ist nicht das Leben einer ernsten anständigen Frau. Ich antworte brüsk: „Du bist daran schuld! Du willst ja, daß ich mich kurieren und ein leichtes Leben führen soll. Schließlich, was gehts Dich an, wenn es meinem Manne paßt.“

Es handelt sich in diesem Traum um ein Selbstgespräch, wie wir später noch einige analysieren werden. Bei diesen Selbstgesprächen wird eine Seelenstörung durch eine zweite Person dargestellt [1]). Hier in diesem Traume unterhält sie sich selbst mit ihrer Vagina. In Wirklichkeit schrieb ihr die Schwester: Lebe nur in den Tag hinein, genieße deinen Aufenthalt in Wien, denke nicht an das Morgen. Im Traum ist das verkehrt. Die Schwester, diesmal die Vagina, beklagt sich über ihr Faulenzerleben. Sie wird nicht fähig sein, eine Wirtschaft zu führen, d. h. sie verlernt gänzlich das Koitieren, sie wird den Schaft nicht mehr einführen können. Ihr Mann paßt zu ihr nicht: „Überhaupt paßt dieses Leben nicht, das ich jetzt führe“. Sie muß fortwährend „passen“ (Ausdruck aus dem Tarockspiel für: nicht mitspielen); die schöne Zeit der Jugend ist für sie passé. Sie muß fortwährend aufpassen, daß sie, wenn es schon zu einem Koitus kommt, möglichst rasch fertig wird. Ihr Mann paßt zu viel auf sie auf, ist eifersüchtig, sie hat gar keine Gelegenheit, einen Treubruch zu begehen. Fortwährend macht er ihr Vorwürfe, wenn sie sich einmal unterhält: „Es ist nicht das Leben einer ernsten anständigen Frau“. Als Gegensatz, vom Standpunkte der Vagina, nicht das Leben einer leichten Dirne, was ihr Ideal wäre. Nun antwortet sie ihrer Vagina: „Du bist daran schuld!“ Das ist ja richtig; einem flüchtigen Rausche folgend, hat sie ihren jetzigen Mann geheiratet: „Du willst ja, daß ich mich kurieren und ein leichtes Leben führen

[1]) Die Schwester ist auch ein Symbol der Neurose!

soll. Schließlich, was geht's dich an, wenn es meinem Manne paßt." Das drückt die ganze Wunscherfüllung aus: ihrem Manne ist es recht, daß sie ein leichtes Leben führt; sie hat keine Aufsicht und dieses Leben paßt ihr am besten.

Dieselbe Patientin träumt:

(139.) „Meine Nichte setzt einen Hut auf mit schwarzen Straußenfedern. Eine Feder in der Mitte ist immer schief. Ich gebe mir große Mühe, sie aufzurichten; es geht nicht. Die Nichte sagt: „Das ist der schiefe Turm von Pisa." Wir lachen ungeheuer, der Hut fällt beim Lachen vom Kopfe."

Die Nichte ist natürlich wieder die Vagina. Ihr impotenter Mann ist der schiefe Turm von Pisa. Trotz aller Mühe, die sie sich gibt, bleibt die Feder (in der Mitte) schief, sie kann sie nicht aufrichten, es geht nicht. Es fällt ihr zum schiefen Turm von Pisa die Geschichte vom Kampanile ein: Ein Ehepaar macht die silberne Hochzeitsreise nach Venedig. Der Jubilar spielt dabei eine traurige Rolle. Am nächsten Morgen zeigt er der Frau den Ort, wo einst der Kampanile gestanden und sagt ihr beruhigend: „Siehst du, der Kampanile steht auch nicht mehr." Worauf sie erwidert: „So, seit wann heißt das — — Kampanile?" Auch ein ähnlich obszöner Witz vom Eiffelturm fällt ihr ein. Die Vogel-Strauß-Politik hat sie bisher ihrem Manne gegenüber beobachtet. Daß sie ihren Mann lächerlich macht und über seine Bemühungen, die schiefe Feder aufzurichten, spottet, ist ja durchsichtig. Das „Lachen" bedeutet hier Weinen. Der Hut fällt zu rasch zusammen.

Der Hut ist ein typisches Genitalsymbol — und zwar bedeutet er merkwürdigerweise meistens das männliche Genitale. Ich habe das an zahlreichen Beispielen bestätigen können. Freud hat dieselbe Erfahrung gemacht. Ich kenne aber Träume, in denen der Hut [1]) eine Vagina darstellt. Der Hut ist offenbar wie die meisten Sexualsymbole bisexuell und stellt Mann und Weib dar.

Kinder als Genitalien sind sehr häufig [2]). Ebenso ist zu berücksichtigen — was ich ja schon betont habe — daß alle größer und kleiner werdenden, ebenso alle wachsenden Gegenstände — auch das Gummiband — das Membrum symbolisieren.

Analysieren wir jetzt einen Traum eines Mädchens, in dem der Vater eine große Rolle spielt.

Traum vom toten Vater.

(140.) „Der Vater lag auf der Totenbahre und dann belebte er sich und stand auf und ging einher. Er hatte immer dasselbe Totenantlitz. Dann war er wieder bei uns und besonders mit mir zusammen."

Analyse: Der Vater ist vor fünf Jahren gestorben. Die Traumgedanken verraten die große Sehnsucht, das geliebte Oberhaupt der Familie wieder zu sehen und von ihm besonders ausgezeichnet zu werden („besonders mit mir beisammen"). Er ist für sie nicht gestorben. Er lebt und herrscht wieder in ihrer Seele.

---

[1]) Der Zylinder ist wegen seiner Härte, der Chapeau claque wegen seiner Erektionsfähigkeit ein phallisches Symbol.

[2]) „Knabe, Kerl, Knecht, Geselle, Kleiner sind, wie Grimms Wörterbuch an hundert Beispielen zeigt, populäre Bezeichnungen für das Glied." (Kleinpaul, D. L. d. Sp. III. S. 165).

Trotzdem gingen die Einfälle der Patientin von dem Vater rasch auf einen Onkel, bei dem sie vor Jahren auf Besuch gewesen. Das war ein verhältnismäßig junger Mann in den Vierzigern, der großen Gefallen an ihr fand. Sie lebten damals außerhalb der Großstadt und kamen nun zu verschiedenen Gelegenheiten allein in der Wohnung zusammen. Seine Küsse väterlichen Charakters wurden immer wärmer. Schließlich sprachen sie sich mit „mein Schatz" und „mein Liebling" an.

Die Wogen der Leidenschaft stiegen höher und schließlich versuchte er, das Letzte zu erreichen. Sie wehrte sich, gab ihm einen Schlag, worauf er wie gebrochen, wie ein Toter zusammenbrach. (Der Vater war an einem Schlaganfall gestorben.) Da hatte sie nun Mitleid mit dem lieben Onkel und gestattete ihm, sich neben sie hinzulegen. Die frustrane Erregung, die dann erfolgte, wird aus dem Traume verständlich. Der „Vater" symbolisiert hier den Penis. Die Totenbahre stellt wie so oft das Brautbett dar. Die Wandlung vom schlaffen, toten Membrum zum „belebten", das Wunder der Erektion, wird hier plastisch dargestellt („und stand auf"). Der Wunsch, die damalige Szene möge sich wiederholen, läßt den Toten wieder erscheinen. Der Onkel ist für sie auch ein Toter. Denn seine Frau kam hinter die Beziehungen und machte ihnen ein rasches Ende. An der Totenbahre des Vaters hatte sie den geliebten Mann wiedergesehen. Die neu geschaffene Situation gibt neue Möglichkeiten.

Daß er wieder bei ihr ist und „besonders" (d. h. von den störenden Verwandten abgesondert), daß die frustrane Erregung, die eine frictio membri cum manu war, in einen vollzogenen Kongressus (ging einher = herein gehen) umgewandelt wird, entspricht ihren geheimen Wünschen. Zum Thema Penis als Vater bemerkt Artemidoros (l. c. S. 53):

„Das Schamglied ist einerseits den Eltern vergleichbar, indem es die Beziehungen auf den Samen enthält, andererseits den Kindern, weil es sie hervorgebracht hat; dann der Gattin und Geliebten, weil es zur Liebeslust geschaffen ist; den Brüdern und jeder Art von Blutsanverwandten, weil ja die ganze verwandtschaftliche Beziehung vom Schamgliede ihren Ausgang nimmt."

Es folgen zwei Verwandtenträume eines jungen Mannes:

(141.) „Der Vater ging aus dem Geschäfte in die Wohnung und wollte der Schwester etwas in Geschäftsangelegenheiten ausrichten. Da ihm das Stiegensteigen sehr schwer ankam, blieb er auf den ersten Stufen stehen und sprach so mit der Schwester, die im zweiten Stockwerke stand. Sie hatte ihn schlecht verstanden, deshalb sagte sie, er soll deutlicher reden und soll nur hinaufkommen oder so was ähnliches."

(142.) „Ich bekam Urlaub und freute mich schon sehr, endlich eine Schwester, die ich schon lange nicht sah, besuchen zu können. Ich kam schon in der Stadt an, erinnerte mich aber, daß ich beim Ankommen eine Selbstanzeige beim Polizeikommissariat erstatten muß wegen Übertretung eines unbedeutenden Gesetzes. Ich ging hin und mußte warten, bevor an mich die Reihe kam.

Ich ärgerte mich sehr über die Gesetzgebung, da ich mir sagte, ich habe ja nichts verbrochen und bin gezwungen, die Zeit da zu versäumen und vielleicht noch meinen Urlaub unschuldig im Gefängnis zu verbringen, statt meine Schwester zu besuchen, weil der Staat das will."

Zwei Träume, die in einer Nacht geträumt wurden. Sie müssen also einen Zusammenhang haben. Der erste Traum hat eine sehr durchsichtige Symbolik. Die Schwestern stehen für den Busen. Hier der Busen seiner begehrten Schwester. Eine seiner erotischen Phantasien geht nach einer Variation des Geschlechtsgenusses, die keine Konzeption herbeiführen kann, nach dem Coitus inter mammas. „Der Vater [1]) (der Penis) verläßt seine Wohnung" bedeutet die Exhibition. Was er ausrichten will, kann man sich vorstellen. Die Widerstände gegen die Inzestphantasien werden hier sehr treffend als Stiege dargestellt. Was er tun will, das nennt man steigen [2]). Er steigt aber die Stufenleiter der Zärtlichkeiten nicht ganz hinauf. Er ist beim Kuß stehen geblieben. Die Schwester (in beiden Bedeutungen) fordert ihn auf: er solle nur hinaufkommen. Das heißt: Trau dich doch! du dummer Junge. Das Geschäft ist die Vagina. Geschäftsangelegenheiten = erotische Beziehungen. Der Penis steht ihm unten, aber er traut sich nicht ihn einzuführen — in das zweite Stockwerk. (Mund — Fellatio?)

Im zweiten Traum nimmt er den Inzest als vollzogen an. Die Übertretung stellt er als harmlos dar — sie ist nur ein unbedeutendes Vorkommnis. Es ist nur ein Coitus inter mammas. Das Warten bezieht sich natürlich auf das lange Warten bis zur Erfüllung der Phantasien. („Da können Sie lang warten!" hatte ihm ein Mädchen vor einigen Tagen gesagt".)

Der Staat sind die Eltern, die Moral, die Sitte — kurzum alle Autoritäten. Er ärgert sich sehr über die Schranken der Gesetze. „Warum soll man nicht eine Schwester lieben können?" lautet die Frage des Traumes.

Der Traum gibt den Wunsch wieder und zugleich die Warnung. Wenn du verbotene Dinge machst, kommst du zur Polizei und vor das Gericht. Hüte dich!

Wir haben oft von den symbolischen Gleichungen gesprochen. Die III. Symbolische Gleichung hat eine Variante: Alles was der Mensch paarweise hat, kann für einander stehen, und Schwestern oder Brüder bedeuten. Umgekehrt können die Brüder (insbesondere, wenn es zweie sind) oder die Geschwister die Hinterbacken repräsentieren. Die Schwestern als Busen und die Brüder als Hinterbacken kommen sehr häufig vor. Aber auch die Augen, die Knie [3]), die Ohren, die Beine, die Füße, die Hände können Geschwister bedeuten [4]).

---

[1]) „Der Alte" oder „Mein Alter" für Penis. (Anth. III. S. 43.)

[2]) Vgl. Freud, „Die Chancen der Psychoanalyse". Zentralbl. f. Psychoanalyse. Heft I/II. 1910.

[3]) „Oft aber haben die Knie einen Bezug auf die Brüder und Genossen, indem auch die Knie untereinander verbrüdert und Wandergenossen" sind (Artemidoros, S. 55 l. c.).

[4]) Einige wichtige Bezeichnungen möchte ich noch hervorheben. Der Homosexuelle heißt der „Warme Bruder", die Lesbierin „Die warme Schwester". Die Homosexuellen nennen sich untereinander „Tante" oder „Schwester". Die Urlinden begrüßen einander „Onkel" und „Bruder". (Anth. VI. S. 10.) Ferner die paarigen Organe, Hoden, Busen, Hinterbacken usw. heißen auch die Zwillinge, z. B. die Hoden: les siamois. (Anth. VII. S. 20.) Im Deutschen: Die beiden Brüder oder „Die zween stolzen Knaben". Die Brustwarzen sind im Hohenlied „Die zwei jungen Rehzwillinge". Die beiden Hinterbacken heißen französisch auch „les deux soeurs" („tomber sur ses deux soeurs; ein Klistier bouillon des deux soeurs). Kleinpaul D. L. d. Sp. III. S. 166.) Aber auch „jumelles" (Anth. VII. S. 44). Eine besondere Bedeutung hat die „Tante". Sie heißt die Periode. In Wien „Die Tante aus Rotneusiedel", in Berlin „Die Tante aus Potsdam" usw. Vielleicht kommt daher der Volksglaube. „Wer einer Tante beischläft, kommt ins Paradies". (Anth. I. S. 251.)

Von Träumen solcher Art, die in allen Variationen vorkommen, könnte ich noch eine ganze Reihe anführen, glaube aber, daß diese paar Beispiele vollkommen genügen.

Selbstverständlich gibt es Träume, wo die Personen für sich selbst stehen. Auch in den hier analysierten Träumen spielen die Personen eine gewisse Rolle. Ich habe diese Beziehungen nicht mitgeteilt, weil sie bei der Beleuchtung unseres Problems als Lichtquelle nicht in Betracht kommen. Man vergesse aber nie, daß alle Träume mehrfach determiniert sind.

Die Verwandten im Traume können auch die gegengeschlechtliche Komponente symbolisieren. Ein Beispiel wird uns das gleich anschaulich machen.

(143.) „Ich liege mit meiner Schwester im Bette. Sie benimmt sich sehr aufgeregt und ist sehr hitzig. „Was hast du denn?" sage ich ihr beruhigend. „Ich erwarte den Vater" antwortete sie. Dann kommt der Vater und küßt sie unzählige Male auf die Wange.

Es handelt sich keineswegs um einen Eifersuchtstraum. Die Schwester repräsentiert seine Weiblichkeit. Der Vater ist mit ihm zärtlich, was einem verdrängten Wunsche entspricht.

Aus einem anderen Traume ergibt sich eine ähnliche Symbolik. Eine junge Frau mit stark betonter homosexueller Komponente träumt:

(144.) „Mein Bruder geht mit mir spazieren und zeigt mir die schönen Mädchen, die alle kurze Röcke tragen, so daß ich ihre Waden sehen kann. „Siehst du!" sagt er, „die gefällt mir besonders gut und weist auf ein Mäderl, das wunderbar gewachsen ist. „Du wirst dich doch nicht mit kleinen Kindern einlassen! sage ich." „Das wäre ja ein Verbrechen!"

Die Träumerin hat ein lebhaftes Interesse für Kinder des gleichen Geschlechtes. Sie ist pädophil und homosexuell. Sie muß auf der Gasse allen Mädchen und besonders Kinder zwischen 8 und 14 Jahren nachsehen und wird dabei sehr erregt. Aber der Traum enthält auch die Warnung und den Einspruch ihres moralischen Ich. Der Bruder repräsentiert hier nur die homosexuelle Komponente ihrer Sexualität.

Verwandte können auch die Neurose symbolisieren, besonders Brüder, Schwestern, Tanten usw. Ausführliches über dieses Thema wird im zweiten Bande dieses Werkes publiziert werden.

Mitunter haben Verwandte auch eine ganz andere Bedeutung und stellen eine bestimmte Einstellung dar. Sie repräsentieren ein individuelles Traumsymbol (Kaplan). Bei Verwandten im Traume ist immer darauf Rücksicht zu nehmen, ebenso bei Menschen, die in den Träumen regelmäßig wiederkehren. Ein charakteristisches Beispiel möge dieses Kapitel abschließen:

(145). „Ich gehe mit meinem Onkel Richard Arm in Arm. Er führt mich durch eine blühende Landschaft, die aber etwas sumpfig ist. Dann gehen wir etwas in die Höhe. Plötzlich erscheint mein Vater und sieht mich sehr zornig an. Ich erwache mit Herzklopfen."

Onkel Richard ist ein lebenslustiger, etwas leichtsinniger Künstler, der mit einer Frau in freier Ehe lebt und es mit der Treue gegen seine Geliebten nicht sehr ernst nimmt. Er wurde dem Träumer oft als schlechtes Beispiel vorgehalten. In seinen Träumen erscheint er als das Symbol der „leichtsinnigen Lebensfreude". Sein Vater ist ein sehr ernster Mann, den er selten lachen gesehen hat und dessen Leben nur der Pflichterfüllung dient. In diesem Traume warnt ihn der Vater vor der leichtsinnigen Lebensführung.

Auch dieser Traum ist keine Wunscherfüllung, sondern ein Warnungstraum, wie wir deren schon viele kennen gelernt haben.

XVIII.

Wortneubildungen und unverständliche Worte.

Eine der schwierigsten Aufgaben der Traumdeutung ist die Auflösung von unverständlichen, neugebildeten Worten. „Am greifbarsten wird die Verdichtungsarbeit des Traumes," sagt Freud, „wenn sie Worte und Namen zu ihren Objekten gewählt hat. Worte werden vom Traume überhaupt häufig wie Dinge behandelt und erfahren dann dieselben Zusammensetzungen, Verschiebungen, Ersetzungen und also auch Verdichtungen wie die Dingvorstellungen. Komische und seltsame Wortschöpfungen sind das Ergebnis solcher Träume. Als mir einmal ein Kollege einen von ihm verfaßten Aufsatz überschickte, in welchem eine physiologische Entdeckung der Neuzeit nach meinem Urteil überschätzt und vor allem in überschwänglichen Ausdrücken abgehandelt war, da träumte ich die nächste Nacht einen Satz, der sich offenbar auf diese Abhandlung bezog: „Das ist ein wahrhaft norekdaler Stil." Die Auflösung des Wortgebildes bereitete mir anfänglich Schwierigkeiten; es war nicht zweifelhaft, daß es den Superlativen, „kolossal, pyramidal" parodistisch nachgeschaffen war; aber woher es stammte, war nicht leicht zu sagen. Endlich zerfiel mir das Ungetüm in die beiden Namen Nora und Ekdal aus zwei bekannten Schauspielen von Ibsen. Von demselben Autor, dessen letztes Opus ich im Traume also kritisierte, hatte ich vorher einen Zeitungsaufsatz über Ibsen gelesen." (Traumdeutung.)

Auch ich verfüge über eine Reihe von ähnlichen Beispielen. Ein Patient träumte: „pippadonen Charakter bilden". Es erwies sich das Wort pippadonen zusammengestellt aus Pippa und Donna. Die Pippa war die Heldin Hauptmanns aus „Und Pippa tanzt." Die Donna aus der „Donna Klara" von Heine. Es hatte den Träumer sehr gekränkt, daß seine Frau vor einigen Tagen zu einem Balle ging, um dort zu tanzen, obwohl er über heftige Migräne klagte. Seine Frau heißt „Klara". Das Wort heißt: Was für ein abscheuliches Charakterbild gibt diese Klara, die tanzen kann, wenn ich Kopfschmerzen habe. Sie sagte ihm: „Nimm doch ein Pyramidon." (Beachte die Ähnlichkeit Pippadon — Pyramidon.)

Analysieren wir einen solchen Traum, in dem unverständliche Worte eine Rolle spielen. Herr J. H. träumt:

Der Traum vom Konversationslexikon.

(146.) „Der Doktor (T.? L.?) untersucht mich. Auf einmal wird er ungeduldig. Er sagt: „Ja — da (am Fuß) haben Sie den Ausschlag und da am Auge das Wimmerl, das ist Talpie (Talpose? Alypie?), die ist unheilbar, da kann man nichts machen, ich breche die Behandlung

ab.“ Als ob „Talpie“ (?) eine dritte Krankheit wäre (neben Lues und...), weniger schwer, nicht infektiös und nicht letal, aber doch unheilbar, eine Art Verfaulen (?) der Knochen. Ich bin etwas deprimiert und denke mir: Die Krankheit mußt du doch, wenn du nach Hause kommst, im Meyer nachschauen...... Vorzeitige Abreise mit der Mutter aus Sarajewo.“

Die Worte Talpie — Talpose deuten auf Lexikon. Tatsächlich kommt dann der Meyer in dem Traume vor.

Die Worte lösen sich sehr einfach auf. Seine ersten Einfälle sind: Machaon und Talthydios, Homerische Herolde, die zugleich Ärzte waren. Talpino, ein Maler. Talpa, der Maulwurf. (Ein Tier, das im Finstern wühlt, in einem Hügel wohnt und blind ist.) Ferner Tal und pipi, d. h. das „pipi im Tale“. Das zweite Wort: die Pose (Stellung, Position) des Tales. Alypie führt über Alibi, Alapin, Alladin (Wunderlampe), Aly (baba) — zu einem Mohren, der Aly hieß. Wir denken auch an Thales, den Weltweisen, dem das „Erkenne dich selbst!“ zugeschrieben wird.

Da fällt ihm eine Geschichte aus der Jugend ein. Sein Vater (Thales) wollte ihn über die Syphilis aufklären und erzählte ihm von einem Manne, der nur einmal einen Koitus ausgeübt hatte und dann schwer krank wurde. [tales (englisch): Geschichten.]

Die dritte Krankheit Talpie ist die tertiäre Syphilis, die den Knochen angreift.

Das Wichtigste: Die dritte Krankheit ist die hereditäre Syphilis. Verdächtigungen der Mutter und des Vaters. Vielleicht war es der Mann, der . . . ? Die Mutter hatte einen Abortus. („Vorzeitige Abreise!“) In Sarajewo ist die Lues endemisch. Er schiebt die Verantwortlichkeit für seine Lues auf seine Mutter. π ist die Ludolfische Zahl, von der sich verschiedene Schmähungen ableiten. Ein „Luder“ spielte in seinem Leben eine bedeutsame Rolle.

Solche Gedankengänge sind bei den Neurotikern sehr häufig. Sie wälzen die Schuld der Erkrankung von sich auf die Aszendenz. Nicht sie sind schuld, sondern die Konstitution, die erbliche Belastung.

Hier stoßen wir durch die Worte Talpie, Talpose — (Talypie — nachträglich eingefallen) und Alypie auf den Lexikonkomplex. Die Szene ist zu wichtig. Wir müssen sie etwas ausführlicher besprechen. Patient war 15 Jahre alt, als sein Vater das Bedürfnis fühlte, ihm auf den Zahn zu fühlen. (Vgl. den Zahntraum desselben Patienten Nr. 202.) Er begann vom Geschlechtsverkehr zu reden und war sehr überrascht, als sich sein Sohn vollkommen informiert erwies. Dann begann er von Geschlechtskrankheiten zu sprechen. (Die Namen der beiden Doktoren F. (?) und L. (?) zeigen Beziehungen zu einer überstandenen Gonorrhöe und drücken Mißtrauen aus; denn beide Ärzte sind nicht sonderlich klug und haben sich nicht ausgezeichnet. Vorwürfe gegen mich. Gedanken, die Kur zu beenden. Sie wird als aussichtslos dargestellt.) Er erzählte ihm auch von der Syphilis. Besonders die Geschichte eines Mannes, der immer keusch gewesen und durch einen einzigen Koitus im Prater sich eine Lues holte. (Frühere Träume, die vom Prater handeln, fanden so eine einfache Erklärung.) Was war die Folge dieser Aufklärung? Daß Herr N. sich zu Hause schleunigst im Lexikon alle Kenntnisse über Syphilis aneignete, die dort zu haben waren. Von der hereditären Lues stand dort, man erkenne sie an den gerippten Zähnen. (Deshalb die Zahnarztträume Nr. 203 und 204). In ihm muß der Verdacht aufgestiegen sein, der Vater wäre der Mann im Prater gewesen und habe seine Mutter infiziert. Er sei dann hereditär luetisch.

Nach einigen Jahren lief er zu dem Hausarzte. Er war an schmerzhaften Leistendrüsenschwellungen erkrankt. Da er onanierte, glaubte er infolge der Onanie syphilitisch geworden zu sein. Die Onanie erweist sich immer als ein unerschöpfliches Rezeptakulum für alle Vorwürfe, hinter denen sich weit wichtigere verbergen. Eine vorher überstandene Augenerkrankung (Wimmerl am Auge!) hatte diesem Verdacht eine gewisse Berechtigung gegeben. (Talpa — der blinde Maulwurf.) — Er fragte deshalb den Hausarzt, ob er an Syphilis leide. Wohlgemerkt Er hatte damals noch keinen Verkehr mit Frauen gehabt. Seine Frage ging offenbar nach der hereditären Syphilis, die hier als dritte Krankheit dargestellt wird.

In einem vorhergehenden Traume ist von „langen, schwarzen Käfern" die Rede, die über eine Mauer (siehe Aly der Neger — Mauren — Schwarze — Blinde usw.) laufen. Solche Käfer dienen häufig zur Symbolisierung der Infektion, ähnlich wie Schlangen, deren Biß giftig ist. Er leidet auch an einer Schlangenphobie.

In diesem früheren Traume heißt es auch:

(147.) „Ich will nicht zu früh in den Meyerhof [1]) kommen. Vor Sonnenuntergang [2]) da legen sich alle Löwen und Tiger und Panther in den Hof, da habe ich Angst."

Es fällt ihm zuerst ein, daß noch andere Tiere da waren. Darunter auch Schlangen.

Die Schlangen (das Wichtigste!) wurden erst später hinzugefügt. Die wilden Tiere sind alle bissig. Sie beißen (Zähne!) und töten. Sie symbolisieren hier neben Leidenschaften ebenso wie die Käfer die Infektion mit Lues.

Das Lexikon erweist sich noch in anderer Beziehung als ein traumatisches Buch von allergrößter Wichtigkeit. Es wird in Träumen durch Worte mit gleichen Anfangsbuchstaben ausgedrückt. (Ein anderes Beispiel: Araber — Arabien — Arabella — Arabies — rabies; ein an Lyssaphobie [Rabies] leidender Arzt.)

Eigentlich hatte mich Herr J. H. schon am dritten Tage der Kur auf das Lexikon aufmerksam gemacht. Er meinte damals in bezug auf die Traumdeutung, wenn man sich einige beliebige Worte aus dem Lexikon herausnehme, so lassen sich eine Unmenge Beziehungen in den Komplexen finden. Daran zweifle ich ja nicht. Wir sehen ja ähnliches bei den Assoziationsexperimenten von Jung. Die unbewußten Gedanken finden immer ein Zipfelchen, das sie erfassen und an das sie ihre Ketten anhängen können.

Damals hätte ich schon den Lexikonkomplex berücksichtigen sollen.

Doch kehren wir zu unseren rätselhaften Worten zurück. Nachdem wir diese Einfälle besprochen hatten, mache ich J. H. auf das noch rätselhafte „Alypie" aufmerksam. Es müßte doch Beziehungen zur Lues, d. h. zur dritten Krankheit enthalten. Es kommt zuerst die Assoziation „Alypia", d. i. die Schmerzlosigkeit der Philosophen. Dann aber

---

[1]) Mit v geschrieben!

[2]) Blindheit — talpa.

Alopex: der Fuchs. Ein Scherzwort: Wie hängt Alopex mit Fuchs zusammen. Alopex — Lopex — Opex, pex pax pux Fuchs. Fuchs führt auf den Wiener Augenarzt Professor Fuchs, der einmal bei einem Bekannten die Diagnose auf Star mit den Worten stellte: Opa citas lentis incipiens. Die Diagnose hatte sich nicht bewährt. Denn der Star machte keine Fortschritte. Von Fuchs führt ein wichtiger Gedankengang. Er ist der Fuchs, dem die Trauben zu sauer sind. Ein Traum hatte diesen Gedanken schon vor einigen Tagen ausgedrückt. Die betreffende Stelle hieß:

(148.) „Ein Spalier aus Weinranken in der Höhe meiner Hüften verhindert mich, nach unten zu sehen."

Er sieht nicht nach oben, d. h. nach den besseren Frauen, weil die Trauben ihm zu sauer sind.

Hier muß ich aus Gründen der Diskretion wichtige Zusammenhänge unterdrücken.

Von Alopex kommen wir auf Aleppo und auf die Krankheit von Aleppo (bouton d'Aleppe), jene merkwürdigen Beulen, die nur in Aleppo und der Umgegend oft erst nach einigen Monaten auftreten. Die Reihe scheint jetzt zu lauten: Lues, Elephantiasis, bouton d'Aleppe.

In einem vor einem Jahre geträumten Traume, wo die dritte Krankheit als „Bisenz" bezeichnet war, fand sich eine Stelle von Knopflöchern im Rocke, wo die Krankheit sitzt. Knopf = bouton, Loch = vagina, Geschwür usw. Rock-o englischer Ausdruck für Genitale.

Bei Aleppo kommt ihm eine wichtige Erinnerung: Eine Stelle aus Othello, dem Mohren von Venedig. (Vgl. Aly — baba — Aladin — Mauer — Maure — Mohr.) Sie lautet:

— „Das schreibt nieder,
Und setzt hinzu, daß in Aleppo einst,
Allwo ein Türke einen Venetianer
Aus Bosheit schlug und unsern Staat beschimpfte,
Ich den beschnittnen Hund am Hals ergriff
Und niederstreckte — so! (Er ersticht sich.)

In seinen Träumen spielt der Mohr eine ungeheure Rolle. Jetzt erfahren wir, daß er der Othello ist. Er, der sich immer stolz rühmte, er kenne die Eifersucht nicht. Wir erkennen jetzt die Quelle aller Verdächtigungen, denen die Mutter in seinen Träumen ausgesetzt war. Er war eifersüchtig und erdrosselte seine größte Liebe aus Eifersucht. Er hatte aus Eifersucht die Liebe getötet. Sein Zweifel, an dem er leidet, ist der Zweifel an der Mutter.

Eine weitere Gedankenreihe beschäftigt sich mit der Nase. Von Othello führen die Assoziationen zu Erzherzog Otto und zu einer luetisch zerfressenen Nase. („Eine Art Verfaulen der Knochen".) Die Nase wird auch durch Lupus zerfressen, wonach die Reihe der Tiere sich noch mit dem Jaguar (Jago!) ergänzt und lautet: Hund, Fuchs, Wolf, Löwen, Tiger, Panther, Jaguar, Schlangen und die schwarzen Käfer (die auch Schwaben heißen), und einen neuen Schacht eröffnen, der über Schwabenstreiche — Kaiser Rotbart (Fuchs!) — wieder ins heilige Land nach Aleppo führt. Die Wortreihe Talpie Talpose Talypie — Alypie war zur Vorbereitung des hochwichtigen „Aleppo" bestimmt, das mit den Kreuzfahrern und dem Zug ins heilige Land zugleich Schuld und Sühne ausdrücken sollte. Die wichtigste Bedeutung der dritten Krankheit geht über das dritte Geschlecht zur Homosexualität. Er leidet an seiner Homosexualität und will deshalb (wegen nicht befriedigter Liebe) die Behandlung abbrechen.

Ich kann die Bemerkung nicht unterdrücken, daß es mir kaum gelungen ist, einen geringen Bruchteil der Assoziationen festzuhalten.

Betrachten wir nun einen interessanten Traum des Herrn Meta:

(149.) „Ich sah eine Art Kiste, die durch eine Schnur in zwei Teile geteilt war. Links stand Ste, rechts eis.“

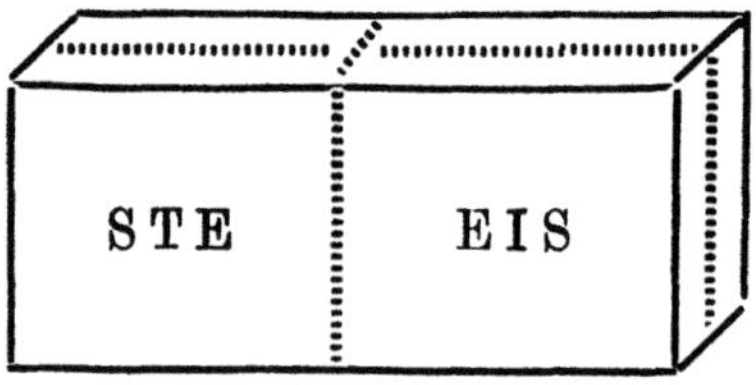

Das Ganze ergibt Steeis.

Was der Herr Meta sieht, das ist eigentlich ein großer Steiß. Der Riesensteiß eines erwachsenen Menschen, durch die natürliche Anlage in zwei Teile geteilt. Die Analyse ergibt, daß ihm der sehr große, dicke Papa besonders durch seinen großen Hintern imponiert hat. Die Kiste [1]) ist der Sarg, in dem der schon einige Jahre tote Vater ruht. Aber er ruht mit dem Steiß nach oben. Er hat sich wegen des leichtsinnigen Lebens seines Sohnes im Grabe umgedreht. Das war die beliebte Redensart seiner Erzieherin, die wirklich eine „alte Kiste“ ist und sich wahnsinnig schnürt, um eine Wespentaille zu erzielen. Die Schnur war schwarzgelb geflochten. Das fällt ihm nachträglich ein. Es muß also besonders wichtig sein. Der Vater war Beamter..also schwarzgelb. An der Grenze sind die Pfähle auch schwarzgelb. Die Schnüre bedeuten eine Grenze zwischen Links und Rechts. Links ste-ht sein Penis. Für Männer wäre er zu haben; für Frauen (rechts!) ist er Eis. (Auch auf den Papa hat Links und Rechts eine Anspielung. Papa hatte ein Verhältnis mit der Erzieherin (links); heiraten (rechts) wollte er sie nicht.) Auf seine Impotenz kam er über Steh—eis zu Steh—käs, eine Wiener Bezeichnung für eine kleine Portion Schweizerkäse. Die Worte Ste... eis...erhalten plötzlich ein k, welches auf meinen Namen führt Stehkäs-Stekel. Die Silben sind, wie ihm plötzlich einfällt so zu ergänzen Stekel = Pempeis. Ich bin der Pempeis. Das war in seiner infantilen Mythologie das Höchste, das es gab. Er hatte zwei Untergötter — den Lulumann (Urinmann) und den Kakimann (Dreckmann). Der Pempeis war die oberste Gottheit. Ich werde also mit dem Vater, der dann die Rolle des Pempeis übernommen hatte, identifiziert.

Ist das bloße Übertragung? Keine Spur. Zwiespältig sind seine Empfindungen: Liebe und Haß. Neben den Nates [2]), die hier eine große

---

[1]) Kiste steht meistens für ältere Frauen. „Alte Kisten“ ist eine in Wien beliebte Schmähung. Doch kann die Kiste auch den Podex bedeuten, wie Traumanalysen und verschiedene Stellen in der Anthropophyteia beweisen (Anth. VI, S. 8. Bd. VII. S. 34).

[2]) „Den Rücken und alle Hinterteile betrachten wir als Symbole des Alters, infolge dessen sie von einigen ganz richtig das Gebiet des Pluton genannt werden.“ (Artemidoros S. 57 l. c.)

Rolle spielen, bedeutet die Kiste noch einen Sarg! Er wünscht also meinen Tod. Er steht vor dem Schlusse der Behandlung. Jetzt soll der Arzt, der so viel weiß, wie ein versiegelter, verschnürter Brief in die Grube gesenkt werden. Die Schnüre sind schwarz-gelb. Das deutet schon auf Todesgedanken. Er ist mit mir fertig, wie mit dem Gott der Kindheit, dem Pempeis.

Traum des Herrn L. K.:

(150.) „Ich unterhalte mich mit Frl. Anna darüber, wer die Bankdirektorstelle erhalten wird. Sie nennt mir einen fremden Namen, dessen Träger sich innerhalb Wien befindet. Das befriedigt mich sehr. Ich erwache mit einer Pollution. Der fremde, mir ganz unbekannte Name klang wie Bobzinsky."

Tritt nach und während eines anscheinend indifferenten und gänzlich anerotischen Traumes eine Pollution auf, so können wir dessen sicher sein, daß sich hinter den gleichgültigen Ereignissen sexuelle Vorgänge verbergen. Das Fräulein Anna ist derzeit das begehrteste Sexualobjekt unseres Träumers. Er würde gerne mit ihr ein Verhältnis anknüpfen, fürchtet aber die Folgen — ein uneheliches Kind (Bankert). Ein anderer soll das besorgen. Ein anderer wird Bankdirektor, was ihn sehr befriedigt. Er hat keine Sorgen, keine Scherereien, keine Paternitätsklagen. Doch ist das die ganze Wahrheit? Scheitert der Plan nicht an den Widerständen des allzu moralischen Frl. Anna? Vielleicht bringt uns der rätselhafte Namen Bobzinsky auf die richtige Fährte. Ihm fällt zuerst der Statthalter Bobrinsky ein. Das hat bestimmte Gründe. Frl. Anna ist „quasi" eine „Braut", d. h. sie hat ein langjähriges Verhältnis mit einem.... Bankbeamten und er möchte gerne der Statthalter ihres Verlobten sein. Bobr jedoch heißt im Russischen (er ist ein Russe, der in Deutschland studiert hat!) der Biber. Dazu fällt ihm ein, daß der Bräutigam einen schönen Biberpelz und feuchte Hände hat. (Er schwitzt wie ein Biber!) Die nächste Assoziation ist der Biberpelz von Hauptmann. Diese Diebskomödie hat ihn seinerzeit sehr belustigt. Jetzt will er den Dieb machen und in fremdes Gehege gehen. Ferner fällt ihm ein, daß der Biber lateinisch Castor heißt. Castor und Pollux sind Zwillinge gewesen. Pollux heißt im Studentenausdruck die Pollution. Castoreum war jedoch ein Aphrodisiakum, von dem ihm ein Hauptmann namens Ratter (Biberratte!) gesagt hat, daß es ihm ausgezeichnete Dienste geleistet hatte. Eine zeitlang hatte er schon daran gedacht, diesen Liebstrank dem Frl. Anna einzugeben. Er wäre so schon so kühn gewesen, wenn er zu seiner Potenz mehr Vertrauen gehabt hätte. Allein trotz Sperminum Poehl und trotz Muriacithin litt er sehr unter den Launen seiner Potenz. Die Sorgen um seine Potenz beschäftigten ihn unausgesetzt. Deshalb nahm er alle Aphrodisiaka wahllos ein.

Bob heißt englisch Robert. Als „Tod" im „Meister von Palmyra" hatte er die Schauspieler Robert und Lewinsky gesehen, welch letzterer noch andere Beziehungen zum Trauminhalt hat. Er sah ihn zuletzt als Richard III. Richard III. tötete den Nebenbuhler und freite die Witwe an der Bahre. „Ward je in solcher Laun' ein Weib gefreit?" Er ist jetzt infolge seines Leidens sehr schlechter Laune und will nicht an Frauen und Liebesfreuden denken. Nur im Wachen!

Im Traume das Gegenteil: Er ist guter Laune („sehr befriedigt") und hat eine Pollution. Er ist der Träger eines fremden Namens. Frl.

Anna kennt ihn nicht. Folglich hat er nicht nötig, die Folgen eines Verkehres zu fürchten.

Er ist selber der fremde Bobzinsky . . . . . .

Eine weitere Überdetermination geht über Robert, von dem man ihm erzählte, er habe einen silbernen Penis gehabt, weil seine Frau in eifersüchtiger Wut ihm seinen eigenen abgebissen habe. Es fällt ihm ein, daß sein Freund Dr. N. einen sehr großen Penis hat. Er ist am ganzen Körper behaart, hat einen großen Bart, zwei kleine Äuglein, die hinter einer Brille hervorlugen, ein dickes, pastöses Gesicht, trägt einen alten schäbigen Biberpelz und eine Biberkappe und sieht in dieser Vermummung aus wie eine Biberratte. (Hier ergeben sich eine Reihe von Anspielungen auf die Behaarung — das Fell.)

Sein Freund Dr. N. ist ein guter Bekannter von Fräulein Anna: Ihm würde er sie am ehesten gönnen. Er soll Bankdirektor werden und alle Folgen tragen.

Hier bricht auch die starke homosexuelle Komponente des Träumers durch. Bei der Biberratte spielt der Schwanz eine große Rolle. Auch seine Gedanken gehen auf den großen Schwanz des Freundes, der zufällig auch Robert heißt. D. h. Frl. Anna wird seinem Freunde den Penis abbeißen (Angst vor der Fellatio), worüber er sehr befriedigt ist. Er gönnt seinem Freund aus gekränkter Liebe diese empfindliche Strafe. Aus sadistischen Quellen strömt die Libido, welche in einer Pollution gipfelt.

Die wichtigste Beziehung enthält der Bob — Robert — der Tod. Der Tod ist der oberste Bankdirektor. Hier — wie so häufig — die Kombination von Phallus und Tod. Er wird an den Folgen der Umarmungen des Frl. Anna sterben. Er läßt die anderen sterben, was ja hier, wie in allen Fällen, auch Leben bedeutet . . .

Wir sehen, der Traum geht auf das Verlangen einer Fellatio durch Frl. Anna. Daher die Pollution. Im Gegensatz zu diesem Traum steht ein anderer des gleichen Träumers, der trotz seines manifest sexuellen Inhaltes keine Pollution zur Folge hatte.

(151.) „Jemand vollzieht an ihm eine Fellatio. Er ärgert sich sehr."

Einfache Analyse: Ich bin der Jemand. Ich sauge ihn aus. Bezieht sich auf die hohen Kosten der Behandlung. Sperma bedeutet nach der zweiten symbolischen Gleichung der Neurotiker Geld. Besonders deutlich: Der Blutsauger für den Wucherer. Vgl. die Redewendungen: „In jemanden Geld hineinstecken". „An einem Geschäft sich verbluten." Blut (Geld)[1]) schwitzen; sich ausschleimen.

Ein Traum des Herrn Z. J.:

(152.) „Ich nehme ein Buch in die Hand, dessen Autor hieß: Salomon Gambler, Ritter von Debreczin. Ich suche im Kataloge nach und zwar den Band mit den Buchstaben bis Gz."

Der Name ist eine Neubildung und erweist sich als Schmähung meiner Person und des Vaters. Die Buchstaben Gz heißen Gesetz und Graz, seine Geburtsstadt. Er kommt beim Suchen nur bis Graz, d. h. bis zur Mutter. Er kann über die Mutter nicht hinauskommen.

---

[1]) „Jeden Auswurf von Blut, Speise und Schleim legen die armen Leute als Gewinn aus, Wohlhabende aber als Schaden; denn die ersteren können wohl nichts verlieren, falls sie nicht eher etwas erworben haben, die letzteren besitzen schon und können verlieren." (Artemidoros S. 256 l. c.)

Er spricht viele Mädchen an und kann keine erobern, da er sich scheu zurückzieht. Der Vater ist der weise Salomon, der Gelehrte. Der ihm unbekannte Name Gambler geht auf folgende Verdichtung zurück. Gambetta — game englisch das Spiel — ferner Kamel — und der griechische Buchstabe gamma (γ), der im Unterricht eine so große Rolle gespielt hat — der in Verbindung mit dem griechischen beta (β) Gam-betta ergibt.

Zu „bler“ assoziert er sofort Bleriot, der an dem Tage in Wien aufgestiegen ist, als er mit einem Mädchen eine folgenschwere Unterredung hatte.

Bei Salomon assoziiert er zuerst: Den König Salomo. Er denkt an die Erzählung von dem Kinde, um das sich zwei Mütter streiten. Er hat das Mädchen aus Angst vor Gravidität und Paternitätsklagen aufgegeben. Die Mutter (Graz) erwies sich stärker als das Beispiel eines Vetters, der in Debreczin stationiert war und ein uneheliches Kind hatte. Er stand wie der König Salomon zwischen zwei Frauen: Mutter und Geliebten. Daß er sich über den alten Vater lustig macht, ergibt sich aus dem weiteren Verlauf der Analyse. Die Wortneubildung Gambler ist eine Verschmelzung aus gamma und Bleriot und heißt: Der alte Mann kann noch spielen (game), buchstabieren, (die ersten Elemente γ) aber nicht mehr kühne Flüge unternehmen. Der Ritter hat eine Beziehung zum Tode. Der Vater soll sterben. Ich soll sterben. Er fürchtete, zur Produktion des Aviatikers Bleriot zu gehen. Er könnte stürzen und auf ihn herabfallen. Die Mutter hatte ihn davor gewarnt, ein Mädchen ins Unglück zu stürzen. Der Vater hatte in seiner Jugend eine unangenehme Affäre. Die „Debrecziner“ Wurst hat in Wien eine gewisse Popularität, wie in Deutschland die „Frankfurter“. (Der Name eines guten Bekannten.) Alle Würste symbolisieren den Phallus. Ob dieser Ritter von Debreczin noch fliegen kann (Erektion), das sind Gedanken, die sein Unbewußtes viel beschäftigen. Der Salomon soll fliegen wie der Bleriot. Er soll ein Engel werden. Er soll sterben. Das kleine Wörtchen „Ritter“ enthält Todesgedanken auf den Vater und mich. Salomon, die sadistischen Phantasien seiner Jugend. Das Buch ist die Dame, bei der Ritter Gambler sein Spiel treiben muß. Soweit die Erklärung des sonderbaren Namens, bei dem auch eine starke, unterdrückte, antisemitische Regung gegen seinen jüdischen Vorgesetzten durchbricht.

Seine stärkste Triebkraft — der Sadismus — verbirgt sich hinter Salomon in der Vorstellung, daß das Kind entzwei geschnitten wird. Das enthält aber den tiefsten Kern seiner Neurose. Er schwelgte eine zeitlang als Kind in masochistischen Phantasien. Jeder Fremde war ein Mörder, jeder Wagen war der Tod; jeder Aufstieg sollte mit einem Absturz enden; jede Elektrische überfahren; jede Krankheit, jedes Unwohlsein töten.

Jetzt büßt er in der Maske eines Philantropen, eines liebenswürdigen Menschenfreundes für seine grausamen Gedankenspiele.

Der Name „Salomon Gambler Ritter von Debreczin“ ist eine Häufung von Todessymbolen. Salomon — das zu schlachtende Kind; der Ritter . . . ein uraltes Todessymbol; — Gambler . . . beim Spiele verunglücken . . . Gambetta ist langst gestorben; Bleriot fliegt usw. Auch das Debreczin führt über „Debrecziner Wurst“ zu Wurstvergiftung und zu seiner tiefsten Angst, der Angst vor Giften. Aber er fürchtet nicht für sich. Er fürchtet, er könne anderen das Gift übertragen. Diese Befürchtung ist berechtigt. Denn er wollte einmal seine ganze Familie fliegen lassen, d. h. zu Engeln machen. Dazu sollte ihm Gift dienen.

Die Giftphantasie hat auch die Bedeutung von Gravidität, Kind, was die Gedanken am Anfange der Analyse bestätigen. Das Buch geht bis Gz. Die Gravidität der Mutter (Vergiftung der Mutter!) spielt eine große Rolle in seinen Phantasien [1]).

Außer der Liebe zur Mutter kommt der Haß gegen die Mutter in Betracht. Die Mutter entließ sein Kindermädchen (Betty — Betta), an dem er mit schwärmerischer Liebe hing. Er bat und flehte, um die Mutter zu erweichen. Vergebens. Betty mußte aus dem Hause. Damals tauchten die ersten Rachephantasien auf. Man hatte soviel von giftigem Grünspan gesprochen. Konnte er nicht etwas von der Türschnalle abkratzen und sich an der ganzen Familie rächen?

Auf diesem Untergrund von Haß baute sich dann eine schwärmerische Liebe zur Mutter auf. Sie übernahm alle Affekte (Betty) und vereinigte sie in ihrer Person.

Für die Psychanalyse ist der Gesichtspunkt wichtig, daß manche Inzestneigung nur die Reaktion auf ursprüngliche Mordinstinkte gegen die Tyrannen des Hauses darstellt. Später wird der Mord zum Bild der Agression überhaupt und symbolisiert die Besitzergreifung im erotischen Sinne.

So rächt sich eigentlich der Umstand, daß wir die Kinder fremden Erziehungspersonen überlassen. Die Kinder hängen ihre ganze Liebe an diese Ammen, Kindermädchen, Gouvernanten und empfinden es störend, daß auch die Mutter ihre Ansprüche auf Liebe geltend macht. Die Entlassung solcher heißgeliebter Personen, die schlechte Behandlung von seiten der Eltern wird für das Kind eine Quelle schwerer psychischer Konflikte. Der um diese Zeit noch sehr mächtige Agressionstrieb (Adler) richtet sich gegen die Eltern, die Störer des Liebesverhältnisses. Das Kind muß in seiner Liebe schwanken. Es steht in seiner Jugend zwischen zwei Personen. Hierin sehe ich eine der wichtigsten Quellen des Zweifels.

Also auch alle psychologischen Erfahrungen sprechen dafür, daß das Kind von seiner Mutter gesäugt und erzogen werde. Allerdings nur mit jener stillen, genügsamen Zärtlichkeit, welche das Entstehen übermächtiger Inzestgedanken verhindert [2]).

Der letzte Fall, der dies Kapitel beschließen soll, ist ein sehr lehrreicher. Ein an Platzangst leidender Jurist hat ihn geträumt. Ich lasse aber einmal ausnahmsweise dem Träumer das Wort:

Einer Anregung des Herrn Dr. Stekel folgend, führe ich meinen letzten Traum an und will im Anschluß daran den Versuch einer Analyse, die ich hier nur in gedrängter Kürze geben kann, wagen:

(153.) „Ich befand mich in einem großen Restaurant und hatte mir eine Portion Hering bestellt, den ich auf einer Platte serviert bekam. Es waren aber nur Knochengerüste, eines oder zwei davon in Form einer Lokomotive, zusammen fünf Stück, ohne Fleisch. Ich wollte mich be-

---

[1]) Auch hier stehen die Giftkeime (Mikroorganismen) für die ebenso kleinen „Samenfäden".

[2]) Vgl. die Kapitel „Ausblicke" und „Die Angstneurose der Kinder" („Nervöse Angstzustände").

schwerdeführend an das Küchenmädchen, das mir die Portion zusammengestellt hatte, wenden und fragte ein im Restaurant bedienstetes Mädchen nach dem Namen dieses Küchenmädchens. Ich erhielt die Auskunft, es heiße: Jurany.

Ein Mann besaß wundervoll abgerichtete Tauben; sie flogen nach dem Hause, wo er seinen Wein zu trinken pflegte und machten sich dort bemerkbar durch eine Art Gesang.

Ich war mit mehreren Personen zusammen und es wurde mit Bezug auf mich geäußert: „Dr. jur. ist ganz achtbar."

In dem Restaurant klemmt mir ein erwachsener Junge an einer Holzbarrière versehentlich ein Paar Fingernägel. Im ersten Unmute darüber versetzte ich ihm einen leichten Schlag, worauf er sich erstaunt nach mir umsah. Mir tat meine plötzliche Aufwallung leid und ich sagte zu dem Knaben, er habe mir die Fingernägel jedenfalls nur aus Versehen gequetscht."

Analyse:

1. Die Analyse ergibt zunächst das Bild eines Koitus, versinnbildlicht durch den Hering [1]) ohne Fleisch = Penis und die Platte = Vagina. Doch selbst die im Mutterleib (Restaurant) gemachten Beobachtungen vermögen mir keine Befriedigung zu gewähren. Meine Wünsche bewegen sich nach ganz anderen Richtungen. Will ich aber in dieser Beziehung etwas erreichen, so darf ich mich nicht ruhig verhalten, sondern muß mich beschweren.

2. Der Traum gewährt nun eine weitere Wunscherfüllung, indem er meine starke Neigung zur Nekrophilie offenbart. Die Lokomotive hat mich an unser aller Endziel, in den Schoß der Mutter Erde gebracht. Ich finde daselbst nur Knochengerüste, fünf an der Zahl, vor. Die Zahl fünf deutet auf die Anzahl meiner Geschwister hin, denen ich in früheren Träumen unzählige Male den Tod gewünscht habe. Das Küchenmädchen Jurany — es ist dies der Name meines kürzlich verstorbenen Freundes — das die Portion Hering zusammengestellt hat, ist die Mutter; ihrer Küche (Vagina) entstammen die Portionen (Kinder); die zwei Lokomotiven (Maschinen) bezeichnen meine beiden Schwestern. Der Aufenthalt in der Erde sagt mir indessen nicht zu. „Fort mußt du, deine Uhr — „Ur-any" ist abgelaufen," — zugleich eine Todesbedeutung. Ich wende mich deshalb beschwörend (jurant) an die Mutter und meine Schwester Annie (Any). In Anlehnung an einen früheren Traum, in dem die Mutter zu einer käuflichen Dirne gemacht ist, wird sie hier mit der Schmähbezeichnung Hure „Jur = Hur" belegt.

3. Unter dem Restaurant, dem Raum, in welchem ich von meiner Neurose „wiederhergestellt" werde, ist weiter das Ordinationszimmer des Dr. Stekel zu verstehen, mit dessen Persönlichkeit, wie ich sogleich nachweisen werde, sich überhaupt der Traum lebhaft beschäftigt. Ich hatte tags zuvor mit Dr. Stekel ein Gespräch über jüdische Sitten und Gebräuche. Die Analyse der ihm von mir bei dieser Gelegenheit vorgelegten Träume ergab das Vorhandensein eines starken Hasses gegen seine Person. Der Grund hierfür ist sehr durchsichtig. Er hatte die Motive (Lokomotive) meiner Neurose, nämlich die am Grund der Seele ruhenden Inzestgedanken und verbrecherischen Triebe, an das helle Tageslicht

[1]) „Hering mit Gräten", häufiges Symbol für den Penis, der steif werden kann.

geschürft. Meine Gedanken nehmen als Ausgangspunkt das vorerwähnte Gespräch (Jud — Ju — rany) und leiten alsdann zu einem mir bekannten Mädchen jüdischer Abstammung, namens Grete (Hering ohne Fleisch) Jary (die Buchstaben sind in Jurany enthalten) über. Ich verlange, weil sie kein Fleisch hat, d. h. nachdem ich ihrer überdrüssig geworden bin, anderes Fleisch, also eine neue Vagina. Dieser Wunsch hat sich erfüllt. Das Mädchen, mit dem ich im Monat Juni (Ju — ra — ny) 1910 ein Liebesverhältnis anknüpfte, hieß Grete Wein-bold". Eines Tages teilte sie mir in größter Erregung mit, ihre Menstruation sei bereits 14 Tage überfällig und sie müsse aus unserem Verkehr die schlimmsten Folgen befürchten; in diesem Falle bliebe ihr als einziger Ausweg nur der Tod, wenn ich sie nicht heiraten (Hering = Ehering) würde. Die Besorgnis des Mädchens hat sich später als unbegründet erwiesen. Auf diesen Vorgang greift der Traum zurück, indem er für die Schwangerschaft das Symbol der Gebirgsformation (Juraformation) wählt.

Die Phantasie beschäftigt sich aber noch weiter mit mir. Ich muß deshalb des besseren Verständnisses wegen einschalten, daß ich mich nicht aus freiem Antrieb, sondern einem Zwange der häuslichen Verhältnisse folgend, dem Studium der Rechtswissenschaft gewidmet habe und Dr. jur. bin, obwohl die medizinische Wissenschaft von jeher eine starke Anziehungskraft auf mich ausgeübt hat. Diese Berufsverfehlung führt mir der Traum schonungslos vor Augen; ich hätte nie Jura studieren dürfen (Jura — nie); gleichsam tröstend meint er dann, ein Dr. jur. sei aber auch ein ganz achtbarer Mann. Wenn aber der Welt erst bekannt wird, welch schwere Verbrechen und bösen Leidenschaften meine Brust bewegen, dann werde ich trotz des Dr. jur. von der menschlichen Gesellschaft in „Acht und Bann" getan.

„Jury — nie" ist der Schreckensschrei der stets auf der Flucht befindlichen Verbrecherseele des Neurotikers. Er meidet das Vorübergehen an harmlosen Mauern, weil sie ihm keine Möglichkeit des Entkommens bieten; er umgeht in großem Bogen freie Plätze, weil er bei ihrem Betreten keine Sicherheit hat, unbemerkt zu bleiben; er scheut vor belebten Straßenzügen zurück, weil er fürchtet, dort als Verbrecher entlarvt zu werden. Er will ja keine Gerechtigkeit, keine Entscheidung der „Jury", denn was hat er, der Verbrecher und Todsünder, von ihr zu erwarten? Nach dem mit unerbittlicher Strenge waltenden Prinzip der Talion mit Sicherheit die Wiedervergeltung, den Tod!

Die Phantasie webt nun ihre Fäden um die Person des Dr. Stekel. Es tut mir leid, daß ich gegen ihn einen so tiefgehenden Haß gehegt habe; nach vielen vergeblichen Kuren habe ich endlich den Dr. jur., den „richtigen" Doktor und den in der Kunst der Traumdeutung „Gelehrten" gefunden. Ich stehe nicht an, seine Leistungen als „achtbar" anzuerkennen; ich werde mich von jetzt ab in „Acht" nehmen, ihn auch fernerhin mit meinem Haß zu verfolgen und werde ihm seine erfolgreichen Bemühungen in „bar" honorieren. Am liebsten würde ich es sehen, wenn ich mit ihm ein Liebesverhältnis eingehen könnte (vgl. die beiden Schlußsätze des Traumes). Daß der Traum noch weitere homosexuelle Neigungen verrät, sei hier nur nebenbei erwähnt. Liest man nämlich das Wort „Rany" rückwärts, so erhält man „in ar" eine Ausdrucksform, die nach Ergänzung der fehlenden Buchstaben an Deutlichkeit nichts zu wünschen übrig läßt. — (In — Ar...) Auch die Urinerotik kommt in „Jurany" zu ihrem Recht. Durch Umkehrung einiger

Buchstaben entsteht das Wort „Uryn", ferner ist in dem Traum von „locus" (Loko-motive —) und vom Weintrinken in der Bedeutung von Urintrinken die Rede.

4. Die „abgerichteten" Tauben („Vögel") sind natürlich nichts anderes als die Genitalien; die Sexualphantasie macht aus dem Geräusche des Koitus in sinniger Weise eine „Art von Gesang".

5. Während Dr. Stekel auf Grund seiner Traumanalysen u. a. die Onanie als eine der Hauptwurzeln meiner Angstneurose bezeichnet hatte, stellte ich andauernd die Richtigkeit dieser Diagnose in Abrede, da ich mir, abgesehen von einer auch dem Arzt gegenüber zugegebenen Ausnahme — keines Falles einer Betätigung von Onanie bewußt war. Als Dr. Stekel gleichwohl seine Auffassung als zu Recht bestehend verfocht, fiel mir bei der Analyse des gegenwärtigen Traumes ein, daß ich vor Jahren gelegentlich der Beobachtung eines elterlichen Koitus meinen dadurch verursachten Erregungszustand durch die mit Lustgefühlen verbundene Onanie zu beseitigen suchte. Aber auch für die Folge hatte ich, sobald sich mir Gelegenheit bot, die Mutter beim Entkleiden, Anziehen, Urinieren zu belauschen, onaniert, ohne daß es trotz der Erektion zu einer Ejakulation gekommen wäre. Offenbar stand ich noch unter dem Einfluß mächtiger Inzestgedanken. Interessant ist es, wie sich das Wort „Jurany" mit diesen Tatsachen abfindet. „Ur — any = Onanie, Ju — rany = „rann nie" unter Ergänzung von „Sperma". Ich zweifle auch nicht daran, daß mir in infantiler Zeit die Onanie von den Eltern auf das Strengste verboten worden ist unter der Androhung eines „Abschneidens", „Abfaulens" oder „Wegfliegens" des Gliedes. Der Traum spricht mit Bezug hierauf von dem „Quetschen der Fingernägel", dem „Servieren des abgefaulten Penis auf einer Platte" und schließlich dem „Fliegen der Tauben". Die Determination des vieldeutigen "Jurany" ist damit noch nicht erschöpft. Bei Besichtigung des kunsthistorischen Museums hatte ich lange das bekannte Gemälde, das die triumphierende Salome in dem Augenblick darstellt, wo ihr das abgeschlagene Haupt Johannes des Täufers auf einer Platte überreicht wird, betrachtet. Der Traum spinnt den Onaniegedanken unter Anknüpfung an dieses Vorkommnis weiter aus.

Das Haupt des Johannes gilt bekanntlich als Symbol des Penis. Weil Johannes den geschlechtlichen Verkehr mit der Salome ablehnt, will sie wenigstens seinen Penis besitzen. Ohne Zwang läßt sich aus „Jurany" „Johannis" ableiten. Ich möchte hier hervorheben, daß es in meinem Heimatlande gebräuchlich ist, den Penis mit dem Namen Johannes zu bezeichnen. Der allezeit tätige Volkswitz hat sich denn auch diese Gelegenheit nicht entgehen lassen und unter gleichzeitiger Abschätzung der Größenverhältnisse der beiderseitigen Genitalien folgendes amüsante Bonmot geprägt:

Wie der Mund des Weibes,
So die Schlitze seines Leibes,
Wie die Nase des Mannes,
So sein Johannes!

Das Volk identifiziert also das Glied mit der Nase. Soweit mir bekannt, haben zahlreiche Traumanalysen und ärztliche Beobachtungen die Richtigkeit dieser Anschauung dargetan.

Ich stehe am Schlusse meiner Betrachtung. Der angeführte Traum zaubert in vielmaschigen Verstrickungen ein getreues Spiegelbild meines innersten Ichs mit all seinen verborgenen Leidenschaften hervor, der Traum fördert aber auch gleichzeitig, wie das determinationsreiche Jurany erkennen läßt, in segensreicher Tätigkeit die Hauptwurzeln meiner manifesten Angstneurose: Inzestphantasien, homosexuelle Neigung in Verbindung mit Onanie, Verbrecherideen und Angst vor der Wiedervergeltung, zutage. Ich glaube, ein glänzenderer Beweis für die heutzutage noch vielfach angefochtene Behauptung, daß der Traum für den kundigen Arzt ein ungemein wertvoller Bundesgenosse im Kampfe gegen die Neurose bildet, wird sich schwerlich erbringen lassen."

Ich habe dieser trefflichen Analyse nichts hinzuzufügen. Der rasche Erfolg der Behandlung bei diesem Patienten trat ein, nachdem wir die kriminellen Gedanken (Diebstahl, Brandstiftung, Unterschlagung, Inzest, Vergiftung, Mord usw.) freigelegt hatten.

Jeder Neurotiker ist ein Verbrecher ohne den Mut zum Verbrechen. Die verbrecherischen Instinkte stammen aus der Kinderzeit. Unsere Träume wimmeln deshalb von Verbrechen, weil jeder Traum sein Material aus dem Infantilen holt. Im Traume wird jeder zum Kinde und damit zum Urmenschen mit Urinstinkten. Die Träume repräsentieren ein Stück Vergangenheit. Sie erzählen uns nicht nur die Geschichte des Menschen, sondern auch die der Menschheit. Mit anderen Worten: Wir Kulturmenschen kranken an unserer Vergangenheit.

XIX.

Der Traum im Traume.

> „Den längsten Traum begleitet
> Ein heimliches Gefühl,
> Daß alles nichts bedeutet,
> Und wär' uns noch so schwül."
>
> *Hebbel.*

Ein sehr interessantes Problem der Traumdeutung ist der „Traum im Traume". Wer von uns hätte nicht einmal einen unangenehmen, beklemmenden Traum geträumt, der uns immer tiefer in die Fesseln des Unglückes zu schlagen schien, und dabei eine innere beruhigende Stimme vernommen, die ihm zuflüsterte: Sei nicht allzu besorgt! Es ist alles doch nur ein Traum! Es ist, als ob die Macht des Bewußtseins noch nicht gänzlich dem furchtbaren Dämon des Unbewußten verfallen wäre. Das Bewußtsein sieht gleichsam wie ein kühler Beobachter dem beängstigenden, wirren Verlaufe der Ereignisse zu und greift im entscheidenden Moment ein. Entweder der Schläfer erwacht und sagt sich, tief aufatmend: „Gott sei Dank! Es ist alles nur ein Traum!" Oder diese sichere Gewähr eines Spieles mit Möglichkeiten und Unwahrscheinlichkeiten sickert durch die feinen Maschen des Traumgewebes und verhindert ein übermächtiges Aufflammen der Unlustgefühle. Ein anderes Mal jedoch träumen wir, daß wir träumen, ohne daß der Traum einen beängstigenden Charakter hat.

Einige solche Beispiele vom Traum im Traume will ich hier analysieren.

Eine an Angsthysterie leidende Dame, die uns schon bekannte Frau Alpha, die schon seit Jahren nicht allein ausgehen kann und außerdem schwere hysterische Anfälle mit Bewußtlosigkeit produziert, bringt mir in den ersten Tagen der Behandlung folgenden Traum:

(154.) „Wir sind zu Ihnen gefahren, mein Mann, mein Kind und ich. Das Pferd konnte plötzlich nicht weiter. Es war ein müder, abgerackerter Schimmel vor einer elenden Droschke. Der Kutscher brachte das Pferd mit Peitschenhieben in die Höhe und wir kamen endlich ans Ziel. Ich wache auf und sitze in einem Sessel am Schreibtisch und notiere mir den „dummen" Traum. Meine Schwester fragt mich, was ich tue, und ich erzähle ihr, daß es ein Traum war, ziehe mich an und gehe mit ihr fort. Wir kommen an ein Gartengitter und da tritt mir ein fremder, ein ganz fremder Mann entgegen mit einer Hündin; das war eine sehr bissige, häßliche Bulldogge mit zwei kleinen Jungen. Wie ich die Türe aufmachen will, fährt der Hund auf mich los, knurrt mich an und läßt mich nicht weiter gehen. Das war für meine Kraft zu viel, ich bin natürlich zur Salzsäule erstarrt und ersuche den Mann, den Hund doch anzurufen und fortzuschaffen. „Nehmen Sie doch den Hund weg," rufe ich. Er jedoch schaut mich tiefernst an und sagt: „Das kann ich nicht." Da war ich nun außer mir. Der Hund schaut mich mit einem Schlangenblick an, knurrt fortwährend und läßt mich nicht weiter. Ich nehme meine ganze Kraft zusammen und gehe zurück. Das hat der Hund gestattet, nur vorwärts durfte ich nicht gehen. Ich wartete, bis die fort waren und dann sind wir herausgekommen."

Diese Dame lebt in unglücklicher Ehe mit einem rohen, gewalttätigen Mann, der sie nicht versteht und sich über ihr Leiden lustig macht. Wäre nicht ein Kind da, sie hätte ihn längst verlassen. Er will es nicht einsehen, daß sie ein besseres Wesen ist, edler geartet als die anderen Frauen, die ihm bekannt sind. Sie klagt immer, er betrachte sie als ein Zugpferd, das den häuslichen Karren ziehen müsse, aber es gehe über ihre Kraft. Sie sei dabei zusammengebrochen. Der erste Satz des Traumes schildert diese Situation, wie ich sie im Beginne der Behandlung erlebt habe. Mann, Frau und Kind sind tatsächlich bei mir im Zimmer eingetreten, weil „das Pferd plötzlich nicht weiter konnte". Sie war einfach unfähig, die Wirtschaft weiter zu führen und selbst seine rohen und taktlosen Bemerkungen waren nicht imstande, sie in die Höhe zu bringen. Diese Bemerkungen trafen sie manchmal wie Peitschenhiebe. Darauf bezieht sich: „Der Kutscher hat das Pferd mit Peitschenhieben in die Höhe gebracht". — „Wir kommen endlich ans Ziel" bezieht sich auf die Kur. Ich habe ihr versprochen, daß wir sicher ans Ziel kommen werden. So schildert der Eingang des Traumes die Situation, in der sie sich befindet, eigentlich die Situation, in der sie sich bis zur Kur befunden hat. Ich habe ihr empfohlen, die Träume zu notieren. Sie sitzt gehorsam vor dem Schreibtische und notiert den dummen Traum. „Ihre Schwester fragt sie darüber aus." Ihre Schwester hat sie hauptsächlich über das Wesen der Kur ausgefragt. Hier stoßen wir aber auf ein uns bekanntes Thema: die Verwandten im Traume. Verwandten im Traume bedeuten meistens das Genitale. Ihre Schwester ist also hier ihre Vagina, d. h. ihr Trieb-Ich, aber auch die Neurose. Sie unterhält sich mit ihrer Schwester über diesen Traum, d. h. sie hat sexuelle Absichten. Auf wen, das sollen wir gleich erfahren. Sie kommt zu einem Haus, das durch ein Gitter vor der anderen Welt abgeschlossen ist. Der Mann, der mit der Bulldogge und zwei Jungen dort steht, das bin ich, der Arzt, der sie heilen soll und zu dem sie sofort eine heftige Neigung ergriffen hat. Der Traum zeigt die volle Wirkung der Übertragung. Ich bin nämlich verheiratet, habe eine Frau, die ihr an Reizen weit überlegen ist, und zwei Kinder. Diese unangenehme Tatsache, daß ich verheiratet bin, wird von ihr in sehr sinniger Weise durch das Gitter symbolisiert, das meinen Garten abschließt. Sie darf in meinen Garten, wo die Blumen des Genusses blühen, nicht eindringen. Dieser wird von einer sehr bissigen, häßlichen Bulldogge bewacht, welche natürlich meine Frau darstellt, an der sie auf diese Weise ihre erste Rache nimmt. Sie hat bereits Gedanken von einem Liebesverhältnis mit mir, d. h. sie will versuchen, mich für sich zu gewinnen, fürchtet aber die Wachsamkeit und Bissigkeit meiner Frau. Deshalb fährt der Hund im Traume auf sie los und knurrt und läßt sie nicht weiter gehen. Die Ehe war ihr immer ein Heiligtum gewesen. „Das war für meine Kraft zu viel." Ein Ehebruch schien ihr das schwerste aller Vergehen und erinnert sie an Sodom und Gomorrha: „Ich bin natürlich zur Salzsäule erstarrt". Sie kann mich nur lieben, wenn mich meine Frau freigibt oder wenn ich meiner Frau erkläre, sie möge das Haus verlassen. Der Traum spinnt diesen Gedanken aus; sie schreit mir zu: „Nehmen sie doch den Hund fort". Aber ich schaue sie nur tiefernst an, offenbar gekränkt, daß es mir unmöglich ist, weil ich sie ja nach der Version des Traumes zu lieben scheine, und sage: „Das kann ich nicht". Es bleibt ihr nichts anderes übrig als zurückzugehen. Der Traum hätte ja mit einem Angstaffekt enden können. Sie vermeidet es jedoch, indem sie sich als Meisterin der Selbstbeherrschung zeigt: sie geht halb gezwungen, halb freiwillig aus dem Garten heraus.

Wie erkennen sofort, daß die Einleitung des Traumes einen bestimmten Zweck hat: sie soll alles, was die Patientin bisher mitgemacht hat, als nicht existierend darstellen. Vor allem scheut sie den Ehebruch und müßte frei sein; sie dürfte kein Kind haben, wenn sie den Kampf mit meiner Frau aufnehmen wollte. Nun, der erste Traum erfüllt ihr diese Wünsche. Sie ist gar nicht verheiratet, sie hat kein Kind, kein roher Mann darf ihr mit kränkender Rede kommen: es ist ja alles nur ein Traum. Ein Traum der Mann, ein Traum das Kind, ein Traum die häßliche Ehe, wo sie wie ein Droschkengaul roboten muß. Sie ist frei und hat das Recht, über ihr Herz zu gebieten. So sehen wir, daß der Traum im Traume der schönste Typus der Wunscherfüllung ist. Er wird als Hilfsmittel benutzt, um eine unangenehme Gegenwart ins Reich der Phantasie zu verweisen. Es handelt sich um „Anullierungstendenzen", die bei jeder Neurose vorkommen und auf einer peinvollen Realität der psychischen Wertigkeit beruhen sollen. Jetzt verstehen wir, warum sie den ersten Traum in der Vergangenheit, den zweiten in der Gegenwart darstellt. Ich bin gefahren, heißt es im Anfang, „wir kommen zu einem Gartengitter", lautet die Fortsetzung. Der Traum im Traume bedeutet also mitunter die Wunscherfüllung in der Wunscherfüllung [1]). Der Traum

[1]) „Der Gedanke: „Das ist ja nur ein Traum" während des Traumes beabsichtigt aber dasselbe, was er auf offener Bühne im Munde der schönen Helena von Offenbach besagen soll; er will die Bedeutung des eben Erlebten herabdrücken und die Duldung des weiteren ermöglichen. Er dient zur Einschläferung einer gewissen Instanz, die in dem gegebenen Moment alle Veranlassung hätte, sich zu regen und

im Traume macht aus dem häßlichen Leben einen häßlichen Traum, von dem sich der schöne Traum vermöge der Kontrastwirkung um so plastischer abhebt. Er ist ein Spiegelbild in einem Spiegel gesehen. In Grillparzers tiefsinniger Dichtung „Der Traum ein Leben“ finden sich ähnliche Verquickungen [1]). Da alle Dichtung nur ein Traum ist, ist Rustans Traum nur ein Traum im Traume. Auch dort treten heimliche Wünsche des Dichters in das grelle Licht der Rampe. Alle menschlichen Leidenschaften, Lüge, Mord, Ehrgeiz, Verrat, Undank, rasen an uns vorüber, bis der Dichter sie im entscheidenden Momente verschwinden läßt. Alles ist nur ein Traum gewesen.... aber der Traum dient der seelischen Befreiung des Träumers, er ist ein Warner und Führer.

Der oben angeführte Traum ließ sich deuten, ohne daß die Patientin einen einzigen Einfall brachte und ermöglichte ein ebenso rasches wie glänzendes Resultat in der Behandlung. Wir merken, daß schon der manifeste Trauminhalt die wichtigsten Zusammenhänge des Traumes erkennen lassen kann. Freilich die persönlichen Beziehungen, die Anknüpfung an das Infantile, die muß uns der Patient bringen. So auch bei diesem Traume. Die Salzsäule, das mit Peitschenhieben [2]) in die Höhe gebrachte Pferd (eine Anspielung auf die schlechte Potenz ihres Mannes, andererseits auf ihre masochistischen Gelüste), die Stelle von Schlangenblicke geben noch Beziehungen zu ihrer Kindheit und vertiefen die bei der ersten Lektüre gewonnenen Erkenntnisse.

Dieselbe Dame träumt:

(155.) „Ich befand mich in einem Garten und betrachtete im Glücksgefühl eigenen Besitzes mein neu erworbenes Landhaus, das zwar bescheiden und klein, aber so behaglich, lieb und freundlich aussah, daß ich überselig das Geborgensein in einem trauten Heim empfand. Die Sonne brannte in sommerlicher Hitze und ich wunderte mich, ihre heißen Strahlen entgegen meiner sonstigen Abneigung so gut zu vertragen. Unmittelbar an mein Häuserl grenzte eine größere Villa und ich bemerke, daß von deren einem Fenster aus mehrere Damen neugierig zu mir herabsehen. Besonders die schwarzen, stechenden Augen einer Frau sind mir unangenehm, und es ist mir peinlich, mich so scharf beobachtet zu wissen. Ich mache zu einigen neben mir stehenden Personen eine abfällige Bemerkung über die lästige Nachbarschaft. In dem Augenblick, wo ich mich an einen Zaun lehnen will, von wo aus ich den forschenden Blicken entzogen wäre, höre ich dicht neben mir hinter der Bretterwand ein Schwein grunzen. „Nein,“ sage ich erstaunt, „haben die Leute nebenan wirklich ein Schwein, mir träumte diese Nacht von dem Tier eine aufregende Geschichte.“ Darauf erzähle ich meinen Traum, daß meine Nachbarn ein Schwein schlachten wollten, welches, roherweise

die Fortsetzung des Traumes — oder der Szene — zu verbieten. Es ist aber bequemer, weiter zu schlafen und den Traum zu dulden, „weil's doch nur ein Traum ist“. Ich stelle mir vor, daß die verächtliche Kritik: „Es ist ja nur ein Traum“ dann im Traum auftritt, wenn die niemals ganz schlafende Zensur sich durch den bereits zugelassenen Traum überrumpelt fühlt. Es ist zu spät, ihn zu unterdrücken, somit begegnet sie mit jener Bemerkung der Angst oder der peinlichen Empfindung, welche sich auf den Traum hin erhebt. Es ist eine Äußerung des esprit d'escalier von seiten der psychischen Zensur.“ (Freud, Traumdeutung.)

[1]) Vgl. meine Studie: Dichtung und Neurose. Bausteine zu einer Psychologie des Künstlers und des Kunstwerks. Wiesbaden 1909, Verlag J. F. Bergmann.

[2]) „Peitsche“ und „Peitschenstiel“ sind phallische Symbole. Der Riemen symbolisiert wieder den Faden (Sperma).

schlecht gestochen, seinen Henkern entkam und über den Zaun in meinen Garten gesprungen ist. Ich habe das gequälte Tier aufgefangen, zog ihm das blutige Messer aus dem Leib und — weiter kam ich in meiner Erzählung nicht, da die Glocke unserer Weckeruhr mich jäh aus dem Schlaf geschreckt hat."

Eine Variation des vorigen Traumes. Das Schwein stellt ihren Mann vor. Es ist nur ein Traum, daß sie mit diesem Schwein zu tun hat. Ein häßlicher Traum, daß er abgestochen wurde. Dagegen ist es Wahrheit, daß sie ein neues trautes Heim hat und von einer anderen Frau darum beneidet wird.

Die „Frau mit stechenden schwarzen Augen" ist eine häufig vorkommende Symbolisierung des Todes. Sie hat ja Todesgedanken auf ihren rohen Mann, der sie so quält. Dieses grausame „Abstechen" soll eine andere Frau besorgen, nicht sie. Sie will — im Gegenteil — mitleidig sein und das Messer aus der Wunde ziehen. Die „stechenden" Augen bereiten das Abstechen des Schweines vor. Diese Frau symbolisiert auch das Gewissen.

In dem neuen sonnigen Heime verträgt sie jede Leidenschaft. Nur die Zärtlichkeiten ihres Mannes kommen ihr wie eine „Schweinerei" [1]) vor. Das Schwein, das abgestochen werden soll, ist auch ihre Neurose, das Schwein in ihr soll sterben, das Gemeine, Niedrige. Sie wehrt sich gegen die reinigende Macht der Analyse. Sie will ein Schwein bleiben.

Aus ihren bösen Mordinstinkten — denn sie ist ja auch die Frau mit den stechenden Augen (Spaltung der Persönlichkeit) — macht sie einen Traum. Ihr Mann ist viel größer als der einst von ihr geliebte, den sie noch immer liebt. Die Körper dieser Männer werden als größeres und kleineres Haus symbolisiert.

Nehmen wir jetzt ein anderes Beispiel von einem Traum im Traume vor. Eine ebenfalls an Angsthysterie leidende Dame träumt:

(156.) „Mein Bruder Friedrich kommt zu mir ins Zimmer und küßt mich stürmisch. Peter ist darüber wütend und erklärt, er will mit mir nichts mehr zu tun haben. Ich bin sehr zornig, gehe auf ihn mit dem Messer los, steche ihn nieder und wache vor Schrecken auf. Ich befinde mich bei meiner Mama und erzähle ihr diesen Traum. Diese sagt: „Das mußt du noch heute dem Dr. Stekel erzählen, das ist sehr wichtig."

Das Peinlichste im Leben dieses Mädchens ist eine Erinnerung ihrer Jugend. Ihr Bruder kam — sie war damals 12 Jahre alt — häufig des Nachts zu ihr ins Bett und küßte sie stürmisch. Als sie sich im 20. Lebensjahre mit Peter verlobte, tauchte diese vergessene Erinnerung wieder auf; sie empfand die heftigsten Gewissensbisse und fragte die Mutter, ob sie dem Peter das mitteilen solle. Sie käme sich verworfen vor, sie sei keine reine Jungfrau, sie wolle sich das Leben nehmen usw. Die Mutter tröstete sie damals und meinte, das wären Kinderspielereien gewesen. Sie war in der Verlobung nicht glücklich; es kam zu heftigen Streitigkeiten mit ihrem Bräutigam. Einmal wollte er sie niederschlagen; hätte er ein Messer gehabt, er hätte sie wahrscheinlich erstochen. Es geschah aus unbegründeter Eifersucht. Der Traum im Traume löscht

[1]) „Ein Frauenzimmer träumte, ihr Geliebter verehre ihr einen Schweinskopf. Sie begann ihren Geliebten zu verabscheuen und ließ ihn schließlich sitzen; denn das Schwein hat keinen Sinn für Liebe." (Artemidoros S. 316.)

alle diese Dinge aus. Es war nur ein Traum, daß ihr Bruder mit ihr gespielt hatte, es war nur ein Traum, daß sie verlobt war, es war nur ein Traum, daß auch sie ihrem Bräutigam den Tod gewünscht und ihn hätte ermorden können. All das hält sie sich jetzt vor und sie kann mir erzählen, daß eigentlich „nichts" vorgefallen. Denn der Rat der Mutter lautet ja, nur einen Traum zu erzählen und nicht die Wirklichkeit. Dabei spielt die Mutter hier wieder dieselbe Rolle, wie in dem ersten Traume die Schwester. Ihr Genitale, ihre Gebärmutter ist unberührt, der Bräutigam ist nicht mit dem Messer (Penis) auf sie losgegangen, sie ist noch eine virgo intacta.

Zur Abwechselung der Traum eines Jünglings: „Ich hatte einen Traum im Traume".

(157.) „Mir träumte also, daß ich erwache, das kam mir schon zweimal vor. Das eine Mal war es des Morgens. Ich sprang aus meinem Bette und wollte die Fensterläden aufziehen. Es ging nicht recht. Einige Minuten nachher erwache ich wirklich und tue, was ich im Traume getan."

Dieser Traum erspart dem Träumer das lästige Aufwachen.

Es folgen nun zwei Träume, die in einer Nacht hintereinander geträumt wurden und selbstverständlich zusammengehören.

Frl. „Etha" träumt:

(158.) „Auf einem weiten Platze im Freien waren viele Bekannte versammelt. Dr. M. N. kam auf mich zu, um mit mir zu tanzen; ich lachte ihn an und wir tanzten quer über den ganzen Platz. Da sah ich Frau R. kommen; sie war sehr traurig und führte mich einen hohen Weg. Tief unten lag ein wunderschönes sonniges Tal. Sie weinte leise und begann von Bruno zu erzählen: „Erst ging es ihm sehr schlecht, nun kommt er gut vorwärts, aber er sehnt sich sehr nach dir." — Mir wurde das Herz schwer und ich starrte schweigend in die sonnige Tiefe. Von ferne erschien M. N. „Was ists mit ihm?" fragte Frau R. Ich wollte das leicht abtun, aber er kam näher und sah mich an; nun schien es mir wie Verrat und ich dachte bang und schmerzlich: „Wem gehöre ich nun?"

(159.) „Bei Fräulein Luise waren viele Leute. Sie schien erst kürzlich von einer schweren Krankheit genesen; ich saß bei ihr in einer Ecke hinter einer spanischen Wand. Plötzlich lugte zwischen den Spalten eine schwarzgekleidete, dekolletierte Frau heraus und grinste mit falschen Zähnen. „Haben Sie diese Kenntnisse von mir?" fragte sie lauernd. Dann war alles verschwunden; plötzlich sah ich Sie für einen Augenblick sinnend über meinen Traum geneigt: „Das ist sehr wichtig," sagten Sie.

Dann waren Sie bei uns. Ich führte Sie in das Vorzimmer, da öffnete sich die Türe und Papa und Mama erschienen darin. Mama zog Sie an der Schulter herein. Papa lachte und dann dankte er Ihnen und Mama auch und beide waren sehr heiter und führten Sie in mein Zimmer."

Die in dem ersten und zweiten Absatze geschilderten Tatsachen sollen nur als ein Traum abgetan werden. M. N. hat nie was mit ihr gemacht. Sie hat die Verlobung mit Bruno gar nicht aufgelöst. Sie hat es nicht mehr nötig, zwischen Herrn M. N. und Bruno zu schwanken.

Sie hat kein Erlebnis gehabt, das sie krank gemacht hat. (Sie ist natürlich Luise!) Sie ist nicht von der Gouvernante (schwarzgekleidete Frau mit falschen Zähnen!) verführt worden. Nicht von ihrem Vetter berührt worden. Sie hat mir alles schon erzählt. Sie ist genesen. Sie braucht mir nichts mehr zu erzählen. Die Eltern bedanken sich und sind heiter. Die Mutter ist gar nicht gestorben. Der Traum bringt eine große Reihe von Wunscherfüllungen und verwandelt die wichtigsten traumatischen Erlebnisse der Jugend in einen Traum.

Die schwarzgekleidete Frau ist die Todesbotin. Man horche auf den Ausdruck: Dann war alles verschwunden. Das heißt: Alle sind gestorben. Sie macht auch aus ihren Todesgedanken einen Traum. Alles schließt mit echter Wonne und Seligkeit [1]).

In die Tiefe neurotischer Probleme führt der nächste Traum des Herrn Beta, der zugleich eine wunderschöne symbolische Übersetzung einer Übertretung gegen Religion und Moral ist.

Er lautet:

(160.) „Ich war mit dem Bruder in einem Museum in Italien. Da hing ein Christus (?) und ich nahm ihn herunter und schnitt mir ein Stück links vom Kopfe ab. Dann mußte ich den Christus dort wieder hinhängen. Aber das Stück behielt ich. Dann verriet mich mein Bruder, daß ich das Stück gestohlen und in meiner rechten Seitentasche versteckt habe. Ich gab es zurück, fürchtete aber eine Anzeige. Dann sagte ich, man sollte die Knie des Christus besser ausmalen lassen, einen Kreis herum malen, damit sie mehr zur Geltung kämen. Im Traume die Empfindung: das habe ich doch hoffentlich nur geträumt."

Während der Traumanalysen fallen ihm zwei Nachträge ein:

„Er sieht einen Kreis langnasiger Gestalten" und „ich sagte zu jemanden: „Es wäre ein Vorteil, die Knie durch einen herumgemalten Kreis mehr zur Geltung zu bringen." Das war die Idee eines Wiener Künstlers. Wir zwei — ich und der Künstler — ich als geistiger Urheber sollten das ausführen."

Der Traum soll wichtige Ereignisse und Phantasien verraten und ungeschehen machen. Es heißt eigentlich: Er hat sich gegen seinen Gott (den Vater!) etwas herausgenommen. Wir merken, es handelt sich um eine Variante des Traumes Nr. 10.

In Italien, in einem Museum, sah er ein Bild: Die Beschneidung Christi. Sein Vater und seine Engländerin hatten ihm mit Kastration gedroht, wenn er nicht aufhörte „unten" zu spielen. Seine Rachephantasien gingen dahin, seinen Vater zu kastrieren. Auch aus Eifersucht, weil er es mit der Engländerin hielt. Das Stück vom Kopf (Verlegung nach oben) ist die Vorhaut und der Penis.

Diesen verstümmelten Christus will er jetzt zu seinem Gott machen und mit Heiligenscheinen verzieren. Er will vor ihm auf die Knie fallen. (Verdichtung zweier Vorstellungen, Anbetung und „auf die Knie fallen zu einem Heiligenschein um die Knie; andererseits sexuelle Symbolik: das Bein in einem Kreise.)

---

[1]) Der Traum enthält die für diese Kranke wichtige Frage: „Wem gehöre ich jetzt?" So drückt die Träumerin ihren „Psychischen Hermaphroditismus" aus. Beachten wir die Gegenüberstellungen: Dr. M. N. und Frau R., dann die Gouvernante und ich. Der letzte Absatz enthält auch die bekannte Verwandtensymbolik. Sie führt mich in ihr Vorzimmer, ich öffne die Türe, ich führe den Vater zur Mutter. Ja sie wird sogar aggressiv: „Mama zieht Sie herein." (Schulter = Verlegung von unten nach oben!)

Sein klerikaler Erzieher hatte ihm eine grausige Geschichte von einem verschnittenen hölzernen Christus erzählt, der aus dem Holz zu bluten anfing. Dieses Blut brachte der Frevler nie mehr weg.

Der nächste Gedanke ist: Bruder in Christo. Im Christus steckt der Bruder. Er hat Todesphantasien von seinem Bruder. „Der Kreis langnäsiger Gestalten“ ist der Kreuzigung Christi entnommen. Es sind Juden, die den Heiland ans Kreuz schlagen, foltern, töten, bis er eine Himmelfahrt macht.

Der Nachtrag muß das Wichtigste sein. Ihm fällt ein, daß der herumgemalte Kreis rot sein soll: Blut. Das uralte Thema von Kain und Abel, das uns in einem großen Traume des Herrn Beta (seinem ersten Traume, den er mir brachte) noch beschäftigen wird. Der „Wiener Künstler“ ist ein Arzt, der ihn jetzt behandelt. Der soll den Bruder ins Jenseits befördern. Er will nur der geistige Urheber sein. Aber der Arzt soll den Tod spielen.

Die Knie sind ein uraltes Symbol für die Brüder. Brüdermord ist die düstere Lösung dieses Traumes. Deshalb will er diesen Traum nicht als Realität sehen.

Wenn der Bruder einen Schein um die Knie hat, so kann er nicht stehen...er fliegt. Nun fällt ihm ein Nachtrag ein: Die Schultern des Christus waren auch verletzt. Auch die Schultern sind Brüder[1]). Sie gehören in dieselbe symbolische Gleichung. („Alle paarigen Organe können für einander stehen.“)

Eine infantile Sexualtheorie des Träumers ging dahin, man könne sich ein Stück eines fremden Penis abschneiden und zu einem Koitus bei einer Frau (rechte Tasche!) verwenden. Er ist psychisch impotent. Sein Leiden ist die Talion für seine Kastrationsphantasien. Er hat sich in Gedanken an Gott, dem Vater und dem Bruder versündigt.

All das soll nur ein Traum sein!

Ein anderes Problem ist die Empfindung: Gott sei Dank! — Es ist nur ein Traum. Herr Beta hat uns auch so einen Traum geliefert.

Ich möchte diese Reihe mit einem Traum desselben Träumers in seiner Eigenschaft als Fußfetischisten beschließen:

> (161.) „Ich war in meinem Schlafzimmer; mein Diener ging ins Nebenzimmer und sagte, im dritten Zimmer seien Räuber. Wir wollten einen Revolver nehmen, fanden ihn aber nicht, nahmen aber jeder einen großen Stock. Nun kamen wir ins dritte Zimmer und fanden den Räuber schlafend. Wir nahmen ihn fest, es war mein Bruder. Dieser ging dann, ich dachte: „Gott sei Dank, es war nur ein Traum.“

Das dritte Zimmer, von dem in diesem Traume die Rede ist, bezieht sich auf das dritte Geschlecht, welcher Ausdruck ihm aus der Lektüre der Hirschfeld'schen Schriften bekannt ist. Der Räuber, der sich als sein Bruder entpuppt, ist sein eigener Penis. Seine größte Angst ist, er werde

[1]) „Starke und üppige Schultern sind jedermann glückbringend, Leuten ausgenommen, die in Banden oder Kerker schmachten; denn wiewohl sie Mannigfaltigkeit und Glück im Handel und Wandel bedeuten, sind sie doch für die letzteren unheilvoll; denn weit längere Zeit werden sie das über sie hereingebrochene Unheil zu erdulden haben, so lange als es nur ihre Schultern zu ertragen vermögen. Dagegen sind die Schultern von einem Leiden angegriffen, so bedeutet es das Gegenteil von dem vorher Gesagten und öfters, weil die Schultern gleichsam untereinander verbrüdert sind, auch den Tod oder die Erkrankung des Bruders.“ (Artemidoros S. 48 l. c.)

noch durch den Penis mit dem Gesetz in Konflikt kommen. Eine zeitlang litt er an dem Zwangsgedanken, er müßte sich kastrieren lassen (als Strafe für seine Kastrationsideen!); er wollte wiederholt den Penis zur Strafe schlagen. Wir wissen, aus welchem Grunde. Die Erektionen bei dem Gedanken an seinen Diener peinigten ihn. Im Traume benimmt sich der Bruder viel anständiger; er und der Diener finden ja den Räuber schlafend. Allerdings mischen sich in die Entsagungsphantasien Lustgedanken. Geradeso wie Flagellanten sich durch die Schläge die Sexualität austreiben wollten und ihnen die Strafe zur Lust wurde, so verfahren sie hier mit dem schlafenden Räuber: „sie nehmen ihn fest". Übrigens ist die homosexuelle Phantasie schon durch das Nehmen des großen Stockes und das Suchen des Revolvers markant genug dargestellt. Außerdem ist der ganze Traum eine Anspielung auf die Engländerin, die in der Reihe der Frauen, mit denen er in der Kindheit gespielt hatte, die dritte war. Tatsächlich hatten sich er und der damalige Diener ebenso wie sein Bruder bei dieser Frau heterosexuell betätigt. Diese Träume aus der Kindheit belasten ihn um so mehr, als er dieses dritte Zimmer auch mit seinem Vater geteilt hat, als dessen Diener er sich betrachtet hat. Alle diese unangenehmen Erinnerungen macht er ungeschehen. „Gott sei Dank," sagt er sich im Traume, „daß es nur ein Traum war." Auch hier ersehen wir, daß der Räuber und Mörder im Traume derjenige ist, der uns eigentlich leben läßt und der uns etwas gibt.

Der Räuber ist aber auch sein Bruder. Diesen findet er schlafend, d. h.: als Toten. Der Bruder soll sterben. „Dieser ging ja dann". Er ist also gestorben. Näheres darüber in den Kapiteln „Symbolik des Todes".

Den Bruder liebt er aber. Er soll nicht sterben. Deshalb die Freude, daß es nur ein Traum ist. Diese Variante des Traumes im Traume macht ebenfalls einen unangenehmen Gedanken zu einem Traume. Sie ist eigentlich die Bestätigung, daß es sich nicht um Tatsachen, sondern nur um Phantasien handelt. Es wird konstatiert, daß es nur Gedanken sind. Es sollte eigentlich logisch am Schlusse heißen: Es war leider nur ein Traum. Der Schluß drückt ein geheucheltes Gefühl aus. Er ist der Durchbruch der ethischen Hemmungen.

Weitere Bedeutungen: Der Bruder ist die Neurose, ich bin der Räuber, der sie ihm rauben will. Es ist nur ein Traum, daß ich seine Neurose festhalte. Der Räuber ist ungefährlich. . . .

Ich beschließe dies Kapitel mit einem Traume desselben Patienten, der diese Gedanken weiterspinnt und eine interessante Aufklärung bringt. Auch behandelt er eine Variation des Problems, das Erwachen im Traume, gleich dem Traum Nr. 157.

(162.) „Ich lag im Bett. Tiefe Nacht. Enorme Räuberangst. Ich läute dem Diener. Er kommt nicht. Läute immer wieder. Er kommt nicht. Die Zeit wird endlos lang. Es wird hell und heller. Es kommt der Morgen. Endlich kommt der Diener, von Wasser naß und fast nackt. Nur ein Schurzfell, Pantoffel und Handmanschetten. Ich erwache mit Herzklopfen. Schlafe neuerlich ein.

Der Diener sah sehr groß aus. Ich sagte ihm, er solle meinen Schlafrock nehmen. Die Angst war grenzenlos.

Er träumt, daß er im Traume erwacht. Er will aus einem bösen Traume erwachen. Seine Neurose ist ein böser Traum. Sie ist seine

Reaktion auf seine infantilen verbrecherischen Ideen. Wegen seiner Mordinstinkte hat er ein böses Gewissen.

Wir erfahren einige neurotische Symptome. Er kann keine Glocke läuten hören. Das „Läuten“ macht ihn „nervös“.

Ich will die Deutung des Traumes kurzerhand mitteilen. Er las am Abend vor dem Traume die Schilderung der Hinrichtung des Mörders Dr. Crippen. Er spielt aber immer mit der Phantasie, ein Mörder zu sein. Er spielt die Szene des zum Tode Verurteilten. Dieser Traum schildert die „letzte Nacht“ eines Mörders. Die Zeit dehnt sich endlos. Das Läuten ist die Armensünderglocke, die eben den Tod einläutet. Der Diener ist ein Diener der Gerechtigkeit: der Henker! Er ist naß, d. h. er trieft von Blut. (Zweite symbolische Gleichung Blut = Wasser.)

Im Leben ist Beta ein hochmoralischer, übermoralischer, liebenswürdiger Mensch, der keinen Feind aber viele Bewunderer und Freunde hat. Seine Philanthropie wurde durch eine schwere Neurose bezahlt. Im Bewußten ein edler Mensch, der keiner Fliege ein Leid antun kann, tobt er seinen Sadismus und seine verbrecherischen Neigungen im Traume und in Phantasien aus, die nun die letzten Szenen eines Verbrechens spielen; die Flucht, die Verurteilung, die Hinrichtung oder eine Variante: die unschuldige Verhaftung usw.

Seine Genesung wird eingetreten sein, wenn er aus seinen Angstträumen erwacht und ins Leben zurückkehrt. Dieser Wunsch wird im Traume erfüllt. Das letzte Stündlein seiner neurotischen Phantasien hat geschlagen! Ich bin der Henker, der große Diener; in seinem Kopfe wird es hell und heller. Es tagt. Das siegreiche Licht wird alle Nachtgespenster verscheuchen. Er wird das Kainszeichen von seiner Stirn löschen. Er wird wieder frei und offen in die Welt sehen können....

XX.

Das Erlebnis im Traume und Rettungsträume.

Ein interessantes Gegenstück zum Traum im Traume bildet das „Erlebnis im Traume“. Hie und da hört man von Träumern erzählen: „Ich habe die Empfindung gehabt, das ist gar kein Traum. Das muß wahr sein.“

Wir wollen diese Erscheinung an einem Beispiel erörtern. Ich besitze deren nicht viele. Das Phänomen ist viel seltener als der Traum im Traume.

Frl. Lisbeth träumt in den ersten Tagen der Psychanalyse folgenden Traum:

(163). „Ich war mit einem rohen Menschen verheiratet. Ein ärmliches schmutziges Zimmer. Er hat mich geschlagen. Ich war ganz außer mir. Ich lag stöhnend am Boden. Seine letzten Worte waren: „Jetzt habe ich genug mit diesen Schrullen. Eingepackt wird und morgen wird weggefahren.“ Wie ich so gelegen bin, ging die Türe auf und jemand kam herein (älter und größer wie Dr. Stekel und ihm doch ähnlich). Es war so, als hätte ich ihn schon lange gesehen. Er sagte: „Brauchst dich nicht fürchten, ich will dich retten, du wirst schon von mir gehört haben. Ich bin der Professor Freud." Ich: „Ah — dann ist alles gut. Natürlich kenne ich Sie. Ich habe ja einmal von Ihnen geträumt. Erinnern Sie sich nicht? Wir waren auf einer Wiese mit großen gelben Blumen. Was ist mit den Blüten? (Sie rochen wie Marillen.) Er: „Sie sind wunderschön und wenn du um Mitternacht zum Katzensteg kommst, will ich sie dir geben."

„Das war das wirkliche Erlebnis. Nun hörte ich wie eine Stimme, meine Schwester und doch eine Nonne (halb ich — halb sie) — als wenn ein Traum mein Leben unterbrechen würde . . . . . Die Stimme rief: „Das kommt von deiner Verrücktheit. Du kommst statt um 12, um $^{3}/_{4}$ 12 hin. Statt am Katzensteg zu warten, gehst du zurück!" (weil es zu früh war.) Ich: „Großer Gott! Schweig! Schweig! Er hat mich entsetzlich zugerichtet! Meine Augen! Meine Augen!" Sie: „Du bist schon wirklich übertrieben. Was willst du von deinen Augen? Er hat dich erwürgt." Die Stimme verklang. Das Erlebnis ging weiter.

„Jetzt war ich am Katzensteg. Jetzt fiel mir ein: das ist die Rettenbachwildnis. Ich stand auf der Brücke, finster, allein. Wie ich mich umdrehte, kam mein Mann und erwürgte mich. Er warf mich so hin, daß ich mit den Füßen im Wasser, mit dem Kopfe auf der Stiege war und sagte: „Man kann tun, was man will. Das Großartigste ist doch das Blut. Du kennst doch das? Wer einmal . . ."

„Ich kam auf und sagte, halb wach, halb im Traume: „Nichts hat Gewalt über uns, wovon nicht ein Funken in unserer Seele ist." Ich schlief wieder ein. Ich kam in das Zimmer meines Geliebten. Am Tische standen Lilien. Er bettete mich sanft auf das Lager und streute Lilien über mich. Ich dachte: „Bin ich schon gestorben oder lebe ich?" Dann entkleidete er mich und war über alle Maßen zärtlich. Plötzlich schrie es in mir: „Oh — Gott! Was ist aus dir geworden."

„Das war kein Traum mehr, das war die Wiederholung wirklicher Erlebnisse."

Analyse: Die nun 30 Jahre alte Träumerin leidet schon seit zehn Jahren an heftigen Interkostalneuralgien, gegen die bisher kein Mittel helfen konnte. Das Leiden hatte plötzlich nach einer Erkältung eingesetzt. Sie kam furchtbar herunter, war viele Nächte schlaflos. Alle Medikamente, Wasserkuren, elektrische Behandlungen hatten nicht den geringsten Erfolg.

Die Analyse konnte die Ursache des Leidens rasch aufdecken und ein verblüffendes Resultat erzielen. Die Patientin war die Tochter eines hohen, reichsdeutschen Staatsbeamten und war in einem Milieu erwachsen, in dem strenge Zucht und Sitte herrschten. Ein Onkel, ein hoher geistlicher Würdenträger, bemühte sich um ihre Erziehung.

Sie fand trotz ihres Leidens zahlreiche Freier, konnte aber jeden mit Rücksicht auf ihre Krankheit abweisen. So wurde sie älter und älter und eigentlich auch kränker und kränker.

Die Analyse, die hier nur eine Beichte war, brachte die Vorgeschichte der Neuralgien. Sie hatte mit 18 Jahren einen Vetter kennen gelernt, einen verheirateten Mann. Sie war bei dessen Frau zu Besuch. Da gelang es ihm mühelos, das arme unschuldige Wesen zu verführen. Er benutzte eines Abends die Abwesenheit seiner Frau und brachte sie in sein Zimmer, wo sich die Szene so abspielte, wie sie der Schluß des Traumes schildert. Es ist eine vollkommen getreue Reproduktion. An diese Szene schloß sich ein inniges Liebesverhältnis.

Dieses Verhältnis dauerte einige Monate, bis dann die Neuralgien ausbrachen. Gerade an den Stellen, wo er sie mit starken Armen gehalten hatte. Sie konnte das Zimmer nicht mehr verlassen. Ein jeder Lufthauch weckte neue Schmerzen. Sie fürchtete den Zug, den Sturm und die Erkältung. Die Analyse ergab, daß die Krankheit ihr Tugendwächter werden sollte. Sie fürchtete den Zug des Herzens, den Sturm der Leidenschaften und die Erkältung ihres Verhältnisses zum Vater.

Denn nach dem Sündenfall widmete sie sich ganz der Pflege des Vaters, der im Rollstuhl gefahren werden mußte, da er seit Jahren gelähmt war. Sie machte sich die heftigsten Vorwürfe — und alle ihre Schmerzen waren nur eine kleine Strafe für ihren vermeintlichen Frevel.

Der erste Teil des Traumes wird hier ausdrücklich als Erlebnis geschildert. Das Gegenteil zum Traum im Traum! Der Traum zwischen zwei Erlebnissen. Es bestehen also gewiß starke Gründe, das erste Traumbild trotz seiner düsteren Stimmung als echt zu deklarieren.

Die gesprochene Rede im ersten Bild entspricht einer wirklichen Rede. Sie ist vom Vater gehalten worden. Wir merken jetzt die große Wunscherfüllung. Sie ist keine Gefallene, keine Deklassierte, keine Geliebte. Sie ist verheiratet und eine anständige Frau. Auf infantile Wünsche zurückgeführt, da sie die Mutter ersetzen wollte: Sie ist mit dem Vater verheiratet. Er soll sie wieder so schlagen, wie in der schönen Kinderzeit. Sie will Armut und Schmutz ertragen, wenn es gilt, mit dem Vater zu leben. Sie erzählt mehrere Szenen aus der frühen Kindheit, da der Vater sie auf das entblößte Gesäß geschlagen hat.

Jetzt trete ich in Aktion. Ich bin ihr offenbar zu jung. Sie macht mich zum Professor, der ihr Freuden bringt. (Sehr häufiges Vorkommnis in den Träumen meiner Patienten. Wenn sie von mir Libido verlangen, so werde ich Professor Freud oder er wird mir vorgehalten.) Sie hat von mir ein Buch von Freud geliehen bekommen. „Die Gradiva", kurzum — die Analyse ergibt, daß ich der Professor Freud bin. Sie kennt mich längst, sie hat von mir geträumt. (Häufige Behauptung von Liebenden: „So schwebte mir dein Bild im Traume vor" usw.) Ja, noch mehr. Sie hatte in dem Traume sogar ein Erlebnis mit mir auf einer Wiese mit großen gelben Blumen. Ich gebe ihr ein Rendezvous am Katzensteg. Eine Anspielung auf den bekannten Roman von Sudermann. Ich soll also des Nachts zu ihr kommen. Das sagt das erste Traumbild, das ausdrücklich als ein Erlebnis gedeutet wird.

Nun kommt erst der Traum. Es sind die quälenden Vorwürfe, die sie sich macht und die sie los werden will. Die Schwester als Nonne [1]) (offenbar der geistliche Onkel!), die eine sittenstrenge Frau ist, ihr eigenes Herz rufen ihr zu: „Du hast zu früh mit der Liebe begonnen. Mit 18 Jahren darf man noch nicht lieben." (Sie hat in der Tat ihre Schmerzen als Folge zu frühen Geschlechtsgenusses aufgefaßt.)

Sie will die Stimmen des Innern zur Ruhe bringen: „Schweig! Schweig!" Sie wehklagt über den Verlust der Virginität. („Er hat mich entsetzlich zugerichtet".) Ihre einzige Angst ist, man könnte ihr das Auge ausstechen. (Verlegung von unten nach oben. Auge = Vagina.

---

[1]) Ihre Vagina ist keusch. Doch auch das Gegenteil! Nonne ein häufiger Ausdruck für Dirne. Kloster (nunnery) für Bordell. „Mönch" wird ein Frauenjäger genannt. (Anth. III. S. 135.)

Deflorationskomplex!) Er hat sie umgebracht. Er hat ihre Ehre erwürgt. Sie haßt den Vetter ebenso glühend, wie sie ihn geliebt hatte.

Alle diese Vorwürfe, das Hassen und Bedauern, das Kämpfen und Bereuen sind nur Träume. D. h. sie kehrt die Dinge um und stellt alle Tatsachen auf den Kopf. Aus dem Erlebnis macht sie einen Traum und aus ihren Träumen macht sie die Erlebnisse. (Ein wichtiger Mechanismus, der bei hysterischen Beschuldigungen immer in Betracht zu ziehen ist.)

Die nächste Szene ist die Defloration, ist eine masochistische Phantasie, deren einzelne Elemente wieder zum Teil auf den Vater gehen. Sie erinnert sich einer Szene, die beweist, wie unauslöschlich Kindereindrücke sind. Sie war erst fünf Jahre und hatte etwas „sehr Schlimmes" angestellt. Der Vater prügelte sie und trug sie über alle Treppen in den Keller. Als sie sich wehrte, schleifte er sie über einige Stufen. Diese infantile Szene schreit nach Wiederholung. Alle ihre Schmerzen sind Reminiszenzen an die starke, überwältigende Kraft, die sie anpackte und willenlos machte. Die Deflorationsszene war durch den Vater vorbereitet worden. Der nächsten starken Kraft gegenüber wurde sie willenlos. Ein Patient brachte mir einmal einen Satz aus dem Talmud: „Wer seinen Sohn schlägt, der erzieht ihn zur Sünde." In diesem Falle war der Vater die unschuldige Ursache ihres Sündenfalles.

Aber sie will jede Demütigung ertragen. Sie ist verheiratet. „Ihr" Mann darf mit ihr tun, was er will. Auch sie darf alles tun. Sie ist eine verheiratete Frau. Die Reden klingen an verschiedene Lehren an. Der sadistische Komplex verrät sich im Satz „das Wichtigste ist doch das Blut". (Natürlich auch die damals heiß ersehnte Menstruation! Auch die bei Defloration entfallenden Blutstropfen.)

„Wer einmal"...Die Katze läßt das Mausen nicht. Sie ist einmal gefallen, sie wird wieder fallen. Die sadistische Auffassung des Geschlechtsaktes fordert die merkwürdige Position: Die Füße im Wasser (Feuer?), der Kopf auf der Stiege. Ihr Verstand ist hin. Jetzt haben ihre Sinne das Wort [1]).

Das Erlebnis, das wahre Erlebnis im Traume hat also den Sinn, eine Irrealität mit Hilfe infantiler Eindrücke in eine Tatsache umzuwandeln.

Wie in vielen anderen Fällen, können wir beobachten, daß der Neurotiker reuig zu seinen infantilen Lustquellen zurückkehrt, wenn seine ersten Aggressionen versagt haben.

Wir merken die starke Spaltung ihrer Persönlichkeit. Sie besteht aus zwei Menschen: einer heiligen Krankenschwester, einer frommen keuschen Nonne und aus einer heißblütigen leidenschaftlichen, grausamen, zu allen perversen Lüsten geneigten Kurtisane. Ihr geheimes Leitmotiv, ein Satz vom Marquis de Sade: „Der Ruf ist ein wertloses Gut, er entschuldigt uns niemals für die Opfer, die wir ihm bringen." Ihr bewußtes Denken klammert sich an Ruf, Moral, Glauben, Sitte; klammert sich an das erste Ideal ihres Lebens, an den Vater. Die Szene in der Klamm kopiert ja deutlich die Szene der Kindheit, da der starke Vater das trotzige Kind mit einem Arm über die Stiege getragen, um es in den Keller zu sperren.

---

[1]) „Wer einmal" . . . koitiert hat, ist keine virgo mehr!

So läuft sie ihren großen Ereignissen nach: Zweien aus der Kindheit, die zu einer Ehe mit dem rohen, starken Manne umgedichtet werden und der Defloration vor 10 Jahren. Sie verändert und variiert endlos diese Ereignisse. Sie macht aus ihnen einen Ehebruch. Sie spielt aber mit den beiden Personen, Vater und Geliebter, in endlosen Phantasien, wobei die Rollen vertauscht werden. Jetzt kommt noch eine dritte Person hinzu: der Arzt. Dieser soll sie aus dem Inferno erlösen. Er soll dieser Phantasieehe mit dem gelähmten Vater und dem verlassenen Geliebten ein Ende machen. Ihm zu Ehren wurde dieser lange Traum geträumt.

Aber noch mehr! Er soll die große „Lilienszene" am Schluß des Traumes wiederholen. Sie soll wieder fallen. Sie demonstriert ihm ihre Verworfenheit, sie bietet sich ihm an, sie gibt sich schutzlos preis. „Wer einmal"......

Auch das letzte Erlebnis wird als Traum dargestellt. Sie kennt den Arzt auch aus dem Traume. Nur die Rettung ist wirkliches Ereignis. Allerdings eine Rettung nach ihrem Sinne. Freud erwähnt, daß „einen retten wollen", soviel bedeutet, als ihn besitzen wollen. So sind viele Rettungsträume zu deuten. So die zahllosen Rettungsphantasien der Neurotiker. Der Vater soll gerettet werden: man ist dann quitt. Ein geschenktes Leben gegen das andere. Die Mutter: dasselbe Motiv und der Inzest dabei. Wie häufig wollen unerfahrene junge Leute eine Dirne „retten". Die Dirnen kennen diese Phantasien der Erstlinge und nützen sie schlauerweise für ihre Zwecke aus.

Auch unsere Träumerin will sich von mir „retten" lassen. Deshalb spielt ihr Roman „der Katzensteg" in der Rettenbachwildnis. Ihre Rettung aus den Banden des Vaters wäre eine neue große Liebe. Ich spiele jetzt in der Übertragung der Doppelrolle: ein Gemisch von Vater und Geliebten, einen väterlichen Professor und einen um Mitternacht auf den Wiesen mit gelben Blumen erscheinenden Retter. (Freud und Stekel = Vater und Vetter.)

Die schwere Interkostalneuralgie erweist sich als „psychogene" Krankheit. Sie ist eine „Flucht in die Krankheit". Sie ermöglicht ihr das hartnäckige Festhalten an den moralischen Tendenzen, sie dient als Buße für das schwere Vergehen, schwer nach ihrer Anschauung und den Anschauungen des frommen Onkels. Sie ermöglicht ihr aber im Sinne Adlers einen Triumph über den Vater und die Mutter. Sie will sich durch das Mitleid der Familie gegenüber „zur Geltung bringen". Der Vater ist nicht mehr der schwerste Kranke im Hause. Wenn sie ihre schmerzhaften Neuralgien hat, dann gellen ihre Jammerrufe durch das ganze Haus, und sie spielt die erste Rolle. Die ganze Familie schart sich um ihr Krankenlager. Für sie werden Ärzte gerufen. Sie ist der Gegenstand des allgemeinen Mitleidens. Sie raubt sich die Liebe des Hauses in Form von Mitleid.

Triumphiert sie so über den kranken Vater, so werden die anderen Rivalinnen (Mutter und Schwester) vollends in den Hintergrund gedrängt. Beide sind zur minderwertigen Rolle von Krankenpflegerinnen herabgewürdigt. Adler hat für die Psychogenese der Trigeminusneuralgien eine Formel aufgestellt: „Die Trigeminusneuralgie, sowie die einzelnen Anfälle treten regelmäßig auf, wenn sich im Unbewußten der Affekt der Wut an ein Gefühl der Zurückgesetztheit knüpft."

Auch bei dieser Interkostalneuralgie bestätigt sich diese Behauptung. Ein neuer Hut der Schwester, eine ironische Bemerkung des Bruders, ein härteres Wort des Vaters ruft die schrecklichsten Anfälle hervor.

Man beachte ihren maßlosen Masochismus und man wird ermessen können, wie grenzenlos ihre sadistischen Instinkte sein müssen. „Das Großartigste ist doch das Blut!" heißt es im Traume. Ihr Vater leidet an blutigen Diarrhöen. Auch ihre Menstruationen zeichnen sich durch profuse Blutungen aus. Auch darin will sie den Vater übertreffen. Der Blutkomplex [1]) spielt in ihren Phantasien die größte Rolle.

Wunderbar ist die Verschmelzung von religiösen Vorstellungen und erotischen Triebkräften. Sie ist nicht nur die Nonne. In ihrer männlichen Ausgabe spielt sie den Christus. Die Interkostalneuralgie wird manchmal von heftigen Schmerzen in den Händen und Füßen begleitet. Sie ist Christus und hat sich selber ans Kreuz geschlagen. Wunderbar drückt diese Phantasie ihren psychischen Hermaphroditismus aus. Als Weib konnte sie unterliegen und sich deflorieren lassen. Als Mann wird sie zum Heiligen und siegt über alle ihre Triebe. Ihre Männlichkeit ist ein gegen die eigene Person gerichteter Sadismus. Noch eine Bemerkung zu den Zahlen 12 und $^3/_4$12. Mit zwölf Jahren erwachte in ihr eine große Religiosität. Sie wurde sich ihrer sündhaften Regungen bewußt. $^3/_4$12 löst sich in $3 + 4 + 12 = 19$ auf. Im 19. Lebensjahre erfolgte das schwere Trauma, die Defloration, welche die Ursache dieser schweren, lebenszerstörenden Neurose wurde.

Denn trotz ihres Leidens hielten viele Männer um ihre Hand an. Sie wies alle Anträge zurück. Sie hatte nicht den Mut, ihren Sündenfall zu gestehen. Die Neuralgie gab ihr die Motivierung für die Absagen, welche die Familie zur Verzweiflung brachten. „Ich will erst gesund sein. Dann werde ich heiraten." So machte sie sich die Krankheit unlösbar und unheilbar, eine Erscheinung, welche man bei jeder Neurose findet. (Ich nenne sie das „Vexierschloß der Neurose".) Der Kreis ist geschlossen. Tugend und Unabhängigkeit sind gesichert und sie hat nicht die Blamage der Brautnacht, die Entdeckung ihrer Defloration zu fürchten.

Frl. N. S., 16 Jahre alt, träumt:

Der Rettungstraum eines Backfisches.

(164.) „Ich gehe über eine schmale Brücke. Plötzlich stürzt sie ein und ich falle ins Wasser. Ein Offizier springt mir nach und trägt mich mit starken Armen ans Land. Plötzlich ist es mir, als ob ich eine Leiche wäre. Auch der Offizier sah blaß aus — wie eine Leiche."

Die Deutung ist einfach genug. Die Tendenz, sich von einem Offizier „retten" zu lassen, findet unverblümten Ausdruck. Die Leichenphantasie wird uns in den Kapiteln über Todessymbolik noch wiederholt beschäftigen. Natürlich heißt hier „tot sein" — „leben." Sie fängt zu leben

---

[1]) Der Traum zeigt Beziehungen zur Menstruation. Der Katzensteg ist die Vagina. Der Rettenbach ist der rote Bach = die Periode. Alles Rote deutet bei Frauen auf die Menstruation. Zum Beispiel der schon erwähnte Ausdruck: Die Tante aus Rotneusiedel. Aber auch die „rote Hose". Auch die wälsche Hose (Anth. II. S. 254.) Ferner der „rote Hut", — die „rote Kappe", das „rote Band", der „rote König". Von der roten Hose stammt auch der Ausdruck „der Franzose" für die Menses (Anth. II. S. 254.) Vielleicht geht „der Schneider" auch auf den Blutkomplex zurück.

an und der Offizier „lebt“ mit ihr. Sie sterben zusammen. Das wirft ein grelles Licht auf die beliebte Phantasie des Doppelselbstmordes. — „Hüten wir uns“, sagt Nietzsche, zu „sagen, daß der Tod dem Leben entgegengesetzt sei. Das Lebende ist nur eine Art des Toten, und eine sehr seltene Art“ [1]).

Zum Schluß den Traum eines alten Herrn (Zwangsneurose).

(165.) „Das Haus, wo ich wohne, hat gebrannt. Ich stürze mich in den Unterkleidern in die Wohnung im zweiten Stocke und rufe dem Fräulein Ella zu: „Retten Sie sich! Es brennt.“ Sie springt nackt aus dem Bette. Nur am Kopfe trägt sie einen türkischen Schal. Ich hülle sie in eine Decke und trage sie über die Stufen.“

Erwacht hat der Träumer die Empfindung: „Das habe ich ja gar nicht geträumt. Das muß ich erlebt haben,“ Auch bei ihm drückt sich der Wunsch aus: O wäre diese Phantasie Wirklichkeit. Die Deutung des Traumes ist überflüssig. Frl. Ella ist die Gesellschafterin seiner Schwägerin — und die Ursache des Ausbruches seiner Neurose. Er lebt ständig in Angst vor ungerechten Beschuldigungen. Einen Tag vor dem Traume traf er das Frl. Ella allein im Vorzimmer der Schwägerin. Er ergriff schleunigst die Flucht und überlegte den ganzen Tag, wie er sich entschuldigen könnte, wenn Frl. Ella ihn eines Attentates bezichtigen würde. Der 70jährige Mann hat auch lebhafte Phantasien, wie er des Frl. Ella Liebe erringen könnte. Unter diesen spielt die Rettung aus Geldnöten eine große Rolle.

Im Traume ist er kühner. Er trägt sie aus dem zweiten Stocke über alle Stufen. Der türkische Schal stammt aus seiner Jugend. Seine Mutter trug einen solchen Schal. Er schmückt Ella mit den Reizen seiner Mutter. Ferner enthält der „türkische Schal“ eine Anspielung auf seine Haremsgelüste . . . . . .

---

[1]) Man vergleiche dazu die Ausführungen von Scherner:

„Endlich aber erscheint den Frauen häufig die nackte Leiche des Mannes oder der nackte Mann als Verfolger, wobei die Phantasie äußerst fein verblümt den Geschlechtsreiz der Träumerin in die nachstürzende Raserei des Mannes hineinlegt. Selbst die ehrwürdige Greisin beschäftigt noch der Traum vom nackten Manne. Eine Dame dieses Alters träumte, „sie stehe auf einer Brücke, von dieser herab sehe sie in den Strom und gewahre in einem Tümpel (Harnblase) einen männlichen Leichnam, um den sehr schöne Fische (wörtlich nach der Erzählung) spielen; da kann sie sich nicht enthalten, hinunter zu steigen, ob sie wohl einen Fisch finge; auf einmal aber gewahrt sie, daß der Mann lebendig unter dem Wasser liege, um die Fische zu fangen und er erhebt sich und schreit es ihr zu, so daß sie erschrocken davonflieht.“ Die Symbolik insgemein zeigt den Verschmelz von Harn- und Geschlechtsreiz; speziell interessant ist, abgesehen von der lebhaften Darstellung des Harnreizes durch Fische und Tümpel, die Bezeichnung des Erwachens des Geschlechtsreizes aus dem Harnreize durch das Liegen des Mannes unter dem Wasser (in der Umschließung des Harnsymbols) und die Symbolisierung des den Harnreiz immer mehr überwuchernden Geschlechtsreizes; durch das Fangenwollen der spielenden Fische (des lebendigen Harnreizes) von seiten des nackten Mannes (des Geschlechtsreizes). Anbei endlich dürften solche Traumbildungen, welche die Geschlechtssphäre der Greisin noch so lebendig erweisen wie die der Jugend, die Aufmerksamkeit des Physiologen erregen.“ (Das Leben des Traumes S. 202 l. c.)

XXI.

Onanieträume.

Die Symbolik der Onanie ist noch sehr wenig erforscht. Wir haben schon wiederholt Gelegenheit gehabt, in den früheren Analysen darauf hinzuweisen. Wir wollen in diesem Kapitel eine kleine Zusammenfassung des Wenigen, was wir bisher wissen, versuchen. Die Dinge sind sehr geheimnisvoll in die Träume hineingewebt, ebenso wie die Todessymbole, die bisexuellen Regungen und die Mordgedanken. Das Motiv des „Blüten- oder Zweigabreißens“ als Onanie habe ich schon erwähnt. Auch alles, was sich selbst bewegt und keine zweiten braucht, z. B. das Automobil als Ausdruck des Autoerotismus ist gar nicht so selten. Auch die Hand und die fünf Finger, das Schneuzen, das Ziehen, Reißen, Melken, das Ruinieren eines Apparates, das Verschwenden von Geld, können sich auf Onanie beziehen. Die seltsamsten Wortbildungen: Kanonier z. B. als Ka (wienerisch kein) Onanierer, Ilona, Monna, Nanna, Nonne, Botanik, um nur einige grelle Beispiele zu nennen.

Also alle Namen, die irgendwie eine Anspielung auf das Wort Onanie enthalten, sind verdächtig. Einer meiner Patienten träumte immer von „Wilhelm von Oranien“. Das Oranien stand für Onanie. Ein anderer hatte die Gebote des Koran nie übertreten. Auch hier ging das „oranie“ auf Onanie. Ebenso die Kanone, die Oper Manon; einmal sogar der Tonkünstler Dohnányi als D'Onanie, d. h. die Onanie.

In anderen Träumen fand ich das „automatisch spielende Klavier“, den „Automaten“, den Pferdchenautomat, eine „automatische Zuckerstreudose“. (Das zylindrische Gebilde für den Phallus. Zucker als Sperma!) Die meisten Maschinen sind das Genitale. Das Manipulieren mit Maschinen und Apparaten bedeutet onanieren.

Sonderbar ist das folgende Bild:

(166.) „Ich schleudere meinen Hund, der in einen Mantel gehüllt ist, auf und ab.

Der Mantel ist das Präputium. Der Hund steht für den Penis. Tertium comparationis, ein altes Lied: Das Pulver ist verschossen, der Hund, er steht nicht mehr.

Ein Jüngling träumt:

(167.) „Ich sah zwei rote Hände an einem Baum. Da dachte ich mir: Du wirst nicht lange leben. Höchstens 51 Tage.“

„Zwei rote Hände am Baum“ ein bekannter Ausdruck für Onanie. Die roten Hände ruinieren den Lebensbaum. Die Zahl 51 bedeutet oft Onanie. (Fünf Finger und ein Glied [1]).

Beginnen wir mit der Analyse eines Pflanzentraumes. Wie der Traum Nr. 133 handelt er von Walderdbeeren.

---

[1]) Man beachte die Scherzfrage: „Was ist Feigheit!? Die Onanie. Denn da gehen Fünfe für einen.“ (Anth. VII. S. 40.) Auch französisch: „Se mettre cinq contre un“ für Onanieren (Anth. VII. S. 40.) Daher haben die Zahlen 5, 15, 51 und 6 Beziehungen zur Onanie. Auch die Zahl 11. (Der Penis ist der 11. Finger.) Ein Ausdruck für Onanie ist auch: Der macht 66 oder 17 und 4. (Anth. VI. S. 16.) Auch die Zahl dreißig (Reißen — herunterreißen) 31, 35, ist ein häufiges Onaniesymbol.

Frl. K. N. träumt:

(168.) „Ich war in einem Geschäfte, um Walderdbeeren zu kaufen. Ich verlangte 1 kg. davon, der Verkäufer gab mir nur einige Beeren, die gezuckert waren. „Das kann unmöglich ein Kilo sein,“ sagte ich und war außerdem unzufrieden, daß er die Früchte gezuckert hatte. „Sie dürften recht haben, das wird kein Kilo sein,“ sagte der Verkäufer, „aber wir haben nicht mehr frische Walderdbeeren. Sie müßten große getrocknete nehmen.“ Ich griff unschlüssig nach einer solchen von ihm bezeichneten Frucht und brach sie auseinander. Sie hatte aber das Aussehen einer Ananas und schien mir den Erdbeeren gegenüber minderwertig zu sein.“

Die Walderdbeere ist die rote, kleine Glans penis. Zu Kilogramm fällt ihr ein Kilo Fleisch ein. Sie will ein ordentliches Stück Fleisch, erhält aber nur Naschwerk, leichte Küsse mit einer anderen Erdbeere, der Zungenspitze. (Auch eine symbolische Gleichung: Mamillen, Zungenspitze, Glans penis, Fingerspitzen, Zehenspitzen.) Es soll aber eine Walderdbeere sein. Eine Erdbeere, die in den Wald hineinpaßt.

Das weitere Traumstück handelt von der trockenen und der feuchten Liebe. Seine Küsse sind trocken; sie möchte sie saftiger haben. Sie verlangt die Glans und eine Ejakulation.

Zu Ananas fällt ihr sofort Onanie ein. (Beide Worte haben die Silbe nan gemeinsam.) Sie leidet an nervösem Erbrechen. Sie griff nach der verbotenen Frucht (Onanie) und brach......ist zu lesen. Natürlich ist die Onanie einem Koitus gegenüber minderwertig.....

Andere Bedeutungen müssen übergangen werden. Nur die Beziehungen zur Amme [1]) mit der großen, mit Flüssigkeit gefüllten Brust und zu der trockenen Brust ihrer Erzieherin seien hervorgehoben. Auch hier ist die Onanie ein Nachklang der ersten Libido an der Brust der Amme. Sie ist die Lutscherin und der Mund die stärkstbetonte erogene Zone. (Getrocknete Erdbeeren ein Symbol für Phantasien, welche ein altes Erlebnis wiederholen.)

Frl. Rosa träumt:

(169.) „Herbert hatte drei Christbäume geputzt; erst war ich darüber erstaunt, aber dann fand ich, daß ihm die Eigenart ähnlich sah.“

Die Analyse ergibt, daß die Träumerin, ein 17jähriges Mädchen, den Cousin Herbert der Onanie bezichtigt... Die Phantasie, er habe eine Vorhaut, läßt seinen Phallus zum Christbaum werden. — Die charakteristische Dreizahl fehlt auch nicht. Onanieren heißt hier den Baum putzen. Ähnliches wie Spargel putzen, die Stube selber rein fegen, sich gut ausbürsten usw. habe ich schon beobachtet...[2])

Traum des Herrn B. C.

(170.) „Ein kleines Kind (unter mehreren Kindern), das speziell nach mir verlangte. Ich wollte es liebkosen und bemerkte plötzlich, daß es auf der einen Seite einen Ausschlag hatte. Ich küßte es auf der reinen (rechten) Seite. Auch wenn ich mit ihm sprach, drehte ich nur

[1]) Die Amme hieß Anna! Kilo als Gewicht eine Beziehung zum Hoden. Gewichte auch als Penis (Anth. II). Getrocknete Früchte schrumpfen ein. Sie sind kleiner. Die Walderdbeere ist kleiner als die Ananaserdbeere. Groß und klein Anspielungen auf die Erektion.

[2]) „Se tailler un“ im Französischen onanieren. (Sich einen spitzen!)

das rechte Profil zu. Das Kind begann plötzlich zu urinieren, da bin ich auf und davon gelaufen. Es war ein Knabe."

Eine wunderschöne Symbolik von rechts und links. Ferner ein deutlicher symbolischer Hinweis auf seine Syphilisangst. Er hat vor einigen Tagen ein „schönes Kind" (ein hübsches blondes Fräulein) kennen gelernt, das ihm sehr entgegen kam („speziell nach ihm verlangte"). Er hatte aber Angst, sie könnte angesteckt sein (einen Ausschlag haben). Er will und kann gar nicht an die Syphilis mit ihren Folgen denken. („Nur das rechte Profil sehen.")

Wichtiger ist die Beziehung zur Onanie. Der kleine Knabe ist sein Penis (der Kleine!). Die Funktion des Urinierens zeigt das am besten. Er fürchtet die Folgen seiner Onanie. Er hat vom 5. bis zum 16. Lebensjahre onaniert; infolge eines abschreckenden Belehrungsbuches aufgehört. Der Traum drückt diesen Kampf aus.

Es folgen fünf Träume des Herrn Omikron:

(171.) „1. Das Dienstmädchen meiner Hausfrau hat in einer spöttischen Art mir nachgemacht, wie ich onaniere und mir die Hände wasche."

(172.) 2. Ich las aus dem Buche „Dichtung und Neurose". Jemand eilte auf mich und wollte, ich soll mit dem Lesen schon aufhören, doch hatte ich den Zwang, die Seite schnell herunter zu lesen. Ich habe eben die Zeilen bloß nur überflogen und wußte ja, daß so ein Lesen keinen Sinn hat. Beim Schlusse angelangt, war ich beunruhigt, nicht richtig gelesen zu haben, und mußte einige Mal die Seite durchlesen. Dieses Lesen war zugleich ein Gebet.

Mein Bruder merkte, daß ich bete. Ich sagte ihm, ich weiß zwar, daß das Beten keinen Sinn hat, doch mache ich es so pro forma."

(173.) „3. Ich war bei einer verheirateten Schwester. Ich hatte das Gefühl, daß sie für mich sympathisiere, dagegen aber die Ansichten meiner Mutter und anderer Geschwister nicht teile. Ich ging in ein zweites Zimmer beten. Die Schwester suchte mich und kam zu mir. Als sie in das Zimmer kam, sah ich die Decke in einem Bette sich bewegen. Ich hob die Decke schnell auf und fand unter dieser einen künstlichen Damenfuß. Ich dachte darüber nach, ob es speziell künstliche Damenfüße gibt, weil der sehr zart war."

(174.) „4. Die Kellnerin meines Stammkaffeehauses wollte mir, weil sie mich als unenergisch erkannt hat, einreden, ich sei ihr eine sehr große Summe für Zechen schuldig."

(175.) „5. Meine Schwester ließ mir die linke Seite des Schnurrbartes stutzen, um zu sehen, ob ein gestutzter Schnurrbart mir besser steht. Ich habe aber nichts gemerkt, als mir dies jemand gemacht hatte."

Diese Träume zeigen den von mir wiederholt behaupteten Zusammenhang von Onanie und Inzestphantasien.

„Das Dienstmädchen seiner Hausfrau" ist die Ursache seiner schweren Zwangsneurose; seine Schwester, die im Hause Dienstbotendienste verrichtete. Sie macht ihm das Onanieren nach, d. h. sie onaniert auch und macht sich schmutzig. (Daher das Händewaschen!)

Mein Buch „Dichtung und Neurose" dient ihm als Vorwand zur Onanie. Wenn so viele große Geister onaniert (hier onanieren = lesen = beten) haben, kann er doch dasselbe tun. Sein Bruder hatte ihn vor der Onanie gewarnt. (Jemand!) Ebenso sein Vater. Er liest schnell herunter (reißt sich einen schnell herunter). Die Onanie war nur ein schwacher und schädlicher Ersatz („nicht richtig lesen") für den Verkehr. Sie befriedigte ihn, einmal ausgeführt, nicht. Er mußte einige Male lesen. Die Vorstellung, daß die Onanie ein Gebet (auch Symbol für Koitus, überhaupt für einen sexuellen Akt) sei, findet sich bei vielen Neurotikern. Einer meiner Kranken hatte sich eingebildet, in der Onanie das Mittel entdeckt zu haben, das ihn zum Heiligen machen und sein Leben verlängern würde. Er bildete sich ein, er habe eine Entdeckung gemacht, auf die kein anderer Mensch vor ihm gekommen sei. Ein ähnlicher Prozeß, wie wir ihn in den religiösen Ekstasen finden, die alle einen ausgesprochen autoerotischen Charakter aufweisen.

In diesem Traume warnt ihn der Bruder vor der Onanie, die keinen Sinn habe. Er tut es aber „pro forma", d. h. für die schönen Formen einer Frau, wie der nächste Traum besagt, seiner Schwester.

Diese ist im nächsten Traume nicht so sittenstreng und abweisend wie seine Mutter und die anderen Geschwister. Die Schwester „sucht ihn und kommt zu ihm". (!) Er hat immer für ihren künstlerischen (künstlichen) Fuß geschwärmt. Außerdem ist der „künstliche Damenfuß" ein Symbol, das hier einen künstlichen Penis bedeutet. Er verdächtigt seine Schwester, daß sie mit einem künstlichen Penis onaniert. Der Fuß ist ein uraltes Symbol des Penis. (Siehe Fußsymbolik und Erotik von Aigremont.) Sein Stammkaffee ist wieder die Mutter. Die Schwester (die Kellnerin) hat ihn eine zeitlang unentgeltlich verpflegt. Sie verlangt eine große Summe, d. i. viel Geld.

Nach der symbolischen Gleichung bedeutet Geld Sperma und Liebe. Er ist der Schwester etwas schuldig! Erinnerung an infantile Szenen mit der Schwester. Sie verlangt also einen geschlechtlichen Verkehr.

Traum 5 erfüllt eine Phantasie, daß seine Schwester mit seinem Penis (linker Schnurrbart!) spielt. Vielleicht ein Trauma, das er vergessen will und vergessen hat. Ferner die bekannte Phantasie aller Neurotiker verbotene Lust zu erwerben, ohne schuldig zu sein. Die Schwester soll ihn verführen. Er will sich so stellen, als ob er nichts merken würde, d. h. schlafend. Das würde der Nachsatz erklären, „er habe nichts gemerkt, als ihm das jemand gemacht hatte".

Seine zahlreichen Schwesternträume beziehen sich auch auf den Busen. Die eine Schwester heißt Karoline. Er hat von seinem Freunde gehört, daß der Busen in Amerika „Karoline und Josefine" heißt. Die Mutter war seine Amme. Auch er sehnt sich nach dem alten „Posten" Er ist im Geschäfte unzufrieden und möchte seine Stellung wechseln. —

Herr Omikron träumt ein anderes Mal:

(176.) „Ich war bei einer Schwester zu Besuch und erschrak darüber, daß ich keine Gebetriemen mitgenommen habe. Einen Neffen, der eigentlich aus zwei Neffen verdichtet war, nahm ich zwischen den Zeigefinger und den Daumen und rieb so seinen Körper mit Seife. Dabei empfand ich Liebe zu ihm. Meine Schwester sah mir zu und sagte zum Bruder: „Es wird doch richtig sein, daß er homosexuell ist; er ist so einsilbig und macht so etwas."

Er ist zu Besuch und hat gottlose Inzestgedanken. (Er hat keine Gebetriemen.)[1]) Er onaniert mit seinen oder wegen seiner Inzestgedanken. Der verdichtete Neffe ist sein Penis. (Der eine Neffe ist groß — der

[1]) Der Gebetriemen, wie der Riemen überhaupt = der Penis.

andere klein. Aus beiden ist ein Neffe verdichtet.) Auch verrät der Traum die Beziehungen der Homosexualität zur Inzestliebe. Auch sein starker Narzimus (die Eigenliebe) bricht durch. (Ich empfand Liebe zu ihm.) Das Reiben mit Seife ist seine Onanietechnik.

Die drei Träume von der Handarbeit.

(178.) „Ich stand in einem Gartenhause. Raul kam auf mich zu mit einem leidenden, verzogenen Gesicht. „Nun wird er mich wieder quälen", dachte ich voll Angst, und mit einem heftigen Ruck zog ich den Verlobungsring vom Finger und gab ihn fast gewaltsam in seine Hand. „Ich löse die Verlobung und nun laß mich in Frieden!" rief ich erregt — und dann schwamm ich nahe am Ufer in einem dunklen Wasser. Papa stand beim Geländer und wollte auch hinein. „Du, springe nicht, es könnte dir schaden," rief ich. Er sprang aber doch, es gab einen Riesenplumps und ich wurde fast untergetaucht davon. Dann war ich in seinem Studierzimmer auf dem Lande und fragte: „Papa, darf ich hier bei dir bleiben? Ich werd' auch sehr brav sein." „Ja, mein Kind, bleib' nur da," sagte er und ich war sehr stolz, denn während der Arbeit darf niemand bei ihm sein. „Ich hole mir bloß eine Handarbeit," sagte ich. Und nun saßen wir alle bei Tisch. Papa wollte die Entlobung ganz gemütlich verkünden. „Warte einen Augenblick," sagte ich und trank ein Glas Wasser. „Ich bleibe nicht hier, ich fahre morgen weg." — voll Verachtung und Haß sah ich zu Raul hinüber, dann stand ich schnell auf, fiel aber ohnmächtig zu Boden. Mit halbem Bewußtsein stieß ich eine Verwünschung gegen Raul aus, und dann wurde ich hinausgeschleift."

(179.) „Wir waren im Wartezimmer unseres Zahnarztes, der uns alle nur unvollständig behandelt hatte. „Es ist jemand drin," sagte das Stubenmädchen, aber Mama ging doch zu ihm hinein, worauf das Mädchen rief: „Das ist doch eine Gemeinheit." „Was ist das?" fragte ich scharf. „Eine Gemeinheit," wiederholte sie. Ich fuhr auf sie los und begann mit ihr zu ringen; sie war plötzlich sehr dick und wir ließen einander nicht los."

(180.) „Ich war vom Hause fortgelaufen und fand nicht zurück. Es wurde Nacht, ich irrte wie gejagt in unbekannten Straßen umher und da war es mir, als würde ich von meinem Papa gesucht. „Er wird erfahren haben, daß ich fort bin, und hat nun alles aufgeboten, um mich zu holen," dachte ich. Furcht empfand ich nicht vor ihm, denn sein Verfolgen geschah in bester Absicht, und doch lief ich wie gehetzt durch leere Zimmer und suchte mich überall vergeblich zu verstecken."

Ihr Zweifel bestand in dem Schwanken zwischen Raul und der Familie, die hier der tote Vater repräsentiert. Das „dunkle Wasser" deutet schon auf die düstere Nähe der Todesgedanken. Sie ist auch ausnahmsweise bei der Arbeit Papas [1]) dabei. Sie hat diese Arbeit öfters belauscht und imitiert sie durch eine Handarbeit (Onanie). Sie wird davon krank. Sie hat sich oft gelobt (Verlobung), nicht mehr zu onanieren. Es kommt ihr wie eine Gemeinheit vor. Das führt zum nächsten Traume. Zahnträume sind alle Onanie- und Todesträume. Der Zahnarzt ist hier der Vater. Das Dienstmädchen ihre Vagina. Dann wird

[1]) „Bei ‚Tisch' sitzen" für im Bette liegen.

die Onanie in einer sadistischen Auffassung vorgeführt [1]). „Sie war sehr dick und wir ließen voneinander nicht los“ enthält wieder die Erinnerung an ihre Amme (Mutter). Daher der Zahnarzt, der sich auch im Munde zu schaffen macht, wie eine Amme.

Der letzte Traum enthüllt die Todesangst wegen der Folgen der Onanie. Der tote Vater sucht sie und wird sie abholen.... Sein Bild verfolgt sie. In Gedanken an seine Arbeit besorgt sie die Handarbeit. Die Beziehungen der Onanie zur belauschten elterlichen Szene und zu den Inzestphantasien auf den Vater sind in diesen Träumen sehr deutlich ausgedrückt.

Ein Traum des Herrn Dr. Sigma:

(181.) „Ich bin mit der Eisenbahn gefahren und mußte dann, um zum Endpunkt zu gelangen, ein Stück zurückfahren. Dann bin ich vom früheren Punkte zum Ziele gelangt.

Ich sprach mit einem Arbeiter. Ich weiß nicht was.

Nachträglich:

Das Zurückfahren war eine Einrichtung der Bahn, eine Notwendigkeit. Wir fuhren in einem Gebirgsflusse mit blauem Wasser zurück.“

Er hat seine Verlobung einmal gelöst, wurde aber schwer gemütskrank und muß jetzt gezwungenermaßen heiraten. (Das Zurückfahren als Notwendigkeit.) Er hat die Grenzen des Erlaubten überschritten. Zum Arbeiter fällt ihm ein Muster ein, das er seiner Braut besorgen muß. Also ein Handarbeiter. Er ist der Handarbeiter. Er ist Onanist. Der Zug [2]) geht auf das Ziehen der Genitalien. (Ein Witz, der ihm einfällt: Wie unterscheiden sich Singvögel und Onanisten. Antwort: Gar nicht. Beide ziehen Gen-Italien.)

Er ist aber zu weit gegangen. Er hat sich selber damit krank gemacht. Er wird bald sterben (abfahren). Der Arbeiter ist der Totengräber. Tod führt zu Hochzeit. Er will bald Hochzeit feiern, er gräbt seiner Freiheit das Grab und seine Hoffnungen auf Reichtum sterben alle dahin. (Vgl. die Träume Nr. 66—69, 77, 78, 92.)

Der Gebirgsfluß mit klarem, blauem Wasser führt über verschiedene Assoziationen zur Braut, Vagina, Geburt, Fluor albus. Er verdächtigt sie der Untreue usw. Die Station, der Endpunkt die Vagina und das Grab.

Das blaue Wasser hat noch eine besondere Beziehung zur Onanie: die blauen Ringe, die er um die wässerigen Äuglein erhält. Er fürchtet, man könne ihm die Onanie anmerken.

Das Hin- und Herfahren als Einrichtung der Bahn ist die Beschreibung des onanistischen Aktes. Das blaue Wasser führt nach der symbolischen Gleichung zu blauem Blut und zum Blutkomplex. Hinter diesem Traume verbergen sich düstere Mordgedanken. Doch davon in späteren Kapiteln.

Zur Abwechslung ein Traum des poetischen Frl. Etha:

(182.) „Ich war in einem saalartigen Theater. Auf der Bühne tanzten zwei junge Mädchen und als sie zu Ende waren, verbeugten

---

[1]) Überdeterminierung: Eine Koitusszene mit einem Arzt, der sie „plombieren“ soll. Sie wartet schon lange darauf (Wartezimmer).

[2]) Fast alle Eisenbahnträume sind Symbolisierungen der Onanie und des Todes. (Die Assoziationen gehen über Zug — ziehen — reisen — reißen — abreißen — sterben — abfahren.)

sie sich. Zwei hatten sich zu weit vorgewagt und plötzlich rasselte ein schwerer eiserner Vorhang nieder. Die Mädchen wollten zurück, es ging nicht mehr und ich schrie im Zuschauerraum entsetzt auf. Sie blieben nun unverletzt vor dem Vorhang stehen, dann wankten sie in die Kulisse. Nun sollte ich auftreten und war in der Garderobe. Die Vortragsmeisterin Ilka Nestor war bei mir, löste mir die Haare und wollte mich frisieren. Dann ging sie aber zum Fenster und begann zu lesen. „Ich werde doch zu spät fertig," sagte ich ungeduldig. „Entweder Sie frisieren mich gleich, oder ich tu's selber. Sie haben sich ja dazu angeboten." Dann holte ich mir weiße Schuhe, aber die sahen ganz schmutzig aus, und ich wunderte mich sehr darüber."

Das Mädchen vor dem eisernen Vorhang ist sie selber. Sie hat die Geheimnisse der Liebe noch nicht kennen gelernt. Zwei ihrer Kolleginnen waren sehr leichtsinnig und hatten sich zu „weit vorgewagt". Trotzdem war ihnen nichts geschehen. Die Vortragsmeisterin bin ich. Ich halte ihr Vorträge während der Psychanalyse. Ich bin Nestor, dem die Rede süßer denn Honig von den Lippen fließt, aber ich bin kein Mann, ich bin ein — Weib.

Sie ist mit den Vorträgen unzufrieden. Sie will „frisiert" werden. Sie will alles kennen lernen. Sie malt sich eine Situation, da ich ihr statt Rätsel die Haare löse. Doch es sind immer nur Vorlesungen. („Ging zum Fenster und begann zu lesen".) Sie droht mit Onanie („ich tu's selber"), wenn ich ihr nicht Libido verschaffe. „Sie haben sich ja dazu angeboten" — zu ergänzen: „mich zu heilen". Die Heilung sieht sie aber nur im Frisieren.

Die weißen Schuhe, die schmutzig sind, symbolisieren ihr Auftreten in diesem Traume. Sie ist im Leben sehr keusch und zurückhaltend und wundert sich im Traume über die durchbrechenden Begierden.

Ein Traum des Herrn Beta:

Der kletternde Affe.

(183.) „Es war in Tirol. Die Straße war beängstigend steil. Es waren dort Franziska, mein Bruder und ich. Es kamen drei Lastwagen und ein Auto herauf. Ein einspänniger Lastwagen kam herunter. Ich kletterte wie ein Affe und hatte enorme Ängsten. Dann riß ich mit der linken Hand einen Ast aus. Meine Kraft wurde bewundert."

Ein Onanietraum. Er ist der arme Mann, der einspännig fahren muß, d. h. ohne Weib und dabei herunter kommt. („Ein einspänniger Lastwagen kam herunter".) Er trägt die schwere Last seiner Neurose und fühlt sich immer matt und zerschlagen. Im Gegensatz der Wunsch: „Meine Kraft wurde bewundert!" Seine Potenz läßt ihn bei Frauen immer im Stich. Der Weg zum Weibe ist ihm zu steil. Er findet den Weg in die Vagina nicht. Er kann nur onanieren (Auto und Ast ausreißen). Seine Einfälle gehen jetzt einen merkwürdigen Weg. Wir müssen ihnen gehorsam folgen. Die Sieben Aß — Ast — und Last führen zu Laster und Syphilis. Ein Aß nennt man einen Furunkel. Von einem Pick-Aß handeln manche seiner Träume (Pick-Wimmerl-Pocken). Er fürchtet Infektionen.

Wer sind die drei Wagen und das Auto? Drei Menschen, die er liebt und zwischen denen er hin und her schwankt. Er identifiziert sich bald mit dem einen, bald mit dem anderen. (Der Affe drückt außer dem Träger eines langen Schwanzes und dem Kletterer sehr häufig die Fähigkeit der Identifizierung aus.) Er macht allen Alles nach. Er äfft den Bruder. Die drei Wagen sind: der Vater, die Erzieherin (Franziska) und die Amme. Das Auto ist er selber.

Seine Angst ist, die Angst zu fallen. Das Klettern führt auf den Ammenkomplex. Auch hier die uns bekannte Vierzahl. (Drei Wagen und Auto.) Vier hinauf, einer herunter. Er ist einmal von einer Amme fallen gelassen worden. Er fürchtet, Franziska könnte ihn fallen lassen, d. h. ihn aufhören zu lieben. Sie könnte fallen, einem anderen gehören, sie könnte dem Bruder gehören, seine stärkste Eifersucht. Er entmannt den Bruder. Er reißt den Ast aus. Seine liebste Phantasie: Er ist Zeus, der den Kronos entmannt. Er ist der Mensch, dem es gelungen ist, die Zeit (Chronos) zu überwinden. Er wird ewig leben. Er ist Ahasver. Verflucht, unglücklich, aber er hat ein ewiges Leben.

Das war seine große Erfindung! Er glaubte in der Jugend die Erfindung gemacht zu haben, die ewiges Leben und Götterkraft verleiht. Diese Erfindung — bewundern wir wieder die Bipolarität aller neurotischen Erscheinungen — war die Onanie. Sie war ihm in den ersten Lebensjahren nur der Ersatz für die Brust der Amme. Er wurde bis zum 13. Lebensmonat an der Brust gelassen. Das Trauma der Entwöhnung spielt eine große Rolle in seinen Phantasien. Er wurde plötzlich von der Brust weggerissen. Seine Rachegedanken gehen dahin, es bei Fremden auch so zu machen. Den Busen und die symbolischen Ersatzstücke (Penis, Fuß, alles paarweise wie Ohren usw.) mit einer Schere wegzuschneiden oder auszureißen. Er will es wie ein Affe nachmachen.

Vier Wagen keuchen den Weg hinauf, den endlosen Weg, die steile Straße, das Leben. Einer nur herunter....das ist der Totenwagen. Mit wem stößt der Wagen zusammen? Wozu braucht er seine enorme Kraft, die bewundert wurde? Offenbar will er sich rächen. Er ist der Träumer, von dem wir einen charakteristischen Kaintraum erzählen werden.

Vorher noch einen anderen Onanietraum. Eigentlich drei Träume einer Nacht:

(184.) „Ich hatte eine alte Jacke mit alten Tüchern in einer Schachtel. Nun öffnete ich sie, da war die Schachtel nur mehr mit roten Spänen voll, das war nur ein Teil vom Kreuz Christi mit seinem Blut. Nun konnte ich die Schachtel nur mehr mit Mühe zumachen. Nun war mein rechter Daumen und Zeigefinger voll Blut, ich erschrak entsetzlich und konnte nur mit Mühe es wegwaschen.“

(185.) „Papa, mein Bruder und ich wollten im Orient-Expreß von Pest nach Wien reisen. Wir sprachen mit dem Kondukteur und bestellten drei Plätze. Ich sagte, ich schlafe mit Papa, mein Bruder könne allein schlafen.“

(186.) „Mein Freund M. telephoniert mir, daß ich eine Verständigung wegen des Mono-Telephons erhalten werde.“

Das Monotelephon ist wieder eine geistreiche Bezeichnung der Onanie. Die Träume sind verkehrt zu lesen. Er muß onanieren. Er ist von seinem Freunde M. verständigt worden, daß die Onanie schädlich ist.

Er wird bald sterben. Er will sterben. Er bestellt beim Kondukteur (meistens der Tod!) die Plätze. Allein er schläft beim Vater. Der Bruder, der mit Frauen verkehrt und ein Don Juan ist, gehört nicht zum Vater, nach dessen Tode er sich ein Jahr vollkommene Abstinenz auferlegt hat.

Er büßt eine alte Schuld. Er hat sich gegen seinen Vater schwer vergangen. (Siehe den schon analysierten Christustraum (10) mit dem herausgenommenen Stück!)

An seinen Fingern klebt Blut! Das Blut Christi. Er kann das Blut nicht wegwaschen.

Aber sonderbar, das Kreuz, das ihm einfällt, hat eine merkwürdige Form. Es besteht aus vier Halbkugeln, die miteinander verbunden sind.

Von diesem Kreuz kommt er auf die Vorstellung von vier blutgefüllten Tassen — Halbkugeln. (Vgl. das hypnagoge Bild und den stereotypen Traum im Kapitel „Stereotype Träume".) — Von Blut kommt er auf Milch...

Er hatte eine alte „Schachtel"... Es ist seine Amme. Milch und Blut gehören zusammen...

Wieder einmal die zweite symbolische Gleichung! Schon Expreß hat Anspielungen auf das Auspressen von Sperma. Der Orient geht auf die Christusphantasie. Wie ich schon ausgeführt habe, schwankte er zwischen zwei Extremen: Christus und Antichrist (Satan). Der erste Teil des Traumes enthält eine Anspielung auf seine schwierige Geburt. (Christus in der Schachtel; Holz für Fleisch.)

Die Onanie war auch seine Buße und Strafe für seine sündigen Mordgedanken. An seinen Fingern klebte Blut. Er möchte sich gerne reinwaschen. Er möchte ein Heiliger sein. Als er nun gehört hatte, die Onanie sei für die Gesundheit verderblich, onanierte er, um sich zu strafen und zu töten. Da klebte das Sperma (nach der symbolischen Gleichung statt Blut) an seinen Fingern. Die Schachtel ist die Büchse der Pandora. Alle seine Lüste und Begierden stiegen aus der nun nicht mehr zu schließenden Büchse.

Alle drei Träume handeln von seiner Onanie. Die mit Sperma befleckten Finger (Selbstbefleckung), der Expreßzug, das Mono-Telephon, sie sind drei Variationen des einen Themas „Onanie". „Die alten Tücher" beziehen sich auf die Sacktücher, die er beim Onanieren verwendet.

Der Kondukteur führt über den Leichen-Kondukt zu seinen Todesphantasien. Alle sollen sterben (schlafen). Er soll allein (Mono-Telephon) zurückbleiben. Die Jacke führt über Jack, den Aufschlitzer, zu Mord- und Blutphantasien, die sich in dem Bilde einer mit einem Messer aufgemachten alten Schachtel unschwer erkennen lassen. (Erinnerungen an geöffnete Puppen, die mit Sägespänen gefüllt waren.)

Das Wichtigste: Er ist ein Weib und kein Mann. Er hat eine Jacke und eine Schachtel. Er hat die Menstruation. Er schläft mit dem Papa, wie die Engländerin. Er hat ein Telephon mit einer Muschel.

Dieser Phantasie entspricht seine Lage beim Onanieren. Er muß am Rücken liegen, um zu einer Libido zu kommen. Seine sadistischen Mordinstinkte wurden als männlich verdrängt. Als Weib ist er passiv und Masochist. Er duldet. Hier führt die Phantasie, ein Weib zu sein zu dem ans Kreuz genagelten Christus. Auch seine liebste Phantasie ist es, sich nageln (besitzen) zu lassen.

Die Onanie (Mono!) ermöglicht ihm das hartnäckige Festhalten der weiblichen Phantasien. Dabei ist er mit der rechten Hand ein Mann und benutzt seine linke Seite. Er onaniert mit bisexuellen Phantasien. Auch im nächsten Traum ist er das Pferd und der Reiter in einer Person.

Ein anderer Onanietraum des Herrn Beta:

(187.) „Mein Bruder, ein Rittmeister und ich ritten im Prater mit einem Reitburschen. Der Rittmeister und ich waren voraus und er meinte, ich sollte langsam angaloppieren, aber ja nicht zu schnell, damit die anderen Pferde nicht nachdrängten. So tat ich auch, trotzdem drängte mein kleines Pferd, „Nana" geheißen, und ich spielte mit den Zügeln wie mit einer Elastik-Schnur, wobei ich mich sehr nach rückwärts beugte, ja mitunter ließ ich dabei, ich glaube zweimal, mit den Knien los und wäre bald nach rückwärts gefallen. Ein bißchen Angst."

Wieder vier Personen! Es ist ein Ritt in den Tod. Wir werden einen fast identischen Traum bei der zusammenfassenden Besprechung der Todessymbole anführen und analysieren. Der Vater stirbt zuerst, mahnt seinen Sohn, das Leben nicht zu vergeuden. Er spielt aber mit den elastischen Zügeln (dem Penis) und macht dabei die charakteristischen Bewegungen. Er onaniert zu viel und wird sich in den Tod onanieren.

Es wird der erste sterben — voran gallopieren. Das Pferd eine Erinnerung an die Nachfolgerin der Amme, ein Kindermädchen, das mit seinem Penis spielte. Er war furchtbar ungebärdig nach der Entwöhnung. Das Kindermädchen beruhigte ihn durch eine neue Form der Libido.

Das Thema der Kerze behandelt der Traum eines jungen Mädchens aus guter Familie:

Der Traum von der Kerze.

(188.) „Ich ging einen schmalen Wiesenweg. Mama folgte mir von weitem und machte mir immerzu heftige Vorwürfe. Ich schwieg, war aber sehr erbittert und traurig. Dann kam ich auf meinem Wege zu einer kleinen Laube Mehrere Leute waren darinnen. Eine kleine Pflanze, die ich in einen Blumentopf gesetzt hatte, war entwurzelt. Man wollte sie, als ich das bemerkte, wieder einsetzen. „Laßt es doch, es hat ja keinen Sinn," sagte ich müde und ging allein weiter.

Nun stand ich in einem fremden Zimmer, worin sich noch mein Bruder und sein kleiner Freund befanden. Ich hatte eine große Todessehnsucht. Auf dem Tische stand ein hohes, schmales Glas, in dem eine Kerze brannte und es war mir, als könnte ich mich damit vergiften. Als ich dem Tisch nahe war, lief mein Bruder hinaus, wie um sich nun auch zu töten. „Das sähe doch wie ein Liebesdrama aus. Zu lächerlich," dachte ich. „Ich will doch allein sterben."

Der Traum variiert das Thema der Onanie. Der schmale Wiesenweg, den sie geht, ist ein verbotener Weg. Die Vorwürfe der Mutter bleiben nicht aus. Vom schmalen Weg kommt sie in die „kleine Laube". Die Wunscherfüllung läßt gleich mehrere Leute drinnen sein.... Die entwurzelte Pflanze symbolisiert eine tote Liebe. Aber das Herumstechen und Herausnehmen verrät ebenso wie die Müdigkeit die Onanie.

Sie fürchtet, daß die Onanie schädlich ist, daß sie sich damit vergiftet. Die Kerze, ein prachtvolles Symbol für das brennende, sich selbst verzehrende Leben, das schließlich zum Tod führt. Onanieren heißt sich töten. Doch auch ihr Bruder spielt zu viel mit seinem „kleinen Freund". Ja, es gab eine Zeit, wo sie gemeinsam spielten. Jetzt will sie keine dramatischen Szenen mehr. Sie will allein onanieren.

Diese Symbolik des „Allein leben" — „Allein sterben" — „Allein sein" verrät den heimlichen Größenwahn der Autoerotisten. Die Handhabung der Kerze zu onanistischen Zwecken ist ihr wohlbekannt.... Der Tisch ist hier wieder ein Bett....

Herr B. C. erzählt uns den Traum

Traum vom verlorenen Stein.

(189.) „Ich war bei der Harlander Zwirnfabrik im Bureau und bewunderte selbst meine Brillantringe. Der Beginn der Bureauzeit war bereits vorüber und daher suchte der Oberbuchhalter die vom Personale noch fehlenden Angestellten. Ich ging von Schreibtisch zu Schreibtisch im Bewußtsein meiner jetzigen Stellung als Redakteur und ließ mir von allen früheren Kollegen und Kolleginnen gratulieren und meinen Schmuck bewundern. Der Widerspruch hierbei liegt besonders darin, daß ich als Buchhalter vor zehn Jahren noch keine Ahnung hatte, daß ich jemals Redakteur werden würde. Plötzlich bemerke ich, daß aus meinem Ring der wertvollste Brillant fehlt. Ich begann ihn geheimnisvoll zu suchen, weil ich niemanden verraten wollte, daß ich den Stein verloren hätte, aus Furcht, es möchte ihn jemand finden und behalten. Nach längerem, hastigem Suchen sah ich den Stein in einer Ritze des Fußbodens liegen. Ich wollte ihn mit angefeuchteten Fingern erfassen, und immer wieder rutschte er mir aus der Hand und verschwand abermals. Später fand ihn ein mir unsympathischer Kollege K. und überreichte ihn mir mit höhnischen Bemerkungen. Als sonderbar bezeichne ich noch die Tatsache, daß mir die Fassung des Ringes, die Krappen, ganz zusammengeschrumpft vorkamen und ich mir daher nicht erklären konnte, wieso ein so großer Brillant in der kleinen Fassung überhaupt Raum finden konnte."

Analyse: Harland ist das uns nun wohlbekannte Land der Haare, in diesem Falle der weibliche Geschlechtsteil, die Kinderfabrik. (Herr B. C. ist dünn wie ein Zwirn und wird oft „Meister Zwirn" genannt.) Es handelt sich also wieder um die Mutter. Die Brillantringe sind sein „Schatz". Er bewundert seine Mutter. Der Oberbuchhalter ist für ihn über das Wortspiel der „Bauchhalter" der Vater. In seinem Bureau wollte er immer der „erste" sein. Dort wurde das Zuspätkommen strenge bestraft. Er sehnt sich nach der „Erstgeburt". Er ist der „vierte" in der Reihe seiner Geschwister. Er ist jetzt Redakteur. Ihm fällt der Witz vom „ersten" Redakteur ein. Das war Eva, weil sie den „ersten stehenden Artikel" in ihre Spalten aufgenommen hatte.

Natürlich löst sich der scheinbare Widerspruch des Traumes leicht auf, wenn man als den Redakteur den „Erstgeborenen" betrachtet. Der wertvolle Stein ist zuerst die Mutter. Der Traum verrät die Angst, sie zu verlieren. Sie könnte noch einmal heiraten.

Diese Deutung weiter zu verfolgen, liegt nicht in meiner Absicht. Ich will nur auf eine zweite Determination aufmerksam machen. Der Brillantring (das Haarland — bisexueller Charakter des Traumes!) ist sein Penis. Er bewundert (selbst!) seine Genitalien. Er geht von Schreibtisch zu Schreibtisch und läßt seinen Schmuck (Schmock = Penis) bewundern. (Schreibtisch — führt über Reibtisch zu Onanie. Alles „Reiben" — manchmal auch die „Räuber" bedeuten Onanie. Schreibtisch = Reiben im Bett.) Plötzlich fehlt der wertvollste Brillant. Was ist das? Natürlich: die Potenz. Er fühlt sich impotent. Das weitere ist leicht verständlich. Wo findet er seine verlorene Potenz? In einer Ritze (vgl. oben: Spalte). Er ist bei der Mutter verankert. Die zweite Bedeutung: Er hat durch die Onanie seine Potenz vollkommen ruiniert. Der Onanieakt mit angefeuchteten Fingern wird plastisch dargestellt. (Er rutschte mir aus der Hand und verschwand wieder.) Der unsympathische Kollege K. hat ihm ein Mädel vor der Nase weggefischt. Die dritte Bedeutung des Schatzes: seine Braut. Ich bin ebenfalls Herr K. Ich gebe ihm seine Potenz wieder. Die Krappen erinnern ihn an seine Hand. Die zusammengeschrumpften Krappen = der impotente Penis, aber auch die enge, virginale Vagina. (Bisexuelle Darstellung!)

Die wichtigste Angst bezieht sich auf die Defloration seiner Braut. Sein Penis ist sehr groß. Wird der Akt gelingen? („Ich konnte mir nicht erklären, wie so ein großer Brillant [1]) in einer so kleinen Fassung Raum finden könnte.")

Der letzte Absatz drückt die Angst aus, infolge des Spielens mit der Hand die Potenz verloren zu haben. Reue wegen der Onanie ist das Grundmotiv des Traumes.

Der letzte Satz zeigt eine Verdichtung aus vielen Gedanken. Drei seien hervorgehoben: 1 die Onanie, 2. die Angst vor der Defloration, 3. der Mutterleibskomplex. (Wie kommt ein großes Kind aus der kleinen Scheide heraus) [2]).

Der Todesgedanke liegt im Fehlen des wertvollsten Steines. Einen Stein verlieren, einen Schatz verlieren. Gedanken, von der Braut durch deren Tod befreit zu werden, tauchten schon in früheren Träumen auf.

Wir haben bei den Transformationen einen Traum kurz besprochen, der uns hier noch einmal beschäftigen soll:

---

[1]) Cardanus (De somniis) sagt: „Die Edelsteine, welche man im Traume sieht, sind Symbole der Kinder und unerwarteten freudigen Ereignisse." Im Schmerz über den Verlust eines Sohnes halb wahnsinnig, hatte er einen Traum, der ihm riet, einen Edelstein in den Mund zu nehmen. „Solange du ihn im Munde trägst, wirst du dich deines Sohnes nicht erinnern." Achtzehn Monate hindurch empfand ich die wohltätige Kraft des Edelsteines. Nur wenn ich sprach und aß und daher genötigt war, den Stein aus dem Mund zu entfernen, ergriff mich das alte Weh." — . . . Über den Stein als Symbol des Penis siehe Maeder (l. c.). Bei einem Manne soll nach Artemidoros der Edelstein Verwirrungen bedeuten. In diesem Falle könnte es stimmen. Eine neue Liebe, der er einen Ehering schenken wird, setzt ihn und sein Haus in große Verwirrung. Ob sein Penis den nötigen Härtegrad haben wird, ist seine bange Frage.

[2]) Wie schließt ein Raum so eng und klein
Die Liebe eines Herzens ein? („Das Mutterherz.")

(190.) „Ich habe einen kleinen Vogel gehabt und er ist von einem Wagen beschädigt, überfahren worden. Ich habe ihn genommen. Er hat mich im Todeskampf mit dem Schnabel gezwickt. Ich habe ihn in ein Sacktuch eingebunden.

Auf einmal ist aus dem Sacktuch eine Katze gekommen, die sehr hoch auf mich sprang."

Der Traum beginnt mit dem Geständnis seiner Minderwertigkeit. „Ich habe einen kleinen Penis" .... wir dürfen berechtigterweise hier abbrechen. Das war Zeit seines Lebens einer seiner geheimen Unlustgedanken. Es bedurfte der überzeugenden Macht der Tatsachen, um ihn von dieser Meinung abzubringen. Diesen Penis hat er in die Hand genommen, ist darüber gefahren und hat onaniert. Bei diesem Akte benutzte er immer ein Sacktuch. Die Ejakulation wird hier als Todeskampf [1]) (höchste Lebenslust) dargestellt. Der „Wagen" symbolisiert hier das „Wagnis" und die „Bewegung".

Er ist selber der Vogel (d. h. der Pechvogel). Er ist von einer großen Leidenschaft überfallen worden. (Von einem Wagen überfahren worden.) Er wurde von der Dame mehr genommen, als daß er sie eroberte. Das Sacktuch führt auf seine große Eifersucht. (Othello!) Zwei weitere Assoziationen sind Schnabel = schnäbeln = küssen; ferner „zwicken". Sich jemanden aufzwicken heißt im Wienerischen sich einen Liebhaber oder eine Geliebte herausfinden.

Die Onanieszene (Vogel im Sacktuch) bringt eine Überraschung. Statt des Vogels kommt eine Katze. Es ist seine Geliebte, die er nicht heiraten will. Sie wäre ein leichtes Tuch (Sacktuch!). Eine falsche Katze, die ihm keine Ruhe gebe. (Bespringen in der Sprache der Landwirte = begatten.) Die mit der Onanie verknüpften sadistischen Phantasien werden durch die Katze symbolisiert.

Auf einmal hat er die Onanie aufgegeben. Dies drückt der Traum aus. Der Übergang von der Onanie zum Weibe wird durch die Transformation des Vogels in eine Katze symbolisiert.

Andererseits hat der Traum eine deutliche bisexuelle Struktur. (Der Vogel und die Katze.) Er wird zu einem Weibe. Er hat keinen Penis mehr, sondern nur eine .... Katze. Seine ganze Mühe, die Onanie aufzugeben, ist für die Katz' [2]). Die Leidenschaft ist stärker als alle Grundsätze und Ermahnungen. Weil er onaniert hat, ist sein Penis für die Katz'.

Zum Schlusse dieses Kapitels den Traum vom „Radwettfahren auf der Straße".

Herr V. B.:

(191.) „Ein Radwettfahren auf der Straße. Der Weg führt über die Blumauergasse, Novaragasse zum Schulhaus. Dort wird der Sieger empfangen. Der Sieger sagt: „Was machen Sie, wenn ich nicht hinaufgehe?" Ein großer Mann nimmt ihn unter den Arm und führt ihn willenlos in den ersten Stock. Im Parterre (oder Keller?) sieht er die Kommission. Darunter eine kleine, schwarze, liebe Dame, das Haar à la

---

[1]) Der lebende Penis kollabiert — er stirbt also nach der Ejakulation.

[2]) Nach Scherner sollen Katzen zweifellos Mißhelligkeiten und Unannehmlichkeiten bedeuten, Stimmt aber nicht in allen von mir analysierten Fällen. Der Träumer heißt — Katz! Er ist eine falsche Katz.

Alt-Wien. Es ist die berühmte Krankenpflegerin Nightingale... Der Traum setzt sich noch lange fort. Das Ende ist vergessen..."

Analyse: Der Träumer ist der Sieger. In der rezenten Bedeutung. Er hat über seine Frau den Sieg davon getragen. Sie wollte diesen Sommer nicht wegfahren und ihn allein lassen. Er hat es durchgesetzt. Nun kann er ein loses Leben führen. In der Blumauergasse und Novaragasse wohnen sehr viele Dirnen, denen kann er nun ungescheut nachlaufen. Das Schulhaus ist das Bordell, wo er die hohe Schule der Erotik lernen will. Dort „empfängt" man den Sieger. Die folgende Szene drückt sein Sträuben gegen die Verführungskünste einer Dirne aus. Der große Mann (ein kleines Weib) führt ihn willenlos in den ersten Stock (Vagina). Er steigt aber tiefer. Er will einen Kunnilingus ausführen. (In Wien nennt man das den „Kellermeister machen".) Die kleine schwarze Dame ist ja zuerst die von Haaren umrahmte Vagina, die eben sehr lieb ist.

Der Traum hat auch eine homosexuelle Bedeutung. Die Krankenpflegerin ist in der Umkehrung ein großer, blonder, lockenumwallter Mann, Nachtigall geheißen, der einst zu großen Hoffnungen berechtigte, sich später verbummelte und krank im Spital starb. (Deshalb die Krankenpflegerin, die übrigens auch seine Frau — seine „Alte" darstellt, die ihn immer pflegen muß.)

Der Sieger ist der Tod. Dieser besiegt selbst den stärksten Menschen. Er muß ihm willenlos gehorchen. Erst kommt eine lange Krankheit, dann der Tod. Die Kommission ist die Superarbitrierungskommission, die ihn wegen eines Lungenleidens vom Militärdienste befreite. Er wäre lieber gesund. Er hätte dann Aussicht auf ein langes Leben. Er ist ganz parterre. Er wird es nicht lange mitmachen. Er will bald sterben. Das Radwettfahren spielt sich zwischen ihm und seiner Frau ab. Wer wird länger leben? Der Sieger führt sein Opfer willenlos in den ersten Stock, der über der Erde gebaut ist, d. h. in den Himmel. Auf Erden gibt es als Vorbereitung eine Krankheit. Er fürchtet offenbar bei den Dirnen eine Infektion. Seine Frau soll ihn dann gesundpflegen. Sie ist eine vorzügliche Sängerin (Nachtigall!).

Die homosexuelle Bedeutung des Traumes bezieht sich auf die Verführung des Siegers, der überdies Viktor heißt; durch einen großen starken Mann. Die Kommission im Keller ist die Immission des Penis in anum. Die alte liebe Dame ist der anus [1]) (aneris!) in doppelsinniger Bedeutung. Der Träumer ist Philologe.

Endlich Erinnerung an die gemeinsame Onanie in den ersten Kinderjahren. Er war erst 5 Jahre alt. Da setzten sich alle Jungen, groß und klein, auf eine Holzstiege (erster Stock) und onanierten gemeinsam um die Wette. Der Anführer hieß Blum (Blumauergasse). Der Penis wird häufig als Rad symbolisiert [2]). Er wollte die Stiege nicht hinaufgehen. Ein Freund nahm ihn, den Willenlosen, mit. Dort fand ein großes Wettonanieren statt. Wer es am längsten aushielte usw. Seine Krankheit

---

[1]) anus (aneris), das alte Weib und anus (anus) der After.

[2]) Vgl. das Studentenlied:

Und der Windemüller mahlt,
Wenn sein Winderadel geht —
Und er küßt seine Frau,
Wenn sein Winderadel steht.

ist seiner Ansicht nach die Folge der zügellosen Onanie. Er habe vom 9. bis zum 30. Lebensjahre immer wieder und manchmal mehrere Male in einer Nacht onaniert. Er werde deshalb früh sterben. Bei Novara wurden die Italiener geschlagen. Auch für ihn bedeutet Italien — Genitalien. Er hat diese Schlacht verloren und ist aufs Haupt geschlagen. Wie lange wird er noch die Nachtigall schlagen hören? Ihm fällt ein wehmütiges russisches Lied ein: „Wie lange wirst du mir noch singen — Nachtigall. Nächstes Jahr — nächstes Jahr — höre ich dich nimmermehr." Für einen Sieger eine traurige Stimmung. Also ist es bei den Wettfahrten um das Leben. Der letzte kann lachen, während der erste im Vorgefühl dieses traurigen Sieges weinen möchte.... Solche Verwirrungen richten die wohlgemeinten Abschreckungstheorien über Onanie in den Köpfen der Menschen an......

In den Träumen spiegelt sich dieser heiße Kampf zwischen Begierde und Angst vor den schädlichen Folgen in einer Verknüpfung der Onaniesymbole mit den Todessymbolen wieder. Zahlreiche Onaniesymbole enthalten die Todesklausel. Einige Beispiele für viele: Die Eisenbahn bezieht sich häufig auf Onanie. Sie ist aber auch das Todessymbol par excellence. (Abfahren — Nachkommen — Vorfahren usw.) Der Gärtner ist ein beliebtes Todessymbol. Er steht aber auch für den Onanisten, also für den, der die Blume pflückt und die Zweige herunterreißt. Wie wunderbar sind diese Symbole in den Traum hineingedichtet.

Herr R. S. träumt:

(192.) „Ich bin in dem Garten eines alten Bauern, der Roman Reisiger heißt. Onkel und Tante sind oben in der Wohnung und lassen mich rufen. Ich will noch rasch einige Tannenzweige herunterreißen. Sie rufen mich immer lauter und ich erwache mit Angst und Herzklopfen."

Herr R. S. leidet an hysterischen Anfällen, die irrtümlicherweise von vielen Ärzten für epileptische gehalten wurden. Wir werden noch später bei Besprechung der prophetischen Träume von diesen Anfällen und ihrer Psychogenese zu sprechen haben. Hier will ich nur von den Beziehungen zu Onanie und Tod sprechen.

Schon einige Male erlitt der Träumer vor einem Gasthause einen heftigen Angstanfall. Er mußte sich einen Einspänner nehmen und nach Hause fahren. Im Wagen stieg die Angst und er kam todkrank zu Hause an. Der Traum bringt den Namen des Gastwirtes. Er heißt „Roman Reisiger". Im Wachen war ihm der Name gar nicht eingefallen. Der Mann wird im Traume als „alter Bauer"[1]) bezeichnet, was sich mühelos als „kalter Bauer", eine sehr gebräuchliche Bezeichnung für die onanistische Ejakulation, auflösen läßt. Doch auch der Name des Gastwirtes zeigt Beziehungen zur Onanie. „Roman" — „Ronan" — „onan" und „Reisen" — „Reißen" — „sich einen herunterreißen". Onkel und Tante sind längst tot. D. h. die Toten lassen ihn rufen. Mit anderen Worten, der Traum bedeutet: Ich onanierte und dachte, infolge der Onanie werde ich bald sterben.

Auch der Einspänner bezieht sich auf die Onanie. (Einspännig fahren, d. h. ohne einen zweiten.) Das Schaukeln des Wagens hat ihn

[1]) Der Alte = der Penis. (Anth. III. S. 93.)

an die Reflexbewegungen bei der Onanie erinnert. Seit dieser Auflösung konnte er an dem Gasthaus des Roman Reisiger ohne jede Erregung vorbeigehen.

Nun zur Todessymbolik! Sie ist im Traume mehrfach enthalten: Der Gärtner, die toten Verwandten und der Reisige (der Ritter), der uns als Todessymbol noch wiederholt beschäftigen wird.

Er erzählt mir das ganze Elend seiner Onanie. Er dachte jedesmal nach einem onanistischen Akte, er müsse noch an demselben Tage bestraft werden. Das Haus werde einstürzen, ein Blitzstrahl aus heiterem Himmel werde ihn treffen, die Brücke, über die er gerade ging, werde zusammenbrechen, er werde in der Schule nicht entsprechen usw.

Roman führt nämlich zum wichtigsten Komplex seines Lebens, zu Rom. Er ist ein frommer Katholik. Den ersten Anfall erlitt er nach der ersten Kommunion. Sie hatten einen fanatischen Religionslehrer, der ihnen mit dem ewigen Verderben drohte, wenn sie zwischen Beichte und Kommunion einen sündigen Gedanken hätten. Die Beichte fand am späten Nachmittag statt. Die Kommunion erst am nächsten Morgen. Der Knabe fiel während der heiligen Handlung wie tot zusammen. Auch heute fällt er plötzlich meist in der Nähe von Kirchen zusammen. Oder vielmehr er fiel zusammen. Denn seine Anfälle sind dank der gelungenen analytischen Kur vorüber.

Die Onanie hatte bei diesem Kranken deutliche Beziehungen zu den Inzestphantasien. Denn er erzählt eine Reihe von Angstzuständen, die diesen Zusammenhang beweisen. Er onanierte im Bade. Monatelang bekämpfte er die Befürchtung, die Schwester könnte gravid werden, da sie nach ihm in derselben Wanne gebadet hatte (!). Oder die Schwester könnte durch das Waschen seiner mit Samenflecken beschmutzten Wäsche in die Hoffnung kommen. Im 18. Lebensjahre machte er eine Aggression auf die Schwester, die von ihr mit dem erschreckten Ausruf: Hast du den Verstand verloren?“ zurückgewiesen wurde. Seit damals leidet er an der Angst, „wahnsinnig“ [1] zu werden. Jetzt ist er „wahnsinnig“ eifersüchtig auf seinen Schwager. Dieser wäre ein roher Mann (Roman!), der seine Frau schlecht behandle. Doch genug von diesem so wichtigen Falle, der uns die versteckten Zusammenhänge von Religiosität, Onanie und Sünde klarlegt wie kein zweiter. Es ist mir unmöglich, das Kapitel der Onanieträume erschöpfend auszuführen. Alles, was mit reißen, ziehen, zupfen, streicheln, reiben, spitzen, hin und herschieben, fahren, schaukeln, klettern usw. einhergeht, verrät meistens Vorwürfe wegen Onanie. Ebenso alle Spiele und alles Spielen. Das erste Spiel ist das Spiel mit den Genitalien. Neben der Bedeutung eines Koitus sind die verschiedenen musikalischen Spiele Onaniesymbole. Ich fand in dieser Bedeutung Klavier spielen, Violine streichen, Flöte blasen, Guitarre zupfen, Zither schlagen usw.

Auch die Kartenspiele haben dieselbe Bedeutung. Schachspielen (kalter Bauer!) selbstverständlich.

Hören wir einen Träumer seinen Traum erzählen:

(193.) „Ich löste eine Schachaufgabe allein und machte mit meinem Bruder den König matt. Dann studierte ich lange eine Landkarte, um mir eine Reise nach Spanien zusammenzustellen. Ich suchte eine

[1]) Auch die Angst vor dem Wahnsinn entspricht nur einem geheimen Wunsche. Der Wahnsinnige ist vor dem Gesetze nicht verantwortlich.

Stadt mit einem sonderbaren Namen: Ich glaube Melanie oder Melonien oder so etwas."

Eine Analyse ist überflüssig. Der Bauer, der matte König, die Reise, Spanien (ani), Melanie (anie), Melonie (onie) variieren das Thema der Onanie. Die Landkarte ist eine Bezeichnung für die Spermaflecken in der Wäsche. Melanie heißt seine Cousine. (Inzestkompromiß.)

XXII.

Zahnträume.

Die „Zahnreizträume" haben das Volk immer lebhaft beschäftigt. Träumte man vom Ausfallen eines Zahnes, so galt das als ein untrügliches Zeichen, daß ein Verwandter sterben werde. Ich kenne Menschen, die bereit sind, auf den prophetischen Wert der Zahnträume einen Eid zu leisten. Man kann nicht genug vorsichtig sein in der Aufnahme dieser Mitteilungen. Wie vieles träumt man! Geht zufällig ein Traum in Erfüllung, so will man gleich von prophetischen Träumen sprechen. Der Traum enthüllt unsere geheimen Wünsche. Da die Wünsche, der oder jener möge sterben, gar so alltäglich sind, wie ich bewiesen zu haben glaube, so wird man verstehen, warum die Menschen so hartnäckig an die Zahnreizträume glauben.

Es wird interessant sein, an dieser Stelle der Überlieferung das Wort zu lassen. Artemidoros sagt:

„Die Auslegung der Zähne, die schon eine vielfache Behandlung erfahren hat, ist erst in unserer Zeit auf Grundlage der zahlreichen und vortrefflichen Vorarbeiten eines Aristandros aus Telmessa von einigen wenigen Traumauslegern gehörig aufgefaßt worden. Damit hat es nun folgendes Bewandtnis: Die obere Zahnreihe weist auf die hervorragenderen und ausgezeichneteren, die untere auf die weniger bedeutenden Familienmitglieder im Hause des Träumenden hin. Man muß also die Mundhöhlung als ein Haus auffassen, die Zähne darin als die Menschen im Hause, und zwar bedeutet die rechte Reihe die Männer, die linke die Frauen. Davon gibt es nur wenige Ausnahmen, z. B. wenn ein Seelenverkäufer in seinem Hause nur Frauenzimmer beherbergt oder ein Landwirt nur Männer in Diensten hält; bei diesen nämlich deutet die rechte Zahnreihe die älteren, die linke die jüngeren Männer oder Frauen an. Ferner werden ganz junge Leute durch die sog. Schneide- oder Vorderzähne, von mittlerem Alter durch die Hundszähne, bejahrte durch die Mahlzähne angedeutet. Der Zahn nun, den einer zu verlieren träumt, zeigt den Verlust eines Menschen an, dessen Symbol er ist. Da Zähne aber nicht bloß das Symbol von Menschen, sondern auch von Gütern sind, so hat man anzunehmen, daß die Mahlzähne Wertsachen, die Hundszähne weniger wertvolle Dinge, die Schneidezähne aber Hausgerätschaften bedeuten. Es ist also ganz naturgemäß, wenn ihr Ausfallen den Verlust irgend welcher Gegenstände andeutet. Fernerhin sind die Zähne Symbole der vitalen Vorrichtungen, und zwar bezeichnen die Mahlzähne die geheimen und anstandswidrigen, die Hundszähne die nicht vielen bekannten, die Schneidezähne aber die offenkundigen Verrichtungen, die man frank und frei vollführt (S. 39 l. c.).

Ich kann nicht leugnen, daß ich manchmal die Regeln von Artemidoros bestätigen konnte. Einer meiner Patienten träumte:

(194.) „Mein falsches Gebiß ist herausgefallen und drei Zähne sind mir abgebrochen."

Dieser Mann lebt in unglücklicher Ehe. Er hat zwei Kinderchen, die er über alles liebt. Aber er hat Grund zu der Annahme, daß ihn seine

Frau betrügt. Auch er selber ist kein Tugendheld und hat neben seiner Frau immer einige andere Weiber. Wie oft macht er sich Vorwürfe, daß er geheiratet hat.

Dieser Traum enthebt ihn der Ehe. Das falsche Gebiß ist seine falsche Frau. Diese ist gestorben. Das ist sein erster Einfall. Sein zweiter: Meine beiden Kinder waren sehr schwer krank; beide haben einen Scharlach gehabt. Also auch seine Kinder können sterben. Dann ist er ganz frei. Alle drei oberen Zähne weg....

Herr Omikron träumt:

(195.) „Ich hatte einige Zähne, die wie aus Kalkstein, jedoch grün waren und die fielen mir plötzlich heraus."

Der Vater hatte im Testamente bestimmt, er wünsche den Grabstein nicht aus Marmor, sondern aus Kalkstein. Auch solle ein grüner Rasen um das Grab gezogen und gepflegt werden.

Er läßt gleich noch einige Geschwister mitsterben. Dieser Traum zeigt deutlich die Beziehungen vom Ausfallen der Zähne und Sterben der Verwandten.

Freud hält im Gegensatz zu Artemidoros daran fest, daß die Zahnträume sich auf Onanie beziehen. Zeigt die Analyse dafür einen Anhaltspunkt? In diesem Falle entschieden. Wir haben schon oft aufmerksam gemacht, daß die Dreizahl für das männliche Glied samt Hoden geradezu spezifisch ist. Auch dieser Patient macht sich Vorwürfe wegen der Onanie. Mit einer Verlegung nach unten kommt die Angst zutage, den Zahn [1] (Symbol für Penis) zu verlieren [2].

Freud teilt einen solchen Zahntraum mit, der zugleich ein Fliegetraum ist.

(196.) „Er befindet sich bei einer Fideliovorstellung im Parkett der Oper, neben L., einer ihm sympathischen Persönlichkeit, deren Freundschaft er gern erwerben möchte. Plötzlich fliegt er schräg hinweg über das Parkett bis ans Ende, greift sich dann in den Mund und zieht sich zwei Zähne aus."

„Den Flug beschreibt er selbst, als ob er in die Luft „geworfen" würde. Da es sich um eine Vorstellung des „Fidelio" handelt, liegt das Dichterwort nahe:

„Wer ein holdes Weib errungen,"

„Aber das Erringen auch des holdesten Weibes gehört nicht zu den Wünschen des Träumers. Zu diesem stimmen zwei andere Verse besser:

„Wem der große Wurf gelungen,
Eines Freundes Freund zu sein..."

---

[1] Auch Kleinpaul sagt: „Der Mund ist das Haus, die Zähne sind die Hausbewohner, die auf der rechten Seite die männlichen, die auf der linken Seite die weiblichen. Man kann damit vergleichen, daß Leute, die Zahnschmerzen haben, im Traume häufig halbkreisförmige gewölbte Säle als Bilder der Mundhöhle und hellblonde Knaben und Mädchen als Bilder der Zähne sehen. Der Verlust eines Zahnes bedeutet also den Verlust eines Gliedes der Familie, daher auch das Ausfallen des Zahnes im Traume oft von lebhaftem Schmerz begleitet ist. Vielleicht, daß sich darauf das italienische Sprichwort bezieht: Doglia di dente doglia di parente. Nach anderen: Beide Schmerzen vergehen schnell."

[2] Der Penis heißt in vielen Sprachen „Der Zahn". (Vgl. Anth. I. S. 494.) Daselbst wird „Zahn reißen" für coire gebraucht.

„Der Traum enthält nun diesen „großen Wurf“, der aber nicht allein Wunscherfüllung ist. Es verbirgt sich hinter ihm auch die peinliche Überlegung, daß er mit seinen Werbungen um Freundschaft schon so oft Unglück gehabt hat, „hinausgeworfen“ wurde, und die Furcht dieses Schicksal könnte sich bei dem jungen Manne, neben dem er die Fideliovorstellung genießt, wiederholen. Und nun schließt daran das für den feinsinnigen Träumer beschämende Geständnis an, daß er einst nach einer Abweisung von seiten eines Freundes aus Sehnsucht zweimal hintereinander in sinnlicher Erregung onaniert hat.“ (Traumdeutung).

Einen sehr schönen Zahnreiztraum finde ich bei Scherner:

(197.) „In einem der schönsten Träume dieser Art sah ich zwei Reihen schöner Knaben, blonden Haares und zarter Gesichtsfarbe, in Kampflust einander gegenüberstehen, aufeinander losgehen, sich gegenseitig greifen, voneinander wieder loslassen, die alte Stellung wieder einnehmen und den ganzen Vorgang von neuem machen, bis ich endlich des Zuschauens müde, mich auf eine Treppe setze und ohne alle Veranlassung einen langen Zahn aus meinem Kiefer herauszog. Der Kampfvorgang aber fand am Ausgange einer Häuserstraße eingangs einer geländerten Brücke statt, deren ganze Breite die beiden Knabenreihen, einander gegenüberstehend, einnahmen; die Treppe, worauf ich mich setzte, befand sich seitwärts gleich an der Brücke und führte zum Flußbette. Der Eingang der durch Geländer begrenzten Brücke bezeichnet klar den begrenzten Eingang des Mundes, die Häuser unmittelbar davor in allgemeiner Weise die Zugehörigkeit des Vorfalles zum Leibesorganismus; das reihenweise Gegenüberstehen der Knaben das der beiden Zahnreihen, desgleichen das Aufeinanderlosgehen und Wiedervonsammenweichen der Knaben den Zusammentritt und Wiedervonsammengehen der Zahnreihen.“ (Das Leben des Traumes, S. 167 l. c.)

Das mag ja richtig sein. Es gehört aber keine große Deutekunst, diesen Traum als typischen Onanietraum zu erkennen. Der „lange Zahn“ wird nicht ohne Veranlassung herausgezogen. Das Raufen der Knaben scheint der agent provocateur gewesen zu sein [1]).

Den Zahn als Penis verrät ein anderer Traum aus dem Buche von Scherner:

(198.) „Eine Dame, welche im Traume von einem unverschämten Bettler („Kerl“) in ihrer Türe geängstigt wurde, sah dessen vorschauende Zähne zu zollangen, bedrohlichen Hauern hervorwachsen, worüber erschreckt, sie träumend wimmerte und von ihrem Manne geweckt wurde. (Hier war die Angst der wirksame Affekt.)“ (Das Leben des Traumes S. 258, l. c.)

Analysieren wir eine ganze Reihe von Zahnträumen eigener Beobachtung. Den Anfang macht Herr A. S.:

(199.) „Ich hatte zu den echten Zähnen falsche Zähne im Mund und hatte ein falsches oberes Gebiß. Das nahm ich heraus. Dann sah ich eine Frau oder einen Mann, der auch ein oberes falsches Gebiß herausnahm. Da bekam ich einen Ekel vor meinem Gebiß.“

Es handelt sich um einen Zwangsneurotiker, der allerlei sonderbare Zwangshandlungen ausführt. Die Analyse ergab sehr unglückliche

---

[1]) Hoffentlich sind meine Leser jetzt schon so vorgeschritten, daß sie „Die Knaben“ mühelos als phallische Symbole enträtselt haben.

Familienverhältnisse. Schon in seiner Jugend merkte er, daß die Mutter einen Geliebten habe. Dieser Umstand erklärt sein Mißtrauen allen Frauen gegenüber. Er fürchtet sich an eine zu binden. Jetzt kennt er ein Mädchen, das ihm sehr gut gefällt. Sie läuft ihm nach und bietet sich ihm an. Trotzdem weicht er ihr immer aus. Sie ist vielleicht falsch. Er will lieber keinen Kummer erleben. Der Traum enthüllt die Motive. Weil ein Herr oder eine Dame auch ein falsches Gebiß herausnimmt. Die Dame, die sich die Freiheiten herausgenommen, ist seine Mutter. Die hat in der Tat ein falsches oberes Gebiß. Der Ekel bezieht sich aber auf die Untreue der Mutter ... Es ekelt ihn vor den widrigen Verhältnissen in seiner Familie.

Die Analyse ergibt aber eine tiefere Schichte. Er war ca. sechs Jahre alt, da lockte ihn eine Nachbarin in ihr Zimmer. Es war dies eine alte Frau, — er glaubt mit falschen Zähnen. Diese nahm sein Glied heraus und onanierte ihn. Das machte sie ihm und vielen anderen Buben im Hause.

Er onanierte dann bis in das spätere Alter (24 Jahre). Ein renommierter Nervenarzt sagte ihm, er leide an beginnender progressiver Paralyse. Von der Paralyse ist keine Spur vorhanden. Er glaubte damals fest, das komme von der Onanie. Er wollte sich eine Kugel in den Mund schießen. Das wäre am sichersten. Er ekelt sich jetzt vor allen onanistischen Manipulationen.

Ob Todeswünsche auf die Eltern da sind? Er verneint sie schüchtern und dann meint er: „Ich habe mit oft gedacht, wenn die Eltern einmal sterben — sie sind ja alte Leute — da verlasse ich Wien und ziehe nach Tirol. Mir ist dies Wien (seine Geburtsstadt) in der Seele zuwider. Ich kann die Luft nicht riechen" ....

Er erhält seine Eltern, die vollkommen mittellos sind. Das egoistische Prinzip bricht unter Verdrängungserscheinungen durch.

Derselbe Träumer:

(200.) „Ich habe einen faulen Zahn im Munde. Ich gehe zum Zahnarzt. Er solle ihn mir schmerzlos reißen. Da sagte er: „Sie werden noch ein Vergnügen dabei haben."

Er hat keinen faulen Zahn im Munde. Das Gespräch hat nie stattgefunden. Es ist sein geheimer Zwangsgedanke. Die alten Traumdeuter müssen doch eine große Kenntnis der Symbole gehabt haben!

„Dagegen werden jene, welche träumten, daß sie ihre schwarzen oder faulenden oder verstümmelten Zähne verloren haben, jede Verdrießlichkeit und jedwedes Übel los werden. Oft aber traf es sich auch, daß einige ihre alten Eltern verloren," (S. 41) sagt der erfahrene Artemidoros. Wenn jemand es so sehnlichst wünscht, wie unser Träumer, dann klärt sich die Prophetengabe des Träumers sehr leicht auf. „Er wird noch ein Vergnügen haben," wenn die Eltern sterben werden. Doch die Deutung ist nicht vollendet. Es ist ein Übertragungstraum. Er ist mit einer Gonorrhöe und Lues bei Dr. X. in Behandlung gestanden. (Fauler Zahn = kranker Penis.) Dr. X. soll ihn onanieren (reißen), und er wird dabei sicherlich ein Vergnügen haben. Die wichtigste Bedeutung: Der faule Zahn ein Symbol der Neurose. Ich soll ihn von seiner Neurose schmerzlos befreien; er wird dann glücklich sein.

Eine neue Variante des Zahntraumes bringt der Traum des Herrn Beta.

(201.) „Es kam ein Zahnarzt, weil mich zwischen zwei Zähnen etwas genierte. Er stieß mit einer Spitze dazwischen und sprach dann darüber.“

Analyse: Der Träumer empfindet immer ein starkes Lustgefühl, wenn der Zahnarzt zwischen zwei Zähnen feilt oder bohrt. Offenbar herrscht hier der Wunsch, ich möchte ihm dies Lustgefühl erzeugen, wörtlich, dann im übertragenen Sinne als einen Sexualakt.

Es handelt sich um zwei linke untere Zähne: einen Schneidezahn und einen Eckzahn (Augenzahn). Symbolischer Ausdruck: ich solle einen Fremdkörper aus dem Auge entfernen und ihn zum Sprechen bringen. Weitere Bedeutung: ich soll ihn vom Bruder trennen. Der Bruder soll dieser Tage verreisen und verlangt, daß er mitgehen soll. Er möchte dableiben und von mir ein Machtwort hören. Ferner trenne ich ihn von seiner alten Engländerin (seinem Augenzahn!), seiner einstigen Augenweide. Der Zahnarzt sah mir ähnlich. Aber auch dem Professor Herzfeld, einem bekannten Wiener Gynäkologen, der seine Mutter entbunden hatte. Der Zahnarzt war auffallend blaß. Er erinnert ihn an den Tod. Der Tod hat ihn von seiner Mutter getrennt. Der Schneidezahn — war ein Scheidezahn. Hier kommt er in seinen Einfällen zu seiner Phobie: von einer Vagina (Scheide) gebissen zu werden, als ob die Vagina Zähne hätte. Er fürchtet deshalb, den Penis [1]) hineinzustecken. Er sehnt sich nach Genesung und Überwindung dieser Phobie. Hier zeige ich ihm, wie man die Spitze hineinsteckt und dann ruhig darüber redet. Er ist der Zahnarzt. Er antizipiert die Szene, die er mir von seiner vollkommenen Heilung berichten wird [2]). Daß homosexuelle Übertragungsphantasien in diesem Traume eine Rolle spielen, ist ja selbst dem Anfänger verständlich. Sprechen: (nach der symbolischen Gleichung Luft = Sperma) der sexuelle Akt der Ejakulation. Ferner Beziehung zur Analyse: Ich befreie ihn von einem psychischen Fremdkörper.

Ein weiterer Zahntraum im Dienste der Übertragung. Herr J. H.:

(202.) „Ende einer Stunde bei Stekel. Ich sitze und er steht vor mir wie ein Zahn- oder Nasenarzt. Er sagt: „Machen Sie jetzt mal den Mund auf. Soweit als möglich!“ Dabei steckt er mir einen mit einer Serviette verhüllten Gegenstand, etwa einen Löffel, in den Mund. Ich denke: Nun, weil ich nicht darauf achte, geht er ja ohne Brechreiz recht weit hinein. Er: „Noch weiter auf, den Unterkiefer soweit hinunter als möglich“! Ich reiße den Mund auf, und er fährt mit der Serviette bis ganz rückwärts. Ich bekomme zu meiner Verwunderung noch immer keinen Brechreiz. Er will aber leuchten und hält mir deshalb eine so helle elektrische Lampe vors Gesicht, daß mich die Blendung erweckt.“

Analyse: Er war tags vorher beim Nasenarzt. Er ist in der Analyse sehr schweigsam, und ich soll ihn zum Sprechen bringen. Der Löffel, wohl ein Symbol des Penis. Aber warum die Verhüllung durch die

---

1) Im Kroatischen wird der Penis oft der Zahn (zub) genannt.

2) Vgl. die interessante Stelle bei Artemidoros: „Träumt man, Fleisch oder Dornen oder sonst irgend etwas zwischen den Zähnen zu haben, so hindert das, in wichtigen Angelegenheiten zu sprechen und prophezeit überdies Geschäftslosigkeit. Träumt es aber den Betreffenden, er entferne diese Dinge aus dem Munde, so wird seine Geschäftslosigkeit ein Ende nehmen und er wird durch Beredsamkeit irgend eine Sache abwickeln.“ (Artemidoros S. 42 l. c.)

Serviette? Das wird zuerst durch eine merkwürdige Gewohnheit des Patienten determiniert. Er onaniert immer in das Hemd oder in das Sacktuch und rührt den Penis nie direkt an. Wenn er bei Frauen mit den Fingern sexuelle Akte ausführte, so benützte er ebenfalls immer ein Sacktuch. Er deckte die letzte Hülle bei Frauen nie auf. Ich benehme mich also in diesem Traume genau so wie er. Wozu dient die Serviette? Zum Auffangen des Spermas. Es ist, als ob er nur das Sperma scheuen würde und ich ein Kondom gebrauchen würde. Seine Sacktuchgewohnheit geht in erster Linie auf die Mutterleibsphantasie zurück. Er ist in einer Glückshaut drinnen. (Hans im Glück!) Der Finger symbolisiert das „Kleine" — das Kind. Das Kind im Hemd, das Kind in der Glückshaut. Ein Analogon bietet auch seine Angst, die Vorhaut herunterzuziehen. Er bemüht sich immer auch während eines Kongressus das Präputium über dem Membrum zu lassen. Die letzte Entblößung findet nicht statt. Auch dieser Kleine (Penis) bleibt im Hemd. (Präputium.)

Wie groß im Traume sein Verlangen nach einer Fellation ist, das beweist der Umstand, daß er keinen Brechreiz hat. (Vgl. den späteren Traum vom Auge!) Darüber wundert er sich. Dieser Affekt verrät auch, daß dies sein größtes Verlangen ist, das große Wunder, auf das er wartet. (Vgl. den Erdbeerentraum desselben Träumers und besonders den darauffolgenden Traum vom Kunnilingus.)

Die Blendung erweckt ihn. Er hat vor dem Einschlafen häufig die Sensation eines hellen, unendlich angenehmen, strahlenden Lichtes. Er schläft nach einem jeden Koitus ein. Hier soll das Erwachen die Analogie zum Einschlafen nach hohen Genüssen sexueller Natur bilden. Er schläft ein, um aus der Welt der halben Erfüllung in das Unbewußte zu flüchten. Er wacht hier auf, um mit Bewußtsein alle Wonnen durchzukosten, die diese Art von homosexuellem Verkehr ihm bietet. Überdies wird das Erwachen deutlich durch das Licht ausgedrückt. (Hypnopompe Schwellensymbolik nach Silberer.)

Der Patient J. H. hatte die Eigenschaft, während der Besprechungen für Sekunden einzuschlafen und konnte die Traumbilder sofort reproduzieren. Bei einer solchen Sitzung, die unter großem Widerstande vor sich ging, brachte er das erste Traumbild:

(203.) „Ein Zahnarzt macht mir den Mund auf, um dadurch jeden Zahn abzufühlen."

Ich mache ihn aufmerksam, daß hier die Redewendung „Einem auf den Zahn fühlen, verwendet erscheint. Ich bin der Zahnarzt, der ihn zum Reden bringen will. Selbstredend bleibt die erotische Bedeutung auch bestehen. Der Traum verdichtet eben diese beiden Gedanken zu einem Traumbild.

Ihm fällt ein, daß er schon vor vielen Monaten einen ähnlichen Traum geträumt hat. Es war ebenfalls ein hypnagoges Bild, das er zu fixieren vermochte.

(204.) „Ich denke an die Behandlung und, daß es notwendig wäre, auf empfindliche Stellen großen Widerstandes zu treffen. Dieser Gedanke setzt sich um in die Vorstellung eines Zahnarztes, der mir einen Stockzahn rechts hinten anbohrt, dann den Eckzahn rechts vorn.

Plötzlich erscheint ein wunderbares, klares, weit offenes, graues, weibliches Auge, im Profil gesehen, nur mit Brauen und Wimpern,

heftige Libido erregend — und den Gedanken: wenn es dieses Auge gäbe, stände es dafür, alles andere stehen zu lassen, um es zu erobern."

Deutlich symbolisiert dieser Traum den Analysator als Zahnarzt, das Analysieren als Zahnbohren. Die Übertragung äußert sich in der Phantasie des Auges. Dieses Auge ist wohl der Anus und die erregende Vorstellung ist die der Päderastie, welche sich mit einer Fellatiophantasie verbindet.

Zum Schlusse unserer kleinen Sammlung von Zahnträumen ein Zahnerstickungstraum. Frl. F. S.:

(205.) „Die Zähne fingen mir im Munde zu wachsen an. Sie wuchsen weit aus dem Mund hinaus und in den Hals hinein. Ich wollte „Mama" schreien und konnte nicht, der ganze Mund war voll von Blut. „Aha," dachte ich: „Das ist das Ende!" — und erwachte mit Schrecken.

Die Zähne sind der Penis, der Mund die Vagina. (Verlegung von unten nach oben.) Sie wird defloriert. Es fließt Blut. Das ist das Ende ihrer Jungfernschaft und der Anfang des Lebens.

Es handelt aber auch um den Anfang ihres Lebens. Sie hat die große Brust ihrer Mama, die ihre Amme war, im Mund. Die Milch fließt in Strömen, und sie denkt: So schön war es zum Beginne meines Lebens.

Tags vorher sah sie die Mutter entkleidet und bemerkte, daß der einst so schöne Busen der Mutter welk und schlaff war. Die Mutter leidet an einem Neugebilde. Sie empfand Ekel und Grauen vor der welken Brust und schämte sich später dieser Empfindung.

Im Traume brach die Hemmung der infantilen Libido als Angst durch. Der Arzt hatte ihr gesagt, die Mutter könne plötzlich verbluten. Sie identifiziert sich mit der Mutter. Was bei der Mutter wächst, ist ein Neugebilde. Auch sie möchte ein wachsendes, ihr neues Gebilde kennen lernen. Ein Leben will erlöschen. Das andere in heißer Glut aufflammen. Die grausamen, schadenfrohen Todeswünsche äußern sich in neurotischer Hemmung als Angst.

XXIII.

Flugträume.

> **Gesetzt, daß einer in seinen Träumen oftmals geflogen ist und endlich, sobald er träumt, sich einer Kraft und Kunst des Fliegens wie seines Vorrechtes bewußt wir, auch wie seines eigensten beneidenswerten Glücks: ein solcher, der jede Art von Bogen und Winkeln mit dem leichtesten Impulse verwirklichen zu können glaubt, der das Gefühl e ner gewissen göttlichen Leichtfertigkeit kennt, ein „nach oben" ohne Spannung und Zwang, ein „nach unten" ohne Herablassung und Erniedrigung, ohne Schwere! — wie sollte der Mensch solcher Traumerfahrungen und Traumgewohnheiten nicht endlich auch für seinen wachen Tag das Wort „Glück" anders gefärbt und bestimmt finden! Wie sollte er nicht anders nach Glück verlangen? „Aufschwung", so wie dies von Dichtern beschrieben wird, muß ihm, gegen jenes „Fliegen" gehalten, schon zu erdenhaft, muskelhaft, gewaltsam, schon zu „schwer" sein.** ***Nietzsche.***

Der Flugtraum [1]) hat die Phantasie der Menschen immer lebhaft beschäftigt. Unzählige große Geister haben sich mit dem Problem des

---

[1]) Im Opium- und Haschischrausch haben die Kranken auch das Gefühl, daß sie fliegen. (Lilienstein, „Neurologisches über eine Reise um die Erde." Münch. med. Wochenschr. 1910. 37.)

Fliegens beschäftigt. Heute kann man die Erfüllung eines Kinderwunsches der Menschheit beobachten. Wir wissen noch immer nicht, wie intensiv alles menschliche Schaffen mit vergrabenen infantilen Wünschen zusammenhängt. Da kenne ich einen berühmten Historiker. Forschen und Studieren in alten vergilbten Schriften und Quellen ist ihm Bedürfnis und Lebensberuf. Ist es ein Zufall, daß der Mann eine deutliche Gerontophilie zeigt und sich in Gesellschaften am liebsten mit alten Damen unterhält? Ist es ebenso Zufall, daß gerade dieser Schätzer des Alters nur von seiner Großmutter aufgezogen wurde, an der er mit schwärmerischer Liebe hängt? Durch ähnliche Verbindungen wird auch aus einem kleinen, blutgierigen Sadisten ein großer, berühmter Chirurg.

So mag auch mancher kühne Aviatiker nur einer alten infantilen Lust nachspüren und einen intensiven Wunsch seiner Kindheit erfüllen.

Welcher Art sind diese Wünsche? Welcher Art die Lustempfindungen?

Freud bemerkt dazu: „Aus den Auskünften, die man durch die Psychoanalysen erhält, muß man schließen, daß auch diese Träume Eindrücke der Kinderzeit wiederholen, nämlich sich auf die Bewegungsspiele beziehen, die für das Kind eine so außerordentliche Anziehung haben. Welcher Onkel hat nicht schon ein Kind fliegen lassen, indem er die Arme ausstreckend durchs Zimmer mit ihm eilte, oder Fallen mit ihm gespielt, indem er es auf den Knien schaukelte und das Bein plötzlich streckte, oder es hoch hob und plötzlich tat, als ob er ihm die Unterstützung entziehen wollte. Die Kinder jauchzen dann und verlangen unermüdlich nach Wiederholung, besonders wenn etwas Schreck und Schwindel mit dabei ist. Dann schaffen sie sich nach Jahren die Wiederholung im Traume, lassen aber im Traume die Hände weg, die sie gehalten haben, so daß sie nun frei schweben und fallen. Die Vorliebe aller kleinen Kinder für solche Spiele, wie für Schaukeln und Wippen ist bekannt; wenn sie dann gymnastische Kunststücke im Zirkus sehen, wird die Erinnerung von neuem aufgefrischt. Bei manchen Knaben besteht dann der hysterische Anfall nur aus Reproduktionen solcher Kunststücke, die sie mit großer Geschicklichkeit ausführen. Nicht selten sind bei diesen an sich harmlosen Bewegungsspielen auch sexuelle Empfindungen wachgerufen worden. Um es mit einem bei uns gebräuchlichen, all diese Veranstaltungen deckenden Worte zu sagen: es ist das „Hetzen" in der Kindheit, welches die Träume vom Fliegen, Fallen, Schwindeln u. dergl. wiederholen, dessen Lustgefühle jetzt in Angst verkehrt sind. Wie aber jede Mutter weiß, ist auch das Hetzen der Kinder in der Wirklichkeit häufig genug in Zwist und Weinen ausgegangen." (Traumdeutung.)

Ich kann aus meinen Psychanalysen diese Erfahrungen nur bestätigen. Der Flugtraum wiederholt oft das kindliche Fliegen in einer sehr merkwürdigen Form. Ich führe hier einen stereotypen Traum eines jetzt ca. 50jährigen, nicht manifest neurotischen Mannes an:

(206.) „Ich träume oft und mit großem Vergnügen, daß ich fliege — oder eigentlich schwebe. Ich kann mich dabei nicht sehr hoch erheben. Ich fliege ungefähr 1 oder $1^1/_2$ Meter über Fußböden, Stiegen, oft in einer merkwürdigen Haltung: die Beine so herabhängend, als wenn ich sitzen würde. Mit den Händen mache ich sonderbare Bewegungen, als ob ich mich an etwas klammern wollte."

Diese Form der Flugträume gehört in jene Kategorie, die nur dazu bestimmt ist, infantile Lustempfindungen wieder zu beleben. Man könnte ihn zu den Ammenträumen zählen. Er bedeutet einfach von einem anderen getragen werden und dadurch höher sein als andere Kinder. Er kann sich ebenso auf die Mutter, die Kinderfrau, die ältere Schwester, wie auf die Amme beziehen. 1—$1^1/_2$ m hoch ist das Kind auf den Armen der Erwachsenen. In dieser Situation hängen ihm die Beine herunter, weil es ja eigentlich auf den Armen sitzt. Ferner verstehen wir, warum der Träumer jemand umarmen will. Die sonderbare Bewegung dient dazu, den Hals der Trägerin zu umfassen. Eine ähnliche infantile Situation drückt der nächste Traum eines ebenfalls älteren Fräuleins aus:

(207.) „Ich komme an einen Bach. Ich befürchte, mich schmutzig zu machen, wenn ich ihn überschreite. Plötzlich ist es, als ob ich von einer unsichtbaren Macht in die Höhe gehoben würde. Ich schwebe hinüber. Auf der anderen Seite setze ich ruhig meinen Weg fort."

Sehen wir von jeder anderen Bedeutung ab und fassen wir nur die eine infantile ins Auge. Ist es nicht die Situation, in der sie sich als Kind unzählige Male befunden hat? War es nicht ihre Mutter, die sie vor jedem Schmutz bewahrt hat? Ihre Mutter ist jetzt seit vielen Jahren tot — eine unsichtbare Macht. Sie schwebt in Himmelshöhen, sie ist ein Engel und ruft sie zu sich. Eine wunderschöne Todessymbolik, die zugleich den glühenden Wunsch, sich sexuell auszuleben, enthält. Jenseits des Wassers beginnt das Reich des Todes. Dort setzen wir den Weg fort. Wohin führt er? Er verläuft ins Unendliche. In manchen Träumen verliert er sich im Nebel ....

Alle Flugträume zeigen eine deutliche Beziehung zu Todesgedanken. Wir könnten ja ruhig sagen: Alle Träume zeigen diese Beziehung. Bei den Flugträumen bricht diese Beziehung deutlicher durch. Sie ist nicht so verhüllt wie in anderen Träumen.

Die Vorstellung, als Engel in den Himmel zu fliegen, ist tief mit unseren stärksten Komplexen, den religiösen, verbunden. Es wird manchen wundern, wenn ich die religiösen Komplexe als die stärksten bezeichne. Es ist dies ein Niederschlag aus meiner langjährigen psychanalytischen Erfahrung. Die Freigeisterei mag im Intellekte fest begründet sein. Dem Gefühle nach sind alle Neurotiker fromm. Der Affekt des Kinderglaubens lebt noch in alter Frische. Deshalb sind so viele Flugträume, auch die Erfüllung des Wunsches, fromm zu sein und bestimmt in den Himmel zu kommen. Ein solches Beispiel wollen wir dann später analysieren. Es zeigt wieder diese merkwürdige Bipolarität aller neurotischen und vielleicht aller menschlichen Erscheinungen. Der Traum „fliegen" zu können drückt auch den Wunsch nach einer starken Potenz aus. Ein Vogel fliegt ja — und „vögeln" ist ein populäres Wort für eine Form der Sexualbetätigung. Also wieder Tod und Leben! Genießen und zugrunde gehen.

Es ist schon von alters her bemerkt worden, daß ehrgeizige Menschen besonders häufig Flugträume haben. Einen anderen „überflügeln" ist ein geläufiger Ausdruck. Auf die anderen Menschen „herabsehen" kann man auch am besten aus der „Vogelperspektive". Wenn solche Menschen es sehr weit bringen, so nimmt uns das nicht wunder. Wer seinen Wünschen nachläuft oder sich von ihnen vorwärts peitschen läßt, wird schließlich hie und da das Ziel erreichen, wenn die Neurose seine Tatkraft nicht gehemmt hat.

Deshalb sagt Kleinpaul treffend: „Fliegen" wird als Lungenreiz erklärt, das Auf- und Niederschweben in der Luft soll ein Symbol des Ein- und Ausatmens sein [1]). Die höchst angenehme Vorstellung ist aber vielmehr, wie ich selbst erfahren habe, eine Vorbotin von Erfolg."

Vergleichen wir damit die Ansicht des alten Traumdeuters Artemidoros: „Ferner bringt einem Sklaven das Fliegen im Hause seines Herrn Glück; denn er wird viele im Hause überflügeln; sollte er aber außerhalb des Hauses fliegen, so wird er, falls er durch den Hof ausflog, nach den Tagen des Glücks als Toter das Haus verlassen, flog er durch die Flur aus, als Verkaufter, wenn durch die Türe, als Flüchtling." (S. 187 l. c.)

Wir merken, daß der griechische Kollege auch die Bedeutung des Fliegens als Todessymbol gekannt hat. Schon an früherer Stelle betonte er die gute Vorbedeutung der Flugträume.

„Beflügelt zu fliegen, ist allen im gleichen von guter Vorbedeutung; denn Sklaven werden nach diesem Traumgesichte freigelassen, indem auch alle fliegenden Vögel herrenlos sind und niemand über sich haben. Arme wiederum werden viele Güter erwerben, denn so wie das Vermögen die Menschen hebt, so heben die Flügel die Vögel." (S. 185 l. c.)

Einen solchen Traum will ich hier noch mitteilen.

(208.) „Ich fliege über die Köpfe der anderen Menschen hinweg. Ich bin riesig stolz auf diese Eigenschaft. Eine Schar schöner Frauen, halb nackt, teilweise sitzend oder liegend, sieht mir bewundernd zu und applaudiert lebhaft. Eine sagt: „Der kann's aber" [2]).

Es ist der Traum eines im Leben scheuen Menschen, hinter dessen stillem Wesen sich ein brennender Ehrgeiz verbirgt. Der 22jährige Jüngling hätte das Bedürfnis, beim Koitus die Frauen mehrere Male hintereinander zu befriedigen . . . . .

Analysieren wir jetzt einige Flugträume, die etwas komplizierter sind. Ein uns wohlbekannter Träumer, Herr Sigma (vgl. die Bibliotheksträume Nr. 67—69 und die Träume Nr. 77, 78, 92, 181) hatte ein kleines Traumbild:

(209.) „Ich hörte eine Stimme: „Der Ingenieur Wallachowski wird fliegen."

---

[1]) Die von Scherner (l. c.) aufgestellte Hypothese.

[2]) Vgl. Freud, „Die meist lustbetonten Träume vom Fliegen erfordern die verschiedensten Deutungen, ganz spezielle bei einigen Personen, Deutungen von selbst typischer Natur bei anderen. Eine meiner Patientinnen pflegte sehr häufig zu träumen, daß sie über die Straße in einer gewissen Höhe schwebe, ohne den Boden zu berühren. Sie war sehr klein gewachsen und scheute jede Beschmutzung, die der Verkehr mit Menschen mit sich bringt. Ihr Schwebetraum erfüllte ihr beide Wünsche, indem er ihre Füße vom Erdboden abhob und ihr Haupt in höhere Regionen ragen ließ. Bei anderen Träumerinnen hatte der Fliegetraum die Bedeutung der Sehnsucht: Wenn ich ein Vöglein wär; andere wurden so nächtlicherweise zu Engeln, in der Entbehrung, bei Tage so genannt zu werden. Die nahe Verbindung des Fliegens mit der Vorstellung des Vogels macht es verständlich, daß der Fliegetraum bei Männern meist eine grobsinnliche Bedeutung hat. Wir werden uns auch nicht verwundern, zu hören, daß dieser oder jener Träumer jedesmal sehr stolz auf sein Fliegenkönnen ist." (Traumdeutung.)

Warchalowski ist ein berühmter österreichischer Aviatiker, der mit seinem Aeroplan viele Preise gewonnen hat. Gestern las Sigma in der Zeitung die Nachricht, Warchalowski werde sich um den großen Preis bewerben. Einige Tage vorher hielt ihm ein Kollege namens Michowski einen Vortrag über die neuesten Errungenschaften der Kriminalanthropologie. Das Wissen dieses Menschen imponierte ihm. Dieser Kollege wird es noch weit bringen, dachte er. Er wird hoch steigen (fliegen!). Er wird mich überflügeln. Die nächste Determination gilt mir. Auch ich halte ihm Vorträge. Auch ich werde es weit bringen. Ich werde in die Höhe kommen.

Wichtiger sind die Beziehungen zu seiner Braut. Wenn diese sterben würde, so wäre er frei und könnte Preise gewinnen, wie der Ingenieur Warchalowski. Seine Braut ist arm. Er denkt an eine stattliche Mitgift, einen hohen Preis, um den er sich verkaufen möchte, an eine Summe, die den Verlust der Freiheit aufwiegen könnte.

Daß er seine Braut nicht heiraten will und kann (vgl. die erwähnten Träume!), hat außer den materiellen Gründen noch einen zweiten: er liebt seine Schwester. Er ist ein arger Sadist und hat mit seiner Schwester die häßlichsten Raufereien. Er packt sie bei den Haaren, schlägt sie usw. Er wirft ihr Bücher und Noten nach, die durchs Zimmer fliegen. Sie revanchierte sich einmal mit einer „fliegenden Gabel", die ihn ziemlich schwer verletzte. Er warf ihr einmal eine brennende Petroleumlampe ins Bett, die im Momente erlosch, als sie durch das Zimmer flog. Er wirft ihr einen Hang zum Leichtsinn vor. Sie gab keine Ruhe, bis er sich mit seiner Braut überworfen hatte.

Seine liebste Phantasie ist: seine Braut sollte ihn freiwillig loslassen. Ihm sagen: „Du bist frei! du kannst gehen." Da wäre er ein freier Vogel und könnte wieder fliegen. Wenn die Braut ihn nicht freiwillig hergibt, so soll sie zum Engel werden und fliegen, d. h. sterben.

Dieser kleine Traum zeigt uns alle Komponenten des Flugtraumes: den Ehrgeiz (hochfliegende Pläne), die Todesgedanken (Engelmacherei), das Hinausfliegen im Sinne von „etwas los werden". Eine andere Bedeutung, der Penis als Aeroplan, der hoch in die Höhe steigt, ist hier auch angedeutet. Sie liegt im „Wallach", d. h. ein verschnittener Hengst. Er ist im Gegensatz zu Michowski ein Jude und wird aus dem Amte fliegen, weil er infolge seiner Neurose nichts arbeitet. Er wünscht sich aber eine riesige Potenz wie ein Hengst. Er ist der Wallachowski und ihm drohen ebenso alle Gefahren, wie sich ihm alle Wünsche (Preise, Tod der Braut, Potenz, Taufe) erfüllen.....

Die wichtigste Bedeutung zeigt der Traum in prophetischer Hinsicht. Er ist ja der Wallachowski, der fliegen wird. Er trägt sich mit Selbstmordgedanken. Er findet aus dem Dilemma „arme Braut" und „Schwester" keinen Ausweg. Er wird sich das Leben nehmen. Er wird sterben.

Daß alle gefährlichen Vehikel Todessehnsucht und Todeswunsch verraten, ist nicht schwer zu erkennen. Lesen wir doch täglich in der Zeitung, dieser oder jener Aviatiker sei abgestürzt und gestorben. Wieviel mag bei einem solchen Sturz Zufall und wieviel Mitwirkung des Unbewußten, Symptomhandlung sein? Würde unser Träumer Aviatiker werden, wie leicht können da die Hand und der Intellekt versagen, wenn er offen und heimlich mit den Wünschen ringt, zu fliegen und sich das Leben zu nehmen!

Wir wollen noch einen Traum desselben Selbstmordkandidaten beleuchten und dann noch einige Aviatikerträume mitteilen.

(210.) „Ich schaukle eine Zigeunerin. Die Zigeunerin trägt einen grünen Rock. Ich erfasse sie am Rocke, um ihr Schwung zu geben. Ich halte mich aber am Rocke fest und fliege mit. Auch mein Begleiter, der sich an mir von rückwärts festhält, fliegt mit. Mein Begleiter ruft mir zu, ich solle die Zigeunerin loslassen, da ich sie sonst erwürgen werde. Ich fühle mich am Boden. Vor mir liegt die Zigeunerin, mit einem Strick in vielen Windungen um den Hals. Ich will den Knoten lösen und erwache."

Der alte ungelöste Knoten: Die Zigeunerin ist seine Braut. Schaukeln in der Bedeutung von „Beischlafen". Der „grüne Rock" Anspielung an Hochzeit, Koitus und Gravidität (Hoffnung). Aber auch die grüne Decke des Friedhofes. Der grüne Rasen, der alles Leben schließlich decken muß. Er klammert sich an seine Braut. Die Schwester ist der Begleiter. Sie hält ihn fest und hetzt gegen seine Braut. Es wird ein schlimmes Ende nehmen. Alle werden fliegen = alle werden sterben. Mordgedanken sadistischer Natur auf seine Braut (Othello!).

Er ist ganz parterre (am Boden). Er ist ein „Strick". Die Braut hat sich einen Strick zum Manne genommen. Andererseits: Er hat die Braut erdrosselt. Auf diese Weise löst er den unlösbaren Knoten. Er wird sie los.

Doch das Wichtigste ist eine „pluralistische" [1]) Phantasie. Ein Koitus mit seiner Braut, wobei ein Mann an ihm den päderastischen Akt ausführt. Er möchte, wenn er zum Weibe geht, einen Begleiter mithaben. Erst bestreitet er die Deutung. Dann gibt er zu, daß er beim Onanieren häufig einen Finger in den Anus steckt, während er die Koitusbewegungen mit der Phantasie, auf einem Weibe zu liegen, ausführt.

Ich spiele jetzt die Rolle der Schwester. Ich bin der Begleiter.

Immer wieder will er meinen Rat hören. Was wäre meine Ansicht? Soll er die Braut heiraten oder laufen lassen? Ich hüte mich wohl, in den Konflikt einzugreifen. Ich mache ihm seine unbewußten Gedanken klar. Den Weg zum Entschlusse muß er selber finden. Er erwartet von mir Imperative, wie er sie von seiner Schwester erhalten hat. Alle Zweifler — seine Krankheit ist ja eine Zwangsneurose, die Domäne des Zweifels — lechzen nach fremden Imperativen. Was soll ich tun? All' diese Fragen soll der Befehl der Autorität (Vater, Mutter, Lehrer, Arzt) ersetzen. Sind doch alle Zwangsvorstellungen nur der Ersatz der vermißten Imperative und enthalten außer der nie fehlenden Todesklausel immer einen infantilen Imperativ.

Hier in diesem Traume greife ich ein. Ich rufe ihm zu, er soll die Begleiterin loslassen. Die Motivierung, da er sie sonst erdrosseln würde, geht an meine Adresse und lautet: Gut! Ich werde sie heiraten. Du wirst aber schuld sein, wenn ich zum Mörder werde. Du hast dann zwei Menschenleben auf dem Gewissen.

Sehr schön ist die Lösung des Konfliktes symbolisch als Lösen eines Knotens dargestellt. Auch das Hin- und Herwogen seiner Gedanken als Schaukeln. Auch dürfte sich die infantile Wurzel des Fliegens

---

[1]) Pluralismus nenne ich das Verlangen, mehrere Personen bei einem sexuellen Akte zu verwenden. Eine sehr häufige Phantasie der Neurotiker und vielleicht auch vieler Normalmenschen.

und die Beziehungen zur Mutter in dem Schaukeln durch eine alte Zigeunerin (Mutter) verraten. Es ist die Umkehrung einer einst so schönen Situation: Die Mutter schaukelt ihn in der Wiege; er hält sich an ihrem Rock fest, um nicht zu fallen. (Symbolisch hält er noch immer an diesem Rock fest.) Sein Begleiter ist in dieser Determination die Schwester [1]. Er hat einmal im Zorn die Mutter geschlagen und gewürgt. Die Schwester rief ihm erregt zu: „Lasse sie los. Du erwürgst sie noch!"

Nun ein anderes Bild: Herr B. C. träumt:

Der Traum von den zwei Monoplanen.

(211.) „Ich sehe zwei Eindecker mit schwarzen Flügeln. Einen sah ich in ganz weiter Ferne, ganz klein am Horizont, den andern ober mir. Bei dem letzteren hatte ich Angst, daß er herunterfällt. In diesem war meine Braut Lilli drinnen. Dieser letztere Monoplan senkte sich dann vor mir zu Boden. Das Mädchen stieg lachend aus und machte sich über meine Blässe lustig. Ich überhäufte sie mit Vorwürfen, daß sie eine derart waghalsige Fahrt unternommen hatte, ohne mich vorher zu befragen. Ich preßte das Mädchen an mich und bedeckte sie mit Küssen und hatte eine riesige Freude, daß ihr nichts geschehen ist.... Dann sah ich bis in den Morgen hinein nur das wunderschöne Mädchen und erwachte sehr erregt".

Am Vorabend des Traumes war seine Braut bei ihm. Sie hatte einen riesigen Hut mit zwei schwarzen Maschen. Er meinte scherzend: „Noch ein Motor und der Monoplan ist fertig. Du kannst in die Luft fliegen." Später kam der Schwiegervater, und sie besprachen den Termin der Hochzeit. Am Abend überdachte er alles und empfand Angst: „Ach Gott! Wenn ich die Hochzeit nur hinausschieben könnte." Während er sich nach der Braut sehnt, möchte er sie zu gleicher Zeit los werden. Zwei Seelen wohnen ach in seiner Brust! Er will allein sein! Er will nicht heiraten....

Wie soll er aber seine Braut los werden? Sehr einfach. Sie soll sterben. Sie sprach gestern davon, daß sie gerne auf einem Aeroplan fliegen würde. Im Traume fliegt sie und....stürzt. Die zwei **schwarzen** Flügel sprechen eine deutliche Sprache. Im Traume neigt sich der Monoplan zu Boden. Er neigt sich und stürzt. Was dann folgt, ist eine Orgie der Heuchelei! Nicht das Mädchen lacht über seine Blässe. Blaß ist nur ein Toter. Er macht sich über die Blässe des Mädchens lustig. Er lacht... Er macht ihr dann heuchlerische Vorwürfe, daß sie in die Luft gefahren ist. Er hat eine riesige Freude, daß nichts geschehen, d. h. daß es zu keiner Hochzeit gekommen ist. Seine Freude über ihr Heilsein ist erlogen und dient der Traumentstellung.

---

[1]) Der „psychische Hermaphroditismus" dieses Traumes kommt in der pluralistischen Phantasie deutlich zum Ausdruck. Er will zugleich Mann und Weib sein. Als Mann oben liegen und dabei noch für den Dritten als der „Untere" das Weib darzustellen. Auch die zweifache Rolle des Begleiters (die Schwester und der Arzt) verrät die starke Bisexualität. Der Begleiter ist ein Symbol seiner Neurose. Der Begleiter ist übrigens ein häufiges Todessymbol. Das Bild des Todes, der immer hinter dem Menschen dahergeht oder nachschreitet, ist ja allbekannt. Dieser Begleiter hat auch satanische Züge. Bekanntlich fliegen auch die Teufel. Der Satan will ihn dahin bringen, seine Braut zu erdrosseln. Der Begleiter ist hier in der Tat: Ritter, Tod und Teufel. (Zigeuner sind bekanntlich mit dem Teufel im Bunde!)

Jetzt ist er frei. Was er am Anfange des Traumes prophetisch gesehen hatte, geht in Erfüllung. Er ist der kleine Monoplan, der Eindecker (siehe den Traum desselben Träumers vom Einspänner als Turm Nr. 216), der in weiter Ferne frei in den Lüften segelt. Er hat eben weitfliegende Pläne. Er läßt sich nicht fangen. Wenn ihn seine Braut jetzt so hoch überragt, es kommt die Zeit, daß sie sich vor ihm neigen muß. Er, der kranke, schwache Neurotiker wird sie überleben. Todessymbole: die schwarzen Flügel, ein gefährliches Vehikel, die Blässe. Die Bisexualität verrät sich in der Situation der Braut ober seinem Kopfe.

Wie sieht er seine Zukunft klar voraus! Er sieht sie in weiter Ferne. Ganz klein am Horizonte. Er fliegt frei herum. Was kümmert ihn der große Monoplan, der sich zu Boden senkt!

In diesem Symbol verbinden sich nach dem Gesetze der Bipolarität Größenwahn und Kleinheitswahn. Er ist der Kleine, der Unbedeutende. Wie darf er sich zutrauen, ein schönes Mädchen zu heiraten? Wo soll er die Kraft hernehmen, eine Defloration durchzuführen? Er ist aber auch der Stärkere, vor dem sich die Braut neigen muß. Er fliegt viel höher, viel weiter, viel kühner. Er stürzt nicht; er wird nicht stürzen. Er, der Schwache, Kranke, wird sie, die Lebensstrotzende, Kräftige überleben.

Wie häufig lassen sich diese Motive des Überlebens in den Träumen der Menschen nachweisen! Sie decken das gesunde Fundament von Egoismus auf, auf dem sich unsere stolzen, altruistischen Paläste erheben. Hatte der Träumer der Braut nicht am Vortage gesagt, er habe sie so lieb, daß er für sie sterben könnte?...Er habe sie zum Fressen lieb. Der Traum zeigt, wie diese Äußerung gemeint war. Auch seine Eifersucht verrät sich in klarer Weise. Sie sollte gestern mit der Elektrischen nach Hause fahren. Er nahm ihr einen Einspänner (Monoplan) und schickte sie nach Hause. „So ein junges Mädchen darf nicht bei Nacht allein herumschwärmen. Wie leicht kann sie zu Falle kommen“.....

XXIV.

Ammenträume.

Man sollte es nicht glauben, welche bedeutungsvolle Rolle die Amme im Leben der Menschen spielt. Die Entwöhnung ist nach dem Ausspruche von Freud fast ein Trauma. Meine Analysen können diese Tatsache nur bestätigen.

Wie äußert sich die Neigung zur Amme im Traume? Oft in sehr einfacher Form. Die Menschen träumen sehr häufig, daß sie wieder Kinder sind und der kindlichen Lust des Säuglings, dem Saugen fröhnen. Meist verschmilzt die Amme mit der Mutter zu einer Person.

Ich will die vorliegende kleine Sammlung der Ammenträume mit dem Traume eines Neurotikers beginnen.

(212.) „Ich bin ins alte Geschäft gegangen auf meinen alten Posten. Mein Kollege, mit dem ich immer verkehrt habe, hat mich sehr herzlich begrüßt.

Dann war es mir, als ob ich zu Hause im Bette gelegen wäre. Ich kann mich nicht entsinnen, ob ich ausgezogen war; dann war es, als

dürfte ein Fräulein von dem alten Geschäfte (eine, die jetzt verheiratet ist, aber sie war im Traume noch ein Fräulein) bei mir im Bette gelegen sein und hatte ein rotes Kleid an und hat mir ihre Brust zum Trinken gegeben. Ich wollte erst nicht, denn ich habe mich geniert. Es war mir doch, als ob ich gesogen hätte und ein warmer Strahl in meinen Mund hineingegangen wäre. Ich habe gesehen, als wenn sie ein Wonnegefühl dabei hätte. Sie hielt die Brust mit den Händen, damit ich besser saugen könne. Es war, als ob meine Mutter im Zimmer gewesen wäre. Ich habe mich geniert. Das Fräulein hat sich nicht geniert. Dann dachte ich mir: „Was würde der Vater dazu sagen, wenn er das sehen würde (obwohl er schon zehn Jahre tot ist)." Dabei Erektion und starkes Lustgefühl. Keine Pollution."

Es handelt sich um einen ca. 30jährigen Mann, der bis vor einigen Jahren vollkommen gesund war. Dann begann er verschiedene Liebschaften anzuknüpfen, immer mit der Absicht, die betreffenden Mädchen zu heiraten. Aber jedesmal kam es nicht zur Ausführung des Entschlusses. Er fand im letzten Momente Fehler an der Braut oder bei deren Familie. Er bekam Zweifel, ob sie genug zum Leben hätten, ob sie zueinander passen würden, ob er sie so glücklich machen könnte, wie sie es verdiene usw. Es ist dies ein typisches Verhalten von Menschen, deren Herz nicht frei ist.

Wo die Liebe dieses Mannes steckte, das sollen wir gleich erfahren. Er begann plötzlich im Geschäfte unzufrieden zu werden. Er suchte einen neuen Posten. Er wechselte seine Stellungen. Er wurde unverläßlich und unruhig, verlor eine Stellung nach der anderen und wollte schließlich auf seinen alten Posten zurückgehen. Allein seine Stellung war schon besetzt und die neue behagte ihm nicht. Er bekam schwere Schwindelanfälle und es wurde ihm schwer, die Straßen zu passieren.

Seit einem Jahr sitzt er bei der Mutter Tag für Tag, ohne zu arbeiten. Er ist im höchsten Grade unglücklich und trägt sich mit Selbstmordgedanken. Vor einem Jahre fiel ihm eine merkwürdige Erscheinung auf. Er war gewohnt, jeden Sonntag auf den Friedhof zu fahren und das Grab seines Vaters mit Blumen zu schmücken. Plötzlich konnte er diese Fahrt nicht unternehmen. Er mußte zu Hause bleiben. Dies kränkte ihn um so tiefer, als er ja den Vater leidenschaftlich geliebt und verehrt hatte.

Der vorliegende Traum verrät uns die tiefste Ursache seiner Neurose. Er kehrte zu seinen infantilen Lustquellen zurück. Er wollte wieder das Kind der Mutter sein. Das hilflose Kind, das nicht allein gehen kann, das genährt werden muß, das ein Anrecht auf die aufmerksamste Pflege der Mutter hat. Er saugte seine Mutter im übertragenen Sinne aus. Sie, eine arme Frau, mußte den großen, starken Sohn erhalten.

Nun zur Analyse! Er geht ins alte Geschäft zurück auf seinen alten Posten. Das Geschäft ist ein Milchgeschäft. (Ein solches hatte er sich vor zwei Jahren gekauft, um selbständig zu werden. Seine Braut sollte es leiten. Da sie sich weigerte, löste er die Verlobung auf.) Sein alter Posten ist der Busen der Mutter[1]). Der Kollege, der

---

[1]) Wenn jemand träumt, er liege wie ein Kind in Windeln und trinke von einem bekannten oder unbekannten Frauenzimmer die Milch, so wird er eine langwierige Krankheit zu bestehen haben, d. h. falls seine Frau nicht schwanger ist." (Artemidoros S. 25 l. c.)

ihn freundlich begrüßt, ist seine Schwester, die ebenfalls einen Teil seiner erotischen Empfindungen gebunden hatte. Die weitere Deutung ist einfach und durchsichtig. Er ist zu Hause, liegt im Bette. Das Fräulein ist seine Mutter. (Sie ist in Wirklichkeit verwitwet, im Traume noch ledig. Er ist ein uneheliches Kind. Er entfernt so seinen großen Konkurrenten, den Vater. Hinc illae lacrimae! Daher konnte er nicht zum Grabe des Vaters fahren.) Er geniert sich, diese Situation als Erwachsener mitzumachen. Aber er trinkt mit Wonne. Er konstatiert auch das Wonnegefühl seiner Amme. Alles in hypothetischer Form! Alles in Konjunktiven! Ach, wenn es nur so wäre! heißt diese Häufung von Konjunktiven. Der Zweifel an der Realität der Vorgänge dringt durch die Traumgedanken. Dann kommt die Bestätigung, daß die Amme — das Fräulein — doch nur die Mutter ist. „Es war, als ob meine Mutter dabei gewesen wäre." So führt der Traum die Identifizierung von Personen durch. Erst kommt irgend eine fremde oder bekannte Person. Dann heißt es: Meine Mutter war auch dabei. Oder die Person verwandelt sich in die Mutter. Auch diese Variante: Dann ist die Mutter hereingekommen. Bald kommt ihm ein unangenehmer Gedanke: Was würde der Vater dazu sagen! Offenbar gehen die Wunschgedanken noch weiter. Der Inzestgedanke scheint hier die Ammenphantasie als erste Stufe der gemeinsamen Lustgewinnung benützt zu haben. Geschäft ist ein häufiges Symbol für die Vagina Er will offenbar in den Mutterleib zurück. Er wird von Inzestphantasien zermartert. Er ist wahnsinnig eifersüchtig. Er verläßt das Haus nicht, um die Tugend seiner Mutter zu überwachen; obwohl sie eine alte, müde, abgearbeitete Frau ist. Für ihn bleibt Mama „ewig jung".

Aber nicht immer ist die Ammenphantasie so durchsichtig dargestellt. Meistens ist eine ganz andere Symbolik dabei verwertet. Der Traum schafft Situationen, wo man in die Höhe gehoben wird oder an einer Leiter in die Höhe klettert. Auch steile Böschungen, Aussichtstürme Schneeberge [1]) (weißer Busen) können zur Darstellung der Phantasie benutzt werden. In manchen Fällen wird die Schule herangezogen (Milchschule — Milchstudent.) Meistens in der Form, daß man in das Schulgebäude klettern muß. Auch Gymnasium (Gymnastik — gymnos = nackt) und Universität. (Alma mater!) Man saugt ja die Weisheit an den Brüsten der „Alma mater". Am häufigsten sind die Kletterträume, wobei Vorsprünge, Balkons [2]), Terrassen. Gesimse als Symbole des Busens eine große Rolle spielen. Auch das Paradies,

---

[1]) Mehrere Berge auf den britischen Inseln führen den Namen Paps-, Brustwarzen, französisch Mamelons (Kleinpaul, Das Leben der Sprache. III. S. 155).

[2]) Als mir dieser Zusammenhang das erste Mal klar wurde, fiel mir blitzartig die Balkonszene aus „Romeo und Julia" ein. Ein Traum mit einer Strickleiter hatte mich darauf gebracht. Ich las das herrliche Drama durch und siehe da — was fand ich? Eine Hauptperson in dem Drama ist die Amme Julias. Sie hält ungebührlich lange Monologe, wo sehr viel von „Fallen", besonders vom „Rückwärtsfallen" die Rede ist. Dieses Fallen bedeutet die Umwandlung des Kletterwunsches in Angst. Auch an anderen Stellen drängt der Ammen- und Geburtskomplex durch. Daß Vergiftung im symbolischen Ausdruck die Schwangerschaft bedeutet, der Aufenthalt im Sarg die Mutterleibsphantasie, sei nur nebenbei bemerkt. Natürlich wird damit Romeo und Julia nicht als das Drama der Amme stigmatisiert. Ich meine nur, daß eines der „unbewußten" Motive Shakespeares bei der Abfassung von Romeo und Julia die Ammenphantasie gewesen ist. Ein Keim, aus dem sich dann ein wundervoller Baum entwickelt hat.

das Schlaraffenland, das Land, wo Milch und Honig fließt, können zur Darstellung der Ammenphantasie verwendet werden.

Ich träumte einmal vor Jahren:

(213.) „Ich bin auf einer Wiese. Ich will schöne Blumen pflücken. Ein großer Stier stürzt sich auf mich; ich eile entsetzt fort und komme an einen steilen Erdwall, wo die Wiese abschließt. Ich bin verloren. Der Stier wird mich umbringen. Da strecken sich von oben zwei hilfreiche Hände entgegen, ziehen mich auf eine noch viel schönere Wiese hinauf, wo noch schönere Blumen blühen, die ich pflücken kann. In der Tiefe brüllt ohnmächtig der Stier."

Mein Retter im Traume war Herr N., der mir am Vorabende versprochen hatte, mich in eine feine Familie als Hausarzt „hineinzubringen" und mich so „emporzuheben". Setzt man statt der Blumen „die Genüsse des Lebens" und statt des Stieres die „Gefahren des Lebens", so wird das symbolische Bild des Traumes verständlich. Jedes wilde Tier versinnbildlicht die rohe Leidenschaft. Hier ein omnipotenter „Stier". Doch ist die erste Bedeutung des „Stieres" hier eine Anspielung, die sich auf meine müheseligen Anfänge der Praxis bezieht. Der Herr, der mich emporhob, war ein Patient N., der mir versprochen hatte, mich in höhere Gesellschaftskreise einzuführen. Damals kämpfte ich hart mit den Bedürfnissen, ich hörte schon den „Stier" aus der Ferne brüllen. (Stier sein = Wiener Ausdruck für „kein Geld haben".) (Das Reißen der Blumen als Onanie gedeutet, erweitert das Verständnis des Traumes.) Also mein Patient wird mich zu einem reichen Manne machen. Er bringt mich in die Höhe.

Die zweite Bedeutung ist die der Angst vor den Gefahren des Lebens. Wie sicher war ich bei der Mutter oder der Amme, wenn sie mich in die schützende Höhe nahm. Hier war ich geborgen. Ich will wieder hin — auf meinen alten Posten, wo ich so sicher war.

Das Blumenpflücken [1]) verrät die sexuelle Natur dieser Gefahren. Der Stier ist ein Sinnbild männlicher Kraft. Ich fürchte mich vor dem Manne. Ich flüchte zum Weibe, zur Amme vor..dem Manne. Nun hebt mich ein Mann zu sich empor. Wunderbarer Witz des Traumes! Wovor ich fliehe, dorthin werde ich gezogen. (Übrigens: Alle glatten Mauern, unübersteigbaren Böschungen, steilen senkrechten Berge ohne Pfade bedeuten meistens den Körper des Mannes — natürlich nur im Traume eines Mannes.)

Wie heißt der Herr N.? Sonderbarerweise Nähr, was zu ernähren eine wichtige Beziehung hat. Die Amme war meine erste Ernährerin; jetzt muß ich eine Familie ernähren. Ich bin der Nährvater.

Traum des Herrn Theta:

(214.) „Ich war mit zwei Kollegen beisammen und flüchtete mit ihnen wegen eines beginnenden Regens in ein Pissoir. Später kamen zwei jüngere Damen vorüber, die anscheinend das gleiche tun wollten. Wir verließen bald darauf das Pissoir, und da wunderte ich mich, daß jetzt trotzdem die Damen dort hineingingen. Wir eilten, um dem Regen zu entgehen, heimwärts. Da trachtete ich, eine in einem Parke gelegene Böschung zu erklimmen. Es war am oberen Rande ziemlich steil, und es war mir eine Nachhilfe erwünscht, um den oberhalb der Bö-

---

[1]) Deflorieren?

schung befindlichen Weg hinaufzukommen. Da waren mir des Weges daherkommende Militärleute behilflich. Währenddem bemerkte ich, daß hinter mir meine Schwester kommt, und trachtete, ihr den Vortritt zu lassen. Ich bemerkte, wie wir oben waren, die obere Bekleidung der Schwester offen, so daß ich den entblößten Oberkörper sehen konnte. Ich machte irgend eine Bemerkung zu ihr. Sie antwortete darauf mit einer Bemerkung, in der das Wort „Onanie" vorkam, worauf ich sagte: „Wie kommt das dazu? Wie hängt das zusammen?"

Nachträglich fällt ihm ein:

„Das Pissoir gehörte zu einem Gasthaus. Der Park war genau wie der Iglauer Park."

Iglau in Mähren liefert in Österreich die besten Ammen. Eine „Iglauer Amme" hatte auch unser Träumer. Auch das Gasthaus deutet auf die Amme. Ist ja die Amme tatsächlich das erste Gasthaus des Menschen! (Häufig verschmelzen der Ammen- und Mutterkomplex zu einem Bilde. Dieser Symbolisierung dienen: Gasthaus, Restaurant, Wirtshaus, Kaffehaus, der Tisch.) Auch unser Träumer ist eine Art Amme. Er symbolisiert das „Naßwerden" durch Tränen. Er schwimmt in Tränen. Wenn er traurig ist, so fängt er sofort zu weinen an. Er weint leicht und bei jeder Gelegenheit. Er weint um seine infantilen Lustgefühle. In diesem Traume befaßt er sich mit seinen ersten Intra- und Extrauterinmonaten. Er ist mit zwei Kollegen (seinen beiden Brüdern) im Mutterleibe. Später kamen zwei Schwestern nach. (Zu den beiden Damen sind ihm sofort zwei andere Schwestern eingefallen.) Der Regen in diesem Pissoir bedarf keiner eingehenden Deutung. Das „Wundern" bezieht sich auf seine Beobachtungen bei der Gravidität der Mutter. Da hatte er genug Gelegenheit, sich zu wundern. Er verläßt den „Abtritt" und soll jetzt an die Brust. Wer hilft ihm? Militärleute.

Nun — seine Amme, die noch viele Jahre bei ihm blieb und der seine größte Liebe galt, war ein sogenanntes Soldatenmensch. Eine zweite Erklärung von Militärleute kann nur der Wiener verstehen. Mili heißt in Wien die Milch. Ein Milimadl ist ein Milchmädchen. Die Amme wird durch das „Mili" genügend charakterisiert. Auch trug sie das charakteristische Kostüm der Iglauerinnen. (Kostüm führt zu Uniform, was übrigens auch Nacktheit bedeutet. Der weitere Verlauf des Traumes bestätigt diese Deutung.) Nun kommen die Schwestern, die nach ihm geboren wurden, denen er jedoch galant den Vortritt überlassen will. Natürlich will der Schäker die Geburt intrauterin, das Säugegeschäft extrauterin beobachten.

Die Schwestern haben noch eine andere, sehr wichtige Bedeutung. Sie symbolisieren die beiden Hälften des Busens, ebenso wie die Beine die Brüder heißen. Eine ähnliche Symbolik zeigen auch die beiden Hinterbacken. Die zwei entblößten Schwestern sind der Busen, an dem er trinken soll [1]). (Brauche ich noch zu wiederholen, daß die Brüste auch die Brüder und die Hinterbacken die Schwestern heißen können? Daß sie ganz unbestimmt Geschwister heißen? Oder die Zwillinge, Peter und Paul, Karoline und Josefine, Max und Moritz,

---

[1]) Mir wurde von vertrauenswürdiger Seite berichtet, daß ein Landesgerichtsrat seine Amme geheiratet hat. Der Mann soll außerordentlich glücklich sein.

Kastor und Pollux. Die Bisexualität aller Sexualsymbole kommt gerade bei diesem Körpersymbol unverhüllt zum Ausdruck.)

Nun kommt die rätselhafte Bemerkung der Schwester, die das Wort „Onanie" enthält. Diese Bemerkung findet ihre Erklärung, wenn wir erfahren, daß der 35jährige Mann noch immer onaniert. Er nennt das „Melken". Die Onanie ist ihm der Ersatz der Amme [1]). Er melkt sich selbst und produziert dabei eine milchige Flüssigkeit, die nach der symbolischen Gleichung die Milch ersetzt. (Milch = Urin = Sperma.) Er identifiziert sich mit seiner Amme. Deshalb schwärmt er für Kindererziehung und hat einen Verein zur „Ernährung verlassener Säuglinge" gründen wollen! Deshalb interessiert er sich für die „Erste Hilfe!" Deshalb hat er auch einen stereotypen Traum, der immer wiederkehrt:

(215.) **„Ich schiebe einen braunen Kinderwagen durch einen Park,"**

Er ist ja selber eine Amme.

Die wunderliche Frage, „wie das zusammenhängt", ist so deutlich aufgeklärt. Der Träumer war und ist noch ein starker Lutscher. Er ißt leidenschaftlich Süßigkeiten und ist überhaupt ein Schleckermaul. Ein inniger Kuß ist ihm lieber als ein Koitus. Er saugt leidenschaftlich gerne an den Brustwarzen, übt Zungenküsse aus, läßt sich Fellatio machen und fröhnt dem Kunnilingus. Der Mund ist seine stärkste erogene Zone. Alle diese Eigenschaften verraten den Typus des „ewigen Säuglings".

Sehen wir uns noch einen Ammentraum an. Er zeigt wieder eine andere Symbolik, indem er den Kinderwagen und den Posten auf dem Busen in eine Situation verschmilzt. Dieses Bestreben zeigt ja jeder Traum, womöglich verschiedene Situationen zu einer einzigen zu verdichten.

Ein großer Teil der Freude der Kinder am Fahren geht auf den Kinderwagen zurück. Mit welcher Wonne stürzen sich Kinder auf jedes Gefährte! Die rhythmischen Erschütterungen mögen als onanistischer Reiz wirken. Das ist ja sicher. Aber ebenso sicher ist es für mich, daß die Kinder der „schönen alten Zeit des Kinderwagens" nachlaufen, die sie nicht vergessen können. Wie ja überhaupt die Klage der Menschen über die „gute alte Zeit" immer nur der „für ewig verlorenen eigenen Kinderzeit" gilt.

Der nun zu analysierende Ammentraum lautet:

Der Traum vom stockhohen Einspänner.

(216.) „Ich fuhr mit einem Einspänner vom Hause zum Ring. Der Wagen besaß ein oberes Stockwerk, von dem man den ganzen Ring wie aus Turmeshöhe übersah. Ich hatte stets Furcht, daß dieser hohe Wagen umwirft. Ich konnte es in dieser Höhe nicht aushalten, hatte Schwindelanfälle und ging hinunter zum Kutscher und fragte ihn, woher dieser sonderbare Ausblick bei einem Einspänner möglich sei. Der Mann erklärte mir, daß der Fernblick nur eine optische Täuschung, hervorgerufen durch die Fenster, sei, wie die Täuschung durch die Linsen eines verkehrten Opernglases.

---

[1]) Auch in meinem Ammentraume zeigen sich Beziehungen zur Onanie. „Blumen abreißen" heißt auch „onanieren".

Ich hatte oben die Furcht, daß der Wagen umfällt, die Angst, aus dieser enormen Höhe hinunterzustürzen. Ich konnte mir nicht vorstellen, wie ein so schmaler, hoher Wagen fahren konnte, ohne umzustürzen."

Der Einspänner ist seine Mutter, die seine Amme war. Sie ist seit einigen Jahren Witwe, d. h. sie muß einspännig durch das Leben fahren. Er kommt aus dem Hause (Mutterleib) in die Welt und besteigt sofort den oberen Stock. Er ist aber als Kind einmal aus einem Kindersessel heruntergefallen und litt danach an heftigen Fraisen und Angstzuständen. (Ich habe wiederholt konstatieren können, daß Menschen, die an Angst vor dem Fallen leiden, in der Kindheit aus einem Wagen oder von einem Sessel u. dgl. heruntergefallen sind. Selbstverständlich hat dies Fallen noch eine zweite symbolische Bedeutung.)

Der Traum drückt in geistreicher Weise den Blick in die Vergangenheit aus. Der Kutscher (die Mutter!) belehrt ihn, daß er durch ein verkehrtes Opernglas sieht. Da sieht man doch alles kleiner, die Gegend und die Menschen wie in weiter Ferne. Unser Träumer blickt tatsächlich immer nach rückwärts. Die Neurotiker sind alle Menschen mit Janusköpfen. Nur haben sie oft die vorderen Augen verbunden und blicken konstant nach rückwärts. Wenn sie dann nach vorwärts gehen wollen, werden sie unsicher und fürchten zu fallen!

Er fürchtet also, aus der Ammenhöhe herunterzufallen. Oben sieht er den Ring, d. h. alle die stolzen Paläste, alle Rundungen des Körpers, und das für ihn Wichtigste: den Busen. Warum fürchtet er, herunterzufallen? Weil er in der Analyse diese Phantasie los wird. Er merkt, daß er von der Mutter losgelöst wird und möchte nicht aus „allen Himmeln" stürzen.

Ich selbst bin in der Überdeterminierung auch der Kutscher. Zu mir fährt er vom Hause in einem Einspänner. Ich wohne am Ring. Ich führe ihn in eine schwindlige Höhe. Er kann diese Aussicht nicht vertragen. Sein oberes Stockwerk (Gehirn!) kann diese meine Erkenntnisse nicht fassen. Er will sie nicht fassen. Er will seiner Mutter treu bleiben. Auch dieser Träumer ist ein ewiger Säugling. Er ißt nur breiige Speisen — Papperl sagt der Wiener — die ihm die Mutter vorsetzen muß. Er ging nie allein aus. — (Vgl. den Traum Nr. 189).

Doch gehen wir etwas genauer auf die Analyse ein. „Ich fuhr mit einem Einspänner vom Haus zum Ring." Der Ring ist das Symbol der Ehe. Er ist ein Junggeselle — ein Einspänner[1]). Die Mutter ist das Haus. Er will von der Mutter weg und will heiraten. Ihm schwindelt vor dieser Perspektive. Warum? Das wollen wir später verraten. Ring ist hier meine Wohnung[2]), aber auch die Vagina und der Ehering. Der Einspänner hat noch eine Überdeterminierung. Einspänner heißt in Wien der eine Teil eines „Paares Frankfurter". „Ein Einspänner mit Saft" heißt eine Wurst mit Sauce. Davor hat er einen heillosen Respekt. Wurstzeug ist für ihn mit Ekel und dem großen Bann belegt. Wurstzeug essen gleichbedeutend mit einen Selbstmord begehen. Der Einspänner ist sein Penis. Er fährt mit seinem Penis in eine Vagina. Das würde er bewußt sicher nicht tun.

---

[1]) Auch der Onanist, der heiraten soll.
[2]) Ich wohne in der Nähe des Schottenringes.

Denn er leidet an einer unüberwindlichen Angst vor Infektionen. Er hat einmal eine Gonorrhöe überstanden (Einspänner mit Saft!), an die er noch heute mit Grausen denkt. Er bleibt seit Jahren immer zu Hause. Eingesponnen in seine Arbeit und in seine Sorgen um die Mutter. Er ist den ganzen Tag eingespannt, so daß er des Abends immer abgespannt[1]) ist und nicht ausgehen will. Er bleibt bei seiner alten Mutter. Er hatte eine Braut gehabt und suchte einen Vorwand, mit ihr zu brechen. Er sandte ihr den Verlobungsring zurück. Wenn er jetzt an ihr vorbeigeht, sieht er sie nicht. Er übersieht sie. Wenn er nur seinen Posten bei der Mutter hat (oberes Stockwerk), so kann er alle anderen Frauen übersehen. Sie existieren für ihn nicht. Die Mutter steht turmhoch über allen anderen Frauen.

Trotzdem fürchtet er, daß der Wagen umfällt, der schmal und hoch ist. Die umgekehrte Mutter, die breit und klein ist. Er sieht sie ja immer mit dem verkehrten Opernglas, mit den Augen des Kindes. Sie ist für ihn die schönste Frau. Er zittert um ihre Tugend. Sie könnte fallen. („Ich konnte mir nicht vorstellen, wie..." usw.) Sie mußte ja seinem Gefühle nach allen Männern gefallen.

Er ist mißtrauisch. Deshalb sitzt er immer zu Hause. Er traut der Mutter nicht. Er traut keinem Weibe. Deshalb will er nicht heiraten. Er will keine Hörner auf der Stirne (oberes Stockwerk!) tragen.

Ihm vis-à-vis wohnt die wunderschöne Frau eines Reisenden. Der Mann, alt, gebrechlich, geht auf einen Stock gestützt. Sie wohnt einen Stock höher als er. Er blickt oft mit dem Opernglas hinüber Was hinter den Fenstern vorgeht, kann er leider nicht entdecken. Er kann sich nicht denken, daß diese schöne hohe, schlanke Frau ihrem lahmen, alten Mann treu ist. Er kokettiert mit ihr. Er spielt mit dem Gedanken, mit ihr ein Verhältnis einzugehen. Er beobachtet sie und alle ihre Gesten. Er beobachtet, wann sie ausgeht und ob sie allein zurückkommt. Wie glücklich wäre er, wenn er ihr eine Untreue nachweisen könnte!

Es ist das „Gesetz von der Wiederkunft des Gleichen" (Nietzsche). Auch sein Vater war ein alter Mann, der auf einen Stock gestützt durch die Straße humpelte, während die Mutter eine auffallend schöne Frau war. Dieselben Fragen — wie heute — haben ihn schon vor Jahren beschäftigt. Heute noch sieht er die Mutter jung. Sie hat keine Runzeln, keinen vorgebeugten Rücken, keinen zahnarmen Mund. Das macht die optische Täuschung des seelischen Opernglases.......

Auch er ist ein Lutscher gewesen und leidet noch heute an den Folgen. Seine Neurose dreht sich um Essen und Brechen. Ekelvorstellungen haben ihn so herunter gebracht, daß er zum Skelett abmagerte und sich nur von breiigen Speisen nährte. In diesem Traume kehrt er reuig zur Mutterbrust zurück.

Ein wichtiges Wechselwort sind die Linsen. Er leidet an einer Blähungsneurose. Den ganzen Tag verbringt er in Angst, er werde Blähungen bekommen. Einem Arzt, der ihm sagte: „Blähungen sind keine Krankheit", wollte er einen Schmähbrief schreiben, der jenem Ignoranz vorwarf. Blähungen keine Krankheit! Was weiß dieser Trottel von meinen Leiden! Die Blähungen haben in der ersten Verlobungsperiode begonnen. Sie waren das Mittel, das ihn von seiner Braut be-

---

[1]) **„Abspannen" ist ein Wiener Ausdruck für „Entwöhnen".**

freite. Er hörte auf, in fremder Gesellschaft zu essen. Die Braut und ihre Familie nahmen nicht Rücksicht auf sein schweres Leiden.

Die Blähungen imitieren das Leiden seines greisen Vaters. Den hatte er wegen der Blähungen ausgelacht. Heimlich gewünscht, von dem siechen, lästigen, ewig kranken Manne erlöst zu sein. Der Vater hatte einen Bruch und fürchtete „die verschlagenen Winde“. Nach dem Tode des Vaters wurde das Leiden immer schwerer und schwerer.

Nach einigen Wochen der Analyse hat sich sein Zustand so gebessert, daß er allein ausgehen kann. Er lebt seit sechs Jahren sexuell abstinent. Mit der Besserung meldeten sich die verdrängten Regungen und er ... verliebte sich in ein schönes, blühendes Mädchen aus der Nachbarschaft. Über ja und nein war der schwere Kranke ein glücklicher und unglücklicher Bräutigam. Es kamen ihm Reuegedanken, und eine erst heimliche und später immer mehr ins Bewußtsein dringende Angst störte ihm den Genuß der jungen Liebe.

Er ist zu hoch gestiegen. Ein Einspänner soll ein Einspänner bleiben und sich kein Stockwerk auftürmen. Er fürchtet, aus der mühsam eroberten Höhe zu fallen. Besonders wenn er nach rückwärts sieht und an seine erste Braut denkt. Jetzt soll er wieder die Ringe wechseln? Mußte da nicht ein Rückfall kommen, wenn er nach rückwärts sah? Zogen ihn nicht tausend Bande zurück zu seiner Mutter (die übrigens zur Heirat drängte)? Nein, er will kein Ehemann sein. Er will der „ewige Säugling“ bleiben. Er will nicht durch eine Frau, die ihn am Ende hintergeht, aus allen Himmeln gestürzt werden ....

Und niemals waren die Blähungen stärker als in den Tagen nach diesem Traume. Sie dienten seinem „psychischen Hermaphroditismus“. Er ist ja gar kein Mann. Er ist ein Weib, das gravid ist. Er leidet an Aerophagie und pumpt sich jede Nacht den Bauch wie eine Trommel voll. Als hätte er Linsen gegessen. Er will gar kein Mann sein. Das sind seine tiefsten Hindernisse gegen die Ehe. Er spielt selber die Mutter...

Die Todesgedanken verbergen sich hinter dem Umstürzen des Einspänners. Wenn die Mutter stirbt, ist er ein freier Mann........

Ein Ammentraum des Herrn S. W.:

(217.) „Ich bin auf einem großen, schneeweißen Gletscher und nehme das Eis in den Mund. Ich spüre mit Behagen, wie das Eis langsam im Munde zergeht.“

Wir können uns die Deutung ersparen. Des Busens Schnee und die Höhe geben vereint den Gletscher....

Herr S. W. träumt auch:

(218.) „Ich stehe im Hafen von Hammonia und bewundere den unerschöpflichen Wasserreichtum. Hier zu wohnen, sage ich mir, ist wirklich ein Genuß.

Der Hafen von Hamburg, der hier sinnig Hammonia (Beziehungen zu Amme und Onanie) genannt wird, soll wohl der Meerbusen heißen. Der Wasserreichtum repräsentiert den Milchreichtum. Jetzt verstehen wir, woher die Vorstellung kommt, das Wohnen am Hafen sei „wirklich ein Genuß.“...

Ein anderer Träumer kann die süße Zeit bei seiner Amme nicht vergessen. Alle seine Träume sind Ammenphantasien. Beweis: Er hat einen stereotypen Tagtraum, der ihm die angenehmsten Sensationen verschafft:

(219.) „Ein weicher Gegenstand füllt meinen Mund aus. Der heiße Speichel rinnt mir in Strömen wie Wasser aus dem Munde.“

Er leidet an Speichelfluß (Reizung der erogenen Zone!) und hat zugleich Angst vor Speichelfluß. Die Zigarre erzeugt bei ihm schon nach den ersten Zügen einen leichten Speichelfluß. Das Saugen an der Zigarre ersetzt ihm die alte Ammenlust.

Er hat auch wiederholt einen anderen Ammentraum.

(220.) „Ich habe eine Flüssigkeit mit halbharten Patzen im Munde.“

Kurz — er läuft ewig diesem verlorenen „Paradies“ seiner Kindheit nach.

Doch dieser Traum bringt eine wichtige Perspektive. Jeder Säugling spielt an der Ammenbrust eine weibliche Rolle. Es wird etwas in ihn hineingesteckt. Dadurch dürfte bei Männern eine gewisse Tendenz zur Weiblichkeit fixiert werden. Unser „Ewiger Säugling“ ist Frauen gegenüber impotent. Er hat die volle Erektion, kann aber den Penis nicht „hineinstecken“. Er spielt also noch immer den Säugling, dem etwas hineingesteckt wird. Deshalb schwelgt er in Fellatiophantasien und betreibt auch das Saugen bei den Frauen mit großer Libido. Er will eine passive Rolle spielen. Er will genommen und verführt werden [1]).

Wir sehen, was für wichtige Gesichtspunkte sich aus der Besprechung der Ammenträume für die Neurose und für das ganze Leben ergeben. Die „ewigen Säuglinge“ zeigen einen bestimmten Typus. Sie sind unselbständig, brauchen immer eine Stütze, leiden an Angst vor dem Alleinsein; die Funktionen des Essens sind abnormal: Entweder zu lustbetont oder mit Ekel verbunden. Der Mund spielt die Rolle eines Genitales. (Erogene Zone Freuds.) Sie zeigen einen ausgesprochenen „psychischen Infantilismus“, der sich auch im physischen Habitus ausdrückt. Sie legen eine kindliche Freude am Fahren, Schaukeln, Reiten, Segeln, Schiffsfahrten an den Tag, wenn nicht durch frühe Verdrängung die Lustgewinnung aus diesen Bewegungsarten in Angst und Ekel verwandelt erscheint. Kurzum: Sie spielen das Kind, das von der Amme getragen wird.

Ihre Träume bringen Situationen, in denen sie sich auf einem beweglichen Hause, einem hohen Wagen, einem Pferde, einem Turme, einem Balkon usw. befinden. Oder sie leben unter Riesen und werden von einem dieser Riesen herumgetragen.

Diese Menschen zeigen das Gefühl der Minderwertigkeit. Aber die Neurotiker würden nicht so hartnäckig an den Gefühlen der eigenen Unzulänglichkeit, Schwachheit, Kleinhei festhalten, wenn sie nicht einen geheimen Lustgewinn daraus ziehen würden. Dieser Lustgewinn wird ihnen durch dieFiktion geboten, unter Großen ein Kleiner, also ein Kind zu sein [2]). Dazu kommen die kriminellen Phantasien, die mit schwerem Schuldbewußtsein einhergehen und den Wunsch erzeugen, die vermeintliche Reinheit einer Kinderseele zu besitzen. (Die Erfahrungen der eigenen Kindheit sind verdrängt und vergessen.) Sie sehnen sich darnach, die eigene Verantwortung auf die Schultern der Großen abzuwälzen. Sie brauchen

[1]) Ein zweites Motiv dafür: Lust ohne Schuld.

[2]) „O selig — o selig, ein Kind noch zu sein!“

immer einen fremden Imperativ. Sie wollen geborgen sein wie das Kind bei der Amme.

Der „psychische Infantilismus" macht sie fürs Leben untauglich, aber er gestattet ihnen, mit der „infantilen Lustwährung" (Freud) zu arbeiten.

Mit einem charakteristischen Traume will ich diese Ausführungen illustrieren. Herr Zeta, ein schon 42jähriger Neurotiker, träumt:

(221.) „Ich bin in dem Meierhofe meiner Schwester. Ich sehe ungeheure Gestalten umhergehen, die riesige Schatten werfen. Ich fürchte mich gar nicht und klettere an einer roten Strickleiter auf einen dieser Riesen hinauf. Dieser sagt freundlich: Nun haben Sie Gullivers Reisen wieder einmal erlebt."

Die Meierei ist ein sehr beliebtes Symbol für den Busen. Die Schwester kennen wir in derselben Eigenschaft. Die Riesen sind die Großen aus seiner Jugend. Ein Kind lebt immer unter Riesen. Daß die Amme ein Mann ist, das entspricht seiner weiblichen Rolle beim Saugakte. Seine Amme blieb bei ihm bis zum sechsten Lebensjahre. Sie war eine Hannakin und trug auffallend rote Strümpfe und ein rotes Kopftuch, an das er sich noch erinnert. „Gullivers Reisen" war das Lieblingsbuch seiner Kindheit Er hatte vor einigen Tagen sich vorgenommen, es wieder zu lesen Er wollte offenbar das Land der Riesen kennen lernen. Der Schatten hat seine besondere Bedeutung Hier soll es wohl heißen: Die Gestalten meiner Kindheit werfen ihre Schatten [1]) bis in meine Gegenwart.

Das stimmt für alle Neurotiker und besonders für die „ewigen Säuglinge".

Wir können nun dieses schon allzulange Kapitel nicht beschließen, ohne noch auf eine besondere, gar nicht seltene Form der Ammenträume hingewiesen zu haben. Bei allen Neurotikern besteht die Tendenz, die aktive und passive Phantasie (Funktion) zu einer einzigen zu vereinigen. Darauf beruht ja die Neigung zu bisexuellen Liebesobjekten. Im Dienste dieser Tendenz entsteht die Phantasie, „Amme und Kind zugleich" zu sein. Man saugt sich selber.

Nach meinen Erfahrungen tritt diese Erscheinung als Phantasie, mit dem eigenen Penis die Kunststücke eines Schlangenmenschen ausführen zu können, schon sehr früh auf und steht im Dienste der Ammenphantasie [2]). Der Penis soll dann ungeheuer lang sein, wie der Schweif eines Tieres, und alle möglichen Evolutionen, so auch das Saugen gestatten. Ich habe einige Männer kennen gelernt, die an sich die Fellatio vollzogen haben.

Ein solcher Traum des Herrn A. H. soll unsere Reihe der Ammenträume beschließen.

(222.) „Ich bin ein Türke und rauche aus einer riesig langen Pfeife. Plötzlich bemerke ich, daß ich den Mund voll Blut habe und bemerke zu meinem Entsetzen, daß die Pfeife an meinem Gliede angewachsen ist."

---

[1]) Der Schatten hat noch eine zweite Bedeutung: „Die Potenz". (Der heilige Geist hat Maria „beschattet".) In Chamissos „Peter Schlehmil" erklärt sich der verlorene Schatten als die verlorene Potenz. Deshalb kann Schlehmil seine Braut nicht heimführen, obwohl er unermeßliche Schätze zur Verfügung hat. Alle Schätze der Welt können eben die Potenz nicht ersetzen. In einer Erklärung seines Werkes nennt Chamisso den Schatten „le solide". Das sagt alles.

[2]) In einem mir bekannten Falle im vierten Lebensjahre.

Herr A. H. ist ein solcher Neurotiker, der in sich verliebt ist und am liebsten seine eigene Amme wäre. In diesem Traume hat er ein „Perpetuum mobile“ erfunden, den Menschen, der sich selbst ernährt und selbst befriedigt und beides durch einen Akt. (Blut nach der II. S. G. für Sperma.)

Dieser Kranke hatte sich oft aus sadistischen Motiven in den Finger geschnitten und sein eigenes Blut mit Wonne ausgesaugt. Er ist fremden Geldforderungen gegenüber, seien sie noch so unverschämt, vollkommen wehrlos. Er läßt sich gar so gerne ausnützen, d. h. aussaugen. So beeinflußt die Ammenphantasie mächtig seine materiellen Verhältnisse.

Wieder haben wir mit Erstaunen die Erfahrung bestätigt, daß „alle Lust Ewigkeit, tiefe, tiefe Ewigkeit will“ (Nietzsche). Durch diese Erkenntnis wird uns die „Askese“ verständlich. Viele Asketen sind „Ewige Säuglinge“. Sie verzichten auf die Freuden der Gegenwart und zehren an den Wonnen der Vergangenheit[1]).

XXV.

Wasser-, Feuer- und Schwangerschaftsträume.

Nach Freud bedeuten alle Wasserträume Schwangerschaftsträume.

Eine junge Frau, die sich vor dem Kindersegen fürchtet, träumt in den letzten Jahren wiederholt einen stereotypen Traum:

(223.) „Ich bin mit meinem Manne längs eines Wassers gegangen und ich mußte immer wieder ins Wasser hinein und aus dem Wasser heraus. Es war mir sehr peinlich, daß ich da hinein muß.“

Die Frau hat schon vier Kinder. Sie möchte gerne Ruhe haben. Sie ist ihrem Manne gegenüber vollkommen anästhetisch. Der Koitus (hinein und heraus) ist ihr wirklich immer peinlich. Sie scheut das Feuer . . .

Eine 55jährige Dame erkrankt nach der Verheiratung ihrer einzigen Tochter an einer schweren Depression und kommt in meine Behandlung. Sie erzählt mir folgenden Traum:

(224.) „Ich bin am Ufer eines großen Flusses spazieren gegangen. So lange das Wasser ruhig und der Weg breit war, bin ich ruhig fortgegangen. Plötzlich hat sich der Weg verengt, und das Wasser ist sehr reißend worden. Da habe ich Angst bekommen und bin umgekehrt. Wie ich zum ruhigen Wasser zurückgekommen bin, habe ich mich wieder beruhigt. Ich bin einem jungen Mann begegnet, der mich angesprochen hat, mit ihm zusammen die Jause zu nehmen. Wir sind auf ein erhöhtes Plätzchen, nahe dem Wasser, gegangen. Da haben wir uns niedergesetzt. Es war recht langweilig. Ich habe mir gedacht, warum er sich die alte Frau genommen hat, wo niemand sich dabei unterhält. Plötzlich erscheint ein fremdes junges Mädchen, mit Bändern geschmückt und fängt in der Nähe an zu tanzen, zu hüpfen und zu singen. Ich dachte: „Das ist das richtige Element für den jungen Mann. Die paßt zu ihm.“

---

[1]) „Immerfort erste Liebe empfinden ist die tiefste Absicht der freiwillig Entsagenden. Das Paradies nicht mehr verlieren“ (Swoboda).

Man macht häufig die Beobachtung, dass Väter oder Mütter an melancholischen Anwandlungen, schweren Depressionszuständen oder Angsthysterien erkranken, wenn ihre Kinder heiraten. Es ist ein Aufflackern der nie ganz erloschenen Sexualität. Es ist Sexualneid. Es ist Eifersucht auf das geliebte Kind. Die Alten machen in der Phantasie die Brautnacht und die folgenden Szenen durch und leiden unsägliche Qualen. Ich erinnere mich an einen 80jährigen Greis, der nach der Hochzeit seines Sohnes an schwerer Melancholie und Schlaflosigkeit erkrankte und erst gesundete, bis er eine andere Stadt aufsuchte.

So auch diese Frau, die eben im Begriffe war, ihre homosexuelle Liebe zur Tochter in eine heterosexuelle Neigung zum Schwiegersohn zu verwandeln. Die Tochter hatte ihr am Tage vor dem Traume anvertraut, dass sie in die Hoffnung gekommen sei. Darauf deutet das Wasser, das auch die Wogen der Leidenschaft symbolisiert. Sie nimmt täglich die Jause bei ihrem Schwiegersohn ein. Sie findet dort die eintönige Plauderei langweilig. Sie würde eine andere Unterhaltung vorziehen. Ja, ihre Tochter (das Mädchen mit Bändern, an das er sich „gebunden", hat) kann ganz anders tanzen, hüpfen und singen. Der Traum ist ein Warnungstraum und ein Versuch, die aufgeregte Seele zu beruhigen. Denke dir, du könntest einen jungen Mann erobern. Würdest du ihn auch festhalten können? Er würde von dir gleich zu einer Jungen gehen. Also lasse die Gedanken an Liebe und Liebesgenuss. Du wirst dich langweilen, er wird sich langweilen. . . . Das Wasser ist hier ein Symbol der Seele, wie in den meisten Wasserträumen, die Freud ganz irrtümlich insgesamt als Geburtsträume auffaßt.

Die Dame erkrankte bald nachher an einer schweren Platz- und Straßenangst [1]), die sich erst nach einigen Jahren besserte . . . Der breite Steg und die schmale Gasse — sie führen beide ins Grab — in die Ewigkeit. Die jungen Leute können leicht tanzen. Vor ihnen liegt, was bald hinter ihr liegt: das Leben.

Es folgen nun zwei Träume einer 30jährigen, sterilen Frau:

(225.) „Ich träumte, daß ich in den Salon trete, dieser war unaufgeräumt und einige Leute standen umher. Sie drängten durch die geöffnete Türe in das gleichfalls noch in Unordnung befindliche Schlafzimmer, was mir sehr unangenehm war. Das Zimmer war ganz dunkel, deshalb befahl ich dem Dienstmädchen unwillig, doch Licht zu machen; rasch öffnete sie die Rouleaux, das Tageslicht fiel grell herein, beleuchtete die geöffneten Betten, ich schämte mich der Unordnung und versuchte, die Leute aus dem Zimmer hinauszudrängen. Im Salon war das neue Dienstmädchen mit dem Aufräumen beschäftigt, ich dachte mir, daß sie sich ohne besondere Unterweisung rasch an die Hausordnung gewöhnt habe. Als ich zu ihr trat, sagte sie mir, sie wäre mit allem zufrieden, doch könne sie nicht bleiben, weil sie schwanger sei. Von dieser Mitteilung unangenehm berührt, überlegte ich, daß ich sie in diesem Zustande nicht behalten könne, fragte, woran sie ihre Schwangerschaft erkenne. Sie antwortete, weil in ihrem Leibe alles gelockert sei."

(226.) „Meine Mutter begleitete mich zur Schule. Ich fürchtete, einen Verweis zu bekommen, weil es schon spät sei, doch dachte ich, daß ich

---

[1]) „Es gibt eine Platzscheu, die Lichtscheu ist, und die der sich schuldig fühlende Mensch hat, der vor Gott nicht besteht." Otto Weininger, „Über die letzten Dinge."

ja verheiratet sei und ohnedies nicht mehr in die Schule gehen müsse. Der Lehrer kam mir entgegen, ich entschuldigte mich wegen der Verspätung, wollte auch wieder fortgehen, weil ich kein Buch mithatte, doch er forderte mich zum Bleiben auf. Ich setzte mich in die Bank, der Lehrer gab mir ein Buch, doch konnte ich es nicht lesen. Nun wandte ich mich an meine Nachbarin und staunte, sie, die doch gleichfalls verheiratet war, in der Schule zu finden. Auf meine Frage, ob sie Kinder habe, erzählte sie mir, sie habe ein Mäderl gehabt, doch sei dieses gestorben. Nun bemerkte ich, weiter von mir entfernt sitzend, wieder eine Schülerin, sie hatte ein Negligé an und schien mir schwanger. Meine Nachbarin erzählte mir wieder, jene andere unverheiratete Schülerin habe sich von einer Frau die Frucht abtreiben lassen, und der Doktor aus Wiener-Neustadt komme täglich zu ihr. Der Lehrer rief mich und einige Schülerinnen auf, ich hatte große Pantoffel an und schämte mich dessen. Der Lehrer stand vor einer großen Tafel, neben dieser war das Modell eines Hauses. Eine alte Frau, die Frau des Lehrers, saß auf einer erhöhten Galerie, die sich links neben dem Hause befand und hielt eine Zeitung in der Hand. Der Lehrer wollte uns Astronomie lehren, er malte auf die schwarze Tafel blitzartige Zeichen, sie sollten die Wolken am Himmel vorstellen. Er zeichnete die ganze Tafel voll, und ich bemerkte erstaunt, daß die Zeichen Worte in einer anderen als mir geläufigen Schrift seien und „es ist Frieden" bedeuteten. Ich dachte, dies sei eine Eigenschaft Gottes, und war neugierig, was Sonne, Mond und Sterne, die der Lehrer doch auch noch in das Himmelsbild zeichnen müsse, bedeuten werden. Indessen hatte die Frau des Lehrers einen Wasserhahn geöffnet, damit uns der Lehrer die Sintflut demonstrieren könne, doch vergaß sie, den Hahn rechtzeitig abzudrehen. Sie erschrak, als das Wasser durch die Fenster und Türen des Hauses quoll. Das Wasser überschwemmte alles, es plätscherte auf dem Boden und ich erwachte."

Leicht zu deutende Träume einer kinderlosen und nicht befriedigten Patientin, die lange an Enuresis gelitten hat, und deren schwerster Konflikt durch die Onanie hervorgerufen wurde. Solche Kranke träumen immer, dass sie den Salon räumen, weil er nicht in Ordnung ist usw. Diese Patientin litt unter der Angst, sie habe sich durch die Onanie etwas im Leibe gelockert und komme deshalb nicht in die Hoffnung. Im Traume ist diese Befürchtung grundlos. Das Lockern ist im Gegenteil ein Symptom der Gravidität. Außerdem überrascht sie ihren Mann bei einer Untreue. Er hat in ihrer Abwesenheit das Dienstmädchen geschwängert, während sie sich bemüht, fremde Männer, die in ihr Schlafzimmer eindringen wollten, hinauszuwerfen. Sie sucht nach einer Motivierung für ihre phantasierte Untreue, die der zweite Traum enthüllt. Sie will um jeden Preis ein Kind haben. Hinter den verschiedenen Männern, die in ihr Schlafzimmer dringen wollen, verbirgt sich der Lehrer. Das bin ich. Sie lernt bei mir eine neue Wissenschaft, die Selbsterkenntnis, die ihr die Kraft geben soll, mit ihrer Depression fertig zu werden.

Sie geht in die Schule — aber nie ohne sexuelle Gedanken. Die Mutter (Gebärmutter) geht mit ihr. Sie ist eine anständige Frau. Sie hat kein Buch. (Symbol einer Dirne.) Sie ist verspätet gekommen. Sie war immer anständig. Spät kommt ihr die Erkenntnis. Die Bank eine Anspielung auf Bankert, ein uneheliches, ein unrechtmäßig gezeugtes Kind. Sie ist nicht die einzige verheiratete Frau, die sich auf diese Weise ein Kind verschafft. (Die Nachbarin.)

Es ist überhaupt eine Schwangerschaftsschule. Auch das Abtreiben scheint dort besorgt zu werden. „Der Doktor aus Wiener-Neustadt" (häufiges Symbol für eine neue Frau oder einen neuen Mann in Wien) kommt täglich zu ihr. (Zu einem kommen heißt in der Volkssprache geschlechtlichen Umgang haben.) Exhibitionistische Fußideen verraten sich in der Pantoffelepisode. Sie hat zu große Pantoffeln. Sie hat durch die Onanie die enge Vagina gelockert. Sie hat eine zu große Scheide. Sie möchte noch gerne eine Virgo intacta sein.

Die junge Frau des Lehrers wird hier zu einer alten Frau gemacht, die mit der Gravidität nichts mehr zu tun hat. (Erhöhte Galerie!) Sie sieht und hört alles . . . . Leider erfährt sie vom Arzte alle interessanten Dinge, die er von den Kranken hört. („Zeitung in der Hand.") Eine grundlose Verdächtigung des Psychotherapeuten!

Jetzt kommt der merkwürdige astronomische Unterricht. (Sonne und Mond = Eltern. Die Sterne sind meistens Fixsterne, wobei das x durch einen anderen Buchstaben zu ersetzen ist. Die Sterne sind die Kinder. Die bange Frage lautet: „Wie wird der Lehrer die Kinder machen?") Die Blitze sind die Eruptionen der Ejakulation [1]). Die alte Klage aller Patientinnen: Sie möchten einen praktischen Unterricht statt der theoretischen Aufklärungen. Eine Schwangerschaftsschule wäre ihr lieber als die Psychotherapie.

Am Schlusse des Traumes kommt die alles überschwemmende Sintflut, die Strafe für Sodom und Gomorrha. Après moi le déluge! Komme dann, was kommen mag. Heute ist heut! Die Schule hat gewirkt. Die Gravidität ist mit Wissen der alten Lehrerin zustande gekommen. Freilich, sie allein trägt die Schuld. Sie hätte besser aufpassen und sie hätte den Hahn (Penis) rechtzeitig zudrehen sollen. (Erinnerung an ihre langjährige Enuresis.)

Die Überschwemmung ist ein Sympol der wachsenden Liebe und der Leidenschaft. Die Wogen der Sinnlichkeit steigen und steigen und werden bald ihre Seele überschwemmen. Wasser bedeutet hier Feuer und die kommende Gravidität.

Allein die „alte Frau" bedeutet immer die Botin des Todes: Der Tod berührt ihre Füsse. Sie denkt immer an den Tod. Auf meine Frage, an welche Todesart sie denke, erwidert sie — sich charakteristisch versprechend: An jede Todesarzt.

Auch das Wasser [2]) hat funerale Bedeutung. Jenseits des Wassers wohnen die Toten. Bei der Sintflut wurden alle Menschen getötet . . . .

---

[1]) Dr Joachim erzählte mir von einem Hebephreniker, der ebenfalls die Astronomie zur sexuellen Symbolik verwendete. Die Sonne bedeutet nach einer mündlichen Mitteilung Freuds meistens den Vater. Die Angst vor dem Vater drückt sich bei manchen Neurotikern in einer unmotivierten oder durch kosmische Einflüsse motivierte Angst vor den Sonnenstrahlen aus. („Die Sonne bringt es an den Tag!") Nach meinen Erfahrungen ist die Sonne bisexuell. „Frau Sonne" im Deutschen sehr häufig angewendet, ebenso wie „Mutter Erde". (In den meisten anderen Sprachen ist die Sonne männlich, „der Sonnengott". In diesem Faktum drückt sich die große Wertschätzung aus, welcher die Frau sich bei den Germanen erfreute.) Der Mond ist oft ein Symbol für den Hinterteil. (Besonders im Französischen „la lune".)

[2]) Kleinpaul: „Das Wasser scheuten die Geister, sie waren wie die zwei Königskinder, die nicht übers Wasser konnten. Man hielt sich also für gesichert, wenn die Toten übers Wasser waren. Wenn sie jenseits waren — die Ausdrücke

Das Wasser ist auch das Feuer. Das Feuer leckt ihren Fuß. Sie fürchtet einen großen Brand. Warum ist die Lehrerin nicht immer in der Schule?

Homosexuelle Gedanken verraten sich in dem Interesse für die Schwangerschaft der anderen Frauen. Auch geht sie mit ihrer Mutter in die Schule. Die Mutter ist ihre stärkste Liebe. Bei ihr ist sie verankert. Ihre Onanie ist deshalb vor der Analyse unüberwindbar gewesen, weil sie mit homosexuellen Inzestphantasien verknüpft war.

Drei Träume einer Nacht teilt uns Frl. Etha mit:

Der Traum vom geteilten Strom.

(227.) „Ich sah einen breiten, in der Mitte geteilten Strom; die eine Hälfte floß hinunter, die andere hinauf. Das Wasser war ganz klar, und ich wußte, daß es der Rhein sei. Einige Leute badeten, ich griff mit der Hand ins Wasser, es war eisig kalt. „Ich möchte ja so riesig gern ganz abgehärtet sein und hier auch schwimmen können; nur einige Sekunden," dachte ich. Aber es war mir zu kalt, und doch hatte ich das Gefühl, im Wasser oder knapp über dem Wasser zu sein. „Diese Seite hier kommt von Worms," dachte ich und flüchtig fielen mir die Nibelungen ein."

(228.) „Leopoldine war bei mir; ich machte sie auf braune Flecken in ihrem Gesichte aufmerksam; sie nahm meinen Handspiegel und ging damit zum Fenster, das die Aussicht auf eine ländliche Gegend hatte, die mir sehr bekannt, aber sehr unangenehm bekannt erschien."

(229.) „Auf einer Schwelle saß ein kleines Mädchen mit runden, wässerigen, dummen Blau-Augen. Es hatte auf einem Teller vor sich große Butterstücke und aß sie auf. Ich machte die Pflegerin darauf aufmerksam. „Die Butter gehört ja zu deinem Haferbrei", sagte sie zu dem Kinde. Ich mußte lachen über das dumme Gesicht der Kleinen."

Der breite Strom ist ihre Seele. Sie ist eine typische psychische Hermaphroditin. Halb Mann und halb Mädchen. Auch geht ein Teil ihrer Interessen in die Vergangenheit, der andere in die Zukunft. Sie sieht Geburt und Tod. Dem Reinen ist alles rein. Auch die Leidenschaft für den Mann ihrer Wahl kommt ihr im Traume nicht schmutzig, sondern rein (Rhein) vor. Sie will auch ins Wasser. Sie will auch die Wonnen der Liebe kennen lernen und fürchtet die Folgen. Hier hat sie die Angst überwunden. Sie spielt mit dem Feuer. Nur einige Sekunden .... und man kann gravid sein. Worms führt über Karl den Großen das Wormser Konkordat zu Konkubinat und zu Wurm (Penis). Die Nibelungen waren große schöne Männer. Siegfried hat ja die Brünnhilde überwunden. Auch sie hat im Traum das Rheingold, ihre Unschuld, die ihr größter Schatz ist, in die Fluten der Leidenschaft versenkt.

---

diesseits und jenseits sind hiervon ausgegangen." (Die Lebendigen und die Toten S. 160 l. c.) Ferner: „Am Ausgang des Lebens steht das Wasser wie an seinem Eingang, und derselbe Priester, der in Venedig das Kind getauft hat, um die Erbsünde in ihm zu tilgen, wird den Toten auf San Michele vor der Beisetzung mit Weihwasser besprengen. Auch zu Allerseelen werden die Gräber dreimal mit dem heiligen Naß befeuchtet. Wie weit liegen die Anschauungen der Vorzeit in der Gegenwart hinter uns und wie unverwüstlich leben sie doch in zahllosen Rudimenten fort! — Man kann behaupten, daß die Geister in der Länge der Zeit keinen Schritt vorwärts gekommen sind. Die Menschen haben sich an das Wasser gewöhnt; ihre Toten scheuen es wie am ersten Tage." (Die Lebendigen und die Toten S. 167 l. c.)

Im zweiten Traumstück sieht sie sich mit Schwangerschaftsflecken. Die unangenehm bekannte ländliche Gegend ist ein gravides Abdomen. Sie hat es bei der Mutter beobachtet.

Im dritten Traume ist das dumme liebe Kind da. Aber dieses Kind ist ja ein vor ihrer Schwelle stehender (Gegensatz zum Sitzen!) großer Mann, mit halbgeschlossenen, feurigen, klugen, dunklen Augen. (Ein Blick, der sie sexuell sehr erregt!) Der Mann will naschen! Er will die Butter (d. h. die Küsse und nichts mehr; oberflächliche Leckereien). Sie will, er solle den ganzen Brei auslöffeln. So ein dummer Junge! Warum traut er sich nicht? Fürchtet er sich vor seiner Pflegerin? (seiner Frau) . . . . Dies Stück gehört als erstes. Der Mann leckt erst die Butter, dann wird er kühner.

Die Todesklausel versteckt sich in dem eisig kalten Wasser. Eisig fühlen sich die Toten an. In anderen Traumen erscheinen im Wasser Totenarme. Es sind die Arme ihres toten Vaters! Auch die Nibelungen zogen alle in den Tod. Das ist der Fluch des Rheingoldes. Auch sie wird an der Schwangerschaft zugrunde gehen. Das entspricht ihren Wachgedanken. Sie sagte wiederholt: Wenn ich einmal meinen Sinnen erliegen sollte, nehme ich mir am nächsten Tage das Leben.

Auch dieser Traum ist ein Warnungstraum.

(230.) „Um einen See wurde eine Straße angelegt. Plötzlich kam ein heftiges Unwetter und der kunstvolle Weg war zerstört und überschwemmt. Mit Großmama fuhr ich dann in einem Wagen fort, um sie aus dem gefahrvollen Gebiet zu entfernen. Ich hatte den Arm um sie gelegt, und als wir während der Fahrt einer „Elektrischen" zu nahe kamen, schützte ich sie mit meinem Arm.

Dann hörte ich vom Ossiachersee sprechen und von einer Familie Fleischl, die ein riesiges Gebäude für wohltätige Zwecke dort aufführen ließ. Es wurden mir drei Photographien mit dem Bau in verschiedenen Stadien gezeigt. Ich merkte aber keinen Fortschritt. Der See war mir auf dem Bilde bekannt und ich rief: „Das ist ja Annenheim!" Die Familienglieder auf der Photographie waren mir sehr sympathisch."

(231.) „Uns gegenüber wohnten in einem Gartenhaus Nachbarn und bei Nacht kamen drei Männer in den Garten gelaufen und beschlichen die Villa. Ich erschrak erst, dann erkannte ich sie als Freunde des Hauses, die sich scherzhaft verkleidet hatten und nun wie Gestalten aus dem „Don Quijote" aussahen. Der eine schien mir besonders bekannt und erinnerte mich an Hauptmann von Kleist."

(232.) Mama lag in meinem Bette und ich setzte mich zu ihr und küßte sie und sah dabei ängstlich nach dem Kopfkissen, ob nicht das Gedicht irgendwo sichtbar wäre. Mama machte ein trauriges Gesicht und ich dachte, halb trotzig und halb beruhigt: „Schließlich steht ja nichts Verbotenes drin." — Und dann schienen mir meine Küsse pervers zu sein und ich saß still und traurig und rührte mich nicht mehr."

(233.) „Dann kam ich unangemeldet zu Emilie, und sie war nicht zu Hause. „Jetzt kommt sie eben," sagte das Stubenmädchen, „verstecken Sie sich und überraschen Sie sie dann." Ich wollte unter das Bett kriechen, aber es war mir, als würde ich ersticken. Dann packte ich sie plötzlich beim Fuße, aber sie erschrak nicht."

Vier Träume desselben Mädchens, alle in einer Nacht geträumt. Die kunstvolle Straße um den See, die ein Unwetter zerstört, ist nach den vorhergehenden Aufklärungen nicht schwer zu deuten. Der Traum ist verkehrt zu lesen. Er gibt sonst keinen Sinn. Das letzte Erlebnis steht am Anfang. Nachdem ihre Unschuld durch das Gewitter der Liebe (die Defloration) zerstört ist, hat das Beschützen der nun **groß** gewordenen Mutter [1]) keinen Sinn mehr. Das vierte Traumstück ist das erste. Es enthält eine homosexuelle Szene zwischen ihr und einer Freundin. Das Versteckenspiel, das Kriechen unters Bett, das Erstickungsgefühl sagt ja alles. Hinter der Freundin verbirgt sich die oft erwähnte Reminiszenz an ihren Vetter, den sie beim Fuß (Phallus) gepackt hatte, ohne daß er erschrocken war. Im dritten Traumstück erscheint ihre homosexuelle Neigung zur Mutter. Sie ist still und hat ein schlechtes Gewissen. Denn ein Mann, der sie liebt, hat ihr ein Gedicht zugesteckt, das sie bei sich verborgen hat. Im zweiten Traumstück wird bei einer Nachbarin, ihrer Freundin, eingebrochen. Noch ist ihre Stunde nicht gekommen. Aber sie belauscht häusliche Szenen. Sie waren an einem See in einer kleinen Wohnung. Sie hörte oft — sie war schon 16 Jahre alt — wie Papa zur Mama ging. Sie biß im Zorn in ihr Kissen. Sie schämte sich für ihre Eltern. Müssen alte Leute denn solche Schweinereien treiben? Die drei Männer symbolisieren, wie jede Dreizahl, das Genitale. Don Quijote bestürmte mit einer Lanze eine Windmühle. Daß der Vater einen solchen Kampf einging! Eine Schmähung der Mutter. Wie leicht hätte da eine Verwechselung stattfinden können!

Der Hauptmann von Kleist geht ja auf die Marquise von O., die bei Nacht von einem russischen Offizier geschwängert wurde. Aber Don Quijote und Hauptmann von K., ist das nicht der Hauptmann von Köpenick, der berühmte Schuster Voigt? Sie ist Schuh- und Fußfetischistin, und „schustern" ist für sie begatten. Der Hauptmann, diese flüchtige und trotzdem wichtigste Figur, ist das Haupt der Familie, der Vater. Kein Wunder, daß er ihr bekannt erscheint Die Verkleidung deutet auf Verdrängung und Verschiebung.

Im ersten also für uns dem letzten Traumstück wird vor dem See ein riesiges Gebäude aus Fleisch aufgerichtet. Ein Riesenphallus, der ihr sehr wohl tun wird. (Wohltätiger Zweck.) Leider sieht sie den Phallus nicht, bloß sein Bild die Photographie [2]) wieder in der für das männliche Genitale charakteristischen Dreizahl. Die Mitglieder sind ihr sehr sympathisch; sie erkennt das Annenheim", das die bösen Buben immer Ammenheim genannt haben. Sie fühlt das Genitale in den verschiedenen Stadien, konstatiert aber mit Bedauern, daß sie keinen Fortschritt merkt.

Doch der Geliebte wird endlich im Traum immer feuriger. Er wird elektrisch. Sie schützt sich mit der Hand (Onanie!) vor seinen Angriffen. (Großmama auch in Umkehrung die kleine Vagina.) Aber vergebens! Der kunstvolle Weg wird zerstört, die Unschuld vernichtet. Sie ist kein Mädchen mehr. Der Sturm der Leidenschaften wird hier als „Unwetter" dargestellt. Der Blitz ist ein uraltes Phallussymbol. Die elektrische Entladung findet ihr Analogon in einem physiologischen Akte, der durch die „Überschwemmung" beendet wird.

---

[1]) Der Großvater und die Großmutter sind wie alle Verwandten oft Genitalsymbole. Dieselbe Bedeutung hat „mein Alter" und „meine Alte". Sie schützt sich zuerst mit der Hand (Onanie!).

[2]) Die „Photographie" ist hier ein „Druck". Sie fühlte bei einer Umarmung die Erektion.

Auch hier Anspielungen auf das Sterben: „Ich rührte mich nicht mehr“ — und das Ersticken, da sie „unter das Bett“ d. h. unter die Erde kriecht. Auf die Erde deutet auch der Fuß.

Die Homosexualität ist überaus deutlich. Man merkt, wie sie zwischen Mann und Frau schwankt. Mutter, Großmutter und Freundin, drei Frauen, die sie liebt, sollen sie vor den bösen drei Männern bewahren. Das Zögern des Mannes weckt den „männlichen Protest.“ Wenn sie ein Mann wäre, sie würde ganz anders vorgehen. Sie packt die Sache (den Fuß) anders an. Hier treten Aggressionspläne auf.

Nicht alle Schwangerschaftsträume müssen Wasserträume sein. Der Traum erlaubt sich zahllose Variationen.

Sehen wir den nächsten Traum an. Es ist der „Traum von der alten schwarzen Tuchjacke“ als Vortraum und zwei Nachträume.

(234.) „Ich probierte meine alte schwarze Tuchjacke. Sie hatte einen Schoß bekommen und schön glänzendes weißes Futter; nun werde ich sie gerne tragen, dachte ich, da sie nun lang ist, kurz konnte ich sie nicht leiden. Doch als ich dachte, die Jacke wäre fertig zum Anziehen, waren noch alle weißen Reihefäden darin.

(235.) „Mir träumte von den kleinen Kindern meiner Bekannten, aber die eine war gar nicht verheiratet.“

(236.) „Wir befanden uns in einer Pension. Herr B. kam zur Türe herein; als ich Hanns darauf aufmerksam machte, sah ich, daß er sich an die andere Tischecke gesetzt hatte und Herrn B. den Rücken wandte, weil er nichts von ihm wissen wollte.“

Analyse: Drei Träume einer Nacht, die — wie schon oft betont — zusammengehören und einander ergänzen. Die „alte Tuchjacke“ bekam sie beim Tode des Vaters. Sie kam ihr zu kurz vor. Im Traume wird ein Stück daran genäht. Sie nennt das „einen Schoß bekommen“. Die Jacke war schwarz und ein Trauerkleid. Sie verlängert ihre Trauer. Aber die Trauer gilt nicht dem Vater. Der wichtigste (ausgelassene) Gedanke ist, daß die Mutter sterben soll. Das ist die verlängerte Trauer. Ihr Haß gegen die Mutter tobt sich in den Worten aus: „Kurz konnte ich sie nicht leiden“. Die Worte sind umgestellt. Sie sollen lauten: Kurz — ich konnte sie (die Mutter) nicht leiden. Dieser Haß- und Todesgedanken wegen hat sie Reue. (Weiße Reihefäden!) Dieser Gedanken wegen grämt sie sich so, daß sie weiße Haare bekommt.

Ein zweiter Gedankengang macht uns die Todesgedanken gegen die Mutter verständlich. Die Mutter hält sie zu „kurz“. Sie möchte gerne Freiheit haben, sich ausleben und nach Herzenslust genießen. Sie möchte fallen. Sie wünscht sich ein Kind. Also deshalb die Verlängerung der Jacke. Es soll eine Umstandsjacke werden, um die Frucht ihres Schoßes zu verbergen. Sie möchte gerne „tragen“ (ein Kind austragen), was nur möglich ist, wenn sie mit einem Manne sehr vertraut wird, so daß es zu einer Begattung kommt. (Kurz und lang; es wird auch verständlich, warum sie „kurz“ nicht leiden kann.) Zum „schön glänzenden weißen Futter“ fällt ihr zuerst der Zucker ein. Sie ist eine leidenschaftliche Zuckeresserin. Zucker symbolisiert hier die Süßigkeiten der Liebe [1]). Als infantile Wurzel fällt ihr ein, daß sie und der Bruder

[1]) Die Tuchjacke ist ein bisexuelles Symbol und steht auch für den Penis. Das schön glänzende weiße Futter ist nicht nur der Zucker, sondern auch das Sperma.

mit Puppen spielten und die „Kinderchen“ auf den Topf setzten. Sie machten aus Papier kleine Kügelchen, welche die Exkremente darstellen sollten. Es sind dies Hinweise auf eine infantile Sexualtheorie, welche das „Kinderhaben“ mit dem Stuhl in Verbindung bringt.

Im zweiten Traum merkt sie, daß sie nicht die einzige Gefallene ist. Auch ihre Freundin in der Pension hat ein uneheliches Kind. Sie hat auch uneheliche Kinder. Natürlich vom Herrn B. des dritten Traumes, der zuerst ihre Schwelle betrat. Sie phantasiert sich eine Szene zwischen dem Bruder und dem Liebhaber. Sie nimmt an ihrem Bruder Rache, weil er sich so wenig um sie bekümmert.

Weitere Bedeutungen: die Phantasie, ein Mann zu sein und eine Frau zu besitzen. Auch ein Hinweis auf die Onanie findet sich in den ersten Worten des Traumes: „Ich probierte meine alte, schwarze Tuchjacke.“ Sie ist ein leichtes Tuch. Aber aus Angst vor der Gravidität hält sie sich zurück. Dem Geständnis: „Ich probierte,“ folgt die Reue! (Reihefäden.) Die alte schwarze Tuchjacke ist ihre Vagina. Daß sie ein neues, glänzendes, weißes Futter bekommt, ist die verständlichste Wunscherfüllung eines alternden Mädchens, das die schönsten Jahre hinter sich hat. Auch dieser Traum bringt den Wunsch: Wenn ich ein Mann wäre . . . .

Dieses Mädchen träumt fast immer von Schwangerschaften. Der Traum der nächsten Nächte setzt das Thema der Schwangerschaft mit Verwendung des Wassers fort.

(237.) „Mein Vetter Heinz war bei mir. Er wollte mit mir schwimmen gehen, aber wir kamen auf einen Sand- statt Wasserboden. Erst nachher gelangte ich in die Fluten.“

Analyse: Vetter H. wollte sie heiraten. (Er wollte mit ihr schwimmen.) Die Sache verrann im Sande. Sie blieb im Trockenen sitzen. Sie wird ihm zum Trotz heiraten und auch ein Baby bekommen, wie seine Frau. Sie hat die Hoffnung noch nicht verloren.

Viel heißer wehen uns die Feuerträume an. Sie sprechen die offene Sprache der Leidenschaften. „Günstig ist es, und zumeist jungen Leuten, zu träumen, zur Nachtzeit brennende Fackeln zu tragen, denn es bedeutet größtenteils angenehme Liebesabenteuer.“ (Artemidoros S. 110, l. c.) Und Kleinpaul (Sprache ohne Worte) variiert: „Reines, glänzendes Herdfeuer ist von guter Vorbedeutung. Manche Menschen träumen von Feuer, wenn in der Familie eine Verlobung vor sich geht. Vielleicht eine Reminiszenz der antiken Hochzeitsfackeln?“

Es folgt der Feuertraum eines liebesdurstigen Mädchens:

Die glühende Rute.

(238.) „Auf unserem Dache brannte ein ganzes Bündel Weidenholz, man sah förmlich die Ruten glühen, die auseinanderfielen. Wir standen auf der Straße vor dem Nachbarhaus und beobachteten den Brand unseres Hauses, es war in N. Wir konnten nicht in unsere Betten im Hause gehen, da der Brand nicht ungefährlich war.“

Mädchen, die an einem Phallus nicht genug haben, träumen häufig von einem Bündel. Sie sehen einen Bund Zahnstocher, ein Bündel Weidengerten, einen großen Bund Stroh. Der Bund, das Bündnis, die Verbindung (Hochzeit) fördern das Symbol. Das Fräulein fürchtet die gefährliche Nachbarschaft eines Vetters. Bei einer innigen Umarmung hat sie die Überzeugung gewonnen, daß seine Rute „glüht." . . . .

Dieselbe Dame träumt mit ebenso klarer Symbolik:

(239.) „Ich ging aus, es war gegen Abend. Als ich eben in den Vorgarten komme, dachte ich, Schloß Schönbrunn brenne, als ich aber nochmals aufsah, sah ich, daß ein großes Haus in einer seitlichen Straße von Schloß S. brannte. Mein Blick fiel gerade auf ein großes Flammenmeer. Dann verschwanden die Flammen und ich sah, wie der Brand das Haus heftig zerstörte. An unserem Hause ging ein Feuerwehrmann vorbei, der sagte, wir müßten einen anderen Weg nehmen als gewöhnlich. Das Volk belagere die Brandstätte derartig, daß die Passage nicht frei sei, und wir sahen auch selbst, daß viele Leute da standen und nur ein schmaler Weg vielleicht frei war, wenn sich die Leute vorschoben."

Der andere Weg als der gewöhnliche ist der anale, der nicht so gefährlich ist [1]). Der „schmale Weg", der frei ist, das Gedränge vor ihrem Eingang . . . es sind Bilder, die sich selbst erklären. Das Fräulein brennt seit Wochen jede Nacht . . . . .

Der Feuertraum eines Bräutigams, des Herrn Sigma:

(240.) „Ich nähere mich mit meinem Begleiter einem Hause, das hoch wie eine Kaserne aussieht. Ich sehe über dem Hause mächtige Wolken und sage zum Begleiter: „Siehst du, es ist, als ob das Haus brennen würde. Aber es brennt doch nicht. Wir gehen vor das Haus und ich sage zu ihm: „Es ist merkwürdig, wie rasch sie das Haus erbaut haben. Es ist aber nicht sehr schön von ihnen, daß sie so rücksichtslos vorgegangen sind und der Schaubude dahinter die Aussicht versperrt haben."

Zum Haus, das wie eine Kaserne aussieht, fällt ihm prompt seine Braut Marie ein. Sie hatte einen Bräutigam vor ihm, der Offizier war. Er fürchtet, sie könne es fernerhin mit dem Soldaten halten. Er zweifelt an ihrer Treue. Das sind „mächtige Wolken" am Horizonte seiner Liebe. Sie ist zu feurig. Sie brennt leicht.

Dabei zweifelt er an ihrer Liebe. Es sieht nur wie ein Brand aus. Es ist gar kein Brand. Es ist keine echte Liebe.

Er soll heiraten. Das kommt ihm viel zu rasch. Man zwingt ihn zur Ehe. („Es ist nicht schön von ihnen, daß sie so rücksichtslos vorgegangen sind".) Sie verstellen ihm jede Aussicht. Wenn er einmal heiratet, was hat er noch zu erwarten? Wo sind denn die erhofften Wunder des Lebens? (Die „Schaubude".) Die Schaubude ist auch seine Schwester, die er wiederholt entblößt gesehen hat. Die Schwester hat ihn vor seiner Braut gewarnt. Er sei noch nicht so weit, ein eigenes Haus zu gründen. Der Begleiter in der Überdeterminierung: der Tod. (Das Feuer kommt ebenso wie das Wasser sehr häufig als Symbol des Todes vor.)

Hochzeit und Tod bilden die Leitmotive dieses Traumes.

Das Feuer bedeutet hier nicht nur Leidenschaft und Liebe, sondern auch den Tod. Noch rascher, als ein Haus gebaut wird, kann es verbrennen. Es fällt ihm ein Haus ein, das in einigen Stunden verbrannt war. Die Braut hatte einen Spitzenkatarrh und litt manchmal an Fieber [2]).

---

[1]) Eine gar nicht so seltene Phantasie bei Mädchen, die in diesem Falle durch die infantile Sexualtheorie, die Kinder kämen aus dem Anus, genährt wurde. Sie hatte als Kind die Gewohnheit, sich die Finger in den Anus zu stecken.

[2]) Fieber und Feuer sind zwei sehr häufig für einander stehende Symbole.

Wenn das große Haus verbrennt, hat die Bude (Studentenausdruck für die eigene Wohnung) gute Aussichten.

Sehr instruktiv ist der Traum des Frl. Gamma:

(241.) „Ich war allein. Dann war ein Onkel bei mir. Da brannte es im Nebenhause. Ich habe gar nichts vom Brennen gesehen. Da sagte ich: Er solle mich mitnehmen, wo er war. Er wollte mich nicht mitnehmen. Da habe ich so lange gequält, bis er es zu tun versprach."

Der Onkel ist ein älterer Herr, ein sogenannter Rufonkel, in den sie leidenschaftlich verliebt war. Er machte ihrer Mutter den Hof. (Das Nebenhaus!) Sie vermutete, Mutter liebe ihn auch, obwohl sie keine Beweise dafür hatte. („Ich habe nichts vom Brennen gesehen!") Er war lange verheiratet und kannte doch die Liebe genau. Er sollte sie doch auch in die Geheimnisse der Liebe einweihen und mit ihr durchgehen. Sie wünscht eine romantische Entführung durch einen älteren Herrn. Sie kann nur ältere Herren lieben und am liebsten verheiratete. Das ist ihre Liebesbedienung.

Die zweite Bedeutung des Onkels: ihr vor Jahren verstorbener Vater. Sie ist lebensmüde. Er sollte sie ins Grab mitnehmen. Mitnehmen in der Bedeutung: „Mit einem gemeinsam in den Tod gehen." Tod hier in doppelter Bedeutung: Leben (Hochzeit) und Sterben (Grab).

Weitere intime Beziehungen zu einer unglücklichen Liebe.

Auch hier spielt der Tod in den Feuertraum herein. Der Onkel ist der Tod.

Zum Schlusse dieser Sammlung zwei Wasserträume, von Männern geträumt. Herr Dr. Epsilon, ein an Angsthysterie erkrankter Arzt, träumt:

(242.) „Ich schwimme in einem Flusse (Donau?) fröhlich hin und her. Besonders wundert es mich, daß ich so leicht gegen den Strom schwimme. Das dauert so längere Zeit. Plötzlich fühle ich, daß die Fluten über meinem Kopf zusammenschlagen. Ich bekomme ein großes Angstgefühl und klammere mich an einen Pfahl oder Stock (Weidengerte?). Ich erwache."

Der Angsttraum ist die Reproduktion eines Erlebnisses. Herr Dr. E. wäre einmal als Knabe beinahe in einem Flusse, der viele heimtückische Tiefen hatte, ertrunken. Er badete dort und wollte das Schwimmen lernen, da bemerkte er einen Pfahl, der dazu bestimmt war, eine Tiefe zu markieren. Er wollte sich an denselben klammern. Er sank aber sofort in die Tiefe und wäre gewiß ertrunken, wenn ihn nicht ein Rettungsboot herausgezogen hätte.

Der Traum enthält eine Warnung. Der Träumer ist wieder in Gefahr. Er könnte wieder ertrinken. Das Wasser symbolisiert hier das Feuer. Er spielt mit dem Feuer. Er bilde sich ein, er könne gegen den Strom schwimmen, in Wahrheit werde er dabei zugrunde gehen.

Ihm fällt dazu das Ende eines Gedichtes ein, das er im Gymnasium in der Zeit seiner ersten idealen Liebe gemacht hatte:

„Und ist es Wahrheit — stürzt ihr Liebesflammen,
Stürzt flutend über meinem Leib zusammen!"

Fast 25 Jahre hatte er an die Verse nicht gedacht! Nun tauchen sie fast mit den nämlichen Worten in einem Traume auf. Das identische Bild! Die Verschmelzung von Feuer und Wasser — Liebesflammen, die flutend zusammenstürzen. Und würde nicht etwas anderes zusammenstürzen, an dem ihm so viel gelegen ist? Der Friede seines Hauses, das Vertrauen seiner Frau usw. „Nein! Nein!" sagt der Traum, „es ist besser, mit dem Strome zu schwimmen."

Der Traum gehört zu den sogenannten Strohwitwerträumen, wie der Traum vom „zügellosen Leben" (Nr. 24). Seine Frau soll in einigen Tagen aufs Land gehen. Er wird sicherlich jeden Abend bei seiner Arbeit sitzen, und die schönen Träume vom „Ausleben" bleiben nur Träume. Aber mit unglaublicher Hartnäckigkeit kehren sie bei dem Träumer um diese Zeit wieder.

Eine andere Bedeutung des Traumes. Herr Dr. E. fühlte sich heuer das erste Mal im Leben nicht mehr jung. Er hatte kein gutes Jahr gehabt. Er arbeitete etwas schwerer, er wurde grau und sah auffallend schlecht aus. Jedermann hat seine kritischen Jahre. In diesem Traume hatte er das Gefühl der vollen Jugend. Wer es weiß, wie schwer es ist, gegen den Strom zu schwimmen, der wird seine Kraft ermessen können...

Es liegt ihm immer nahe, das Leben einem Strome zu vergleichen. Er kennt ein Gedicht, der Autor fällt ihm nicht ein, das auf ihn einen großen Eindruck gemacht hat. Das Leben ist ein Strom; der eine schwimmt immer gegen den Strom und kommt nicht weiter, der zweite schwimmt mit dem Strom und läßt sich mühelos von der Strömung ans Ziel tragen; der dritte jedoch, der schwimmt gar nicht; das Leben rinnt an ihm vorüber . . . .

Worüber wundert er sich nun im Traume? Daß ihm heuer alles schwerer geht? Daß ihn die Wellen bisher mühelos mit der Strömung getragen haben, und er jetzt gegen den Strom schwimmen muß? Doch wir werden bald hören, daß der Affekt des Wunderns eine tiefere Bedeutung hat.

Es fällt ihm ein, daß seine Frau sich über ihr hartes Leben beklagt hat. Sie ist eine Arbeitssklavin im wahren Sinne des Wortes. Sie kann wohl nichts anderes sein. Vor lauter Arbeit im Haushalte und Alltagssorgen kommt sie nicht zum Leben. Sie klagt auch über den Mangel an Anregung. „Du sprichst ja täglich mit so vielen Menschen und empfängst immer neue Anregungen," sagt sie ihrem Manne. „Ich versumpfe ja fast in den kleinlichen Wirtschafts- und Erziehungssorgen!"

Diese Worte haben sein lebhaftes Mitgefühl hervorgerufen. Er machte sich Vorwürfe, daß er seine Frau vernachlässige. Er sollte weniger arbeiten und ihr mehr Zeit widmen. Er überdachte die Tragik seines Berufes. Er ist Arzt, der jedem gehört, der ihn bezahlt oder an sein Mitleid appelliert, nur nicht seiner Familie. Der Pfahl, an den er sich klammert, um nicht zu ertrinken, ist seine Frau. Dazu stimmt der Stock. Soll aber nicht der Pfahl auch die schmähende Bedeutung eines Marterpfahles haben, an den die polygamen Instinkte gefesselt sind? Scheint nicht die Weidengerte sich über die Schwäche dieser Stütze lustig zu machen? Besteht nicht eine leise Angst, die Gerte könnte ihn nicht aufhalten, und die Fluten könnten ihn verschlingen?

Eine weitere Determinierung verrät der „Fluß". Es ist die Angst vor Infektionen, die auch — wie in so vielen Fällen — hier als hemmende Kraft zutage tritt. Zu „Fluß" fällt ihm die Scherzfrage eines Oberleutnants ein, der ihn als Einjährig-Freiwilligen-Mediziner auszubilden hatte:

„Welches ist der gefährlichste Fluß in Österreich?“

Ein Kamerad meinte die Donau. Der Offizier erklärte lachend: „Der weiße Fluß.“

Also wieder eine Warnung! Gonorrhöe, Lues, Tabes usw. Der ganze Marterpfahl der venerischen Krankheiten erhebt sich drohend vor seinem geistigen Auge, um ihn zu warnen: Werde deiner Frau nicht untreu!

Die Warnung bezieht sich auf sein ganzes Leben. Er arbeitet zu viel, „das dauert so längere Zeit“. „Dann wirst du es büßen; du solltest ein neues Leben anfangen.“ Worte, die er sich des öfteren sagt.

Schließlich hat der Traum noch eine andere wichtige Bedeutung, wahrscheinlich die wichtigste. Es sind homosexuelle Instinkte, die sich da ausleben. Er hat sich immer darüber gewundert, daß die Homosexualität eine so geringe Rolle in seinem Triebleben spielt. Er konnte sich während des ganzen Lebens nur an zwei homosexuelle Träume erinnern. Er kennt auch nicht den charakteristischen Ekel, den die heimlichen Homosexuellen zeigen. Er steht der Homosexualität nur begreifend, aber ohne jeden Affekt gegenüber.

(Dasselbe glaubte ich auch, bis mich die Analyse eines eigenen Traumbildes eines Besseren belehrte. Ich bin, wie alle Menschen, ausgesprochen bisexuell.) Die Angst in diesem Traume entspricht der stark verdrängten homosexuellen Libido. Der Träumer wunderte sich immer, wenn ich ihm in den Analysen homosexuelle Regungen nachweisen konnte. Dieser Affekt dringt in diese Traumgedanken.

Es fällt ihm als Nachtrag (!) zum Traume ein, daß neben ihm sein Schwager Herr B. schwimmt. Sie sollen gemeinsam wohnen, um die lästige Strohwitwerzeit zu „übertauchen“, wie man in Wien sagt. Sie sollen offenbar gemeinsam ein lustiges Leben führen. Und es regen sich im Unbewußten Gelüste, die ihren homosexuellen Charakter kaum verbergen können.

Noch eine Frage: Wie verhält sich der Traum zur Behauptung von Freud, daß Wasserträume Geburtsträume sind und auf eine nfantile Enuresisperiode deuten?

Der Träumer war kein Enuretiker und ist offenbar sehr selten in seinem Bette im Wasser geschwommen. Seine Erinnerungen reichen (ohne Verdrängung!) bis in das zweite Lebensjahr hinunter. Von einer Enuresisszene ist ihm so wenig bekannt, wie seiner Mutter.

Der Traum hat auch Beziehungen zur Mutterleibsphantasie. Er schwimmt im Leibe der Mutter und der Pfahl ist der Phallus. Wichtiger ist die Bedeutung als Ehrgeiztraum. Er ist mit seinem Leben nicht zufrieden und möchte es wieder beginnen. Er identifiziert sich mit einem künftigen Sprößling, der auch im Weibe herumschwimmt und dann ans Tageslicht taucht. Dazu stimmt in mancher Hinsicht die Weidengerte[1]), die als Rute auch den strafenden Arm der väterlichen Autorität symbolisiert. Also eine Warnung mehr in diesem Traume! Endlich will er die Rolle des Weibes bei seinem Schwager spielen.

---

[1]) Eine außerordentliche Wichtigkeit hat neben den Phallussymbolen Pfahl und Stock die in Klammern stehende, mit einem Fragezeichen versehene „Weidengerte“. Das läßt auf wichtige Verdrängungen schließen. Die Analyse ergibt sehr bedeutsame Beziehungen. Er hörte schon als Student, „eine Abkochung von Weidenblättern verhindere die Gravidität und sei ein sicheres Abortivmittel“. Bei seinen

Eine ganz andere Bedeutung hat der letzte Wassertraum, den ich hier anführe.

Herr Dalton (vgl. Traum Nr. 21) träumt:

(243.) „Ich bin auf der Marienbrücke. In der Donau baden viele nackte Männer. Andere Menschen sehen zu. Besonders ein junges Mädchen hat eine große Freude."

Herr Dalton, obwohl schon erwachsen, steht noch immer unter der Herrschaft der elterlichen Imperative. Er fürchtet, mit Mädchen „anzufangen"; seine Eltern könnten davon erfahren. Die Wohnung seiner Eltern hat die Aussicht auf die Marienbrücke. Der Traum hebt alle Hemmungen auf. Es wird wieder alles öffentlich gemacht, wie in der schönen Kinderzeit, als er noch mit seiner Schwester (junges Mädchen) badete und das Fräulein und die Mutter zusah . . . . „Baden" heißt hier ähnlich dem „Schwimmen" geschlechtlich verkehren. Alles liebt im weiten Kreise. Man liebt öffentlich. Die Eltern können es von ihren Fenstern aus sehen.

Eine tiefere Bedeutung enthüllen die Pläne des Träumers, sich taufen zu lassen. Auf der Marienbrücke steht ein liebliches Marienbild, an dem er täglich vorbei geht. Er liebt eine Choristin, die ebenfalls Marie heißt. So viele seiner Freunde haben sich getauft. (Baden = sich taufen.) Er will es auch tun. Das junge Mädchen, seine Geliebte, wird eine große Freude haben. Aller diese Dinge sind dann keine Sünde mehr. Dann kann alle Welt erfahren, daß er über die Marienbrücke gegangen ist.

XXVI.

Geburtsträume.

„Schlaf und Traum haben sicherlich etwas mit dem Zustande vor unserer Geburt gemein."
Otto Weininger.

Sollte ein so furchtbarer Eindruck, wie es die Geburt ist, vorübergehen, ohne Erinnerungsspuren zu hinterlassen? Stundenlange wird der

---

Strohwitwereskapaden will er sich aus Angst vor Gravidität an dies Mittel halten. (Gedanken, durch einen Abortus die drohenden Graviditäten zu verhindern; ferner eine große Angst vor dem bürgerlichen Tod, Strafgesetz, Erpressung usw.)

Eine weitere Assoziation führt zur Trauerweide. Ein Kollege hatte einmal ein Gedicht gemacht:

Unter einer Trauerweide
Möcht ich gern begraben sein,
Und vorbei an meinem Hause
Fließ' ein kleines Bächelein . . .

Die Redaktion, der er es einsandte, anwortete: „Ihr Wunsch kann erfüllt werden. Lassen Sie sich und Ihresgleichen begraben." Soll er gegen den Strom schwimmen können [was die Homosexualität wunderschön ausdrückt; vergleiche den Traum vom Strom, in dem das Wasser in zwei Richtungen fließt (Nr. 227)], so muß er erst frei sein. Er muß seine Frau begraben . . . .

So spielt auch in diesem Traum der Tod die erste Geige. Seine Frau ist so schwach wie eine dünne Weidengerte. Wenn er sich an sie klammert, so sinkt sie in die Fluten, wird entwurzelt — und davon getragen. Er kann dann weiter schwimmen. Ihm kann dann nichts geschehen. Er ist ein Schwimmer, der gegen den Strom schwimmen kann.

Schädel des Kindes gepreßt, gedrückt, muß die knöchernen Widerstände des Beckens überwinden. Freud hat den wichtigen Gedanken ausgesprochen, daß die erste Angst des Menschen die Angst bei der Geburt ist. Zeigt doch schon der sprachliche Ausdruck die merkwürdige Tatsache, daß Angst überall mit enge[1]) zusammenhängt. Es ist auffallend, wie häufig die Menschen von ihrer Geburt träumen. Es kann ja natürlich die Rückphantasie sein, die bei den Mutterleibsträumen eine so große Rolle spielt. Sollte aber nicht eine Erinnerungsspur dieser Phantasie ein materielles Substrat liefern?

Geburtsträume haben einen bestimmten Typus: Man windet sich durch einen engen Gang und kommt schließlich ins Freie. Auch der umgekehrte Typus infolge Traumstellung kommt vor. Man geht auf eine Treppe. Der Weg wird immer enger, bis man schließlich mit Schrecken erwacht.

Ein typischer Geburtstraum des Herrn W. H.:

(244). „Ich befinde mich auf einer sehr engen Treppe, die in Wandelgängen heruntergeht. Eine Wendeltreppe. Ich drehe und winde mich mühsam durch. Besonders bei den Schultern bin ich sehr beengt. Schließlich finde ich eine kleine Türe, die mich ins Freie, auf eine grüne Wiese führt, wo ich im weichen üppigen Gebüsche der Ruhe pflege. Der warme Sonnenschein tat mir sehr wohl."

Eine Analyse ist wohl überflüssig.

Traum des Herrn F. S.:

(245.) „Ich ging mit meinem Bruder in der Früh in den Dienst (da wir denselben Weg haben); in der hinteren Zollamtsstraße vor dem Amtsgebäude sah ich den Oberpostillon stehen. Von ihm aus führte der Weg zur Straße zwischen zwei Holzwänden; der Weg schien sehr lang und schien sich gegen das Ende zu verschmälern, und zwar so arg, daß ich fürchtete, gar nicht durchzukommen. Ich ging voraus, mein Bruder hinter mir; ich war froh, als ich aus dem Gange heraußen war und wachte mit Herzklopfen auf."

Nachtrag:

Der Weg war sehr düster, mehr wie ein Schacht. Man sah nichts. Nur in der Ferne das Ende wie einen Lichtpunkt in einem Bergwerksstollen. Ich schloß die Augen."

Der Traum ist ein typischer Geburtstraum. Der Oberpostillon ist der Vater. Er will die Erstgeburt seines um 10 Jahre älteren Bruders rückgängig machen. „Ich ging voraus, mein Bruder hinter mir".

Derselbe Träumer bringt zwei Träume einer Nacht.

(246.) „Es war in einer schönen Gegend; ein schöner Tag, Wald und Wiesen im schönsten Schmucke. Am Rande einer Wiese war ein Brunnen situiert; bei demselben standen viele Leute, und auch ich blieb mit meinem Bruder stehen. Wir sahen, daß aus dem Brunnen mehrere Steine (Felsblöcke) und auch ein Tierkadaver herausgezogen wurden."

(247.) „Ich war im Besitze mehrerer Krawattennadeln mit Granatsteinen besetzt. Ich glaube, es dürften 6—7 Nadeln gewesen sein. Ich

[1]) Man merke die verschiedenen Sprachen angehörenden Ausdrücke: Angst, anxieté, angoisse, enge, anxiety, angustiae (der Engpaß), angustia der Luftmangel, die Angst, die Angina, die Enge des Halses durch die Entzündung, Beklemmung, Klamm (eine enge Schlucht).

verschenkte sie alle meinen Kollegen, nur eine behielt ich mir, mit einem rundlichen, gelben Steine besetzt."

Der erste Traum bringt eine Geburtsphantasie. Aber seine Mutter gebärt alle Kinder tot: Ein Tierkadaver und Steine, die doch tote Gegenstände sind. Bemerkenswert: Er blieb bei diesem Brunnen mit seinem Bruder (Penis) „stehen".

Das nächste Traumstück spricht wieder von seiner Rivalität mit dem Bruder. Denn die Zahl 6—7 geht in erster Linie darauf zurück, daß der Bruder 1867 geboren wurde. Daß sich der alte Haß gegen den Bruder in Liebe gewandelt hat, merkt man aus diesen Träumen nicht. Er will die Mutter für sich allein besitzen und nicht mit anderen teilen. Er ist ungeheuer eifersüchtig. (Gelber Stein.) Seine Schwester wurde von einem Bureaukollegen geheiratet. (Er verschenkt alle Nadeln den Kollegen!) Die Nadel ein bisexuelles Symbol: Glans und Mamilla. Er kann die alte Ammenlust nicht vergessen. Seine Onanie ist deutlich mit Melkphantasien verbunden [1]). Wieder die Steine als Kinder. Inklusive eines Abortus hatte seine Mutter 7 Kinder. (Daher 6—7!) Nadeln stecken in der Kravatte, daher der Vergleich mit den Kindern.

Ein ähnlicher Traum eines anderen Mannes, L. M.:

(248). „Ich klettere im Gebirge und soll noch vor Sonnenuntergang in das Schutzhaus kommen. Auf dem Wege muß ich einen engen Kamin passieren. Ich stütze mich mit Händen und Füßen, nütze jeden Vorsprung aus. Schließlich werden die Wände ganz glatt und ich gleite, durch die Schwerkraft getrieben, langsam herunter, wo ich im Wasser mit einem lauten Plumps eintauche. Wunderbarerweise komme ich durch ein enges rundes Loch ins Freie."

Hier taucht ein anderes Geburtssymbol auf, das Wasser, das wir schon bei der Besprechung der Schwangerschaftsträume kennen gelernt haben.

Einen interessanten Traum erzählt uns das vierzigjährige Fräulein Ernestine.

(249.) „Ich stand vor einem großen Wasser. Auf einmal stürzte ich mich hinein; ich hatte das Gefühl, du bist ja nackt, da ist es besser du bist im Wasser, aber das war mir dann auch nicht recht, ich dachte es ist auch unangenehm, wenn dich die Leute nackt im Wasser sehen. Als ich drüben am Ufer angekommen, wollte ich nun nicht aus dem Wasser, weil ich nichts anhatte. Ich sah irgendwo eine rote Decke liegen, die wollte ich umnehmen, aber dann sah ich, daß ich ja doch ein schneeweißes Hemd anhatte. T. und ich waren nun am Ufer und lasen allerhand Sachen zusammen: Perlmutter, Operngläser . . . Später als ich angekleidet war, ging ich auf Graswegen spazieren — ich meine ich wäre auch über einen schmalen Steg gekommen und da wäre mir ein Herr begegnet und auf den Grasflächen waren noch andere gewesen."

Wie manche alte Jungfer hat nicht geheiratet, weil sie in der Jugend einen dunklen Fleck hatte! Auch Fräulein Ernestine hatte ihr Erlebnis im siebzehnten Lebensjahre. Der Verführer war der Klavierlehrer. Sie hatte dann viele Bewerber und teilte allen Körbe aus. Im Traume macht sie ihr ganzes Leben ungeschehen. Das ist der tiefe Sinn mancher

[1]) „Der Penis ist die Amme der Vagina" heißt es in der Anth. V. S. 190. Ebenso die Milch als Samen (Anth. V. S. 260).

Wasserträume: Ein neues Leben beginnen. Sie ist rein und kann sich den Menschen nackt zeigen. Sie hat keine Sünde begangen. Sie ist ein Kind in weißem, fleckenlosem Hemde. Das Bad hat sie gereinigt. Das Operngias aus Perlmutter dient wieder dem Leben in der Vergangenheit. T. ist nur Theodor ihr Bruder, mit dem sie aus demselben Wasser gekommen ist.

Nun kann ihr ein Herr begegnen. Jetzt will sie ihm sogar entgegenkommen und nicht ausweichen, was ja auf dem schmalen Stege unmöglich wäre . . . .

Eine andere Symbolik verwendet Frl. E. W.:

(250.) „Ich bekomme einen Brief. Wie ich das Kuvert aufmache, ist ein anderer Brief drinnen. Dieser ist viel kleiner. Ich will ihn herausnehmen. Es geht sehr schwer, so daß ich fürchte, das Kuvert zu zerreißen. Ich denke: „Da kann ich ja mit einer Nadel das Kuvert wieder zusammennähen."

Vor einigen Tagen hat ihre Freundin entbunden und mußte wegen eines Dammrisses genäht werden. Sie wünscht sich die gleiche Situation. (Angst vor der Defloration und dem Dammriß.)

Wie weit Scherner in der Erkenntnis der Symbolik gekommen, zeigt uns die folgende Stelle aus seinem Buche „Das Leben der Träume". Die Geburtsphantasie ist sehr deutlich:

(291). „Eine unverheiratete Dame träumt, sie habe einen Brief in der Hand, diesen müsse sie zu einem Herrn tragen, der ihr bezeichnet sei; um dahin zu gelangen, muß sie durch einen Hausflur hindurch und von da aus durch einen sehr langen, ziemlich schmalen, länglicht viereckigen Hof gehen, der ringsum von Häusern umschlossen ist; durch diesen Hofraum mitten durch führt ein sehr enger Fußpfad, dessen Grund so schlüpfrig weich ist, daß er bei jedem Tritt zurückweicht; zu beiden Seiten des Pfades breitet sich den ganzen Hofraum entlang grünes Gebüsch; den Fußpfad geht sie."

Analyse: „Sie trägt einen Brief in der Hand, um ihn an einen Herrn abzugeben" — die Phantasie besagt mit dem Forttragen des „Briefes", daß sie ein Geheimnis verrate, von sich gebe; das Geheimnis betrifft diejenige, die dessen Symbol, den Brief, trägt, sonach ein weibliches Geheimnis; das weibliche Geheimnis ist direkt an einen Mann, sonach an den entgegengesetzten Geschlechtspol, gerichtet, es ist ein Geschlechtsgeheimnis. Unmittelbar mit dem Hintragen des Briefes enthüllt sich schon das Geheimnis. Der lang hinlaufende, rings von Gebäuden umschlossene Hofraum ist das stehende architektonische Symbol der Schrittenge, welche die zusammenschließenden Schenkel des Menschenleibes bilden; ein Weib geht durch diesen Hofraum, folglich ist es die Schrittenge des Weibes, von welcher die Phantasie spricht. Durch den Hofraum mitten hindurch zieht sich der enge Pfad, d. i. die Schamspalte des Weibes, welche zwischen den Schenkeln verläuft; die Weichheit des Pfades repräsentiert dieselbige Beschaffenheit dieses Organes. Zu beiden Seiten des Pfades zieht sich das Gebüsch, d. i. das Schamhaar umgibt das Organ — Gebüsch usw. das Symbol für das Haar (Das Leben des Traumes S. 203 l. c.).

Wir sehen, Scherner hat die Symbolik glänzend enträtselt. Aber trotzdem kann man ohne Kenntnis des psychischen Materiales die Träume nur oberflächlich deuten. Ich getraue mir zu, etwas aus dem geheimen Inhalt zu verraten. Das Tragen (trächtig sein) deutet auf Gravidität. Ebenso häufig habe ich „Briefe bekommen" in der Bedeutung von Kinder bekommen, gefunden. (Die Kuvertsymbolik.) Die Dame soll einem Herrn ein Kind schenken, das den bekannten Weg zu gehen hat.

Die Geburts- und Schwangerschaftsträume haben oft die sonderbarste Symbolik, z. B.:

(252.) „Ich schwimme mit starkem Arm durch ein südliches blaues Meer . . . Schwierigkeiten bei der Landung."

Oder:

(253.) „Eine alte Frau in Schwarz steht vor einem Tische, auf dem zwei Zettel liegen. Es sollte noch ein dritter da sein, der in dem zweiten enthalten ist. Die zwei Zettel sind mit Gebeten beschrieben und bedeuten Glaube und Hoffnung."

Noch zwei Träume, welche die Schwangerschaft versteckt darstellen:

(254.) Ich trage einen schweren Korb. In dem Korb befindet sich ein kleiner Korb. In diesem kleinen Korbe scheint ein kleines Huhn zu pipsen. Ich schäme mich, daß die Leute das bemerken. Einige lachen und machen Bemerkungen . . .

Hier ist die Gravidität durch das „Tragen" ausgedrückt. Überdies dient der Korb im Korbe und das kleine Huhn derselben Tendenz. Der Affekt der Scham bezieht sich auf die Phantasie einer unehelichen Gravidität. Es ist ein Warnungstraum! Sie wird ausgelacht und die Leute machen Bemerkungen.

(255.) „Ein auf dem Tisch liegendes Wachstuch wird aufgehoben, um einen darunter liegenden Knödel zu entfernen."

Knödel wird vom Träumer auf den graviden Leib gedeutet. Das Knödelentfernen heißt hier gebären . . . . . Das Wachstuch enthält die wichtige Silbe „Wachs", die wohl auf das „Wachsen" des graviden Bauches zurückzuführen ist. (Vergl. Traum Nr. 26.)

Eine neue Variante des Geburtstraumes bringt Herr B. F.:

(256.) „Ich sehe einen Bäcker, der mit einem langen Instrument (eine Schippe?) Brote in den Ofen hineinsteckt. Der Ofen ist kugelrund und sehr heiß. Dann zieht er sie wieder heraus."

Er spielte als Kind wiederholt „Bäcker" mit seinen Bausteinen. Er formte Brotkügelchen und setzte sie in eine Höhle. Wir sollten besser auf die Spiele der Kinder achten! — Er spielte die Geburt seiner Geschwister. Das Bild der Frau als „Ofen", der die Kinder ausbäckt, ist im Volke sehr verbreitet [1]).

Drei Träume des Frl. F. E. (In einer Nacht geträumt.)

(257.) „1. Ein Herr hatte sehr aufgeräumte Schubfache, Strümpfe und Handschuhe darin, im untersten rechts lauter Goldstücke. Ein Paar Handschuhe schenkte er Fritz; ich zog sie an; die schwarzen Handschuhe mit dem weißen Handstück saßen mir ausgezeichnet, aber ich wollte sie nicht behalten."

(258.) „2. Irgend ein Herr, den ich nicht mochte, und eine Dame, die mir nicht sympathisch war, erschienen bei mir. Die Dame kündigte das Mädchen mir an. Ich ging durch einen langen Flur, um sie an der Flurtüre zu empfangen; trotzdem ich irgend etwas gegen die Dame hatte, war ich zu ihr dennoch freundlich."

(259.) „3. Die Schneiderin hatte mir ein Kleid geschickt. Als ich es anziehen wollte, war ich ärgerlich über die Machart, ein so sehr weiter, langer Rock, eine kurze Taille und weite, weite spitze Ärmel hatte sie mir gemacht. Ich dachte, wie konnte sie das nur, wo sie doch weiß, daß ich klein bin, solchen Rock und solche Ärmel zu machen. — Erst

---

[1]) Das Märchen „Hänsel und Gretel" bringt das Motiv in der Umkehrung. Die Kinder sollen wieder in den heißen Ofen hinein.

erschien mir das Kleid kornblumenblau und als ich vor dem Spiegel stand, war es auf einmal fraisefarben. Und dann, wo mir das Kleid nicht gefiel, wie sollte ich es aber zurückschicken. Es war kaum möglich, das Mädchen noch damit hinzuschicken, da ich gleich verreisen wollte."

Der Traum von der aufgeräumten Schublade ist ein ausgesprochener Graviditätstraum, dessen Traumstücke durcheinander geworfen sind. Die Reihenfolge ist 1, 3, 2. Im ersten Traume unterhält sie sich mit dem Herrn, der allerlei Schutzmittel gegen die Folgen der Liebe hat: Strümpfe, Handschuhe. Sie passen ihr zwar ausgezeichnet, aber sie wollte doch von diesen Mitteln nichts wissen. Die Goldstücke stellen nach der symbolischen Gleichung hier das Sperma und Liebe dar. Offenbar ist die Stimmung eine sehr aufgeräumte. Auch ihr Bruder [1]) scheint solche Handschuhe zu benützen. Im dritten Teile trägt sie ein Umstandskleid. Zu kornblumenblau fällt ihr ein: „Windet zum Kranze die goldenen Ähren, flechtet auch blaue Zyanen [2]) hinein". Sie hat den Kranz verloren und erhält daher eine andere Farbe, fraise, die Erdbeerfarbe. Über die Bedeutung der Erdbeere habe ich schon an anderer Stelle gesprochen. Drohend erhebt sich vor ihren Augen das Gespenst des Todes (da ich gleich reisen wollte). Der zweite Teil des Traumes ist eine dramatische Darstellung der Geburt. Der Herr, den sie nicht mochte, ist der Arzt, und die unsympathische Dame ist niemand anderer als „la sage femme". Diese kündigt ihr die Geburt eines Mädchens an. („Die Dame kündigt das Mädchen mir an".) Die Geburt wird hier, wie so häufig, als Gang durch einen langen Flur dargestellt, wobei die Rollen von Mutter und Kind verwechselt sind. Sie empfängt die Dame, die sich ihr in das Kind verwandelt, freundlich. Sie hat eine große Sehnsucht nach einem Kinde und hat gerade einen Roman gelesen („Aus guter Familie"), in dem sich ein alterndes Mädchen ein Kind wünscht. Dieser Wunsch ist auch der ihre und wird ihr in diesem Traume auf wunderliche Weise erfüllt.

„Inter faeces et urinas nascimur" sagt der heilige Augustinus. Eine drastische, an diese Kloakentheorie erinnernde Darstellung seiner Geburt bringt uns Herr F. Z. S.:

(260.) „Ich ging ins Büro und mußte eine lange, schmale, holperige Gasse passieren. Die Gasse glich eigentlich einem langen Hofe zwischen zwei Durchhäusern und ich hatte die unbestimmte Empfindung, daß der Durchgang nicht erlaubt sei. Trotzdem ging ich raschen Schrittes durch. Plötzlich öffnete sich ober mir ein Fenster und jemand — ich glaube ein weibliches Wesen — schüttete den nassen Inhalt eines Gefäßes auf mich aus. Mein Hut wurde dadurch ganz naß und als ich ihn später näher ansah, bemerkte ich noch die Spuren einer schmutziggrauen Flüssigkeit. Ich ging trotzdem ohne stehen zu bleiben weiter und beeilte meine Schritte. Am Ende der Gasse mußte ich durch das

---

[1]) Fritz (ihr Bruder) soll auch Handschuhe benützen. Er hat eine Geliebte. Sie fürchtet, er könnte das Mädchen gravid machen und müßte es dann heiraten.

[2]) Tief in das Dunkel ihrer schweren Zwangsneurose leuchtet die „Zyane" hinein. Der Vater war Photograph und hantierte mit Zyankali. Sie trug sich lange Zeit mit verbrecherischen Plänen, verschiedene Rivalinnen mit Gift aus dem Wege zu räumen. Besonders aber eine Freundin, deren Mann sie liebte. In der Zwangsneurose konnte sie kein Geld in die Hand nehmen. Geld bedeutet Gift und gehört ja zur zweiten symbolischen Gleichung. (Sie hat auch einen fremden Phallus in die Hand genommen.) Auch die Gravidität ist eine Vergiftung mit Samen (Kornblumen!). Die Dame, die ihr nicht sympathisch ist, stellt in weiterer Determination die gehaßte Rivalin vor.

eine Haus, welches mit dem anderen durch eben diese Gasse verbunden war, durchgehen. Hier befand sich ein Lokal (Wirtshaus?), das ich passierte. In diesem Lokale waren Leute (Packträger, Hausknechte u. dgl.) damit beschäftigt, schwere Gegenstände, Möbel u. dgl., zu transportieren, wie wenn ausgeräumt oder umgestellt wurde. Ich mußte mich daher ein wenig vorsehen und durchzwängen. Endlich kam ich doch ins Freie, auf die offene Straße und suchte nach einer Elektrischen. Da sah ich auf einem Wege, der schief nach abwärts führte, einen Mann, den ich für einen Wirt hielt, mit dem Abmessen oder Befestigen eines Zaunes oder Gitters beschäftigt. Genau weiß ich eigentlich nicht, was er machte. Er zählte oder murmelte dabei etwas und war total betrunken, so daß er taumelte."

In diesem Traume verbindet sich die Geburt mit dem Affekte des Verbotenen, Unerlaubten. Der Träumer geht den Weg wieder — offenbar als Erwachsener. Die Erlebnisse stellen eine Verdächtigung der Mutter dar. Diese Verdächtigungen waren nicht grundlos. Herr F. Z. S. hatte eine freudenlose Jugend. Seine Mutter war eine schwere Alkoholikerin. Er belauschte oft den Koitus mit fremden Männern. (Einpacken = koitieren.) Die Möbelpacker, Hausknechte sind die fremden Herren, die sein Wirtshaus (die Mutter war auch seine Amme) besuchen, dort schwere Gegenstände einräumen usw. Schließlich wird er noch in seiner Geburt gehindert, weil gerade ein Mann mit dem Abmessen beschäftigt ist, einer Phantasie, der wir sehr oft begegnen werden.

Der Vater war ein Vermessungsbeamter. (Der Wirt). Auch in dem Traum mißt er das Gitter aus. Auch Gitter (Hymen) und Zaun sind typische Symbole für Hindernisse bei der Begattung. Sonderbar ist der Umstand, daß er aus dem Vater einen taumelnden Trinker macht. Das entspricht nicht den Tatsachen. Der Vater war ein Ehrenmann und immer nüchtern. Es ist offenbar die Wunscherfüllung, die sich so ausdrückt: Wäre lieber meine Mutter eine anständige Frau gewesen und der früh verstorbene Vater der Trinker! . . . .

Auch hier finden wir den typischen „Weg ins Freie". — Ich schließe hier zum Verständnis des vorhergehenden Traumes einen zweiten desselben Herrn an. Er zeigt uns in rührender Weise, wie dem armen Sohne um den Ruf der Mutter bangt. Geburtssymbolik und die Mutterleibsphantasie, d. h. die Phantasie wieder in den Leib zurückzukehren oder dort längere Zeit zu verweilen, spielen in dem Traum eine große Rolle. Doch von der letzteren wollen wir erst im nächsten Kapitel reden . . . .

(261.) „Ich hatte ein Verhältnis mit einer verheirateten Frau. Sie wohnte im Zentrum einer kleinen Stadt, während ich irgendwo außerhalb der Stadt wohnte. Ihr Wohnhaus hatte rechts und links je einen vorspringenden Flügel, in dem mittleren Trakte war die Haustüre durch ein Gitter und einen freien Vorraum von der Gasse geschieden. Im Traume hatte ich die Vorstellung, daß die Frau plötzlich in einen diffammierenden Ruf gekommen war und deshalb von der Ortsbevölkerung gemieden und mißachtet wurde. Ich fühlte die moralische Verpflichtung, ihr zu beweisen, daß ich diese allgemeine Verachtung, der die Dame ausgesetzt war, nicht teilte, und ich ging zu ihrem Hause, um sie aufzusuchen, doch wurde mir lange nicht Einlaß gewährt. Endlich erschien an dem Gitter ihr kleines Töchterchen, dem ich meinen Namen nannte. Ich bat das Kind, das sehr schüchtern und kindlich war, seiner Mama zu sagen, daß ich da sei und mit ihr sprechen möchte. Das Kind verschwand und bald darauf wurde mir geöffnet. Ich ging hinauf in die Wohnung, die mir wohlvertraut schien und in der ich mich so benahm, als ob ich zu Hause wäre. Dabei war meine Absicht immer auf die Frau des Hauses gerichtet, die sich nicht zeigen wollte, quasi als ob sie gefürchtet hätte, daß auch ich sie nicht mehr liebe und achte. Endlich erschien sie doch, schmollend und verdrossen und ich war entzückt von ihrer außergewöhnlichen Schönheit. Ohne etwas zu sprechen, näherte ich mich ihr und küßte sie einige Male, was mir — wie derartige Szenen im Traume immer — überaus ideal vorkam. Sie ging dann wieder fort in ein Nebenzimmer und während ich allein war, hatte ich mit meinen Kleidern zu tun. Ich mußte mich teilweise entkleiden und irgend einen Wechsel mit den Kleidungsstücken vornehmen, was mit große Schwierigkeiten bereitete. Ich wollte vor dem Wiedereintritt der Dame mit der Manipulation fertig werden und konnte nicht recht damit zustande kommen. Alles übrige dunkel."

Die Dame mit dem schlechten Ruf ist seine Mutter. Das kleine Mädchen (siehe das Kapitel „Die Rolle der Verwandten und Kinder im Traume") die Vagina. Die Schwierigkeiten mit der Kleidung hängen mit verschiedenen infantilen Geburtsphantasien zusammen. Wird das Kind nackt geboren? Kommt es mit einem Hemdchen auf die Welt? Unser Träumer glaubte das letztere und wollte sich in die entsprechende Toilette werfen. Die anderen Stellen im Traume sind so schön und durchsichtig, daß sie keines Kommentares bedürfen.

Eine besondere Erwähnung verdient die Haussymbolik. „Das Wohnhaus hatte rechts und links einen vorspringenden Flügel" = den Busen. „Im mittleren Trakte war die Haustüre durch ein Gitter und einen freien Vorraum von der Gasse geschieden." Die schönste weibliche Genitalsymbolik. Zugleich eine Wunscherfüllung. Die Mutter ist vergittert, eine riegelsame Dame. Wie lange dauert es, bis er eingelassen wird! Die heiße Liebe bricht in den Worten durch: „Ich war entzückt von ihrer außerordentlichen Schönheit". Er möchte nur andere Kleider haben, d. h. andere Eltern. Man kann die Eltern leider nicht so wechseln wie die Kleider. Er kann nicht aus seiner Haut heraus. Dieser Symbolik (Weib—Haus) sind wir schon sehr häufig begegnet. Die Treppe stellt dann die Scheide dar[1]) und das Hinuntergehen ebenfalls die Geburt. Es gibt auch andere Bilder.

Sehr häufig wird das Weib mit einem Schiffe verglichen.

Kleinpaul sagt sehr treffend:

„In den Augen der Seeleute ist das Schiff ein Weib, das auf dem Rücken schwimmt. Der Kiel, über welchem das Kielschwein liegt, stellt das Rückgrat dar, auf welches die Spanten wie Rippen aufgepolzt sind — und letzteren außen und innen mit einer Haut von Bohlen überkleidet — der Körper des ganzen Schiffes heißt der Rumpf, es hat Schultern und Hinterteil, auf der Spitze des Mastes einen Zopf und ein Eselshaupt, und es ist aufgetackelt wie eine Schöne am Sonntag." Wie tief die Vorstellung vom Geschlecht des Schiffes wurzelt, geht daraus hervor, daß in Deutschland und England alle Fahrzeuge, die größten

---

[1]) „Das Bild der herabfallenden Treppe ist das herabfallende Organ der Scheide." (Scherner.)

wie die kleinsten, als Feminina behandelt werden. (Die Lebendigen und die Toten S. 196 l. c.) Diese Symbolik benützt der nächste Traum.

(262.) „Ich stehe in der Kajüte eines Schiffes und kann nicht heraus. Draußen brüllt die See. Ich schreie: „Stewart! Stewart!" Endlich erscheint er und zieht mich mit beiden Händen heraus."

Herr A. S., der Träumer, hatte eine schwere Zangengeburt. Diesen ihm oft erzählten Vorgang phantasiert er noch einmal.

Zur Abwechslung folgt ein Schiffstraum des Herrn Beta:

(263.) „Es war im Laderaum eines Schiffes. Derselbe war grau und schmutzig. Da stackten in der Mitte des Raumes eingezwängt je eine Sache von mir und von zwei anderen. Die anderen waren wohl der Hauslehrer und mein Bruder. Die Sachen gehörten jedem von uns und zwar so, daß die Sachen von uns unzertrennlich waren. Sie hafteten an uns und doch schienen sie selbständig. Es war merkwürdig. Da sagte der Hauslehrer, wir sollen doch unsere Sachen herausziehen. Es wollen noch andere hineinkommen. Wir folgten ihm nicht. Er sagte es dreimal. Die Sachen sahen wie längliche, steife, graue Kohlensäcke aus, die mit einigen Schnüren umwickelt waren."

Herrn Beta wurde erzählt, daß er sich bei seiner Geburt das „Pipi und den Hodensack" zerquetscht habe. Er war eine Woche lang stark geschwollen. Diesen Vorgang erlebte er mit Hilfe der Rückphantasie in Gesellschaft seines Bruders und Lehrers noch einmal.

Sachen ein wichtiger Ausdruck für Geschlechtsvorgänge. „Seine Sachen haben" bei uns in der Bedeutung von „menstruieren". Er hat seine Sachen nicht in Ordnung = er hat eine Geschlechtskrankheit [1]).

Zweimal begegnen wir in dem Traum der charakteristischen Dreizahl. Die Pakete mit der Schnürfurche (die steifen Kohlensäcke), sind der Penis und die Hoden. (Vgl. den Traum vom Ste-eis. Nr. 149.)

In diesem Traume wollen Herr Beta und sein Bruder das Schiff, wo sie stecken, nicht verlassen. Wir wissen schon aus früheren Analysen, daß Herr Beta nichts hineinstecken kann. In diesem Traume benützt er das Schiff für sich und achtet nicht darauf, daß auch andere hineinkommen wollen. Da er sich immer mit seinem Penis symbolisiert, so spielt er immer seine Geburt [2]). Seine Angst geht dahin, er könnte stecken bleiben und nicht herauskommen. Jeder Koitus wird für ihn das Symbol einer Geburt. Sein Penis spielt die Rolle des Großen. Dabei zeigt sich wieder die Bipolarität aller Symptome. Sein Penis muß in der Vorhaut stecken bleiben, sonst kommt es überhaupt zu keiner Erektion. Diese Erscheinung ist gar nicht so selten und eine Wurzel der relativen (psychischen) Impotenz. Die „Schnüre" sind die „Nabelschnüre". Der „Kohlensack" symbolisiert das leicht brennbare Material.

Ebenso charakteristisch wie das Schiff ist die Abortphantasie für die Geburts- und Mutterleibsphantasie.

---

[1]) Manche Menschen haben bestimmte Worte, die sie immer in die Sprache einschieben. So kannte ich einen neurotischen Kollegen, der nach jedem zweiten Worte oder in Verlegenheit immer „Sachen — Sachen" einschob, ohne daß er es bemerkte. Ein anderer Kollege gebraucht als Füllwort „Ende — Ende". Es sind eigentlich Stotterer, die eine Lücke der Sprache mit einem Geschlechtssymbol ausfüllen.

[2]) Vgl. meine Bemerkungen: Der Neurotiker als Schauspieler. Zentralbl. f. Psychanalyse. Heft I. 1910.

Ein Träumer, Herr M. N. träumt:

(269.) „Ich befinde mich in einem Abort, der so enge ist, daß ich mich nicht rühren kann. Ich muß mich durch das feuchte Loch und durch den engen, schmutzigen Kanal durchpressen. Erwachen mit großer Angst.“

Die Geburtsträume sind sehr häufig Angstträume und schließen mit einem Gefühl der Beklemmung.

Die Analyse ergibt sich dem halbwegs Geübten von selber. Der nächste Traum entstammt meinem Traumleben.

(265). „Ich gehe mit Pötzl eine enge Stiege hinauf, bei der wir uns anhalten müssen. Am schwindligen oberen Ende kommt uns ein Mann entgegen. Pötzl geht ruhig und sicher an der schmalen Dachluke weiter, während ich zögere. Soll ich mich anlehnen? Wie soll ich dem Manne ausweichen?“

Am Tage vorher hatte ich Otto Ludwigs Meisterwerk „Zwischen Himmel und Erde“ gelesen. Die dramatische Situation, da der Vater den Sohn zum Selbstmord zwingen will, ebenso wie die ähnliche, da die beiden Brüder einander zwischen Himmel und Erde gegenüberstehen, hatte auf mich einen großen Eindruck gemacht.

Pötzl ist der bekannte Wiener Humorist, der in meinen Träumen eine große Rolle spielt. Warum? Potz heißt in unserer Heimat der Phallus, und „Pötzl“ ist ein ebenfalls sehr beliebtes Diminutivum.

Auf dem Wege zwischen Himmel und Erde begegne ich meinem Vater, der im Leben so ruhig und sicher seinen Weg gegangen ist. Der Mann, der uns entgegenkommt, ist der Tod, der ja in beiden Szenen der Novelle auf sein Opfer lauert. Wieder ein Warnungstraum. („Gehe keine verbotenen Wege!“) Eine Geburtsphantasie, die mit dem Tode rechnet. Als wollte ich sagen: das ist ein trauriges Leben. Kaum ist man geboren, so muß man sich gefaßt machen, zu sterben. Wozu lebt man?

Daß ich gewarnt werde, schwindlige Steige zu gehen, habe ich schon betont. Ja — wenn es nach den Gelüsten meines Phallus ginge! Der möchte schon seine Wege gehen. Ich will mich zurückhalten (enthalten); ich will nicht so früh sterben. Ich will dem Tode ausweichen.

So spielen alle Geburtsträume in den Tod hinüber. Geboren werden heißt eigentlich sterben. Alle Geburtssymbole sind auch Todessymbole: die Treppe, das Wasser, die enge Klause (als Sarg), der Weg ins Freie, die unterirdischen Katakomben, die schwindlige Leiter, das Schiff . . . .

In dem letzten Jahre komme ich mir älter vor. Der fremde Herr begegnet mir zu oft im Traume. Ich muß doch in einem versteckten Winkel meiner Seele für mein Leben zittern. Oder verberge ich eine andere Angst? Mir begegnet ja ein Mann . . . . das spricht ja deutlich genug. Hier eröffnet sich eine Reihe von Ausblicken auf die Verbindung der Geburtsphantasie und der Homosexualität . . . . Ich widerstehe der Versuchung dieser Fährte nachzuspüren.

XXVII.

Mutterleibsträume.

Zu den sonderbarsten Träumen gehören wohl die Träume, im Mutterleib zu sein und dort alle Vorgänge des Intrauterinlebens zu beobachten. Diese Träume sind oft versteckt und kaum zu deuten, wenn man nur die Einfälle des Träumers berücksichtigt. Sie zeigen die sonderbarsten Verstellungen.

Es gibt kaum eine zweite Vorstellung, gegen die das Bewußtsein der Menschen sich so sträubt, wie gegen die Mutterleibsphantasie. Sie kommt ihnen absurd, unmöglich, lächerlich vor. Sie wollen die Symbolik nicht anerkennen und widersetzen sich der Deutung mit lebhaften Affekten. Schließlich beugen sie sich der Macht der Tatsachen. Manche Träume lassen einfach keine andere Deutung zu. Auch belehrt sie der therapeutische Erfolg der Aufklärung, daß man sich auf dem richtigen Wege befindet. Plötzlich finden sie das bisher Unbegreifliche begreiflich und finden das Verständnis für eine Reihe von neurotischen Symptomen, die ihnen bisher unlöslich erschienen. Dazu gehört die Vorliebe für enge, kleine Räume: Enge Zimmerchen, Logen, Eisenbahncoupés, Schiffskabinen, Klosette. Aber auch ihr neurotisches Gegenspiel: die Angst vor engen Räumen, in denen man sich gehemmt und bedrückt fühlt. Auch die Angst vor den großen Räumen und speziell die Angst vor großen Plätzen, die Agoraphobie, scheint eine Beziehung zur Mutterleibsphantasie zu haben. Auch die Vorstellungen vom Schlafen im Sarge, vom Lebendigbegrabensein, der Zwangsgedanke an die eigene Gruft und das Grab gehören in dies Kapitel.

Meine Sammlung an Mutterleibsträumen ist außerordentlich reichhaltig. Ich will nur einen kleinen Bruchteil meines Materiales mitteilen.

(266.) „Ich bin in einem so engen Käfig, daß die Stäbe meinen Leib berühren. Ich wundere mich, daß das Eisen so weich sein kann und denke darüber nach, ob es nicht durch magnetische Striche seiner Härte beraubt wurde. Ich muß wohl ein wildes Tier sein. Denn ein überlebensgroßer Mann naht mit einer großen Stange und stößt sie durch die Öffnung hindurch. An der Spitze trägt sie einen runden Knochen mit einem Stück roten Fleisches daran. Ich denke mir: „Ist das ein roher Geselle“ und erwache mit Angst, die Stange könnte mich treffen.“

Die Deutung ist sehr einfach. Er belauscht im Uterus das Wirken des Vaters und fürchtet, von den Stößen der Stange getroffen zu werden.

Eine unglaublich häufige Phantasie.

Vgl. dazu einen von Scherner mitgeteilten Traum:

(267.) „Da auf einmal (ohne alle Vermittlung) sehe ich mich im Hause meiner Kindheit und gewahre mit Angst, daß die Decke der Stube über mir sich gewaltig nach unten biegt; es wird mir klar, daß die Lokomotive über dem Zimmer auf dem Boden des Hauses sei und dort auf die Zimmerdecke drücke, worüber ich mich aber einigermaßen mit den starken Balken, welche auf dem Boden über dem Zimmer gelegt seien, beruhige.“ (Das Leben des Traumes S. 208 l. c.)

Wenn man die Lokomotive durch den Vater ersetzt, wird dies dunkle Traumbild leicht verständlich.

Ohne Analyse kann ich auch den nächsten Traum passieren lassen. Er spricht für sich selber.

(268.) „Ich bin auf einem sehr engen Klosett gewesen. Es war ein niedriges Dach, so daß ich mit dem Kopf anstoßen mußte. Ich mußte am Boden hinauskriechen und dachte: „Wie hat hier nur der Vater Platz?"

Oder das Traumbild eines anderen Träumers:

(269.) „Ich kam in eine Mühle und in immer engere Räume, bis ich zum Schlusse keinen Platz mehr hatte. Ich war fürchterlich geängstigt und wachte mit Schrecken auf."

Eine Kombination von Mutterleibs- und Geburtsphantasien. Er macht den Weg in verkehrter Richtung und kommt durch die Scheide in den Mutterleib.

Es ist dies der charakteristische Traum vom Inkubus und von der Wiedergeburt. Vielen Phantasien von der geistigen Wiedergeburt liegt die Phantasie der zweiten Geburt zugrunde [1]).

So der Traum:

(270.) „Ich träume, daß ich durch endlose enge Korridore gehen muß. Dann bleibe ich lange Zeit in einem kleinen Raume, das wie das Schwimmbassin im Zentralbad aussieht. Man zwingt mich, das Bad zu verlassen. Ich muß wieder einen feuchten, glitscherigen Schacht passieren, bis ich durch eine kleine vergitterte Türe ins Freie komme. Ich fühle mich wie neugeboren und denke: „Das bedeutet eine geistige Wiedergeburt durch die Kur."

Ein anderes Bild. Herr Jota:

(271.) „Eine halbe Stunde nach dem Einschlafen im Traume Angstgefühl, weil das Gefühl war, eingeschlossen zu werden unter eine Tuchglocke (aus gelbseidenem Tuch), die sich immer mehr heruntergesenkt hat. Ich fürchtete, sie werde sich immer mehr dem Bette nähern und um das Bett herumschlagen, so daß ich dann durch das Tuch an das Bett angepreßt werden würde."

Die Glocke ist der Unterrock einer Frau. Der Rock einer Frau heißt auch Schoß. Es gibt eigene Glockenschöße. Über Schoß gehen dann die Gedanken zum Mutterschoß. Es handelt sich um eine Mutterleibsphantasie. Der Träumer ist Urolagnist. Zu dieser Vorstellung (im Mutterleibe zu sein), gehört bei vielen Menschen die Kloset- oder Kloakenphantasie. Die Urolagnie ist ein Produkt des Mutterleibskomplexes — ebenso wie die seltsamen Fälle von Koprolagnie, die ich zu beobachten Gelegenheit hatte.

Diese Glockenphantasie ist deshalb so interessant, weil sie bei diesem Träumer einen Anfall einleitet, der bisher für einen epileptischen gehalten wurde — in Wirklichkeit ein hysterischer ist. Beim Anfalle läßt der Patient Stuhl und Urin unter sich, so daß er seine Lieblings-

[1]) „Jemand träumte, er werde von seiner Mutter noch einmal geboren. Aus der Fremde in die Heimat zurückgekehrt, fand er seine Mutter im Krankenbette und beerbte sie. Und das war es, was die zweite Geburt besagen wollte, daß er nämlich aus der Armut durch die Mutter zu Reichtum gelangen werde, denn gerade damals drückte ihn große Not und Armut." (Artemidoros S. 307 l. c.) Vergleiche auch den interessanten, von mir im Zentralbl. f. Psychoanalyse publizierten Fall: „Zur Symbolik der Mutterleibsphantasie" III. Heft. 1910.

situation „Inter faeces et urinas" in Wirklichkeit umsetzt. Der Anfall schließt mit einem fürchterlichen Schrei. Er spielt in dem Anfall zwei Situationen. Das Eindringen in den Mutterleib als Mörder und die Geburtsphantasie. Aus der Vermengung dieser beiden Phantasien, die zugleich bisexuellen Charakter zeigen, einmal als Mann, das zweite Mal als Mädchen, entsteht ein Gewirre von Symptomen, deren Auflösung uns hier zu weit abbringen würde. (Vgl. Freud „Zur Psychogenese des hysterischen Anfalles" [1]).)

Ähnliche Träume dieses Kranken handeln von einer undurchdringlichen Finsternis, in der er eingeschlossen ist. Oder:

(272.) „Er ist vollkommen verlassen und allein in einem tiefen Kellerloche. Die Wände seines Zimmers werden immer enger und enger, so daß er sich nicht rühren kann." (Mutterleib, Gefängnis, Zelle, Grab.)

Eine deutliche Mutterleibsphantasie enthüllt der folgende Traum des Fräulein Gamma.

(273.) „Hans und ich waren zusammen in der Badewanne. Ich war böse darüber und auch, daß er mir meinen Platz oben in der Wanne genommen hatte, aber er überließ mir ihn sogleich bereitwillig, indem er an mir vorbei nach unten ging. Als ich nach der Wand sah, bemerkte ich ein großes Fenster mit vielen kleinen Scheiben wie ein Schloßfenster mit einem Bogen oben."

Fräulein Gamma konnte es nicht verschmerzen, daß sie die Ältere war. Wäre der Bruder nicht der Jüngere, „so würden seine Kameraden besser zu ihr passen." In diesem Traum tritt sie ihm die Erstgeburt ab. Er geht bereitwillig zuerst nach unten, d. h. in die Welt hinaus.

Der von mir sogenannte „Pluralismus", besonders der sexuelle „Trialismus" (Orgien zu mehreren und zu dreien) ist die Folge der Mutterleibsphantasie. Man wird im Mutterleibe vom Vater gespießt, gestochen, koitiert (in anum und in vaginam).

Einen solchen Traum will ich hier mitteilen. Da werden die Augen des Träumers von einem Phallus verletzt.

(274.) „Mein Vater sah einen kleinen Weiher in dem Wäldchen und begann hier einen Angelversuch zu machen. Ich war eben im Begriffe, meinem Vater zu sagen, daß es aussichtslos wäre, als es schien, als ob wir in einem Raume ständen, der voll Wasser wäre; hier sah ich einen kleinen Hecht sich auf und ab bewegen und schließlich bei einem sehr schmutzigen und wurmstichigen alten Fenster still liegen. Darauf warf mein Vater seinen Köder nach dem Fenstergesims und wir sahen einen viel größeren Hecht durch das verfaulte Holz und die Spinnweben hindurchkommen. Er faßte die Angelleine oberhalb des Köders und hing daran fest. Mein Vater hob ihn vom Fenster herab und versuchte ihn in der Luft zu spießen, denn ich fürchtete, daß er ins Wasser fallen würde, das die Mitte des Raumes füllte. Aber er war so muskulös, daß der Fischhaken nicht eindringen wollte. Dann verwandelte sich der Hecht in den Herrn Karpf und als ich versuchte, ihn aufzuspießen, stieß er mich mit seinen großen Stiefeln. Jetzt trieb ich eine Heugabel (in

---

[1]) „Die wandelnde Glocke" von Goethe scheint einer ähnlichen Phantasie entsprungen. „Das arme Kind im Schrecken, es läuft —, es kommt als wie im Traum, die Glocke würd' es decken." Es existieren sehr derbe Verse, die Goethe zugeschrieben werden und sich mit Situationen befassen, welche die Mutterleibsphantasie zum Ausgangspunkt nehmen.

die sich der Fischhacken verwandelt hatte) unter sein Kinn aufwärts, bis sie bei seinen Augen angelangt war, und versuchte, ihn zu töten. Aber er starb nicht. Ich entschuldigte mich für meine Grausamkeit, aber fügte hinzu, daß ich es nicht ändern könnte. Er erkannte das an und meinte, daß es doch immerhin besser wäre, als wenn man in den Rumpf gespießt würde und langsam sterben müsse. Dann zog ich die Gabel heraus."

Nach diesen grausamen Phantasien eines Sadisten, deren Deutung ich dem Ermessen des Lesers überlasse, folgen nun zwei Mutterleibsträume des Herrn E. S.:

(275.) „Mir träumte, ich sah in dem Käfig unseres Kanarienvogels zwei kleine, junge Kanarienvögel, welche in Furcht hin- und herflatterten, denn der alte Vogel hackte immer mit seinem Schnabel nach ihnen. Meine Mutter, welche zufällig dazu kam, sagte, da müsse man Ordnung schaffen, sie werde die beiden kleinen Eindringlinge töten. Als ich dagegen protestierte, ergriff sie, indem ich mich abwandte, einen nach dem anderen, und stach ihnen mit einer Stricknadel hinter das Ohr."

Von der Mutter weiß der Träumer, daß sie zweimal einen Abortus durch die Hebamme hatte ausführen lassen. Die Mutter erzählte es einmal einer Nachbarin, wie die weise Frau das angestellt hätte. Mit einer langen Nadel sei sie ihr in die „Mutter" gefahren. Auf diese Weise hat Herr E. S. zwei Geschwister verloren. Die andere Determination: Er und sein einziger Bruder sind im Mutterleib und der Vater hackt auf sie mit seinem Schnabel. . . .

Traum des Fräulein O. Z.:

(276.) „Ich bin im Zentrum einer Landschaft, die mir sehr bekannt vorkommt. Ich habe die Empfindung, ich bin dort schon einmal gewesen. Die hohen Berge, der dunkle Wald, das blaue Wasser erfreuen meinen Blick. Ich denke: „An diesem Orte möchte ich ewig leben. Wo wäre ich so gehütet vor fremden Blicken?"

Die Kranke ist das richtige Muttertöchterchen. Sie läßt die Mutter nicht eine Sekunde allein. Sie fühlt sich mit der Mutter eins. Sie sagt wiederholt: „Ich möchte ein Teil von dir sein" [1]).

Nach dem Tode der Mutter ging das junge Mädchen ins Kloster. Die Werbungen der Männer wies sie unter den verschiedensten Motivierungen zurück [2]).

---

[1]) Eine andere Dame drückte das folgendermaßen aus: „Ich möchte am liebsten in sie ganz hineinschliefen." (Im Wienerischen hineinschliefen = hineinkriechen.)

[2]) „Wenn ich bei Patienten die Häufigkeit des Ödipustraumes, mit der eigenen Mutter geschlechtlich zu verkehren, betone, so bekomme ich zur Antwort: „Ich kann mich an einen solchen Traum nicht erinnern." Gleich darauf steigt aber die Erinnerung an einen anderen unkenntlichen und indifferenten Traum auf, der sich bei dem Betreffenden häufig wiederholt hat und die Analyse zeigt, daß dies ein Traum des gleichen Inhalts, nämlich wiederum ein Ödipustraum ist. Ich kann versichern, daß die verkappten Träume vom Sexualverkehr mit der Mutter um ein Vielfaches häufiger sind als die aufrichtigen."

„Es gibt Träume von Landschaften oder Örtlichkeiten, bei denen im Traume noch die Sicherheit betont wird: Da war ich schon einmal. Diese Örtlichkeit ist dann immer das Genitale der Mutter. In der Tat kann man von keiner anderen mit solcher Sicherheit behaupten, daß man „dort schon einmal war." (Freud: Traumdeutung.)

Auch die „fremde Stadt“ kann im Dienste der Mutterleibsphantasie stehen und dieselbe Bedeutung haben, wie die „sehr gut bekannte Landschaft, wo man schon einmal war.“

Herr J. H.:

(277.) „Ich komme also am Freitag um 3 Uhr zur Kaiser-Ferdinand-Nordbahn und steige in einen Waggon. Obwohl ich aber aus der Stadt komme, ist es doch so, als ob ich schon von einer Reise zurückkäme, und nun wieder den Bahnhof zu verlassen hätte. Man hat mir eine Flasche mit Weißwein mitgegeben, ich hatte sie im Korridor des Waggons allein stehen lassen, darf mich also eigentlich nicht wundern, daß sie geöffnet und halb ausgetrunken ist. Da sie jetzt offen ist, so wird es wohl das beste sein, sie am Rand des Korridors liegend weiter zu transportieren.

Ich höre plötzlich im Nebencoupé die Stimme meiner Eltern. Da mich die hier nicht finden dürfen, so muß ich mich verstecken. Es wird nicht gar leicht sein, mit meinen drei Gepäckstücken, wenn sie auch klein sind. Ich kann ja schließlich im Zug bleiben, bis die andern fort sind. Freilich werden sie, als alte, unbehilfliche Leute lange brauchen. Wie ich aber herzukomme, ist wunderbarerweise keine Spur von ihnen zu entdecken.

Der Platz vor dem Bahnhofe liegt in einer fremden Stadt. Südlich steigt steil ein Berg an, von einem hübschen Giebelgebäude gekrönt. Indem ich den Berg hinauf schreite, denke ich: „Merkwürdig, wie der Berg sein muß! Ich weiß doch ganz gut, daß gleich jenseits wieder eine Straße aus der Stadt herausführt. Ich dachte immer, die sei der Graben. Aber wahrscheinlich ist das hier der Graben, diese schlängenartige Straße, durch die zwischen Stadt und Bahnhof so viel Fiaker hin und herfahren.“

Ich sitze in der Oper und finde zu meinem Erstaunen eine ganze Schar von Bekannten. Ich denke: „Wer sollte ahnen, daß sich an einem Hochsommerabend in Wien so viel Bekannte zusammenfinden?“ Schließlich kommt noch Erich durch den großen Gang zwischen Parkett und Parterre daher gegangen. Ich denke: „Also der auch noch! Jetzt hat er mich.“

Die fremde Stadt verwandelt sich in Wien, in seine Geburtsstadt. Das „Fremde“ steht hier im Dienste der Traumstellung in der Bedeutung der entfremdeten Stadt [1]).

Ein wunderschöner, klarer, dem Erfahrenen nicht schwer zu deutender Traum. Der Träumer ist am Freitag um 3 Uhr geboren. Sein Vater heißt Ferdinand. Er steigt also am Freitag um 3 Uhr pünktlich aus dem Waggon. Da er wieder einsteigt, so macht er seine Geburt noch einmal durch, das erklärt den unverständlichen Satz: „obwohl ich aber aus der Stadt komme, ist es doch, als ob ich schon von einer Reise zurückkäme und nur wieder den Bahnhof zu verlassen hätte.“ D. h. er hat seine Lebensreise durchgemacht, ist wieder auf seinem alten Platze und kann noch einmal den Bahnhof sehen. Der Bahnhof ist die Stelle, wo man ankommt, aber auch die Stelle, wo man abfährt, stirbt, die Welt verlassen muß. Die Flasche mit Weißwein erklärt sich als die mit Urin gefüllte Blase. Das Bild ist sehr glücklich gewählt. Der Bauch der

[1]) Vergleiche das Kapitel: Das Gefühl des Fremden im Leben und im Traume. (X L.)

Flasche entspricht der Blase, das spitze Ende dem Phallus. Scherner würde in einem solchen Falle von Leibreizträumen sprechen. In der Tat! Der Träumer leidet gerade an einem Blasenkatarrh infolge einer Gonorrhöe und lebt jetzt abstinent. Deshalb muß er die Flasche „liegend" transportieren. Einen Wunsch, der einzige zu sein, drückt der Satz aus, daß er die Flasche im Korridor des Waggons hatte „allein" stehen lassen. Ferner: die offene Flasche ist eine rinnende Flasche, die seine Gonorrhöe symbolisiert. Auch bricht der Vorwurf durch, daß er den größten Teil seiner Lebenskraft vergeudet hat. Die Flasche ist ja schon halb ausgetrunken.

Nun kommt die köstliche Phantasie, daß er vom sicheren Platz aus seine Eltern belauschen kann. Er versteckt sich mit seinen drei kleinen Gepäckstücken. Die charakteristische Dreizahl, ebenso das Gepäck verraten sich als das männliche Genitale, dessen Kleinheit er hier besonders hervorhebt. Er ist ein gar schlauer Geselle. Er hat offenbar die Eigenschaft, hinein- und herauszuschlüpfen und nach Herzenslust zu lauschen und in der Welt frei herumzuspazieren. War doch seine liebste Phantasie die Tarnkappe des Siegfried, die unsichtbar machende Kopfbedeckung![1]) Auch hier macht er sich vor den Eltern unsichtbar. Es dauert aber lange, bis er dazu kommt, etwas zu sehen, denn die Eltern sind alte unbeholfene Leute, die lange dazu brauchen, bis sie zusammenkommen. Es gelingt ihm unbemerkt, wie durch ein Wunder herauszukommen und den Ort zu inspizieren. Er kommt ihm sehr „fremd" vor. Der Platz vor dem Bahnhof liegt in einer fremden Stadt. Das haben wir ja eingangs der Analyse besprochen. Er steigt den steilen Berg (Mons veneris) hinauf und denkt nun daran, daß es auch eine andere Straße gibt. Infantile Sexualtheorien! Natürlich ist der zweite Weg der Anus. Er kann sich noch heute beim Weibe schwer orientieren. Er weiß nicht, wo der „Graben" liegt. Er war der Ansicht gewesen, daß die Kinder aus dem Anus kommen. Hier jedoch erkennt er die hohlwegartige Straße als Graben und vergißt nicht die boshafte Bemerkung, daß dort viele Fiaker hin und herfahren. Hier haben die Fiaker nicht nur die Bedeutung von verschiedenen Menschen, sondern auch von Nummern. In Wien gibt es numerierte und unnumerierte Wagen. Jetzt folgt ein Traumstück, das ich bei den Pflanzenträumen bereits besprochen habe und hier übergehe. (Vgl. den „Traum von den Erdbeeren" Nr. 133.)

Der Schluß des Traumes bringt die Krönung seiner Phantasien. Er ist in der Oper d. h. wieder im Mutterleib. Offenbar für ihn das höchste Theater. Jetzt kann er sich davon überzeugen, daß seine Mutter trotz ihres Alters noch sehr viele Verehrer findet. Zu seinem Erstaunen sieht er dort eine ganze Schar von Bekannten. „Ich denke, wer sollte ahnen, daß sich an einem Hochsommerabend in Wien soviel Bekannte zusammenfinden." Wien, seine Geburtsstadt, ist die Mutter, deren Lebensabend von ihm als Hochsommerabend bezeichnet wird. Schließlich erscheint ein Jugendfreund, auf den er sehr eifersüchtig war, weil seine Mutter ein großes Faible für ihn hatte, im Gange zwischen Parkett und Parterre. „Also auch das noch! denkt er." Der letzte Satz: „Jetzt hat er mich!" hat auch ohne Umkehrung einen Sinn. Er hat einen Grund,

---

[1]) Andere neurotische Phantasien sind die Verwandlung in eine Maus, eine Fliege, einen Floh oder eine Wanze, so daß man alle Geheimnisse aus eigener Anschauung kennen lernen kann. Man achte bei Träumen, in denen kleine Tiere vorkommen, auf diese Metamorphose im Dienste der sexuellen Neugierde.

sich vor Erich zu verbergen. Aber die wichtigste Bedeutung erhält der Satz in der Umkehrung. Jetzt habe ich ihn, jetzt habe ich sie. Es ist ihm gelungen, sich von der Untreue der Mutter zu überzeugen.

Wie lieb träumt Frl. Etha von ihren Eltern:

(278.) „In Baden wurde der Besuch des deutschen Kaiserpaares erwartet. Ich stand mit meinen kleinen Cousins, die plötzlich wieder sehr lieb zu mir waren, auf einer schmalen Terrasse und hatte Veilchen in der Hand. Ein kleiner Freund der beiden Jungen kam hinzu und war sehr ungezogen gegen mich. Ich wies ihn zurecht. Und später erschien seine Mutter zornsprühend und feindselig und machte mir heftige Vorwürfe. „Wenn er wieder frech ist, kriegt er eben wieder sein Teil ab," sagte ich ruhig. Und sie erwiderte: „So ist nun offene Feindschaft zwischen uns" und ihre Augen funkelten rachgierig als sie fortging. Nach einer Weile eilte ich ihr nach. „Ich komme gerne mit allen Leuten in Frieden aus, warum sollen wir Feindschaft haben?" sagte ich, und streckte ihr beide Hände hin. Aber sie wandte sich unversöhnlich ab. — Die Säle waren für das Kaiserpaar vorbereitet und überall standen Süßigkeiten auf Tischchen. Alle Leute naschten heimlich davon, ich wollte auch, tat es aber doch nicht und hatte dann trotzdem starkes Schuldbewußtsein. „O weh!" dachte ich, „wenn das herauskommt! Und lügen kann ich nicht." — Dann hieß es: „Nun kommen die Majestäten"; ich wollte schnell einen Rock anziehen, denn ich war in meinem Fechtkostüm — und fand keinen und versteckte mich in meinen Kleiderschrank, um das Kaiserpaar nahe zu sehen. — Der Kaiser erschien zuerst in Uniform. Dann seine Frau, und Mama sollte mit beiden reden. „Wie geht es den Agnaten?" fragte Mama. „Danke", sagte der Kaiser kurz und wollte weiter, aber er besann sich und zog Mama in ein langes Gespräch und die Kaiserin auch. Mama begann in drolliger Weise über Wirtschaftsdinge zu sprechen und alle drei lachten herzlich. „Wie weich man in diesem Schranke liegt," dachte ich und erwachte."

Die Mutter wird in zwei Personen gespalten, eigentlich in drei: 1. Die bösartige, gehaßte, kleinlich bürgerliche Mutter. 2. Die erhabene Mutter — die Kaiserin. 3. Der Kleiderschrank. —

Der Anfang bringt Reproduktionen häßlicher Szenen mit den Geschwistern. Dabei eine ziemlich durchsichtige Symbolik. Ein Freund und zwei Jungen — also wieder die uns bekannte Drei, das Phallussymbol, für das die Mutter mit Leidenschaft eintritt. Etha fühlt das Schuldbewußtsein einer Tochter, die die Konkurrentin der Mutter ist. Ein Vorwurf, den ihr die Mutter wiederholt machte. Alles Weitere ohne Analyse für oberflächliche Deutung verständlich. Der Schrank im Dienste der Mutterleibsphantasie erscheint in Träumen ebenso häufig, wie in Lustspielen, Märchen, Sagen und Mythen.

Herr Kappa:

(279.) „Es drehte sich alles. Endlich sah ich, daß ich mich unter meiner Bettdecke drehte. Ich verwickelte mich so, daß ich nicht herauskonnte."

Herr Kappa leidet an einer Angst, stecken zu bleiben. Er fürchtet auf der „Straße stecken" zu bleiben. Die Eisenbahn könnte in einem Tunnel stecken bleiben. Er „steckt" den Penis nicht in die Vagina. Er ist bei der Geburt schon stecken geblieben. Er hat auch die uns schon von anderen Träumern bekannten „Nabelschnurphantasien". Im

Traume verwickelt er sich so in seine Nabelschnur, daß er nicht aus dem Mutterleib kommen kann und stecken bleibt.

Eine Mutterleibsphantasie des Herrn Beta:

(280.) „Er ist auf dem Friedhofe und will zu der Gruft seiner Mutter. Er sieht dort viele bloßbeinige Gärtner und erhabene Steinmonumente.“

Gruft und Grab Mutterleibssymbol. Die bloßfüßigen Gärtner bedürfen so wenig einer Erklärung wie das erhabene Steinmonument.

Ein anderes Bild: Der Traum eines an Straßenangst leidenden Patienten, des Herrn Kappa:

(281.) „Es war in einer kleinen Seestadt, in der ein Fluß in das Meer mündete. Wir gingen über die Brücke und sahen da eben ein österreichisch-ungarisches Kriegsschiff landen. Meine Schwester fürchtete, daß das Schiff die Brücke einrenne. Es waren sehr viele Matrosen darauf in gelbbraunen, dickbesohlten Naturlederschuhen. Dann gingen wir weiter (mein Bruder und ich) und folgten dem Lauf des Flusses, der mich an die Adlergasse und einen Garten in Bremen erinnerte. Es war zum Teil eine tropische Vegetation.“

Analyse: Zu der Seestadt fallen ihm drei Städte ein: Luzern, Genf und Monte Carlo. In Luzern war er in einer Gesellschaft, in der unglaubliche Schweinereien geredet wurden. In Genf hat ein Anarchist die Kaiserin Elisabeth ermordet. Zu Monte Carlo assoziiert er: Spielhölle.

Die Matrosen haben eine eigentümliche Bedeutung. Es fällt ihm ein Kindervers ein: Welche Rosen — Tragen Hosen? — Die Antwort lautet: Matrosen. Mater bezieht er auf Mutter. Die Hosen der mater führen zu seinem Vater. Jeder Soldat, jeder Matrose ist ihm eine Personifikation eines Penis. Gelbbraun die Farbe der Haut, Naturlederschuhe — die Haut, dickbesohlt, eine dicke Membran. (Die Ausdrücke Schuhe, Sohle zielen auf seinem Fußfetischismus. Jeder Fuß, jeder Zehe ist für ihn ein Genitale.)

Aber auch der „Adler“ ist zuerst der Aar — ein großer Vogel — also ein Membrum. In zweiter Bedeutung: Der Fluß windet sich um Bremen wie eine Riesenschlange. Die Schlange führt ihn auf Eva und Adam im Paradies. Bremen auf Brehms Tierleben, Tiergarten und Paradies. Auch die tropische Vegetation leitet zum Paradies, das zur Hölle (Monte Carlo) in einem bemerkenswerten Gegensatz steht. (Bipolarität.)

Jetzt taucht ihm eine wichtige Erinnerung auf: Er hat sich das Paradies so vorgestellt, daß man dort eine permanente, immerwährende, ewige Lust empfindet: (Vgl. das treffende Wort von Nietzsche: Denn alle Lust will Ewigkeit, will tiefe, tiefe Ewigkeit.) Entweder eine permanente Onanie oder einen permanenten, unaufhörlichen Koitus. Das Bild lautet: Hinein und hinaus und immer so fort in Ewigkeit.

Der ewige Aufenthalt im Paradiese führt ihn auf die Mutterleibsphantasie. Da war eine unaufhörliche Lust. Der läuft er in seinen Phantasien nach. Seine Mutter starb an seiner Geburt. (Genf — Umbringen der Kaiserin!)

Jetzt verstehen wir den Traum. Er ist bei der Mutter (mère). Die Brücke ist der Weg zur Mutter, der Weg zur Hölle und der Weg ins Paradies. Er sieht den Vater (Österreichisch-ungarisches Kriegsschiff; der Vater war österreichisch-ungarischer Gesandter) in die

Bucht einfahren. Er ist zugleich mit seinem Bruder im Mutterleibe. (Er beneidet ihn maßlos um die Erstgeburt.) Er sieht alles (Seh-stadt). Die verschiedenen Matrosen erkennt er als die verschiedenen Besuche seines Vaters. „Nun gingen wir weiter“ mehrsinnig. Auch zurückgehen, ins Paradies in den Mutterleib zurückkehren . . . .

Er hatte die Phantasie, daß er mit seinem Bruder im Mutterleibe gerauft hat (Kriegsschiff) und so die Mutter umgebracht hat. Eine infantile Badeszene mit der Schwester ist mit der Mutterleibsidee zu einer Phantasie zusammen geschmolzen.

Das Wichtigste ist die Symbolik der Brücke.

Die Brücke ist: die Brücke ins Leben, die Brücke ins Reich des Todes, die Brücke in eine andere Welt. Himmel, Hölle, Paradies und Mutterleib verschwimmen zu einer Vorstellung. Die Brücke ist auch die Vagina. Seine Impotenz ist Brückenangst und seine Brückenangst ist Impotenz.

Weiteres, interessantes Material zu diesem Traum findet sich unter den künstlichen Träumen. (Kap. XLVI.) Der nächste Traum bringt wieder die Klosettphantasien:

(282.) „Ich war im Karltheater auf der Galerie als Zuschauer und sah dort drei Komiker, die auf der Galerie eine Rede hielten; Blasel, Waldemar und . . . . Ich schlief ein. Waldemar sagte: „Schauts den arroganten, blasierten Menschen an. Der schläft während der Vorstellung.“ Darauf sah ich mich in einem Klosett inmitten eines weiten Platzes. Die Wände waren durchsichtig, aus Glas, so daß ich von jedem Vorübergehenden beobachtet werden konnte. Dort verweilte ich sehr lange. Ich wartete, bis niemand vorbeigeht.“

Rezenter Anlaß: Lektüre von Erinnerungen des Komikers Karl Treumann. Treumann führt zu Mutter. Reminiszenz einer traumatischen Szene, bei der er große Angst hatte. Die Mutter sagte damals: „Geh nur rasch aufs Klosett, damit dir besser wird.“ Seit damals hat er bei jeder Angst das Bedürfnis, zu urinieren, Stuhl oder wenigstens einen Flatus zu produzieren.

Die weitere Erinnerung geht auf die ersten Lebensjahre. Wir erkennen die Phantasie, einen Koitus der Eltern zu belauschen. Blasel, ein alter Komiker, der mit 80 Jahren noch auf der Bühne tanzt, ist sein Vater, der ihn mit 60 Jahren gezeugt hatte. Der rätselhafte Dritte ist die Anspielung auf den Familienroman. Die Zweifel, ob er der Sohn des Vaters ist, oder ob ein Dritter dabei im Spiele war. Schließlich ist er selbst der Dritte. Die Rede ist wirklich gehalten worden. Der Vater überzeugte sich, ob das Kind schon schläft. Nur war es im Gegenteil ein anderer Vorwurf. Er litt als Kind an Schlaflosigkeit und der Vater sagte: „Schau den Bengel an! Der schläft noch nicht.“

Er stellte sich schlafend, um keine Vorwürfe zu hören und Verschiedenes belauschen zu können. Daher kommt im Traume das merkwürdige Phänomen, daß er im Schlafe die Reden hören konnte. (Rede halten = coire.) Waldemar, ein bekannter Komiker, trat einmal als Frau in einer komischen Rolle auf. Er muß immer daran denken. Walde heißt eine bekannte Soubrette. Mar — mare, mère, meer, marie führen zur Mutter. Blasel und Waldemar = die Eltern.

Die Klosettphantasie = Erinnerung an die Zeit, da er auf einem Töpfchen, hoch oben auf dem Kindertische saß. (Kind am Thron —

Galerie.) Im Gegensatz: Die undurchsichtigen Wände, wo er nicht gesehen und doch gesehen wird, wo er alles sieht. Eine typische Mutterleibsphantasie. Das Glashaus, das Treibhaus, das Klosett mit Glaswänden, der Lift, das Kupé usw. sind Symbole des Mutterleibes. Die Glaswände sind eine Wunscherfüllung: Durch diese Wände kann man „Alles" sehen und ist doch geborgen.

Die zweite Bedeutung von Kot als Geld kommt hier auch zum Ausdruck. Er trägt gerne teuere Ringe, er will es der Welt zeigen, daß er viel Geld verdient, daß er Geld „schlägt."

Am Tage vor dem Traum Ekel und Angstgefühl beim Servieren eines goldbraun gebratenen Backhuhnes. In der Analyse werden die Assoziationen zu koprophilen Neigungen und Erlebnissen aufgedeckt.

Interessant ist auch die Symbolisierung des Skatologischen als „Komiker". „Lachen" und „komisch" — „Witze" und „Lustig" treten häufig zur Charakterisierung der Analerotik auf. Man denke daran, welche unerschöpfliche Quelle der Heiterkeit das Skatalogische auch im wirklichen Leben für Kinder und . . . Erwachsene darstellt.

Die Darstellung des Mutterleibes als „Klosett" ist sehr häufig. Wir wollen ein solches phantastisches Beispiel hier folgen lassen . . .

Die Abortphantasie erscheint in einem schier endlosen Traume des Herrn Lamda verwebt, von dem ich nur ein Bruchstück wiedergebe.

(283.) „Ich war in Begleitung meines Onkels auf dem Wege nach einer Gasse. Zur Abkürzung unseres Weges passierten wir eine Reihe mir noch unbekannter Durchhäuser und gelangten auf diese Weise erstaunlich schnell an das gewünschte Ziel, wie bereits erwähnt, eine Gasse, eng und winkelig, die mir aber sehr bekannt vorkam. Ohne weiteren Übergang waren wir in einer Art Massenquartier. In diesen alkovenähnlichen Räumen, die, wie erwähnt, infolge der fehlenden Zwischenwände, miteinander kommunizierten, lagen auf Pritschen in langer Reihe eine Anzahl von schlafenden Männern, sämtliche in zerlumpter Kleidung. Die ganze Räumlichkeit war hell erleuchtet. Mir wurde etwas bange bei diesem Anblick, denn da ich keine Aufsichtsperson bemerkte (keinen Wachmann oder dergl.) und wir, d. h. ich und mein Onkel, in besserer Kleidung waren, so befürchtete ich, daß uns in dieser Gesellschaft leicht etwas geschehen könnte, zumal der Umstand, daß wir lediglich aus Neugierde diese Lokalitäten besuchten, ja allein schon den Zorn der Leute reizen konnte. Mein Onkel aber führte mich weiter. Am Ende der Reihe von schlafenden Männern lag auf einer Pritsche allein ein etwas besser gekleideter Mann, der meinen Onkel mit feindseligen Blicken musterte und zu ihm sagte: „Ah, Sie san a Stecher."

Ganz am Ende des Ganges war der Abort, bestehend aus zwei Lokalitäten. Derselbe war in ein halbkreisförmiges Gewölbe hineingebaut, die Zwischenwand, welche die zwei Lokalitäten trennte, sowie die Türen waren aus Holz.

Mein Onkel öffnete eine dieser Türen und zeigte mir den Abort, indem er dabei eine auf den Abort bezügliche, mir nicht mehr erinnerliche Bemerkung machte (ich glaube, er sprach von zwei Töpfen oder Topferln). Ich erwiderte darauf: „Ja, das glaub' ich, wenn zwei zu gleicher Zeit wollen . . .," hier brach ich den Satz ab. Der Abort, den ich zu sehen bekam, bestand aus auffallend weißem Holz (es drängt sich mir hier die Assoziation „Alabaster" und Alaun auf) und war nicht besudelt, ein Umstand, der mir mit Rücksicht auf das Milieu sehr merkwürdig erschien.

Als mein Onkel und ich die vorbeschriebene Lokalität verließen, erinnerte ich mich daran, daß einer der besser gekleideten Männer — wie ich mich nämlich nachher erinnerte, habe ich später noch mehrere anständig gekleidete Männer gesehen, bei denen auch der Gesichtsausdruck auf besser situierte Leute schließen ließ, die also gar nicht in die Umgebung paßten — dem Onkel gesagt hatte, er sei ein „Stecher". Ich fragte meinen Oheim, was wohl mit diesem Worte gemeint sei. Er erwiderte mir darauf, das wäre ein Mann, der sich besonders von älteren Frauen beeinflussen lasse. „Also ein Weiberknecht," erwiderte ich. Letztere Diskussion scheint mir um so merkwürdiger, als sich mir bei dem Worte „Stecher" auch schon im Traume die Assoziation „Entjungferer" aufdrängte".

Es genügte zur Analyse die Kenntnis, daß der Onkel namens Kleiner sein Penis ist. Daß er allerlei Konkurrenz findet auf dem Wege zum Aborte, ist eine auch im Wachen vorkommende Situation und Phantasie. Er ist Urolagnist. Er hält sich am liebsten in Aborten auf. In diesen Aborten verbringt er lange Zeit, um die Mictio der Frauen zu beobachten. (Man übergehe nicht die Analogie zum „Abort mit Glaswänden" im vorhergehenden Traume!). Wenn es ihm möglich ist, des Urins habhaft zu werden, so kostet er ihn unter großen Lustgefühlen. Der „Stecher" erinnert uns, daß dieses Urintrinken nur ein symbolischer Ersatz seines Blutdurstes ist. Sein eigentliches Verlangen ginge nach Anthropophagie und Nekrophilie. Als Abspaltung dieser Triebe hat sich die mildeste Perversion durchgesetzt. Die anderen Perversionen werden in hysterischen Anfällen mit Bewußtseinsverlust befriedigt. Sein grenzenloser Sadismus dringt auch in die Tagesphantasien, entweder in blutrünstigen Bildern oder im Negativ masochistischer Prozeduren. Der Traum läßt die Beziehungen der Perversion zur Geburtsphantasie deutlich erkennen .. Er ist der Weiberknecht . . . Seine Urolagnie ist der Ausdruck der hartnäckig festgehaltenen Mutterleibsphantasie.

Zum besseren Verständnis des Seelenlebens des Herrn Lambda soll hier noch einer seiner Träume mitgeteilt werden:

(284.) „Nach wechselnder Szenerienfolge, an die ich mich nicht mehr erinnern kann, befand ich mich plötzlich in einer Gebirgslandschaft, kahler Gesteinsboden, eine Mulde nur ganz schütter mit Latschen durchsetzt, der weitere Horizont wieder begrenzt durch kahle Gesteinswände. Zu meiner Rechten schritt ein Mann, ein Gewehr in der Hand (Papa!), vor uns eine Gemse auf der Flucht. Mein rechter Begleiter legte an und feuerte, und trotzdem das arme Tier schon nach der ersten Kugel bei einer Zwergföhre niederbrach, sandte er noch weitere 3—4 Kugeln nach. Ich sah genau die Körperstellen, wo die einzelnen Kugeln eindrangen, alle Kugeln trafen hinter dem linken Schulterblatt, das Tier hatte nämlich auf seiner Flucht, die ursprünglich geradeaus ging, wahrscheinlich durch die Bodenbeschaffenheit gezwungen, kurz bevor es von der ersten Kugel getroffen worden war, die Richtung nach links eingeschlagen.

Wir näherten uns dem verendenden Tiere und ich machte beim Anblick des sterbenden Wildes zu meinem Begleiter die Bemerkung: „Eigentlich habe ich mir eine solche Jagd anders vorgestellt."

Der Körper der Gemse wurde, während wir sie betrachteten, immer größer, größer als der Körper eines Elefanten, so daß die Brusthöhle, — ich meine damit die Entfernung vom Brustbein bis zu den Rückenwirbeln — schließlich gut $1^1/_2$ m hatte. Die linke, uns zugekehrte Seite des Brustkorbes war von Fell und Rippenknochen vollständig entblößt, so daß Lunge, Teile der Leber und des Magens in richtiger anatomischer Lage zu sehen waren, aber nicht blutüberströmt, nicht zuckend, ohne Bewegung und Leben, ähnlich wie bei einem zu Demonstrations- oder Lehrzwecken angefertigten anatomischen Wachspräparat, auch die einzelnen Weichteile und Eingeweide zeigten nicht die warmen, weichen Farben einer frischen Tierleiche, sondern eher die glänzenden Firnisfarben eines solchen Präparates, ohne richtige Wiedergabe des wirklichen Farbentones, wie das zu der leichteren Unterscheidbarkeit bei Lehrpräparaten üblich ist. Unter der Lunge aber quollen in schlangenartigen Bewegungen die weißlich-gelben Gedärme hervor, ebenfalls nicht blutüberströmt, sondern rein und gewaschen, von der Gestalt, wie sie etwa der Wurstfabrikant als Haut für seine Würste benutzt."

Analyse: Phantasie über seine Zeugung und Geburt. Er war tags vorher in der Jagdausstellung im Kinematographen und hatte ein Bild bewundert: Der Kaiser auf der Gemsenjagd.

Die Gemse ist die Mutter, die 3—4 Kinder geboren hat. Den vierten (den Bruder) möchte er am liebsten ungeboren lassen, zum mindesten nicht als Sohn des Kaisers anerkennen. Die Gemse war ja auf Abwege geraten (Weg nach links). Die Mutter ist eine sehr fleißige Frau. Von Gemse — Gemsig führen die Assoziationen zu emsig. Der Koitus wurde in sadistischer Phantasie (vgl. den künstlichen Traum und den Stechertraum Nr. 283) als blutige Jagd aufgefaßt.

Der wachsende Körper der Gemse stellt das Wachsen des graviden Abdomens dar. Die weiteren Bilder stammen aus dem Anschauungsunterricht in einem Panoptikum „nur für Erwachsene", wo er Durchschnitte durch den graviden Körper sah.

Er ist ein ausgesprochen sadistischer Mensch mit den dazu gehörigen masochistischen Regungen.

Der Wunsch, das Innere des Körpers zu sehen, ist eine Variation der Mutterleibsphantasie. Hier setzen seine sadistischen Phantasien ein. Er möchte am liebsten in den Mutterleib wieder eindringen. Der Penis wird zum Messer. Es kommen Impulse, die an den berüchtigten Frauenmörder „Jack den Aufschlitzer" erinnern. Er ist ja im vorhergehenden Traume der „Stecher". Alle diese Stecher scheinen an Mutterleibsphantasien zu leiden. Sie wollen es sehen, wie der Frauenleib „innen' aussieht. Einmal waren sie ja innen. Diese Gelegenheit möchten sie wieder herbeiführen. So führt die sexuelle Triebkraft in diesem Falle zum Verbrechen. Hier eröffnen sich Blicke in die tiefsten Abgründe der menschlichen Seele. Mit Schaudern und Entsetzen müßte man sich abwenden, wenn die Wege der Erkenntnis nicht zugleich die Wege zur triumphierenden Menschlichkeit wären. „Nur der wirkliche Tag", sagt Feuchtersleben, „verscheucht die Nachtgespenster, indem er sie beleuchtet."

XXVIII.

Die Träume der Kinder.

Wir wollen uns jetzt von den schweren, komplizierten Träumen bei den einfach gefügten Träumen der Kinder erholen. Die Kinderträume sind meistens durchsichtig und zeigen den Typus der Wunscherfüllung oder der neurotischen Angst als Ausdrücke des Gewissens in klarer Weise. Ich sage „meistens“! Denn ich habe schon bei Kindern sehr komplizierte Träume gefunden, die eine volle Anwendung der Symbolik und der Traumentstellung zeigen.

Eine andere Frage wäre: Wann fangen die Kinder zu träumen an? Bekanntlich wird das reizende Lächeln der Säuglinge von vielen Müttern als Traum aufgefaßt. Die Ärzte sind realistischer und wollen darin nur einen Reflexakt sehen. Wer kann hier ein entscheidendes Wort sprechen? Ich halte es für möglich, ja sogar wahrscheinlich daß die Kinder vom ersten Tage der Geburt an träumen, vielleicht sogar im Mutterleibe. Die Anregungen des Tages werden im Unbewußten fortgesponnen.

Die Psychologie des Kindeslebens ist der Schlüssel zum Verständnis des Erwachsenen. Der Traum des Kindes soll uns dem Wesen des Traumes näher bringen. Wann fängt das Kind zu träumen an? Das können wir nur bestimmen, wie wir die Träume der Tiere zu verstehen glauben. Wir sehen gewisse Bewegungen, wir hören gewisse Laute und schließen daraus: das Tier träumt. Das Tier wird uns bei unseren Untersuchungen über den Traum den embryonalen Zustand des Kindes verkörpern. Nach dem biogenetischen Gesetz von Haeckel macht jedes Individuum die Entwickelung im kleinen durch, die die ganze Art im unendlichen Laufe der Jahrtausende durchgemacht hat. Der Embryo wächst vom einzelligen Wesen bis zum komplizierten Bau des Menschen heran. Die Entwickelung des Menschen ist die Entwickelung der Menschheit. Der Tiertraum soll uns den Urtypus des Traumes erkennen lassen.

Santo de Sanctis [1]) hat ausgedehnte Studien über das Träumen der Tiere angestellt. Es besteht für ihn gar kein Zweifel, daß von einer gewissen Intelligenzstufe angefangen alle Tiere träumen. Die Pferde scheinen die fröhlichsten Träume zu besitzen. Sie wiehern im Schlaf und äußern eine Art von Lachen. Kälber bewegen die Glieder und blöken. Auch bei Raubtieren wurde in Menagerien Traumerscheinungen beobachtet. Um die Brunstzeit werden bei allen Tieren die Träume lebhafter. Von ganz besonderem Interesse ist eine Beobachtung, die Santo an einem Neufundländer gemacht hat. Dieses intelligente Tier, das niemals im Leben ins Wasser kam, machte im Traum mit den Füßen und dem Kopf deutliche Schwimmbewegungen. Oft waren diese Schwimmbewegungen so stark, daß sich der Hund ein Stück von seinem Platz fortbewegte [2]). Ein bekannter Literat, der zugleich ein passionierter Jäger ist, besitzt einen außerordentlich klugen, wohldressierten Jagdhund. Er beobachtet regelmäßig, wie der Hund nach einer Jagd sich lebhaft krümmt, Kopf und Glieder bewegt und dabei ein leises Bellen ausstößt.

---

[1]) Die Iräume. Karl Marhold, Halle a. S. 1901.

[2]) Dieselbe Beobachtung habe ich an meinem Hunde Schary gemacht. Er träumt sehr lebhaft und entwickelt im Traume große Affekte.

Der Hund wiederholte die Jagdszene im Traum. Aber mit einem Unterschied. Bei Tage, während der Jagd, darf der dressierte Vorstehhund nicht bellen. Bellende Hunde können vom Jäger nicht verwendet werden. In der Nacht hat der Instinkt die Macht der Erziehung verdrängt. Der Hund bellt nach Herzenslust. Was ihm der Tag versagt, hat ihm der freundliche Traum der Nacht beschert. Er darf das Tier bellend verfolgen. Ebenso macht es der Neufundländer, den die Erlebnisse seiner Ahnen als Instinktäußerung zum Schwimmen drängen; auch diesem Tier verhilft der Traum zur Erfüllung seiner geheimen Wünsche.

Der Urtypus der Menschenträume, der Traum der Tiere, hat uns die Wunscherfüllung in seiner einfachsten Form gezeigt. Im Traum befriedigt das Tier seine Instinkte.

Gehen wir nun eine Stufe höher. Die Träume der Kinder fangen viel früher an, als Santo annimmt. Preyer hält das Lachen der Säuglinge im Traum für einen reinen Reflexakt. Können wir uns mit Bezug auf die Erfahrungen an Tieren nicht vorstellen, daß die Säuglinge träumen? Was sollen die Saugbewegungen des Mundes im Schlafe bedeuten? Das Kind träumt, daß es trinkt, und schläft weiter. Der Traum ist ja nach Freud nicht der Störer, sondern der Wächter des Schlafes. Kommt das Kind zum Bewußtsein seines Traumes, so zeigt der infantile Traum den deutlichen Charakter der Wunscherfüllung. Mein Knabe träumte im Alter von drei Jahren, ein Engel habe ihm eine Trompete und ein Schießgewehr gebracht. Beides am Vortage des Traumes sehnlichst gewünschtes Spielzeug. So lebhaft war der Traum, daß er nach dem Erwachen die Sachen vergebens im Bettlein suchte.

Der Traum des gesunden Kindes zeigt immer den unverfälschten Typus der Wunscherfüllung. Kinder träumen häufig von Verstorbenen und vom Tode überhaupt. Man sagt: „Ein Kind kennt nicht die Schrecken des Todes. Die gestorbene Großmama ist im Himmel beim lieben Gott, wo die vielen schönen Engel sind. Was ist natürlicher, als daß das Kind diese Herrlichkeiten zu sehen wünscht?“ Das mag ja vielleicht richtig sein.

Trotzdem wäre es ein Fehler, zu glauben, daß das Kind nicht den Ernst des Todeswunsches begreift. Der Todeswunsch ist beim Kinde entschieden ein feindseliger Akt. Jung (Über Konflikte der kindlichen Seele) [1]) erzählt von einem vierjährigen Mädchen, das auf die Frage: „Was würdest du sagen, wenn heute Nacht ein Brüderchen käme?“ antwortete: „Dann würde ich es töten.“ [2]) Dasselbe Kind interessiert sich lebhaft, ob die Mutter nach der Geburt des Brüderchens nicht sterben werde.

Ich glaube, daß die Kinder sich viel mehr als die Erwachsenen mit dem Tode der nächsten Angehörigen beschäftigen. Wir gehen nicht fehl, diese Gedanken als direkte Todeswünsche aufzufassen. Das Kind ist nach meinen Forschungen der geborene Verbrecher. (Lombroso soll etwas ähnliches behauptet haben.)

Die Träume der Säuglinge dürften sich um die bedeutungsvollen Fragen dieses Alters drehen: Hunger und andere Leibreize dürften ein wichtiges Wort dabei mitsprechen.

---

[1]) Jahrbuch für psychoanalytische Forschungen. II. Bd.

[2]) Manche Inzestneigung zu Geschwistern und auch zu Eltern ist gar nicht primär, sondern schon die Überkompensation eines Todeswunsches. Vielleicht ist in den meisten Fällen pathologisch fixierter Neigung der Haß das Ursprüngliche. Ich kenne wenigstens einige solcher Fälle, da die übergroße Liebe als erste Wurzel eine bis zum Todeswunsch gesteigerte Abneigung erkennen ließ.

Freud erzählt: „Wenn man mir zugibt, daß das Sprechen aus dem Schlafe der Kinder gleichfalls dem Kreise des Träumens angehört, so kann ich im folgenden einen der jüngsten Träume meiner Sammlung mitteilen. Mein jüngstes Mädchen, damals 19 Monate alt, hatte eines Morgens erbrochen und war darum den Tag über nüchtern erhalten worden. In der Nacht, die diesem Hungertage folgte, hörte man sie erregt aus dem Schlafe rufen:

(285.) „Anna F,eud, Er(d)beer, Hochbeer, Eier(s)peis, Papp."

Ihren Namen gebrauchte sie damals, um die Besitzergreifung auszudrücken: der Speisezettel umfaßte wohl alles, was ihr als begehrenswerte Mahlzeit erscheinen mußte; daß die Erdbeeren darin in zwei Varietäten vorkamen, war eine Demonstration gegen die häusliche Sanitätspolizei und hatte seinen Grund in dem von ihr wohlbemerkten Nebenumstand, daß die Kinderfrau ihre Indisposition auf allzu reichlichen Erdbeergenuß geschoben hatte; für dies ihr unbequeme Gutachten nahm sie also im Traume ihre Revanche." (Traumdeutung.)

Sully erzählt:

Ein kleines Mädchen von etwa $4^3/_4$ Jahren reiste mit ihren Eltern in die Schweiz. Unterwegs besuchten sie auch Straßburg, und sie hörte die berühmte Uhr des Münsters schlagen, sah die Apostel erscheinen usw. In der Schweiz blieb sie in Grindelwald, in der Nähe von Mürren, gegenüber einer Kette schneebedeckter Bergriesen. Eines Morgens erzählte sie ihrem Vater, sie hätte einen so hübschen Traum gehabt. Sie war mit ihrer Wärterin auf den Schneebergen gewesen und in den Himmel gegangen. Da kamen aus dem Himmel „so schöne Sachen" gerade wie die Figuren an der Uhr. Diese Vision war offenbar dadurch entstanden, daß Uhr und Gletscher, die in den blauen Himmel reichten, ihre Einbildungskraft mächtig erregt hatten und ihr Gemüt mit ganz demselben Gefühle des Staunens, der Verwunderung und der Sehnsucht, eine unzugängliche Höhe zu erreichen, erfüllt hatten." (Die Illusionen von James Sully. Leipzig. Brockhaus. 1884.) Die Gletscherträume sind wahrscheinlich alle Ammenträume. Die Schneeberge entsprechen der unvergessenen infantilen Lust des Saugens . . .

Nicht immer verlaufen die Träume der Kinder so lieblich und genußreich. Schon im frühen Alter setzen Angstträume [1]) ein.

Ein dreijähriger Knabe, der mir einige hübsche Kinderträume erzählt hat, zeigt manchmal Angstträume. Die lustbetonten Träume lauten:

(286.) „Heute Nacht habe ich vom Onkel Alex ein großes Hutschpferd und eine Schachtel Zinnsoldaten bekommen."

(287.) „Die Anna hat mir ihre neue Puppe geschenkt."

---

[1]) „Einen sehr interessanten Fall, in welchem die Träume wirklich eine außergewöhnliche Bedeutung bekommen und als Traumsymptome aufgefaßt werden müssen, habe ich 1897 in der Sprechstunde der römischen Klinik beobachtet. Es handelt sich um ein erst dreijähriges Kind G. C., welches am Ende des ersten Lebensjahres an Epilepsie erkrankt war. Die Anfälle treten ungefähr alle zwei Monate ein, sein Schlaf aber ist dauernd unruhig. Es fährt im Schlafe oft zusammen, schreit auf und bewegt sich. Oft erwacht es plötzlich und erzählt dann der Mutter, es habe Menschen, Tiere und Gegenstände gesehen, die ihm Angst gemacht hätten." (Santo de Sanctis.)

[2]) Ausführlich dargestellt in „Nervöse Angstzustände". 3. Aufl. Urban u. Schwarzenberg. 1921. Berlin und Wien.

(288). „Heute Nacht war ein Engel bei mir, der hat mir sehr viel Zuckerl geschenkt, weil ich sehr brav bin."

Der Angsttraum lautet:

(289.) „Der Momo [1]) hat vor meinem Bett geschrien und hat den Mund so aufgerissen — die große rote Zunge habe ich gesehen — und hat auf mich sehr geschrien."

Sehr häufig kehren in den Angstträumen die Schreckbilder des Tages wieder: Der Krampus, der Wachmann, der Schornsteinfeger, der schwarze Mann, der Zigeuner und der Teufel. Kurz alle Personen, mit denen die Kinder zur Furcht erzogen werden. Ich brauche nicht erst zu betonen, daß ich dieses System für durchaus verfehlt und schädlich halte. Wie häufig finden wir in den Träumen der Erwachsenen diese kindlichen Spukgestalten!

Ein nun 43jähriger an Angsthysterie leidender Mann teilte mir seine Kinderträume mit, an die er sich noch heute mit Schrecken erinnert.

Mit vier Jahren:

(290.) „Es kommen Männer ins Zimmer und wachsen immer mehr. Sie wachsen durch die Decke — und nehmen mir den Platz weg."

Mit fünf Jahren:

(291.) „Es wirft einer eine Feuerkugel auf mich, so daß ich verbrenne."

(292.) „Unter meinem Bette sind Schweindeln, die laut quiecken."

(292.) „Wilde Büffel verfolgen mich und wollen mich niedertreten und mich auspressen."

Mit sechs Jahren:

(294). „Es war eine große rote Höhle, in die ich hineingegangen bin. Darinnen waren gläserne Stäbe, verästelte Glasgebilde, Glasstifte. Ich gehe aus der Höhle hinaus, weil sie mir zu enge ist. Aber andere Menschen, besonders ein junger Mann, stehen neben der Höhle. In dem Augenblicke kommt aus der Höhle ein großes Feuer heraus und der junge Mann schwimmt wie ein Fetzen im Blute."

Im zehnten Lebensjahre ein Traum, der sich bis in das zwanzigste sehr häufig wiederholt hat, also ein stereotyper Traum. Diese Träume sind für die Analyse besonders wichtig.

(295). „Ich bin auf einer grünen Wiese. Da laufen unbekleidete schwarze Wesen herum, welche einmal Menschen gewesen sind. Sie rennen herum und beißen jeden, den sie treffen. Ich fürchtete mich sehr, denn ich weiß, daß ich dann so werden werde wie sie."

Die Deutung dieser Kinderträume ergibt sich jedem, der die bisherigen Ausführungen inne hat, von selber. Man vergleiche aber mit diesen Kinderträumen den ersten Traum, den mir der Patient in der Analyse gebracht hat.

(296.) „Wie ich liege, komme ich mit der rechten Hand an die Zimmerwand an. Ich strecke meine linke Hand aus und berühre ein weiches Fell, wie von einem Büffel. Die Wand wird immer enger und der Büffel preßt immer mehr. Ich erwache mit einem Angstschrei."

Die anderen Angstträume dieses Kranken setzen sich aus ähnlichen Elementen zusammen. Bald pressen ihn die Wände eines Zimmers ein

---

[1]) Ein „schwarzer Mann", mit dem bei uns Kinder geschreckt werden.

(Mutterleibsphantasie), bald verfolgen ihn schwarze Räuber, bald verbrennt er in einer feurigen Höhle . . . Es müßte einmal ein Buch über die Träume eines Menschen geschrieben werden. Das würde schon den Einfluß dieser infantilen Elemente in überzeugender Weise klarlegen.

Eine besondere Erwähnung verdient der Traum 295. Man merkt aus diesem Traume die Perversion der Anthropophagie. Die Geschichte erzählt uns von Epidemien, da Menschen zu Wehrwölfen wurden und die Mitmenschen anfielen (Leukanthropie). Der Wehrwolfglaube spielt auch in der Neurose eine größere Rolle, als wir geglaubt haben. Der Urolagnist Lamda hat diese Werwolfphantasie (Siehe die Träume Nr. 283, 284). Auch unser Träumer fürchtet sich vor sich selber. Er könnte zum wilden Tiere werden . . . . Gleich der erste Traum (290) zeigt seine Erregung, weil ein Bruder gekommen ist, der ihm den Platz weggenommen hat.

Sehr lehrreich sind auch die Träume, die Jung (l. c.) von der vierjährigen Anna erzählt.:

(297.) „Ich habe heute Nacht von der Arche Noah geträumt und da waren viele Tierchen drinn, und da war ein Deckel dran, der ging auf und die Tierchen fielen heraus.“

Es ist eine Geburtsphantasie, die den richtigen Sachverhalt, daß es unten herausgehe, errät.

(298.) „Ich habe von Papa und Mama geträumt, die seien noch lange im Studierzimmer und die Kinder seien auch dabei.“

Der Wunsch, Vater und Mutter zu kontrollieren.

(299.) „Ich habe von einer Frau aus der Stadt geträumt, die hat einen ganz dicken Bauch gehabt.“

Das Problem der Schwangerschaft.

(300.) „Ich träumte, ich sei im Schlafzimmer von Onkel und Tante. Beide lagen im Bette. Ich zog dann Onkel die Decke herunter, setzte mich auf seinen Magen und ritt darauf herum.“

Anna möchte wissen, wie es Onkel und Papa machen . . . .

Tiere spielen in den Kinderträumen eine große Rolle. Ich will hier gleich einige Träume eines sechsjährigen Mädchens zum besten geben. Es ist die Tochter der Frau Alpha, die uns aus früheren Träumen (14, 36, 154, 155) sehr gut bekannt ist.

Das noch nicht sechsjährige Kind erzählt seiner Mutter:

(301.) „Wir sind zusammen gegangen, da haben wir auf einem Felsen ein Kamel gesehen und du bist auf den Felsen gekraxelt. Das Kamel wollte dich immer anschnuppern, du hast es aber nicht lassen und hast gesagt: „Ich möchte es tun, wenn du aber so bist, mache ichs nicht.“

Nach der Traumerzählung frage ich das Mäderl, ob sie sich vorstellen kann, was das Kamel im Traum bedeutet, worauf sie mir sofort antwortet:

„Den Papa, er muß auch so schleppen und sich plagen wie ein Kamel. Weißt du, Mama, wie es dich anschnuppern wollte, wars, als wenn es auf kamelisch sagte: „Bitte, spiel mit mir. Ich will dich heiraten, ich laß dich nicht scheiden.“ — Der Felsen, wo du hinauf bist, war steil, der Weg war schön rein, aber das Geländer war sehr schmutzig und ein tiefer Abgrund und über das Geländer ist ein Mann in den

Abgrund gerutscht. Ob es der Papa oder der Onkel war, weiß ich nicht."

Das neurotische Kind versteht den ganzen Konflikt der Eltern. Die Mutter verweigert dem Vater den Beischlaf. Hier will sie mit dem Kamel nicht „spielen". Das Kamel will sie „heiraten". Ebenso rätselhaft ist es, woher das Kind weiß, daß die Mama sich eine Zeitlang mit Scheidungsgedanken getragen hat . . . Die Kinder beobachten offenbar viel schärfer und genauer, als wir es bisher geahnt haben. Der Schluß des Traumes ist eine ziemlich durchsichtige Symbolik eines Kongressus. Aber die Traumgedanken gehen noch tiefer. Ein Mann versinkt ja in einem Abgrund. Der Vater macht kleine Bergpartien. Sollte das Kind den Wunsch haben, der Vater möge abstürzen? Der Vater behandelt das Kind schlecht und schlägt es mitunter in ungerechter Weise. Jedenfalls ist in Betracht zu ziehen, daß der kleine Fratz der Mutter sagte: „Du Mama — nicht wahr, wenn der Papa stirbt, wirdst Du den Dr. Stekel heiraten." Ein anderes Mal plauschte sie: „Weist Du Mama — der Dr. N. gefällt mir viel besser als der Papa. Der würde viel besser zu Dir passen." — Auch die Gegensätze von rein und schmutzig, die später im Seelenleben der Neurotiker eine solche wichtige Rolle spielen, sind hier schon angedeutet.

Unsere kleine Toni — so wollen wir sie nennen — weiß offenbar auch etwas von den analytischen Lehren. Denn die Mutter berichtet mir folgende ergötzliche Episode aus der modernsten Kinderstube:

„Die Kinder spielen im Nebenzimmer. Ich höre durch die offene Türe ihrem Gespräch zu. Pauli will die Puppen in ein gemeinsames Puppenbett schlafen legen und zwar einen Buben und ein Mädel. Mädi ereifert sich und wehrt energisch, indem sie sagt: „Das ist greulich, ein Bub darf mit keinem Mädel in einem Bett liegen, da wird das Mädel verdorben; sie wird eine Männerfeindin und später wird sie nervös." Mit großem Geschrei endet diese Unterhaltung, aber das Mädel wurde krampfhaft verteidigt und unverdorben in ihren Puppenkoffer eingepackt."

Wir wollen noch einige Träume dieser kleinen Dame kennen lernen.

(302.) „Wir sind in Breitensee zum Krämer gegangen, nur der Papa und ich, und dort war ein großes Schwein, wie eine Türe so groß. Das Schwein war sehr rein und der Stall war voll Ruß. Der Papa fragt: „Was ist das für eine Rasse?" Der Krämer sagt: „No, halt eine Schweinrasse." Kinder füttern das Schwein. Papa fragt, was es am liebsten frißt; die Kinder sagen: „Hafer." Ich spiele darauf neben dem Stall mit meinen Schwimmtieren und lasse sie im Wasser schwimmen."

Zur Analyse war das Kind nicht zu bringen. Das Wasser (Breitensee — im Wasser schwimmen) spielt eine große Rolle — ebenso wie die Gegensätze von rein und schmutzig. Das Schwein scheint hier die symbolische Darstellung der Vagina zu sein. („Wie die Türe so groß.") Die Kinder stehen für die Genitalien. „Ich spiele mit meinem Schwein und lasse es im Wasser schwimmen" = ich onaniere und uriniere (Enuresis.).

(303.) „Ich war bei Tante Lina im Vorzimmer, da sehe ich einen ganzen Schwarm Engerln ins Zimmer fliegen. Tante Lina hat für den Christbaum hergerichtet.

Ich war ein schönes, fremdes Mäderl und habe ein schönes, weißes Kleiderl angehabt."

Ob dieser Traum harmlos ist oder die bekannte Symbolik (Engel — Baum) anzuwenden ist? Aus Toni war zu diesem Traume kein Material zu bekommen. Ein Moment ist sehr interessant. Sie ist ein fremdes Mädchen. Hier fängt der Familienroman an. Sie ist nicht die Tochter ihres Vaters und der Mutter. Oder sollen die Engel andeuten, daß die Eltern tot sind und sie bei der Tante lebt, wo sie sich am wohlsten fühlt und auch der Pauli ihr Spielkamerad immer da ist?

Daß ihre „Engel" wenig von der biblischen Reinheit an sich haben, beweist der nächste Traum der klugen Toni, die alle Träume sehr gerne erzählt, seit sie merkt, daß Mama sich dafür interessiert.

(304.) „Der Pauli hat vier Kokosnüsse gebracht, zwei hat er mir geschenkt und er hat sich auch zwei behalten. Da macht er eine davon auf und es ist eine Billardkugel drinn. Er drückt sie zusammen und es springt ein kleiner Krampus heraus. Aus der zweiten Kokosnuß auch. Aus meiner Kokosnuß springt auch ein Krampus heraus. Aus der zweiten aber ist in der Billardkugel ein kleines Engerl drinnen, es fliegt heraus und wird immer größer, bis ein großer, schöner Engel daraus ist. Er hat eine goldene Krone am Kopfe und große Flügel am Rücken aus weißen Federn."

Auf die Frage, was das Engerl zu bedeuten hat, antwortet Toni: „Etwas Schönes. — Etwas Gutes." — Erst war es ganz klein — dann ist es gewachsen — und immer wieder gewachsen, bis es sehr groß war."

Der Traum ist vom Standpunkte des psychischen Hermaphroditismus sehr interessant. Toni wünscht sich Hoden (zwei Kokosnüsse), aus denen ein Penis (Krampus oder Engel; — wie geistreich: Himmel und Hölle) entspringen soll. Das Engerl soll wachsen können.

Woher hat sie ihre Kenntnisse? Das ist nicht zu erfahren. Klein-Toni scheint schon sehr viel zu wissen.

So wie ihr die Rätsel der Erektion durch klein und groß bekannt sind, benutzt sie zu diesem Zwecke auch die Symbolik von tot und lebendig. Der Affe mit dem langen Schwanz wird ebenfalls in der bekannten Symbolik angewendet, während am Schlusse des nun mitzuteilenden Traumes der noch nicht sechs Jahre alten Toni auch der Mund als erogene Zone in das Phantasieleben des Kindes hineinspielt.

(305). „Bei der Tante Lina war ein mir ganz fremder Affe. Den habe ich in der Hand gehabt und der Pauli hat mir ihn genommen und in einen Korb gegeben. Auf einmal waren zwei Affen. Aber den Affen hat er Spielsachen gegeben. Fischerln und kleine Tiere. Der Korb hat Henkel gehabt und der Pauli hat die Henkel angezündet. Ich greife hinunter, wobei Tante schrie: „Daß euch die Affen nicht krepieren!" und die Affen waren tot. Der Pauli hat sie geküßt und sie sind nimmermehr lebendig geworden. Dann weiß ich nichts mehr, weil ich aufgewacht bin.

Ein Fräulein war auch dabei, die hat gedacht und gesagt: „Aber Pauli, du wirst doch keine Affen küssen!"

Der Nachtrag bringt die ganze Hemmung der moralisch-ästhetischen Erziehung: „Aber Pauli, du wirst doch keine Affen küssen!" Selbstredend von einem „Fräulein" — so nennt man in Wien die Erzieherin — vorgebracht. Der Affe, der in einem Korb gesteckt und mit Spielsachen zugedeckt, dann angezündet wird, eine sehr hübsche naive Symbolik erotischer Vorgänge.

Doch die kleine Toni kann auch andere Gedanken erwägen. Sie kommt plötzlich mit argen Todeswünschen, die wir schon bei den Engerln geahnt hatten. Auch in diesem Traume fällt es uns auf, daß die Affen „Krepieren". Ein dunkler Verdacht steigt in uns auf, der „Affe" könnte vielleicht mit dem „Kamel" identisch sein und Todeswünsche gegen den Vater enthalten. Weigert sich das Kind doch manchmal, den allzustrengen Vater zu küssen!

Sie erzählte in einer Nacht ihrer Mama drei Träume. Die letzten, die wir von ihr erfahren haben. Dann wurde sie schweigsam und sagte kurz und bündig: „Ich erinnere mich nicht." Irgend ein Traum muß ihr Klarheit über die geheimen Traumgedanken gebracht haben und sie zog sich in ihr Inneres zurück.

(306.) „Ein Bettler im Freien hat eine Frau und einen Herrn angebettelt. Die Frau war geizig und hat gesagt, er soll warten, bis ihre Schwester kommt. Die Schwester ist gekommen und hat ihm statt einen Kreuzer einen Gulden gegeben, er hat sich höflich bedankt."

(307.) „Papa, Mama, ich sind gegangen; unten war ein Zuckerbäcker, da ist Papa hineingegangen und hat uns für einen Kreuzer Leim gekauft. Den Leim haben sie in einen schönen Topf gegeben. Dann sind wir in einen Garten gegangen, dort war ein Stieglitz in einem Vogelhause, das war offen; ein Fräulein ist gekommen und hat gesagt: „Das ist ein schöner Stieglitz".

(308.) „Es hat geheißen, der Papa soll abreisen; da habe ich ihm mein Arbeitskörberl geborgt. Drinnen war Kohle, eine Steinfigur und ein aufgerollter schwarzer (?) Gazestoff."

Drei inhaltreiche Träume! Der erste variiert das Thema vom bittenden Kamel. Die Mama ist geizig mit ihren Liebkosungen und Süßigkeiten. Aber Mama hat eine Schwester (Vagina?), die mit dem Papa immer sehr lieb und freundlich ist. Sollte das Kind den Papa verdächtigen? Man muß es annehmen, denn sie hatte einmal gefragt: „Papa, wenn du die Tante heiratest, wird die Mama den Onkel nehmen?" Auch möchte ich daran erinnern, daß sie einmal zur Mama leise ins Ohr sagte: „Mama! Ich habe den Doktor N. viel lieber als den Papa!" Toni hatte bemerkt, daß die Mama für Dr. N. eine gewisse Schwärmerei zeigte.

Doch sollte Toni am Ende selber die Schwester sein, die den bittenden Papa, den Bettler so reich beschenkt? Im nächsten Traume wird eine rohe sexuelle Symbolik in bezug auf den Papa verwertet. (Leim als Sperma oder Schleim. Sehr häufig zu finden.) Vogel und Vogelhaus in vulgärer Bedeutung.

Doch wie paßt dieser zweite Traum zum dritten der vom Tode des Vaters handelt? Daß das Kind die Gegensätze von tot und lebendig verwertet, ist uns schon bekannt. Hier spielen andere Gedanken herein. Die Schwester der Mutter ist eine reiche Frau. Wenn der Papa stirbt, so sind sie Bettler. Das arme Kind steht schon mitten in einem schweren psychischen Konflikte. Es kämpft an Seite der Mutter und haßt den rohen Vater, der sie oft schlägt. Haßt den Vater, fürchtet ihn und liebt ihn. Das Kind ist unheimlich weitsichtig. Des Abends vor dem Einschlafen umhalste es einmal seine Mutter und flüsterte zu ihr, die mit

Selbstmordgedanken spielt: „Mama, wenn du von der Erde gehst, so nimmst du mich mit. Ich gehe mit dir."

Ein schöner Stieglitz ist dem Kinde einmal gestorben. Jetzt soll der Papa auch sterben. Papa soll eine große Reise antreten. Eine Reise, von der man nie mehr zurückkommt. Sie gibt ihm ihr Arbeitskörberl auf die Reise. Wie schlau! Wie doppelsinnig! Wie fein!

Doch was für sonderbare drei (!) Dinge sind in diesem Korbe! Eine Kohle, die schwarz ist und brennen kann. Ein Todessymbol, das zugleich Feuer, Leben und Wärme bedeutet. Eine Steinfigur, wie Toni sie auf Friedhöfen gesehen hat und wie man sie „toten" Männern überall zum Angedenken aufstellt. (Aber wieder ein uraltes Symbol eines Phallus.) Und schließlich der aufgerollte (schwarze?) Gazestoff. Wer erkennt nicht den Witwenschleier? Sie weiß nicht bestimmt, ob er schwarz war, Er kann auch weiß gewesen sein. Also Brautschleier und Witwenschleier.

Alle diese Symbole im Dienste der Phantasie eines sechsjährigen, nicht außerordentlich altklugen Kindes.

Welche großartige Verwendung der Todessymbole zeigt dieser kleine Traum! Werden wir nicht zur Annahme gedrängt, daß diese Symbolik, wie alle Symbolik, im Volksbewußtsein schlummert und sich dann auch im Kinde spontan äußern kann? In die Träume dieses Kindes tönt schon die Todesglocke schaurig hinein. Alle Zeichen, die wir im Traume der Erwachsenen finden, sind hier zu lesen: Die Onanie, das Rätsel der Bisexualität, ihr Schwanken zwischen Liebe und Haß, zwischen Mutter und Vater und schließlich das ebenso grausame als lustbetonte Spielen mit den Todesgedanken [1]).

Man glaube nicht, daß diese Träume eine Ausnahme bilden. Das Kind ist von Haus aus grausam und kennt ursprünglich die altruistischen Gefühle nicht. Es liebt die Umgebung, wenn sie ihm Lust verschafft, also nur aus egoistischen Motiven.

Meine Psychanalysen haben mir den Beweis erbracht, daß jedes Kind ursprünglich „kriminell" veranlagt ist. Die Sexualität im weitesten Sinne, d. h. die Liebe zu seinen Eltern und Erziehern, dient dann dazu, diese Kriminalität zu überwinden. Aus dem Urmenschen mit Urinstinkten wird der Kulturmensch. Kommt das Kind in einen Konflikt zwischen seiner Liebe und seinem Haß, so wird es neurotisch. Es empfindet die Liebe als verbrecherisch. Aber wie häufig ist die Liebe nur der Überbau über einem gewaltigen Fundament von Haß!

Aus kleinen Zügen entschleiert sich die Kriminalität der Kinder. So erzählte mir ein Neurotiker, er habe im Alter von sechs Jahren einen kupfernen Pfennig in die Milchkanne geworfen, um die Geschwister alle zu vergiften. Er hatte nur eine Angst: Man könnte es bemerken und ihn bestrafen. Für das Schicksal der Geschwister zitterte er nicht eine

---

[1]) Von einem fünfjährigen Kind, das seine Mutter im Traume sterben läßt, erzählt James Sully: „An ihrem fünften Geburtstage war sie in Hampstead in der Nähe einer Kirche, deren Uhr die Stunden etwas laut schlug. Eines Morgens erzählte sie ihrem Vater folgenden Traum (ich gebrauche ihre eigene Sprache):

„Die dicksten Glocken der Welt läuteten; als dies vorüber war, fielen Erde und Häuser in Stücken; alle Seen, Flüsse und Teiche flossen zusammen und bedeckten das ganze Land mit schwarzem Wasser, so tief wie die See, auf der die Schiffe fahren; die Menschen ertranken; sie selbst flog über das Wasser, hoch und niedrig, in voller Angst, hineinzufallen; dann sah sie, wie ihre Mama ertrank und flog schließlich nach Hause, um es ihrem Papa zu erzählen." Die Illusionen von James Sully.)

Sekunde lang. Meiner Überzeugung nach sind alle Menschen, die an Angst vor Giften (Grünspan!) und Infektionen leiden, einmal in der Phantasie Giftmörder gewesen.

Das Kind empfindet seine Ohnmacht den Großen gegenüber als brennende Schmach. Es beschäftigt sich in der Phantasie mit allen jenen Mitteln, die einem Schwachen zum Triumph über einen Starken verhelfen: Brandstiftung, Vergiftung, Erschießen, Erdolchen usw.

Ich gehe noch weiter und behaupte: Alle Spiele des Kindes sind Spiele mit Todeswünschen. Die Elektrische, die Eisenbahn, der Wagen sind dazu da, um zu überfahren, also Mordinstrumente. Ebenso der Luftballon, der Drachenflieger. Das Soldatenspiel ist die Orgie der sadistischen Mordgedanken. Die Kinder bringen in Schlachten Tausende um und schwelgen in diesen blutrünstigen Phantasien. Der grausame Zerstörungstrieb äußert sich im Zerschneiden und Zerbrechen der Puppen und des Spielzeuges überhaupt. Und das Märchen wirkt auf das Kind am stärksten, wenn es sehr sadistisch und kriminell gefärbt ist [1]).

Bald zeigt sich der typische Übergang von der persönlichen Aggression (kriminelle Aktivität) zur Macht des Schicksals (kriminelle Passivität). Eine viel stärkere Macht soll das Werk der Vernichtung übernehmen: der Zufall. Hier setzen Phantasien ein von Überfahrenwerden, Eisenbahnzusammenstößen, Blitzschlägen, Krankheiten, Abstürzen, Feuerbrünsten, Überschwemmungen, Erdbeben usw., die sich als Angst äußern.

Eine Analyse eines Zwangsneurotikers ergab, daß er als Knabe immer enttäuscht war, wenn der Vater von einer Bergpartie heil nach Hause kam. So wird uns der Traum eines zehnjährigen stotternden Knaben verständlich:

(309.) „Ich war mit meinem Vater auf der „Hohen Wand." Plötzlich war er nicht mehr zu sehen und ich mußte allein ins Tal laufen."

In dieser versteckten Form drückt der Traum den Absturz des Vaters aus, mit dem der Junge vor einigen Wochen auf der „Hohen Wand" war. Am Vorabend des Traumes stand in der Zeitung eine Schilderung eines Absturzes von der Hohen Wand, eines Absturzes, der den Tod des Touristen zur Folge hatte.

Auch der kleine Hans von Freud (Analyse der Phobie eines fünfjährigen Knaben. Jahrbuch. I. Band) zeigt die typische Aggression auf den Vater. Er stößt den Vater eines Tages unvermutet in den Bauch. Das gibt zu denken. Die Pferde, vor denen er eine solche Angst hat, sind vielleicht nur die großen starken Tiere, welche dieselbe Aggression (Beißen, Überfahren, Stoßen, Zerstampfen) ausführen sollen. Nach dem Prinzipe „Wer andern eine Grube gräbt, fällt selbst hinein" (Talion) muß das Kind sich dann vor den Pferden fürchten. Die unterdrückte Libido befördert die Angstentwickelung. Mein Stotterer brachte mir einen sehr charakteristischen Traum:

(310.) „Es war ein großes Gedränge. Die Leute sagten, jemand ist überfahren worden. Ich suchte den Vater und hatte große Angst. Ich schrie: „Papa! Papa! Wo bist du?" und erwachte."

---

[1]) Vgl. Wulffen, Das Kriminelle im deutschen Volksmärchen. (H. Groß, Archiv Bd. 38.)

Ich brauche nicht zu übersetzen und zu deuten. Der Papa ist überfahren worden. Der Wunsch äußert sich in neurotischer Hemmung als Angst. Bei diesem Kinde trat dann eine auffallende Angst bei Straßenübergängen auf. Er blickte immer lange nach rechts und links und konnte sich nicht entschließen, den Übergang zu machen.

Ein fünfjähriges, an Angstzuständen leidendes Kind träumt:

(311.) „Ich war verheiratet und mein Mann hat so ausgesehen wie Hans (der um zwei Jahre ältere Bruder). Es war alles sehr schön und wir hatten auch ein Kind, das mit einem Kindermädchen spazieren ging.

Man sieht, die kleine Grete ist mit ihrem Bruder verheiratet und ist eine Mama und alles war sehr schön.

Die Mama hat sich von ihrem Vater getrennt, mit dem sie in unglücklicher Ehe lebte. Klein Grete ist bei ihr. Mama soll einen anderen Mann heiraten. Das Kind erkrankt an Angstzuständen und fürchtet für die Mama. Es ist eifersüchtig. Wie es von dem anderen Manne denkt, das erzählt uns der nächste Traum:

(312.) „Es kommt ein Mann ins Nebenzimmer und sagt mit einer bäurischen Stimme: „Guten Abend". Ich habe mich sehr gefürchtet, denn ich habe gewußt, er wird der Mama etwas antun. Ich habe deshalb die Mama nicht ins andere Zimmer lassen wollen und habe ihr immer gesagt: „Geh nicht, er wird Dir etwas tun". Sie hat aber gesagt: „Aber nein, lasse mich nur" und ist hineingegangen. Und er hat die Mama getötet. Ich habe furchtbar geschrieen und habe alle Leute geweckt, damit sie den Mörder fangen. Ich bin dann die Treppen hinunter gelaufen und vor dem Haus war ein Wachmann, dem habe ich gesagt, daß er den Mörder fangen soll. Er hat ihn auch erwischt und hat ihm die Augen ausgestochen und in der Mitte auseinander geschnitten.

Grete ist nicht sehr liebenswürdig mit ihrem Stiefvater. Sie läßt ihm durch den Wachmann die Augen ausstechen und entzweischneiden. Und dieser böse Mann tötet ja die Mama!

Von vielen ähnlichen Träumen teile ich noch einen mit, der uns die Konflikte der kindlichen Seele zeigt:

(313.) „Wieder habe ich geträumt, daß ein Mann ins Zimmer daneben hereingekommen ist und ich habe wieder die Mama nicht hineinlassen wollen, weil ich Angst gehabt habe, daß ihr etwas geschehen wird. Sie hat aber wieder nicht gefolgt und ist hineingegangen. Da hat sie der Mann in die Hand gestochen und sie hat so geblutet, daß die Rettungsgesellschaft gekommen ist und sie ins Sanatorium gebracht hat. Ich habe schrecklich geweint.

Ich bin dann aufgewacht und habe mich sehr gefürchtet. Dann bin ich wieder eingeschlafen und habe geträumt:

Ich war vierzehn Jahre alt und bin nach Ungarn gefahren Lebensmittel einkaufen. Ich bin mit dem Hans in die Donau baden schwimmen gegangen. Er hat aber kein Schwimmkostüm gehabt und hat auch nicht schwimmen können. Der Papa hat mich dann wieder nach Wien zurückgebracht und wie ich in der Nähe von unserer Wohnung war, habe ich gesehen, daß ich nur im Hemd war und die Leute haben alle gelacht."

Die Mama hatte einen schweren Abortus und ist mit der Rettungsgesellschaft ins Sanatorium gebracht worden. Hat Klein Grete etwas davon gehört? Sie revanchiert sich für die Treulosigkeit der Mama, fährt zu ihrem Bruder nach Ungarn, ist schon ein großes Mädchen, und frönt in etwas ausgiebiger Weise ihren exhibitionistischen Gelüsten, was sie auch im Leben gerne tut.

Wir haben in der ersten psychanalytischen Ära den Einfluß und die Bedeutung der traumatischen Erlebnisse überschätzt. Je mehr wir forschen, desto wichtiger erscheinen uns die Phantasien der Neurotiker und ihr „Psychischer Infantilismus". Diese Phantasien sind scheinbar nur erotischer Natur. Das Kriminelle scheint in den Hintergrund gedrängt. Beide Komplexe „Sexualität" und „Verbrechen" gehören in das Gebiet des Verbotenen, der Sünde. Beide können für einander vikariierend eintreten. Ein Diebstahl kann einen Sexualakt ersetzen. Aber auch das Umgekehrte kommt vor. Das verbotene Erotische (z. B. die Homosexualität) kann die Vorstellung des Kriminellen übernehmen. Der Neurotiker ist ein Kind und als solches ein geheimer Verbrecher. Deshalb wimmeln seine Träume von Todeswünschen und Verbrechen. Wir müssen lernen, die Sprache des Traumes zu verstehen, die gerade diese Komplexe in geheimnisvollen, wenig auffallenden Bildern in den Traum hineinzeichnet.

XXIX.

Todessymbolik.

(Allgemeine Bemerkungen über die Todessymbolik. Das Gehen, Fahren, Reiten, Wettrennen usw.)

Es sind Jahre vergangen, ehe ich der Todessymbolik auf die Spur gekommen bin. Das kommt wohl daher, daß sie ungemein versteckt ist und in jeden Traum geheimnisvoll hineingewoben ist. Fast jeder Traum ist ein Vexierbild mit der Frage: „Wo ist der Tod?"

Das wichtigste Thema ist zugleich für den Träumer das peinlichste Selbst im Traume wagt er es nicht, dem Tode offen ins Gesicht zu sehen. Er maskiert seinem Bewußtsein die Todesgedanken. Es gilt, diese Todesmasken herunterzureißen . . . .

Über die offenen Todeswünsche brauche ich kein Wort zu verlieren. Wer uns bis hierher gefolgt ist, der wird schon gelernt haben, welche unbändige Fülle von feindlichen, unterdrückten Affekten sich im Traume austoben muß. Liebe und Haß sind keine Gegensätze! Einen töten heißt einem das Leben schenken. So schreitet mit unseren edelsten Gefühlen, mit all dem altruistischen Gepränge eines Kulturmenschen der egoistische, brutal-anarchistische Raubtierinstinkt des Urmenschen noch immer durch unsere Träume. Jeder Mensch ist sich der Nächste. Jeder ist der einzige, und die ganze Welt ist im Traume sein Eigentum. Dieses rücksichtslose Zugreifen findet sich in den Träumen der Menschen wieder. Jede unserer Erfüllungen geht über Leichen. Jede unserer Hoffnungen ist das Verderben der anderen . . . . .

Freud hat uns ein wunderschönes Beispiel von versteckten Todeswünschen gezeigt. Eine Dame hat an einer Leichenbahre den geliebten Mann gesehen. Sie läßt eine andere ihre nahestehende Person sterben, um ihn noch einmal sehen zu können. Das entschleiert uns den unbewußten Menschen. Einem Wunsche zuliebe lassen wir einen Menschen sterben. Wie oft ist aber dies Sterben selber ein Wunsch!

Man kann ruhig die Behauptung aufstellen, daß ein guter Teil der Vorwürfe, die sich die Neurotiker und selbst die an Melancholie Erkrankten machen, auf diese Todeswünsche zurückgehen. Wir haben keine Ahnung von dem grimmigen Mörder in unserer Brust, der auf seine Opfer lauert. Vater und Mutter, die teure Gattin, die lieben Kinder, um deren Leben man zittert und bangt, alle werden unter Umständen im Traume — folglich auch im Unbewußten — hingeopfert, wenn der unterdrückte Trieb nach Befriedigung schreit. Aus diesem Konflikte entstehen die fast unlöslichen Neurosen: Zärtliche Mütter, die um das Leben ihrer Kinder jede Sekunde zittern und sich in Angst verzehren, weil diese Kinder die Hindernisse zur Freiheit, zu einem geliebten Manne sind; besorgte Ehemänner, deren Zärtlichkeit um das Wohl und Wehe der Frau die Grenze des Normalen weit überschreitet; Söhne, die für das Leben des sie im Lebensgenusse beengenden Vaters keine Opfer und keine Mühe scheuen und ..... Doch was sollen wir weiter den Vorhang lüften, der die gräßliche Hölle menschlichen Denkens verhüllt! .... Es genüge die Tatsache: Wir beschäftigen uns nicht nur mit unserem Tode, sondern auch mit dem Tode der anderen. Vor allem mit dem Tode der anderen und dann erst auf dem Wege der Selbstbestrafung, der Talion, mit unserem eigenen.

Es scheint mir eine kaum zu lösende Aufgabe, die Symbolik des Todes zusammenfassend darzustellen. Wir wollen es doch versuchen und erst später durch einzelne Beispiele diese Ausführungen erhärten.

Eine der gewöhnlichsten Formen der Todessymbolik ist der Verkehr mit den Toten. Tote erscheinen im Traume und reden mit dem Träumer oder einer ihm nahestehenden Person. Ich führe hier einen Traum aus „Nervöse Angstzustände" an. Es handelt sich um einen Popen, der seine Frau gerne losgeworden wäre.

(314.) „Meinen Großvater, der schon lange tot ist, den habe ich gesehen und mit ihm über verschiedenes gesprochen. Meine Frau war auch dabei. Was, weiß ich nicht. Dann habe ich geträumt, daß ich an Wochentagen eine längere Funktion ausübe, die ich nie hätte machen sollen, und habe Angst gehabt."

In der Analyse führte ich damals aus: „Der Großvater ist lange tot. Er sieht seine Frau in Gesellschaft des Großvaters. Er wirft also seine Frau zu den Toten. Er wünscht, seine Frau möge tot sein. Dieser Gedanke vom Tode des anderen Gatten fehlt — wie ich wiederholt betont habe — in keiner Angsthysterie, die man analysieren kann, und ist gewissermaßen die Grundlage jenes erdrückenden Schuldbewußtseins, das die Leute so traurig, so lebensmüde macht."

Ich kann diesen Ausspruch heute nur bestätigen. In dieser Traumanalyse handelt es sich um einen Popen, der eine fremde Frau liebt, und dem seine Frau das lästige Hindernis ist. Die längere Funktion ist wohl die Totenmesse. Der Ausdruck „die ich nie hätte machen sollen" bezieht sich auf das Gegenteil des Begräbnisses, auf die Hochzeit. Die hätte er nie machen sollen.

Ein anderer Traum, der dieselbe versteckte Art, den Todeswunsch auszuführen, gebraucht, ist der folgende:

Herr B. S. träumt:

(315.) „Meine Frau ging in Gesellschaft meiner seligen Schwiegermutter in einem Garten spazieren. Ich sah sie nur von rückwärts. Sie entschwand bald meinen Blicken."

Übersetzt heißt dieser Traum: Meine Frau ist im Paradiese (der ewige Garten) oder im Friedhof. Ich sehe sie nicht mehr und vergesse sie bald.

Oder:

Eine ca. 34jährige Dame, N. E., die vier Kinder hat, träumt:

(316.) „Meine Mama, die vor einem Jahre gestorben ist, ist mir im Traume erschienen [1]). Sie war ganz blaß. „Soll ich die Kinder zum Spazierengehen mitnehmen?" fragte sie freudlich. „Nein!" schrie ich auf, „die Kinder stören mich nicht!" und erwachte unbegreiflicherweise mit Angst und Herzklopfen."

Sie wundert sich über den Affekt. Denn die Großmama war immer so freundlich mit den Kindern. Sie fühlt aber einen anderen Wunsch heraus. Die Kinder sollen mit der Großmama „aus der Welt spazieren". Sie ist Witwe. Ein Mann, den sie liebt, hatte einer Freundin die Bemerkung gemacht: „Wenn die Kinder nicht wären, würde ich Frau N. E. sofort heiraten." Der Traumgott will ihr diesen Wunsch erfüllen, dessen Unterdrückung sich als Angst äußert.

Der letzte analysierte Traum ebenso wie der vorletzte (Nr. 315) bringen uns ein neues Todessymbol „das Spazierengehen". Wir kommen dadurch auf eine der häufigsten Formen der Todessymbolik: das Gehen.

Diese Form der Symbolik ist keineswegs unbekannt. Aigremont bemerkt dazu:

„Der Schuh hat wie der Fuß, die Fußspur, zuletzt auch eine funerale Bedeutung. Der Sterbende schreitet gewißermaßen von dannen. Von seinem Fortgange künden einzig und allein die letzten Fußspuren. Diese düstere Symbolik eingemeißelter Fußtritte findet sich vielleicht schon in spätrömischen Denkmalen, sicher in der altchristlichen Kunst: Die Fußstapfen sind die Sinnbilder des Weggangs aus dieser und des Übergangs in die bessere Welt, Sinnbilder der glücklich beendeten Lebensreise, daheim zu sein bei dem Herrn (2. Corinth. 5, 8). (Fuß- und Schuh-Symbolik und Erotik von Dr. Aigremont mit einem Geleitwort von Dr. Friedrich S. Kraum Leipzig, Deutsche Verlags-Aktiengesellschaft. 1909. S. 65 l. c.)

---

[1]) Freud hat für das Auftreten der Toten eine andere Erklärung: „Die Häufigkeit, mit welcher im Traume tote Personen wie lebend auftreten, handeln und mit uns verkehren, hat eine ungebührliche Verwunderung hervorgerufen und sonderbare Erklärungen erzeugt, aus denen unser Unverständnis für den Traum sehr auffällig erhellt. Und doch ist die Erklärung dieser Träume eine sehr naheliegende. Wie oft kommen wir in die Lage, uns zu denken: Wenn der Vater noch leben würde, was würde er dazu sagen? Dieses Wenn kann der Traum nicht anders darstellen als durch die Gegenwart in einer bestimmten Situation. So träumt z. B. ein junger Mann, dem sein Großvater ein großes Erbe hinterlassen hat, bei einer Gelegenheit von Vorwurf wegen einer bedeutenden Geldausgabe, der Großvater sei wieder am Leben und fordere Rechenschaft von ihm. Was wir für die Auflehnung gegen den Traum halten, der Einspruch aus unserem besseren Wissen, daß der Mann doch schon gestorben sei, ist in Wirklichkeit der Trostgedanke, daß der Verstorbene das nicht zu erleben brauchte, oder die Befriedigung darüber, daß er nichts mehr dreinzureden hat." (Traumdeutung S. 263.)

Diese Erklärung besteht sicher zu Recht. Mancher heiße Wunsch, der Tote möchte noch leben, äußert sich in Halluzinationen und Träumen. Die Toten erscheinen, leben und sind gar nicht gestorben. Dieser Traum läßt noch eine zweite Deutung zu. Sollte der Großvater nicht erscheinen, wie der steinerne Gast dem Don Juan? Als Rächer, um ihn ins ewige Reich mitzunehmen? . . . .

Ich bin kaum instande, hier die Symbolik des Gehens als Sterben erschöpfend darzustellen. Meine Leser müssen sich mit den spärlichen Angaben begnügen und, einmal aufmerksam gemacht, wird es ihnen nicht schwer fallen, die ähnlichen Todessymbole zu finden.

Wichtig sind die Symbole: das „Weggehen" und „Verreisen", „Nach Hause gehen" — „Abfahren" — „Heimgehen" — „das Zimmer Verlassen" — „plötzlich Verschwinden". — Die Türe hinter sich schließen, heißt im Traume meistens „Sterben". Ausführliche Beispiele sollen noch folgen. Hier sind ein paar kleine:

(317.) „Mein Vater sollte eine große Reise antreten, ...

d. h. er sollte sterben[1])."

(318.) „Meine Frau ging aus dem Zimmer und ließ mich allein, ...

d. h. sie starb."

(319.) „Ich sah Fräulein Lola (eine lästige Konkurrentin!) in einen Zug einsteigen und wartete, bis der Zug abfuhr."

(320.) „Herr N. L. ging mir voraus. Er wurde immer kleiner, bald sah ich ihn nicht mehr."

(321.) „Ich sah Herrn Josef S., meinen besten Freund, in ein kleines Haus hineingehen."

Dies kleine Haus ist die Gruft . . . .

(322.) „Mein Mann erschien mir im Traume. Er sah überlebensgroß aus [2]) und schritt mit Riesenschritten an mir vorüber."

Der alte Mann lebt dieser jungen Frau viel zu lange. Er läuft ihr mit Riesenschritten davon. Tags vorher hatte der Arzt erklärt, die Krankheit gehe mit Riesenschritten vorwärts.

---

[1]) Wir sehen in diesem Traume die wichtige Verwendung der Eisenbahn als Todessymbol. Lange nach der Analyse fand ich bei Kleinpaul folgende charakteristische Stelle: „Wird abgerufen?" so fragt einer wohl am Bahnhofrestaurant den Kellner. Diese Frage ist überflüssig; es muß abgerufen werden. Seitdem das dreimalige Läuten der Perronglocke in Wegfall gekommen ist, werden die Züge abgerufen. Die Eisenbahnverwaltungen sind reglementarisch dazu verpflichtet: „Die Aufforderung zum Einsteigen in die Wagen", heißt es in der Verkehrsordnung für die Eisenbahnen Deutschlands, „hat durch Abrufen in den Warteräumen zu geschehen." Allein die Berliner Stadt- und Ringbahn macht eine Ausnahme davon. Das Abrufen besorgt der Portier, der mit einer großen Klingel den Wartesaal durchschreitet.

Wer besorgt es denn in dem großen Wartesaal, in dem männiglich wartet? — Die Züge ins Jenseits gehen täglich und stündlich ab. Nach einer Berechnung, die vielleicht schon veraltet ist, sterben auf Erden alljährlich 42 403 000 Menschen, täglich 115 200, in jeder Stunde 4800, in jeder Minute 80. Sie alle wollen befördert, alle in die andere Welt gefahren werden; der Verkehr hat hier das Eigentümliche, daß jedermann fort will und niemand wiederkommt. Wer ruft uns ab, wenn wir unsere letzte Reise machen? — Ach, Gottchen! Das Abrufen ist hier schon lange eingeführt. Der Tod hat seine Portiers so gut wie die Eisenbahn. Er hat auch seine Klingeler, die den Wartesaal durchschreiten und sich ehern vor den armen Fahrgast pflanzen, wenn er eben noch ein Glas Bier trinken will: „Fort mußt du! Deine Uhr ist abgelaufen." (Die Lebendigen und die Toten S. 100—101.)

[2]) „Hingegen bedeutet das Gesicht, daß man über die menschliche Größe hinausgewachsen sei, dem Träumenden den Tod; und wenn jemand sein eigenes kleines Kind als Mann zu sehen glaubt, wird das Kind sterben. Von unheilvoller Bedeutung ist die Verwandlung in ein Kind auch für einen bejahrten Menschen, denn es bedeutet ihm den Tod." (Artemidoros S. 57 l. c.) — Die Symbolik ist richtig. Die Anwendung im prophetischen Sinne — das brauche ich eigentlich nicht so oft zu betonen — ist nicht gerechtfertigt. „Der überlebensgroße Mann" ist uns schon im Traume vom Rathaus (Nr. 22) in derselben Bedeutung erschienen. Der Verfasser.

Alle diese Ausdrücke sind der Alltagssprache entnommen. Man sagt: Der Mann ist gegangen, abgefahren für „er ist gestorben". Ein Toter „verläßt uns".

Daß jede Reise eine Reise ins Jenseits ist, wäre ja nicht verwunderlich. Eine Reise ist mit unendlichen Gefahren verbunden. Eisenbahnen entgleisen, Züge stoßen zusammen, Pferde werden scheu — kurz, den Möglichkeiten ist Tür und Tor geöffnet. Die Eisenbahn hat gewiß eine erotische Bedeutung. Fahren heißt einen sexuellen Akt ausüben. Aber nach dem Gesetze der Bipolarität haben alle Ausdrucksformen des Lebens die Bedeutung von Todessymbolen. Heißen doch unsere Alten „die Vorfahren" — unsere Kinder die „Nachkommen". Im Traum heißt „einem vorfahren" ebenfalls sterben — ein Vorfahre werden. Wir sind die „Nachfahren".... Man sagt auch: „In die Grube fahren".

Ein zweijähriger Knabe sagte nach dem Tode seines Vaters: „Papa ist mit einem großen Wagen nach Wien gefahren'.' Jeder Wagen ist ein Totenwagen —; jede Tragbahre eine Totenbahre. In ähnlicher Symbolik wird der „weite Weg" gebraucht. Der weite, der endlose Weg, die lange, unendliche Strecke [1]) bedeuten den Weg in die Ewigkeit.

Ebenso kann eine Fahrt ins Dunkle, eine Fahrt während der Nacht und in die Nacht aufgefaßt werden.

Alle Verkehrsmittel, der Luftballon, der Aufzug, der Aeroplan, das Rad, das Automobil, der Wagen, die Eisenbahn, das Pferd [2]) sind aus leicht begreiflichen Gründen Todessymbole. (Man vgl. die Flugträume des Herrn B. C. und überhaupt die Ausführungen im Kapitel die „Flugträume".)

Sehr dunkel sind bei erster Betrachtung die Wettrennenträume. Kennt man einmal diese Art der Todessymbolik, so wird die Deutung sehr leicht. Es handelt sich immer um ein Wettrennen ums Leben. Wer wird länger leben? — wer vorher stürzen? — das sind die bangen Fragen, die in diesen Träumen einer provisorischen Lösung zustreben. Auch das Wettgehen und Wettlaufen hat dieselbe funerale Bedeutung[3]). Selbstredend wird auch das Bergsteigen zu demselben Zwecke verwertet. Einer meiner Patienten träumte stereotyp, sein Vater mache einen Ausflug in die Berge oder eine schwierige Kletterpartie, z. B.:

(323.) „Ich sah meinen Vater, wie er mir mit einem Rucksack den Rücken kehrte. „Wohin gehst du jetzt im Winter?" rief ich erschrocken. „In die Berge," tönte es zurück."

Dieser Traum enthält eine Häufung von Todessymbolen. Der Vater kehrte den Rücken, d. h. er starb. — Wohin gehst du im Winter (ergänze deines Lebens)? Die Antwort lautet: in den Tod.

---

[1]) Man bringt ein Tier zur „Strecke".

[2]) „Ein Zwiegespann unterscheidet sich diesbezüglich von einem ausgewachsenen Pferde durch nichts, außer die Träumenden wären krank; denn dies prophezeit den Tod." (Artemidoros S. 68.)

[3]) Vergl. das Kapitel „Der Wettlauf des Lebens" in meinem Buche „Der Wille zum Leben".

XXX.

Todessymbolik.

(Analyse eines Traumes von „Lift und Eisenbahn".)

Der zu analysierende Traum des Herrn Beta lautet:

(324.) „Ich war mit meinem Bruder auf einer Reise nach Reichenberg gekommen. Dort suchten wir den Bahnhof; alles war deutsch. Nun fanden wir den Bahnhof, aber sahen kein Geleise. Zu diesem mußte man in den ersten Stock des Bahnhofes gehen. Mein Bruder fuhr im Lift hinauf, aber dieser blieb stecken und mein Bruder sprang heraus. Dann fuhr ein Bediensteter hinauf, dann wurde uns gesagt, früher sei die Bahn unten in einem Tale gefahren, bis das „große Unglück" geschehen sei."

Versuchen wir in der Analyse dieses Traumes nur dem Gedankengange des Träumers zu folgen und halten wir uns zum Schlusse die Deutung nach unseren eigenen Erkenntnissen bevor. Dem Träumer fällt zuerst auf, daß von Reichenberg die Rede ist. Es fällt ihm ein Sänger Reichberg ein, der im Irrenhause an Paralyse gestorben ist. Offenbar hatte er eine Lues, ebenso wie ein anderer Sänger G. und wie man es vom Dichter Lenau behauptet hatte. Reichberg ist aber auch der reiche Berg, der Busen, die milchstrotzenden Euter der Kuh. „Mir hat es immer imponiert," sagt der Träumer, „wenn Homer den Ausdruck gebrauchte: „Die Euter des Ackerlandes". „Den habe ich oft tausendmal im Tage wiederholt. Auch ein anderer Berg fällt mir ein: der Mons veneris. Wieder denke ich an einen Sänger, an den armen, so früh verstorbenen Reichenmann. Es ist doch sicher eine Verleumdung, daß er ein „Homosexueller" war?! Soll nicht von Reichberg eine Verbindung zu Armental gehen? Die Umkehrung wäre das arme Tal und da fällt mir eine Oper ein, in der der leider auch schon gestorbene Bassist Hesch den Marquis von D'Armental gesungen hat. Der arme Hesch! Er ist auch so früh gestorben! Ich schwärme für alle Bassisten."

„Mir gefällt auch der Ausdruck „fürbaß schreiten." (Hier kommt der Träumer auf seine wichtigste Leidenschaft, seinen Fuß-Fetischismus.) Baß bringt ihn auf das französische bas — Basis und von hier fällt ihm der Fuß ein. Jeder Berg hat einen Fuß. Man spricht vom Fuße des Berges und man spricht von einer Talsohle; jetzt fällt ihm über Reichenberg, Reichmann ein gewisser Hermann ein, dessen Füße als Kind sein Entzücken waren. Er war ein kleiner Knabe von mehreren Jahren, und es machte auf ihn einen großen Eindruck, daß der um einige Jahre ältere Hermann immer mit nackten Füßen im Hofe herumging.

Hier verlassen die Assoziationen die Stadt Reichenberg. Wir merken, daß die Gedanken sich der Körpersymbolik zuwenden und daß sich hinter Reichenberg eine wichtige Gestalt der Jugend verbirgt.

Nach einer kurzen Pause kommt er auf den Satz: „dort suchten wir den Bahnhof" und erzählt mir, er habe als Kind die Gewohnheit gehabt, alle Worte umzukehren. Bahn umgekehrt gab Nab. Zu Nab fällt ihm Nabel ein und jetzt weiß er es bestimmt, der Bahnhof stellt in diesem Traume den Nabel dar. Von da gehen seine Gedanken plötzlich auf den Mond. Er glaubt, der Traum habe sich im Mondenschein abgespielt. Der Mond hat einen Hof, daher das Wort Bahnhof. Der Bahnhof ist der Nabel. Gestern hatte er im Gehen plötzlich beim „Österreichischen Hof“ einen heftigen Angstanfall. Jetzt fällt ihm ein, daß seine selige Mutter dort gewohnt hat. Der Angstanfall erklärt sich durch Assoziationen, welche auf das tiefste Problem seiner Neurose gehen. Der „Österreichische Hof“ wird mit der Mutter identifiziert, die dort gewohnt hat. „Jenseits des Bahnhofes“ (Nabel), führt ihn auf die für ihn charakteristische Mutterleibsphantasie. Jenseits des Nabels, jenseits der Bahn war einmal seine Wohnung. Die Assoziationsreihen gehen über Nabel, Tunnel, Halle, Schmutz zur Eisenbahnsymbolik. In den Bahnhof fahren Züge hinein und hinaus. Er erinnert sich an seine Onanie. Machine heißt französisch der Penis. Il a gaté sa machine. Er hat seinen Penis ruiniert.... Er ist impotent. — Ihm fällt ein Zug ein, der auf offenem Felde stehen bleiben mußte, weil die Maschine verdorben war. Er hat auch durch die Onanie seine Maschine ruiniert. Er symbolisiert mit Hilfe seines Präputiums auch die Halle des Bahnhofes, sowie das Ein- und Ausfahren der Züge — und hat eine bestimmte Angst: das Präputium könnte heruntergestreift werden; — er will die Vorhaut auch während eines Kongressus immer oben lassen, als wäre das Membrum ein Kind und müßte immer in einem geschützten Raume sein. (Symbolisierung der Mutterleibphantasie durch den Penis.)

Einen Tag vorher hatte ich ihm den Auftrag gegeben, trotz der Angst auszugehen, was er mit Hilfe der bisherigen Behandlung auch durchsetzte. Beim „Österreichischen Hofe“ produzierte er einen großen Angstanfall, und es zeigte sich, wie richtig die von Freud betonte Regel ist, einen Angstneurotiker zum Gehen zu bewegen. Die Phobie ist eine Art geistiger Vorbau, ein Schutzwall aus Vorstellungen, die er nicht aufgeben und nicht verraten will. Durch das Gehen wird nun Angst produziert, welche uns die Elemente des Vorbaues analytisch verständlich machen kann. Jetzt bringt der Träumer plötzlich einen Einfall, der von großer Bedeutung ist.... Er sagt: „Je kleiner der Raum ist, desto wohler fühle ich mich. Ich weiß auch heute, warum. Weil ich nichts ober meinem Kopfe habe. Je größer der Raum ist, desto unangenehmer ist er mir, besonders wenn er nach oben nicht gedeckt ist.“ Wir bemerken sofort die strenge Durchführung, die Identifizierung mit dem Penis (die schützende Decke über dem Kopfe, das Präputium, das nicht abgezogen werden darf, sonst empfindet er Angst). Ebenso geht es ihm als Ganzen. Am wohlsten fühlt er sich — — am Klosett, weil der Raum klein und nach oben gedeckt ist. Das ist auch der Raum, dem er die größte Sorgfalt widmet und wo er sich unter Umständen sehr lange aufhält. (Eine sehr häufige Erscheinung bei Neurotikern, die an der Mutterleibsphantasie leiden.)

Dem Einsichtigen wird es klar, daß hier die Mutterleibsphantasie, die schon beim „Österreichischen Hofe“ zum Vorschein kam, deutlich durchbricht. Jetzt verstehen wir auch, was das „große Unglück“ ist, von dem am Schlusse des Traumes die Rede ist. Er hatte das wirkliche Unglück, die Mutter bei der Geburt zu verlieren. Er war der Mörder seiner Mutter. In den Mutterleib zurückzukehren, das heißt in seiner symbolischen Sprache ins Grab gehen. Das Grab ist ein Raum, der eng und oben gedeckt ist. Auch masochistische Vorstellungen, unschuldig verurteilt zu sein und in der Zelle sitzen zu müssen, gehen auf die Idee des engen kleinen Raumes zurück.

Seine Angst auf der Gasse hängt mit dem Gehen innig zusammen. Das Gehen ist für ihn ein Sexualakt. Er hat als Kind beim Gehen durch das Reiben der Hose onaniert. Deshalb ging er immer mit den Füßen nach einwärts. (Dieser Gang hat sich während der Analyse vollkommen geändert. Er geht auch auswärts wie die Mehrzahl der Menschen) [1]).

Seine Angst auf der Straße ist hauptsächlich eine Gehangst. Die Mutter Erde wird zur wirklichen Mutter und Gehen bedeutet für ihn einen Sexualakt.

Es zeigt sich aber noch ein neuer Parallelismus zwischen Gehen und Erotik. Er ist nicht imstande, seinen Penis in eine Vagina zu stecken. Sofort kollabiert der Penis, wenn die Erektion vorher noch so kräftig war. Heute fällt ihm die Lösung ein. „Ich bin ja froh, daß ich aus einer Frau herausgekommen bin! Soll ich so dumm sein, da wieder hineinzugehen?“ Es war bei der Geburt, wie er nachträglich vernommen, die Rede gewesen, ihn zu opfern, um die Mutter zu retten. Wie leicht hätte das der Fall sein können! Er ist eigentlich glücklich, daß die Ärzte nicht **ihn** geopfert haben und hat infolgedessen für alle Ärzte ein großes Gefühl der Dankbarkeit und Liebe. Er will also nicht zum Weibe, er will nicht in den Himmel. Ihm fällt ein Witz aus den Fliegenden Blättern ein: „Lieber Gott, mach' mich fromm, daß ich in den Himmel komm,“ soll ein Kind beten und das Kind sagt: „Ich bin gerade vom Himmel gekommen, ich will da nicht wieder hineinkommen.“

Jetzt kommt eine längere Pause. Dann fällt ihm wieder etwas ein: Er hat als Jüngling ein Märchen geschrieben von einer Fee, die sich in einen Berg verwandelt (Mons veneris?) und dann wieder auseinanderfällt. Die Fee gab einem Ritter ungeheuere Schätze, so daß der Ritter diese Fee heiratete. Ein neuer Weg für unsere Erkenntnisse. Hier führt die Fee von seiner **Mutter** zu einer **Erzieherin**, deren Bild mit dem der Mutter zu einem zusammengeschmolzen ist. Überdies wohnten beide einmal zusammen im „Österreichischen Hofe“. Diese ersten dichterischen Versuche sind vom analytischen Standpunkte sehr interessant. Sie enthalten meist den psychischen Konflikt, mit dem das Kind nicht fertig werden kann, und bedeuten einen Versuch, sich davon zu befreien. (Vgl. meine Abhandlung: „Dichtung und Neurose“ bei J. F. **Bergmann**, 1909.)

Die Erzieherin, die Mutterstelle bei ihm vertrat, lehrte ihn beten, auch das Ave Maria. Besonders **eine** Stelle regte ihn sehr auf: Gebenedeit ist die **Frucht deines Leibes**. Er dachte viele Monate jeden Abend

---

[1]) Das Gehen als sexuellen Akt faßt auch **Aigremont** in seinem ausgezeichneten Buche „Fuß- und Schuh-Symbolik und Erotik“ (Leipzig 1909) auf. Alle Sprachen nehmen darauf Rücksicht. Im Lateinischen heißt beischlafen **coire**, d. h. eigentlich zusammengehen. Ebenso Kongressus (eigentlich „das Zusammengehen“) = der Beischlaf. Im Wienerischen heißt „mit einem geh'n“ mit ihm geschlechtlich verkehren. Man beachte ferner die Ausdrücke: **Fehltritt**, **Ausschreitung**, **Ausschweifen**. **Steigen**, welche alle für sexuelle Vorgänge verwendet werden. Ebenso die anderen Bewegungen: Springen (bespringen! Springer!), Tanzen, welche alle sexuelle Bedeutung, sowohl im Leben als im Traume, haben. Im Englischen sagt man gleichfalls „She goes with him“ — sie geht mit ihm. Im Französischen heißt „marcher“ soviel wie das deutsche **steigen**. **Le vieux marcheur**: der alte **Steiger**. Das ist nur eine willkürliche Auslese. Aber sie beweist den innigen Zusammenhang des „Gehens“ mit erotischen Vorstellungen.

darüber nach: Was ist denn das — „die Frucht des Leibes?“ Wie kam die Frucht da hinein? Wie kam sie heraus? Am Ende gar vom Anus? Hier gehen die Gedanken wieder auf den Abort und auf seine Vorliebe für kleine Räume. Im großen Raume hat er Angst vor **Polypenarmen**, die sich nach ihm ausstrecken. Auf der Gasse hat er die Empfindung **als wenn die Häuser große Frauen wären, die ihn ergreifen könnten**. Ein Teil der Angst auf der Straße entschleiert sich als Angst vor den Prostituierten. Jedes Haus ist ein Weib [1]). **Polypen** nennt man aber **Polizeileute**. In **Reichenberg** sollten die Polizeileute **Pickelhauben** erhalten wie in **Preußen**. **Pickelhauben**, wichtige Assoziationen zu **Pocken** und zu **Lues**, was ja die Gedanken eingangs des Traumes, Reichberg, G. und Lenau bestätigen. Die **Haube** führt auf eine infantile Sexualtheorie, in einer Haube geboren zu sein. Während des Angstanfalles hält er sich den Hut krampfhaft am Kopfe fest, als könnte der Hut infolge des Wehens des Windes (Geburtswehen) davonfliegen. Das heißt, **er könnte um seine Glückshaube kommen**. Er hat die infantile Sexualtheorie, daß die Kinder wie Eier gelegt werden und in einer Eihaut zutage kommen [2]). (Die Vorhaut ersetzt ihm jetzt auch die Eihaut. **Er spielt die Geburt** bei jedem sexuellen Akt.)

Von **Reichenberg, Pickelhaube** gehen die Assoziationen zu Deutsch. **Deutsch** erinnert ihn an das deutsche Laster (le vice allemand, die Homosexualität). Er flüchtet vor dem Weibe zum Manne. Der Kongressus ist der gefährliche Weg zum Weibe, während die edle Liebe zum Manne das Leben erhält. Wichtige Beziehungen ergeben sich auch aus dem Umstande, daß die Mutter eine Reichsdeutsche und der Vater ein Österreicher war.

Der erste Teil des Traumes, wobei der Bruder den Penis symbolisiert, heißt soviel als: **er ist sein Leben lang auf der Suche nach dem Manne gewesen und hat immer das Weib gefunden**, wobei die Angst vor der Lues eine große Rolle spielt. Nun kommen wir in der Analyse zu dem Satze: „**Nun fanden wir den Bahnhof, aber fanden kein Geleise**“. Da fällt ihm ein Witz ein. Ein Herr sitzt auf einer Eisenbahnfahrt einer Dame gegenüber, die ihr Kleid so geschickt drapiert, daß der Herr ihre durchbrochenen Strümpfe sieht. Er sagt darauf: „Sie haben ja da reizende Geleise.“ Kurz — sie verlangt eine gewisse Summe, um die **Station** zu zeigen, wohin die Geleise führen. Er meint die Summe wäre

---

[1]) Ich zitiere hier folgende sehr charakteristische Stelle aus „Das Leben des Traumes“ von **Karl Albert Scherner**. „Die allgemeine Phantasiebezeichnung für den menschlichen Leib überhaupt ist das aus Mauer, Ziegel und Gebälk errichtete Gebäude, insgeheim also das, was wir ein „Haus“ nennen. Da der Leib ein aufrecht stehendes und zur Höhe strebendes Gebäude ist, so wählt die Phantasie demgemäß auch dafür das hohe, das aus mehrfachem Stockwerk übereinander bestehende, hochragende Haus; in vielen Fällen aber nimmt sie die schlanke Höhe des Leibes insbesondere zum Vorwurf und setzt dann dafür das gleichschlanke Gebäude aus Ziegel und Mörtel, d. i. den Turm.“

[2]) Ein zweiter Überbau führt von **Eihaut—Ei** zur **Eichel**. Seine Eichel ist zerbrechlich wie ein Ei und könnte beim Hineinstechen zerplatzen. Oder eine Ader bei der Eichel könnte platzen. Das geht wieder auf eine „infantile Sexualtheorie“ zurück. Er glaubte, beim Koitus müsse man ein Stück des Gliedes verlieren. Das abgeschnittene Stück werde dann hineingesteckt. Diese „infantile Sexualtheorie“ stammt von dem Vergleiche mit dem Pflanzen der Bäume und mit dem Inokulieren. Sie ist gar nicht so selten und eine Wurzel der psychischen Impotenz. Auch der vielen Kinder mysteriöse Vorgang der Beschneidung spielt dabei eine Rolle. Unser Patient sah als Kind ein Bild, das auf ihn einen großen Eindruck machte: „Die Beschneidung Christi.“

zu hoch. Er könnte ihr um den halben Preis den Stationsvorstand mit der roten Kappe zeigen.

Die Geleise sind also der Weg zum Weibe, den er trotz allen Suchens und Bemühens wegen seiner Homosexualität nicht finden kann. Und jetzt kommt die merkwürdige Vorstellung des Traumes, daß er, um die Geleise zu finden, in den ersten Stock des Bahnhofes steigen muß, und sofort fällt ihm ein, der erste Stock symbolisierte das erste Lebensjahr. Man muß bis zum ersten Lebensjahre in der Analyse kommen, um ihn auf den richtigen Weg zu bringen. (Der erste Stock die Brust der Amme!) Aber auch eine andere Deutung des ersten Stockes ergibt sich, die der Auffassung von Scherner nahekommt. Wenn die Vagina das Mezzanin oder Parterre ist, so ist der Nabel um einen Stock höher. Jetzt fällt ihm Neapel ein und das Wort: Vede Napoli, e poi mori!

Es taucht eine neue infantile Sexualtheorie auf. „Ich glaubte", sagt er, „Kinder kämen aus dem Nabel. Der Bauch platzt und das Kind stürzt heraus." Er leidet an beständiger Angst, sein Nabel könnte platzen, er läßt sich nicht am Nabel anrühren. Er glaubte als Kind, er sei gar kein Knabe, er sei ein Mädchen. Die Frau hat nur einen größeren Nabel als der Mann. Sein Nabel war seine Vagina. Später glaubte er, er sei ein Zwitter. Seine noch heute bestehende Desorientiertheit beim Weibe, bei der er das Foramen nie ohne fremde Hilfe finden kann, beruht auf der Verwechslung zwischen Vagina und Nabel. Er steigt immer einen Stock zu hoch. Weitere Gedanken gehen auf die Amme, die ihn noch einen Stock höher hinauf geführt hat, wie ein Lift.

Der Lift ist ihm aber im Gegensatze zur Amme etwas Schreckliches. Er leidet Angst, der Lift könnte stecken bleiben und er könnte dann nicht heraus. Wir sehen, es ist seine Angst auf der Gasse: er bleibt dort stecken und kommt nicht weiter, ebenso seine Angst beim Weibe: der Penis könnte in der Vagina abgezwickt werden, er könnte im Mutterleibe stecken bleiben, er könnte eingesperrt werden. Oder eine Phantasie: Er hat einen homosexuellen Akt begangen oder man könnte ihn eines solchen ungerecht beschuldigen und ihn einsperren.

Seine höchste Angst wäre es, auf einem Balkon eingesperrt zu sein. Oben offen, unten ein Abgrund. Hier kommen wir auf den früher erwähnten Ammenkomplex. Aus der Vergangenheit dringt etwas durch, als hätte ihn seine Amme einmal fallen gelassen. Der Balkon, das häufigste Symbol für den starken Busen. „Nach oben offen, unten ein Abgrund," symbolisiert deutlich die Situation des Kindes am Arme der Amme. Er hatte als Knabe Angst vor dem „Schupfen und Aufheben". Am wohlsten hat er sich schon als Kind im Kinderwagen befunden. Er wollte immer ein Bett mit Baldachin haben. Das Haus ist für ihn immer eine Frau. Die Angst auf der Gasse: die Frau könnte ihn ergreifen und schupfen. In einem Garten hat er gar keine Angst, auch auf der Straße nicht, wenn er in einen Wagen steigt, weil jeder Wagen für ihn der Kinderwagen ist. Er will immer mit den Füßen am Boden haften bleiben. Er kann nicht gehen, weil er einen Fuß aufheben müßte. Es fällt ihm eine Illustration aus den Fliegenden Blättern ein, in der die Häuser als Menschen dargestellt sind. Die Häuser reproduzieren Erinnerungen an die schreck-

[1]) Der Struwelpeter war für ihn ein großes Trauma. Besonders das Bild, auf dem der Schneider (Beschneider!) dem Daumenlutscher die Daumen abschneidet, hat ihm Grauen und Entsetzen eingeflößt.

lichen Leute, die ihn aufgehoben und „geschupft" haben. Der Lift erinnert ihn an die Amme; to lift a child heiße englisch ein Kind aufheben. To lift up heiße aufheben. (Er hat als Kind schon sehr früh nur „englisch" gesprochen.) In einem Lift empfand er seine erste Angst.

Jetzt kommt ihm die distinkte Erinnerung, eine Frau habe ihn fallen lassen. Wahrscheinlich seine Erzieherin. Das „große Unglück" ist nicht nur der Tod der Mutter, sondern auch der „eigene Fall". Von Fall kommt er erst auf Sündenfall. Dann auf Omphale und Phallus. Die Gedanken gehen wieder auf den Sündenfall auf der Straße. Er hat besonders auf der Straße Angst, wenn ein Wind weht. (Er wäre ja durch „Wehen" bald getötet worden!) Es fällt ihm ein Bild aus dem Struwelpeter ein, auf dem der Wind ein Kind davonträgt [1]). Den größten Eindruck hatte immer auf ihn der Ganymed von Rembrandt gemacht, der die Entführung eines Knaben durch die Lüfte darstellt. Der Wind kann einen ebenso aufheben, wie die Häuser auf der Gasse. Es gibt ja auch eine „Windsbraut". Es wird ihm immer klarer: die ganze Kinderzeit hatte er die Angst, aufgehoben zu werden. Deshalb schwärmt er für große Füße. Der große Fuß gibt einen sicheren Boden. Er hat auch Angst am Schiffe. Wenn die Wellen das Schiff heben, erinnert ihn das an das Schaukeln, als ob ihn eine Amme schaukeln würde. Er muß dann in seine „enge Kabine" flüchten und ruhig liegen; dort fühlt er sich besser. Er hat auch Angst vor dem Luftballon; er könnte nie in einem Luftballon fliegen. (Er hatte Angst, Bleriot könnte mit dem Aeroplan auf seinen Kopf fallen.) Er würde aus jedem Luftballon herausspringen, wie sein Bruder im Traume aus dem Lift, und sich gar nicht schämen, obwohl er sich schämte, wenn seine Erzieherin auf der Gasse mit ihm zärtlich war. Schon als Knabe küßte sie ihn immer und die Leute lachten ihn aus. Deshalb kann er bei Nacht ohne Angst gehen, er sieht keine Menschen, die ihn auslachen. Er war 12 Jahre alt, als ihn die Erzieherin einmal vor der Schule erwartete und ihn küßte. Er bekam einen Wutanfall. Er will nicht ewig das Kind bleiben. Er möchte sich auf eigene Füße stellen. Er lernte heuer tanzen, um in Gesellschaft gehen zu können. Es fällt ihm ein, wie seine Erzieherin immer mit Kindern herumtanzt, um sie zu beruhigen. Sofort taucht eine neue Erinnerung auf an einen Lift in Reichenhall, wo er fast eingequetscht worden wäre. Jetzt kommt wieder eine neue Angst; er hat die Angst, daß sein Brustkorb eingedrückt wird. Er weiß auch, wie diese Angst zustande gekommen ist. Er kennt ihre infantilen Wurzeln. Seine Erzieherin war es, die ihn immer so an sich gedrückt hat und dabei schrie: „Ich erdrück' dich noch, ich werde dich noch auffressen." Die Szene in Reichenhall [1]) beim Lift fällt ihm ein. Ein Liftboy sprang aus dem Lift, er selbst sprang ihm rasch nach, während der Bruder und Vater weiterfuhren.

Hier stoßen wir auf einen wichtigen Komplex. Er will vor dem Bruder aus dem Mutterleib gekommen sein, er beneidet den Bruder um die Erstgeburt. Wieder spielt die Mutterleibsphantasie eine Rolle. Auch ein anderer Gedanke: Vater und Bruder sollen sterben (ab-

---

[1]) In Reichenhall starb sein Vater an einem Lungenleiden. Das war für ihn ein „großes Unglück." Nach dem Tode meldete sich das Schuldbewußtsein. Vorwürfe peinigten ihn, er habe Manches versäumt, um das teuere Leben zu retten. Die Vorwürfe bezogen ihre Affekte aus der Kindheit, da der Vater ihn mit Drohungen (Kastration!) am Onanieren und Lutschen hinderte. Damals dachte er: Wenn der Vater stirbt, kann ich ungestört onanieren.

fahren), er will sich retten. Es fällt ihm ein Erlebnis aus dem fünften Lebensjahre ein. Vater und Bruder blieben einmal im Lift stecken, und er brüllte wie wahnsinnig vor Angst, der Vater könnte erdrückt werden, er könnte erpreßt werden. Bei der Bahn interessiert ihn am meisten der Expreßzug: Er will immer nach Preßburg fahren. Matrosen interessieren ihn, weil sie „gepreßt" werden. Er liest immer die „Neue Freie Presse". Die alte Presse war ihm unsympathisch, die Neue Freie Presse ist ihm sympathisch. Er interessiert sich für das Weinpressen, weil es mit nackten Füßen gemacht wird. Am Schlusse eines Weges hat er immer Angst, er ist pressiert. Seine Onanie geht durch Pressen des Penis vor sich. Ihn interessieren Soldaten mit engen Uniformen, Soldaten, die in die Uniform gepreßt werden. „Pedem (passum) premere" heiße schnell gehen. Ihn interessieren die eisernen Stiefel des Vorreiters bei der Artillerie, weil der Fuß hineingepreßt wird. Er findet seine größte Libido, wenn er beim Absetzen der Fäkalien stark pressen kann.

Soweit die Einfälle des Träumers. Die Skizze (S. 263) gibt die Situation wieder, in der sich der Bahnhof und das Tal befunden haben. Die kleinen Quadrate stellen Steinklötze vor; darin sind Holzschemel, wie Zähne, worüber die Geleise früher gegangen sind. Die Situation erinnert ihn an Hellbronn bei Salzburg. Daß die Geburt und die Ammenzeit durch diese Zeichnung symbolisiert werden sollen und das große Unglück den Tod der Mutter bedeutet, darauf weisen die neun kleinen Quadrate. Sie sind nach dem Einfall des Patienten Gravidität, wonach das große Unglück geschehen ist. Wird das Bild um 90 Grad gedreht, so erhalten wir erst die richtige Auffassung, das untere schlauchartige Tal als Mutterleib und Vagina, der Bahnhof als Nabel. (Die Vagina hat Zähne. Eine häufige Angstvorstellung. Daher die Möglichkeit des Abzwickens. Verlegung von oben nach unten. Beachte ferner: Jemand hat Haare auf den Zähnen.) [1])

Wenn er von einem Arzte untersucht wird, so betont er immer, daß ihm der Nabel nicht berührt werden dürfe, er könnte sonst sterben. Wir sehen aus dieser Analyse, welche kolossal verzweigte und wichtige Gedankengänge sich an ein scheinbar harmloses Traumbild knüpfen können. Ich habe absichtlich die ausführliche und doch noch nicht erschöpfende Analyse dieses Traumes hier mitgeteilt, um zu zeigen, daß mit der Übersetzung eines Traumes als solcher nichts gedient ist. Wir erhalten wohl einige wichtige Einblicke in die Struktur des Traumes, aber das Wichtigste muß uns doch der Träumer selber liefern.

Wir merken, daß der verdrängte Wunschgedanke der ist: O, wären der Vater und der Bruder damals in Reichenhall gestorben, wie meine Mutter bei meiner Geburt gestorben ist, und ich stünde allein auf der Welt! Das ist tatsächlich eine seiner Lieblingsphantasien. Er will der einzige sein [2]). Alle Menschen sollen sterben. Ein großes Unglück soll die ganze Welt treffen und er allein bleibt übrig. Er, der Kleine, Schamhafte, Ängstliche, Gedrückte, der dann der Größte und Erhabenste wird [2]).

---

[1]) Hier tritt die erste symbolische Gleichung hervor: Alle Löcher sind einander gleich. In diesem Traume: Mund, Scheide, Nabel.

[2]) Von Tannenbaum wird diese Einstellung treffend der „Noah-Komplex" genannt.

Wir sehen ferner die kolossale Bedeutung der infantilen Eindrücke des Aufhebens, Schupfens und Pressens von seiten der Erziehungspersonen für die Entstehung der Angst. Diese Erziehungspersonen sind im Traume als „Bediensteter" angedeutet.

Dieser Bedienstete führt uns auf eine neue Spur. Es ist dies eine Kindergärtnerin, die den Namen Deutsch führte und aus Preußen war. Sie wurde „La Prussienne" im Hause genannt. Wir erinnern uns der Worte „deutsch" (deutsches Laster) und Preußen (preußische Pickelhaube). Es steigt die Erinnerung an ein großes Trauma der Jugend auf. Tiefste infantile Schichte. Die Bonne ging mit ihm in den ersten Stock zu einem fremden Herrn, woselbst das Kind einer wenig verhüllten erotischen Szene beiwohnte. Das war auch ein „großes Unglück". Er erinnert sich deutlich an einen exhibitionistischen Akt des Herrn.

Nun verstehen wir erst den Traum. Der Bruder ist sein Penis, der herausspringen will. Er hat einmal von seinem Vater eine Ohrfeige bekommen, weil er auf der Promenade den Penis aus der Hose heraussteckte und so herumging. Jetzt hat er die Phantasie, mit nackten Füßen und einer großen Zehe über den Ring spazieren zu gehen. Die Tendenz zur Exhibition ist durch eine Verlegung nach unten transformiert.

Allein seine Angst auf der Straße demaskiert sich als Angst vor seinen Trieben. Er möchte am liebsten die Hose lüften den Penis herausstecken und so herumgehen. Er fürchtet, diesen Akt im Wahnsinn zu machen. (Reichenberg, G., Lenau usw.) Er wünscht den Wahnsinn, und er möchte gerne den Wahnsinnigen spielen, um dieser Lust zu fröhnen. Der „Österreichische Hof", wo er den Angstanfall erlitt, liegt am Fleischmarkt. Er möchte seine „Fleischbude" exhibitionieren.

Warum? Weil er immer eine Szene spielt: seine Geburt. Der Penis ist der Kleine, das Abbild des Großen. Der soll geboren werden, ohne daß ein Unglück geschieht. D. h. er identifiziert sich mit der Mutter — den Penis mit ihrem Kind, sich selber. Eines von beiden muß geopfert werden. Entweder das Kind oder die Mutter. Dem ersten Gedanken entsprechen Kastrationsphantasien; dem zweiten seine große Angst, die Todesangst.

Der Angstanfall spielt die Szene in einer Verlegung nach oben. Er hat Angst, daß der Hut davon fliehen könnte, und hält ihn krampfhaft fest. Er fürchtet, den Kopf zu entblößen Hier steht das Kaput für die Glans penis.

Jetzt fährt die Bahn oben. Alles spielt sich am Kopf (oder an den Füßen) ab. Jetzt spielt sich Alles oben d. h. im Kopfe (geistig) ab. Früher ging die Onanie „unten" vor sich. Während die Bahn unten gefahren ist, begab sich das große Unglück mit der Ohrfeige, die er noch heute nicht vergessen hat.

Die Szene tritt immer deutlicher vor sein geistiges Auge. Er badete mit seinem jüngeren Bruder. Sie spielten mit den Genitalien. Da stürzte die Erzieherin hinein und drohte mit den strengsten Strafen. Man werde den Kindern das Pipi abschneiden. Von diesem Spielen käme eine „fürchterliche Krankheit". Schließlich erhielt er noch vom Vater eine Ohrfeige. Er, der ältere, war der Verführer. Der Jüngere kam mit einer Strafpredigt davon.

Ich habe schon an anderer Stelle (Nervöse Angstzustände S. 398) betont: Wenn die erste Aggression eines Kindes mit einem Mißerfolg (Schläge, Skandal u. dgl.) endet, so wird bei jeder neuerlichen Aggression die Assoziation gehoben: „Tu es nicht. Auf Lust folgt Pein!" So wurzelt die psychische Impotenz in einer mißglückten, unlustbetonten Aggression in der frühen Jugendzeit. (Dazu gehört auch die Onanie: die Aggression gegen sich selbst. Man vergreift sich am eigenen Körper.)

Die Eisenbahn ist hier die Onanie. Er hat am Gliede gezogen (Zug!). Er hat dadurch seine Maschine ruiniert. Er muß sterben. Die furchtbare Warnung seiner Erzieherin klingt ihm noch immer in den Ohren: „Wenn du da unten weiter spielst, so wird dir das Pipi abfallen und du wirst sterben." Dazu kam das Trauma der Ohrfeige. Für ihn war es ein großes Trauma, weil er vorher nie geschlagen wurde und maßlos ehrgeizig und empfindlich war.

Skizze zu dem Traum, von Herrn Beta entworfen.

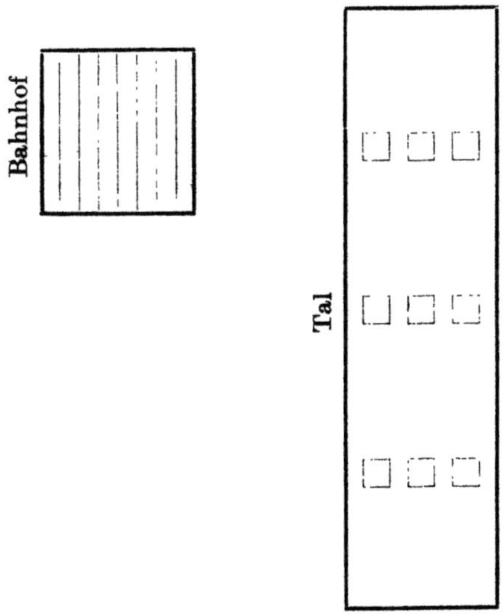

Von diesem Erlebnis datieren die Haß- und Rachegedanken, die in Phantasien gipfeln: Vater und Bruder, letzterer verspottete ihn wegen der Ohrfeige, sollen sterben. Hier wird zur Erfüllung dieses Wunsches die Eisenbahn und der Lift herangezogen. (Das Steckenbleiben des Liftes drückt sich neurotisch in der Unfähigkeit aus, in einer Vagina stecken zu bleiben.) Ferner gönnt er seinem Bruder eine Lues, an der er bald sterben soll. Warum? Weil der Bruder reich ist (Reichenberg) und er sein Geld erben will. Der Berg (Sein Märchen!) soll zerfallen — und er soll die Schätze heben.

Darum will er ein Weib sein. Einem Weibe kann man das Pipi nicht abschneiden. Einem Weibe kann das Pipi nicht abfallen. Ein Weib sündigt nicht. Es ist passiv. Er will ein Weib und ein Heiliger sein und so über den Vater triumphieren. Oben, d. h. im ewigen Leben, wird er der Sieger sein. Dazu soll ihm die Askese verhelfen. Er ist nicht würdig, zu genießen [1]). Er war ein Mörder in Gedanken. Die Eisen-

[1]) Vgl. das sehr charakteristische Gedicht von Lenau „Die Asketen". „Ein schüchternes Gefühl: wir sind gefallen!" – Hält sie vom lauten Freudenmarkt zurück, — Heißt sie den Pfad einsamer Dornen wallen. — Es wächst die Lust, wenn sie vorüberstreifen — An einem unverdienten Erdenglück — Die Scham verbietet, keck danach zu greifen."

bahn und der Lift hätten seinen Vater, seinen Bruder und seine Erzieherin töten sollen, damit er ungestört onanieren könnte. Eisenbahn und Lift sind hier Todessymbole.

Schließlich betrachtet der Träumer die Zeichnung und sagt: „Es handelt sich um einen „Durchschnitt". Die Zeichnung zeigt ein großes und ein kastriertes (durchschnittenes) Genitale. Der Bahnhof (die Station) ist der Cunnus; die längliche Zeichnung der Phallus. Die 9 Klötzchen lösen sich je in dreimal 3 auf. (Drei Männer: Ich, der Bruder und der Vater.) Dieses Bild drückt mein doppeltes Wesen aus: Halb Mann und halb Weib. Ich betreibe die Onanie als Weib. Und das Wichtigste, glaube ich, ist der Umstand, daß „allein auf der Straße gehen" [1]) für mich „Onanieren" bedeutet. Ich schäme mich auf der Straße. Ich glaube noch immer, man merke mir die alte Onanie an. Deshalb wünsche ich allein zu sein. Möge die ganze Welt zugrunde gehen. Dann kann ich ohne Scham und Angst meiner Lust leben. Das ist mein „psychischer Anarchismus".

Der Traum zeigt uns alle charakteristischen Merkmale eines jeden Traumes: Den ausgesprochenen Charakter der Bisexualität. (Er ist ein Weib, er ist gravid, er fürchtet einen Partus) und die überwiegende Bedeutung der Todeskomplexe bei der Bildung der Traumgedanken. Eigener Tod und Tod der andern, um dieses Thema ist eigentlich der ganze Traum zentriert. Das „große Unglück" ist der Tod.

Die Symbole „Oben und Unten", die Adler fälschlich als „Männlich und Weiblich" wertet, finden hier, wie in vielen andern Träumen, eine einfache Erklärung: Die Kinder stehen „unten" und die Erwachsenen „oben". Das Kind muß zu den Großen emporblicken. Der psychische Infantilismus drückt sich durch „unten" aus. Der brennendste Wunsch des Kindes, „groß zu sein" und „größer zu sein, als die Großen" findet in Träumen durch Situationen, in denen der Träumer „oben" ist, seine ersehnte Erfüllung. Eine andere schon erwähnte Determination von „Oben" und „Unten" beruht auf dem religiösen Komplex und bedeutet: Himmel und Hölle.

XXXI.

Todessymbolik.

Wir wollen nach der großen, ziemlich erschöpfenden Traumanalyse eine Reihe kleinerer Analysen bringen und uns hauptsächlich auf die Auflösung der Todessymbolik beschränken.

Ich beginne mit dem schlichten Traume einer zärtlichen Tochter, Frl. F. E.:

„Vom Heimweg und der schwankenden Mutter."

(325.) „Mama und ich waren auf dem Heimwege. Plötzlich schwankte Mutter, ich dachte sie stützen zu können, aber es gelang mir nicht.

[1]) Er hält sich an den Sprachgebrauch. (Ire = onanieren; co-ire = begatten.) Eine weitere Assoziation: Er läßt sich gehen. Er fürchtet „sich gehen zu lassen". Seine Todeswünsche dürfen nicht zur Realität werden.

Da wir schon an der Pension waren, winkte ich den Mädchen, zu helfen, aber sie zögerten so lange. Da sah ich einen jungen Herrn. Ich winkte ihm, doch zuzufassen und so trugen wir Mutting zusammen ins Haus."

Die Analyse dieses Traumes ergibt eine sehr interessante Symbolik. „Auf dem Heimwege sein" heißt soviel als sterben. Meine Patientin sieht im Traume ihre geliebte Mutter schwanken und kann ihr keine Hilfe leisten. Sie kann sie nicht stützen. In der Tat litt die Mutter der Patientin an schweren Anfällen hysterischer Natur, die sogar lebensbedrohlich waren. Die Träumerin hatte damals die Idee: wenn die Mutter einmal stirbt, dann muß ich die Wirtschaft führen. Zu dem jungen Herrn fällt ihr ein Herr Liebermann ein.

Liebermann heißt hier „ein — lieber — Mann". Erkundigen wir uns nach der Charakteristik dies Herrn Liebermann, so hören wir, daß er in seiner Heimat der Eckensteher genannt wurde, weil er immer an der Ecke stand. Im Traume ist er schwarz und trägt ein schwarzes Gewand.. Auch trägt sie nach, daß er die Mutter bei den Füßen ergriffen hat und zwischen den Beinen stand, während sie beim Kopfende plaziert war. So trugen sie vereint die Mutter. Der Liebermann ist hier das Symbol des Todes und des Lebens zugleich. Er ist der Phallus, der den Tod bedeutet. Die Stellung zwischen den Beinen der Mutter, die selbstverständlich wieder die Gebärmutter darstellt und den Koitus symbolisiert (Eckensteher) [1]), zeigt deutlich, welche Funktion Liebermann hier ausfüllt. Sie identifiziert sich mit der Mutter. Also einerseits ist es der Tod, der die Mutter holt, andererseits zeigen sich Beziehungen zu ihrem ungestillten Liebessehnen. Sie ist stark homosexuell veranlagt. Sie war in einer Pension mit Freundinnen zusammen, in die sie verliebt war. Aber sie fand keine Gegenliebe. Im Traume ausgedrückt: „Sie winkt den Mädchen zu helfen, aber sie zögerten zu lange." Mit der Phantasie, ins Grab zu gehen, verbindet sich die Mutterleibsphantasie. Sie trägt die Mutter, das ist die Umkehrung einer Situation, da die Mutter sie getragen [2]) hat. Sie hat nur einen Bruder. Auch der lag einmal an derselben Stelle, was der Traum sehr charakteristisch dadurch ausdrückt, daß der junge Mann zwischen den Beinen der Mutter steht und sie so in das Haus trägt. Andererseits dringen Gedanken durch, daß sie in die Hoffnung kommen könnte, wenn sie sich mit dem Herrn, in den sie jetzt verliebt ist (Liebermann), einläßt.

Das Hineintragen in ein Haus soll auch den Transport in die Familiengruft illustrieren. Wenn wir die Umkehrung berücksichtigen, sind sie und ihr Bruder aus einem Haus (dem Körper der Mutter) gekommen.

Geburt und Tod bilden die Leitmotive dieses Traumes.

Zwei andere Träume derselben Dame, Frl. F. E.:

(326.) „Ich ging mit Herrn Adam einen steilen Weg hinunter, es kostete mich Mühe, den Weg zu gehen. Endlich langten wir an. Dr. Kaiser saß bereits an einem Tische in einem Wirtschaftsgarten und erwartete uns. Ich aber ging wieder von den Herren fort, ich mochte nicht bei ihnen bleiben; indem ich wegging, hatte ich das Gefühl, daß man hinter mir den Kopf schüttelte und lächelte."

(327.) „Ich lag zu Bett und war krank. Neben mir lag ein Kind, es war, als ob es Hans als Kind gewesen wäre, ich war aber erwachsen.

---

[1]) Verdoppelung der Symbole: Ecke und Steher.

[2]) Symbol für Gravidität.

Auf einmal kam mir Furcht, das Kind würde krank, und wirklich irgend wer, ich glaube der Arzt, sagte, es bekäme Scharlach."

Beide Träume handeln vom Sterben und behandeln ein „entweder — oder". Hier heißt das „entweder — oder" — entweder ich nehme mir das Leben oder ich sterbe infolge eines schweren Leidens.

Adam war der erste Mensch. Er lebte im Paradiese. Hier will sie den Weg gehen, den steilen Lebensweg, den alle Menschen gehen müssen, den Weg in den Tod. Das Sterben wird ihr nicht leicht. („Es kostete mich Mühe".) Es dauert lange, bis sie ans Ziel kommt. („Endlich langten wir an".) Adam ist ein ziemlich häufiges Symbol des Todes. (Der erste Mensch, der gestorben ist.) Der Kaiser ist der Vater, der schon lange tot ist — „bereits" an der Ahnentafel auf sie wartet. Sie würde gerne freiwillig sterben. Aber sie fürchtet die üble Nachrede. Man werde den Kopf schütteln....

Dieser letzte Absatz, wie die Verbindung von Kaiser mit dem „Doktor", zeigen einen anderen Gedankengang. Sie will von ihrer Höhe herunter und will fallen. Sie will auch leben. „Was werden die Leute dazu sagen?" stimmt besonders für diesen Gedankengang. Sie will zu einem Manne, der ihr gefällt, wenn es auch nur für eine kleine Weile ist. Sie will mit ihm leben, ihm die Wirtschaft führen und dann weggehen. Aber sie will erst sterben, bis sie gelebt hat.

Der Wirtschaftsgarten drückt die Verbindung von Friedhof, Paradies und Häuslichkeit aus.

Das „Oder" bringt das zweite Bild. Sie ist schwerkrank. Sie stirbt an Scharlach. Dies „Oder" drückt aber auch eine Folge aus. Weil ich bei Herrn Dr. K. gewesen bin, habe ich ein Kind bekommen, einen kleinen Bruder wie den Hans. Sie hat gehört, daß der Scharlach für Schwangere und Wöchnerinnen besonders gefährlich ist. Sie wird dieses Leiden kaum überstehen.

Der steile Weg hat hier dieselbe Bedeutung, wie der weite Weg. Ich habe schon in früheren Analysen ausgeführt, daß man auf solchen Wegen am leichtesten straucheln kann. Es ist der Weg des Lebens.

Ein anderer Traum vom Heimweg, den ein zwanzigjähriger Angstneurotiker geträumt hat, lautet:

(328.) „Ich ging mit den Eltern auf Besuch zu einem Verwandten. Ich entfernte mich von dort allein, während meine Eltern noch zurückblieben. Es kam mir vor, als befände ich mich auf dem Heimwege in meinen Wohnbezirk, als ich auf der Straße eine große Menschenmenge angesammelt fand, aus Anlaß einer Feierlichkeit, wie es bei militärischen Paraden, ebensolchen Begräbnissen, Festzügen und dergleichen vorzukommen pflegt."

Ich traf auf der Straße einen jüngeren Menschen, mit dem ich dann in ein Gebäude ging und ein Lokal aufsuchte, in dem ich eine Versammlung von lauter jungen Mannspersonen antraf. Ich sprach mit dem bereits Erwähnten, der mich auf der Straße getroffen hatte. Ich hatte während des Gespräches (worüber, entsinne ich mich derzeit nicht) eine große erotische Erregung, und es kam mir im Verlaufe des Diskurses vor, als würde er mir sein erigiertes Genitale zeigen."

Einfacher Traum. Die Eltern gehen die Verwandten besuchen. Lies hier die Älteren. Diese zu besuchenden Verwandten sind schon lange tot .... Dann entfernt er sich allein, während die ältern (lies:

Vater und Geschwister) zurückbleiben. Deutlicher kann man die Todeswünsche nicht ausdrücken. Das Leichenbegängnis des Vaters ist das nächste Traumstück. (Menschenmenge, Begräbnis, Festzug!)

Dann identifiziert er sich mit der Mutter. Wie wird sie dann mit ihm zärtlich sein! In dieser Rolle erwacht eine starke homosexuelle Neigung zu seinem Bruder, die eine Variation des Narzismus, der Selbstliebe darstellt [1]).

Der Vater als Hindernis wird entfernt. Was er von der Mutter wünscht, das erlebt er bei seinem Bruder. Eigentlich ein für Homosexuelle typischer Gedankengang.

Mancher Homosexuelle identifiziert sich mit seiner Mutter und sucht sich in seinen männlichen Objekten. Deshalb sind Knaben als homosexuelles Ideal so beliebt, weil sie zur Illustrierung des Verhältnisses viel besser passen.

Die Todessymbolik ist hier sehr einfach. Im ersten Stücke identifiziert er sich mit dem Vater, der sich auf dem Heimwege befindet. Heimgehen — in den Himmel gehen, bedeutet meistens sterben. Für ihn ist es aber auch der Weg ins Grab und der Weg zur Mutter. Der wird durch den Tod des Vaters frei gemacht.

Komplizierter ist der nächste Traum des Herrn D. N.:

(329.) „Ich gehe mit Reimers von der Gesellschaft fort. In einer leicht nach abwärts führenden Straße (Fleischmarkt?) gehend, sehe ich vorne einen Mann, den ich für Dr. Breuer halte. Ich verlangsame den Schritt, damit er uns nicht einholt. Er kommt dann doch heran, ist aber nicht Dr. Breuer."

Analyse: Er war mit dem Burgschauspieler Reimers in einer Gesellschaft — gerade am Abend vor dem Traum. Wir wissen schon aus zahlreichen Analysen, daß die Burg als die Wohnung des Kaisers häufig auf Beziehungen zum Elternhaus schließen läßt. Schon der erste Satz enthält Todesgedanken. Ich gehe aus einer Gesellschaft fort. Reimers steht offenbar für den Vater. Der Vater fühlt sich in den letzten Tagen nicht wohl. Er wird vielleicht bald sterben. Er will mit ihm sterben. Es geht ja mit ihm abwärts. („In einer leicht nach rechts abwärts führenden Straße".) Der Fleischmarkt zeigt den Sinn dieser Todesahnungen. Er gibt sich zuviel bei Frauen aus. Er besucht den „Fleischmarkt" zu oft. Der Weg führt nach rechts, weil es lauter käufliche Frauenzimmer sind, mit denen er sich abgibt. Also kein Inzest, kein homosexueller Verkehr, kein Verhältnis mit einer verheirateten Frau, das wahrscheinlich durch einen Weg nach links (vgl. das Kapitel „Rechts und Links im Traum") ausgedrückt wäre.

Nun kommt ein sehr paradoxer Gedanke. Ein Mann geht vor ihm und er verlangsamt den Schritt, um von diesem Manne nicht eingeholt zu werden. Dieser Mann ist der bekannte Wiener Arzt Dr. Breuer, der Mitarbeiter Freuds bei den „Studien über Hysterie". Er hatte ihn einmal als Jüngling untersucht, vor den Folgen der sexuellen Infektionskrankheiten gewarnt und zur Mäßigkeit ermahnt. Solche Mahnungen tragen die Todesklausel in sich. Der Arzt ist hier zur Symbolisierung des Todes verwendet. Jetzt verstehen wir den Widersinn des Traumes. Er geht langsamer, d. h. er schränkt sein wildes Leben ein, damit ihn

---

[1]) „Ich bin überzeugt, man liebt sich nicht bloß in anderen, man haßt sich auch in anderen" (Lichtenberg).

der Tod nicht hole. Freilich, den Tod kann kein Mensch aufhalten. „Er kommt dann doch heran.“ Es ist nicht der Breuer. Die weiteren Traumgedanken lassen erkennen, daß der Mann der Vater ist. In einer weiteren Determination er selber. Er bereut, so gelebt zu haben. Er will sich von der Reue nicht einholen lassen, die doch nicht abzuhalten ist. Dr. Breuer ist der Bereuer.

Die weitere Fortsetzung des Traumes spinnt den Todesgedanken weiter. „Wir gehen durch ein Tor in einen Garten mit freier Aussicht.“ Der Garten ist der Himmelsgarten, der Todesacker ... der Friedhof.

Wo sich Todesgedanken finden, ist die Geburtsphantasie nicht ferne. Die zweite Determination führt zum Mutterleib. Der komplizierte Traum geht noch weiter:

„Wir gehen dann in einen Turm hinauf, in dessen einzelnen Stockwerken Restaurants eingerichtet sind. Die Stiege ist so eng, daß man nur im Gänsemarsch gehen kann. Ich gehe hinter Reimers, hinter mir seine anderen Schüler“

Der Turm ist uns aus früheren Analysen des Träumers als der „gravide Mutterleib“ bekannt. (Sonst der Penis!) Die Stiege symbolisiert die Vagina. Die Reihenfolge: Vater, der Träumer, dann die anderen Geschwister (Schüler).

Die Restaurants in drei Stockwerken. Erster Stock: Vagina. Zweiter Stock: Mammae. Dritter Stock: der Mund. In anderer Bedeutung die Lebensjahre. Die Erlebnisse bei der Amme (I. Stock) verschmelzen mit denen bei der Mutter zu einem Bilde. Die Entwöhnung wird im weiteren Verlaufe folgendermaßen geschildert. „Im zweiten Stockwerke werde ich von Reimers (Burgschauspieler — Vater — Mutter — Amme) getrennt. Man setzt mir ein Essen vor. Der weitere Verlauf des Traumes hat mit der Todessymbolik nichts zu tun.

Wir haben hier wieder einige Todessymbole kennen gelernt: „Die nach abwärts führende Straße“, „das Fortgehen aus der Gesellschaft“ und den Arzt als Boten des Todes.

Ein ähnlicher Traum eines anderen Träumers:

(330.) „Ich soll abreisen. Ich habe außer dem Dr. Stekel noch einen zweiten Arzt. Er schickt mir eine Rechnung, die 624 Mk. beträgt.“

Es handelt sich um die Schuld, die der Tod (der zweite Arzt) zu fordern kommt. Das beweisen die Zahlen. Der Träumer leidet an dem Aberglauben, er werde im 32. Lebensjahre sterben. Die Zahl 624 gibt anders gruppiert $\frac{64}{2}$ d. h. 32. Sein Vater, der 42 Jahre alt wurde, starb im Jahre 1890. Heute (1910) wäre er 62 Jahre. Da bricht der Wunsch durch: O würde mein Vater noch leben! Seine Lieblingsschwester ist jetzt 24 Jahre alt. Die Zahl 624 setzt sich aber aus diesen Zahlen 62 [1]) und 24 zusammen. Die Zahl 32 symbolisiert die Familie. Sie waren 3 Mädchen und 2 Knaben. Ein Knabe starb im frühen Alter. Später bestand die ganze Familie aus 6 Personen. Nach dem Tode des Vaters waren sie wieder 5. (3 + 2). Er wäre aber am liebsten mit der Mutter allein gewesen (2). Er hatte heimlich Todeswünsche. Die Geschwister sollten sterben wie der eine Bruder. Der Traum enthält eine Angst:

[1]) Der Geburtstag der Mutter fällt auf den 2./VI.

Wenn ich sterbe, so werde ich wegen der Todeswünsche zur Rechenschaft gezogen werden. Der zweite Arzt, der alle Schmerzen heilt, ist der Tod. Die Abreise ist die Reise ins Jenseits. Die Rechnung ist die letzte Abrechnung.

Herr Zeta träumt:

(331.) „Ein Professor, Dr. Pajk, schmierte an der Tafel eine Land karte voll, und gab uns auf, den Osten Europas zu studieren. Dann sah ich, daß Dienstag Mathematik und Physik sei, und ich war sehr nervös. Ich fürchtete für meine Befreiung von der Matura. Dann packte der Direktor in einen Postwagen ein. Ich dachte: „Gott sei Dank, ich bin mit dem Gymnasium schon fertig."

Analyse: Der Traum beginnt mit heftigen Schmähungen des Arztes. „Dr. Pajk war ein Mensch, der dann an Wahnsinn starb; vertrottelt; den Unterricht bei ihm kann man keine Stunde nennen; ich habe nie achtgegeben; ich habe ihn recht gern gehabt; er war ein merkwürdiger Mensch; ein bedeutender Mensch; ein Philosoph; er hat ein Werk über Philosophie geschrieben."

Spottnamen des Professors waren: Dr. Pajkes und Pajkeles. (Pajkes = die Schmachtlocken der polnischen Juden.)

Für den Dr. Pajk ist der Arzt einzusetzen, der bald sterben soll. Er ist ein Trottel; die Stunde der Kur kein Unterricht; er hört nicht zu; ein Dr. Pajkeles usw. „Er gab uns auf, den Osten Europas zu studieren". Er will die Kur bei Dr. Pajkeles aufgeben.

Doch wir wollen hier keine vollständige Analyse bringen.

Das Wichtigste ist der Satz: „Der Direktor packte in einen Postwagen ein". Der Postwagen ist gelb — nein schwarz-gelb — mit kaiserlichem Wappen. Der Direktor ist der Vater. Der Wagen ist ein Fourgon. Fourgon heißt Postwagen und Leichenwagen. Sich packen heißt weggehen, sterben. Der Wagen sah aus wie ein Leichenwagen. Als wenn man einen Sarg einpacken, hineinschieben würde. Der Direktor ist nicht nur der Vater, sondern auch die Direktrice (die Erzieherin), die jetzt weggefahren ist.

Grundgedanke: Wenn die Erzieherin stirbt, so ist mein Weg zum Weibe frei und ich bin gesund. Ferner: Der Arzt, der mich behandelt, soll auch sterben.

Er hatte gestern bei einem Mädchen den Gedanken: Die ist der K. (Erzieherin) nicht ähnlich, die kannst du dir beibiegen.

Wichtig: Die Postkutsche als Leichenwagen, also als Todessymbol.

(332.) „Ich war von zu Hause weg und besuchte meine Eltern; abends wollte ich zurück, es war spät geworden, ich raffte eilends meine Sachen zusammen und wollte mit der Elektrischen fahren, denn ich hatte eine weite Strecke zurückzulegen. Nur mit Mühe erreichte ich die Bahn, ob ich mitkam, weiß ich nicht."

Analyse: Eine Häufung von Todessymbolen. Eine Frage beschäftigt die Träumerin Tag und Nacht: Steht das Leben dafür, gelebt zu werden? Sollte ich nicht lieber in den Tod gehen? Der geliebte Vater ist vor fünf Jahren gestorben. Seit damals wurden die Todesgedanken dominierend.

Jeder Satz ist eine Wunscherfüllung, die Wunscherfüllung, tot zu sein. Die Sätze sind einander angereiht, bedeuten aber ein „entweder — oder". Welche Tat soll sie wählen?

„Ich war vom Hause weg", d. h. sie ist gestorben. „Weg sein" gleich tot sein. Sie wollte aus dem Hause laufen und ins Wasser gehen.

„Und besuchte meine Eltern". Sie geht dorthin, wo der liebe Vater und der Großvater (die Älteren) schon sind. (Zweite Determination: Sie ist [wie die Freundinnen] schon aus dem Hause, verheiratet, und macht ihren Eltern einen Besuch.)

„Abends wollte ich zurück". Sie will zur Erde zurück, woher sie gekommen. Vom Staube bist du geboren, zu Staube sollst du werden. Es ist der Abend, der sich über ihr Leben senkt. Zurück zum Vater, zum lieben Gott, zum Himmel, zum Grab, zum Mutterleib. (Mutter Erde!)

„Es war spät geworden". Sie hat das Leben versäumt. Es ist zu spät, ein neues Leben anzufangen. Es naht die Nacht, die große barmherzige Nacht des Todes.

„Ich raffte eilends meine Sachen zusammen". Sich packen heißt sich entfernen. Sie muß alle Kraft zusammennehmen und sich zu einer Tat aufraffen. (Verdichtet zu zusammenraffen.) „Ihre Sachen" Anspielung auf das nutzlose Genitale.

„Und wollte mit der Elektrischen fahren". Abfahren, in den Tod fahren. Sie dachte daran, sich von der Elektrischen überfahren zu lassen. (Determiniert durch den Wunsch, sich von einer großen Leidenschaft überwältigt zu sehen. Durchbrechen der Vergewaltigungsphantasie.)

„Denn ich hatte eine weite Strecke zurückzulegen". Sie denkt an die Ballade „Die Uhr", an die bekannten Worte Seidls, die Loewe unsterblich gemacht hat:

Dann müßt ich zum Meister wandern, — Der wohnt am Ende gar weit.
— Wohl drüben jenseits der Erde — Wohl dort in der Ewigkeit.

Sie will sich von der Erbärmlichkeit des Daseins in die Ewigkeit flüchten. Der „weite Weg" ist immer der Weg in die Ewigkeit.

„Nur mit Mühe erreichte ich die Bahn". Die Station ist ein sehr beliebtes Symbol für den Tod. (Vgl. den Traum Nr. 324.) Es hält sie eine Kraft zurück Sie kann ihre Todesgedanken nicht durchsetzen.

„Ob ich mitkam, weiß ich nicht". Der obligate Schluß, der den berechtigten Zweifel, ob die Wünsche zu Tatsachen wurden, ausdrückt. Der wichtigere Teil des Traumes ist unterdrückt und vergessen.

Das Gegenspiel der Todesgedanken: Eine heiße Sehnsucht nach dem Leben bricht aus allen Traumstücken hervor. Sie kann noch nicht sterben, weil sie noch nicht gelebt hat.

Herr N. O. träumt:

Traum von den drei Reitern.

(333.) „Bruder, Papa und ich ritten. Bruder und Papa waren ängstlich, ich nicht. Meinem Bruder ging das Pferd durch. Ich sagte: „Armer Bruder." Er hing nach links. Ich rief ihm zu, er solle zu mir reiten, aber er verschwand."

Dem Träumer fällt das Gedicht „Die drei Reiter" ein. Sie kommen von der Schlacht. Ihnen zu Häupten fliegen die Geier und verteilen die Beute. Auch dieser Traum ist ein Ritt ums Leben. Der Bruder gallopiert am schnellsten. Die nächste Assoziation war „gallopierende Schwindsucht". Der Bruder verschwindet auch am Schluß des Traumes,

Vater und Bruder zeigen Todesangst. Beide leben zuviel (und zulange). Der Bruder ist ein Lebemann. Er reitet ins Verderben. („Er hing nach links".)

Eine homosexuelle Anspielung enthält der Satz: „Ich rief ihm zu, er solle zu mir reiten". Ein Teil der Haßgedanken beruht auf Eifersucht und verschmähter Liebe.

Eine äußerst versteckte Todessymbolik zeigt der Anfang des folgenden Traumes:

(334.) „Ich bin seit etwa einem halben Jahre der Besitzer und Leiter des Hotels „Hietzinger Hof."

Dieser Besitzer wird vom Träumer hartnäckig Hopfner genannt, bis er plötzlich merkt, daß er sich geirrt hat. Der frühere Besitzer hieß „Tod". Der Sinn des nun folgenden Traumes geht im wesentlichen auf Erbschaftsphantasien hinaus. Er will vom Tode der anderen leben. Daß er auch der „Leiter" ist, scheint seinen Todesgedanken eine gewisse Aggressionskraft zu verleihen. Er ist der Tod.

XXXII.

Todessymbolik.

(Radfahren, Schlittschuhlaufen, Rodeln und Rollschuhe.)

Eine sehr häufige Verwendung finden die verschiedenen Verkehrsmittel im Dienste der Todessymbolik. Die Zeitungen sind immer voll von Unglücksfällen, die beim Rodeln, Radfahren, Automobilfahrten geschehen sind. Beim Eislaufen kann man sich das Bein brechen und, wenn man Pech hat, auch zugrunde gehen. Diese Gedanken finden sich in den Träumen als Wunscherfüllungen.

Der Traum eines Zwangsneurotikers.

(335.) „Ich sah meinen Bruder Friedrich mit dem Rade. Er war sehr blaß."

Friedrich ist ein passionierter Radfahrer. Er hat wiederholt lebensgefährliche Partien gemacht. Der Träumer hat jetzt einen Grund, seinem Bruder zu zürnen. Derselbe ist von einer von ihm heiß begehrten Dame bevorzugt worden. In diesem Traume sieht er ihn nach einem Sturze. Die Blässe ist ein charakteristisches Zeichen der Toten. Die Toten sind blaß.

Ein anderer Traum eines nach Liebe lechzenden Mädchens:

(336.) „Mit mehreren Leuten ging ich auf der Straße. Ein Teil des Trottoirs war zum Eislaufplatz hergerichtet und viele Menschen liefen Schlittschuh. „Das sind lauter Gäste des Sanatoriums," dachte ich. „Wie die hier laufen können! Mich macht das Zusehen schon schwindlig".

Auf der Straße gehen Dirnen. Der Weg ist gar gefährlich. Wie leicht kann man da straucheln und sich eine sexuelle Infektion zuziehen. (Sanatorium!) Auch das Schwindeln deutet auf den Sturz. Im Sanatorium ist eine Freundin gestorben. Sie weiß es, daß ein Sturz für sie den Tod bedeutet. Sie könnte den Fall nicht überleben.

Herr O. L.:

(337.) „Ich bin mit einem neuen Schlitten gefahren. Plötzlich stürzte ich einen steilen Abhang hinunter und erwachte mit einem Angstschrei."

Einen „Schlitten" nennt man in der Sprache des Kreises, dem unser Träumer angehört, ein Frauenzimmer. Ein neuer Schlitten ist ein neues Verhältnis. Er hat sich in die Frau eines Freundes verliebt, die ihm sehr entgegenkommt. Er sieht Verwicklungen, Streitszenen und ein Duell mit dem Gatten voraus. Er saust in den Tod hinab.

„Der Traum vom J.- und Br. - Wagen."

(338.) Ich bin auf der Straße. Ein J.-Wagen kommt mir entgegen, als wollte er mich überfahren. Er biegt nach links ab. Ich steige in einen Br.-Wagen ein."

Dieser ca. 30jährige Träumer ist ein Wiener. In Wien werden die verschiedenen Linien der Elektrischen mit Buchstaben bezeichnet. Der J.-Wagen weckt eine unangenehme Erinnerung. Es handelt sich um eine flüchtige Liebesaffäre mit einer Dame, die ihm bald teuer zu stehen gekommen wäre. Lange Zeit nach einem einmaligen Beisammensein wurde er telephonisch in die Josefstädtergasse [1]) berufen — eben von dieser Dame. Sie habe mit ihm dringend zu sprechen. Sie gab ihm ein Rendezvous vor einem Kaffeehaus. Dort teilte sie ihm mit, daß sie Mutterfreuden erwarte. Der Mann rechnete der Dame vor, daß schon zehn Monate vorüber waren. Vergebens! Sie beharrte darauf, daß er der Vater sei. Im Café saß ihr Geliebter, der Berater und wirkliche Vater, als Zeuge des Rendezvous. Dann wurde ein Erpressungsversuch an ihm gemacht, den der eigene Vater des Mädchens, als er davon erfuhr, zunichte machte. Der Träumer kam mit dem Schrecken davon. Damals wollte er sich erschießen. Der J.-Wagen will ihn in den Tod führen. Er hatte ihn einmal fast in den Tod geführt.

Aber bald wäre er überfahren worden. Er war auf dem linken — also unrechten Wege. Auch der Br.-Wagen repräsentiert eine Dame. Ihm fällt Berta ein, seine erste ideale Liebe.

Der Sinn des Traumes ist klar. Er läßt alle Damen der Straße stehen. Er läßt sich durch keine Versuchung beirren und fährt den Weg der rechten, idealen Liebe. Er will ein keuscher Josef (Josefstädterstraße) sein, den keine Potiphar verführen kann.

Die „Elektrische" spielt bei den Neurotikern eine große Rolle. Manche können mit der Elektrischen nicht fahren, haben allerlei Angstgefühle beim Einsteigen. Einer meiner an Platzangst Leidenden konnte nicht aussteigen. Er verlor jede Gabe der Orientierung. Er spielte die Geburt und das Verlassen des Mutterleibes. Das Einsteigen und Aussteigen bedeuten häufig das Sterben.

Das Überfahrenwerden hat auch seine eigene Bedeutung. Es ist als das Überwältigtwerden durch eine große Leidenschaft aufzufassen, durch eine Leidenschaft, die einen ins Verderben bringt. So hängen auch hier Erotik und Tod zusammen.

Einen anderen Schlittschuhtraum bringt uns ein intelligenter 38jähriger Schriftsteller Herr N.:

---

[1]) Diese Linie führt den Orientierungsbuchstaben J.

(339.) „Ich befinde mich mit meiner Familie auf der Straße. In unserer Gesellschaft ist ein junger Mann (Herr R.?), der sich etwas holen will. Meine Frau fragt mich, ob ich hier mit Schlittschuhen laufen kann. Ich versuche es und laufe auf dem Asphalt ausgezeichnet. Ich machte auch schüchterne Versuche, Bogen zu laufen, andere Figuren zu machen, was mir passabel gelingt. Ich wundere mich, daß ich mit Schlittschuhen auf dem Asphalt laufen kann (oder waren es Rollschuhe?) Offenbar hatte es leicht geregnet und der Regen war eingefroren. Während ich mich fröhlich hin- und hertummle, macht uns eine Frau aufmerksam, wo sich Herr R. befindet. Er bleibt uns viel zu lange aus. Wir gehen in einen Hof mit vielen Gebäuden, Scheuern, Winkelwerk. Aus einer Art Garderobe kommt Herr R. nun im Sportanzug. Als ob er sich vor seinem Vater fürchten müßte."

Analyse: Daß man sich auf der Straße bei einer Prostituierten etwas holen kann, ist der erste Einfall des Träumers. Herrn R., der junge ängstliche Mann, ist offenbar eine Objektivierung seiner Gelüste. Er hat kostspielige Gelüste. Er und seine Frau brauchen zu viel Geld. Wenn es so weiter geht, werden sie noch alle delogiert und auf die Straße geworfen.

Herr R. ist „ein junger Mann", (der sich etwas holen will — eine Lues? —) der mit großer Leidenschaft Prostituierte aufsuchte und mit seinem Vater einen heftigen Streit hatte, weil er sich seinen Befehlen nicht fügen wollte.

Das rätselhafte Schlittschuhlaufen auf der Straße hat hier den Sinn, den Frauenzimmern auf der Straße nachlaufen. Er ist — allerdings nur in der Phantasie — „un coureur de filles". In diesem Traume nicht hinter dem Rücken seiner Frau, sondern mit ihrem Einverständnis. Er läuft krumme Wege (Bogen), und er sucht bei Dirnen Perversionen (Figuren, so heißen die Variationen bei der Quadrille). Am glatten Asphalt kann man sich ein Bein brechen, wenn man Pech hat. Er hat aber wiederholt mit seinen Liebesabenteuern Pech gehabt. (Aus Pech macht man Asphalt — weitere Beziehungen phalt — phallus — Fall — Sündenfall.)

Mit großer symbolischer Kraft ist hier das Laufen auf den Straßen durch müheloses Schlittschuhlaufen dargestellt. Am Abend vor dem Traume ging N. allein durch die Straßen der Stadt spazieren und fühlte sich sehr müde. Die Beine wollten ihm nicht recht gehorchen. Im Traume war es gerade das Gegenteil.

Nachträglich erinnert sich N., „daß der Asphalt kleine Flecken zeigte, wie bespritzt mit Eis". Hier gehen die Gedanken auf eine Infektion. (Sich auf der Straße etwas holen.) Das Eislaufen führt über Eis — heiß — zum Gegensatz, zum Feuer. Am Asphalt würde sich das Eisen heiß laufen.

Der Affekt des Wunderns bezieht sich hier auf die Leichtigkeit, mit der N. alle moralischen Bedenken, die Strenge seiner Frau wie die Angst vor Syphilis überwindet und seine krummen Wege läuft. Die Rollschuhe stammen aus einem rezenten Erlebnisse. Tags vorher sah er viele Knaben und Mädchen sich vor dem Rathause mit Rollschuhen tummeln. Sie spielten mit einem Ball und hatten viele Zuseher.

Die Begründung des „Wunderns" — der eingefrorene Regen — ist die Begründung seiner neuen Leidenschaft. Heimlich war sein Eis geschmolzen; heimlich absolvierte er seine Figuren. (Gegensatz: die vielen Leute, die dem Ballspiel zusehen.)

Die Tropfen des Regens gehen auch auf die Periode und die Angst, bei unehelichem Verkehr eine Gravidität zu erzielen. Eis führt zu Schnee, das wieder ein häufiges Symbol für Blut [1]) darstellt. Eine unterdrückte Neigung, einer Menstruierenden beizuwohnen, kommt zum Durchbruch. Einmal hatte er es getan und sich an den Flecken, die an seiner Wäsche zu bemerken waren, fast verraten. Seine Frau wäre ihm bald darauf gekommen. Schlittenfahrer heißen in Wien eine bestimmte Sorte von Betrügern. Der Schlitten heißt auch das Frauenzimmer. Ein Freund hatte ihm vor einigen Tagen mitgeteilt, daß er einen neuen Schlitten habe.

Im Traume taucht eine rätselhafte Frau auf, die den Aufenthalt des Herrn R. erforscht. Diese Frau ist natürlich wieder die Frau des Träumers, die immer sehr böse ist, wenn er abends zu lange ausbleibt. Der Hof mit vielen Gebäuden, Scheunen und Winkelwerk hebt eine infantile Szene. Seine Mutter war gerade in einem Badeorte. Der Vater ging mit ihnen in der größten Hitze vom Mittagessen durch einen solchen Hof nach Hause. Aus einem Fenster sah eine Prostituierte. Der Vater sagte ihnen, sie mögen nur ruhig nach Hause gehen, er müsse zurückgehen, er habe etwas vergessen. Sie gehorchten. Er blickte an einer Ecke zurück und sah den Vater in das „verrufene" Haus gehen. Er war damals etwa sieben Jahre alt und wußte schon ganz gut, daß die Dame am Fenster eine Prostituierte gewesen.

„Als ob er seinen Vater fürchten müßte" — hat eine besondere Bedeutung. Der Vater hatte dann viele Jahre an den Folgen einer schweren Gonorrhöe gelitten. Der Satz enthält eine wichtige Warnung vor den schrecklichen Krankheiten: Er soll die Folgen fürchten. Er soll sich an dem Lose seines Vaters ein Beispiel nehmen. Er soll kein Mädchenjäger sein, wie es sein Vater war. „Aus einer Art Garderobe kommt R. im Sportanzug". Beim Turnen hatte er eine ähnliche Garderobe. Einmal war er dabei, wie sich ein Kollege (Fröhlich hieß er; er tummelte sich ja fröhlich!) das Bein brach. Auch an einen Müller muß er denken, der sich beim Turnen ein Bein brach. („Das Wandern ist des Müllers Lust.") Den Sportanzug trägt er bei seinen Automobilfahrten und bei seinen Wanderungen in den Bergen, die oft sehr gefährlich sind. Auch da könnte er bei einem Zusammenstoß oder bei einem Absturz (Fall = Asphalt) zugrunde gehen.

Der Sportanzug symbolisiert hier den Tod. Die Furcht vor Gott-Vater wegen der Sünden ist das wichtigste Motiv des Traumes.

Interessant ist der Umstand, daß der Herr R. „Reinhauser" heißt. Ein Mann, der sein „Haus" „rein" hält. Im Traume bricht der Wunsch durch, sich sexuell auszuleben, ohne schädliche Folgen empfinden zu müssen und keine Schwierigkeiten von der Frau zu erdulden. (Der Regen geht auch auf die Tränen seiner Frau. „Gefrorne Musik" nannte er einem Fremden die Votivkirche.)

Dazwischen mischen sich die warnenden Stimmen: Das Schicksal des Vaters, die Beinbrüche, das Schicksal des Herrn R.

---

[1]) „Schnee ist erlogene Reinlichkeit" (Goethe).

Der Tod erscheint im richtigen Momente, um sein gewichtiges Veto gegen das leichtsinnige Leben einzulegen. Auch dieser Traum ist ein Strohwitwertraum.

Interessant ist, daß der Traum eigentlich mit fröhlichen Affekten verlief. Das Wunder, daß er so leicht laufen konnte, brachte den Träumer in die beste Stimmung. Trotzdem ist die Grundstimmung des Träumers düster. Er ist mit Todesahnungen übersättigt: Der tote Vater, der Herr R. (der sich erschossen hat), die Abstürze in den Bergen usw.

Es ist hier vielleicht am Platze, einige Worte über die affektlosen Träume zu reden. Ich wiederhole: Ich glaube nicht, daß es affektlose Träume gibt. Ich bin der Ansicht: Alles was aus dem Traumleben ins Bewußtsein dringt, ist affektiv betont, muß mit Affekten geladen sein, um gehoben zu werden und unsere Aufmerksamkeit zu erregen. Der Traum ist nicht ein Spiel der Gedanken. Er ist eigentlich ein Spiel der Affekte, die sich durch gewisse Gedankengruppen zum Ausdruck bringen müssen.

Der Gedanke weckt nicht unseren Affekt, sondern der Affekt weckt die dazu gehörigen Gedanken. Wenn wir in Erregung erwachen, so ist es der Affekt, der uns geweckt hat, während wir gewillt sind, das Erwachen als Folge der peinlichen Gedanken anzusehen.

Ich glaube also, wir haben kein Recht, von Affektträumen und affektlosen Träumen zu sprechen. Wir müssen uns nur bemühen, in jedem Falle nachzuweisen, welcher Affekt sich hinter dem Traumbild versteckt.

Im vorliegenden Falle ist es die Angst vor der Frau und den Folgen einer Infektion, welche mehr oder weniger deutlich zutage tritt. Was sich aber dahinter verbirgt, ist der Haß gegen die Frau und die Todesgedanken. Er möchte gern von seiner Frau erlöst sein. Er fürchtet seinen Vater im Traume. Der Vater ist tot. Er hat ihn nie gefürchtet. Aber die Frau fürchtet er. Die Frau wird mit dem toten Vater identifiziert, d. h. die Frau soll sterben.

Jetzt verstehen wir den Anfang des Traumes. Herr N. ist mit der ganzen Familie auf der Straße; das bedeutet, er geht hinter einem Leichenwagen, der auf Rädern rollt. Der Tod (hier Herr R. im Sportanzug) hat die Frau geholt. („Der sich etwas holen will".) Die „Garderobe" geht auch auf die wichtigsten Komplexe. Dort sitzt ja eine Wächterin. (Garder = bewachen; derober = berauben.) Er soll seiner Wächterin beraubt werden. Dann will er durch die Straßen eilen, und ein paar „frostige Tränen" werden der Treue genügen.

Auch daß „Herr R. viel zu lange ausbleibt", hat eine wichtigere Determination, als die vorgebrachte. Der Tod [1]) läßt viel zu lange auf sich warten. Man sollte ihn holen.

Eine Frau macht darauf aufmerksam, wo der Tod zu holen wäre. Die Frau ist eine Giftmörderin, deren Prozeß ihn sehr interessiert hat. Von ihr kommt er auf den Giftmörder Hofrichter, der seine Vordermänner durch Zyankali aus der Welt schaffen wollte. (Vgl. ein Hof mit usw. und der Vater — als Gottvater — als oberster Richter.)

Herr N. hat einen tiefen Grund, den Vater als obersten Richter zu fürchten. Er trägt sich mit Todesgedanken gegen seine Frau und

[1]) Herr N. dichtete einmal ein größeres Phantasiestück, das in den Bergen spielte. Der Tod trat daselbst als bleicher, schwarzgelockter Tourist auf. Herr R. im „Sportanzug" symbolisiert in diesem Traumbild die gleiche Gestalt.

möchte sie durch Gift aus der Welt schaffen. Es ist dieselbe Frau, die er abgöttisch liebt und verehrt. Ist es ein Wunder, wenn diese ihm unbewußten Konflikte ihn in eine tiefe Neurose hineingehetzt haben!

Wer hätte bei oberflächlicher Analyse hinter diesem lustigen Schlittschuhtraum einen solchen Kampf der Affekte vermutet? Wer hätte gedacht, daß der Sarg auf einer Art Schlitten in den Totenwagen gerollt wird? Wer hätte die Qual eines heißen Kampfes zwischen Trieb und Pflicht aus einer flüchtigen Durchsicht oder Übersetzung der Symbole herausfühlen können?

Deshalb kann ich nicht genug scharf betonen: Ein Traum ist nur dann endgültig aufgelöst, wenn es gelungen ist, die wichtigsten traumbildenden Affekte freizulegen.

Die verschiedenen Verkehrsmittel spielen in den Träumen eine alles andere überragende Rolle. Die Eisenbahn als sexuelles Symbol und Symbol des Todes ist ja ausführlich besprochen worden. Ebenso das Automobil. Der Fiaker hat auch seine besondere Bedeutung. Er ist ein zweispänniges Gefährte und bedeutet die Ehe. (Zwei Zugtiere vor einem Wagen!) Der Einspänner den Junggesellen oder die alleinstehende Frau — kurzum den Ledigen. Nachfolgend will ich einen Traum eines Arztes analysieren, in dem wieder ein Fahrrad eine große Rolle spielt. Er lautet:

(340.) „Ich führe mein Rad über eine Straße; da kommt ein junger Bursche mit einem Offizier entgegen. Der Knabe steckt seinen Fuß in mein Rad hinein und ich stelle ihn deshalb zur Rede. Darauf mengt sich der Offizier hinein, beschimpft mich „Jud" und schlägt mir ins Gesicht."

Analyse: Ihm fällt zu dem jungen Burschen sofort sein Neffe Alfred und dessen Vater ein. Der Neffe war selbst ein flotter Radfahrer und sah in der Dreß allerliebst aus. Er weidete sich besonders an seinen vollen, runden, nackten Armen und dem wohlgeformten Popo. In diesem Traume kommt ihm der Knabe entgegen, d. h. er zeigt ihm Entgegenkommen. Zu „Rad" assoziiert er sofort den Anus. Dieser ist von Falten umgeben, die vom Zentrum in die Peripherie gehen, wie die Speichen eines Rades. Eine weitere Brücke ist „Unrat". Rhadamanthys, der Herr der Unterwelt (siehe Un-rat!) führt zu Mantel und Radamantis, d. h. das Rad des Geliebten (amans, amantis). Er steckt den Fuß (sehr häufiges Symbol für Penis; siehe Aigremont: Fuß- und Schuhsymbolik) in das Rad hinein, d. h. er übt die Päderastie aus.

Außerdem fallen ihm eine Menge Erinnerungen ein, die alle homosexuell gefärbt sind und sich auf das Rad beziehen. Ein anderer Knabe hatte sein Rad benutzt, worüber er unglücklich war. Ein Cousin fuhr auf diesem Rade und zerriß dabei die Hose, so daß der ganze Hintere sichtbar wurde. Dieser Vorfall hatte damals eine gewaltige erotische Wirkung auf ihn ausgeübt. Dieser Cousin wurde von seinem Hofmeister, der Reserveoffizier war, dafür auf den nackten Hintern geschlagen, was seine sexuelle Erregung noch steigerte. Es fallen ihm Ausflüge zu Rad mit seinen Freunden ein. Er konnte es nicht vertragen, daß jemand hinter ihm fuhr. Das machte ihn nervös und hinderte ihn am Fahren (Phantasie von in den Hintern fahren!). Dabei fiel er einmal, und sein Fuß geriet in die Speichen des Rades. Ein anderes Mal konnte er nicht fahren, weil das Vorderrad arretiert war. Er war überhaupt sehr ungeschickt beim Radfahren, während er sonst ein flotter und gewandter Sportsmann war. So fiel er einmal vom Rade, und es sammelten sich eine Menge Menschen an, was ihm sehr peinlich war.

Er leidet an einer Phobie. Er könnte auf der Gasse zusammenfallen, stürzen, Menschen würden sich ansammeln, was eine große Schande wäre. Die ganze Phobie ist die Darstellung der Radszene mit dem „arretierten“ Vorderrade.

Auch jetzt ist sein Vorderrad arretiert — er hat drei Jahre nicht koitiert. Mit dem Erwachen seines homosexuellen Triebes kam die Angst vor dem Skandal, den Menschen, dem Gesetze usw. (Doppelsinn des Arretierens! — hier angehalten — in Überdetermination eingesperrt.) Das Stürzen ist wieder der Sturz aus der sozialen Höhe seiner Position in die Abgründe des Verbrechens.

Der Offizier ist der Vater des Knaben. Das Ins-Gesichtschlagen ist eine Verlegung von unten hinten nach vorne oben und der Wunsch, wieder vom Vater auf den Hintern geschlagen zu werden. Wir bemerken deutlich die sadistische Auffassung des Liebesaktes. Raufen in der Bedeutung von „Lieben“. Das kleine Kind glaubt, daß die Eltern raufen, wenn sie allzu sorgloserweise vor ihm eine eheliche Pflicht erfüllen. Der oberflächliche Sinn des Traumes heißt also: Ich gehe wie ein Weib (mit einem Radmantel!) auf der Straße. Ein Mann mit einem großen Phallus (Symbole dafür: der Bursche, der Säbel, der Fuß) wird auf mich aufmerksam; wir wechseln freundliche Worte und es kommt zu einem homosexuellen Akte. Der „Jud“ ist hier für das „Weibliche“ gebraucht. (Die Klitoris heißt im Volksmund — der Jude). Er hat keinen Penis. Er ist beschnitten.

So weit waren wir in der Analyse. Plötzlich sagt er:

„Übrigens ist Rad eine Zusammenziehung aus Ragaden, an denen mein Vater gelitten hat.“

Nun öffnet sich ein neuer Schacht. Hinter der masochistischen Phantasie verbergen sich wichtige Schuldkomplexe. Masochismus ist immer Buße für sexuelle Schuld. Sein Vater hatte offenbar eine Lues. Denn einmal vor Jahren mußte er wegen verschiedener Beschwerden große Dosen Jod nehmen. (Jod hat Beziehungen zu Jud. Denn ihm fällt ein Witz ein: Können Sie jodeln! Nein, aber jüdeln.) Jod nahm auch sein kleiner Neffe, als er an einem schweren Leiden erkrankt war. Leider hatte das Mittel keinen Erfolg. Denn der arme Neffe starb nach langem Krankenlager. Nach seinem Tode brach die Neurose des Träumers aus. Er fürchtete alle Plätze und belebten Straßen. Er schämte sich vor den Menschen. Er wußte nicht warum. In der Analyse traten die Motive der Scham und der Angst zutage. Er hatte seinem Neffen den Tod gewünscht! Der Neffe entzog ihm die Liebe der einzigen Schwester und der von ihm vergötterten Mutter. Tagelang war die Mutter bei ihrem Enkel und wußte nicht genug von ihm zu schwärmen. Auch der Vater war nicht wenig stolz auf den schönen Knaben. Unser Träumer war jedoch unersättlich nach Liebe. Er hatte den grenzenlosen Egoismus der „einzigen Söhne“. Er wollte alle Liebe der Verwandten für sich besitzen. Der schöne Knabe war ihm ein Dorn im Auge. Er liebte und begehrte ihn. Aber er haßte ihn noch mehr. Als der Knabe erkrankte, wünschte er seinen Tod. Zu seiner heimlichen Genugtuung wurde diesem Wunsche die Erfüllung zuteil. Bald kam die Strafe. Ein ungeheueres Schuldbewußtsein beraubte ihn des seelischen Gleichgewichts. Rhadamanthys, der Herr der Unterwelt, hielt ein fürchterliches Gericht über ihn. Er fühlte sich als Mörder. Sein böser Blick hatte den Knaben getötet [1]).

„Es gibt eine Platzscheu, die Lichtscheu ist und die der sich schuldig fühlende Mensch hat, der vor Gott nicht besteht.“ Wie richtig sind diese Worte, die der Philosoph Otto Weininger kurze Zeit vor seinem Selbstmord niedergeschrieben hat! Auch die Platzscheu unseres Träumers war böses Gewissen. Auch er konnte vor Gott nicht bestehen.

Der junge Neffe hatte seinen Weg gekreuzt Er war in seinen Kreis (sein Rad!) getreten. Dann hatte ihn der Tod geholt. Das erste Mal taucht hier der Offizier als Tod auf. Wir werden mehrere solche Beispiele kennen lernen. Alle Soldaten sind Vertreter seiner Majestät, des Todes. Wen der Tod berührt, der ist des Todes. Unser Träumer erhält einen Schlag ins Gesicht. Er wird sterben und in die Hölle kommen. Er ist ja kein Christ, sondern ein Ungläubiger (Jud!). Rhadamanthys wird eine grausame Strafe über ihn verhängen. Sein „Unrat“ stinkt gegen Himmel. Er führt seinen Unrat auf die Straße. Alle Welt muß doch merken, daß er ein Verbrecher ist. „Die große Schande“ auf der Straße, seine Phobie, ist eine Umwertung seiner schier grenzenlosen Scham wegen seiner teuflischen (jüdischen) Gedanken. Er ist ein Antichrist ... Er wird vor Gott nicht bestehen können. Seine Missetat läßt nicht sich mit dem Mantel christlicher Nächstenliebe bedecken.

Der Traum bringt eine sonderbare Wunscherfüllung. Er erleidet die Buße für sein Vergehen auf der offenen Straße, vor aller Welt. Der Tod zeigt ihm sein Opfer und schlägt ihn vor allen Leuten nieder.

Die Selbstmordgedanken dieses Neurotikers steigerten sich in den letzten Monaten so bedeutend, daß er sich fürchtete, allein zu bleiben. Er traute sich nicht die Kraft zu, den Selbstmordimpulsen zu widerstehen. Er wollte nach der in dem geheimen Rechte des Neurotikers noch bestehenden Poena talionis den Tod mit dem Tode bezahlen. Der Offizier, der den Knaben entführt hatte, sollte ihn auch der Sühne übermitteln. Was mag seiner in der Hölle warten? Der Traum sagt es ja deutlich: Er wird „gerädert“ werden.

Grauenhafte Bilder aus dem „Inferno“ von Dante tauchen vor ihm auf. Jetzt lösen sich seine Affekte, und ein Strom von Tränen und eine Flut von Vorwürfen entladen sich mit der Kraft eines Vulkans: Er hatte dem Knaben gewünscht, er möge beim Radfahren stürzen und sterben.

Solche gewaltige Affekte verbergen sich hinter der fast kindischen Straßenszene. Durch den ganzen Traum leuchten die Todesgedanken wie blutiges Nordlicht. Das große Rad des Schicksals duldet nicht, daß verbrecherische Hände in seine Speichen greifen. Es zermalmt die Ungläubigen und Sündhaften und liefert sie dem Tode aus.

---

[1]) „Der böse Blick“, an den so viele Menschen glauben, hat seine Wurzel, wie jeder Aberglauben, in unserem geheimen Schuldbewußtsein. Wir wollten einmal mit den Augen erstechen („stechende Augen“). Jene Kraft, die wir uns gewünscht haben, muten wir dann den anderen zu.

XXXIII.

Die Todessymbolik.

(Masken des Todes. Träume vom fremden Herrn, vom Ritter, vom Virtuos, vom Oberleutnant.)

Wahrlich, wir haben schon eine stattliche Reihe von Todessymbolen vorgeführt. Wir sind noch immer im Beginne unseres Unternehmens. Jetzt wollen wir daran gehen, die Masken des Todes aufzuzählen. Der Tod erscheint in den Träumen sehr selten als das Gerippe, als der dürre Knochenmann mit der Sense. So leicht läßt sich der Traumgott nicht in seine Karten blicken, obgleich mir auch derartige Träume bekannt sind.

Ich will gleich einen solchen Traum mitteilen. Ich verdanke ihn einer Dame, die ihre Tochter auf eine Konzertreise nach England begleitet hatte. Dort machten der Künstlerin viele Herren den Hof und bemühten sich um ihre Gunst. Die unbewußten Gedanken der Mutter verrät nachfolgendes in London geträumtes Bild:

(341.) „Ich gehe mit meiner Tochter im Hydepark spazieren. Da begegnet uns ein hocheleganter, dunkler Mann in einem breiten schwarzen Pelze. Er blickt scharf nach meiner Tochter. Plötzlich öffnet er den Pelz und ich sehe innen ein nacktes Gerippe. „Um Himmels willen!" rufe ich erschreckt, „das ist ja der Tod!"

Ihre Befürchtungen verdichten sich in diesem Traume zur Gewißheit. Der Tod war schon vor dem Öffnen des Pelzes leicht zu erkennen. Dunkle Männer repräsentieren häufig den Freund „Hein". Auch der schwarze Pelz ist Todessymbol. (Vom Gegensinn des Traumes und der Symbole will ich jetzt absehen.) Alles Schwarze, Dunkle, Finstere und das Gegensätzliche, das Weiße, Lichte, Blasse kann den Tod bedeuten.

Der blasse Mann, der schwarze Mann, die schwarze Frau, die weiße Frau sind Todesboten [1]). Etwas schwerer verständlich sind: der fremde Herr, der junge Herr, der alte Herr, der Andere, der Dritte, der Vierte. Die alte Frau, die Begleiterin, die Unbekannte, die Fremde.

Häufige Symbole sind der Ritter, der Reiter (besonders der wilde oder schwarze Reiter), der Jäger, der Soldat, der Offizier, der große (lange) hagere Herr, der ernste Herr, der Stumme,

---

[1]) Kleinpaul sagt: „Harmlose Todesboten hat es nie gegeben. Das Volk glaubt jetzt freilich daran. Es hat tausend Geschichten, wie die frommen Menschen von Gott benachrichtigt worden sind — wie dem König am hellen lichten Tage die Weiße Frau erschienen, dem Cid der Apostel Petrus begegnet ist, wie Ninon de Lenclos den Besuch eines kleinen schwarzen Mannes empfängt, wie der Kammerherr Leutgeb bei Mozart ein Requiem bestellt, wie ein Genius winkt, und den Gottlosen der Teufel holt. „Jetzt weiß ich, daß es nun bald mit mir aus sein wird," erzählt eine vornehme alte Dame, „des Nachts kam meine selige Mutter und meine kleine verstorbene Albertine in mein Zimmer; sie legten sich, die eine rechts, die andere links zu mir ins Bett und waren eisigkalt, aber sie freuten sich unendlich, daß ich nächstens bei ihnen sein würde." Gerne sieht man sich in seinen letzten Stunden von seinen Verstorbenen umgeben, gerne ruft man dem vorangegangenen Bruder zu: „Ja, Max, ich komme nach". (Die Lebendigen und die Toten S. 105 l. c.)

der Schweigsame, der Rote, der Hinkende [1]), der Arzt (in sonderbaren Masken ..... der Doktor Schwarz — der Doktor Weiß —), der Chauffeur, der Kondukteur, der Räuber, der Mörder, der Dieb, der Schneider (den Lebensfaden abschneiden!), der Scherer, der Friseur (gar nicht selten!), der Schielende (wie überhaupt Leute mit einem Gebrechen — man denke an den bösen Blick — den Jettatore), der Begleiter, der Dreizehnte, der Gärtner, der Geist, der Geistliche (Pfarrer, Rabbiner usw.), Friedrich, Friedemann, Frieda (alle Namen, die den Frieden oder zumindest die Silbe Fried enthalten), der Geiger, der Spielmann, der Sänger, Adam, der junge Bauer, der alte Bauer, der liebe Gott und der Satan ...... sind nur eine zufällig herausgegriffene Reihe von Todesmasken.

Ich könnte fast alle diese Masken mit Analysen von Träumen belegen. Wohin würden wir da kommen? Ich muß mich begnügen, einige interessante Träume mitzuteilen und die anderen Symbole jenen Kollegen, die sich mit der Traumdeutung befassen, zur Nachprüfung bekannt zu geben.

Diese Symbole stellen meistens den Tod selber dar, oder sie sollen einen Todesboten, einen Stellvertreter des Todes, in den Traum einführen. Todesboten sind auch die schwarzen Vögel, Raben, Krähen, der schwarze Hund, die schwarze Katze. Ich verweise hier auf einen Traum in meinem Buche: „Nervöse Angstzustände“ (S. 334).

(342.) „Ich gehe mit meiner Kleinen meinen Mann erwarten. Unterwegs sehe ich in der Luft einen großen, schwarzen Vogel. Ich sage: „Das ist ein Raubvogel“ und erkläre das der Kleinen. Er kommt unseren Köpfen näher. Ich gebe ihm einen Stoß, und er fliegt in die Höhe.“

Die Analyse faßt den Vogel als einen ungeheuer großen Penis auf, der leicht in die Höhe geht im Gegensatz zu dem Penis ihres Mannes.

Dann heißt es: „Aber der Vogel hat noch eine andere Bedeutung. Er ist der Todesvogel. Sie hat am Abend vor dem Einschlafen davon gesprochen, daß der Mann ihrer Freundin plötzlich gestorben ist. Ihre Freundin kann den Tod ihres Mannes nicht überwinden. Ihr kommt die Sache im Traume viel leichter vor. Der Vogel geht leicht in die Höhe. Die Todesgedanken beziehen sich also auf ihren Mann. Sie hat die Empfindung, sie möchte lieber sterben, ehe sie so weiter lebt.“

In ähnlicher Weise werden noch andere fliegende Tiere [2]) als Todesboten verwendet. Alles Fliegende ist ein Symbol des Todes. Es fliegt ja gleich den Engeln und toten Seelen dem Himmel zu.

Bringen wir nun eine Reihe illustrierender Traumanalysen. Zuerst einige kleine, aus größeren Träumen herausgegriffene Traumfragmente.

[1]) Ein Patient vereinigte zwei Todessymbole, den Offizier und den Hinkenden in ein Bild: Der Hauptmann Hinkovic. („Ritter, Tod und Teufel!“)

[2]) Kleinpaul: „Die Eulen, harmlose und nützliche Wesen, die das Aas verschmähen, sind gleich den Nachtschwalben, den Fledermäusen, den Gespensteraffen oder den Koboldmakis, den Abendfaltern und Totenköpfen ihres unheimlichen Gebahrens wegen seit alter Zeit zu Todesboten, ja zu Würgengeln gestempelt worden; dira ostenta sunt. Wenn das sog. Kommitchen des Nachts zufällig an das Fenster einer Krankenstube fliegt, in der ein Nachtlicht brennt, und sich auf dem Fensterstocke wehklagend niederläßt, so ist es aus — es ruft: „Komm mit, komm mit, komm mit auf den Kirchhof!“ Es schreit wie der Tod selbst, dem alles verfallen ist, auf italienisch: Tutto è mio, tutto è mio!“ (Die Lebendigen und die Toten, S. 132—133.)

(343.) „Auf einer grünen Wiese saß meine Freundin Ella mit einem fremden Herrn. Plötzlich wurde sie blaß und schrie: „Ich sterbe!"

Der fremde Herr, der die Freundin Ella holen soll, ist der Tod.... Als Reiter mit gezücktem Säbel bringt ihn ein Traum, der im Inkubationsstadium eines Flecktyphus geträumt wurde. (Aus Nervöse Angstzustände S. 593):

(344.) „Es dämmerte der Morgen. Plötzlich ertönte ein Trompetensignal. Man sah einen schweren Reiter mit Helm und Harnisch und einem gezückten Säbel. Plötzlich wies er mit der Hand auf mich und sprach: „Da hier niemand anderer da ist, der in den Krieg ziehen kann, so mußt du da gehen."

Der schwarze Ritter in einem anderen Traum eines jungen Mädchens:

(345.) „Ich war in einem blühenden Garten. Die Sonne ging gerade mit blutroten Farben unter. Da erschien mir ein schwarzer hoher Ritter und sprach mit ernster, tiefer, schauerlich klingender Stimme: „Willst du mit mir gehen?" Ohne eine Antwort abzuwarten, nahm er mich bei der Hand und führte mich fort."

In ähnlicher Symbolik wird der Ritterschlag verwendet, wofür noch in einem späteren Kapitel ein schönes Beispiel gebracht werden soll. Frl. Nina träumt in einer Nacht:

(346.) „Frau Käthe N. war plötzlich gestorben. Meine Freundin Berta und ich gingen zur englischen Stunde. Wir kamen zu spät und dachten, die Miß würde mit uns zanken, aber sie war so erschüttert von der Nachricht über Käthe, daß sie uns nichts davon sagte und nur davon sprach, daß Käthe gestorben. Ich hatte dieselbe noch zwei Tage vorher gesehen."

(347.) „Mama hatte dem Bergmann, der in unserem Zimmer auf dem Ofen stand, die weiße Binde vom Kinn heruntergeschoben; dadurch sah er nicht so erschreckend aus als vorher, wie wir ihn im Zimmer zuerst entdeckten."

Zwei Träume. Der erste erzählt vom Tode einer bekannten Dame. Diese Dame ist, wie der zweite Traum besagt, die Mutter. Der Bergmann, der wie ein schwarzer Schornsteinfeger aussieht, eine Ofenfigur, ist der Tod. Er kommt erst nach langer Krankheit. Die weiße Binde ist das Requisit einer Krankenschwester. Sie will die Mutter pflegen und dann eine Nonne (oder deren Gegenteil — eine Dirne) werden. —

Nun ein etwas komplizierteres Beispiel, in dem ein älterer Herr mit einem großen Hute als Tod erscheint.

Nach einem Koitus träumt jemand:

(348.) „In diese Essigkarafindel darf man eigentlich keinen Brief geben. Ich gehe mit Alma durch die Rotenturmstraße; ein älterer Mann mit großem Hute steht am Rande des Trottoirs und grüßt uns. Ich frage, wer es ist?"

Eine Essigausspülung verwendet die Freundin des Träumers, um die Spermatozoen zu töten und die Gravidität zu verhindern. Der erste Satz ist eine Schmähung, er bezeichnet seine Freundin Alma als Essigkarafindel, der er eigentlich fern bleiben sollte. (Brief geben ist gleich koitieren.) Der ältere Mann mit großem Hute wird von ihm sofort als der Tod gedeutet, oder der Mensch, der am Rande des Grabes steht (sich trotten, davongehen, sterben). Wir merken ein gewisses Schuldbewußtsein. Er hätte sich mit Alma nicht einlassen sollen; er könnte krank werden und sterben. Noch eine zweite Wurzel des Schuldbewußtseins: sie könnte gravid werden; denn sie hatte neulich ihren Essig vergessen und ihm mit Besorgnis gesagt, daß die Menstruation (rote Straße ist die menstruierende Vagina) noch nicht eingetreten sei. Der ältere Mann ist auch sein Vater (der große Hut = der große Phallus), der sehr krank ist, und von dem er fürchtet, er könnte jetzt sterben. Er erinnert sich, daß ihm der Vater gesagt hat, in der Rotenturmstraße kaufe man die besten Präservativs. Das Kondom ist der Tod der Spermatozoen.

Die Analyse eines nächsten Traumes ergibt die Bestätigung dieser Gedanken. Sie handeln von dem unehelichen Kinde eines nahen Verwandten, das demselben viele Unannehmlichkeiten verursacht hat. Karafindel geht auf Findelkind. (Cara die Teure = das Liebchen.) Und der erste Satz lautet: Ich hätte mich mit Alma gar nicht einlassen sollen, denn (jetzt kommen die Traumgedanken des zweiten Traumes) es kann unangenehme Folgen haben. Tod und Geburt sind durch die identischen Symbole gezeichnet, wie ja schon in alten Traumbüchern zu lesen ist, daß der Leichenzug eine Hochzeit und die Hochzeit einen Leichenzug bedeutet.

Ein zweiter Traum desselben Träumers:

> (349.) „Vier Notenpulte für ein Quartett, mit schwarzen Stoffen überzogen. Ich will mitspielen, da Frau N. es wünscht.“

Der „Vierte“ bedeutet im Traume häufig den Tod oder auch die Geburt. Er, sein Vater und seine Mutter waren drei, da kam ein Vierter. Hier in diesem Falle handelt es sich um ein Dreieck. Er spielte mit dem Gedanken, der Frau N. den Hof zu machen und fürchtete, es spiele ein Vierter mit, der wäre der Tod, das heißt, er ahnt die schrecklichen Komplikationen, die das mit sich bringen kann, und fürchtet die Geburt eines unehelichen Kindes [1]).

Ein dritter Traum aus derselben Quelle:

> (350.) „Im Gasthause mit Alma und Alfred. Erstere macht mich durch einen Puff darauf aufmerksam, daß am vierten Platz nicht ein Freund, sondern ein Fremder sitzt. Dieser, sehr groß, hager, mit Spitzbart und Brille, fahler Gesichtsfarbe, etwa dem Dr. P. ähnlich, steht rasch auf und verbeugt sich, wie um sich vorzustellen. Ich erschrecke heftig und erwache.“

Wieder ist hier der Vierte als der Tod gedeutet. Sein Freund Alfred ist als eine Abspaltung von ihm und auch als sein Penis zu deuten. Puff eine doppelte Anspielung auf Flatus (infantile Geburtstheorie) und auf ein Bordell. Der Fremde gleicht einem Psychiater, was auf seine alte Lues und Angst vor Paralyse zurückgeht. Der Doktor ist hier zugleich als Akkoucheur verwendet. Auch hier werden Gravidität und Tod im gleichen Zusammenhange vorgebracht. Hier trägt der Tod auch die Maske des Fremden. Er ist der Vierte, ein Arzt und der Fremde. (Kummuliertes Todessymbol.)

---

[1]) In der infantilen Konstellation (das Dreieck!) sollte der Vierte (der Tod) den Dritten entfernen und ein neues Paar machen. (Der Vierte macht aus Dreien Zweie. Vgl. den Traum vom Dreieck Nr. 20.)

Der nächste Traum ist von einem Kollegen Dr. S. mit meiner Hilfe gedeutet worden. Er bringt den Tod in der Maske des Oberleutnants „Weiner". Kollege S. schreibt:

Ich träumte:

(351.) „Ich bin bei meinen Eltern und soll zu Tische gehen; es ist abends, und doch ist wie zum Mittagessen aufgedeckt. Im Zimmer meines Vaters spreche ich mit Oberleutnant Weiner, bin sehr gerührt und sage ihm: „Als wir uns im Winter im Tanzsaal trafen, hätte ich nicht gedacht, dir hier wieder zu begegnen."

Später setzen wir uns zu Tische, meine beiden Brüder, die Eltern und zwei Fremde, bulgarische Studenten, die offenbar Papa eingeladen hat. Es kommt gebackenes Gansl (!), Reis und Salat. Plötzlich wird es meinen Brüdern unwohl, sie werden ganz rot im Gesicht und bekommen Krämpfe. Sie liegen im Zimmer meines Vaters am Boden.

Ich gehe hinaus in die Küche, um von den verschiedenen Speisen zu kosten, in welchen wohl das Gift enthalten gewesen wäre und entdecke, daß es im Reis enthalten war; wie ich nämlich davon koste, spüre ich ein heftiges Würgen und Brennen im Halse und muß sofort krampfhaft erbrechen. Auch das Stubenmädchen war vergiftet gewesen."

„Einige Bemerkungen zur Analyse: Oberleutnant Weiner stand in meiner Behandlung im Militärspitale; er war schlank, sehr mager, mit knochigem Gesichte; er hatte einmal erzählt, daß er seit seinem 14. Jahre — es erwies sich damals schon als notwendig — mit Frauen regelmäßig verkehre; er hatte viele Erfolge bei den Frauen. Im Traum sah er sehr blaß aus, so daß es mir stark auffiel. Zum Trauminhalt jedoch paßte der Affekt nicht; es war eine Rührung, die ich durch das Begegnen dieses mir ziemlich gleichgültigen Menschen gar nicht erklären konnte. Eine ähnliche Rührung empfand ich beim Sarge des Onkels. Ich kam damals auch mit Menschen zusammen, denen ich Ähnliches gesagt habe.

Der Gedanke, daß es sich bei dem Offizier um den Tod handelt, gewinnt an Wahrscheinlichkeit durch das Folgende. Der Onkel — Bruder des Vaters — starb, während ich in einer lustigen Gesellschaft war. — Es war damals ein ziemlich häufig auftauchender Gedanke — während der langen Krankheit des Onkels, — daß er in meiner Abwesenheit sterben könnte, ohne daß ich ihm helfen würde. Der Gedanke, daß mir der Tod des Onkels durch eine Ahnung mitgeteilt würde, hat mich ebenfalls beschäftigt.

In diesem Traume kündigt er sich an, er erscheint vor dem Mahl (Henkersmahl), erinnert an den Tanzsaal (Totentanz). Er ist Offizier, der ja wie jeder Soldat die Aufgabe hat, den Feind (Vater, Bruder) abzuwehren und zu erschlagen. — Er heißt endlich Weiner — was wohl weinen ausdrücken soll. Sein knochiges Gesicht erinnert an den Schädel eines Skelettes.

Das weitere bringt folgende Hintergedanken. Zu Tische gehen = zu Bette gehen (Trennung von Tisch und Bett). Die bulgarischen Studenten —, Studenten aus dem slawischen Süden, durch die der Vater in eine Schlägerei geriet, — bedeuten eine Todesgefahr für den Vater. Er hat sie eingeladen, um mit bei Tische zu essen, wird sich, da sie im weiteren Verlaufe ganz verschwinden, darauf beziehen, daß sie mit meinen Brüdern identisch sind. Die Assoziation geht von mehreren Seiten dahin: Bulgarisch — balgen, die Brüder haben in der frühen

Kindheit viel gestritten. Bulgaren — Läuse — Lausbuben. Die Brüder liegen im Zimmer des Vaters in Krämpfen, an derselben Stelle, wo ich mit dem Offizier gesprochen habe.

Das Erbrechen erinnert an ein zeitweiliges sehr heftiges und krampfhaftes Erbrechen, woran der Vater gelitten hatte; die Mutter war dann immer in großer Aufregung, es könnte dem Kranken, der ganz rot am Kopfe wurde, eine Ader im Gehirn springen. Der Vater wurde, auch wenn er sich ärgerte, sehr heftig rot, und wir wurden als Kinder immer auf die Gefahr eines Schlag—anfalles von der Mutter aufmerksam gemacht.

Es ist kein Zufall, daß gerade der Reis das Gift enthalten hat. Reis = Samen (Reiz). Ich koste es in der Küche, also gleich vom Herde, wo alles ausgekocht wird (Hexenküche, Hexenkessel = Familie). Das Gift ist also im Samen enthalten und bezieht sich auf Gravidität, die sich bei der Mutter nach ihrer Erzählung in heftigem Erbrechen manifestiert hat.

Daß das Stubenmädchen vergiftet war, bezieht sich auf meinen sexuellen Verkehr mit ihr, wobei ich mich mit dem Vater identifiziere.

Die gebackene Gans [1]) = hausbackene Gans („Mutter“).

Einen Nachtrag zu dieser Analyse muß ich doch hinzufügen. Die bulgarischen Studenten führen Dr. S. zu Yoghurt, der bulgarischen Sauermilch, die nach Metschnikoff ein langes Leben garantieren soll. Von der saueren Milch gehen die Assoziationen zur Milch und zum Busen. Es handelt sich um die beiden Brüste der Gans (Mutter), aus denen er Gift gesogen hat. Die Mutter war krank, und seine kleine Neurose ist nicht durch seine Schuld entstanden, sondern mit der Muttermilch eingesogen worden. Der tiefste Sinn des Traumes wurzelt in seiner Kriminalität. Er wollte den Tod (Oberlt. Weiner) zu Tische laden, d. h. er wollte seine beiden Brüder vergiften. Auch das Stubenmädchen ist von ihm vergiftet worden, aber in anderem Sinne. Sie wurde von ihm koitiert. Sie erhielt seinen Samen. (Die zweite symbolische Gleichung erhellt das dunkle Traumbild: Sperma ist Gift und Blut!) Das Erbrechen ist der Ekel vor sich selber. Er ist ein ekelhafter Kerl, ein Giftmörder. Hier ist der Tod durch die Symbole „Oberleutnant“, „der Fremde“ und „der Tänzer“ ausgedrückt.

Eine Häufung von Todessymbolen bringt der Traum des Frl. N. V.:

(352.) „Ich sollte auf einen Ball gehen und zog mein weißes Kleid an. Ein Herr im schwarzen Frack holte mich zum Tanze ab. Er hatte

---

[1]) „Berta von Rosenberg ist also eine jener Stammütter, die als Todesengel ihres eigenen Geschlechtes gedacht werden, wie die Göttin Berchta, die auch Frau Holle genannt wird, offenbar selbst eine solche verewigte Mutter gewesen ist — die letztere gilt zugleich für eine Hüterin und Pflegerin der abgerufenen Seelen, die sie in einem himmlischen Brunnen wie in einem Depot aufbewahrt und zur rechten Zeit wieder auf die Erde zurücksendet, wo sie dann als Kinder wiedergeboren werden. Auf diese Weise erhält nämlich die Ahnfrau ihr Geschlecht, einer fruchtbaren Mutter gleich, die neue Kinder in die Welt setzt, nachdem die ersten gestorben sind. Gewiß ist das überhaupt der Sinn dieser weiteren Phantasie, der Brunnen, der Mutterschoß und nun vollends der Storch, der rotbeinige Storch, der Kinderbringer, an den die Gelehrten so viel Tiefsinn gewandt haben, nichts weiter als ein launiges Bild für das gern mit einem langen Halse, einer Gans, oder einem Storche verglichene Organ gewesen, das die kleinen Kinder tatsächlich aus dem Mutterleib herausholt. Wer nicht auf den Kopf gefallen ist, der hört in diesem Falle eben die Kinder fragen: „Wo kommen denn die kleinen Kinder her?“ und die Eltern verblümt antworten: „Der Storch hat sie gebracht“. „Was fehlt denn der Mutter, daß sie sechs Wochen lang nicht aufsteht?“ — „Der Storch hat sie ins Bein gebissen.“ Unnötig ein Mehreres darüber zu verlieren.“ (Kleinpaul: Die Lebendigen und die Toten S. 113 l. c.)

eine merkwürdige blaßgrüne Gesichtsfarbe. Er überreichte mir eine dunkelrote Rose. „Die habe ich eben gebrochen“, sagte er. Ich hustete heftig und ein Strom von Blut stürzte mir aus dem Munde..... Plötzlich war ich in einem großen Garten. Ein alter Mann saß auf einem Steine und blickte mich freundlich an.“

Ihre beste Freundin ist infolge eines Blutsturzes an Lungentuberkulose gestorben. Der Tod kommt, sie hier zum letzten Tanze holen. Wie häufig dieses Bild vom Totentanz in der Phantasie der Dichter, Maler und des Volkes steht! Warum ist aber der Tod hier selber blaßgrün wie ein Schwerkranker? Ich kann zur Erklärung hier nur die treffenden Worte des in diesem Kapitel vielzitierten Kleinpaul anführen:

„Der Tod, der mit uns tanzt und den Reigen der Verstorbenen aufführt, wird bekanntlich selbst als ein Gerippe dargestellt. Das heißt: der Tod ist selbst ein Toter. Andere Zeiten, andere Völker haben im Tode den allgemeinen Scharfrichter gesehen, der mit dem Schwerte ausholt, die Menschheit zu enthaupten — den Priester, der dem Opfer mit dem Opfermesser eine Locke abtrennt — eine Parze, die den Lebensfaden mit einer Schere durchschneidet. Das Christentum wählte ein Skelett, das die Dienste eines Gärtners oder eines Schnitters versehen sollte, und dem es eine Hippe oder eine Sense in die Hand gab.“ Lange vor der Niederschrift dieses Buches habe ich diese Todessymbole in meinen Traumanalysen gefunden. Wie habe ich mich gefreut, sie bei Kleinpaul als allgemein typisch angeführt zu sehen! (Die Lebendigen und die Toten S. 109 l. c.)

Der Traum des Fräulein N. V. ist leicht zu erklären. „Ich soll auf einen Ball gehen“ — ich werde den letzten Tanz mit dem Tod aufführen. „Und zog mein weißes Kleid an“ — die Toden werden weiß gekleidet. Sie ist noch eine Jungfrau. „Ein Herr im schwarzen Frack holte mich zum Tanze ab“ — der Tod kommt sie holen. „Er hatte eine merkwürdig blaßgrüne Gesichtsfarbe — er hat die Farbe des Todes. (Grün — wie der Rasen, der sie bald decken wird.) „Er überreicht mir eine dunkelrote Rose“ — ich werde an einem Blutsturz sterben. Du wirst wie diese Rose in der Blüte deiner Jahre und im Feuer deiner Begierden gebrochen werden. „Die habe ich eben gebrochen“. Er hat selber einen Blutsturz. Der Blutsturz ist der Tod. Nun kommt die Erklärung: „Ich hustete heftig und ein Strom von Blut stürzte mir aus dem Munde. Plötzlich war ich in einem großen Garten.“ Ich bin im Paradies beim seligen Vater und beim lieben Gott: „Ein alter Mann saß auf einem Stein und blickte mich freundlich an“. Der alte Mann liegt unter einem Leichenstein.

Der ganze Traum stellt auch eine Deflorationsphanthasie dar. (Symb. Gleich. II. Blut = Sperma; Brechen = ejakulieren.) Sie kommt in den Himmel irdischer Freuden. So spielen Leben und Sterben ineinander und gebrauchen die gleichen Symbole.

Der nächste Traum entstammt der geistigen Traumwerkstätte einer Patientin, die sich sehr viel mit Selbstmordgedanken beschäftigt.

(353.) „In meinem Zimmer saßen Frieda und Emma v. R. Frieda kam plötzlich in einem Zigeunerkostüm ins Nebenzimmer. Sie trug einen kurzen, gelben Seidenrock und ein gelbgesticktes Leibchen. „Sehr hübsch“, sagte ich. Sie lachte und strahlte einfach. Plötzlich waren die beiden fort und eine alte Frau war in meinem Zimmer, mit grünlichen, falschen Augen und sprach mit Mama von mir. „Ich werde ihre Kur vollenden, geben Sie sie jetzt zu mir," sagte sie. „Vorher habe ich ein kleines Mädchen behandelt, das hatte Rippenfellentzündung." „Mir fehlt doch nichts Physisches," dachte ich, und schichtete eine Menge Bücher und Bilder zusammen, denn ich sollte fortreisen, wußte aber noch nicht, wohin und freute mich sehr darauf. Die unheimliche Frau war fort und ich packte weiter. Dr. Friedenheim kam herein. „Ich fahre fort," sagte ich freudig und wollte ihm meine drei Kainzbilder und die Photographie der Rosen zeigen, konnte sie aber nicht finden. An der Wand hingen andere Bilder dafür und ich stöberte ungeduldig in dem Stoße auf dem Tische; auch ohne Erfolg. Jemand rief nach mir, ich stampfte ungeduldig mit den Füßen. Dann kam Hans wankend ins Nebenzimmer, er war auf der Straße ohnmächtig geworden und sah ganz grün aus. Nach einer Weile wurde ihm übel. „Geh hinein in mein Zimmer," sagte ich. Dr. Friedenheim ging mit ihm. „Daß das gerade jetzt ist, wo ich fortfahren will!" dachte ich."

Ein Traum einer jungen 17jährigen Konservatoristin, (Frl. Ella) in dem alle sterben. Zuerst erscheinen die zwei Freundinnen Frida und Emma. Auf beide ist sie eifersüchtig. (Gelbe Kleider!) Frida ist als Zigeunerin kostümiert, also dunkel, was schon eine üble Vorbedeutung anzeigen soll. „Plötzlich waren die beiden fort" . . . , d. h. sie läßt die beiden sterben.

Eine Beziehung zur Amme (zwei Freundinnen), die ein ähnliches Kostüm tragen, ist unverkennbar. Die Träumerin ist auch ein „ewiger Säugling". Die Zunge macht fortwährend die verschiedensten Saugbewegungen. Küssen ist ihre größte Leidenschaft. Sie war lange Lutscherin. . . . . [1]).

Die alte Frau mit grünlichen, falschen Augen ist eine Todesbotin. Sie spricht mit der Mama. Wir wissen, was das bedeutet. Ein Gespräch mit der Botin des Todes ist immer verhängnisvoll. Die alte Frau soll die Kur vollenden. Ein Mädchen hat sie schon an Rippenfellentzündung behandelt. An dieser Krankheit **starb** eine liebe Freundin. . . . . .Ella soll auch sterben. Sie richtet alles zum Abschied — Bücher und Bilder. Sie freut sich auf die Abreise, was wieder ihre Todessehnsucht ausdrückt. Dr. Friedenheim (wieder die wichtigen Beziehungen zum ewigen Frieden —**Friede** — **Frieden** — heim) soll ihre Bilder ansehen. Sie ist die Braut des Todes. „Jemand rief nach mir". . . eine Anspielung auf ihre tote Jugendliebe. „Sie stampft ungeduldig mit den Füßen" . . . . wie die Rosse des Mephisto, ehe er Gretchen abholen will.

Sie stirbt nicht allein. Ihr Bruder Hans geht ja mit. Schon kommt er ohnmächtig, grün aussehend, ins Zimmer. Auch Dr. Friedenheim geht mit ihm. Alle sterben mit ihr. „Jetzt gerade, wo ich fortfahren will."

Dieser Traum ist eine sadistische Orgie vom Sterben, hinter der sich glühende Lebensgedanken verbergen. Alle leben! — heißt der Gegensinn dieses Traumes. Meine Freundinnen, mein Bruder, meine Mutter, der Doktor F. Warum soll ich allein nicht den Mut zum Leben haben?

---

[1]) „**Zwei Freundinnen**" gleich den „**Schwestern**" oder den „**zwei Brüdern**" sind ein Symbol des **Busens**.

Auch der ausgesprochene bisexuelle Charakter der Träumerin kommt in schöner Weise zum Ausdruck. Zuerst zwei Freundinnen und dann zwei Männer. In der Mitte die Mama und die alte Frau, hinter denen sich wieder der Vater und ein junger Mann verbergen.

Die alte Frau als Todessymbol ist ungemein häufig und wird uns noch einige Male begegnen.

Herr Beta:

(354.) „Ich floh vor Guido v. Mach, der mich immer beim Nacken packen wollte. Ich warf ihm seinen eigenen Stock zwischen die Füße. Dann floh ich durch eine venezianisch-byzantinisch-gotische Kirche über Stiegen, bei deren Absätzen immer nur ein kleiner Durchlaß offen blieb. Es sah wie Heiligenkreuz aus. Unten war dann ein breiter Weg. Hermann Kaiser sagte, er könne nicht mehr gut rodeln, da er Angst habe, aber ich solle schneller rodeln. Ich erklärte, das nicht zu können, es ginge nicht schneller."

Herr Beta war vor einigen Tagen im Stifte Heiligenkreuz gewesen, das auf ihn einen großen Eindruck gemacht hatte. Wir wissen ja, daß er gerne das heilige Leben eines Mönches führen und in absoluter Keuschheit leben möchte.

Vor einigen Tagen lernte er ein Frl. Grete B. kennen, die ihm sehr gefällt. Mit ihr knüpfte er Beziehungen an und hofft bei ihr etwas machen zu können.

Herr Guido v. Mach ist ein auffallend schöner Mann; dunkler südländischer Typus, wie ein Italiener oder Spanier, ein Frauenjäger, der bei Frauen viel Glück hat. Ein Mensch, der etwas Unheimliches an sich hat. Zu Guido fällt ihm guide, der Führer, ein. Mach soll also der Verführer sein. Der böse Geist, der Teufel. Hinter dem Teufel (Mephisto — Faust — Gretchen — Grete) verbirgt sich die schöne Verführerin seiner Unschuld, Grete B. Tod und Teufel drohen ihm im Weibe, das sich charakteristisch hinter einem Manne verbirgt. Aus seinem Himmel der Keuschheit, welcher Heuchelei ist (byzantinisch), flieht er; doch der Kampf drückt schon das Begehren aus. Er wirft ja seinen Stock zwischen die Füße der schönen Teufelin — der verführerischen Venus. (Venezianisch!) Die Flucht über die enge Stiege sieht einem Koitus sehr ähnlich. Er flüchtet vor dem Manne zu Grete. Der kleine „offene" Durchlaß soll symbolisieren, daß sie keine Virgo mehr ist.

Die Rodel — wie das Rad — der Schlitten ein Todeswagen. (Road = der Weg.) Der Weg führt abwärts in die Hölle — oder zum Tod. Der alte Hermann Kaiser, der ihn unten freundlich in Empfang nimmt, ist wieder der „Herr Tod", der ihm den Weg zur Hölle zeigt. Herr Kaiser hatte einmal mit ihm ein charakteristisches Gespräch. Er verstehe die jungen Leute von heute nicht. Die lebten ja gar nicht. Da wäre er ein anderer Kerl. Er würde noch heute drah'n (Wiener Ausdruck für eine Nacht durchschwärmen), wenn er nicht Angst hätte, dabei seinem Sohne zu begegnen. Schlitten = Frauenzimmer. Rodeln = koitieren. Er will nicht den sexuellen Verkehr ausüben, weil er länger leben will. Er will nicht sein Sperma verlieren. Auch nicht sein Geld wie Herr H. K., der ein großes Vermögen verjubelt hatte.

Weitere Beziehungen sind aus den anderen Beta-Träumen leicht ersichtlich.

Hier erscheint der Tod als schöner schwarzer Mann (Guido Mach), als der Führer und als alter Herr [1]) am Anfang und am Ende des Traumes.

(355.) „Wir besahen das Schloß Miramare. Ein Marineoffizier von etwa 40 Jahren zeigte uns verschiedene Sachen und besonders in einem Saale erzählte er, daß hier an Kaiser Max vor seiner Abreise nach Mexiko eine Ansprache gehalten worden sei, aber da sei ein böses Omen vorgekommen. Denn auf dem Plafond seien zwei Köpfe; der eine stelle die Liebe dar, der andere deren Bruder, den Tod, und Kaiser Max habe unter der Maske des Todes gestanden. Darauf begannen wir in dem Saal zu tanzen. Mich faßte ein Herr und hob mich empor und tanzte mit mir wie im Wirbelsturm. Das wurde mir zu dumm, und ich verlangte, anständig zu tanzen. Nun tanzte ich wie die anderen und freute mich, daß es so gut ging."

Ein anderer Traum des Herrn Beta. Hier wird der Tod als Marineoffizier dargestellt. In Mexiko ist Kaiser Max erschossen worden. Liebe und Tod erscheinen in diesem Traume, der ein halbes Jahr vor dem Traume von Heiligkreuz geträumt wurde, ohne Verhüllung. Wie soll sich sein Leben gestalten? Soll es ein Totentanz oder ein Tanz der Liebe werden? Zu dem Herrn, mit dem er tanzt, fällt ihm sein seliger Vater ein. Also wieder der Tod.

Er wehrt sich wieder gegen die Liebe. Sie könnte sein Tod werden. Er sieht lauter Männer. Er wehrt sich gegen die unanständige Homosexualität, die in der Liebe zum Vater wurzelt. Er will nur anständig tanzen. Er will heiraten und ehrsam leben. Sein Geschlechtsgenuß soll keine Sünde sein. Doch er will erst heiraten, bis ihm der Koitus beim Weibe gelingt. Die Versuche gehen nur bei Dirnen vor sich und müssen deshalb mißlingen. (Das Vexierschloß der Neurose.)

Frl. F. I. E.:

(356.) „Hermine Kirchenberger schrieb mir einen großen, langen Brief aus Ägypten. Unter anderem erzählte sie, wie eigen es doch sei, daß sie nun zu uns schreibe, mit einem Blick auf die Pyramiden vor sich, daß sie in dem Land sei, von dem man sonst nur immer hört..... Der Brief hatte ein sehr großes Format mit sehr enger, kleiner Schrift vollgeschrieben."

(357.) „Wir kamen zu Adambergers hin. Ich wunderte mich, daß sie so eifrig beim Bücherpacken waren, besonders Onkel war mitten in der Arbeit; ich erfuhr dann, daß sie umziehen wollten."

Beide Träume sind in einer Nacht geträumt. H. Kirchenberger ist eine Freundin, die schon verheiratet ist und der Träumerin Frl. B. sehr viel Schönes von der Ehe erzählt. Die Pyramiden dienen dann als das, was sie wirklich sind, als Phallussymbole. Wo vom Leben und Phallus die Rede ist, da ist der Tod nicht ferne. In der Tat! Das Land, von dem man immer nur hört, und das man nicht sieht, ist das Jenseits. „Denn aus dem Geisterreich kam keine Kunde." In Ägypten lebte eine andere Freundin, die einmal lebensgefährlich stürzte und dann lungenleidend wurde — und bald starb. Daher dies Ägypten! Das Frl.

[1]) Der alte Herr ist auch der „Teufel". In England wird das Wort „devil" nicht ausgesprochen. Man sagt „the old Nick", „the old gentleman" oder eine ähnliche Umschreibung. Ritter, Tod und Teufel sind hinter ihm her, um ihn zu verführen. Er will aber nicht in die Hölle fahren. Er will hinauf in den Himmel, um über seinen Vater (der Herr — der Mann — der Kaiser) zu triumphieren.

H. K. ist meine Frau und ist ihre Mutter. Der große Brief im Quartformat ist eine Todesanzeige. Ein Brief aus dem Jenseits. „Schreiben kann die Mutter, so viel sie will, wenn sie mir keine Vorwürfe ins Gesicht schleudert.“ So erklärt sie mir den Brief. Doch ihr fallen auch ihre Sünden ein. Der Brief enthält ihr Sündenregister. Es ist sehr groß. Hier bricht die Angst vor der himmlischen Strafe durch. (Ägypten — Bibel — religiöser Komplex.)

Im zweiten Traume packt sie den alten Adam ein und wird leichtsinnig. Die Träume stehen zueinander im Kausalverhältnis. Erst muß die Mutter sterben, dann kann sie sich ändern und leben. Sie braucht keine Rücksicht zu üben. Sie kann Bücher (Nummern!) in den Kasten einpacken, so viel sie will.

Dieser Onkel macht ihr immer den Hof und ist hinter ihr her. Im Gegensatz zu mir, den sie zu kalt findet. Sie hält mir den Onkel als Muster (ohne Wert!) vor. Ich soll es ihm nachmachen und sie in dunklen Gängen umarmen und abküssen.

Der Onkel Adamberger, der einen nach dem anderen (in den Sarg) einpackt, so daß sie die letzte Reise antreten müssen, ist wieder eine Todesmaske.

Aus Ägypten kommen die Kinder. Die holt der Storch jenseits des großen Wassers aus dem Wasser. Geburt und Tod .... die alte Märe.

Wiederholt haben wir vom Soldaten, dem Todesboten, gesprochen. Ich möchte hier noch zwei solcher Träume anführen.

Herr J. H. träumt:

Der Traum vom küssenden Soldaten.

(358.) „Ich bin in einem Garten. Eine halboffene Tür führt in ein Vorzimmer aus Holz, in dem sich mein Vater befindet. Ich habe den Eindruck, daß er sich dort mit einem Mädchen zu schaffen macht, und bin sehr neugierig, das Nähere zu sehen. Ich gehe also hinein und sehe zu meinem ungeheueren Erstaunen, wie er eben einen Soldaten küßt! Der Soldat geht hinaus, der Vater geht in den Hintergrund und beginnt, eine dort befindliche Holzstiege hinaufzusteigen. Er bleibt aber auf der ersten Stufe stehen und wendet sich zu mir um. Ich sage: „Also, das ist ungeheuer interessant, denn da kann man nicht sagen: Freudsche Theorien, sondern das ist ein manifestes Stück Homosexualität, das in dir steckt. Das möchte mich schon riesig interessieren, zu wissen, wie stark das in dir ist (ich möchte es wegen meiner Behandlung wissen).“ Er macht ein sonderbares Gesicht, etwas lächelnd, betroffen, verlegen, aber nicht, als ob er sich schuldig fühlte, sondern als ob er sich dieser Anlage nicht bewußt geworden wäre, von ihrem Auftreten höchst überrascht wäre, und die Sache weder in Abrede stellen wollte, noch könnte. Er antwortet leise: „Ich bin ihm sogar nachgelaufen.“ Ich habe die Empfindung, als verstände ich ihn nicht deutlich, und als würde mein Atemgeräusch seine Worte übertönen. Ich bemühe mich deshalb, dieses Geräusch zu unterdrücken, atme aber gerade deshalb immer lauter, und durch das starke Atmen erwache ich.“

Der Garten ist der Friedhof. Das Vorzimmer aus Holz mit der offenen Türe der offene Sarg. Der Soldat ist der Todesengel („Ich habe den Eindruck, daß er sich dort mit einem Mädel zu schaffen macht“), der ihm den letzten Kuß auf die Lippen drückt. Die Holzstiege — die Himmelsleiter. Das leise Sprechen eine Charakterisierung der Toten. „Ich bin ihm sogar nachgelaufen" — er hat sich so leichtsinnig benommen, daß er sterben möchte. Er hat sein Leben verkürzt. Der kranke Vater atmet nicht. Deshalb forciert der Träumer seine Atmung (Illustration eines Kongressus) und erwacht.

Ein Traum des Herrn Beta mit Häufung von Todessymbolen:

(359.) „Ich ging abends aus, hörte Sporengeklirr und dachte, das sei ein Dragoner. Ich ging ihm nach und fand dann einen alten Mann mit einem Karren. Ich sagte, das könne doch nicht der Dragoner sein, Dr. Stekel bezweifelt es auch; dann war eine enorm steile Straße."

Sein häufigster stereotyper Traum handelt von einer steilen Straße. Oft ist die Straße senkrecht. Ja in einzelnen Fällen sogar überhängend. Auf steilen Straßen hat er im Wagen die Angst, der Wagen könnte nach rückwärts rollen, wenn die Pferde auslassen. Das Automobil könnte versagen, die Bremse nicht funktionieren usw.

Was ist denn diese steile Straße? Natürlich sein Lebensweg! Wohin führt sie? Zum Tode. (Es ist dieselbe Angst wie bei der Brücke, die ans andere Ufer, ins Reich der Schatten führt.) Wenn der Wagen zurückrollt, holt ihn der Tod. Die steile Straße geht von der Geburt, die das Grab seiner Mutter wurde, bis zu seinem Grab. — Die Neurotiker symbolisieren jede Straße mit dem Lebenswege.

Auf diesem Wege trifft er überall den Tod. „Er geht abends aus"; die Schatten der (ewigen) Nacht werden sich bald auf ihn herniedersenken. Er hört Sporengeklirr; Sporen tragen der Ritter und der Reiter, beides Todessymbole. Übrigens warnte sein Vater ihn vor dem Gebrauche der Sporen [1]). Sie hätten einmal einem Freunde das Leben gekostet, da das Pferd scheu wurde, zu gallopieren anfing und den Reiter abwarf. Der Dragoner ist wie jeder Soldat ein typisches Todessymbol. Hier wird der Dragoner zum alten Mann mit einem Karren Das ist ja der Totengräber [2]). (Einige Tage vorher bemerkte der Träumer, die Kärntnerstraße, in der er einen Angstanfall hatte, habe einmal via carnis geheißen, weil auf ihr alle Leichenwagen zum Friedhof fuhren. (Karren — Kärntnerstraße — via carnis.) Er möchte den Soldaten nicht mit dem alten Manne identifizieren. Auch ich soll es bezweifeln. Begreiflicherweise. Das ist ja sein Wunsch. Ich soll nicht erkennen, daß hinter seiner Soldatenliebe der Tod steckt. Das hat seine guten Gründe. Eine andere Determination des Soldaten ist der tote Vater, der im Grabe liegt. Gegen diesen Vater hatte er einst Mordinstinkte. Er wollte den Tod spielen. Er wollte überall Verderben verbreiten. Dafür büßt er jetzt mit seiner Neurose. Seine Wünsche, der Tod möge erscheinen, wurden zur Angst. Sein Leben ist eine steile Straße, an deren Ecken der Tod lauert.....

Vergleichen wir mit diesem Traume den Traum von Heiligkreuz. Dort führt die Straße steil nach abwärts (Rodelstraße). Der andere steile Weg führt in den Himmel. Er ist sehr schwer, der Weg zur Keuschheit und Heiligkeit. Der Weg zur Hölle ist leichter. Wie leicht kommt man hinunter und wie schwer klimmt man hinauf. So wird jeder Weg, jede Straße für ihn zum Lebenswege. Er spielt in jeder Minute sein Leben. Seine Angst, er könne ein Ziel nicht erreichen, ist die Angst, nicht in den

[1]) Über-Determination: Sporen sind (Botanik!) „Samen".
[2]) Und der Teufel! (The old gentleman!)

Himmel zu kommen. Er möchte nicht sterben, ohne gelebt zu haben. Und er fürchtet, sich auszuleben, weil es eine Sünde ist. Aus diesem Konflikt entsteht seine Angst auf der Straße; da lauern die Versuchung und der Tod.....

Die Witwe J. N. (vgl. Traum Nr. 16) träumt:

(360.) „Die Tante F. sollte vom Bahnhof abgeholt werden. Ich hatte unmöglich die Zeit. Sah vom Fenster den Bahnhof-Perron und fremde Menschen. Dann kam ich in die Wohnung, und die Tante sagte mir, sie hätte schmutzige Wäsche, welche meine Mutter waschen sollte. Ich erklärte ihr geradeaus, daß es unmöglich wäre, Mutter wäre zu schwach dazu, ich erlaubte es nicht.

Dann sah ich eine Nonne und sie führte ein kleines Kind bei der rechten Hand, ich sah die beiden von rückwärts, aber das kleine Kind war ganz nackt und ganz abgemagert, speziell die dünnen Beine, wo man die geteilten Knochen und Knie sah, waren mir so auffallend. Sie gingen in einen schattigen Garten."

Ein typischer Todestraum. Die Tante F. liegt mit Krebs hoffnungslos im Sterben. Sie erwartet stündlich den Tod als Erlöser. („Sie soll vom Bahnhof abgeholt werden".) Die Tante hatte auch verschiedene Affären („schmutzige Wäsche", vgl. Traum Nr. 15). Die Mutter wird zu ihrem Genitale (Gebärmutter). Sie fühlt sich zu schwach, um sich sexuell auszuleben. Das Kind ist (nach ihrer eigenen Deutung) das an Sexualhunger zugrunde gegangene Genitale. (Sie die Nonne, die das Kind aushungert.) Wohin gehen sie? Schon die Nonne ließ das vermuten..... Sie gehen in einen schattigen Garten — d. h. zum Friedhof. Sie wollen sterben, wie die Tante. Sie hat kein Herz, das ihr gehört. (Perron — fremde Menschen!) Die Nonne ist hier die Todesbotin, die ihre arme hungernde Seele zum ewigen Frieden bringt.

Herr J. H. träumt:

Der Traum von den 100 000 Kronen.

(361.) „Die 100 000 Kronen für Dora sind mit der Schreibmaschine sichergestellt. Plötzlich tritt aber noch jemand mit einer weiteren Forderung von 100 000 Kronen auf, ohne daß ich einen Weg wüßte, ihr entgegenzutreten. Da plötzlich bricht (in Baden, beim Johannesbad, wo es stinkt) ein Gewittersturm aus, der mich auf wunderbare Weise der Notwendigkeit überhebt, mehr als die einen 100 000 Kronen zu zahlen. Denn durch den Sturm sind gewissermaßen die zweiten 100 000 Kronen an die Stelle des Schreibmaschinenblattes geraten, an der schon die ersten stehen, so daß für mich die Notwendigkeit entfällt, beide separat zu begleichen."

Frl. Dora hat von ihm eine hohe Summe Abfertigung verlangt. Die will der Träumer soeben sicherstellen, als eine zweite Forderung angemeldet wird. Der Traum scheint konfus und unlösbar. Er ist doch leicht zu deuten. Er beruht auf dem Doppelsinn der „Schuld". Die ersten 100 000 Kronen sind eine Schuld, die man mit Geld tilgt. Die zweiten sind eine moralische Schuld in Ziffern ausgedrückt. Der Traum spricht bildlich den Wunsch aus: „Wenn mich nur schon der Teufel holen würde." (Baden, wo es nach Schwefel stinkt, und der Gewittersturm charakterisieren den Teufel.)

Der Sinn des Traumes ist: Aus allen schwülen Situationen kann mich jetzt in einfacher Weise der Tod befreien. Die Schreibmaschine registriert die Forderungen, die an ihn gestellt werden. Die Schuld dem Himmel gegenüber ist größer als die kleine Schuld bei seiner Geliebten. Wenn die erste gebüßt werden soll, kommt die zweite gar nicht in Frage. Der Sturm, der die Blüten knickt, hier als Symbol des Todes. (Tod und Teufel!)

Hier verbirgt sich der Teufel hinter seinen Attributen — Gestank, Donner und Blitz usw. Teufel und Tod werden oft durch ihre Attribute symbolisiert (pars pro toto). Auch daran müssen wir bei den Traumanalysen denken, z. B.:

(362.) „Ich fand eine große Gartenschere und dachte: „Wem gehört sie?"

Auflösung: Wem wird der Tod (Gärtner) jetzt den Lebensfaden abschneiden?

(363.) „Dr. Weiß untersuchte mich, weil ich krank war. Er sprach kein Wort und verschwand. Ich fand später auf dem Nachtkastel das Medikament. Es waren Pillen."

Das Medikament ist ein Gift, das seinem Leben ein Ende machen soll. Es waren Pillen. Es war gerade in der Hofrichterzeit [1]). Hier erscheint der Arzt als Tod. (Dr. Weiß.) Die Pillen verraten erst den Inhalt des Traumes. Der Träumer ist lebensmüde und will sterben.... Auch hier eine Häufung der Todessymbole.

Dieselbe Häufung und den Pfarrer als Tod bringt der folgende Traum (Nervöse Angstzustände S. 308):

(364.) „Ich sah eine Prozession, nicht einen Leichenzug, mein Mann ist nicht dabei. Der Pfarrer war unter der großen Menge."

Die Verneinung im Traume steht für eine Bejahung. Sie sieht den Leichenzug ihres Mannes. Der Pfarrer ist der Tod. Näheres in der ausführlichen Analyse des Falles.

Frau N. E.:

(365.) „Auf einer Brücke traf ich einen blinden Geiger. Alle Menschen warfen ihm etwas in seinen Hut. Ich kam näher und merkte, daß der Geiger nicht blind war. Er schielte und sah mich von der Seite mit einem schielenden Blick an. Plötzlich saß ein kleines, altes Weib an einer Straße. Es war dunkel. Ich fürchtete mich. „Wohin führt diese Straße?" dachte ich. Ein junger Bauer kam des Weges und nahm mich bei der Hand. „Wollen Sie nach Hause gehen und Kaffee trinken?" „Lassen Sie mich los! Sie drücken zu fest," schrie ich und erwachte."

Die Träumerin ist eine lebensmüde Frau, die sehr unglücklich verheiratet ist. Der Tod erscheint ihr in vier Symbolen: der alte Geiger, der Schielende, die alte Frau und der junge Bauer [2]).

---

[1]) Die bekannte Affäre des Oberleutnants Hofrichter, der die Vordermänner durch Gift aus dem Wege räumen wollte. Sie spielte gerade in der Zeit, da ich dies Buch schrieb. In der Seele der Neurotiker spiegeln sich alle Zeitereignisse wieder, besonders wenn sie so empfindliche Komplexe erschüttern, wie z. B. die Giftkomplexe.

[2]) Der Bauer ist der Sä-mann. Er sät den Samen. Daher dürfte der Ausdruck „Kalter Bauer" kommen. Der Bauer ist aber auch ein Schnitter. Er hat eine Sense wie der Tod. Eine weitere Determination stammt aus dem Schachspiele. Der Bauer „schlägt" selbst die Königin und dann den König „matt" machen.

Alle diese Todessymbole drücken auch die Sehnsucht nach einem Manne aus, der ihr gut aufspielen kann, mit ihr kokettiert, noch jung und kräftig ist. Da sie dies Ideal nicht finden kann, will sie sterben. Die Szene drückt wunderbar die einander widersprechenden Empfindungen aus, die ihre Seele erfüllen. „Lassen Sie mich los!" und „Drücken Sie nicht so fest!" — sagt die Moral. Lieber will sie sterben, als sich etwas vergeben. Sie will keine Eroberungen auf der Straße machen. Dabei verbrennt sie innerlich. Deshalb will sie sterben. Sie ist zu schwach um zu leben, und zu stark, um auf die Liebe verzichten zu können. Sie geht blind an aller Weltlust vorbei, als wäre sie ein altes Weib. Sie schielt nur in seltenen Momenten nach der Sünde....

XXXIV.

Die Todessymbolik.

Das Sterben findet im Traume die sonderbarsten symbolischen Übersetzungen. Besonders gern werden Bilder verwendet, die in der Sprache geläufig sind und im Traume dann bildlich ausgedrückt werden.

„Der ewige Schlaf" ist ein beliebter Ausdruck für den Zustand des Todes. Schlafende bedeuten im Traume Tote.

„Ein leichter Fortschritt war es", sagt Kleinpaul, „den Tod selbst als einen Schlaf, den langen, den ehernen Schlaf zu nennen. Denn dieses Bild haben die Christen sanktioniert, indem sie Ausdrücke, wie im Herrn entschlafen, hinüberschlummern, sanft und selig einschlafen mit Vorliebe brauchten und das Grab gern als das kühle Bett, den Friedhof als einen großen Schlafsaal, eine Schlummerstätte betrachten. Das bedeutet nicht nur der offizielle Name des Friedhofs: Coemetrium, das italienische Cimitero, das französische Cimetière, das spanische Cementerio, von dem griechischen *κοιμητήριον*, dem Substantivum zu *κοιμᾶσθαι*, sich schlafen legen, sondern wahrschein lich auch das bekannte Wort Katakombe, indem Catacumba von einem Verbum catacumbere, sich niederlegen, abgeleitet, mit der griechischen Präposition *κατά* gebildet und eine Zusammensetzung sein wird wie concumbere." (Die Lebendigen und die Toden S. 250.)

In ähnlicher Weise werden das Feuer und das Wasser gebraucht. Die Lebenskerze brennt aus. Das Feuer hat ausgeglüht. Das Feuer als Symbol des Lebens ist uralt. Hatte doch der Tod eine Fackel, die er senkte und verlöschte.

Das Wasser hat wieder andere Beziehungen zum Tode. Die Toten kommen ans andere Ufer. „Vom anderen Ufer" kommt niemand zurück. Nach anderer Vorstellung leben die Toten auf Inseln. Die Inseln der Seligen!

Doch nicht immer treten diese Bilder im Traume so offen zutage, wie ich es an einigen Beispielen zeigen werde. Manchmal wird das Bild verdunkelt, abgeschwächt, noch weiter entstellt. Statt Schlafen kommt z. B. Ruhen.

Der harmlose Traum eines zehnjährigen Knaben:

(366.) „Ich machte einen Lärm auf der Stiege. Da erschien die Mama und sagte: „Mache keinen Lärm. Papa will ruhen.“ Sie hatte ihr schwarzes Samtkleid an.“

Dieser Knabe erhält von der in Trauerkleider erscheinenden Mama die Nachricht, daß Papa gestorben ist. Über die verschiedenen schwarzen Kleider im Traume werden wir noch zu sprechen haben. Schwarz gehört zu den Trauerfarben. (Als Todessymbole kommen noch die Farben weiß, violett und grün in Betracht.)

Frl. Gamma träumt:

(367.) „Papa war zu mir ins Wohnzimmer gekommen und sagte, was denn das für eine Art wäre, daß, wo Besuch nebenan er hatte, hier mit einem Kinde gespielt würde, statt drüben, und sogar die Badewanne für das Kind in dies Zimmer gebracht würde; ich ging dann nach drüben, um nach dem Rechten zu sehen. Papa wollte ja schlafen.“

Der Besuch , den Papa erhält, ist eine sehr große Persönlichkeit: der Tod. Sie war einst das Kind, das gespielt hatte, als Papa starb. Sie war heiter, weil ihr Leben erst jetzt beginnen sollte. Die Badewanne symbolisiert den Sarg. Aus dem Wasser kommen die Kinder und ins Wasser gehen die Toten. Der alte Mann wird wieder zum Kinde, bevor er in den ewigen Schlaf versinkt. (Man versinkt ins Wasser und in den Schlaf!) Dann will sie sich nach dem „Rechten“ (Mann) umsehen. Doch bald fühlt sie, daß es ein Unrecht gewesen und erkrankte an einer Neurose, in der das Schuldgefühl wegen der Todeswünsche eine große Rolle spielte.

Ähnlich wie Ruhen und Ausruhen werden Erlösungsprobleme zur Darstellung des Sterbens verwendet. Wie oft das „Fliegen“ Sterben bedeutet, habe ich schon bei der Besprechung der Fliegeträume betont. Der Weg geht über die fliegenden „Engel“, welche wieder den „Engländer“ zu einem häufigen Todessymbol stempeln. (England... das Engel-land ... der Himmel.)

Auch die verschiedenen Spiele werden hie und da herbeigezogen. „Schwarze Karten“ haben geradezu eine funerale Bedeutung. Eine Ballade „Die drei Spieler“ schließt: „Treff-Aß — ich bin der Tod!“)

Wir wollen jetzt an einigen Beispielen die Traumsymbolik des Sterbens fortsetzen.

Herr Z. v. N. träumt:

(368.) „Ich fuhr auf einem neuen Weg vom Land von irgendwo zurück in einer Equipage (gallonierter Diener) mit Ernestine. Sie schlief. Ich sagte etwas ganz leise. Da wachte sie wieder auf und schlief wieder. Ich fürchtete, daß sie schon tot ist.“

Zuerst fallen ihm noch einige Nachträge ein. Der Wagen war dunkelgrün. Die Dame, bei der er lebt, Ernestine, war gelbbraun im Gesichte. Gelbbraun sind die Farben des Jockey eines Stalles, dem das Pferd Livton gehört. „Live“ heißt englisch leben, bemerkt der Träumer.

Dann denkt er, daß „joke“ englisch das Spiel heißt. Ernestine spielt mit ihm. Er spielt mit seinen Genitalien. Die Liebe der Ernestine genügt ihm nicht, er onaniert noch immer. (jok - ey.)

Der grüne Wagen führt zum grünen Rasen. Kurz, nach mehrstündiger Analyse klärt sich der Sinn des Traumes folgendermaßen. Der „gallonierte Diener“ ist ein Diener der „Pompes funèbres“. Er kehrt vom Begräbnis seines Bruders zurück, der bei einem Hürdenrennen gestürzt und gestorben ist. Nun kommt seine Geliebte Ernestine dran, die er auf irgend eine anständige Weise los sein möchte. Das „Leisesprechen" ein Hinweis auf Krankheit. So spricht man zu den Schwerkranken. So spricht man, wenn ein Toter (ein Stummer) im Hause ist.

Hier werden die gelbbraunen Farben gewählt, um das Sterben auszudrücken, weil sie zufällig die Farben eines Pferdes sind, das „Livton" heißt. Umstürzende Pferde als Todessymbole sind ungemein häufig. (Vgl. Freud, Analyse der Phobie eines fünfjährigen Knaben und Abraham, Über Traumzustände; Jahrbuch für psychol. Forsch. II. 1910.)

Ein anderer Traum desselben Träumers lautet:

(369.) „An einer langen Tafel sitze ich an einer Längsseite der letzte. Ganz unten kommt der Rittmeister Graf Orlando. Der zeigte mir ein Rennprogramm und besprach drei Rennen. Er zeigte die von ihm gesetzten Pferde. Vom letzten Rennen sagte er, es liege zwischen dem ersten Pferd (Azar oder Avar) und Mi — ez."

Die lange Tafel ist die Ahnentafel des adligen Träumers. Er ist im Traume der Erstgeborene unter drei Brüdern. In Wirklichkeit der Zweite. Der hinzugetretene Graf sein zweiter Bruder. Das Rennen geht um das ganze Leben. Wer früher startet — und wer früher ankommt, das ist die Frage. Der Bruder war dreimal schwer krank. Im dritten Lebensjahre war der Bruder scharlachkrank. (Farben des Rennpferdes.) Dann hatte er eine geschwollene Milz, die er „Miez" (meine Miez!) nannte. (Ein leichter Typhus?) Das dritte Rennen um das Leben war ein Sturz.

Der geheime Wunsch: Der Bruder soll sterben, damit er das Geld erhält. Er ist der „Avar", d. h. avare, der Geizige.

Außerdem sind die Pferde Frauen. Der Bruder soll sich infizieren. Mizzi (Mi-ez) heißt eine der Geliebten des Bruders. Weitere Assoziationen mies (häßlich), Mizzikatze, falsche Katze, das Weib, die Gouvernante, die sie beide hatten und auf die er eifersüchtig war.

Ein Graf Orlando hatte eine Maitresse, die „Abel" hieß. Der Träumer ist auch Kain, der den Abel erschlagen will.

Sehr schön ist das Bild der Ahnentafel, an der er der letzte ist. Er hat alle überlebt. Er ist der Sieger dieses Wettrennens, allerdings um einen hohen Preis. Er verzichtet auf das Weib. Er behält sein Geld (Avare), das hier wieder nach der symbolischen Gleichung Sperma heißt. (Er konstatiert immer, daß er so ungeheuer viel Sperma beim Koitus verliert.) Er bleibt reich, gesund und frisch und verzichtet auf das Rennpferd, Reitpferd und das Weib (die Miez — die Katze.)

Frl. F. E. träumt:

(370.) „Wir wollten Gesellschaft geben, es war eine lange Tafel gedeckt; oben zu mir kam Hansis, die sich schon vor Tisch nach ihrem Platz erkundigt hatte, um zu sehen, ob der Platz ihr recht wäre; nach einigem Hin und Her war sie zufrieden."

Analyse: Ein typischer Todestraum. Hansis ist eine Bekannte, die sie nicht ausstehen kann. Sie sei vordringlich, kokett, arrogant, eingebildet. Hans heißt ein Mann, in den sie verliebt war und noch ist. Seine Frau nennt ihn kosend Hansi. Hansis ist hier Hansis Frau. Sie beneidet sie um den Platz an der Seite des geliebten Hans. Sie weist ihr einen anderen Platz an. Dort wird sie Ruhe geben und ewige Zufriedenheit erwerben. Denn der Platz ist der Platz im Grabe. Sie soll hingehen, wo sie hergekommen ist.

Die Tafel ist die Ahnentafel. Die lange Tafel immer ein Hinweis auf die Toten, die im Himmelreich an langen Tafeln sitzen. Eine uralte, auch in Mythen verwendete Symbolik.

Herr „Alfred" träumt:

(371.) „Meine Frau saß hinter einem großen Ofen und sah blaß und verfallen aus. „Warum sitzest du auf diesem verrückten Platz! Du wirst ja noch verbrennen!" schrie ich. Sie gab mir keine Antwort. Ich sagte: „Das ist ein 1382facher Blödsinn!"

Die blasse verfallene Frau, die so viel Wärme braucht, ist seine heißgeliebte Frau. Sie wird bald an ihrem jetzigen Platze „verrückt" werden und verbrennen. Überdies ruft er ihr noch eine Unglücksprophezeiung in der Zahl 1382 vor. Denn 1882 ist seine Frau geboren, und 13 ist eine alte Unglückszahl.

In diesem Traume ist besonders die Verwendung des Ofens interessant. „Ofen" kennen wir als ein häufiges Symbol für ein „Frauenzimmer". Hier dient es der Darstellung der Hölle[1]), wo die Frau wegen ihrer Sünden braten wird. Die kommt noch in die Hölle. Er ist sehr frommer Katholik. Er nimmt an, daß seine Frau ihn betrügt. Er kann ihr aber nichts Bestimmtes nachweisen.

Ähnlich wie das „Schlafen" wird auch der „Friede" gebraucht. Ich habe auf die funerale Bedeutung der Silbe Fried schon aufmerksam gemacht.

Ein Traum, der eine unglaubliche Häufung von Todessymbolen enthält, schließt mit der Bemerkung, es habe sich alles in Frieden aufgelöst. Die Auflösung (Erlösung) ist schon ein Hinweis auf das Sterben. Der Geist löst sich vom Körper. Herr Beta läßt in dem folgenden Traume alles sterben:

Der Traum vom allgemeinen Frieden.

(372.) „Mein Bruder war fortgegangen. Ich sollte ihm bald folgen. Ich ging allein über den Schwarzenbergplatz. Da begegnete mir ein junger Mann, der mir eine sonderbare Geschichte erzählte. Ein fremder Herr hätte ihm einen Witz zum Auflösen gegeben. „Wozu sind Zündhölzchen da?" „Zum Anzünden der Zigarren," hatte er geantwortet. Darüber hatte der fremde Mann eine solche Wut, daß er ihn zum Duell gefordert hatte. Die Wut kam daher, weil er — der junge Mann — die richtige Lösung sofort erraten hatte. Dann habe sich alles in Frieden aufgelöst."

Der große Affekt der Wut in diesem Traume rührt daher, daß ich die richtige Lösung eines seiner neurotischen Symptome gleich gefunden

[1]) Kleinpaul: „Noch heute heißt bekanntlich der Platz hinterm Ofen volksmäßig: Die Hölle. Das ist nicht etwa ein Scherz. Es ist hier nicht etwa so heiß wie in der Hölle. Nein, es ist ein Rest der uralten Vorstellung, daß hier unterm Ofen die alten Leute begraben sind. Daß hier unten die Toten ruhen. Sie liegen in der Hölle, d. h. in der Unterwelt, wo sie nicht gestört sein, durch vieles Hin- und Herlaufen, rasches Öffnen und Schließen der Türen nicht belästigt werden wollen. Es ist eine bekannte Redensart, die man einem Gast gegenüber braucht, der auf einen Sprung hereinkommt, eine Anfrage tut und wieder fort will, ohne sich zu setzen: Bitte setzen Sie sich, Sie nehmen uns ja sonst die Ruhe mit! oder: Daß Sie uns die Ruhe nicht mit hinaustragen!" (Die Lebendigen und die Toten S. 199 l. c.)

(er sagt „erraten") habe. Doch das nur nebenbei. Hier handelt es sich um die Todessymbole.

„Mein Bruder ist fortgegangen" .... gestorben. „Ich sollte ihm bald folgen"......auch ich werde sterben. Ich gehe „allein".... durch die Welt .... der Bruder ist schon gestorben. Schwarzenbergplatz enthält das charakteristische Schwarz. Außerdem führt der Weg zum Friedhof über den Schwarzenbergplatz. (Vgl. Kärntnerstraße im Traum Nr. 359). „Der fremde Herr" ein uns bekanntes Todessymbol. Das Anzünden und Verlöschen für Leben und Sterben. Ein Zündholz ist ein sehr passendes Symbol für die Leichtigkeit, mit der ein Menschenleben erlöscht. Auch eine Zigarre geht aus. Das Duell schließt oft mit dem Tode eines Gegners. Vor einer Woche ist einer seiner Freunde im Duell erschossen worden. Schließlich die Auflösung in Frieden.

Daß hier auch ein zweiter und ein dritter Gedankengang zu deuten ist, dürfte jedem Kenner klar sein. Seine Impotenz spielt in diesem Traume eine ebenso große Rolle wie die Todeswünsche auf den Bruder. Ist doch die Impotenz die Talion für diesen Todeswunsch. Sein Bruder (der Penis) stirbt jedesmal, wenn er ihn in die Vagina steckt. Er fällt zusammen — alles Wünsche, die seinen Bruder betreffen....

Der Witz als Darstellung der Trauer fehlt nicht in dem Reigen der Todessymbole.

Der Traum vom Ritterschlag.

(373.) „Meine Tante Adele sagte mir es sei zwar eigentlich ein Geheimnis, aber sie könne es mir ja doch schon sagen, daß ihr Gatte am 27. März geadelt worden sei, und ich freute mich riesig darüber."

Auch ein Traum des Herrn Beta. Am 27. III. hat sich sein Bruder eingeschifft. Die Tante Adele ist als Tante Ade aufzufassen. Der Bruder sagt ein: „Letztes Lebewohl!"

Der Ritter ist der Tod. Der Ritterschlag ist das Sterben. Wen der Tod mit der Hand berührt, der muß sterben. Die Erhebung in den Adel ist die Erhebung in den Himmel. Diesmal wollen wir dem Träumer die riesige Freude gerne glauben. Den Ritterschlag als Todessymbol wollen wir uns merken. Auch möchte ich noch darauf hinweisen, wie versteckt dieser Ritterschlag hinter dem „geadelt werden" liegt.

Herr „Josef" träumt:

(374.) „Ich habe zugesehen, wie die Spielkarten-Kassetten eingepackt worden sind. Von den Kassetten kam ich auf die Schachteln, die Hofrichter angeblich für seine Frau als Nähgarnitur gemacht hat."

Dieser Träumer, ein schwerer Zwangsneurotiker, träumt nur ein Thema in endlosen Variationen: den Tod seiner Frau. Wieder erscheint der Hofrichter mit seinen Giftpillen in den Träumen [1]). Eine wichtige Kartensymbolik wäre hier aufzurollen. Die Kassetten sollen den Sarg darstellen. Er hat seine Frau des Geldes halber geheiratet. (Geld heißt im Kaufmannsstande „Kassa".) Unter den Spielkarten befindet sich auch seine Herzdame, auf die er schweren Herzens verzichten mußte [2]).

---

1) Das Traummaterial stammt zum größten Teil aus dem Jahre, da diese Hofrichteraffäre sich abspielte.

2) Näheres über das Material dieses Traumes wird sich im Kapitel: Das Gefühl des Fremden im Traume finden. (Beispiel A.)

Der Sinn dieses Traumes lautet: Meine Frau wird begraben. Ich habe sie vergiftet.

Er treibt ein gefährliches Spiel mit diesen Mordphantasien, durch deren Verdrängung die schwere Zwangsneurose entstanden ist. Alle Zwangsneurosen gehen auf verdrängte Todeswünsche und Mordphantasien zurück. Sie umspielen das Thema des Todes. Jede Zwangsvorstellung enthält die Todesklausel. Sie ist eigentlich ein verstellter Todeswunsch. . . .

Zum Schlusse dieses Kapitels ein Traum des Frl. Etha:

(375.) „Ein großes Gebäude, ähnlich der Universität, mit vielen Stiegen und Mauern. Innen war es total dunkel, und man mußte sehr vorsichtig gehen, denn überall waren unvermutet glatte Mauern, über die man stürzen konnte. Ich ging mit einem alten Herrn und beklagte mich über jemanden, der mich in dem Gebäude irregeführt hatte. Er sollte mir nun heraushelfen und ich ging gehorsam neben ihm her, aber es wurde dunkler und dunkler und ich sagte verzweifelt: „Ich dachte, sie meinten es gut mit mir, nun sind sie wie ein Feind." Da ging er fort und ließ mich allein im Dunkeln; ich lag halb kniend auf dem Boden und weinte. Plötzlich sah ich den Ausgang, aber er war ganz verstellt von Sozialdemokraten; als ich durch wollte, schlugen sie nach mir. Ich schloß die Augen, biß die Zähne zusammen und nun war ich draußen und lag in einer Hängematte zwischen Bäumen auf einem schönen, dunklen Waldweg und hatte ein intensives Glücksgefühl. Ich schaukelte und bei jeder Bewegung flog die Hängematte von selbst zum nächsten Baum, ganz sicher, bis ich unser Haus schimmern sah. Am Wegrand saß Hans mit einem Briefe. Ich setzte mich zu ihm, er küßte mich und biß mich dabei leicht in die Lippen; das war mir höchst peinlich, schnell sprang ich auf und lief ins Haus. Dabei dachte ich: „Nun glaubt er sicher, ich denke noch an die dummen, alten Geschichten!" und war unzufrieden mit mir. In einem Zimmer des Hauses waren Papa und Mama und Else. „Eine seiner Kolleginnen ist gestorben", so rief mir Else entgegen. „Sei still, sie wird sich aufregen", sagte ihr Mama. Ich zitterte vor Schrecken. „Im dritten Bezirk hat sie gewohnt", fuhr Elsa fort. „Mizzi", rief ich entsetzt, „ach Gott, die arme Frau N. Wie entsetzlich! Ist sie nicht verrückt geworden? Das ist nun schon die zweite Tochter!" Dann ging ich hinaus, die drei im Zimmer legten sich schlafen, und ich dachte verwundert, wo denn die anderen wären.

Dann war ich bei Ihnen. Als ich zur Erde sah, merkte ich, daß mein rechter Fuß nackt war. Ich zog ihn zum Knie heran, aber immer wieder schaute der nackte Fuß heraus. Ich sah verlegen zu Ihnen auf. Sie gingen im Zimmer auf und ab und lächelten."

Wenn wir nur die funeralen Symbole heraus lesen wollen, so ergibt sich folgender Sinn. Der alte Herr, der ihr begegnet, ist der Tod. Er soll ihr heraushelfen aus diesem fürchterlichen Wirrsal, in das sie geraten ist. Dann bekennt sie sich zu einem anderen Prinzipe. Sie gibt das Leben der Keuschheit auf und will der „freien Liebe" [1]) huldigen. Daran hindert sie ihre Familie. Diese läßt sie sterben....

Die Episode mit Hans (vgl. die früheren Träume) taucht wieder auf. Bei der „freien Liebe" kann man auch einen Inzest mitnehmen.

---

[1]) Die Sozialdemokraten (die „Roten") stehen hier als Vertreter der „freien Liebe".

Wieder treten bei ihr die uns bekannten Dreizahlssymbole auf. III. Bezirk.... Alle drei legten sich schlafen. (Die Mutter ist „verrückt“.. und legt sich schlafen.) Die ganze Familie stirbt.

Wenn ihre Familie sie nicht mehr bindet, dann will sie alle Verführungskünste spielen lassen. Dann will sie mir ihren rechten Fuß zeigen. (Hier das „recht“ im anderen Sinne: tadellos — allen Anforderungen gerecht.) Diesem Anblicke dürfte ich nicht standhalten.

Die andere Bedeutung des rechten Fußes ist die funerale. Sie macht mich aufmerksam, daß sie auch sterben will. Sie hat bereits mehrere Male von mir Morphium verlangt.....

Der nackte Fuß ist auch das Symbol der Freiheit. Sie ist nicht eingeschränkt, nicht gebunden. So ist es ihr recht. Sie kann ihr wahres Inneres zeigen .... Sie sagte: „Wenn Sie ein wahrer Freund sind, so geben Sie mir ein „Gift“, daß ich schnell und schmerzlos sterben kann; d. h. ich soll den Tod spielen, das ist wieder der alte „Herr“ im Beginn des Traumes. Der „alte Herr“ ist auch der liebe Gott, der sie kreuz und quer führt und es mit ihr nicht gut meint[1]). „Er sollte mir nun heraushelfen!“ Allein er läßt sie im Dunkeln. Aus Trotz kündigt sie dem lieben Gott die Liebe. Jetzt kommt das Amoralische (Satanische) zum Siege. Sie schlägt sich durch, sie scheut den Inzest nicht, läßt die Mutter sterben und verführt ihren Arzt .... Dieser Reaktion begegnet man bei Neurotikern sehr häufig. Sie werden ungläubig, weil der Himmel ihnen ihre geheimen Wünsche nicht erfüllt. Sie behandeln den „lieben Gott“ wie die lieben Eltern und alles, was sie lieben. Nach dem alten Grundsatz: „Und der Kaiser absolut, wenn er unsern Willen tut.“

XXXV.

Die Todessymbolik.

Wir haben von der Symbolik des Todes und des Sterbens gesprochen. Auch das Begräbnis erscheint in wunderlicher Verstellung. Bald ist es eine Prozession, bald eine Menschenmenge mit großem Gedränge; ein Fest, eine Hochzeit, eine Promotion, eine große Feierlichkeit. Der Sarg wird als Schrank oder Kiste dargestellt, wie der Mutterleib. Bei einem Träumer hieß es:

(376.) „Vier Männer brachten eine große lange Kiste in mein Zimmer.“

Vielleicht spielt die rätselhafte Vierzahl, die in den Todesträumen immer wieder vorkommt, auf die vier Menschen an, die einen Sarg tragen müssen. Auch die Schachtel, die Loge, der hohle Baum können den Sarg darstellen.

Eine große Rolle spielt das Leichentuch. Das weiße Tuch, die weiße Decke stehen für das Bahrtuch. Ebenso die weiße Schneedecke und der Schnee, von dem wir noch ausführlich sprechen werden. Daran schließt sich die Vorstellung von der grünen Decke. Ich kenne einen Neurotiker, der eine Idiosynkrasie gegen Spinat hatte. Grüne Gemüse

[1]) Der alte Herr auch ein Symbol des Vaters, der sie verwirrt, statt ihr zu helfen.

waren ihm überhaupt zuwider. Manchmal löste das Essen dieser Speisen einen Angstanfall aus. Die Auflösung zeigte, daß er sich fürchtete, „ins Gras zu beißen".

Vom Wasser als Symbol des Todes habe ich schon gesprochen. Eine Fahrt übers Wasser kann auch das Begräbnis darstellen. Noch häufiger der Gang oder die Fahrt über eine Brücke. Jede Brücke führt in das unbekannte Reich des Todes. Sie führt übers Wasser. Bei jeder Brückenangst wird man diese Angst vor dem Schritt ins Jenseits nachweisen können.

Wie erfreut war ich, diese aus Analysen gefundene Tatsache beim Polyhistor Kleinpaul wiederzufinden!

„Das ist nämlich eine alte Regel, daß die Toten auf Inseln zu liegen kommen. Daß sie über Wasser gesetzt und erst dann begraben werden. Von Olims Zeiten bildet das Wasser die natürliche Grenze zwischen dem Diesseits und dem Jenseits, allüberall scheidet ein Fluß das Leben vom Schattenreiche. Sowohl der griechische Hades als auch die deutsche Hölle ist von einem Styx umgeben, über den eine Fähre setzt oder eine Brücke führt. Ruhelos mußte der Grieche an den Ufern des tiefen kalten Höllenflusses umher irren, wenn er nicht begraben war, — weil er eben erst jenseits desselben begraben werden konnte. Diese Vorstellungen weisen nämlich darauf hin, daß man einst die Verstorbenen wirklich über einen Fluß gebracht hatte; die Sitte ist auch in vielen Ländern historisch nachzuweisen. Zum Beispiel in Ägypten, wo man noch heute über den Nil setzen muß, um zu den Pyramiden und zu den Königsgräbern zu gelangen." (Die Lebendigen und die Toten S. 158.)

In ähnlicher Verwendung: das große Tor, das dunkle Tor. Die Fahrt durch ein großes Tor ins Dunkle hinein, die Fahrt durch einen Tunnel stellt neben der erotischen allbekannten Bedeutung fast immer das Begräbnis und die letzte Fahrt ins Jenseits vor.

Die Kleider spielen dabei immer eine gewisse Rolle. Eine Festlichkeit, bei der alle Teilnehmer schwarz gekleidet sind. Eine Hochzeit, wo alle Mädchen schneeweiße Toiletten tragen. Schwarze Vorhänge, ein schwarzes Tuch, eine schwarze Krawatte sind ebenso von Bedeutung wie der schwarze Wagen, in dem man die letzte Reise unternimmt.

Wir wollen noch einige Träume besprechen, in denen die Symbolik der schwarzen Farbe sehr drastisch zum Ausdrucke kommt.

Zuerst ein Traum des Frl. Etha:

(377.) „Ich war in einem großen, vollen Saale, saß an dem Pulte, um vorzulesen und wunderte mich, daß ich schwarz gekleidet war. Nun sprach ich den Titel: „Salome, eine Erzählung von Ibsen", und fing an zu lesen; es ging sehr mühsam, ich quälte mich damit und kam nicht mehr weiter. Dann war ich bei Ihnen, stand im Vorzimmer und Mama war bei mir. Ich setzte einen großen Hut auf; Mama stand gerade abseits; und ich band mir einen dichten weißen Schleier vor und sagte langsam zu Ihnen: „Das sieht wie ein Abschied aus."

Die Todesgedanken, welche diesmal die Mutter betreffen, verdichten sich im Traume zum Bilde einer Totenmesse. (Mama war bei mir; Mama stand gerade abseits.) Sie ist schwarz gekleidet. „Das sieht wie ein Abschied (von der Mutter) aus". („Mit dem Gürtel, mit dem Schleier reißt der schöne Wahn entzwei".)

Zu Salome fällt der Träumerin die Stelle ein: „Dein Fleisch ist kühl, Jochanaan" .... und zu Ibsen der Abschied Dr. Ranks in Nora. Später der Epilog: „Wenn wir Toten erwachen".....

Der Traum stellt eine Kombination von Todes- und Hochzeitsgedanken ein. Der große Hut eine Anspielung auf den großen Phallus, den sie erwartet.

Frl. Omega:

(378.) „Wir waren in einem Restaurant. Da fiel mir die Wanddekoration auf, die aus schwarzweißen Karos bestand."

Analyse: Schwarz-weiß erinnert sie an schwarze Herren im Smoking mit weißer Hemdbrust. Auch der verstorbene Vater gefiel ihr am besten im Smoking mit weißer Hemdbrust.

Weiß ist die Unschuld. Schwarz ist der Gegensatz. Weiß sind das Nachtkleid und das Brautkleid. Schwarze Kleider trägt der Bräutigam bei der Hochzeit.

Zu den Karos fallen ihr die Karten ein. Sie hat in letzter Zeit begonnen, Karten auszulegen. Sie macht das mit großer Geschicklichkeit, so daß alle Bekannten von ihr „Karten aufschlagen" verlangen.

Die Karos bedeuten nach ihrer Erklärung Freude, unerwartete Freude und zwar: Karo-Aß = unerwarteter Glücksfall; Karo-Sieben = Lob; Karo-Neun = Geld: Karo-Zehn = das große Los; Karo-Bube = Hausfreund; Karo-Dame = Gönnerin; Karo-König = eine interessante Bekanntschaft oder einen Protektor.

Leider fallen ihr immer die schwarzen Karten. Sie ist nicht abergläubisch, sonst hätte sie schon manche böse Stunde gehabt. Mehrmals fiel ihr das Pick-Aß (schwere Krankheit oder Todesfall!) in die Nähe.

Der Traum ist ein versteckter Angsttraum. Sie fürchtet traurige Begebenheiten. Heimlich spricht die Hoffnung ihr „Karo" hinein. Restaurant bedeutet hier die Behandlung, durch die sie sich restaurieren will. Die Wanddekorationen beziehen sich auf die Bilder meines Zimmers, die ihr außerordentlich gut gefallen.

Der Traum ist ausgesprochen bisexuell. Der Doppelsinn des Wortes Karo (Carreau) als Karte und Viereck erscheint hier ausgenützt. Denn Karo ist auch die Rautenform. Sie gibt an, die Karos waren stehend:

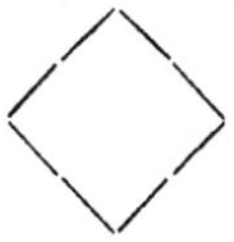

Diese Form ist ein uraltes Symbol für die Vagina. (Vor manchen Lupanarien hängt noch heute eine solche Raute, die als Aushängeschild von aller Welt verstanden wird.)

Doch hinter den homosexuellen Phantasien verbergen sich auch düstere, verbrecherische Pläne. Die rote Farbe des Karos deutet auf Blut. Das Schwarze auf die Trauer. Ihre schwarzen Karten prophezeien ein großes Unglück. Muß jedoch sie diejenige sein, die das Unglück trifft? Sie möchte eine glückliche Nebenbuhlerin aus dem Wege schaffen. Sie möchte die Frau des Mannes vergiften, der sie nach einem Champagnergelage in einem Restaurant zu seiner Geliebten machte. Auch eine Erinnerung aus infantilen Perioden taucht auf. Ihre beiden Schwestern lagen einmal nach einer Wurstvergiftung schwerkrank darnieder und rangen mit dem Tode. Sie hatte zufällig von dieser Wurst nicht gegessen. Damals durchzuckte sie einmal wie ein Blitz der Gedanke: „Wenn deine Schwestern jetzt sterben, wird deine Mitgift dreimal so groß und du kannst einen Offizier (ihr geheimes Ideal) heiraten."

Nicht ohne Grund hatte sie mir die Bedeutung der Karokarten erzählt. Sie ersehnt einen „unerwarteten Glücksfall" — den Tod der Rivalin; das wäre das große Los, das ihr auch Geld bringen würde; ihre „interessante Bekanntschaft", die bis jetzt nur ihr „Protektor" gewesen, würde ihr Mann werden.

Überdies hatte sie daheim einen Hund, der Karo hieß, und wegen Verdachtes auf Lyssa vernichtet werden mußte. Die schwarz-weißen Karos auf der Wand mahnen sie an ihre finsteren Gedanken. Sie will emporkommen auf der sozialen Stufenleiter und sei es um den Preis eines Verbrechens....

Die Unterdrückung dieser Gedanken machte sie neurotisch. — Sie bricht nach jeder Mahlzeit und ist unfähig, Geld (statt Gift!) in die Hand zu nehmen....

Frl. Fritzi träumt:

(379.) „Ich ging in einem dunklen Garten und traf Bruno. Er sah blaß und leidend aus und verzog das Gesicht, um nicht zu weinen. „Ich werde sterben", sagte er, „der Arzt meinte heute selbst, es ginge mir schlecht." Ich erschrak, aber es schien mir durchaus nicht alles verloren. „Geh doch zu einem Professor", sagte ich. Und dann bekam ich einen Schüttelfrost und erwachte damit.

Ich fuhr in der Bahn und die Coupés waren fast ganz besetzt. Die Leute hatten sich alle zu einer weiten Reise eingerichtet. Ich war sehr befangen und es schien mir, als gehörte ich nicht hierher und sollte früher aussteigen.

Dann war ich in Köln und saß in einer Konditorei in der Wilhelmstraße, um jemandem etwas mitzubringen. Plötzlich verlangte ich Handschuhe und lächelte selbst über die merkwürdige Idee, in einer Konditorei Handschuhe kaufen zu wollen. Es fiel mir ein, daß ich auch nur drei Mark bei mir hätte. „Geben Sie mir zwei Mohrenköpfe", sagte ich.

Und dann fuhr ich in einer Elektrischen; die machte einen großen Umweg und ich war ungeduldig. Im Vorbeifahren sah ich ein kleines Landhaus und erklärte jemandem englisch oder französisch: „Das gehört dem Kaltbauer und wir hätten einmal hier wohnen sollen."

Das Sterben des Bruno ist auch symbolisch zu nehmen. Es stirbt ihre Liebe für Bruno. Der „dunkle Garten" und die weite Reise klären die Situation. Sie aber will nicht mitfahren. Sie will leben. Sie ist im Begriffe, sich Süßigkeiten einzukaufen — und zwar bei mir (Wilhelmstraße). Was sie aber verlangt, sind Kondoms (Handschuhe). Sie will den Folgen der Liebe entgehen.

Dann besorgt sie sich für die Handschuhe den notwendigen Inhalt. Zwei Mohrenköpfe! (Glans?) Es sind zwei schwarze Männer, die ihr gefallen. Aber zwei andere Menschen müssen erst sterben....

Dann sieht sie die Gruft (das kleine Landhaus), wo die ihrigen liegen. Die Bedeutung von „Englisch" kennen wir schon. Französisch dient zur Traumentstellung. Der Kaltbauer unterstreicht die Tatsache, daß das kleine Landhaus den Toten gehört.

Die drei Mark gehören zu den Handschuhen. Sie symbolisieren bekanntlich das Genitale.

Eine andere Anspielung auf das Sterben ist „englisch", wie ich schon oft erwähnt habe; „das Engelland" ist der Himmel. Eine Anspielung auf die Onanie des Bruno enthält „Kaltbauer". Die Bedeutung des „kalten Bauern" ist ihr wohl bekannt.

In diesem Traume wird Bruno der Vorwurf gemacht, sich durch Onanie das Leben verkürzt zu haben. Sie verschiebt den Vorwurf der Onanie von sich auf den Vetter Bruno. Dieser Vorwurf enthält noch einen zweiten. Du könntest mich erobern (Handschuhe!), anstatt zu onanieren. Die Todessymbole sind in diesem Traum: der dunkle Garten, der blasse, leidende Bruno, der Arzt, die weite Reise, der Mohrenkopf (der schwarze Kopf), die Elektrische, englisch und Kaltbauer. Der ganze Traum ist ein Umkreisen der Todesgedanken. Die Wunscherfüllung: sie wird von Bruno und dessen Mutter befreit sein.

Zwei andere Träume des Frl. Fritzi:

(380.) „Ich ging allein durch einen großen, verschneiten Wald. Auf einer Bank sah ich meinen Kollegen X. aus dem Konservatorium sitzen. Er war schwarz gekleidet, hatte den Kopf in die Hand gestützt und sah sehr blaß und traurig aus. „Man soll nie von einem Menschen fortgehen, ohne ihm etwas Liebes zu sagen", sprach er langsam, „wer weiß, ob man ihn wiedersieht!" Wir gingen miteinander durch hohen Schnee, und es war eine unausgesprochene tiefe Zärtlichkeit zwischen uns, die mich fast erschreckte. Plötzlich kamen wir aus dem Walde ins Freie, da lagen im Schnee zwei Grabsteine von Mitgliedern unseres Theaters, einem Manne und einer Frau. Ich las die eine Inschrift: „Hier ruht Gabriele Freiin von . . . .". Es lagen noch viele unbenützte Steine da. „Die sind für uns", dachte ich, und es durchschauerte mich kalt."

(381.) „Bruno, unser Jugendfreund Y und ich kehrten in einem kleinen Hofe feuchtes Stroh. Ich wollte es immer zusammen tun, aber Bruno streute es auseinander und sagte: „Laß doch, es soll ja trocknen!" Wir redeten alle drei von unserer Kinderzeit und ich sagte: „Es war so wunderhübsch, damals, wär die Zeit nur wieder da!" Das Stroh wurde plötzlich zu Schnee, wir standen auf der Straße, über die ein Baby kam, das ich zärtlich in die Arme faßte. Dann ging ich mit ihm und seiner Wärterin zu den Eltern des Kindes. Das waren junge, lustige Leute. Zum Scherz verkleidete ich mich als alte Frau, und wünschte sehnlichst, wirklich täuschend auszusehen. Eine Weile gelang es mir; dann aber lachten die beiden auf. „Oh, die scharfen Zähne und die Augen, so sieht ein altes Weib nicht aus!" Ich lachte mit und erwachte."

Hier wird der Schnee zur Darstellung des Leichentuches verwendet. Der Kollege hat denselben Namen wie ihr verstorbener Vater ....

Das Wichtigste ist wohl der Umstand, daß sie zwei Grabsteine sieht. Eine Frau, die jetzt frei ist (Freiin) und Gabriele (Gabriel.... der Erzengel) heißt, liegt dabei: ihre Mutter. Und noch viele unbenutzte Steine ..... Jeder die Erfüllung eines Todeswunsches. Wir werden bald vernehmen, für wen diese Steine eigentlich bestimmt sind.

Die Steine auch phallische Symbole. Der Schnee für Blut. (Eine Zärtlichkeit, die mich erschreckte....)

Der zweite Traum stammt aus derselben Nacht. Sie fürchtet wieder das Feuer (trockenes Stroh), das Blut im Gefolge hat. (Stroh wird zu

Schnee.) Die Heiterkeit und das Lachen im Gegensatz zu deuten. Sie macht Ernst („zum Scherz“) und kommt in der Rolle des Todes — als „altes Weib“. Die scharfen Zähne entstammen ihrer sadistischen Komponente. (Siehe den ersten Traum). Die jungen Leute, die sterben, sind das Paar aus dem ersten Traume. Sie lassen ihr das Baby... d. h. den Vetter. Zum Verständnis der Situation: Die Eltern des Bruno sind gegen eine Verbindung. Sie rächt sich auf doppelte Weise: Sie läßt Bruno an den Folgen der Onanie sterben und sie läßt die Eltern sterben. (Zwei Grabsteine, zwei Mohrenköpfe.) Der Traum kennt kein entweder — oder. Das kriminelle Moment bricht mächtig durch. Sie will den Tod mit den scharfen Zähnen spielen: d. h. sie will ein Feuer legen (Stroh) oder ein Blutbad (Schnee) anrichten. Das Lachen und die Heiterkeit sind verdächtig. Bruno weint ja im ersten Traume (379). Die Heuchelei dieses Traumes wird durch die Verkleidung und das Betonen der Schauspielerei besonders manifest.

Drei Träume des Frl. Mizzi:

Das dunkle Kleidchen.

(382.) „Wir waren bei meiner Freundin Wilhelmine, Hedda L., Frau Dr. J. (die Kleine von Js?). Ich machte den Vorschlag, uns alle photographieren zu lassen, aber ohne Hedda L., die nichts davon wissen sollte. Bei uns befand sich auch ein kleines, blasses Kind in einem dunklen Kleidchen. Plötzlich wurde dem Kinde elend, es fiel zu Boden und übergab sich; wir erschraken alle heftig und wendeten uns alle dem Kinde zu. Nachher saß ich mit Wilhelmine beim Kaffee, plötzlich sprang meine Tasse mitten entzwei. Wilhelmine und ich mußten vor lauter Verwunderung lachen.“

(383.) „Ich hatte einen dicken Strang weißer Haare. Mutter machte alle darauf aufmerksam, wie komisch das sei. Plötzlich stand auch Dr. W. in unserer Nähe, aber ich wollte absolut nicht, daß er die weißen Haare sehen sollte.“

(384.) „Ich forderte einen großen, starken, dunklen Herrn auf, zu uns zum Tee zu kommen. Seine Frau war verreist. Ich kam zu ihm ins Zimmer, als er gerade vor dem Spiegel Toilette machte. Er sagte, daß er unserer Einladung sehr gerne folgen würde.“

Analyse: Rachegedanken der Mutter gegenüber. Der Vater hatte eine große Tasse, aus der er immer Tee trank. Diese ließ sie einmal fallen, so daß sie zerbrach. Es war eine Symptomhandlung. Die Mutter sollte sterben. Deshalb lachten sie und ihr Bruder (Wilhelm) über diesen Vorfall. Es ist Schadenfreude. Die Mutter ist hier im Traume Hedda L. Sie sollen sich ohne die Mutter photographieren lassen. Das heißt, die Mutter ist auf dem Familienbild nicht mehr darauf. Sie ist dann das arme kleine verlassene Kind im dunklen Kleide (Trauerkleidung), das fallen kann und sich einem Manne ergibt (sich übergeben, hier doppelsinnig als erbrechen und sich ausliefern). Wer dieser Mann ist, dem sie sich ergibt? Natürlich ihr Bruder Wilhelm, für den die Freundin Wilhelmine eingesetzt ist. (Deutliche bisexuelle Färbung. Sie ist gerade in diese Freundin — vielleicht wegen der Namensgleichheit — verliebt.)

Der dicke Strang weißer Haare ist eine Masche aus schwarzem Band, die sie gern im Haare trägt, um derentwillen der Bruder sie häufig neckt. Sie sehe aus wie eine Servierkellnerin. Das will sie ja hier sein.

Andere Determination: sie hat weiße Crines pubis entdeckt, deren sie sich schämt. Es ist Zeit, daß sie zu lieben anfängt. Sie wird zu alt.

Im dritten Traumstück holt sie sich einen verheirateten Mann zum Tee. Sie ist von der Mutter frei und kann ihren Dirneninstinkten ruhig nachgeben. Sie ist keine Virgo mehr. Die Tasse ist in der Mitte entzwei. Zerbrochenes Glas deutet auf ein zerbrochenes Leben. Auch das „dunkle Kleidchen" des armen Kindes enthält die folgenschweren Todesgedanken.....

Vergiftungsideen spielen bei ihr eine große Rolle. Die ganze Gesellschaft wird vergiftet. (Wilhelmine, Hedda L. und Frau Dr. J. sind ihre Konkurrentinnen.) Die Folgen der Vergiftung werden gleich sichtbar. „Dem Kind wird plötzlich elend, es fällt zu Boden und übergibt sich." Ihr ist nichts geschehen. Denn ihre Tasse ist ja entzweigebrochen. Auch die Lustigkeit bedeutet, daß sie große Freude über die traurigen Tatsachen empfindet. Der große starke dunkle Herr, der Mann der Frau Dr. J., kann jetzt ruhig zu ihr kommen. Denn seine Frau ist verreist....

Es folgt ein interessanter Traum des Herrn Nastasius.

(385.) „Ich bin am Nordpol. Ringsumher Eis und Schnee. Vor mir eine rötliche, im Lichte schimmernde Kugel. Jemand macht die Bemerkung, daß dieses Licht in der Nacht als Wegweiser dient. Ich wundere mich darüber, daß am Nordpol noch ein Feuer brennt.

Ich stehe vor einem Bette. Der Boden macht merkwürdige, wiegende Bewegungen wie das verrückte Schloß im Lunapark."

Dieser einfache Traum setzt sich aus einer sehr komplizierten Reihe von verdrängten Gedanken zusammen. Auch die Anregungen zu diesem Traume sind mannigfacher Natur und zu einem Ganzen zusammengeschweißt.

Erste Anregung: Der Träumer, ein 55jähriger, gesunder Mann, wurde am Vorabend des Traumes von seinem Kompagnon (für seine Empfindung!) nicht freundlich genug aufgenommen. — Eine Lampe mit rotem Lampenschein stand im Zimmer.

Der eisige Empfang wird durch den Nordpol symbolisiert.

Zweite Anregung: Er hat eine elektrische Taschenlampe zum Geschenk bekommen, die er jetzt auf der dunklen Stiege seines Hauses fleißig verwenden will. Seine Frau ist vor einigen Tagen auf die Verordnung des Professors Noorden nach Karlsbad gefahren.

Dritte Anregung: Er war gestern abend nach dem Besuche beim Kompagnon im Lunapark, einem Vergnügungsetablissement in Wien. Daselbst besuchte er ein „verrücktes Schloß", in welchem der Boden allerlei Bewegungen macht, so daß er mit Mühe vorwärts gehen konnte.

Vierte Anregung: Der Friseur hatte ihm angeraten, seine weißen Haare zu färben. Auch bekommt er eine Glatze, die ihm sehr unangenehm ist, da sich der rötliche Farbenton von den weißen Haaren stark abhebt („eine rötliche im Lichte schimmernde Kugel").

Alle diese Anregungen und noch mehr sind in ein kleines Traumstück verwoben.

Trotz seiner 55 Jahre ist er in Sexualibus ein sehr bedürftiger Mann. Seine Frau fehlt ihm und er sieht sich nach Ersatz um. Allerdings nur in Gedanken. Denn er bringt es zu keiner Tat. Seine alte Köchin, der jetzt sein Wohl anvertraut wurde, gefällt ihm ganz gut. Er findet, sie müsse einmal sehr schön gewesen sein. Er hat eine gewisse — nie ganz unterdrückte — Gerontophilie. Auch seine Frau ist um drei Jahre älter als er. Die großen Schneemassen am Nordpol symbolisieren seine weißen Haare und die weißen Haare seiner Köchin, die eine Polin ist. (Der Nordpol.) Eine Vagina cum crinibus albis reizt seine Phantasie ganz außerordentlich. Der Nordpol ist also die Vagina seiner Köchin, die rötliche Kugel die rote Mucosa, die noch brennt, d. h. noch Feuer hat. (Daß es sich um eine Person der dienenden Klasse handelt, erhellt aus dem „daß dieses Licht in der Nacht als Wegweiser dient".) Sie soll ihm auch bei Nacht dienen. Er erwartet aber eine Aufforderung von ihr. Sie soll ihm den Weg weisen. Der Affekt des Wunderns hat zwei Quellen. Er wundert sich über das Feuer der Köchin — noch mehr über sein Feuer und seinen absonderlichen Geschmack. Es ist, als ob er sich sagen wollte: „Schämst du dich nicht — du alter Knabe mit weißen Haaren! Willst du deine Frau betrügen?"

Da fällt ihm der große Betrüger Cook, der angeblich am Nordpol war, ein. Auch Peary, wobei ihm einfällt, daß er nur Perry-Stahlfedern benützt. Er will also wie der Peary zum Nordpol. (Perryfeder = Penis.)

Von Cook kommt er auf Gucken. Er hat einen Tag vorher in einem Guckkasten unanständige Bilder gesehen, die ihn sehr aufgeregt haben. Wer ist der Jemand, der die Bemerkung macht? Ihm fällt seine Frau ein! Was würde diese für einen Skandal machen, wenn sie bemerken würde, daß er bei Nacht den Weg zum Dienstboten gefunden hat. Er, den sie für einen Gelehrten (Weisen!) hält.

Der Wegweiser erinnert ihn an ein Lied von Schubert. Er glaubt es wäre der Text:

„Ist das denn meine Straße —?
O — Bächlein — sprich: Wohin?"

Ich mache ihn aufmerksam, daß dieser Text aus dem Zyklus „Die schöne Müllerin" stammt und daß das Lied „Wohin?" heißt. Er erinnert sich absolut nicht an den Text des „Wegweisers". Ich belehre ihn, daß der „Wegweiser" in der „Winterreise" vorkommt. Er bezweifelt es. Wir suchen das Lied nach. Er muß nun gestehen, daß er es sehr oft gesungen hat. Der Text war ihm vollständig entfallen. Er hat allerdings wichtige Beziehungen zu verdrängen, unlustbetonten Komplexen. Er lautet:

> Was vermeid' ich denn die Wege, — Wo die andern Wandrer gehn, — Suche mir versteckte Stege — Durch verschneite Felsenhöh'n? — — Habe ja doch nichts begangen, — Daß ich Menschen sollte scheu'n, — Welch ein törichtes Verlangen — Treibt mich in die Wüstenein? — — Weiser stehen auf den Wegen, — Weisen auf die Städte zu, — Und ich wandre sondermaßen, — Ohne Ruh und suche Ruh. — — Einen Weiser seh ich stehen, — Unverrückt vor meinem Blick; — Eine Straße muß ich gehen, — Die noch keiner ging zurück.

Zu unserer Überraschung tauchen plötzlich hinter den freundlichen Traumbildern Todesgedanken auf. Das hätte uns schon das weiße Schneefeld verraten können, das so oft das Leichentuch („das Bahrtuch der Natur") symbolisiert. Doch was bedeutet dann die rötliche Kugel? Wo Todesgedanken vorkommen, kann man sicher sein, einen wenn auch zarten Hinweis auf Geburt und Schwangerschaft zu finden. Die Blutstropfen im Schnee spielen in der Phantasie des Volkes eine große Rolle. Wir brauchen nur an „Schneewittchen" zu denken, das den Schwangerschafts- und Todeskomplex ziemlich unverhüllt zum Ausdruck bringt [1]). (Schwangerschaft der ersten Mutter — Geburt des Kindes — Tod der Mutter — Schneewittchen soll getötet werden — das zu Tode geschnürte Schneewittchen — die Vergiftung mit dem Apfel — Schneewittchen in einem gläsernen Sarg als Ausdruck des Mutterleibkomplexes — die Hochzeit.)

Ich teile dies dem Träumer mit. Plötzlich fällt ihm ein wichtiger Nachtrag zum Traume ein:

„Die Kugel war eigentlich nicht rötlich. Sie hatte einen rötlichen, gelblichen Schimmer und war dunkelgrau. Wie eine düstere Wolkenwand. Wie ein ovales, riesiges Gebilde, das über dem Nordpol schwebte."

Das „ovale", riesige Gebilde hat die Form eines Eies. Er denkt an das Ovulum, das von einem Spermafaden befruchtet wird. Jetzt weiß er es bestimmt: Er hat sich vor einer Gravidität gefürchtet. Sarah hat doch auch im hohen Alter Kinder bekommen. Die rote Kugel ist der schwangere Mutterleib. Die drohende Wolkenwand die Gefahr einer Gravidität.

Jetzt erst fallen ihm wichtige Gedanken zum zweiten Teil des Traumes ein. Zu Lunapark fällt ihm die Lunabinde ein, die seine Frau während der Periode benützt. Wenn die Menstruation „verrückt" wird, so hat man dann große Angst. Er erinnert sich an eine kleine unangenehme Geschichte, die ihm vor 10 Jahren passiert ist. Da hatte er einige Zusammenkünfte mit einem jungen Mädchen. Nach zwei Monaten suchte sie ihn auf und teilte ihm mit, die Menstruation wäre ausgeblieben. („Das verrückte Schloß".) Er mußte ihr damals Geld geben, damit sie einen Abortus ausführen lassen könnte. Er stand in jenen Tagen fürchterliche Angst aus. Wenn seine Frau darauf gekommen wäre! Oder wenn es zu einer gerichtlichen Affäre kommen würde? („Habe ja doch nichts begangen, daß ich Menschen sollte scheu'n" usw. — vgl. das ganze Lied!)

Eine noch ältere unangenehme Affäre aus seiner Studentenzeit fällt ihm ein. Ein Dienstmädchen, mit dem er ein Verhältnis hatte, bekam ein Kind. Er stand vor einer Wiege und sah mit Grauen: sein Kind. Er zweifelte, ob es sein Kind sei, und machte sich doch die bittersten

---

[1]) Aus: „Sprache ohne Worte" von Rudolf Kleinpaul (Leipzig, Verlag von Wilhelm Friedrich, 1888). „Blutstropfen im Schnee: Wie Parzival (6. Buch) zu Artus' Hofe reitet, haben die Falkner des letzteren eben einen Falken verloren, der eine Gans verwundet, daß ihr Blut auf den Schnee tropft. Beim Anblick der Blutstropfen im Schnee versinkt Parzival in träumerisches Sinnen und süßes Andenken an seine Gattin Condwiramurs. Er gedenkt der drei Tränentropfen auf ihren Wangen und ihrem Kinn; in weiter, wilder Welt überfällt ihn mit einem Male ein endliches Heimweh wie ein schwerer Traum. An derselben Stelle aber, wo er die Blutstropfen gesehen, ist später das Zelt aufgeschlagen, wo er die Gattin wiedersieht und wo er sie mit den Zwillingen, die er noch nie gesehen, in einem Bette schlafend antrifft. „So erkennen wir," sagt Jakob Grimm, „Träume und Gedanken der Kindheit wieder, wenn sie uns lange hernach im Leben antreffen, oder wie ein alter Mann, als er die aufgehende Sonne anschaut, sich heimlich besinnt, daß er sie schon einmal ebenso als ein Kind, sitzend auf einem Hügelchen, und seitdem nicht wieder so betrachtet hat; er weiß, daß sie vor ihm geschienen, ehe er zur Welt geboren wurde, und denkt daran, daß sie bald auf sein Grab scheinen wird." Das Bild von den Blutstropfen im Schnee ist ein uraltmythischer Zug. (Schneewittchen, Machandelbaum.)"

Vorwürfe. (Ich stehe vor einem Bette. Der Boden macht merkwürdige wiegende Bewegungen.)

Der Boden wankt unter seinen Füßen. Er ist seiner selbst nicht mächtig.

Der Traum ist ein Warnungstraum. Er sagt: „Obwohl du schon weiße Haare und bittere Erfahrungen hast, obwohl du Infektion, Tod und Gravidität fürchtest, willst du doch zu dem Bette der Köchin gehen. Bist du verrückt! Denke an die Folgen!

Die geheimste Bedeutung dieses wunderbaren Traumes ist die Beziehung zur Homosexualität. Schon die Gerontophilie ist ebenso wie die Kinderliebe ein Übergang zur Homosexualität. Alte Frauen werden den Männern ähnlich. Sie verlieren die sekundären Geschlechtsmerkmale: Busen, die charakteristischen Fettpolster, die glatte Haut. Er ist ein Philologe und hat oft darüber nachgedacht, warum im Lateinischen das alte Weib anus heißt. (Allerdings anus—aneris im Gegensatz zu anus—anus!) Das alte Weib hat für ihn einen besonderen Reiz. Sein Sexualziel ist der Anus, den er früher gerne benutzt hat, um Kindersegen zu verhüten. Die letzten Tage ging ihm ein lateinischer Vers durch den Kopf: Cazzo in culo — non fai fanciulo. Zu seinem Erstaunen fand er an dieser Form der Sexualbefriedigung großen Gefallen und suchte sie immer wieder. Seine Potenz ist gerade bei diesem Akte eine ganz außerordentliche, während er sonst ein schwach potenter Mann ist.

Die Ursache dieser rätselhaften Steigerung der Libido lag, wie die Analyse ergeben hatte, in der Verstärkung durch die homosexuelle Komponente. Der Anus ist ein spezifisch bisexuelles Sexualziel. Er ist sowohl Mann als Frau eigen.

In dieser Dermination ist der Nordpol der Anus, der zum Südpol (Vagina) in einem Gegensatz steht. Er will einen Coitus in anum ancillae ausführen.

Dieser erste Plan soll einen anderen, viel bedeutsameren verdecken. In seinem Hause befindet sich ein Neffe, den er einmal in den Lunapark ausgeführt hat. Dies Kind seiner Schwester ist sein besonderer Liebling. Er ist während einer schweren Erkrankung dieses Kindes viele Nächte vor dem Bettchen dieses Kindes gesessen. Seine Liebe enthüllt in diesem Traume unverkennbare homosexuelle Triebkräfte.

So enthält dieser Traum in geheimnisvoller Weise die Schrecken des Todes, die Wunder der Geburt und die Bisexualität in einer Form vermengt. Auch ein Hinweis auf die Onanie fehlt nicht. Die merkwürdig „wiegenden Bewegungen", das Licht (d. h. die Kerze, mit der die Frauen onanieren), das als Wegweiser dient, ist der Penis, den er so grausam mißhandelt hat, daß er in den Tod muß. Es ist ein Licht, das ihn aus dem Leben weist — er soll weg — fahren. Auch das „verrückte Schloß" geht auf bestimmte Vorwürfe zurück, die er sich wegen der Onanie gemacht hat: er habe seine Potenz ruiniert, d. h. das Schloß verdorben.

Die wichtigsten Bedeutungen des Traumes sind kriminelle Phantasien. Schnee und die rote Kugel (Blutkörperchen) deuten auf blutige Gedanken.....Hier versagen seine Einfälle. Er weiß nur eine Geschichte von einem Bauern, der im Traume seine ganze Familie mit einer Hacke erschlug. Diese Geschichte regt ihn sehr auf.

Trotz aller dieser Assoziationen glaube ich, daß diese Analyse, die ein Extrakt der Arbeit einer Woche — einer Stunde täglich — darstellt, nur einen kleinen, aber allerdings den wichtigsten Teil aller Traumgedanken enthält.

Ein Traum des Frl. Fritzi:

(386.) ,,Ich schwamm im Meere, das weit offen und sonnig, aber kalt vor mir lag. Nach einer Weile stieg ich aus dem Wasser und fing an, in dem nassen Schwimmanzuge heftig zu frieren. Klagend und fröstelnd lief ich am Ufer hin und her; in der Ferne sah ich die Mutter sitzen und es schien mir, als wäre es ihre Sache gewesen, mir den Schwimmanzug auszuziehen. Irgendwo sah ich Bruno und sagte: ,,Schau, mich friert so, warum zieht sie mich nicht aus?" Die Sonne schien, aber sie wärmte nicht. ,,Ich werde mich ans Ufer in die Sonne legen", dachte ich und ich kam mir sehr einsam und hilflos vor."

Das Wasser symbolisiert hier eine Leidenschaft, die sie zu ihrer Mutter hegt (Haß und Liebe). Die Mutter ist ihr nicht zärtlich genug. Im Traume erinnert sie die Mutter an die Geburt. Bruno ist ihr Vetter, der eine große, aber keusche Neigung zu ihr hat. Nicht nach dem Geschmacke ihres Unbewußten. Denn es friert sie bei dieser Liebe.

Die Todesgedanken gehen auf die Mutter. Sie sitzt in weiter Ferne. Als ich sie fragte: „Wie weit?" meinte sie: „Ich weiß nicht, ob es nicht ein breiter Strom war. Mama saß am „anderen Ufer".....

Nach langer Pause wieder ein Traum der Frau Alpha. (Träume Nr. 14, 36, 154, 155.)

(387.) ,,Mein heutiger Traum steht im Zeichen des Krieges. Nach einer Kriegserklärung Rußlands sind russische Truppen hier einmarschiert Es herrscht allseits gedrückte Stimmung. Wir bemerken, ängstlich vom Fenster aus die Vorgänge auf der Straße beobachtend, daß die Menschen in höchster Aufregung herumlaufen, einander etwas zurufend, was mit Anzeichen großer Bestürzung aufgenommen wird. Da erfahren auch wir, daß Rußland gesiegt hat. Österreich ist verloren! In diesem Augenblicke fühle ich mit tiefem Schmerz, wie lieb mir meine Heimat war und der Zusammenbruch verursacht mir großes Leid. Johlend und Grausamkeiten verübend, durchziehen betrunkene russische Soldaten die Straßen. Alles rennt und flüchtet. Auch meine Angehörigen haben ihr Gepäck in Wagen aufgeladen und wir sollen mitfahren. Ich habe mein Mäderl warm angezogen, wie einen kleinen Eskimo verpackt, so daß nur die Nasenspitze herausguckt. Wie wir einsteigen wollen, erklärt mein Mann, er müsse zurückbleiben, sein Ansuchen um Dienstbefreiung sei abschlägig entschieden worden. Schweren Herzens nehme ich Abschied vom Kind, das sich weinend an mich klammert, und bleibe bei meinem Manne zurück. Voll Schmerz sehe ich dem davonfahrenden Wagen nach und die Worte schreiend: ,,Wo ist das Kind?" laufe ich im Zimmer herum, wobei ich meinen Mann wecke, der, darüber aufgebracht, mich recht unsanft in die Wirklichkeit zurückbringt."

Zwei Seelen wohnen auch in ihrer Brust! Verbrecherische Wünsche, die sie „Russen" nennt. Sie hatte von einem Pogrom gelesen, bei dem unschuldige Kinder getötet wurden. Sie liebt einen anderen Mann. Das geliebte Kind ist das Hindernis. Die Österreicher (die guten Wünsche) sind unterlegen. Ihr Kind fährt im Totenwagen davon. Es ist gut verpackt, wie ein Eskimo.....Es kann nicht mehr frieren, da es ja kalt ist. Sie bleibt dann bei ihrem Mann zurück, allerdings um ihn bald zu verlassen.

XXXVI.

Das Verbrechen im Traume.

„Ich fand oft ein Vergnügen daran, Mittel auszudenken, wie ich diesen oder jenen Menschen ums Leben bringen oder Feuer anlegen könnte, ohne daß es bemerkt würde, ob ich gleich nie den festen Entschluß gefaßt habe, so etwas zu tun, noch auch nur die geringste Neigung dazu in mir verspürt und bin sehr oft mit solchen Gedanken eingeschlafen."
Lichtenberg.

Wir haben gesehen, wie verdrängte Todeswünsche durch die meisten Träume ziehen. Unsere Symbolik des Todes ist sicherlich lückenhaft. Sie ist nur ein bescheidener Anfang und soll zu weiterem Forschen anregen. Vom Wunsch bis zur Tat dehnt sich eine ungeheuere Strecke. Allein wir haben auch kriminelle Taten im Traume analysieren können. Wir legten verschiedene verbrecherische Pläne bloß: Brandstiftung, Mord und Vergiftung. Der Mensch scheint im Traume alle seine Urinstinkte auszutoben. Wie lange ist es her, da das, was heute Verbrechen ist, Notwehr und Kampf um das Dasein war? Sagte doch Seneca, der weise, milde Seneca: „Homo homini lupus." „Seltenere, wenn auch schwere Zufälle sind es, Schiffbruch zu leiden, mit dem Wagen umzuwerfen; von dem Menschen aber droht dem Menschen tägliche Gefahr. Ein Unwetter droht, ehe es heraufzieht; die Häuser krachen, ehe sie zusammenstürzen; der Rauch verkündet einen Brand voraus; aber plötzlich kommt das vom Menschen ausgehende Verderben und verbirgt sich um so sorgfältiger, je näher es herantritt. Du irrst, wenn du den Gesichtern derer traust, die dir begegnen. Sie haben die Gestalt von Menschen, aber die Seele von wilden Tieren. Nur dem Menschen macht es Freude, den Menschen zu verderben."

Unsere Analysen können diese Ausführungen des berühmten Stoikers nur bestätigen. Schon bei den Träumen der Kinder habe ich auf die Wichtigkeit des Kriminellen im Menschen hingewiesen. Der Neurotiker bleibt aber ewig ein Kind. Die Neurose ist nur eine Form des „psychischen Infantilismus". Deshalb muß das Kriminelle im Neurotiker eine überwertige Bedeutung annehmen. Der Neurotiker ist ein Verbrecher ohne den Mut zum Verbrechen. Er pendelt zwischen seinen Begierden, Trieben, Impulsen und den moralischen und religiösen Hemmungen hin und her. Seine Symptome sind die Folge eines schweren Schuldbewußtseins. Seine aus der Reaktion gegen das Böse entstandene „moralische Überempfindlichkeit" (Bipolarität aller Erscheinungen!) läßt ihn dann vieles als Böse empfinden, das „jenseits von Gut und Böse" liegt. Durch die „Angst" wird dann ein Schutzwall um die kriminellen Triebe errichtet. So erweist sich die Angst als derjenige soziale Faktor, der die Ordnung der bestehenden Einrichtungen garantiert, und wir werden den tiefsinnigen Ausspruch Lichtenbergs verstehen: „Ich möchte wissen, was geschehen würde, wenn man in London die zehn Gebote so lange aufhöbe, als es zwölf schlägt."

Die ethischen Imperative beherrschen das Bewußtsein des Menschen. Im Unbewußten kommen sie in Form von Angst zum Vorschein. Sie ist ja, wie ich schon betont habe, die Angst vor sich selber....

Aus der großen Menge von Verbrecherträumen, die mir zur Verfügung stehen, will ich nur eine kleine Auswahl veröffentlichen. Sie mögen die Todessymbolik im Sinne des Überganges vom Wunsch, der „kriminellen Passivität", zur Tat, der „kriminellen Aktivität" (Aggression) ergänzen.

Ich beginne mit einem Traume des Herrn J. Z.:

(388.) „Ich träume, daß das Gas ausgeströmt ist. Meine Frau und mein Sohn liegen bewußtlos, blaß und blau, in ihren Betten. Ich erwache mit Schrecken und sehe nach, ob sie noch leben. Zu meiner Beruhigung atmen beide ruhig. Ich kann lange nicht einschlafen."

Die Tragödie einer unglücklichen Ehe. Seine kriminellen Gedanken gehen dahin, Frau und Kind mit Leuchtgas zu vergiften. Kein Mensch soll das Verbrechen erfahren. Es soll nur ein unglücklicher Zufall sein. Er will frei sein, um sich sexuell auszuleben. Noch ein zweites geheimes Motiv: Seine Schwester ist Witwe geworden und hat eine schöne Pension. Er möchte den Haushalt mit ihr gemeinsam führen.

Das ist das Resultat einer mehrwöchentlichen Analyse, die dem arbeitsunfähigen, vollkommen schlaflosen, mit Selbstmordgedanken kämpfenden Manne die volle Genesung brachte. Die Diagnose mehrerer Nervenärzte lautete: Neurasthenie. So sehen die meisten Neurasthenien bei näherer analytischer Untersuchung aus. Immer wird man hinter den Symptomen Schlaflosigkeit, Unfähigkeit zu arbeiten, Rückenschmerzen, Dyspepsie, Verstopfung usw. einen schweren „psychischen Konflikt" [1]) finden. Mit der Aufdeckung der dem Patienten unbewußten Phantasien trat eine solche eminente Veränderung im Wesen des Genesenen ein, daß aus ihm wirklich ein „anderer Mensch" wurde [2]).

Es folgen nun zwei Träume eines an „epileptischen Anfällen" leidenden Mannes, den wir schon aus dem „Roman Reissigertraum" (192; auch 246 und 247) kennen.

Der Traum von den Wassertropfen.

(389.) „Ich lag im Bette, als ich durch einen Wassertropfen, der mir aufs Gesicht fiel, erwachte. Ich sah zur Decke, bemerkte aber nichts, und schlief wieder ein. Kurze Zeit danach wachte ich durch dieselbe Ursache wieder auf; ich betrachtete nun den Plafond genau und sah, daß durch eine große Anzahl von kleinen Löchern Wasser durchdrang.

Ich ging zum Hausbesorger und sagte ihm diesen Vorfall und nannte das Haus eine Spelunke. Er wurde darüber aufgebracht und sagte, er wisse ohnehin schon die Ursache; in einem oberen Stockwerke sei ein Wasserreservoir schadhaft und deshalb dringe das Wasser durch, aber deshalb sei ich noch nicht berechtigt, das Haus eine Spelunke zu nennen. Wir stritten dann noch eine Weile, dann wachte ich auf."

Der Träumer leidet an einer quälenden Eifersucht auf seinen Schwager, die ihm jedoch kaum bewußt ist. Der Traum ist eine typische Mutterleibsphantasie. Doch hinter der Bedeutung Wasser = Urin,

---

[1]) Diese Formel wurde zuerst von mir in „Die Ursachen der Nervosität" ausgesprochen.

[2]) Das Leuchtgas spielt in den Phantasien der Neurotiker eine große Rolle. Alle Zweifel, Zwangsvorstellungen und Angstzustände, die sich auf das Ausströmen von Gas und das Offenlassen des Gashahnes beziehen, haben außer den bekannten Determinationen eine kriminelle Wurzel.

Hausbesorger = Vater verbirgt sich eine viel wichtigere: Wasser = Blut; Hausbesorger = Schwager.

Seine Ruhe wird durch den Schwager gestört. Diesen will er ermorden. Im oberen Stockwerke des Träumers ist etwas nicht richtig. Seine Mordphantasien verfolgen ihn und sind die Ursache der hysterischen Absenzen geworden, die irrtümlicherweise für epileptische [1]) gehalten wurden. Seine Assoziationen waren: drei Blutstropfen im Schnee, Schneewittchen und die Bartholomäusnacht. Der Schwager ist Protestant (Hugenotten). Er las bei einer Schilderung von der Bluthochzeit, daß das Blut durch den Plafond durchgesickert sei. Er kann infolge seines bösen Gewissens nicht den Schlaf des Gerechten schlafen. Seine bösen Gedanken wecken ihn. Sie lassen ihn nicht schlafen.

Noch versteckter sind seine Mordphantasien im nächsten Traume:

Der Traum von der böhmischen Köchin.

(390.) „Wir hatten eine große Gesellschaft; Kollege X. samt Frau und zwei Schwestern, dann ein Hauptmann und ein Major. Ich konnte nicht genug staunen ob dieses ungewöhnlichen Besuches und rief unsere Wirtschafterin, Anna mit Namen, herein, um ihr Weisungen bezüglich der Bewirtung des Besuches zu geben. Da sie nicht erschien, ging ich in die Küche, um sie zu holen. Sie sagte, wegen des Nichterscheinens zur Rede gestellt, sie finde ihre Schuhe nicht. Ich wurde ärgerlich und meinte: „Es ist merkwürdig, immer finden Sie die Schuhe, gerade heute wo ich Sie brauche, haben Sie diese Ausrede; spielen Sie sich nicht!" Sie wurde auch böse und ließ ihre Augen rollen, so daß ich dieselben jetzt noch im Geiste sehe. Ich ärgerte mich furchtbar und wachte mit einem wüsten Kopfe auf."

Aus der hochinteressanten Analyse will ich nur einige Streiflichter mitteilen. Die böhmische Köchin entpuppt sich als ein anderer „Böhm": Sein tschechischer Schwager. Der Schwager hat einen „stechenden" Blick und „rollende Augen". Er möchte aber gerne selber einen bösen (stechenden) Blick haben und den Schwager mit bösen Gedanken töten. Sein Schwager ist jetzt avanciert und ist schon Rat (Majorsrang) — er selbst ist noch Oberoffizial und hat Hauptmannsrang. Der Schwager ist auch physisch stärker und größer (major!). Die Schuhe haben hier die Bedeutung eines Todessymbols. Der Schwager soll bald sterben. Er soll sich auf die Reise machen. Der Schwager soll nicht mit ihm „spielen". Denn er hegt finstere Rachegedanken gegen den Mann, der ihm seine Schwester geraubt hat. Zweite Bedeutung des Schuhes: Seine Schwester. Kollege X. hat einen Schwager durch den Tod verloren. Deshalb ist er hier im Traume erschienen.

Die Bewirtung dieser Gäste soll unangenehme Folgen haben. Er will den Schwager vergiften! Er will ihm Gift in die Speisen mischen. Er will die Köchin sein, die ihm die Schuhe zum letzten Marsche zur Verfügung stellt. Er hat eine ihn seit Jahren verfolgende Angstvorstellung:

---

[1]) Dieser Traum erfüllt auch seinen Wunsch zu „schlafen". Die Anfälle sind auch eine Wunscherfüllung in diesem Sinne: Ewiger Schlaf. Wiederholt „schläft" er in seinen Träumen und erwacht. Auch das ist eine Wunscherfüllung. Sein Leben erscheint ihm wegen der Übermächtigkeit des Unbewußten wie ein böser Traum. Er möchte aus diesem bösen Traume erwachen. Dieser Wunsch wird ihm in diesem Traume wiederholt erfüllt. Auch aus seinen Anfällen wird er durch Bespritzen mit Wasser geweckt.

Der Schwager könnte noch ein drittes Kind erhalten. Der Gedanke macht ihn rasend. Allerdings, er motiviert diese Angst mit Geschwisterliebe. Das würde seine Schwester nicht aushalten. Der verhaßte Schwager soll nicht mit der Schwester „spielen"; er soll sein Haus in Ordnung halten, daß sie keine Amme wird. (Zwei Schwestern = der Busen; die Wassertropfen im Gesichte = Milch.) Deshalb will er ihn aus der Welt schaffen [1]).

Diese Mordszene geht immer in einem hysterischen Anfalle vor sich. Die meisten Epileptiker sind Hysteriker mit verdrängten kriminellen Impulsen. Im Anfall geht das Verbrechen vor sich.

Der Träumer gibt diese Rachephantasien zu. Mit der Analyse dieses Traumes setzte die Besserung ein, die zu einer vollständigen Heilung der Anfälle führte.....

Am Abend vor dem Traume kamen ihm alle Speisen bitter vor. Das Bier erschien ihm ekelhaft. Er erbrach das Abendbrot und dachte, in den Speisen sei irgend ein Gift gewesen. So meldete sich sein böses Gewissen. Dieser Kranke trug schon, seit er die Anfälle hatte, keine Uniform. Angeblich, weil es eine Schande wäre, in Uniform umzufallen. Die Analyse ergab, daß er sich vor sich selber fürchtete. Er wollte nicht mit einem Degen zum Schwager gehen. Er ist der Kollege X., der einen Schwager verloren hat, der Hauptmann, der den Feind niedersticht, der Major, der sich als der stärkere und höhere erweist; denn er triumphiert über seinen Gegner. Er ist auch die Köchin, die Gift in die Speisen mischt. Er spielt alle Personen seines Traumes.

Sein Neid gegen den Schwager entspricht einer verdrängten Bewunderung und Liebe für den Mann. Ihm gegenüber fühlt er sich als „Waschlappen" (Köchin!). So bringt auch dieser Traum den „psychischen Hermaphroditismus" des Träumers zum Ausdruck. Eine Aggression mit dem Degen wagt er nicht. Er wählt im Traume ein weibliches Verbrechen: die Vergiftung.

Herr Hammer träumt:

(391.) „In einem roten Zimmer liegen viele Leichen, vertrocknet, gelb und fahl, wie Zündhölzchen in einer Schachtel. Auch zwei altmodische Strohhüte, einer rot, der andere blau, hängen an den Wänden. Ich habe die Empfindung, die werden ihren Trägerinnen Unglück bringen."

Herr Hammer ist ein Philantrop und beschäftigt sich mit Erlösungs- und Rettungsphantasien. In diesem Traume ist er Brandstifter. Er will das Haus in Brand stecken (rotes Zimmer — Zündhölzchen), damit alle Geschwister und die Mutter verbrennen und er der alleinige Erbe des großen Vermögens bleibe. Er dachte immer bewußt darüber nach, ob nicht eine Seuche oder ein Eisenbahnunglück dem älteren Bruder und der ganzen Familie den Tod bringen könnte. (Pest, Cholera, Entgleisung, Zusammenstoß.) Die Strohhüte sind Leichen. Stroh ist eine trockene, tote Blume. Er kann keine Blume pflücken. Blumen leben ja. Er kann die Blumen nicht „töten".

Rot ist Digitalis. Blau ist die Zyane, also Zyankali. Er hatte einmal einen Hund mit giftigen Samen von „Datura stramonium" umgebracht. Er ist derselbe Patient, der einen Kupferkreuzer in die Milchkanne warf, um die Geschwister umzubringen. (Vgl. „die Träume der Kinder" S. 247).

---

[1]) Der Träumer erinnert sich nur einer sexuellen Aggression auf die Schwester. sonst keiner Phantasien. Damals war er 17 Jahre alt.

Der Traum spricht von Brandstiftung und Vergiftung. Die bewußten kriminellen Phantasien werden vom Kranken zugegeben. Seine Rettungs-, Erlösungs- und Christusphantasien sind die Reaktion auf seine hypertrophische Kriminalität. Sein Altruismus das Gegenspiel seines grenzenlosen Egoismus [1]). Durch die Analyse werden die Wurzeln der kriminellen Phantasien freigelegt. Sie stehen auch im Dienste der Erotik. Er wollte seine Großmutter töten, um in dem Momente zwischen Leben und Tod seinen Gelüsten zu frönen. (Relative Nekrophilie.) [2])

Dieser Träumer hat reiche Anlagen und berechtigt zu den schönsten Hoffnungen. Denn starke Kriminalität ist oft nur ein Zeichen großen Talentes....

Die nächsten Träume wurden von Herrn Zampa, den wir schon aus der vortrefflichen Jurany-Analyse (Traum Nr. 153) kennen, selber analysiert. Lassen wir also dem Träumer das Wort:

(392.) I. „Ich stieg mit einer Dame, Frl. Erna Sommersdorf, und einem Herrn die Treppe zum Speisesaal eines Hotels hinunter, um zu speisen. Um der Dame beim Herabsteigen der Treppe behilflich zu sein, reichte ich ihr die Hand. Doch wurde mir gesagt, daß dies unzulässig sei. Ich befestigte nun an einem kleinen Tisch ein Tischtuch mittels einer Klammer, während dies für die Dame und den Herrn der Kellner besorgte, der dafür von beiden je 15 Heller Trinkgeld erhielt. Der Dame brachte der Kellner Geld zurück. Ich dachte, du brauchst dem Kellner kein Trinkgeld zu geben, denn du hast ihn ja nicht in Anspruch genommen. Der Herr war dann hinausgegangen und hatte mich zuvor ersucht, während seiner Abwesenheit auf sein Portemonnaie zu achten."

(393.) II. „Ich hatte mir eine Droschke genommen, um von Bonn nach Koblenz zu fahren. Unterwegs fiel mir ein, daß ich doch nur bis zum Bonner Bahnhof fahren könnte. Ich sagte dies dem Kutscher; dieser stieg vom Bock. Das Pferd — ein alter, abgetriebener Gaul — zog plötzlich an. Ich ergriff die Leine, um das Pferd zum Stillstehen zu bringen. Es erfolgte aber trotzdem ein leichter Zusammenstoß mit einem leeren, großen Möbelwagen. Ich sah dann, daß das Pferd hingefallen und die Deichsel zerbrochen war. Ich schob den Möbelwagen etwas zurück und ergriff das Pferd beim Kopf, wodurch es wieder auf die Beine kam. Die etwa 15—16jährige Tochter des Kutschers wünschte ich zu koitieren, hielt dies aber im Einverständnis mit dem Vater geheim. Später kam meine Schwester und sagte tränenden Auges zu mir: „Ich glaube, du wirst auch noch deine eigene Schwester koitieren." Mir waren diese Worte zwar peinlich und ich zupfte verlegen an einem Pflaster, mit dem eine in der Innenfläche der Hand befindliche Wunde verdeckt war; ich dachte aber, daß ich mich trotzdem keinen Augenblick besinnen würde, die Schwester zu koitieren."

„Die Analyse dieses Traumes führt zu folgendem Ergebnis:

I. Ich beabsichtige, mit meiner verheirateten Schwester, die als Frl. Erna Sommersdorf erscheint, in einem Hotel zu speisen, d. h. sie

---

[1]) In der „Jüdin von Toledo" läßt Grillparzer den König Alphons die Verse sprechen: Besiegter Fehl ist all' des Menschen Tugend, — Und wo kein Kampf, da ist auch keine Macht.

[2]) Immer wieder erscheinen zwei Motive in den kriminellen Phantasien: Geld und Sexualität. Beide lassen sich in die Formel „Besitz" pressen. Der Neurotiker ist ein grenzenloser Egoist. Er möchte „alles und alle" besitzen. Denn die ersten Ich—Regungen sind ein Ergreifen und In-Besitz-nehmen.

zu koitieren. Um ihr das Herabsteigen von der Treppe, den Sündenfall, zu erleichtern, reiche ich ihr beistandleistend die Hand, indem ich damit gleichzeitig die Inbesitznahme der Schwester andeute. Doch der Schwager steht der Verwirklichung meiner Absicht hindernd im Wege, er muß beseitigt werden. Die Tischtücher bedeuten Leichentücher, der schwarz gekleidete Kellner ist der Tod bzw. in Anlehnung an einen früheren Traum Charon, der greise Fährmann der Unterwelt, der die Schatten der Toten gegen Erlegung eines Obolus, des „Trinkgeldes", über die Flüsse der Unterwelt setzt. Gleichwie ich für meine Person nicht die geringste Lust verspüre, die Unterwelt aus eigener Anschauung kennen zu lernen, denn ich nehme die Dienste des Fährmanns nicht in Anspruch, muß natürlich auch die Schwester für meine Zwecke am Leben bleiben. Sie erhält daher von Charon das Fährgeld zurück. Die Wunscherfüllung liegt in dem „Hinausgehen" des Schwagers, das gleichbedeutend ist mit seinem Tod, so daß ich nunmehr ungehindert die in dem zurückgelassenen Portemonnaie (Vagina) der Schwester bestehende Erbschaft des Schwagers antreten kann.

II. Der zweite Teil des Traumes besagt zunächst, daß ich ungeachtet aller Anstrengungen mein Ziel, die Erfüllung der Inzestwünsche, nicht erreichen werde. Die darauf hinzielenden Phantasien sind deshalb mit Schmähungen auf die Eltern durchsetzt. Der Kutscher bedeutet: 1. den Vater, 2. mich selbst. Der alte, abgetriebene Gaul stellt selbstverständlich wiederum den Vater dar, den ich bei der „Leine", den Penis, ergreife, um ihm den Koitus zu wehren. Gleichwohl erfolgt ein „leichter Zusammenstoß mit einem leeren großen Möbelwagen", der Mutter, deren Leib infolge ihres Alters „leer", d. h. unfruchtbar und deren Vagina durch zahlreiche Geburten „groß" geworden ist. Aber auch der Vater vermag die Geschlechtsfunktionen nicht mehr auszuüben; er bringt es nur zu einem leichten Zusammenstoß, seine „Deichsel" ist gebrochen. Für die Befriedigung meines ungestümen Sexualbedürfnisses kann meine Mutter wegen ihres Alters nicht mehr in Betracht kommen; es ist daher naheliegend, daß sich mein Begehren auf die junge Schwester richtet.

III. Schließlich ziehen sich durch den Traum starke Vergiftungskomplexe. Ich stehe an Stelle des Kellners und reiche dem verhaßten Schwager den mit Morphium gefüllten Giftbecher. Ich bemerke hierzu, daß mir ein Arzt vor Jahren ein Fläschchen mit Morphium unter Erläuterungen über dessen Wirkungsweise gezeigt hatte. Dieses Fläschchen, das mir erst kürzlich ein Traum in Gestalt einer „mit Benzin[1]) angefüllten Phiole" vorgeführt, hatte zu jener Zeit meine Gedankenwelt lebhaft erregt. Nun gestattet der Name „Sommers-dorf" die Ableitung in Morfium (mors durch Morfium). Weitere von Herrn Dr. Stekel vorgenommene interessante Assoziationen, die zu dem Wort Morphium geführt haben, muß ich hier leider verschweigen. Bei der Analyse des gegenwärtigen Traumes erinnerte ich mich der Worte Fausts: „Ich grüße Dich, du einzige Phiole, — Die ich mit Andacht nun herunterhole! — Hier ist ein Saft, der eilig trunken macht; — Mit brauner Flut erfüllt er Deine Höhle."

Kurz vor dem Traumerlebnis hatte ich diese Stelle im Faust nachgelesen. Bei den vorwurfsvollen Worten der Schwester ballte ich verlegen die Hand zu einer „Faust", um damit eine Wunde in der inneren Hand-

---

[1]) „Benzin" verrät noch die Pläne einer Explosion, um die Spuren seiner Verbrechen zu verwischen.

fläche zu verbergen; eine Erinnerung an die überstandene Lues, die seinerzeit eine Psoriasis am Handteller zur Folge hatte. Mein Same ist also vergiftet! Aber um zum Ziele zu gelangen, werde ich keineswegs vor der für mich mit Lustgefühlen verbundenen Vergiftung der Schwester zurückschrecken.

Seit mir, besonders nach der Analyse des nächsten Traumes, diese kriminellen Phantasien bewußt wurden, habe ich alle Angstgefühle verloren. Ich laufe nicht mehr durch die Straßen, wie ein gehetzter Verbrecher. Ich zittere nicht mehr vor einem Schutzmanne. Ich gehe ruhig ins Theater und freue mich wieder meines Lebens."

Der nächste Traum desselben Träumers brachte eine Mordsymbolik, die der Analyse die größten Schwieriglеiten bereitet hätte, wenn mein Einfall nicht den Knoten gelöst hätte.

Die unwillige Braut.

(394.) „Ich hatte mich mit einem Mädchen plötzlich verlobt, weil sich kurz vorher einer meiner Freunde gleichfalls verlobt hatte. Meine Braut und ich saßen in einem Restaurationsgarten; sie ging einen Augenblick hinaus. Ein mir benachbart sitzender Herr erzählte mir darauf, daß meine Braut eine Schneiderin sei und dies Gewerbe auch nach ihrer Hochzeit fortsetzen würde. Mir war dies sehr unangenehm, zumal ich meiner Mutter von der Sache überhaupt noch nichts mitgeteilt hatte, und ich wollte die Verlobung wieder rückgängig machen. Ich bat einen Bekannten, namens Mücke, auf alle Fälle zu mir zu kommen, da ich ihn notwendig sprechen müsse.

Meine Braut und ich stiegen eine Leiter herauf, um eine schmale Brücke zu überschreiten. Hinter mir befanden sich mein Freund und dessen Braut. Ich bemerkte, daß die Brücke hin und her schwankte und hatte große Angst, sie zu betreten. Ich stieg deshalb die Leiter wieder hinab. Meine Braut war unwillig und sagte, sie hätte mich bisher für einen ganz anderen Mann gehalten; es sei ihr unverständlich, daß ich mich nicht getraute, die Brücke zu betreten."

Mitten in der Analyse von Mordphantasien, Vergiftungsszenen, Brandstiftungen, Unterschlagungen platzte dieser Traum von der „Braut" hinein. Dem Träumer fiel zur „Braut" gar nichts ein. Er hatte keine Braut und keineswegs die Absicht, sich zu verloben. Da war ich auf das Traummaterial allein angewiesen. „Die Braut ist eine Schneiderin". „Sie will das Gewerbe nach der Hochzeit fortsetzen." „Die Mutter weiß von der Sache nichts." „Der Bekannte Mücke soll kommen."

Plötzlich wußte ich es. Es handelte sich um einen Mord. Die Mücke hat einen Stachel, der Träumer will einen Degen haben, der gut „schneiden" kann. Da fiel mir das Schwertlied von Körner ein. Ob es ihm bekannt sei? „Natürlich", rief er erregt aus: „Das war ja als Bursche mein Leiblied".

Nun war die Braut klar. Es handelt sich um die Eisenbraut.

Zur Erklärung müssen wir das „letzte" Lied von Theodor Körner heranziehen. Es bedarf keiner Analyse. Es spricht für sich selbst:

Schwertlied.

Du Schwert an meiner Linken, was soll dein heit'res Blinken?
Schaust mich so freundlich an, hab' meine Freude dran. Hurra!

Mich trägt ein wackrer Reiter, drum blick' ich auch so heiter;
bin freien Mannes Wehr; das freut dem Schwerte sehr. Hurra!

Ja, gutes Schwert, frei bin ich, und liebe dich herzinnig,
als wärst du mir getraut, als eine liebe Braut. Hurra!

Dir hab' ich's ja ergeben, mein lichtes Eisenleben.
Ach, wären wir getraut! Wann holst du deine Braut? Hurra!

Zur Brautnachts-Morgenröte ruft festlich die Trompete;
wenn die Kanonen schrei'n, hol' ich das Liebchen ein. Hurra!

O seliges Umfangen! ich harre mit Verlangen.
Du Bräut'gam, hole mich; mein Kränzchen bleibt für dich. Hurra!

Was klirrst du in der Scheide, du helle Eisenfreude,
so wild, so schlachtenfroh? Mein Schwert, was klirrst du so? Hurra!

Wohl klirr ich in der Scheide; ich sehne mich zum Streite,
recht wild und schlachtenfroh. Drum, Reiter klirr ich so. Hurra!

Bleib' doch im engen Stübchen; was willst du hier mein Liebchen?
Bleib' still im Kämmerlein; bleib', bald hol' ich dich ein! Hurra!

Laß' mich nicht lange warten! O schöner Liebesgarten,
voll Röslein blutigrot und aufgeblühtem Tod! Hurra!

So komm' denn aus der Scheide, du Reiters Augenweide!
Heraus, mein Schwert, heraus! Führ' dich ins Vaterhaus. Hurra!

Ach herrlich ist's im Freien, im rüst'gen Hochzeitsreihen!
Wie glänzt im Sonnenstrahl so bräutlich hell der Stahl! Hurra!

Erst tat es an der Linken, nur ganz verstohlen blinken;
doch an die Rechte traut Gott sichtbarlich die Braut. Hurra!

Drum drückt den liebeheißen bräutlichen Mund von Eisen
an eure Lippen fest! Fluch! wer die Braut verläßt. Hurra!

Nun laßt das Liebchen singen, daß helle Funken springen!
Der Hochzeitsmorgen graut — Hurra, du Eisenbraut! Hurra!

Nun ergießt sich der Schwall der Einfälle: Er hat über seinem Bette zwei Degen; auf dem Schreibtisch liegt ein venetianischer Dolch; in der Tasche trägt er ein kleines Skalpell statt eines Federmessers. Ihn interessiert das Sezieren der Mediziner. Er wäre am liebsten Chirurg geworden usw. Deutet der Restaurationsgarten auf seine Vergiftungsideen, so spricht die Eisenbraut, die „Schneiderin" ist, von Ermorden. Das Opfer soll der Schwager sein. Jetzt verstehen wir erst, „daß meine Braut Schneiderin sei und das Gewerbe nach der Hochzeit fortsetzen würde". Schwager und Schwester sind jünger als er. Deshalb geht der Freund und seine Braut hinter ihm. Denn der Freund und die Braut ist sein Schwager und seine Schwester. Er will seinen Schwager ermorden! Die Leiter ist die Himmelsleiter und die Brücke[1]) führt in die Ewigkeit. Seine Eisenbraut war unwillig wegen seiner Feigheit. („Ich hatte Angst, die Brücke zu betreten.") Er ist ein Feigling. „Sie hätte mich bisher für einen ganz anderen Kerl gehalten; es sei ihr unverständlich, daß ich mich nicht getraute, die Brücke zu betreten."

---

[1]) Eine andere kriminelle Bedeutung der „Brücke" stammt aus dem Wunsche, eine Brücke möge einstürzen und den Schwager in die verderbenbringenden Fluten schleudern. Jede Brückenangst zeigt eine ähnliche kriminelle Wurzel.

An diesem Tage hatte er nach langer Zeit des Wohlbefindens wieder heftige Angstanfälle in den engen Gassen, wo die hohen Häuser stehen. Es wird noch eine wichtige Erinnerung gehoben. Er wollte als Knabe die Schwester aus Eifersucht aus dem zweiten Stock auf die Erde fallen lassen. Er nahm das zehn Jahre jüngere Kind und hielt es aus dem Fenster oder über den Balkon (Leiter, Brücke). Nachbarn machten seinen Vater auf dies gefährliche Spiel aufmerksam und er wurde vom Vater jämmerlich verprügelt.

Nach dieser Analyse waren die schweren Angstanfälle vorüber. Was noch nachfolgte, war das Beben der See nach einem schweren Gewitter. Ohne meinen Einfall von der Eisenbraut wäre der Traum niemals als ein verbrecherischer erkannt worden.

Glücklicherweise sind nicht alle kriminellen Träume so schwer zu analysieren. Gleich der folgende Traum des Herrn Kappa bringt ein anderes Bild.

Der Traum von der ermordeten Bäuerin.

(395.) „Johann X. und ich gingen von einer Landpartie zurück. Am Rückweg erfuhren wir, daß dort, wo wir gewesen waren, eine Bäuerin ermordet worden war. X. erschrak darüber, was mich wunderte. Dann fanden wir die beiden Beine der Bäuerin am Weg. Ich sagte zu X., wir sollten die Beine mitnehmen. Er war darüber noch mehr entsetzt, und wollte besonders das eine Bein nicht mitnehmen. Da hatte ich plötzlich den großen Verdacht, daß er der Mörder sei. Nun gingen wir nach Hause, er zu sich, ich zu Bekannten, wo abends nun große Gesellschaft sein sollte. Johann kam, bevor die Gesellschaft anfing, und ich saß mit ihm in einem kleinen Zimmer. Er war totenbleich, ich wußte nun fast sicher, daß er der Mörder war. Schließlich kam, eben als alle Leute zum Essen schon da waren, die Polizei und verhaftete ihn. Er ging nicht durch das Speisezimmer und alle Leute gingen in das Nebenzimmer, um nicht seine Verhaftung zu sehen. Ich war furchtbar erschüttert und dachte, daß er gewiß zum Tode verurteilt werde, also daß ihm mithin eine Summe Geldes, die er bald erhalten sollte, nichts mehr nützen würde.“

Herr Kappa ist der Mörder. Die Bäuerin ist sein Bruder [1]). Er erbt sein Geld, das ihm gar nichts nützt, da er zum Tode verurteilt wird.

Er leidet an Platzangst. Er „spielt“ den Mörder, der von der Polizei davon läuft. Am liebsten fährt er im raschen Auto, um die Verfolgung zu verhindern. Der Traum ist die Wiederholung einer Wachphantasie. Das eine Bein, das er mitnehmen will, ist der Penis. (Das dritte Bein!) Er will den Bruder kastrieren, aus ihm ein Weib (eine Bäuerin) machen. Das ist seine Rache, weil sich der Bruder mit Weibern herumtreibt, während er bis zu der Behandlung psychisch impotent war. Der Johann X geht auf Johann Parrizida. Davon zeugen die nächsten Träume des Herrn Kappa. Sie wurden in einer Nacht geträumt, gehören also zusammen:

(396.) „Halb wach sah ich Papas Gestalt in langem, weißem Gewand links von meinem Bett. Ich sah ihn fragend an. Er antwortete mir: „Du kannst alles sagen; du sollst es; es war nur einmal oder zweimal.“

---

1) Eine andere Bedeutung: Er hat sich selbst gemordet. Er hat sich durch die Onanie (Kalter Bauer) um das Leben gebracht.

Ich wiederholte: „Einmal oder zweimal. Das ist wichtig.“ Ich sah, als ob ein dunkler Stumpf zweimal gegen oben stieß. Das kann ich nun und muß ich dem Dr. Stekel sagen.“

(397.) „Ich ging mit meinem Bruder des Nachts spazieren. Es war der herrlichste Sternenhimmel und einige prachtvolle Kometen mit dichten Schweifen am Firmament. Alle Augenblicke platzte ein Kometenstern und es ging Rauch ab, dann sprangen zahlreiche Funkenpunkte vom Kometen ab, wie Raketen, und fielen dann erlöschend zur Erde.“

(398.) „Ich wollte durchaus einen Raben schießen, aber es war keiner zu sehen.“

(399.) „Ich hatte schrecklich wirre Träume. Selbstmordideen wechselten mit Gefühlen von höchstem Genuß, oder war dies nur eine Idee? Ich freute mich, sterben zu können. Dann dachte ich, ich müsse Dr. Stekel alles sagen, nur so könnte ich noch leben. Dann sah ich plötzlich den Kopf meines Bruders, und wußte nicht, ob es nicht das Haupt Papa's sei, als er noch jung gewesen. Ich erwachte und hörte 2 Uhr schlagen. Auch kamen mir Faust's Worte in den Sinn:

„Es möchte kein Hund so weiter leben!“

Ja — er ist ein Vatermörder. Er wollte zweimal einen Mord begehen (Vater und Bruder). Er wollte einen Raben (Rabenvater) schießen. Er wollte sie beide kastrieren. (Komet = Stern mit langem Schweife.) Er wollte ein Feuer legen. (Rauch!) Infolge der Talion traten Selbstmordideen auf. Er kann nicht so weiterleben.

In der nächsten Stunde wurden die Mordphantasien bewußt erinnert....

Der nächste Traum bringt die Bestätigung, daß der Rabe der Vater ist. Er erschießt einen Purpurreiher. (Purpur — Krönungsmantel — Vater) [1]). Der Purpurreiher ist in diesem folgenden Traume eine Art Papagei. (Papa!)

Dieser wichtige Traum lautet:

(400.) „Wir waren auf einer Jagd, aber ich war ganz städtisch gekleidet. Nun stellten wir uns an. Neben mir schoß ein Herr einen Raben, ich wollte auch darauf schießen, aber ich konnte wegen meines Winterrockes nicht schießen. Nun zog ich ihn aus und schoß von einem Baum, auf dem eine Menge Vögel saßen, einen Purpurreiher, eine Art Papagei und einen grauen Raben. Dann sah ich, daß der Papagei noch nicht ganz tot war, und wußte nicht, wie ihn umzubringen.“

Wie Herr Kappa seine Mordgedanken büßen will, das zeigt uns der nächste Traum, der uns auch die aus Traum Nr. 394 bekannte Leiter bringt, von der man so leicht fallen kann. Auch sehen wir, daß seine Fußideen Bußideen sind. Einmal erlitt er einen schweren Angstanfall, als er einen Auerhahn [2]) schießen wollte. Dahinter steckte wieder die Phantasie des Vatermordes. Ein anderes Mal konnte er keinen hohen

---

[1]) Zu „Purpurreiher“ vergleiche meine Schrift „Dichtung und Neurose“ S. 54. Der Träumer kennt das Buch sehr genau.

[2]) Der Auerhahn geht auch auf seine Vergiftungsideen mit Gas. Sie hatten in der Wohnung Auerlicht. Er wollte die ganze Familie durch Ausströmen des Gases töten.

Kragen tragen. Die Spitzen genierten ihn furchtbar. Das war ja selbstverständlich. Diese Kragen heißen ja „Vatermörder".

Auch ein zwangsartig auftretender Traum: „An deiner Krankheit ist der Gastfreund Hospes schuld!" fand seine Erklärung in dem Gastfreund aus den „Kranichen des Ibykus". Die Reihe ist: Rabe, Auerhahn, Purpurreiher, Papagei — Kraniche. (Er haßt alle Vögel — besonders die Raben.)

Ein Teil seiner neurotischen Symptome, besonders die Fuß- und Bußideen gehen auf den Eindruck des Schillerischen Gedichtes zurück. Er ist der Mörder, der die Entdeckung fürchten muß. Es ist interessant, an diesem Beispiele den Einfluß der Lektüre auf die Neurose zu studieren.

„Er geht vielleicht mit frechem Schritte
Jetzt eben durch der Griechen Mitte."

Er hat Angst vor dem Gehen[1]).

„Er mengt
Sich dreist in jene Menschenwelle,
Die dort sich in's Theater drängt."

Er fürchtet Menschenmengen und kann in kein Theater gehen.

„Da sieht man Schlangen hier und Nattern,
Die giftgeschwollnen Bäuche bläh'n."

Er hat eine außerordentliche Angst vor Schlangen.

„Wir heften uns an seine Sohlen
Das furchtbare Geschlecht der Nacht.
Und glaubt er fliehend zu entspringen
Geflügelt sind wir da, die Schlingen
Ihm werfend um den flücht'gen Fuß."

Er ist immer auf der Flucht. Er ist Fußfetischist.

„Nur Helios vermag's zu sagen
Der alles Irdische bescheint."

Er meidet das Sonnenlicht. Bei Nacht geht er ohne Angst. „Doch flieht er vor dem Sonnenlicht."

„Die Szene wird zum Tribunal."

Er fürchtet immer, unschuldig des Mordes angeklagt zu werden.. Er hat Angst vor Verrat. Denn:

„Doch dem war kaum das Wort entfahren
Möcht' er's im Busen gern bewahren."

Wie er seine Sünden büßen will, das zeigt der nächste Traum, den man „Fuß und Buße" betiteln könnte.

(401.) „Ich sah auf einmal meinen Papa eine Ruine eines alten Gebäudes (in Rom?) auf einer entsetzlichen leiterartigen Stiege emporklimmen. Ich war ganz entsetzt und hatte große Ängsten. Ich stürzte mich ihm nach, besonders da ich wußte, daß mein Bruder mit ihm sei

[1]) Eine andere Assoziation stammt aus „Edward", der bekannten schottischen Ballade, in der ein Vatermörder ausruft: „Auf Erden soll mein Fuß nicht ruh'n." Kappa fährt immer im Wagen.

und ich fürchtete, dieser gäbe zu wenig acht. Auch sagte mein Papa, es sei dort die Ruine eines alt-römischen Domes zu sehen, das Herrlichste, was es gäbe. Ich ging nun nach und drängte mich an mehrere Besucher. Es war ein schrecklicher Aufstieg, ich kletterte mit Händen und Füßen. Oben hatte eben eine Gesellschaft den Dom besichtigt. Ich wollte ihn nun auch besichtigen. Zunächst erkundigte ich mich, ob es nicht eine andere Stiege gäbe, man sagte mir: Nein. Nun kam ein junger Barfüßer-Mönch und fragte mich, ob mein Besuch schon vorher angemeldet worden sei. Ich sagte nein; er erwiderte, daß dies nichts mache, er werde mir nun den alten Dom zeigen. Der Mönch hatte Sandalen an den Füßen, am linken Fuß, ober der mittleren Zehe einen grauen Lappen. Nun kam ein anderer Mönch (nicht barfuß, und älter) und sagte, er werde mir die Sachen zeigen. Nun zeigte er mir zunächst an einer Wand zwei alte Füße, von denen er eine Decke abhob und nun stellte der Barfüßer-Mönch (der auf einmal wieder älter und dick war) seinen Fuß daneben, um die Güte der alten Arbeit darzutun."

Es gibt nur eine Rettung vor den Mordideen und nur eine Buße: Die katholische Kirche und die Askese. Seine Sexualität flüchtet zu dem Fuß. Er hat keinen Penis mehr, er hat nur einen Fuß. Ewig wird er sich die Mordideen (die beiden Füße der Bäuerin) vorhalten [1]) und nie seine Sünden vergessen. Er will ein Mönch werden. Er will büßen, wie Ahasver, der fliegende Holländer und der heilige Antonius. Sein Ideal ist Heinrich vor Canossa. Als er eine Schilderung dieser Szene las, begann er nach langer Zeit wieder zu onanieren....

Auch Herr Omikron wollte seine Familie vergiften:

(402.) „Ich ging spazieren, glaubte exerzierende Kavallerie zu sehen, es waren aber Kinder. Dann war ich auf einem Platz bei einer Bahn und einer Kaserne und sah auf einem Plan nach, wo ich war. Dann fuhr ich in einer Eisenbahn mit anderen. Schließlich waren mein Bruder, ich und noch andere in einem Gartenhaus und zauberten. Besonders streuten wir ein Pulver in Saucen und dann suchten wir etwas aus einem Buch, das Prophezeiungen enthielt."

Eine unglaubliche Häufung von Todessymbolen und Mordphantasien. Die Kavallerie besteht aus Reitern, die erstechen und überreiten. Die Bahn überfährt und tötet bei Unfällen. In der Kaserne sind Soldaten mit Gewehren. Dann können die beiden Kleinen „zaubern und haben die Gabe des bösen „Blickes". Schließlich „streuen sie ein Pulver in die Saucen". (Vergiftung.) Jeder Satz ist eine Phantasie vom Umbringen der anderen.

Voll von Mordphantasien ist auch Herr Gino [2]). (Vgl. Nr. 89 u. 91.)

Der Traum vom Messerschmied.

(403.) „Flugapparat, den Papa erfunden hat. Ich sehe auch eine Plakette, worauf jener Flugapparat reliefartig dargestellt war. Ich gehe in ein Hotel — Speisesaal — es hat geschneit — da ist es sehr naß,

[1]) Auch die Jagdträume des Herrn Kappa zeigen dieselben Mordgedanken. Er will einen Bock schießen. Sein Gewehr geht nicht los. In diesen Bildern verschmilzt, wie bei den meisten Mordphantasien, das Kriminelle mit dem Erotischen zu einem Symbole. Sein Gewehr ist wirklich nie losgegangen.

[2]) Alle Zwangsneurotiker sind ausgesprochene Kriminelle. Deshalb spielt die „Todesklausel" bei ihren Zwangsvorstellungen eine so große Rolle.

da der Schnee sich gelöst hat. Es sah die Straße, die von breiig nassem Schnee bedeckt war, so aus wie die Hofgasse in K., wenn man bei dem Geschäft des Messerschmiedes Heisz stand, also wie bei Heisz. Eine Dame hat eine merkwürdig zugeschnittene, hochgeschlossene Bluse; Papa sagt im Scherz zu Mama, ob sie damit exerzieren solle (oder wolle?). Ich bin auch mit dem Apparat geflogen, doch nur auf kurze Zeit, ich sah mich selbst, doch wollte ich doch keinen benützen, da ich meinte, daß ich mich eines Tages doch erschlagen könnte."

Der Vater soll sterben (fliegen!). Man macht von dem berühmten Manne schon eine Plakette. (Er verdächtigt ihn der Lues: Plaques.) Er will die ganze Familie vergiften. Daß es sich um Tod handelt, darauf deutet der Schnee, der in seinen Träumen immer auf den Blutkomplex geht. (Das Leichentuch der Natur, das alles Lebende bedeckt.) Das führt ja zum „Messerschmied", der seine Mordideen symbolisiert. (Vgl. den Knaben mit dem Messer im Traume Nr. 89.) Auch die merkwürdig zugeschnittene Bluse, ebenso wie das „Exerzieren" (Soldatenkomplex; er litt beim Militär an heftigen Angstanfällen!) wird nun verständlich. Schließlich verrät er, daß der Flugapparat einen Menschen „erschlagen" kann.

Ein an Angstzuständen leidender Postbeamte träumt:

(404.) „Es war in den Magazinen des Zollamtes, wo während der Weihnachtsperiode die Post ihre Lokalitäten aufgeschlagen hat. Während des Jahres ist in diesen Räumen Öl in Fässern aufbewahrt, welche öfters rinnen; deshalb ist im Fußbodenpflaster in der Mitte des Kellers eine Rinne angebracht, um dieser Sickerflüssigkeit einen Weg zu bahnen.

Es schien mir, daß ein Individuum ein Zündhölzchen wegwarf, wodurch das in der Rinne befindliche Öl Feuer fing. Das Feuer breitete sich rasch aus und griff auf einen Berg von Postfrachten über, welcher in der Nähe aufgeschichtet war. Ich stand abseits; bald aber fing auch mein Rock Feuer, und ich spürte und sah, wie sich das Feuer an mir emporschlängelte. Ich hatte riesige Angst, nicht so sehr wegen meiner Person, als des Zustandes wegen, daß ich für die, für die Feuersicherheit in diesen Räumen zu treffenden Maßnahmen verantwortlich war. Ich schrie, um die Leute auf die Gefahr aufmerksam zu machen und sie zum Löschen und Retten anzueifern."

Die Sexualsymbolik ist ziemlich durchsichtig. (Faß, Rinne, Öl usw.) Auch verrät sich der Brandstifter in klarer Weise: Er ist das Individuum, das einen schweren Brand verursachen wollte. In seinem Elternhause standen im Keller viele Petroleumfässer. Der Traum verrät seine infantilen Rache- und Zerstörungsphantasien, die sich jetzt in Angst verwandelt haben.

Ähnliche Umkehrungen sind unendlich häufig: Menschen, die an Alpträumen leiden, in denen sie gewürgt werden, haben jemanden erwürgen wollen. Die Angst vor dem Fallen, der bekannte typische Traum des Abstürzens, hat ebenfalls diese kriminelle Wurzel. Diese Neurotiker hatten Wünsche, ein anderer sollte fallen, oder wollten den andern gar hinunterwerfen, wie uns eine in diesem Kapitel vorgebrachte Erinnerung berichtet.

Den Schluß dieses Konvolutes von Greuelträumen möge ein Traum des Herrn X. Z. (vgl. Nr. 20) bilden:

Der Traum von der fliegenden Post.

(405.) „Ich komme durch einen Spalt zwischen zwei Brettern aus der „Radstube" hervor. Die Wände triefen vor Wasser. Knapp vor mir ist ein Bach, darin steht ein wackeliges, schwarzes Klavier. Ich benütze es zum Überschreiten des Baches, denn ich bin auf der Flucht. Hinter mir her ist ein Haufe Männer. Ihnen allen voran mein Onkel. Er feuert die anderen an, mich zu verfolgen, und brüllt und schreit. Die Männer haben Bergstöcke, die sie gelegentlich nach mir werfen. Der Weg geht durchs Grüne bergauf und bergab. Die Straße ist mit Kohlenabfällen besät und daher schwärzlich. Ich muß mich furchtbar plagen, um vorwärts zu kommen. Manchmal komme ich mir vor, wie angewachsen und die Verfolger kommen mir immer näher. Plötzlich kann ich fliegen. Ich fliege in eine Mühle durchs Fenster hinein. Darin ist ein Raum mit Bretterwänden, an der gegenüberliegenden Wand ist eine große Kurbel. Ich setze mich auf das Heft, halte es mit den Händen fest und fliege in die Höhe. Wie die Kurbel oben ist, drücke ich sie durch mein Gewicht wieder herunter und setze so die Mühle in Gang. Hierbei bin ich ganz nackt, ich sehe aus wie ein Amor. Ich bitte den Müller, er möge mich hier bleiben lassen, ich würde ihm dafür die Mühle auf die besagte Art treiben. Er aber weist mich ab und ich muß zu einem anderen Fenster wieder hinausfliegen. Da kommt oben draußen die „fliegende Post" vorbei. Ich setze mich vorne neben den Kutscher. Bald werde ich aufgefordert zu zahlen, aber ich habe nur drei Heller bei mir. Da sagt mir der Kondukteur: „Ja, wenn Sie nicht zahlen können, dann müssen Sie sich unsere Schweißfüße gefallen lassen." Nun ziehen wie auf Kommando alle Insassen des Wagens einen Schuh aus und jeder hält mir einen Schweißfuß vor die Nase."

Wenn wir von der Geburts- und Mutterleibsphantasie absehen, entpuppt sich Herr X. Z. als ein schwerer Krimineller. Er kämpft mit bewußten Mordideen. Er fürchtet, er könnte den Onkel oder die Mutter erschlagen. Er ist sehr fromm. Aber seine Seele ist schwarz wie die mit Kohlenabfällen übersäte Straße. Seine bösen Gedanken (auch die homosexuellen!) verfolgen ihn. Er kommt in die Mühle. Es ist die Mühle Gottes. Diese Mühlen mahlen langsam, aber sicher.. Sein Gewicht (seine Sündenlast) treibt die Mühle. Er wird vertrieben...Er kommt in die „fliegende Post". Es ist die Post, die Himmel und Erde verbindet. Er soll zahlen, d. h. seine Sünden büßen. Er hat erotische Sünden.. (Drei Heller = das Genitale!) Seine Sünden und Missetaten stinken gegen Himmel (Schweißfüße). Der Kondukteur ist der Tod... Die Radstube geht auf das Rädern der Verbrecher. Das Wasser ist Blut...Das wacklige schwarze Klavier ist die Mutter, die er erschlagen hat. Der Bach symbolisiert hier das Blutbad. Er geht über die Mutter und den Onkel hinweg...

Damit schließe ich diese verbrecherischen Träume. Die Menschen müssen Verbrechen träumen, um sie nicht zu begehen. Hebbel sagt: „Daß Shakespeare Mörder schuf, war seine Rettung, daß er nicht Mörder zu werden brauchte."

Auch die Neurotiker retten sich vor dem Verbrechen durch ihre Träume. Meine Analysen haben mir immer aufs Neue bewiesen, wie tief das Kriminelle in allen Menschen schlummert. Wir von des Gedankens Blässe angekränkelten Kulturmenschen haben allen Grund, bescheiden zu sein. War es doch Goethe, der den Satz aussprach: „Ich habe niemals von einem Verbrechen gehört, das ich nicht hätte begehen können.“

Für die Analyse ist die Kenntnis des Kriminellen von der allergrößten Bedeutung. Wir werden selten eine Neurose vollkommen heilen können, wenn wir nicht den geheimen Verbrecher im Menschen berücksichtigen. Sowohl die Todessymbolik als auch die Symbolik des Kriminellen haben mir die wertvollsten Dienste bei der Auflösung schier unlöslicher Angstzustände und Zwangserscheinungen geleistet. Eines steht für mich fest: Das quälende Schuldbewußtsein des Neurotikers stammt aus diesen Quellen und kann nur auf diese Weise gelöst werden, daß man den Kranken auf das allgemein Typische und Menschliche dieser Phänomene aufmerksam macht. Auch begreifen wir erst jetzt die überragende Bedeutung des religiösen Komplexes. Die Religiosität ist das Negativ der Kriminalität. Alle Neurotiker sind reuige Sünder und fromme Büßer!

XXXVII.

„Auferstehung“ und zum zweiten Male sterben.

> „Was heißt Leben? — Leben — das heißt: Fortwährend etwas von sich abstoßen, das sterben will. Leben — das heißt: Grausam und unerbittlich gegen alles sein, was schwach und alt an uns, und nicht nur an uns, wird. Leben — das heißt also: ohne Pietät gegen Sterbende, Elende und Greise sein? Immerfort Mörder sein? — Und doch hat der alte Moses gesagt: Du sollst nicht töten!“
>
> *Nietzsche.*

Wenn die Psychanalyse keinen anderen Erfolg erzielt hätte, als uns belehrt zu haben, wie fest die Bande sind, die uns an unsere Eltern binden, so hätte sie schon Großes geleistet. Vater und Mutter waren uns nie leere Begriffe, sie galten als das Heiligste, was wir besaßen. Jetzt wissen wir, daß sie das Stärkste sind. Der psychische Infantilismus ist das wichtigste Kennzeichen der Neurose. Die Kranken beharren hartnäckig auf ihrer infantilen Form des Lustgewinnes. Das macht die Grundlage jener unerschütterlichen Treue aus, mit der die Neurotiker an ihren infantilen Idealen hängen. Manche Erscheinungen sehen ja aus wie das Gegenteil: Empörung, Unabhängigkeit, Rücksichtslosigkeit den Eltern gegenüber. Wer mit der merkwürdigen Eigenschaft der Bipolarität aller Symptome vertraut ist, wird sich darob nicht wundern. Er wird die gegenteilige Erscheinung als den Versuch ansehen, sich aus diesen Banden zu befreien.

Haben die Lebenden schon eine so ungeheuere Gewalt über uns [1]), so scheint die Herrschaft der Toten manchmal noch tyrannischer zu sein. Wie viele neurotische Symptome sind nur ‚nachträglicher Gehorsam“ oder „nachträglicher Trotz“. Also immer Reaktionen auf die Imperative der Erzieher. Der Tod kann hie und da diese Imperative lösen. Wir sehen Menschen frei werden, wenn eine der impera-

---

[1]) Vergleiche Jung: „Die Bedeutung des Vaters für das Schicksal des Einzelnen“ (Jahrbuch I).

tiven Gewalten der Jugend stirbt [1]). Manchmal tritt jedoch das Gegenteil ein [2]). Der Tod versteinert die Imperative und macht sie unlösbar. Die armen Menschen stehen dann unter der Herrschaft unlöslicher (affektativer) Imperative, gegen die die intellektuelle Einsicht nie aufkommen kann. Selbstverständlich wird der Versuch unternommen, diese Imperative der Toten zu durchbrechen. Mit mehr oder minder Glück. Am besten gelingt es, wenn ein neuer starker Affekt die Neurotiker beherrscht. Die neue Liebe muß die alte töten. In diesem Sinne ist die Übertragung das stärkste Heilmittel. Dann erst sterben dem Neurotiker seine Toten. Sie müssen eben erst noch einmal psychisch sterben, ehe er frei wird. Die Analyse besorgt diese notwendige Arbeit. In den Träumen erscheint dieses Problem der Befreiung von den Imperativen der Toten in einer sonderbaren Form. Die Toten sterben noch einmal. Wir werden später bei der Besprechung des Gefühls des Fremden im Traume und im Leben (Kapitel Nr. XLI) sehen, daß die Lebenden in einem solchen Falle dem Träumer fremd vorkommen. Die Macht der Lebenden soll dadurch gebrochen werden, daß sie zu Fremden gemacht werden. Die Macht der Toten erlischt, wenn sie zum zweiten Male sterben. Eigentlich: sie sollte erlöschen. Denn diese Träume zeigen uns ja nicht Tatsachen, sondern nur Wünsche, nicht Vollendungen, sondern nur Übergänge an.

Wir wollen das Problem „Zum zweiten Male sterben" jetzt an einigen Beispielen im oben angeführten Sinne erläutern:

Frl. Omega träumt:

(406.) „Papa, Mama und ich saßen im Wohnzimmer. Mir war, als ob die obere Holzwand unseres Glasschrankes brannte, und als ob ein kleines Loch in dem Boden sei, durch das Feuer in den Schrank auf das Porzellan fallen würde. Ich vergaß aber den Schrank, mein Blick war auf Vater gefallen, der sah auf einmal so merkwürdig auf. Sein Kopf fiel nach hinten im Sessel, sein Gesicht war auf der einen Seite ganz rot, die Nase war weiß wie gepudert, die Augen aber schlossen sich und markierten auffallend Vaters Totengesicht, man sah förmlich das Antlitz in den Tod übergehen, das Brechen der Augen."

Die Neurose der Träumerin ist durch die übergroße Liebe zum Vater bedingt. Wie in einem Glasschranke ein kostbares Porzellan bewahrt wird, so behütet sie dieses Empfinden, und ihre letzten Jahre seit Vaters Tode waren ein Hindämmern gewesen, eine stete Andacht für den teuren Toten. Ihre Liebesbedingung sind ältere verheiratete Männer. Sie hätte wiederholt heiraten können und ging der Gelegenheit scheu aus dem Wege. Denn sie liebte immer etwas Verbotenes. Einen Onkel, einen älteren Arzt, einen verheirateten Freund ihrer Mutter.

Jetzt in der Analyse brennt sie wieder. Sie brennt im Oberstübchen — in der oberen Holzwand des Glasschrankes — das Feuer kann leicht nach unten kommen und ihre Vagina (zerbrechliches Porzellan!) erreichen. Bezeichnenderweise brennt der Schrank, der zu einem Sarg aus Glas über die Assoziation „Schneewittchen mit der bösen Stiefmutter" führte. Auch beschäftigte sie das Thema der Leichenverbrennung.

---

[1]) Vergleiche die Ausführungen Sadgers über Konrad Ferdinand Meyer. (Grenzfragen des Nerven- und Seelenlebens Nr. 59, J. F. Bergmann, Wiesbaden.)

[2]) Vergleiche meinen Aufsatz „Das Imperium der Toten" in „Der Wille zum Leben".

In diesem Traume sieht sie den Vater wieder sterben. Sie sieht seine Fehler. „Sein Gesicht war auf der einen Seite rot"... d. h. er war immer ein starker Trinker gewesen, der einen Teil ihres Vermögens vertrunken hatte. „Die Nase war weiß gepudert", auch diese Schilderung hat einen tiefen Sinn. Auffallend weiß gepudert ist der „Hanswurst" im Bajazzo. Auch die Dirnen pudern sich stark. Schließlich kennt sie den vulgären Ausdruck „pudern" für beischlafen. Die Schmähungen auf den Vater werden durchsichtig. Er hat sich durch sein leichtsinniges Leben umgebracht. Er hatte neben der Frau noch andere Frauenzimmer, leichtsinnige Dirnen. Wie konnte sie einen solchen Menschen so treu lieben und seinetwegen erkranken? [1])

Sie will mit der alten Liebe brechen. (Brechen der Augen.) Sie bricht jeden Morgen. (Ekel und symbolische Befreiung von den Traumgewalten, ein Brechen im doppelten Sinne.)

Sie fühlt sich nun frei. Der Vater ist erst jetzt für sie gestorben. Sie kann erst jetzt seine Imperative durchbrechen. Dies der tiefste Sinn dieses Traumbildes.

Das neue Feuer (Übertragung) löst sie aus den alten Banden. Sie hat in dem Arzte einen zweiten Vater gefunden.

Anders äußert sich aber die Reaktion auf diese Befreiungsversuche. Dann werden die Toten wieder lebendig. „Wenn wir Toten erwachen"... Dieselbe Träumerin, Frl. Omega, soll uns wieder einen Traum liefern, den sie in der nächsten Nacht nach dem Befreiungstraume träumte und der das Problem von der Gegenseite beleuchtet:

(407.) „Wir standen vor dem Dorfe an der großen Wiese, wo die Schwarzen waren. Da fuhr man plötzlich einen Toten auf dem Wagen heraus. Den wollten sie ins Wasser versenken. Da belebte er sich wieder. Mehr weiß ich nicht."

Es handelt sich um die Somalineger, die sie dieser Tage im Prater gesehen hat. Herren in Schwarz gefallen ihr sehr gut. Der Tote, der auf dem Wagen herausfährt, ist der nicht erigierte Penis. Das Versenken ins Wasser (Feuer!) symbolisiert den Kongressus. Die Wiederbelebung ist die Erektion.

Der „Schwarze" ist aber ein schwarzer Herr, der ihr in der Pension den Hof macht aber sehr zurückhaltend und korrekt ist. Wie sie sich diese Szene denkt und wünscht, das verrät der Traum.

Nachträglich fällt ihr ein:

„Der Tote lag mit dem Gesichte nach abwärts. Wie man ihn in den Fluß versenken wollte, wurde er lebendig und stand auf. Er war schwarz, hatte aber einen schönen, krausen, blonden Bart. Am Körper trug er ein schwarzes Trikot."

Der Nachtrag enthält gewöhnlich das Wichtigste. So auch in diesem Falle. „Der Tote lag auf dem Bauche" war ihre erste Assoziation. Ferner erinnerte sie sich an eine Untersuchung eines Gynäkologen, der wegen eines „Flusses" konsultiert wurde. „Die umgekehrte Lage des Toten" [2]) stellt also die richtige Lage bei einem Kongressus dar. Überdies liegt das Membrum auf dem Bauch, ehe es lebendig wird und aufsteht. Der schöne krause blonde Bart sind die Crines pubis.

---

[1]) Vgl. „Warum sie den eigenen Namen hassen." Zentralblatt für Psychoth. 1910, Nr. III.

[2]) Der Gynäkologe konstatierte eine umgekehrte Lage der Gebärmutter.

Doch woher kommen ihr diese Kenntnisse? Was bedeutet das schwarze Trikot? Jetzt steigt ihr auch die betreffende Erinnerung auf. Es war in einem Seebade. Die benachbarte Kabine hatte ein schlank gewachsener, von der Sonne sehr gebräunter, schöner Mann. Sie konnte sich es nicht versagen, durch ein Astloch hindurchzusehen. Der Mann hatte ein schwarzes Trikot an. Als er dasselbe ablegte, sah sie die blonden Crines pubis, was sie sehr erregte und ihre Phantasie noch lange beschäftigte. Eine weiter zurückliegende infantile Erinnerung geht auf den Bruder, an dessen Bett sie sich öfters setzte. Sie konnte die mädchenhafte Neugierde nicht unterdrücken, deckte ihn auf und berührte das Membrum ganz leise. Da konnte sie das Phänomen beobachten, wie der Tote lebendig wurde.

Endlich verdichtet sich der Traum durch eine dritte Szene, in der sie dies Phänomen beobachten konnte. Doch die wichtigste Bedeutung ist: Der Vater ist noch nicht gestorben! Er ist für sie auferstanden und lebt noch. Er ist von den Toten (Schwarzen) zurückgekommen und gehört wieder seinem Kinde.

Diese Träume sind deshalb so interessant, weil sie uns einen Schlüssel zum Verständnis der verschiedenen „Belebungsszenen" in den Träumen und in den Phantasien der Neurotischen liefern. Wie häufig treffen wir die Angst, die toten Gegenstände, Sessel, Tisch, Federn, Bleistift usw. seien nicht tot, sondern könnten plötzlich lebendig werden! [1]). Hinter dieser Angst verbirgt sich häufig die Angst vor der Erektion und den Folgen eines verbotenen Kongressus. Denn verheiratete Frauen zeigen diese Angst — wenigstens in bezug auf ihren Mann — in den seltensten Fällen.

Ich erinnere mich nur an eine Dame, die ihren Mann verabscheute, jedem ehelichen Verkehr aus dem Wege ging, und die öfters derartige Träume wie die folgenden hatte:

(408.) „Ein Schirm wurde lebendig, machte sich auf und kam ihr näher."

Oder:

(409.) „Eine große Tonfigur, ein schwarzer Neger, wurde plötzlich lebendig und wollte sich auf mich stürzen."

Solche Träume sind nicht allzu selten und gestatten eine glatte (einseitige) Deutung. Natürlich sind zahlreiche Überdeterminationen da. Ich muß es immer wieder betonen: Es gibt in der Traumdeutung keine absolut gültigen Übersetzungen und Deutungen. Die individualistische Färbung des Traumes läßt zahllosen Variationen Tür und Tor offen.

So ist es auch im Traum Nr. 407 vom Toten, der sich wieder belebt. Sie ist im Begriffe ihren Vater zu vergessen. Sie will ihn in den großen Fluß versenken, wo die Toten ruhen. Allein er läßt sich nicht so leicht abtun. Er belebt sich wieder. Er richtet sein altes Imperium wieder auf.

Der alte Vater ist wieder lebendig. In ihr taucht die tiefste Schichte der Traumgedanken auf. Wie sie den schönen Vater als kleines Kind gesehen hatte ... Hinter dem Herrn mit dem schwarzen Trikot steckt

[1]) Der Neurotiker kennt keine toten Dinge. „Alle Dinge können sehen. Sag' nicht, daß sie blind dastehen. Sag' nicht, daß sie dunkel gehen. Häuser, Bäume, Wege, Wind, Stühle, Tische, Bett und Spind, alle Dinge sehend sind" (Max Dauthendey). — Alle toten Dinge sind eben Symbole des Lebenden.

wieder der Vater. „Der Tote lag mit dem Gesichte nach abwärts.“ War der Versuch der Befreiung nicht eine Blasphemie gegen den Toten? Er hatte sich ja im Grabe umgedreht. Nein! Niemals könnte der Vater für sie sterben — sagte dieser Traum. Verdankte sie ihm doch die ersten gewaltigen infantilen Eindrücke....

Der Traum war dazu bestimmt, gerade diese Erinnerungen anzuführen und durch deren Hebung die Befreiung durchzuführen. Der Tote ist lebendig geworden, um endgültig zu sterben....

Von diesen Träumen fällt ein Licht auf die verschiedenen Mythen von Kaisern, die nur schlafen und nicht gestorben sind (Kyffhäusersage — die beiden Grenadiere von Heine, der Messiasglaube usw.).

Sehr durchsichtig träumt der Zwangsneurotiker Herr J. V.:

(410.) „Meine Mutter lag schlafend, wie tot im Zimmer. Plötzlich wurde sie lebendig und hob ihren Finger, als wollte sie mich warnen. „Nimm dich vor der Rosa in acht“, sprach sie langsam. Dann schrumpfte sie zusammen, und an ihrer Stelle lag ein großes, schwarzes Buch.“

In nachträglicher Treue zur Mutter, die ihm auf dem Totenbette den lapidaren Imperativ gab: „Hüte dich vor den Frauen!“ und dann verschied, kann er bei keiner Frau in ein dauerndes Verhältnis kommen. Rosa ist seine jüngste Liebe. Er möchte sie heiraten, fürchtet aber, nichts „zusammenzubringen“. Er ist meistens nur bei Dirnen potent. Gestern wollte er sich doch entschließen, um Rosa zu freien. In der Nacht erschien ihm die Mutter und wiederholte den Imperativ. Sie ist noch nicht tot. Sie lebt noch und befiehlt noch. Das große schwarze Buch, das an ihrer Stelle liegt, ist die Bibel, in der die Mutter immer las und die jetzt ihm gehört....

Es folgen nun sieben Träume des Herrn Beta, die in zwei Nächten geträumt wurden. Wir wissen ja aus früheren Analysen, welche wichtige Rolle der tote Vater in seinem Seelenleben spielt. Wir werden auch hier die lange Zeit vergeblichen Versuche sehen, diese Liebe zu überwinden und die tote Autorität niederzuringen.

I. Traum:

(411.) „Es war ein sehr hübscher junger Mann, der mir und allen Damen und Herren erzählte, er sei sehr gesund, nur habe er Schweißfüße. Dagegen gäbe es nichts, die habe er ererbt vom Vater und Großvater.“

II. Traum:

(412.) „Ich ging in ein Tal hinab und sah einen Matrosen in einem Landhaus verschwinden. Ich suchte ihn und fand ihn nicht mehr.“

III. Traum:

(413.) „Papa, Bruder, auch ein Herr F. und ich spielten Billard. Ich schlug aber auf die Bälle wie beim Golfspiel. Auch probierte ich sehr lange, bis ich einen trefflichen Coup vollführte. Dann aßen alle; Herr F. aß zwei Büchsen Sardinen aus und erklärte dann, um Mitternacht noch zu einem Freund essen zu gehen, den er recht gern habe, obwohl dieser erklärte: „Ich bin ein Christlich-Sozialer!“

„Dann war Papa auf einmal sterbenskrank, und zwar am Herzen. Er durfte sich nicht rühren, und es wurde nur ein halbes Abendblatt der „N. Fr. Presse“ gekauft, das ich las. Ein ganzes hätte ihm schaden können. Dann war aber doch ein ganzes „Erstes Nachmittagsblatt“

da. Nun dachte ich, wie sei denn das, daß Papa noch einmal stürbe, er sei ja doch schon tot."

IV. Traum:

(414.) „Ich warf meine Uhr auf den Boden, sie brach nicht, sondern es sprang nur der Deckel auf."

V. Traum (am nächsten Tage):

(415.) „Ein Ökonom, Herr Christians, und ich waren mit einem dicken Herrn in einem kleinen Zimmer. Christians hat gesagt: „Wir werden folgendes Spiel machen. Zuerst wird er in einem Badezimmer baden, dann ich und schließlich der Dicke, wenn noch ein Badezimmer da ist. Christians badet in einem Einzelbadezimmer (nur für eine Person bestimmt), ich in einem, das für vier war. Der Dicke ist weggegangen, weil kein Badezimmer mehr da war. Christians hat mich sexuell aufgeregt. Wir waren beide ganz nackt, und ich habe mich gewundert, daß er größer ist als ich. Jetzt ist mein Bruder gekommen und hat mich gefragt, was ich gemacht habe und ob ich gar nichts von seinem Penis gesehen habe. „Nicht einmal so viel!" sagte ich und zeigte auf den Finger."

VI. Traum:

(416.) „Eine Frau mit einem Stock oder einem Penis in der Hand neigt sich über ein Kind (Jesukind?) in der Wiege."

VII. Traum:

(417.) „Ich will in die Gruft am Zentralfriedhof hinuntersteigen. Dann graut mir davor und ein Engel verwehrt mir den Eintritt."

Der erste Traum betont den Fußfetischismus, durch den der Träumer ausgezeichnet ist. Er ist der „hübsche junge Mann", und er fühlt sich vollkommen gesund bis auf den Fußfetischismus, der hier sehr charakteristisch durch „Schweißfüße" dargestellt wird. Nach den Beobachtungen von Freud und Abraham entsteht diese Form des Fetischismus durch die libidinöse Betonung des Schweißgeruches der Füße in der Jugend [1]). Auch bei unserem Kranken war das der Fall. Sein erstes Kindermädchen litt an Schweißfüßen. Jetzt besteht infolge der Verdrängung Ekel vor Schweißfüßen. Dagegen gefällt ihm ein dunkelgeröteter, d. h. erhitzter Fuß. Wir müssen an die zweite Bedeutung des Schweißes „Blut" (in der Jägersprache!) denken. Auch an die symbolische Gleichung, die Schweiß, Blut, Stuhl, Urin, Schleim, Eiter, Auswurf usw. untereinander und dem „Gelde" gleichsetzt. Der „blutige Fuß" ebenso wie „der Fuß, der mit Kot beschmiert ist" (das Hereinsteigen in Kot) spielen in seiner Phantasie eine sehr große Rolle [2]). Dieser Traum soll alle persönliche Schuld auf erbliche Belastung durch Vater und Großvater schieben. Wir werden später noch eine zweite Bedeutung kennen lernen. Von Vater und Großvater hat er ein großes Vermögen geerbt.

Der zweite Traum spielt auf das schwere Trauma seines Lebens an. Sein Vater (der Matrose — d. h. der große Schiffer) hat einem Landhause (einer Bäuerin, seiner Engländerin auf dem Lande) nächtliche

---

[1]) Von den anderen Wurzeln, Saugen an der großen Zehe (Adler), Hutschen mit dem Fuße (Stekel) und Bußideen (Stekel) habe ich bereits an anderer Stelle gesprochen. (Vgl. den Traum Nr. 87 und die Analyse S. 91).

[2]) Eine andere Bedeutung: Seine Schuld stinkt (vgl. Nr. 405).

Besuche gemacht. Diesen Vorfall hat er verdrängt. Er wollte ihn nicht sehen. Der Traum erfüllt seinen Wunsch. Er sucht (die Erinnerung) und findet sie nicht mehr. Im zweiten Traume stirbt der Vater wieder. Er verschwindet in der Gruft, so daß er ihn nicht mehr finden kann.

Der dritte Traum ist von fundamentaler Bedeutung. Sein Vater ist wieder am Leben, er ist auferstanden. Darüber wundert er sich. Er hat ein großes Wunder erlebt. Der Vater stirbt zum zweiten Male. Das hat — wie wir wissen — eine große Bedeutung. Bis jetzt lebte er ihm noch. Er stand unter der Herrschaft väterlicher Imperative. Jetzt wird er frei — das ist das ein große Wunder — und jetzt erst ist der Papa für ihn gestorben. Das ist das wichtigste Problem vom Sterben bereits Gestorbener. Der Wunsch, mit ihnen fertig zu werden und sie endlich zu den Toten zu werfen.

Das Spiel mit den Bällen hat eine eigene Bewandtnis. Es fällt ihm zuerst der Plattfuß und dann das Fußballspiel ein. Der Ballen des Fußes interessiert ihn am Fuße am meisten. Er hat Ekel vor Füßen, die Hühneraugen haben, die er ebenfalls Ballen nennt. Auch andere Ballen interessieren ihn, nämlich die beiden Mammae. Der Golf heißt ja lateinisch sinus (der Busen) und im Deutschen Meerbusen. Sein Fußfetischismus ist auch eine Verlegung von oben nach unten. Die beiden Fußballen stehen für die beiden Mammae. Endlich Beziehungen zu den Hoden. Homosexuelle Phantasien.

Der Herr F. steht für den Vater. Herr F. ist „der große Analerotiker", wie er ihn nennt, welcher immer Blasphemien im Munde führt, die innige Beziehungen zum Traume haben, die ich aber unmöglich hier mitteilen kann.

Die beiden Ausgaben des Vaters (Faust und Mephisto) werden hier durch den Vater und F. dargestellt. Der Vater hat zwei Geliebte (das Kindermädchen, d. h. das Landhaus und die Engländerin), die als Fische ohne Kopf (Schwanz) dargestellt werden. Doch zu Sardinen fällt ihm Piemont ein, das er als pied-mont, d. h. Fuß des Berges, auflöst [1]).

Schon jetzt fällt uns auf, daß im zweiten Traum der Träumer ins Tal hinabging, d. h. auf den Fuß des Berges. Was das zu bedeuten hat, sollen wir gleich erfahren. Herr F. soll zu einem Freund gehen, der ein Christlich-Sozialer ist, um dort zu essen. Es handelt sich um das heilige Abendmahl, das die Griechisch-Katholischen nach Mitternacht nehmen. Der Freund heißt Zimmermann. Es fällt ihm aber sofort ein Sohn eines Zimmermannes (zweite Bedeutung Frauenzimmermann = Don Juan) ein .... Christus. Der Vater soll sich zu Christus bekehren und fromm werden.

Das ist der große Konflikt seines Lebens. Der Vater und Großvater waren überzeugte Liberale und beteten niemals, gingen in keine Kirche. Sein erster Hofmeister war ein fanatischer Klerikaler. Das ist die Belastung vom Vater und Großvater. Er hat von ihnen den Liberalismus, d. h den Unglauben übernommen Nach außen und vor sich ein überzeugter Freigeist ist er im Innern ein überzeugter Klerikaler (Christlich-Sozialer).

„Dann war Papa auf einmal sterbenskrank — und zwar am Herzen" — an seinem Herzen fraß der Unglaube, er sollte bekehrt

[1]) Vgl. Traum Nr. 324.

und erlöst werden. Deshalb durfte er nicht das „Judenblatt" — die „Neue freie Presse" lesen. Nur die halbe Zeitung, d. i. die „Presse", wie die mehr konservative, fast klerikale Mutter der „Neuen freien Presse" geheißen hat. Die Zeitung ist hier auch in zweiter Bedeutung das Weib [1]). Die freie Presse eine Dirne. Die halbe Presse = demi-monde. Ein ganzes Blatt hätte ihm schaden können. Der Papa sollte nicht noch einmal heiraten und keine Verhältnisse mit „ganzen", d. h. vollwertigen Frauen haben.

„Halbes Abendblatt" führt zu den Gedanken vom „Heiligen Abendmahl". „Erstes Nachmittagsblatt" konnte nicht gedeutet werden. Wahrscheinlich Anspielung auf eine Szene zwischen Vater und Kindermädchen am Nachmittag.

Der vierte Traum zeigt uns die Uhr als Symbol des Herzens. Sein Herz (der Vater) stirbt nicht. Er wirft sie zu Boden, sie bricht nicht. Er merkt nur, wieviel es geschlagen hat. (Der Deckel springt auf.) Der Vater hat ihn nach der ersten Szene geschlagen. Aufspringen des Deckels = die Auferstehung = die Toten steigen aus den Gräbern.

Der fünfte Traum brachte uns eigentlich die Lösung einer Reihe von Träumen, auch der vorhergegangenen. Denn die Analyse dauert ca. 10 Stunden. Hier sind bloß die Resultate dargestellt.

Zum Ökonom fällt ihm sein Bruder ein. Die Bäder blieben rätselhaft, bis ich darauf dringe, daß dieser Traum Beziehungen zum religiösen Komplex haben müsse. Er verneint dies; findet jedoch Anspielungen auf seinen Geiz, seine Sucht, Geld zu erwerben, ökonomisch zu leben. Weitere Einfälle geht über Aaron zum „goldenen Kalb". Diese Schmähung zielt wohl auf den dicken Herrn, der seinen Vater darstellt, obwohl er sehr ordinär, wie ein ungebildeter Fiakerkutscher aussah. Auch stand er da wie tot und starr, was wir ja verstehen werden, da es sich um den toten Vater handelt (Kutscher, der Lenker der Familie = der Vater; Fiaker, Zweigespann = Ehe, Fiakerkutscher = Ehemann, der Vater).

Dann fällt ihm ein, daß es gar kein Bad war, nur eine Dusche, ein Benetzen des Hauptes. Schließlich erkennt er den Ökonom als einen Menschen, der an einem chronischen Ekzem leidet und löst ihn in „Ecce-homo!" auf. Aaron — Jean (Johannes), Ko — Kohn und Christus. Das Baden bedeutet die Taufe. (Johannes der Täufer!) Christus hat als erster die Taufe genommen. Er ist der große Einser! [2]) Der einzige, den er verehrt und anbetet. Er hat eine zeitlang gezweifelt, ob er überhaupt getauft wurde, und beneidete Kaiser Konstantin (er nennt seinen Freund Kohn konstant Ko) darum, daß er sich am Totenbette taufen ließ und nun rein in den Himmel einziehen und die ewige Seligkeit erwerben konnte. Der „abscheuliche Dicke" hatte auf die Taufe und die Wiedertäufer verzichtet, d. h. das Himmelreich verloren.

Doch das wichtigste ist der Umstand, daß ihn der Ökonom im Traume sexuell erregte. Auch die Frage des Bruders, ob er den Penis gesehen habe, wird verständlich. Christus war seine erste religiöse

---

[1]) Bekannte Assoziationen: Spalte der Zeitung, Stehende Artikel. Der alte Witz wie man Impotenz heilt: Man gibt den Penis in eine Zeitung. In dieser steht alles. Ferner Eva als erster Redakteur. Außerdem Witze: Über und unter dem Strich, kleiner Anzeiger usw. Neuigkeit = Vagina (Anthr. III. S. 52).

[2]) „Einzelbadezimmer."

und erotische Liebe. Die Schweißfüße sind die blutigen Füße des Sohnes Gottes.

Aber seine Sünden sind noch viel größer. Er litt eine zeitlang in der Kindheit an dem Größenwahn, selber der Sohn Gottes zu sein. Er war sich selber Christus. Seine Familie war die heilige Familie. Der Vater Gott, der Bruder der heilige Geist und er der Sohn „Gottes". Deshalb wundert er sich im Traum, daß Christus größer ist als er. Er ist der Erlöser. Er büßt die Sünden seines Vaters und hat sich ans Kreuz der Neurose geschlagen. Seine Hauptsünde: sein Gott war seine erotische Liebe. Er hat es als Knabe bedauert, daß Christus immer ein Tuch um die Lenden getragen hat. (Siehe den wichtigen Traum Nr. 10 und die Träume Nr. 160.) Eine andere Sünde: Er wollte einmal den Penis des Vaters sehen und sagte: „Bitte, Papa, zeig' mir dein Pipi!" Dafür kriegte er ordentliche Hiebe und Schelte. Darauf bezieht sich die Frage des Bruders am Schluß dieses Traumes. Am nächsten Tage träumte er eine Variante — den sechsten Traum. Die Frau schildert er: eine dicke, ordinäre Person, grauslich, gewinnsüchtig, lüstern, eine Köchin, die die schlechten Eigenschaften aller seiner kindlichen Bekanntschaften hat. Der bisexuelle Charakter des Träumers ist deutlich. Die Hauptsache, daß er den Vater (den Dicken des fünften Traumes) als altes Weib darstellt. Er ist das Jesukind. Der Vater hindert ihn am Onanieren.

Im letzten Traum packt ihn die Reue für die Schmähungen, die er dem geliebten Vater zugetan hat. Er will zum Vater in die Gruft hinab. Selbstmordgedanken. Ein Engel (sein Arzt) hindert ihn daran. Der Engel erinnert ihn an ein Bild von der Auferstehung Christi. Diese ist ja im dritten Traume (das Wunder als „sich wundern" ausgedrückt) ausgeführt. Auch das Springen des Uhrdeckels ist das Springen der Gruft, da Christus auferstand. Der Engel ist auch der Engel mit flammendem Schwert, der die Sünder aus dem Paradiese vertreibt. Wir erfahren den tiefsten Grund seiner Impotenz. Er kann zum Weibe nicht gehen, weil er nicht würdig ist, ein Weib zu besitzen. Der Engel vertreibt ihn aus dem Paradiese. (Zentralfriedhof = Gruft = Vagina [1].) Er hat ein Grauen vor dem Weibe, das ihm die Sünde personifiziert. Sein Penis klappt jedesmal zusammen, wenn er ihn in die Vagina stecken will. Zwischen ihm und dem Weibe steht der Tod und die Sünde.

Er träumt von der Auferstehung! Das ist das große Wunder. Er erwartet die Renaissance seiner Potenz. Sein Penis soll aufstehen. Sein Membrum ist seine Gottheit. Sein Gott ist tot. Er kann nicht glauben und nicht beten — aber auch nicht ein Weib besitzen.

Der zweite Traum zeigt ihm den Tod des Vaters und die verlorene Potenz. Er hat keinen Penis mehr. Nur einen Fuß. Sein Fußfetischismus ist die Buße für die vermeintlichen Sünden des Vaters und seine eigenen Vergehen.

Durch alle Träume klingt es wie Hoffnung auf eine baldige Genesung. Der Coup gelingt. Der Vater stirbt. Die Uhr fällt zu Boden und ein Engel bewahrt ihn vor dem Verderben.

Auch in anderer Form spielt der Glaube in seine Neurose hinein. Er leidet an Straßenangst. Eigentlich Angst vor „Revenants". Der

[1]) Auch das „Gelobte Land" ist die Vagina, Moses oder Aaron (Aaronsstab!) der Penis. (Anthr. III. S. 436.)

Vater könnte wieder auferstehen und ihm mahnend entgegentreten. Der Teufel könnte ihn holen [1]).

Es hat ein Jahr emsiger Arbeit bedurft, um diesen verschütteten religiösen Komplex zu heben. Er fehlt fast bei keiner Neurose, mögen sich die Kranken noch so aufgeklärt und atheistisch gebärden. Sie glauben alle, sind Frömmlinge dem Gefühle nach. Im Intellekt haben sie wohl den Glauben überwunden. Aber die infantilen Affekte sind für ewig ins Herz gebrannt und melden sich in den bösen Stunden [2]). Das Herz, das unerschütterliche Kinderherz glaubt noch immer, wenn der Verstand sich jenseits von Glauben und Frömmigkeit dünkt [3]).

Auch der Träumer, der an Stelle seiner Mutter die Bibel sieht, ist ein fanatischer Freidenker und Häckelianer. Ein „Monist" strengster Observanz. Doch nur nach außen. Der religiöse Komplex verschmilzt meistens mit dem Elternkomplex zu einem unlöslichen Ganzen. Gott Vater und der Vater werden zu einer Einheit. Die Sünde wider die Eltern wird zur Sünde wider die Religion....

Die „Auferstehung" und das „zweite Sterben" im Traume sind besonders geeignet, diese Verbindung nachzuweisen. Eine Fülle von Problemen drängt sich da zusammen. Sie harren noch der endgültigen Lösung.

XXXVIII.

Zahlenanalysen und Zahlensymbolik.

Wenn wir von der Besprechung der Todessymbolik zu der Analyse der Zahlen im Traume übergehen, so ist es nur scheinbar ein Abbrechen des wichtigsten Themas der Traumdeutung. Denn gerade die Zahlen im Traume zeigen geheimnisvolle Beziehungen zum Tode. Sie stellen an den Analytiker große Aufgaben und sind ohne Mithilfe des Patienten kaum zu lösen.

Zahlen hängen meist mit verschiedenen abergläubischen Vorstellungen von Leben und Sterben zusammen, haben aber auch intime Be-

[1]) Seine wichtigste Frage ist: „Fromm sein" oder „Ungläubig", „Himmel" oder „Hölle"? Wo ist der Vater? Wie muß er leben, um den Vater wieder zu sehen? Er bedauert, daß er kein Protestant ist. Dann könnte er sich taufen und alle seine Sünden wären vergeben. Das Sakrament der Taufe löscht die Sünden der Vergangenheit. Er ist dann wie neugeboren... Manche Menschen wollen die Religion wie eine Wohnung wechseln, damit sie ihr Ungeziefer in den alten Räumen zurücklassen können.

[2]) Beta hatte eine klerikale, bigotte Engländerin. Wir unterschätzen diese Einflüsse. Wir laufen ja immer unseren historischen Imperativen nach. Die Worte der Erzieher haben für uns Ewigkeitswert und wir leiden alle mehr oder weniger an den Folgen der sogenannten „guten" Erziehung.

[3]) Die wichtigste traumatische Szene, die im Leben des Herrn Beta eine Rolle gespielt hat, eine Badeszene, taucht hier das erste Mal auf (Traum Kap. XLII). Sie wird uns noch des öfteren beschäftigen. Sie kehrte in zahlreichen Variationen in den Träumen Betas wieder, bis sie durch die Analyse erinnert und endgültig aufgelöst wurde. Der Träumer und sein Bruder badeten zusammen in einer Wanne und trieben allerlei erotische Spiele, als plötzlich der Vater hinein kam und über beide Knaben ein schreckliches Donnerwetter niedergehen ließ. Der Patient behauptet, daß sowohl seine Gewitterangst, als auch die seines Bruders, diese infantile Wurzel haben.

ziehungen zu gewissen biographischen Daten. Außerdem wohnt den Zahlen als solchen in vielen Fällen ein großer symbolischer Wert inne. Im Laufe der Jahre erfährt man diese Symbolik, und manchmal erleichtern sie die Deutungsarbeit in auffallender Weise.

So selbstverständlich es klingt, ich muß es immer wieder sagen: Alle diese Symbole haben keinen absoluten Wert. Sie entsprechen nur dem Durchschnittswert. Jedes Symbol kann unter Umständen etwas anderes bedeuten und muß nicht gerade diese Deutung erfordern, die ich aus meinen Erfahrungen kennen gelernt habe. Die Schöpferkraft der menschlichen Phantasie ist zu reich, um sich in enge Formeln pressen zu lassen. Es handelt sich hier mehr um Anleitungen als um Gesetze. Denn es gibt eigentlich keine allgemein gültigen Symbole.

Mit diesen Einschränkungen will ich das wenige, das ich weiß, mitteilen:

Die 1 stellt, wie schon erwähnt, den Penis dar, aber auch den ersten und wichtigsten im Hause, das ist den Vater, der ja andererseits wieder ein Symbol des Penis sein kann. (Auch den Erstgeborenen.)

Der „Einser" geht, wie uns die letzte Analyse gezeigt hat, besonders häufig auf den religiösen Komplex. Gott-Vater! Es gibt nur einen Gott. Bei allen Zahlen spielen religiöse Vorstellungen eine große Rolle. Besonders Zahlen auf Tafeln gehen häufig auf die „Zehn Gebote". Der Einser ist aber auch der Tod. Auch $^1/_2$ hat eine besondere Bedeutung; meistens im grob erotischen Sinne die Hälfte, die Mitte [1]).

Die 2 kann das Paar bedeuten, das Symbol der geschlechtlichen Vereinigung, der Ehe, eines sexuellen Aktes überhaupt. Das römische Volk pflegt bei der Tombola die Zahl zwei durch „le gambe della donna", die Beine des Weibes, zu umschreiben. (Rudolf Kleinpaul, „Unsere angeborenen Ziffern" — Das Leben der Sprache, I. Bd.)

Das ist ja die wichtigste Bedeutung der Zwei: Die paarigen Organe, der Hoden (Zwei-Ei), der Busen (die Schwestern!), die Hinterbacken (die Brüder!), die Beine, die Hände [2]).

Die 3, als dreieckiges Verhältnis in der gewöhnlichen Sprache verwendet, ist auch befähigt, ein solches im Traum darzustellen: das Kind, das beim Paar der Eltern gern den Dritten spielen möchte; eine Symbolik, die sich durch 3 oder 13 ausdrücken kann. (Vgl. den Traum vom Dreieck Nr. 20). Die wichtigste Bedeutung des Dreiers haben wir wiederholt betont: Das ganze männliche Genitale.

Über die 4 kann ich heute schon mehr sagen als in meiner ersten Mitteilung (Beiträge zur Traumdeutung. Jahrbuch f. Psych. Forschg. I. Bd. 1909). In einigen von mir analysierten Träumen war der Vierer der Verführer.

Der Vierer ist auch der Tod!

Die wichtigste Bedeutung erhält der Vierer aus den „Zehn Geboten". Der Neurotiker kommt am häufigsten mit dem „Vierten Gebot" in Konflikt: „Ehre Vater und Mutter, daß es dir wohlergehe auf Erden!" Wenn der Teufel als der „Vierer", der Verführer erscheint, so rät er eben, sich gegen dies Gebot aufzulehnen.

---

[1]) Vgl.: Halbwelt, demi-monde — demi-vierge. Ein „Halbseidener" heißt ein Homosexueller (Anthr. VII. S. 33). Der Einser heißt übrigens auch der „Anus". (Das Einauge! Anthr. VII. S. 44.)

[2]) Aus der vierten symbolischen Gleichung: Alle paarigen Organe sind einander gleich.

Ich behandelte eine Dame, die an der Zwangsvorstellung litt, alle Gegenstände in vier Teile zu zerlegen. (Sadistische Vorstellung des Vierteilens.) Sie mußte die Zahl 4 auf jedes Buch, in jeden freien Raum hinmalen. Es war eine Kranke, die ihre eigene Mutter haßte und ihr den Tod wünschte. Sie träumte einmal:

(418.) „Ich sah eine große Tafel, auf der stand mit feurigen Buchstaben ein „Vierer". Eine Stimme sprach: Ameiso!"

Das rätselhafte Wort „Ameiso" wurde folgendermaßen aufgeklärt: Ameiso heißt A—meiso und durch Umstellung eines Vokales A—Moise. Die Tafel ist von Moses. Ehre Vater und Mutter! — rief ihr die Stimme zu. Eine zweite Bedeutung des Vierers war die anale. „Setz' dich auf deine vier Buchstaben!" sagt mancher oft in der Jugend. (Popo [1]) besteht aus vier Buchstaben!)

Die 5 wird von Heine als das Symbol der schwangeren Frau, großer Bauch und kleiner Kopf gedeutet; ich habe das in Träumen nicht finden können. Besonders häufig bedeuten 5 die 5 Finger und verraten Onanie. Auch als 5 Zehen kommen sie im Traume vor und lassen auf Fußfetischismus und Onanie schließen. Diese Verwendung der 5 im Sprichworte ist Volksforschern bekannt; Otto Stoll berichtet in seinem „Sexualleben in der Völkerpsychologie", daß „alle Fünfe" als schmähender Zuruf in Spanien und Arabien verwendet wird und soviel als Onanist heißt.

Eine andere hochwichtige Bedeutung: Du sollst nicht töten! (Das fünfte Gebot.)

Die 6 in Kombination mit der 9 als 69 bedeutet ein Paar, das an sich gegenseitig die Fellatio und den Kunnilingus vollzieht und dabei umgekehrt (die 6 eine umgekehrte 9) aufeinander liegt (soixante-neuf). 66 machen wird in Wien als Ausdruck für die Onanie gebraucht, was zum Teil auf die Vorstellung mit den halonierten Augen (mit den zwei blauen Ringen darunter) zusammenhängt.

Selbstverständlich darf man auch das 6. Gebot (Unkeuschheit!) nicht vergessen. Ferner bei gebildeten Träumern: Das Sexuelle, wie man ja bei allen Zahlen auf den Wortklang horchen muß.

7 stellt gewöhnlich eine alte oder böse Frau vor, die ja ein bekanntes Todessymbol ist. Einmal träumte ein Patient von der Zahl 70, was sich als der Anus seiner alten Erzieherin entziffern ließ. 7 bedeutet auch Unglück, Lüge und Falschheit, Diebstahl und das 7. Gebot: Du sollst nicht stehlen. Aber auch Hochzeit und Glück. Die große Rolle der 7 in den Märchen ist ja bekannt und bedarf noch einer besonderen Forschung.

Die Zahl 8 kommt sehr häufig in einer sonderbaren symbolischen Verwendung vor: sie heißt „sich in acht nehmen". Ein diesbezügliches kurzes Beispiel möchte ich hier als Bruchstück aus einem Traume mitteilen.

(419.) „Papa sagte, daß wir um 8 Uhr vom Brienzer Rothorn abfahren und um sechs Uhr im Haag in Holland sein könnten. Wobei er mir ein Reisehandbuch zeigte, wo darauf stand: Rothorn ab $8^{\underline{00}}$ Haag an $6^{\underline{00}}$. Mein Bruder und ich verstanden nicht gleich, was mit Haag gemeint sei und dachten an eine andere Stadt."

---

[1]) Auch andere sexuelle Bedeutungen der Vier kommen in Betracht. Vier Beine sind ein Paar. (Beispiele in der Anthropophyteia II. Bd.) Auch vier Nymphen! (Aus einer Traumanalyse.)

Dieser Vater hatte seine Kinder vor den Folgen der Onanie gewarnt. Später kam dem Patienten ein entsprechendes Buch (Handbuch) in die Hand, woraus er entnehmen konnte, daß er bald „abfahren“ (sterben) werde und die Reise ins Jenseits antreten müßte, nach Haag, wo jetzt der Friedenstempel steht, falls er die Onanie nicht aufgeben werde. Der Vater trat auch seiner ersten sexuellen Aggression hindernd entgegen. Er verhinderte die wichtige Verbindung von Rothorn (Penis) mit Haag (Vag-ina). Der Sinn der 8 und 6 ist: Gib acht (8) aufs Sex(6)uelle. Dabei ist die Zahl mehrfach determiniert. Mit 68 Jahren starb sein Papa, was ihn auf heftigste erschütterte. Er war 6 und sein Bruder 8 Jahre alt, als sich wichtige Ereignisse in der Gegend von Brienz abspielten. Die Jahre 1886, 1887 und 1888 sind die kritischen seines Lebens. Und schließlich erkrankte er mit 14 Jahren (8 + 6) an einem starken Eicheltripper, der als Folge seiner Onanie gedeutet wurde und ihm einen heftigen Schrecken vor allen Infektionen verursachte.

Ein Fußfetischist träumte wiederholt von der Zahl 18. Es hieß dann, gib acht (8) auf die Zehen (10), was er im Leben auch immer tat. Er lief stundenlang herum, um nackte Füße zu sehen.

Daß das 8. Gebot (Du sollst nicht falsch Zeugnis aussagen gegen deinen Nächsten!) zu berücksichtigen ist, ist selbstverständlich. In Haag steht jetzt ein Friedenstempel. Der Träumer hat „unkeusche Gedanken“ und ist ein Meineidiger heißen die 6 und 8 im Traume 476.

Daß die Zahl 8 auch andererseits zwei Löcher bedeutet, wie eine Schlangenkurve, sei nur nebenbei erwähnt [1]).

Die 9 bezieht ihren größten affektiven Wert aus dem Umstande, daß das Kind nach 9 Monaten zur Welt kommt. Es ist ein Termin, der in den Analysen der neurotischen Mädchen oft verblüffende Auflösungen gestattet. Eine Dame, in deren Träumen die 9 eine große Rolle spielen, erlitt einen schweren hysterischen Anfall im Ballsaale. Die ganze Zeit hindurch fühlte sie sich sehr krank, litt an Erbrechen, Ohnmachtsgefühlen, Schwindel, Spannungsgefühl im Bauche. Sie war Sängerin und konnte diese 9 Monate hindurch nicht singen. Eines Tages wurde sie aufgefordert, zu singen und sie sagte: „Es sind ja schon 9 Monate seit meinem Anfall vergangen; ich glaube, ich werde jetzt singen können.“ Worauf ihr eine Dame der Gesellschaft prompt erwiderte: „Sie machen ja rein, als hätten sie inzwischen ein Kind bekommen.“ Das war es auch, was sie im Unbewußten erwartet hatte. Ferner: Das neunte Gebot „Du sollst nicht begehren deines Nächsten Weib“.

Über den Zehner als Symbol der geschlechtlichen Vereinigung habe ich bereits gesprochen. Viel wichtiger ist die Bedeutung: Die zehn Gebote. Auch dem Wortklange nach 10 für Zähne und Zehen. Elfer (11) heißen die beiden Beine im Volksmunde und in Träumen lüsterner Personen können sie auch hie und da das Verlangen nach zwei Männern oder einem sehr kräftigen Mann symbolisieren. „Der elfte

---

[1]) Eine andere Bedeutung der Acht ist das Gesäß. Sie heißen im Volksmunde „Die Achterbacken“ (Anthr. VII. S. 1). Die „Achttagsuhr“ heißt auch die Vagina (Anthr. V. S. 1). Das Hinterdeck des Schiffes, der Hintersteven heißt im Plattdeutschen der hintere Teil des Schiffes. Im Deutschen aber das „Achterdeck“. Ein „Achtgroschenjunge“ heißt ein männlicher Prostituierter. Nach einem Witzwort heißt der Abort auch der Achter. (Für Männer und vier Frauen!) Ferner für ein dickes Gesäß der Ausdruck: „Ein Gesäß wie ein 80-Talerpferd“ (Anthr. VII S. 7). In derselben Bedeutung: Ein Hunderttalerhintern (Anthr. VI. S. 380).

Finger" heißt der Penis. 12 ist die Zahl der Intimität (Dutzend — duzen); aber auch Kindersegen (ein Dutzend Kinder!), ferner das männliche Genitale (1 und 2). Wichtig: Die 12 Glaubensartikel der katholischen Kirche. 13 die Unglückszahl [1]).

14 wird bald in einer besonderen Analyse besprochen werden. 15 ebenso wie 51 sehr häufig für Onanie (1 und 5), alle Zwanziger dem Wortklange nach im Deutschen als phallisches Symbol, die Dreißiger (reißen!) für Onanie. „Dreißig" fand ich auch in einer Analyse des Herrn Beta als das „Judasgeld", also ein Symbol des Verrates. (Dreißig Silberlinge!) Die Vierziger haben in Wien die Bedeutung eines Ekzems und können für Lues gebraucht werden.

Zum Schlusse möchte ich noch einmal betonen, daß es sich nicht um absolute Wahrheiten, sondern um schwankende Symbole handelt und zum Beweise, wie individuell verschieden die Zahlen beurteilt werden müssen, eine sehr charakteristische Zahlenanalyse einer an Platzangst leidenden Dame mitteilen. Daß „Zahlen" in der Analyse Geld bedeuten (zahlen = bezahlen) und in einer weiteren Bedeutung Kot, und zwar das Wichtigste ist — eine Schuld, ist uns schon bekannt. In diesem Falle ergaben sich aber eine Reihe von wichtigen Beziehungen, die von der einen Zahl ausgehen. Eine Patientin träumt:

(420.) „Du mußt dir die Zahl 24 merken, die ist wichtig"

und erzählt mir diesen Traum. Sie leidet seit Jahren an Platzangst und zwar seit vier Jahren. Sie kann nicht allein ausgehen, sondern sie bedarf zu ihrer Begleitung vier Personen. Ebenso muß sie am Abend vier Personen aus ihrer Verwandtschaft um sich haben, sonst wird sie von den heftigsten Angstgefühlen gepeinigt. Als die Ursache ihrer Krankheit sieht sie die Ehe an. Sie hat zwei Kinder; aus zwei Personen wurden in der Ehe 4, daher die Zahl 24. Die 2 stellt ihre Ehe da, die 4 die 4 Verwandten, die sie einerseits zum Schutz ihrer Ehre um sich haben muß. Andererseits kämpft sie mit Todesgedanken und will sich das Leben nehmen; deshalb braucht sie 4 Menschen, die sie bewachen: 2 an den Armen und 2 an den Beinen. 4 Leute werden sie heraustragen, wenn sie einmal tot sein wird. Alle 24 Tage kommt aber auch ihre Periode; die Zahl ist also auch organisch bei ihr von wichtiger Bedeutung. 24 Jahre war sie alt, als sie heiratete. Als sie 8 Jahre und ihr Bruder 16 Jahre alt war (8 + 16 = 24), erlebte sie das schwerste Trauma ihres Lebens. Ihre Angst ist, daß ihr Sohn, der ihr um und auf ist, von ihrem Willen bald nicht mehr abhängig sein wird. Dieses Ereignis wird sich in einem Jahre vollziehen, da wird er 24 Jahre alt, d. h. volljährig (reif). Ihre Krankheit datiert seit dem Tode ihres Bruders, der am 13. November (13./11.) begraben wurde (13 + 11 = 24). 24 Jahre ist aber auch die

[1]) Eine an Zwangsneurose erkrankte Dame hatte in ihrem Tagebuche ein Lexikon der Zahlen. Sie sah statt Zahlen immer Gegenstände. Dies Lexikon lautet: 1 = das Glied; 2 = der Hoden; 3 = das Ganze; 4 = Popo; 5 = Katz und Strümpf; 6 = Sexuell, Hexe, 7 = Hochzeit, Glückszahl, Böse Sieben; 8 = Habt acht, daß ihr nicht zu früh erwacht; 9 = Schwangerschaft; 10 = Banknote, Mann und Frau; 11 = In der elften Stunde, zu guter Letzt; 12 = Mein Ideal, ein Dutzend Kinder; 13 = Unglück; 14, 15, 16 = Meine Backfischzeit. Hier bricht das Lexikon ab. Es bestätigt in überzeugender Weise meine Ausführungen. Bloß der „Elfer" in der Bedeutung „im letzten Momonte" war mir neu.

Tochter ihrer Schwester alt, die die wichtigste Verwandte ist und bei keinem Anfall fehlen darf. Und schließlich ist 24 auch die Nummer des Hauses gewesen, in dem sie ihre erste Liebe kennen lernte. Mit dieser Zahl hat sie mir also die wichtigsten Daten ihres Lebens mitgeteilt, wobei die Hälfte dieser Zahl, d. i. 12 auf ihren Arzt geht, mit dem sie ein freundschaftliches Verhältnis wünscht und den sie gern duzen (Dutzend = 12) möchte.

Die Symbolik der 8 enthält folgender, auch in anderer Hinsicht sehr wichtiger Traum derselben Patientin:

(421.) „Alle meine Verwandten kommen nacheinander zu mir auf Besuch und wollen mir einreden, daß es nicht nötig ist, zu mir zu kommen. Es ist alles nur Einbildung. Ich bitte um den Sonntag-Vormittag, daß eines kommt. Da sagt Schwester Minna: „Wir sind ohnedies acht Personen und Dr. N. ist ja in der Nähe." Auf meine Entgegnung, daß er Patienten besuchen müsse, sagen sie: „Nein, er teilt Sonntag vormittags bloß Milch an kleine Kinder aus."

Vorgeschichte: Es ist die Patientin, die immer 4 Personen aus der Familie um sich haben muß. Der jetzt behandelnde Arzt, Dr. N., hat ihr empfohlen, sie möge noch ein Kind haben, dann werde alles gut werden. Bisher hat ihr Mann Coitus interruptus gepflegt; er hatte sich in acht (8) genommen; allerdings war er fertig, bevor es ihr „gekommen" ist. Alle ihre Gedanken drehen sich darum, daß es ihr kommen soll. Deshalb ist es ihr am liebsten, wenn ein Kind von ihrer „Schwester" kommt: „es kommt" dann von der Schwester. Der Ausdruck bedeutet in Wien den Eintritt des Orgasmus. Die andere Bedeutung des Traumes ist: daß ein Verwandter nach dem andern zu ihr kommt: alle sind Sexualobjekte. Sie wollen ihr „einreden", daß es nicht nötig ist, zu ihr zu kommen, d. h. sie soll nicht darauf warten, daß es ihr kommt. Allein sie hat jetzt begründete Hoffnung, daß es anders wird. Ihr Mann wird nicht mehr acht geben müssen. Auf das „kleine Kind" bezieht sich die Behauptung, daß Dr. N. Sonntag vormittags Milch an kleine Kinder austeilt. Einen Sonntag bedeutet es für sie, wenn es ihr einmal kommt. Daß der Doktor sich auch eine Sonntagsfreude macht und „kleine Kinder" (Genitalien) mit Milch (Sperma) beschenkt, bildet wieder eine andere Determination. In diesem Traume ist die Zahl 8 nur durch das In-achtnehmen determiniert. Durch den ganzen Traum gingen zwei Affekte: die Angst vor dem Verlassensein und der Kummer, nicht verstanden zu sein. „Die unverstandene Frau" bekommt durch diese Analyse eine Deutung, die ich noch immer im Leben bestätigen konnte: sie ist die unbefriedigte Frau. Die Potenz des Mannes scheint in direkter Proportion zum Verständnis zu stehen. Männer, die ihre Frauen nicht verstehen, verstehen es überhaupt nicht, es steht nicht gut. Auch das Verlassensein bezieht sich darauf, daß er zu früh ausläßt.

Die Verteilung der Milch geht auf ihren psychischen Infantilismus zurück. Sie ist noch immer das hilflose Kind, das an der Ammenbrust sein möchte. Das führt zu einer weiteren Bedeutung des Achters als Busen. Der Arzt soll ihr die Amme ersetzen. Jedenfalls spielt sie mit großem Geschick den hilflosen Säugling. Sie muß von Zeit zu Zeit etwas zum „Anfeuchten" haben und saugt stundenlang am Finger. Die kolossale Bedeutung des Ammenkomplexes wird uns erst allmählich zur Erkenntnis kommen. Der „ewigen Säuglinge“ gibt es vielmehr, als wir uns träumen lassen [1]).

Nun zur Analyse weiterer Beispiele. Zuerst die Analyse eines eigenen Traumes:

Der Traum von den 541 Kronen.

(422.) „Ich erhalte einen Brief von Fräulein J. O. Ich mache ihn auf. Es sind 541 Kronen darin. Eine 10-Kronennote in Papier und 531 Kronen in Gold. Sie schreibt, ich solle das Gold für Arme verwenden und ihr die Rezepisse einschicken. Als ob meine Frau sagen würde, diesen Unsinn mußt du nicht machen. Du kannst dir schon etwas behalten. Ich erkläre einem fremden Herrn, daß ich einer armen Witwe den Zins zahlen werde. Er meint, aus den Rezepissen lasse sich das schwer kontrollieren. Als ob ich dabei schwindeln könnte. Gefühl, als ob ich selber die Möglichkeiten des Schwindels überdenke.

Das Geld lag in Rollen, eigentlich in einer gelben, länglichen Rolle.

Beim Niederschreiben die Empfindung, der Traum sei ein Unsinn und lasse sich nicht deuten.“

Schon oft habe ich bei der Fixierung meiner Träume diesen Gedanken konstatieren können. „Lasse doch die Analyse! Dieser Traum kann keinen Sinn haben!“ Da ich jetzt an einem Buche arbeite, das das Gegenteil beweisen soll, bezichte ich mich des Schwindels. Ich will nicht an die Analyse glauben. Lieber sei die Analyse ein Schwindel, als daß ich all das Unangenehme herausbringe, das so schwer gegen mich spricht.

Das Gefühl beim Erwachen macht einen großen inneren Widerstand gegen die Deutung manifest....

Die rezenten Traumanlässe sind bald erzählt. Am Tage vor dem Traume war eine Witwe bei mir, die der plötzliche Tod ihres Mannes in die größte Not versetzt hatte. Schon mehrere Male habe ich ihr aus der bedrängten Lage geholfen und ich habe dazu eine gewisse moralische Verpflichtung. Ich bin der Vormund ihrer beiden Waisen. Diese Verpflichtung habe ich ungern, über Drängen meiner immer hilfsbereiten, sehr gutherzigen Frau übernommen. Da der Name der Witwe in der Analyse eine Rolle spielt, wollen wir sie „Rouge“ nennen. Bei jedem fälligen Zins ist mir die Witwe ein peinlicher Gedanke. Sie wird bestimmt kommen. Die Anforderungen sind sehr hohe, denn sie erhält sich mittels eines ziemlich kostspieligen Geschäftes. Wie wirst du ihr den Zins verschaffen? Wieviel wirst du bluten müssen? usw. Diese Dame war in der Tat bei mir. Das prophetisch vorher zu ahnen, war nicht schwer. Diesmal hatte sie noch keinen Kreuzer für den Zins zurückgelegt und es drohten ihr große Unannehmlichkeiten.

Der zweite rezente Anlaß war ein symbolischer. Geld bedeutet im Traume nach der symbolischen Gleichung neben anderen Se- und Exkreten meistens Stuhl...Ich war am Vorabend über Drängen eines Freundes in ein Varieté gegangen, um mich bei harmlosen Spässen ein wenig „auszulachen“. Was aber dort geboten wurde, war nur zuviel des „Eindeutigen“. Es war die nackte „Schweinerei“ ohne Verhüllung.

[1]) Zu den erwähnten Fällen möchte ich an dieser Stelle ein 18jähriges Mädchen anführen, das mit einer Saugflasche herumgeht und von Zeit zu Zeit einen Schluck Milch trinkt, „um nicht in Ohnmacht zu fallen“. Sie geht nie allein aus und muß immer von einer weiblichen (starken) Person geleitet werden. Im Angstanfall stürzt sie sich auf einen Wagen. (Kinderwagen.)

Nicht das Pikante, sondern das Ordinäre. Ich langweilte mich und schlief fast ein. Es gab wahrlich genug Anlaß, an den „Stuhlkomplex" zu denken. Auch ein mehr materieller, der sich im Bilde der einen Geldrolle, neben dem ein schmutziges Papier (die Zehnkronennote heißt in Wien noch immer der „Fünfer") ausdrückte. Das Bild des Traumes, die gelblich-längliche Goldrolle mit der Banknote daran, entspricht der Wirklichkeit in symbolischer Übersetzung.

Während ich das niederschreibe, fällt mir auf, daß der Traum von 541 Kronen spricht, während das Traumbild die charakteristische einzelne weiße Krone[1]) nicht zeigt. Oder sollte sie doch dort gelegen sein? Der Zweifel macht mich aufmerksam, daß hier ein wichtiger Gedanke verhüllt werden soll. Beginnen wir nun mit der Analyse: „Ich erhalte einen Brief von Frl. J. O." Auch das entspricht den Vorgängen des Vortages. Ich habe einen Brief erhalten, der mich zu einer ärztlichen Besprechung einlud. Ich behandle diese Dame seit vielen Jahren und schätze sie wegen ihrer vornehmen Charaktereigenschaften sehr hoch. Sie ist sehr reich, dabei äußerst bescheiden und wohltätig. Sie hat der armen Witwe schon zweimal einen namhaften Betrag gespendet. Der Traum spielt mit dem im Bewußtsein abgewiesenen Gedanken, ihr wieder von der Not meiner Schützlinge Mitteilung zu machen. Sie schickt im Traume das Geld unaufgefordert ... So weit ist ja die Wunscherfüllung klar. Auch stimmt der Betrag ungefähr mit der Höhe der notwendigen Summe.

Ich bekomme aber viele Briefe von dieser Dame, darunter einmal einen, den ich nicht aufmachen darf und der abgeholt werden sollte. Er lag wochenlang auf meinem Schreibtische, bis er an seinen Bestimmungsort gelangen konnte. Meine (mir im Bewußtsein fremde) Neugierde kommt auf ihre Rechnung. „Ich mache ihn auf." Allerdings verbergen sich noch andere Gedanken hinter diesem kurzen, aber inhaltsreichen Satze....

Nun zur sonderbaren Zahl 541 Kronen resp. 531 Kronen. Die Zahl 5 scheint uns aus dem Fünfer (10 Kronen) mehrfach unterstrichen. Sie deutet gewöhnlich auf Onanie. Wie stimmt das zum sonstigen Trauminhalt?

Zahlen haben meistens eine Beziehung zur Lebensdauer und variieren eigentlich immer eine Frage: Wie lange wirst du leben?

Dazu scheint die Zahl 41 eine Beziehung zu haben. Sie spielt in meinen Träumen eine große Rolle. Einmal träumte ich: „Setze die Zahl 41 in die Lotterie!" Da ich niemals die Unart und den Unsinn des kleinen Lottospieles (einer österreichischen Spezialität) mitmachte, so dachte ich nicht daran, diesen Imperativ zu erfüllen. Meine Nachbarin jedoch, eine Frau Berger, drang in mich, wir sollten gemeinsam 40 Kreuzer, jeder 20, riskieren und die Zahl setzen. Aber man brauchte zu einem Terno 3 Zahlen... Welche nun nehmen? Sie meinte das Datum. Ich weiß nicht mehr, wann der Vorfall sich abgespielt hat. Ich glaube im Sommer. Mir drängt sich als der Termin der 17. März auf. Wir setzten also die Zahlen 41 — 3 — 17 in die Lotterie. Der Mann der Nachbarin meinte, ich solle auch einen Gulden auf die Zahl 41 „auf den ersten Ruf" setzen. Man erhalte dafür — ich glaube das Hundertfache. Die Zahl muß jedoch in der Reihe der gezogenen Zahlen als die erste erscheinen.

[1]) Vgl. Traum Nr. 30.

Wer beschreibt mein Erstaunen, als die Zahlen 41 — 3 — 18 als gezogen auf den Tafeln der Lottokollektionen angekündigt wurden! Wir zogen einen bescheidenen Gewinnst — jeder 5 Kronen — ein. Frau B. meinte, der Traum wäre nach Mitternacht erschienen, ich hätte 41 — 3 — 18 setzen müssen. Die Zahl 41 war richtig als erste, also „auf den ersten Ruf" gezogen worden.

Ich habe dieses Ereignis nie anders als einen merkwürdigen Zufall betrachtet. Allein vor einigen Jahren hatte ich wieder einen sonderbaren Traum.

Ich lag schwer krank, aber vollkommen fieberfrei im einsamen Zimmer. Einen Moment lang schloß ich meine müden Augenlider und hatte eine seltsame Vision. Ich sah einen Leichenzug, hinter dem von Männern getragenen Sarge meine tränenüberströmte Frau, die schwarzgekleideten kleinen Kinderchen an der Hand führend. Ich muß zugeben, daß mich diese Vision trotz meiner Vorurteilslosigkeit derartigen Dingen gegenüber einigermaßen aus dem psychischen Gleichgewicht gebracht hat. Der Kranke ist in seinem psychischen Verhalten niemals dem vollkommen Gesunden zu vergleichen; leise Zweifel, unterdrückte Kindererinnerungen, vererbte Instinkte können einen Kranken viel eher aus dem Gleichgewichte bringen als einen Gesunden. Es gelang mir, die Vision aus dem Bewußtsein zu verdrängen, und bis auf eine kleine Verstimmung merkte niemand aus der Umgebung, daß ich von so düsteren Gedanken gepeinigt war. Diese Vision ereignete sich am Nachmittage. Ich schlief die Nacht darauf ungewöhnlich tief und fest und wurde erst gegen Morgen von einer Stimme geweckt, die mir schon bei wachem Bewußtsein und offenen Augen folgende Worte förmlich ins Ohr hinein schrie: „Du wirst noch vierzehn Tage leben. Nütze diese Zeit gehörig aus."

Momentan war ich davon sehr unangenehm berührt. Sollten diese Halluzinationen doch eine düstere Vorbedeutung sein? Meiner Umgebung gegenüber schwieg ich, brannte aber danach, irgend einen zweiten Menschen in mein Geheimnis einzuweihen. Einige Tage nach der erwähnten Halluzination traf ich in Abbazia ein, und schon am ersten Tage meines Aufenthaltes bat ich Herrn Baron N., der mir als sehr sympathisch und gebildet gerühmt wurde, und dem ich meine Halluzination vollinhaltlich erzählte, im Falle meines Ablebens Herrn Professor Freud, der sich für diese Dinge interessiere, davon zu verständigen. Der gute Herr Baron, der wie viele seiner gebildeten Standesgenossen etwas abergläubisch war, zeigte sichtlich alle Zeichen lebhaften Grauens und wunderte sich nicht wenig über die Seelenruhe, mit der ich von der Halluzination und meinem prophezeiten Sterbetag sprach.

Merkwürdigerweise habe ich am kritischen Tage an die Halluzination wenig gedacht. Es war gerade ein stürmischer Tag. Ich bestieg einen kleinen Dampfer, den die mannshohen Wellen wie eine Nußschale hin und her warfen. Da dachte ich einen Moment lang: „Wirst du jetzt sterben?" Es war keine Spur von Angst, eher eine wissenschaftliche Neugierde, wie bei einem interessanten Problem.

Der Dampfer kam glücklich in den Hafen. Die weitere Schiffahrt wurde wegen Sturmes eingestellt....

Heute erst, bei der Analyse, fällt es mir auf, daß 14 die Umkehrung von 41 ist. Woher aber die Zahl 41? Ich habe beim 41. Infanterie-Regimente gedient. (Das Regiment hat goldgelbe Aufschläge.) In der Jugend war ich ein zarter, schwacher Junge, der von seinen Kollegen der Hering genannt wurde. Mein sehnlichster Wunsch als Kind war es, stark zu werden. Ich übte jede Art von Sport, und meine Wünsche fanden ihre Erfüllung. In jener Zeit war ich noch der Onanie ergeben — vor dem 14. Lebensjahre — also vom 4. Lebensjahre bis zum 14. Lebensjahre. Als ich 14 Jahre alt war, wurde mir ein Buch in die Hand gegeben „Dr. Retaus Selbstbewahrung". Ich las es mit großem Schrecken. Dort stand es ja: Ich bin ein verlorener Mensch und werde bald sterben. Ich werde das 20. Lebensjahr nicht erreichen. Ich bin ein „ausgemergelter" Schwächling. Dieses Buch hätte mich zu einem schweren Neurotiker machen können, wenn mir nicht ein angeborener Humor und gesunder Menschenverstand über die schwere Zeit hinweg geholfen hätten. Ich hatte nichts von der scheuen Schüchternheit, die für Onanisten typisch sein soll. Ich sah jedermann frank und frei in die Augen, war fröhlich, unternehmungslustig und ohne eine Spur eines Angstgefühles. Nur die infolge der Abstinenz auftretenden Pollutionen brachten für einige Stunden eine trübere Stimmung....

Trotz meiner Heiterkeit war ich der Überzeugung, ich könnte kein hohes Alter erreichen und 20 Jahre schienen mir eine nicht zu überschreitende Grenze zu sein. Als ich nun mit 19 Jahren assentiert wurde, freute ich mich, da der Regimentsarzt die Bemerkung machte: „Außerordentlich kräftig. Tauglich ohne Gebrechen!" Ich wurde in das 41. Infanterie-Regiment eingereiht.

Die Zahl 41 deutet also auf die Tauglichkeit ohne Gebrechen hin.

Sie hat noch eine zweite, viel wichtigere Bedeutung. Schon im Gymnasium kam mir Gustav Freytags Roman „Soll und Haben" in die Hände. Meine Mutter schwärmte dafür und sagte: „Das Buch kannst du schon lesen." (Wenn sie damals gewußt hätte, was für Bücher ich s c h o n gelesen hatte!) Da kam ein Riese vor, der nur bis zum 41. oder 47. Lebensjahre zu leben hatte. Er lebte in dem Wahne, er werde diesen Geburtstag (der 18. März ist mein Geburtstag) nicht überleben. Er war einer der riesigen Lastträger, wie sie dort in dem Handlungshause tätig waren. Man kennt ja die Geschichte, wie der gute Riese diesen Todestag, den keiner seiner Ahnen überlebt hatte, verschlief und glücklich in ein neues Leben eintrat.

Das war mir offenbar eine günstige Vorbedeutung. Was fürchtest du den Tod? Zuerst mit 20 (21), dann mit 30 (31), dann mit 40 (41) Jahren? Du wirst ebenso wie der alte Lastträger deine Lasten weiter tragen. Du wirst alt werden. So stehen die Onanie (die fünf Finger der Hand!) und die Zahl 41 in Verbindung.

Frl. J. O. ist jetzt 54 Jahre alt. Sie ist sehr ängstlich geworden und fürchtet den Tod. Sie fürchtet ein Herzleiden und ein Lungenleiden. Dabei nimmt sie keine Medikamente, aus Angst vor Vergiftungen, und sagt wiederholt: „Wenn ich einmal einen Krebs habe, ich lasse mich nicht operieren [1]). Ich lasse mir nicht den Bauch aufmachen."

Hörte ich nicht gestern eine solche Anekdote im Varieté? Ein Kranker wird operiert. Der Operateur entdeckt, er hätte einen Tupfer vergessen. Der Kranke muß sich noch einmal operieren lassen. Nach der zweiten Operation wieder Fieber. Der Operateur entdeckt, daß er den Manschettenknopf darin gelassen hat. Zweite Operation. Wieder Fieber. Der Zwicker soll darinnen sein. Da sagt der bisher geduldige Kranke:

[1]) Zehn Jahre später wurde sie an einem Krebs operiert!

„Herr Doktor! können sie mir die Wunde nicht gleich zum Auf- und Zuknöpfen einrichten?“

Einem eine Summe „abknöpfen“ ist ein im Studentenleben gebräuchlicher Ausdruck. Ich will also Frl. J. O. die Summe für meine Schützlinge abknöpfen. Ob aber nur für die fremden Kinder?

Die Fortsetzung des Traumes drückt einen anderen Gedanken aus. Die Befürchtung, ich könnte sterben und meine Kinder als Waisen zurücklassen. Ich hatte vor einigen Wochen — wahrscheinlich infolge zu starken Rauchens — einen bösen Anfall: Kopfschmerzen und Schwindel. Damals sagten mir Freunde, ich arbeite zuviel, ich solle mich mehr zerstreuen und nicht soviel am Schreibtische sitzen. (Daher der Gang ins Varieté!)

Die Niederschrift dieses Buches gab mir in der Tat sehr viel Arbeit. Sie raubte mir einen Teil meiner Erholungszeit, und die Warnungen meiner Freunde und Bekannten finden ein Echo in dem Traume.

Ich werde bald sterben. Meine Kinder werden Waisen sein. Wer wird für sie sorgen? Frl. J. O. hatte mir einige Male zu verstehen gegeben, daß ich einmal Gelegenheit haben werde, zu ersehen, eine wie gute Freundin sie mir gewesen. Hic Rhodus! Hic salta! Ich will sehen, wie sie für meine Familie sorgt, wenn ich tot bin. Ich bin der originelle Karl V., der seinen eigenen Leichenzug ansehen will. Ich sehe das Geld kommen, einen Zehner für die Frau Rouge und 531 K. für meine Frau, ein Sümmchen, mit dem sie ja einen Monat leben könnte — und das samt dem Reinigungsgelde, das man in Wien dem Hausbesorger zahlt, die Höhe meines alten Zinses macht.

Allein Frl. J. O. ist im Traume sehr mißtrauisch. Ich soll ihr die Rezepisse einschicken. Auch das geht auf ein rezentes Erlebnis zurück. Bei meinem letzten Besuche fragte Frl. J. O., was ich denn jeden Abend als Strohwitwer in Wien mache. (Meine Frau war momentan in der Sommerfrische.) „Ich arbeite jeden Abend“, war meine Antwort.

Das wollte der guten Dame gar nicht eingehen. Sie ist immer bereit, die Männer und Frauen zu verdächtigen. Sie sah mich sehr zweifelnd und mißtrauisch an und sagte: „So — so! Sie arbeiten.“

In diesem Traume erhält sie die Bestätigung meiner Redlichkeit. Ich habe mich zu Tode gearbeitet. Ich werde ihr jetzt die Beweise (Rezepisse) einschicken. Zur Strafe für ihr Mißtrauen muß sie für die Armen (Waisen) und die Witwe sorgen.

Da ist meine liebe Frau ganz anders geartet. Die glaubt an mich und bittet mich, weniger zu arbeiten. Es sei unsinnig, sich so wenig Erholung zu gönnen. „Diesen Unsinn mußt du nicht machen.“

Doch welch peinlicher neuer Gedanke! Meine Frau glaubt an die Traumdeutung nicht. Sie will von ihr nichts wissen. Sie hält sie am Ende für einen „Schwindel“. Nun — nach meinem Tode wird sie sehen, was ich da für ein Werk geleistet habe. (Natürlich — unbewußte Größenideen!) Sie wird noch nach meinem Tode von meinen Werken leben können.

Jetzt kommt der fremde Herr! Wir kennen diesen unangenehmen Gesellen. Er ist der Tod. Ich erkläre ihm, „daß ich einer Witwe den Zins zahlen werde“. Also ich und nicht das Frl. J. O., das ihre (dreckigen!) 541 Kronen behalten kann. („Du kannst schon etwas behalten.“) Wir bemerken eine unbewußte und ungerechte Schmähung der wohltätigen Dame.

Doch was sollen diese rätselhaften Rezepisse, aus denen sich nichts kontrollieren lasse. Ich schicke meiner Frau jede Woche einen gewissen Betrag in die Sommerfrische. Er kommt mir etwas größer vor als ihre Bedürfnisse, und ich ahne, daß ihr gütiges Herz dabei auf seine Rechnung kommt. Ja aus den Rezepissen kann ich das nicht kontrollieren. („Gefühl, daß ich die Möglichkeit des Schwindels überdenke.")

Also auch ich habe Mißtrauen! Da will ich mich über das Mißtrauen des Frl. J. O. lustig machen. Habe ich nicht gesagt: „Mißtrauen fängt beim eigenen Ich an?" Ich muß also gegen mich mißtrauisch sein.

Bezieht sich das auf das Traumbuch, an dem ich arbeite? Wie vieles erscheint den Uneingeweihten willkürlich und gewagt! Werden die Leute das nicht als einen Schwindel betrachten?

Neulich traf mich ein Herr Berger auf der Straße. Ein anderer als der uns schon aus dem Lottointermezzo bekannte. Er erkundigte sich nach meinem neuen Berufe. Als er das Wort „Psychotherapie" hörte, sagte er: „Weißt du — ich habe dich immer für einen gescheiten Menschen gehalten. Aber daß du einen solchen Schwindel mitmachst, das kann ich mir gar nicht vorstellen. Denn du bist mir zu klug, als daß ich annehmen könnte, du könntest daran glauben."

Bis hierher will ich die Analyse führen. Die interessantesten Gesichtspunkte ergeben sich erst, wenn man für Geld nach Kot auch Sperma und Blut einsetzt. Frl. J. O. hat auch an Bluthusten gelitten. Ein Anämischer leidet auch an Schwindel. Auch hängt der Schwindel mit der „Rolle" zusammen. Eine Rolle spielt der Schauspieler. Ein Schwindler ist ein Schauspieler des Lebens.

Doch brechen wir ab. Das Wichtigste war es mir, zu zeigen, wie die Zahl 541 mit meinen Vorstellungen von meiner Lebensdauer verquickt ist.

Welch' eine Fülle von Beziehungen würde noch aus dieser Zahl zu ziehen sein! Begnügen wir uns mit der wichtigsten — mit der Relation zum Tode.

Der fremde Herr, der so bescheiden im Traume die Meinung ausspricht, das lasse sich aus Rezepissen sicher kontrollieren, hat das unfehlbare Rezept für alle Leiden. Er hat die oberste Kontrolle über alle Sterblichen.

Herr L. K., ein an Platzangst leidender Arzt, träumt:

Eine Zahlenanalyse.

(423.) „Ich befinde mich mit Herrn Dr. Stekel und noch einem jungen Manne in einem Herrenkleidersalon. Ich mache Herrn Dr. Stekel bittere Vorwürfe über die Dauer der Behandlung, das Resultat usw., wobei ich tüchtig schimpfe. Dr. Stekel schweigt und setzt sich aufs Kanapee. Dann zeigt er mir einen Rock ohne Ärmel, wie ihn die Schneider zum Probieren bringen. Ich frage: „Was kostet der Rock?" Dr. Stekel sagt: „40 Kronen." Ich denke mir: „Das ist nicht teuer."

Wir drei wollen fortgehen, da bemerken wir in der anderen Ecke des Salons viele junge Mädchen, Schneiderinnen, die zu einer Versammlung hergekommen sind."

Anscheinend ein klarer durchsichtiger Traum. Trotzdem einer der kompliziertesten, die einem Deuter unterkommen können. Er ist ohne Hilfe des Träumers kaum in seinen weiten Umrissen zu deuten.

Wir merken sofort, daß es ein Widerstandstraum während der Behandlung ist. Der Patient (ein Arzt!) schimpft und ist unzufrieden. Kurz, er reagiert Affekte im Traume ab, die mich als einen Beutelschneider darstellen, der ihm nicht hilft und des Geldes beraubt, der ihm den Rock auszieht, so daß er in Hemdärmeln nach Hause fahren wird. Er ist nur ein Versuchskaninchen; die Kur ist nur ein Probieren.

Eine weitere Analyse ergibt, daß es sich um eine Spaltung der Persönlichkeit handelt, und daß er über sich böse ist. Er identifiziert sich mit mir. Er macht sich Vorwürfe, bittere Vorwürfe, daß er durch Widerstände die Kur hinausziehe und erzählt mir endlich das schwerste Trauma seines Lebens. Allerdings in sehr verhüllter Form. Denn der Dr. Stekel, der schweigt, ist er selbst. Er hat schon zwei Wochen lang von der Aussichtslosigkeit der Kur gesprochen, ohne das zur Analyse notwendige Material zu bringen.

Eine nähere Aufklärung erhalten wir erst durch die Analyse der Zahl 40. Sie ist unendlich reichhaltig determiniert, wie alle Zahlen im Traume.

Nr. 40 hat der Wagen der Elektrischen, mit dem er zu mir fährt. „Wenn ich die Nummer 40 sehe, fühle ich mich schon geborgen." Er hat mein Buch über „Nervöse Angstzustände" sehr genau gelesen. Dort wird ein Mann beschrieben, der in der Mariahilfstraße wohnt und nur bis zum Haus Nr. 40 gehen kann. Der Fall hat mit seinem die größte Ähnlichkeit. Wenn man so einem Menschen hilft, sind 40 Kronen nicht zu teuer. So viel, hörte er, lasse sich ein Professor der Neurologie für eine Konsultation bezahlen. Er ist gerade 40 Jahre alt. Einer seiner Landsleute liegt jetzt gerade in einem Sanatorium krank danieder. Er zahlt daselbst auch 40 Kronen täglich.

Der Kaiser ist jetzt 80 Jahre alt, d. i. zweimal 40. Der Vater ist im Jahre 1842 geboren. Sein Schneider hat 40 Kronen für einen wasserdichten Regenmantel gefordert. 40 000 Gulden beträgt das Vermögen seines Vaters. Er hatte sich oft gewünscht, sein Vater möge so alt werden wie der Kaiser.

Jetzt fällt ihm der Traumanlaß ein. Der Schneider hatte ihn gefragt, warum er sich jetzt so wenig Kleider bestelle. Der Schneider heißt „Aufschneider". Er erwiderte melancholisch, ein Todeskandidat brauche keine neuen Kleider. Diese düstere Stimmung läßt natürlich auf ein tiefes Schuldbewußtsein schließen. Nach dem Prinzipe der Talion müßte er einem anderen den Tod gewünscht haben. Das stimmt. Todesgedanken gingen auf den Vater, den er beerben wollte.

Einige weitere Assoziationen auf 40 tauchen auf. 400 Kronen hat er vorigen Monat ausgegeben. 4000 Kronen wollte er seiner Gesundheit opfern. Schließlich kommen die wichtigsten Assoziationen. Er hat zwei Neffen, die er leidenschaftlich geliebt hat. Der eine starb vor einigen Jahren im Alter von 10 Jahren. 4 Jahre war der Neffe alt, als er nach Wien kam. Zu Beginn seiner Erkrankung war er 32 Jahre alt, sein Neffe 8 Jahre (32 + 8 = 40). Er wohnte damals in einem Hause Nr. 40. Kurz die 40 spuken in allen möglichen Variationen durch seinen Kopf.

Nach einer längeren Pause fällt ihm ein Erlebnis ein. Ein Bauernjunge hatte seiner Fabrik zu tun und geriet mit beiden Armen in einen Transmissionsriemen, so daß ihm beide Arme abgerissen — oder weggeschnitten wurden. Dieser Junge erhielt dann eine Rente von 40 Kronen monatlich vom Gerichte zugesprochen.

Doch diese Erinnerung ist nur der Vorläufer einer viel wichtigeren. Der eine Neffe fuhr mit seiner Mutter über ein Eisenbahngeleise. Ein Schnellzug, der dahergebraust kam, fuhr an den rückwärtigen Teil des Wagens an. Das Kindermädchen wurde herausgeschleudert und starb nach einigen Minuten an einer inneren Verblutung. Wir erfahren jetzt, daß dieses schreckliche Erlebnis tiefe Beziehungen zur Neurose hat.

Dieser Neffe war der Abgott seines Vaters und seiner Schwester. Er war eigentlich auf den Kleinen eifersüchtig. Alle Liebe wollte er für sich haben und auf sich konzentrieren. Er hatte den Egoismus der verwöhnten Kinder, die maßlos in ihren Ansprüchen an Liebe sind.

Als die Tante einige Tage nach dem Unfall zu ihm nach Wien gekommen war, durchzuckte ihn der Gedanke: O wäre das Kind gestorben! Das hatte noch andere Gründe. Die bloß um 4 Jahre ältere Tante war seine stärkste Neigung. Er liebte sie so leidenschaftlich, als seine impulsive Natur dessen fähig war. Die Tante lebte in unglücklicher Ehe mit einem Chirurgen (Schneider). Wenn das Kind nicht gelebt hätte, so wäre die Ehe getrennt worden. Er hatte also mehrere Motive (neben dem Geld und Erbmotiv!), den Tod dieses Knaben zu wünschen. Er hätte damals von der Eisenbahn entzweigeschnitten werden können. Die Eisenbahn ist der große Schneider, der Tod mit der Sense. Die Versammlung der Schneiderinnen, das sind die Burschen, die in die Maschine kommen. Das sind die Mädchen, die man umarmt, und bei denen man sich die Lues und den Tod holt.

Wir sehen, daß das Schweigen und der Schneider hier auf den Tod deuten. Aber noch mehr. Die Juden haben die Sitte, nach dem Tode eines Verwandten sich die Kleider aufzuschneiden, sie alle zu vernichten. Sie machen es zwar nur in symbolischer Form, zum Scheine; aber es wird in irgend ein altes, meist wertloses Kleidungsstück ein Schnitt hinein gemacht. Er hätte damals statt über das Kindermädchen über den Tod seines Neffen trauern können.

Das Schuldbewußtsein, das von diesem Todesgedanken ausging, war die treibende Kraft seiner Neurose. Denn er lernte den Knaben kennen und lieben. Je größer die Liebe wurde, desto eifersüchtiger wurde er. Denn wir sind nur auf jene Personen eifersüchtig, die wir selber lieben. Wir müssen eine Liebe begreiflich finden, um eifersüchtig zu sein. Begreiflich durch unser eigenes Gefühl.

Er liebte also den Knaben. Er setzte ihn oft auf seinen Schoß und koste mit ihm. Homosexuelle Gefühle erwachten. Was er damals wollte, das erzählte uns ein anderer Traum, den er einige Tage vorher geträumt hatte und dessen Deutung damals unmöglich war.

(424.) „Ich befinde mich in einem großen Saal. Da erscheinen zwei nackte Ballettmädchen; mit diesen tanze ich; dann umarme ich sie von rückwärts und verabredete mit ihnen ein Rendezvous nach der Vorstellung. Sie blickt mir lächelnd ins Gesicht und sagt weder ja noch nein. Inzwischen koitiere ich sie in anum und erwache mit einer Pollution.“

Die kurze Analyse zeigt, daß die beiden Neffen, die nackt sind, die Ballettmädchen darstellen. Ballspielen war das Lieblingsspiel der Knaben. Außerdem symbolisieren die beiden Ballettmädchen die Hinterbacken. Tanzen war für ihn immer ein sexuelles Vergnügen, bei dem er intensive Libido empfand.

Der Knabe sagt weder **ja noch** nein, d. h. er schweigt, er ist tot. Das Rendezvous deutet auf Todesgedanken, auf ein Wiedersehen im Himmel, das er sich durch Keuschheit (dreijährige Abstinenz) erkaufen wollte. Wie bei allen Neurosen schlummern in den Tiefen seiner Seele ein quälendes Schuldbewußtsein und eine heimliche, starke, aber ängstlich verborgene Religiosität. Nach außen und für sein Bewußtsein ist er Freidenker und Atheist. Im Innern ist er gläubig.

Er leidet an Angstanfällen. Der erste Anfall trat bezeichnenderweise einige Schritte (40?) von jener Stelle entfernt, auf, wo die Eisenbahn das Kindermädchen getötet hatte, und das Kind wie durch ein Wunder heil blieb.

Er ist ein „aufgeklärter" Mensch. Bei den Angstanfällen auf der Gasse murmelt er unwillkürlich: „Gott kann dich nicht so verlassen, daß du stürzest." Das ist die Umkehrung seiner Angst, Gott könne ihn strafen. Deshalb hat er beim Sonnenschein mehr Angst als bei trübem Wetter. Der Himmel soll nicht in sein finsteres Herz blicken. Er kann das Gedicht „Die Sonne bringt es an den Tag" (Chamisso) nicht leiden. Ebensowenig die „Kraniche des Ibykus".

Jetzt fällt uns ein früherer Traum ein, der uns lange rätselhaft gewesen:

(425.) „Ich bin ein kleines Kind, nackt im Hemd und spiele mit einer Maus, der ich den Hinterteil mehrere Male abhacke."

Die Maus, der Hausgenosse im Sinne des trefflichen Artemidoros, bedeutet seinen Neffen, dem er mehrere Male den Tod gewünscht hat. Weitere Beziehungen, daß er sich mit dem kleineren Neffen identifiziert, daher sterben wird, daß es gerade der Hinterteil ist, den er abhackt, fallen auf. Wir denken an die Verlegung von vorne nach hinten und kommen auf den Kastrationskomplex, die Beschneidung, die in seinem Leben ebenfalls eine große Rolle gespielt hat.

Seine Neurose ist die Strafe für die Todes- und Liebesgedanken auf seinen Neffen. Es fällt ihm ein, daß er zu dem Kindermädchen des Knaben eine große Leidenschaft faßte. Er wollte ihr ein Kind machen, so schön wie der geliebte kleine Knabe. Dabei rührte er sie nicht an. Er war ihr gegenüber impotent. Er legte sich zu ihr ins Bett und spielte nur mit ihr. Er behandelte sie als „noli me tangere", wie eine Verwandte, die durch eine Inzestschranke von ihm getrennt war. Einige Jahre später machte ihm das Mädchen Vorwürfe, daß er sie damals nicht genommen. Ihr Sträuben geschah nur aus selbstverständlicher Scham. Wie alle Frauen wollte sie sich den Aufwand von Hingabe durch einen Gewaltakt von seiner Seite ersparen. Sie wollte unschuldig sein an ihrem Falle [1]).

Der Ausdruck „das ist nicht teuer" geht auf das Kind, das damals an einem Ekzem (Vierziger im Volksmunde) gelitten hatte. Es war ihm nicht teuer und wurde ihm später teuer. Das Wort „teuer" ist ein Wechselwort, wie sie in Träumen so häufig gebraucht werden.

Er leidet an Platzangst. Was er fürchtet, ist die Strafe Gottes für seine Todeswünsche. Er verdient den Kerker. Er ist ein Mörder (Schneider). Dies Urteil hat er an sich selbst vollzogen; er ist in seinem Hause hilflos eingekerkert. Die Angst hat ihn der Freiheit beraubt.

---

[1]) Alle Neurotiker haben dies Ideal: Lust ohne Schuld. Sie möchten verbotene Lust genießen, welche der Zwang der Verhältnisse aller Schuld beraubt.

Endlich zeigt der Traum Übertragungsgedanken auf mich. Ich soll mich auf den Diwan setzen und den Rock ausziehen. Er hackt den Hinterteil ab, d. h. er will von seiner Anal-Erotik nichts wissen. Für einen Liebesakt von meiner Seite findet er 40 Kronen nicht teuer. Der rätselhafte junge Mann symbolisiert den „Kleinen" (Penis und Neffen). Alle drei sollen fortgehen — d. h. sterben. Es wird eine Buße für die Sünden sein. Die vielen Schneiderinnen (die sich die Kleider einschneiden) beziehen sich auf das Leichenbegängnis. In einem der nächsten Träume läßt er mich sterben. Die Kur geht bald zu Ende, und ich werde zu den Toten geworfen [1]).

Eine einfache Zahlensymbolik enthält der Traum der Zahl 14, den der uns wohlbekannte Herr Omikron geträumt hat (34, 47, 48, 98).

(426.) „Ich war zu Hause. Der Vater lebte noch. Dort war die Tochter meines Wirtes. Ich habe ihr einen Kuß auf die Stirne gegeben. Habe ihr dabei die Zahl 14 auf die Stirne geschrieben. Meine Schwester hat gesagt: „Du willst ein moderner Mensch sein, trägst einen modernen Rock und machst solche Sachen?" Ich habe gedacht: „Ich lasse mich nicht einschüchtern. Ich weiß, daß ich kein Unrecht tue. Ich habe jetzt andere Ansichten." Der Vater sagte: „Wenn es die Mutter nicht will, so soll ich es nicht tun."

P. S. Ich habe 20 aufgeschrieben und sah die Zahl 19. Ich sagte der Schwester: „Ich habe nichts dafür gezahlt, weil ich schon vorher gezahlt habe."

Analyse: „Die Tochter meines Wirts" ist seine Schwester. Das entscheidende Trauma zwischen ihnen fand statt, als er 6 Jahre, sie 8 alt war. (6 + 8 = 14.) Vierzehn hat noch eine zweite Bedeutung. Vier Zähne hatte seine Mutter, als er 10 Jahre alt war. Aber auch 20 führt er auf zweimal zehn zurück. (Auch 19 ist eigentlich zehn, d. h. 1 + 9. Die zehn Gebote!) Zu zwanzig fällt ihm auch Schwanz ein. Er ist Onanist. Ein Freund sagte ihm vor einigen Tagen: „Mir scheint, du machst 36," was im Volksmunde gleich 66 Onanie bedeutet (dreißig — reiß — ich; siehe Träume 171—177).

Eine andere Bedeutung geht über das Tschechische; čtrnact (14) erinnert ihn an strkali, hineinstecken. An den Analkomplex mahnt eine alte Gewohnheit seiner Jugend. Er küßte seine Schwester auf die Stirne, wobei er mit den Lippen ein Geräusch produzierte, das sich durch 14 ausdrücken läßt, wenn man den ersten Diphthong durch einen anderen Vokal ersetzt.

Der Sinn des Traumes geht dahin, daß ihn seine Schwester wegen seiner infantilen Laster, meistens wegen der Onanie, Vorwürfe macht. Er will sich aber nicht einschüchtern lassen. Er hat schwere Jahre der Abstinenz hinter sich und will sich die Onanie nicht rauben lassen. Er hat „neue" Ansichten. Auch der Vater stimmt ja zu, und die Mutter war es nicht, die ihm wegen der infantilen Onanie mit Strafen drohte.

Die letzten Sätze, die vom Zahlen (Bezahlen) handeln, worauf sich auch die Zahlen beziehen, bedeuten seine Buße für seine Spielereien und

[1]) Ich möchte nicht unerwähnt lassen, daß er seinen Vater der Lues verdächtigt. Sein Vater ist auch Arzt und soll ein großer Don Juan sein. Er war einmal im Bad Hall. (Daher die „Vierziger" = Ausschlag.) Auch der anale Komplex (4 und 0) kommt symbolisch in Betracht.

Inzestphantasien mit der Schwester. Er hat mit einigen Jahren schwerster Neurose dafür „bezahlt". Dieser Doppelsinn von Schuld und Zahlen spielt in allen Zahlenanalysen eine große Rolle.

Er hat die Ehre seiner Schwester umgebracht: Das Kainszeichen (Brudermord). Der Traum ist dabei sehr entstellt und heuchlerisch verdeckt. Die Schwester verlangt, er solle ein moderner Mensch sein. Dieselben Traumgedanken brechen in anderen Träumen viel offener durch. Der Kuß auf die Stirne ist eine Verlegung von unten nach oben. Es handelt sich um die Phantasie eines Kunnilingus. Das Schwanken zwischen 14) und 20 erklärt sich auch daraus, daß er eine zweite Schwester hat, die um 6 Jahre älter ist, als die im Traume handelnde. Die wichtigste Bedeutung: Er hat sich gegen die zehn Gebote, besonders gegen das vierte schwer vergangen. Seine Träume verraten ja alle eine tief religiöse Natur.

Herr Ernst träumt:

(427.) „**Ich war nach Italien gereist in einem Salonwagen mit mehreren anderen. In Rom war es sehr heiß. Auf der Rückreise hatte ich den Eindruck, als ob der Salonwagen für mich speziell gemacht worden sei und von mir bezahlt werden müsse. Daß letzteres der Fall, wurde mir vom Schaffner eröffnet. Auf einer Haltestelle, auf der wir alle den Wagen verließen, fragte ich einen Mitreisenden, wieviel wohl ein solcher Wagen kosten würde. Er antwortete mir, 9 Pfund, worauf ich erwiderte, wohl 9 × 16. Ein anderer hatte mir vorher angedeutet, daß der Wagen wohl 100 000 Mark kosten werde.**

Auf der Haltestelle sah ich deutlich die Inschrift am Wagen: „Internationale Schlafwagengesellschaft".

Ich erwachte mit dem Gefühle, in eine fatale Geldklemme geraten zu sein."

Von der Bedeutung dieses Traumes als Mutterleibsphantasie werde ich am Schlusse sprechen. Die Analyse der Zahlen war erst unmöglich.....

Nach einigen Tagen brachte Herr Ernst einen Traum, in dem eine Kirche in 3 oder 4 Felder geteilt war. Auch spielte die Zahl 17 in diesem Traume eine Rolle.

Nun gibt Herr Ernst an, daß er im Gymnasium immer die Zahlen 9 und 12 zwangsmäßig zählen mußte. Er sagte die Vokabeln 9- oder 12mal auf. Er sagte sich vor einer Prüfung: „Du mußt jetzt den Weg bis zum nächsten Haus 9- oder 12mal machen, sonst fällst du durch."

Solche Zwangshandlungen enthalten:

1. Eine Todesklausel.
2. Die Bindung von Angst und Zweifel durch einen Imperativ.
3. Einen historischen Imperativ. Der Imperativ stammt von einer Autorität des Infantillebens ab.

Mit diesem Schlüssel konnte ich die Zahlen im Traume und die Zwangshandlung deuten. Es handelt sich um ein Schuldbewußtsein gegen den Vater. Dieser starb 1884, nachdem Herr Ernst ihm schon lange den Tod gewünscht hatte.

Die Zahl 1884 enthält die Zahlen 9, 12, 16, 17. Nämlich: $1 + 8 = 9$. $8 + 8 = 16$. $1 + 8 + 8 = 17$. $8 + 4 = 12$. Die Zwangszahlen 9 und 12 sind Zusammenziehungen von 18 und 84, dem Todesjahr des Vaters.

Er machte vor einer Prüfung 9 Schritte und ging dann zurück. Das heißt, er machte den Tod des Vaters rückgängig. Ein Jahr nach dem Tode des Vaters, mit 16 Jahren, wurde Herr Ernst sehr fromm ($8 + 8 = 16$).

Die Frömmigkeit steigerte sich auffallend um das 21. Lebensjahr, das ein sehr kritisches war (1884 = 1 + 8 + 8 + 4 = 21). Die schwerste Krise kam aber im 32. Lebensjahre (8 × 4 = 32). Die Familie bestand aus 4 Mitgliedern. Der Vater starb, und sie waren nur 3 (3 × 4 = 12).

Sein Schuldbewußtsein drückt sich in dem Traume aus. Der Salonwagen ist der Sarg. Die Haltestelle die Himmelspforte. Der Schaffner der Vater. Seine Schuld ist groß, 9 (1 + 8) — wächst zu 9 × 16 (gebildet aus 1889 und zwar 1 + 8 = 9 und 8 + 8 = 16). Schließlich wächst sie ins Unermeßliche, 100 000 Mk. Das Geld deutet hier die Sündenschuld. Die Schlafwagengesellschaft: die Toten (Schlaf und Tod).

Die Zwangsvorstellung enthält: 1. Eine Todesklausel: Du wirst sterben, weil du deinem Vater den Tod gewünscht hast. 2. Er band durch das „Rückgängigmachen" die Angst vor der Strafe Gottes und den Zweifel an Gott. 3. Der Imperativ seiner Kirche hieß: Ehre Vater und Mutter, damit es dir wohl[1]) ergehe auf Erden.

Nach dieser Zahlenanalyse möchte ich von der Mutterleibsphantasie sprechen. Die Stelle im Traume heißt:

> „Ich war nach Italien gereist in einem Salonwagen. In Rom war es sehr heiß. Auf der Rückreise hatte ich den Eindruck, daß der Salonwagen für mich speziell gemacht worden wäre."

Die Analyse ergibt, daß sich der Salonwagen auf den Mutterleib[2]) beziehen muß und Italien für die Genitalien steht. Rom ist der Wohnsitz des Papstes (papa!).

Während sich sonst die Neurotiker gegen die Zumutung der Mutterleibsphantasie anfänglich energisch sträuben, sinnt der Träumer einige Minuten und sagt: „Ich muß Ihnen diese bewußte Phantasie offen zugeben. Ich war 13 Jahre alt, als ich mir wünschte, eine ungeheuer große Riesin kennen zu lernen, in deren Leib ich spazieren gehen und wo ich alles inspizieren könnte. Ich würde es mir dann in der roten Höhle sehr bequem und behaglich machen. Auch phantasierte ich mir eine Schaukel, die in dem Leib dieser Riesin 10 m hoch aufgehängt wäre. Dorten wollte ich dann lustig hin und her schaukeln."

Dieser Patient hat die ursprüngliche Proportion (Fötus und Mutter) auf seine damalige Größe übertragen. Nun da er so erwachsen war, müßte der Leib, in dem er sich bewegen könnte, der Leib einer Riesin sein. Selbstverständlich hat gerade dieser Neurotiker einen ausgesprochenen Kleinheitswahn, der sich teilweise durch einen hypertrophischen Größenwahn überkompensiert hat. So zeigt er die typische „Bipolarität der Symptome". Diese eingestandene bewußte Mutterleibsphantasie ist eine verhältnismäßig seltene Erscheinung. Bei diesem Patienten spielte jedoch die Mutterleibsphantasie in seinen Abwehrhandlungen eine große Rolle. Er wurde nämlich mehrere Male im Leben auffallend fromm und machte jedesmal eine „Wiedergeburt" mit. Das erste Mal nach der Lektüre einer einschlägigen Stelle im Neuen Testamente:

„Es war aber ein Mensch unter den Pharisäern, mit Namen Nicodemus, ein Oberster unter den Juden. Der kam zu Jesu bei der Nacht und sprach zu ihm: Meister, wir wissen, daß du bist ein Lehrer von Gott

---

[1]) Beachte die vielen wohl im Traume. Auf die Todesjahre von nahen Verwandten ist bei Zahlen im Traume immer sorgfältig zu achten...

[2]) Auch die fatale Geldklemme ist nur eine Geburtsphantasie.

gekommen; denn niemand kann die Zeichen tun, die du tust, es sei denn Gott mit ihm. Jesu antwortete und sprach zu ihm: Wahrlich, wahrlich, ich sage dir: Es sei denn, daß jemand von neuem geboren werde, kann er das Reich Gottes nicht sehen. Nicodemus spricht zu ihm: Wie kann ein Mensch geboren werden, wenn er alt ist? Kann er auch wiederum in seiner Mutter Leib gehen und geboren werden? Jesus antwortete: Wahrlich, wahrlich, ich sage dir: Es sei denn, daß jemand geboren werde aus dem Wasser und Geist, so kann er nicht in das Reich Gottes kommen. Was vom Fleisch geboren wird, das ist Fleisch, und was vom Geist geboren wird, das ist Geist. Laß dich's nicht wundern, daß ich dir gesagt habe: Ihr müsset von neuem geboren werden."

Mit 12, 21 und 32 Jahren machte dieser Patient die „religiöse Wiedergeburt" mit. Daß es gerade diese Jahre waren, hatte ja die Begründung in seinem Schuldbewußtsein.

Nach dem Tode des Vaters kam seine erste Wiedergeburt. Er wurde aus einem schlimmen, wilden, faulen Kind einer der bravsten, frömmsten Schüler... Seine sexuellen Phantasien wurden verdrängt und kehrten doch immer wieder. Schließlich drang das Verdrängte in das Verdrängende ein. Die religiösen Ektasen durchsetzten sich mit sexuellen Phantasien. Er fühlte sich rein, schuldbefreit und wiedergeboren. Jedesmal wie „neugeboren". Eine gewisse Neigung zum Katholizismus und Madonnenkult (Schoß der allein seligmachenden Kirche!) trat ebenfalls in diesen frommen Perioden auf. Er, der Protestant, besuchte gerne katholische Kirchen... wie er glaubt, nur aus Kunstinteresse. (Verschiebung.) Er erwartet noch immer eine Wiedergeburt. Auch jetzt von der Analyse. Wir erwarten immer das, was wir schon erlebt haben. Alle Zukunft ist nur ein Spiegel der Vergangenheit.

Nachtrag. Zur Zahl 13 brachte mir eine Analyse neue Gesichtspunkte. Bekanntlich ist der Aberglaube, die Zahl 13 bringe Unglück, so groß, daß sich viele Menschen scheuen, an einer Tafel zu sitzen, an der 13 Personen sitzen. Dieser Aberglaube ist so verbreitet, daß die Hotels die Zahl 13 auslassen und nach dem Zimmer 12 gleich das Zimmer 14 folgen lassen. Ein solcher Aberglauben muß wie jeder Aberglauben einem tiefen Schuldbewußtsein entsprechen. Man fürchtet nur ein Unglück, wenn man eines gewünscht hat. Nun haben wir den rätselhaften Vierten wiederholt als den Tod entschleiern können und dabei die Erklärung gegeben, der Vierte solle aus dreien zwei machen.

Eine weitere Bedeutung erhält der Vierer bei Katholiken als Ausdruck der letzten vier Dinge: Der Tod, das Gericht, die Hölle und der Himmel.

Die 7 beziehen Symbolwerte als die sieben Todsünden (Hoffart, Geiz, Unkeuschheit, Neid, Unmäßigkeit, Zorn und Trägheit).

XXXIX.

Biographische Träume.

Es gibt Träume, die das ganze Leben des Träumers darstellen. Freud nennt sie mit Recht „biographische Träume". Ein solches Beispiel will ich hier mitteilen. Herr Theta (37, 100, 214,) träumt:

(428.) „Ich liege in einem Haustore, vielleicht auf irgend einer Matratze, und pflege der Ruhe. Hinter mir sind noch zwei Bekannte oder Freunde in demselben Tore, die miteinander zeitweise sprechen, vielleicht auch einer mit mir. Dann will ich mich nach Hause begeben. Da gerade der Hausbesorger in dem verlassenen Hause sperren will, beeile ich mich, nur hinauszukommen und das Sperrgeld zu ersparen, und gehe weiter. Dabei passiere ich noch ein Gasthaus. Es ist volkstümlichen Ranges und etwas besucht. Eine Kapelle von wenigen Leuten beginnt scheinbar, weil sie meiner ansichtig wird und ein Trinkgeld haben will, zu spielen. Es sind vier bis fünf Mann und auch ein älteres Weib in einem violetten Kleide, vielleicht eine Harfenistin. Ich gehe an ihnen vorüber, ohne ihnen irgend etwas zu geben und noch durch ein zweites Tor und bin jetzt auf der Straße, von wo aus ich vielleicht noch zwei Straßen bis nach Hause habe. Die erste Straße ist etwas eng und setzt sich nach links hinauf fort und besitzt auch einige Stufen. Ich aber gehe nach Hause zu etwas rechts abwärts und biege am unteren tiefen Straßenende links um die Ecke und gehe weiter heimwärts. Beim Verlassen des ersten Haustores habe ich in der einen Hand einen Stock, in der anderen schleppe ich, mich beeilend, ein Tuch nach, vielleicht einen Plaid, der mir etwa beim Liegen im Haustor zum Umhüllen gedient haben kann.“

Nachtrag:

„Beim zweiten Haustor scheint auch ein Hausbesorger gewesen zu sein, der rasch schließen wollte. Auch da hatte ich die Empfindung, rasch vorübergehen zu müssen, um nicht zu zahlen.“

Wir kennen Herrn Theta aus den früheren Traumanalysen. Er ist der typische Familiensklave und der „ewige Säugling“. Er hat nicht geheiratet, weil die Familie vielleicht seine materielle Hilfe brauchen würde. Er fragt seine Schwester und seinen Bruder, ob er Frl. X oder Frl. Y heiraten solle. Wenn sie den Kopf schütteln oder irgend eine kritische Bemerkung machen, ist die Qual der Wahl schon beendet. Er kennt nur seine Familie. Er geht durchs Leben mit dem Blicke nach rückwärts. Er sieht nur die Vergangenheit..... Auch in diesem Traume. Kennt man sein Leben, so versteht man den Inhalt des Bildes.

Der Traum enthält die wichtigsten Stationen seines Lebens. Die Erinnerung ist jedoch sehr undeutlich, und dem Zweifel wird durch die zahlreichen „vielleicht“ und „es scheint“ Ausdruck geben.

Er beginnt mit der bekannten Mutterleibsphantasie. Er ist noch im Mutterleibe (Haustor; — Haus = Frau; Vagina = Tor). Die Matratze geht auf eine Verbindung von mater und atzen (ernähren). Er liegt im Leibe der „Mater“ und wird von ihr geatzt. „Hinter mir zwei Bekannte“ — heißt, es kommen zwei Geschwister nach.

Allein er wird in seinem Behagen gestört vom Hausbesorger, der mit seinem Schlüssel das Tor sperren will. Er beeilt sich, das Tor zu verlassen. Er benimmt sich in dieser Phantasie, als ob er ein Erwachsener wäre, und als ob es von seinem Belieben abhinge. Allein, er kann offenbar aus Eifersucht den Anblick des Hausbesorgers nicht ertragen. Er will sich diesen Schmerz ersparen. Er drängt sich durch die enge Gasse und den Treppenweg, gleich seinen beiden Geschwistern, von denen ihm eine Schwester sehr gut gefällt, was er im Traume durch „ansprechen“ ausdrückt. „Sie spricht ihn an.“ Bekannte oder Freunde heißt es im Traume. Dieser Zweifel ist ja berechtigt. Von Bekannten, Freunden geht ja die Skala über Verwandte zu den Geschwistern. Mit diesem Traumstück beschreibt er den Aufenthalt im Mutterleib und die Geburt.

Nach der Geburt schildert er einen Aufenthalt bei der Amme, der Nährmutter. („Ein Gasthaus volkstümlichen Ranges.") Seine Amme war ein Mädchen aus dem Volke, das mit ihm spielte und dafür ein Trinkgeld erhielt. Er hat es allerdings nicht gegeben. Seine Familie war eine Kapelle von einigen Leuten. Die Harfenistin ist die alte Kinderfrau, die die Amme ersetzte und die auch ein violettes Kleid zu tragen pflegte, gleich der zweiten Frau, die sich der Vater kurz nach dem Tode seiner Mutter genommen hatte. Die Kinderfrau hat allerlei Manipulationen an ihm vorgenommen und mit seinen Genitalien gespielt. Im Alter von 4—5 Jahren („Kapelle von 4—5 Leuten"). Im Traume macht er das rückgängig. Er hat auch diesen Leuten (Kinderfrau und Amme) nichts gegeben.

Dann phantasiert er eine zweite Mutterleibs- und Geburtsphantasie bei der zweiten Frau seines Vaters. Obwohl er sich auf dem rechten Wege befindet, kommt er immer mehr herunter. (Es geht rechts abwärts.) Er passiert noch eine gefährliche linke Ecke, seine Schwester (!), und kommt dann nach Hause.

Nach Hause kommen oder fahren heißt in der Sprache des Traumes häufig „sterben". Er ist von der (Mutter) Erde gekommen und kehrt zu ihr zurück. „Vom Staube bist du geboren, zu Staube mußt du werden!" Das Tuch ist ein Leichentuch. So liegt man im Schoß der Mutter Erde. Andererseits drückt der Traum das Bisexuelle folgendermaßen aus. Das Tuch ist das Zeichen des Weibes aus dem Volke. Er fühlt sich halb Mann (Stock!), halb Weib (Tuch!).

Der Traum bringt die wichtigsten Episoden seines Lebens: Geburt, Amme, Kinderfrau, zweite Mutter, fremde Dirnen (Straßen) und schließlich den Tod, der schon im Worte „Kapelle" vorbereitet war.

Der religiöse Komplex bricht mächtig durch. Der erste Weg ist ein Kreuzweg. (Typische Christusneurose!). Die ganze Straße symbolisiert seine Lebensstraße. Er kommt vor das Himmelstor. Er trägt den Wanderstab (Penis?) und ein Bahrtuch. Der zweite Hausbesorger ist Petrus. Er möchte sich drücken, um nicht zahlen zu müssen. Damit drückt er seine Schuld aus.

Noch eine wichtige Bemerkung. Er erspart in diesem Traume das Sperrgeld und das Trinkgeld. Hier denke man an die zweite symbolische Gleichung. Er onaniert, ohne zu ejakulieren. Er lebt abstinent, weil er die Samenverluste fürchtet. Seine Askese hat auch praktische Seiten. Er ist wie viele andere Neurotiker ein Geizhals, der vom Leben wenig ausgibt, um viel Leben zu ersparen.

Hier folgt der Traum eines andern Familiensklaven, des Herrn Gino:

(429.) „Ich gehe nach Schönbrunn, doch sah der Weg anders aus als in Wirklichkeit; nämlich wie ein Hohlweg durch eine waldige Gegend. Ich hoffte, Rudolf käme nach, eventuell per Rad, aber er kam nicht. Ich fahre mit der Eisenbahn weiter; wiederum glaubte ich, Rudolf zu sehen, aber er kam nicht, ich blieb allein. Ich gehe dann in den Parkanlagen herum und komme von einer Terrasse in einen Salon.

Dort wartete ich durch längere Zeit, bis ein Dienstmädchen kommt und mich fragt, was ich wünsche, und mir dann sagt, ich solle mich in acht nehmen, in dem Hause wäre ein schwerer Fall von Diphteritis. Ich war ganz verzweifelt und sehr besorgt.

Ich bin im Bureau und spreche mit Dr. F., ob viel Gefahr vorhanden ist, daß ich die Diphtheritis bekomme und die Krankheit dann weiter verschleppe. Ich sagte, es hätte sich schon eine schwere Zwangsvorstellung daraus gebildet. Dr. F., der bald seine wirklichen Züge annahm, bald die von Dr. Stekel, suchte mich zu beruhigen. Ich nahm mir vor, nie mehr in ein Haus, das ich nicht kenne, zu gehen; man weiß nie, welche Krankheiten man bekommt.

Ich bin mit Rudolf zusammen. Er las, eigentlich ohne meinen Willen und Wissen, einen Brief von Kismet und sagte: „Das wäre ja eine Patientin von ihm in der syphilitischen Abteilung gewesen." Ich war sehr froh über die Aufklärung und dachte: „Ich werde mich da nicht einlassen, da gehe ich besser zu einer Dirne."

Ich bin in einem Zimmer. Eine bekannte Familie ist auch dort. Auch ein sehr nettes Mädchen, mit Namen H. Doch konnte ich ihre Aufmerksamkeit nicht auf mich ziehen, soviel ich dafür tat.

Ich bin in einem Garten-Restaurant, welches sehr elegant war, wo die angrenzenden Gastzimmer des Restaurants wie Salons aussahen. Ich gehe durch eines dieser Zimmer und sehe Mama, doch schien sie viel magerer und jünger zu sein, hatte eine dunkel und licht gestreifte Jacke und einen großen, modernen, mehr tellerförmigen Hut. Ich begrüßte sie nur schnell und ging weiter.

Dann ist eine Familie gekommen. Die Mutter war sehr elegant gekleidet und sehr liebenswürdig, auch so groß wie ich, ebenso ihre Tochter. Die Mutter sagte zur Tochter, sie solle mir einige ihrer Blumen oder ein Bukett reichen, was sie auch tat, indem sie mir große Maiglöckchen und einige Rosen gab. Doch verspürte ich an der Hand ganz deutlich die Dornen, die daran waren. Ich dankte sehr liebenswürdig und dachte mir aber dabei: „Meine Liebenswürdigkeit ist eigentlich nur Kälte, der Deckmantel für den Mangel meiner Ausdrucksweise, für den Mangel jeglicher Rednergabe. Ich kann kein wärmeres Gefühl auch mit warmen Worten aussprechen." Wie ich das Mädchen dann vor mir sah, groß, hübsch, mit voller Büste, da dachte ich mir: „Die möchte ich heiraten, die gefiele mir sehr.

Ich gehe weg von dem Restaurant und komme auf den Platz vor dem Rathause in Wien und sehe den Dr. H., eine riesige Bureautasche bei sich, mit dem Rücken gegen das Rathaus, und wie er sich abmühte, die Tasche weiter zu transportieren. Er war wie nach rückwärts gestemmt und gelehnt, mit den zwei Händen vor sich die Tasche haltend, die nahe beim Boden war. Ich sagte: „Aber Herr Dr. H., was plagen Sie sich ab." Er sagte darauf: „Ich (kam) kann nicht mehr!" Ich nehme die Tasche, die mir sehr leicht schien, trotz ihrer Größe, und trug sie in das Restaurant. Dr. H. ging mit mir, doch verlor er sich ganz im Gedränge.

Ich bin wieder in der Nähe, in einem Saal, ähnlich einem Schulgebäude und sitze auf einer Schulbank. Die Tischlade, die mir zugehörte, war offen und ich wollte Ordnung machen. Es waren Riemen, Stricke, Papier, Nadeln usf. darin. Es hieß, dies wäre die Freiwilligenschule, wo ich mich befand. Wie ich Ordnung machte, schaute mir Kollege S. zu. Auf einem der Bänke wurde ein Gedichtband vom Oberleutnant N. gefunden. Ich bat, daß man ihn mir geben soll. Ich hatte nur Angst, daß ich alles mit Diphtheritis anstecke. Ich konnte nicht recht froh werden. Auch wie ich in Gesellschaft jener Familie war, fürchtete ich, daß ich alle anstecke."

Auch dieser Traum ist ein ausgesprochener biographischer Traum, wobei jedoch an die Vergangenheit ein Stück Zukunft angelötet erscheint. Der Anfang (Schönbrunn, ein hohler Weg, eine waldige Gegend) zeigt den Beginn seines Lebens an. Unser Träumer, Herr Gino, wird soeben geboren, aber gegen die Wirklichkeit mit einer kleinen Differenz. Er ist der Erstgeborene. Während im Leben Rudolf vor ihm gekommen ist, kommt im Traume Rudolf nach ihm. Heuchlerischerweise sagt er: „Ich hoffte, „Rudolf käme nach", aber er kam nicht."

Er hat also keinen Konkurrenten in der Liebe zu seiner Mutter, er bleibt allein und ist der einzige Sohn. Die Eisenbahn und das Rad spielen die Rolle von Mordinstrumenten, sie sollen dazu dienen, ihn von seinem lästigen Konkurrenten zu befreien. Immer wieder träumt er, daß sein Bruder, der Radfahrer ist, mit dem Rade daherkommt oder mit der Eisenbahn fährt, was soviel heißt: es geschieht ihm ein großes Unglück. Der Schluß des Traumes wird diese Auslegung rechtfertigen. Seine Lebensgeschichte geht im Traume weiter. Er ist geboren, allein, alleiniger Sohn; das einzige Kind, geht in den Parkanlagen herum, was eine Wiederholung der Geburtsphantasie darstellt, kommt dann auf eine Terrasse, was, wie wir ja schon wissen, gleich dem Balkon, die Mutterbrust symbolisieren soll. An die Episode mit der Mutter schließt sich die Episode mit dem Dienstmädchen [1]), das in seinem Leben eine ungeheuere Rolle spielt. Von diesem Dienstmädchen datiert seine Neurose. Die Vorgänge werden durch eine Infektion mit Diphteritis symbolisiert. Infolge eines dramatischen Erlebnisses mit diesem Dienstmädchen ist seine schwere Zwangsneurose entstanden. Dieses Dienstmädchen ließ ihn, bevor sie wegging, einen Eid schwören, er werde sie ewig lieben. Den Schwur leistete er auf ein Kruzifix, und schwor auch, er werde seiner Mutter kein Sterbenswörtlein von all dem, was er mit ihr erlebte, erzählen.

Aus diesem Konflikte seiner kindlichen Seele entstand ein Rattenkönig von Zwangsgedanken, besonders aber die Angst, er könnte ein Gift weiter verstreuen, eine Angst, welche einem ursprünglichen Wunsche oder Plane entsprach. Sein Verlangen nach dem entlassenen Dienstmädchen war so groß, daß er imstande gewesen wäre, die ganze Familie mit Grünspan zu vergiften, um die Geliebte wieder zu erlangen. Allein dieser biographische Traum ist wie ähnliche Träume dieser Art dadurch unkenntlich gemacht, daß die einzelnen Teile der Biographie durcheinander geworfen wurden. Bevor die Epidose mit mir kommt, der ich ihn beruhigen soll, erzählt der Traum seine große Liebe zur Mutter, die nach dem Weggehen des Dienstmädchens entstand. „Ich bin in einem Gartenrestaurant" . . . . ., er sieht die Mama, viel magerer und jünger mit einem tellerförmigen Hut. Die Bedeutung der Silben „teller" ist bereits einmal ausführlich in der Analyse des Traumes Nr. 89 besprochen worden. Dann kommt die Episode mit der Familie, Mutter und Tochter, und mit den Dornen [2]). Er sehnt sich nach Liebe. Er kommt in verschiedene Familien. Aber die Rosen haben alle Dornen. Er möchte gerne heiraten. Viele

[1]) Vergleiche dazu im Kapitel „Die ersten Träume" den Traum Nr. 481.

[2]) „Dornen bedeuten Hindernisse, Kummer und Sorgen, wie Ketten eine unangenehme Verwicklung. Den bevorstehenden Verlust einer beliebten Person stellt der Traum wohl auch in der Weise dar, daß man ihr ängstlich und doch vergeblich durch lange Korridore nachläuft. Der Traum der Gräfin Terzky im Wallenstein ist von Schiller aus einem sehr richtigen Gefühl dieser Symbolik heraus erfunden worden." (Kleinpaul, „Sprache ohne Worte".)

Mädchen gefallen ihm, aber er ist zu sehr in seine infantilen Komplexe verstrickt. Er ist nicht frei. Er ist bei der Familie verankert. Er ist und bleibt Familiensklave.

Das große hübsche Mädchen bringt eine Episode der letzten Zeit, ebenso der Absatz „ich bin im Zimmer einer bekannten Frau“ und der Absatz mit „Kismet“. Das war ein Mädchen, mit dem er anonym korrespondierte. Als er sie kennen lernen sollte, brach er die Korrespondenz ab. Er bringt den Mut zu einer Liebesgeschichte nicht auf. In diesem Traume rechtfertigt er dieses Aufgeben seiner Liebeshoffnungen dadurch, daß er Kismet zu einer syphilitischen Patientin seines Bruders macht. Die bisherige Lebensbiographie dient gewissermaßen als Beginn des Kommenden und heißt in Kürze: Ich bin für jede Liebe unfähig. Weder die elegante Tochter, noch Frl. H., noch Kismet können mich reizen. Und nun kommt die Wunscherfüllung. Er trifft einen alten Mann, der nicht imstande ist, die Tasche weiter zu transportieren, seinen Vater, nimmt die Tasche, die ihm trotz ihrer Größe leicht scheint, und trägt sie weiter. Er ist dorthin angekommen, von woher er ausging, in — Schönbrunn. Dr. H. jedoch, sein Vater, verliert sich im Gedränge, das heißt er stirbt. Und nun kommt ein großes Sterben. Der Oberleutnant spielt, wie wir es aus anderen Träumen wissen, die Rolle des Todes. Er vergiftet[1]) alle Konkurrenten, um wirklich allein zu bleiben. Die ganze Tischlade strotzt von Mordinstrumenten; Riemen und Stricke dienen zum Erhängen und Erwürgen; das Papier ist giftig, was er vom Fliegenpapier mit dem Totenkopf übernommen hat; und die Nadel ins Herz gestochen, vergiftet oder geschluckt kann auch den Tod bringen. Er woll eben „Ordnung machen“. Nachdem die Konkurrenten nicht freiwillig sterben wollen (Freiwilligenschule), muß er eingreifen. Kollege S. ist Chemiker. Der hat die Gifte immer bei der Hand. Der Oberleutnant N. ist der uns schon zum Überdruß bekannte Hofrichter. Man möchte es nicht glauben, wie oft er in den Träumen seiner unbewußten Gesinnungsgenossen herumspuckt. Auf weitere Bedeutungen des Traumes wollte ich nicht eingehen, die spätere Analyse eines ersten Traumes wird manches aus diesem großen Traume klar machen. Derartige große biographische Träume lassen sich nur erklären, wenn man die verschiedenen Stücke, aus denen sie bestehen, auf den richtigen Platz stellt. Der Traum enthält das Programm seiner Neurose, wobei der Schluß in der Stelle zu suchen ist, daß er zu mir in Behandlung kommt und ich ihn beruhige. Durch den ganzen Traum zieht sich als roter Faden die Angst vor Infektionen, welche mit seiner Vergiftungsangst zusammenhängt.

So rächen sich seine kriminellen Phantasien der Kindheit. Er wollte einst die ganze Familie mit Grünspan umbringen. Heute bebt er bei dem Gedanken, seinem Rocke könnte ein Giftstäubchen anhaften. Alles wird ihm zu Gift und das Gift ist nur ein Symbol für den ganzen Komplex. Jetzt ist er nicht nur Familiensklave, sondern auch Symbolsklave. Die Neurose ist die Tyrannei der Symbolismen.

---

[1]) Auf den Giftkomplex geht die Silbe „teller“, die in vielen seiner Träume eine Rolle spielt. Der Teller und das Restaurant, in dem man sich den Tod holt, verraten seine verbrecherischen Phantasien.

XL.

Das Gefühl des Fremden im Leben und im Traume.

Im Gegensatze zu der bekannten Erscheinung des „déjà vu", die von verschiedenen Psychologen eingehend studiert wurde, ist das Gefühl des Fremden und Traumartigen bisher sehr wenig gewürdigt worden. Es scheint mir sehr verdienstvoll, daß Löwenfeld [1]) an 12 Fällen eine Analyse dieses Zustandes versucht. Ich sage versucht, weil ich die Empfindung habe, daß Löwenfeld das Problem in seiner Gänze noch nicht erschöpft hat. Immerhin hat er bei der Betrachtung dieser Zustände auf ein wesentliches Moment aufmerksam gemacht, nämlich auf die Begleitung eines starken Affektes, und zwar meist eines Angstaffektes. — „Wir müssen", sagt der Autor, „den Angstzuständen einen wesentlichen Anteil an der Hervorrufung des Fremdartigen und Traumartigen des Automatismus zuerkennen". Zum Beispiel, ein Patient klagt über ein Gefühl, das ihn beständig verfolge und belästige. Es ist ihm, als ob er, der doch Familie hat, allein auf der Welt stände. Wenn er auf der Straße geht, erscheint ihm alles eigenartig fremd. Wenn seine Frau mit ihm spricht, oder Freunde sich mit ihm unterhalten, hat er ebenfalls das Gefühl des Fremdartigen. Die Stimme aller Personen seiner Umgebung kommt ihm verändert, fremdartig vor und wenn eines seiner Kinder auf ihn zuläuft, erscheint es ihm ebenfalls als fremd. Auf der Straße leidet er unter inhaltslosen Angstzuständen. Seit einiger Zeit zeigt sich bei ihm auch eine gewisse geistige Apathie. In einem zweiten Falle beschränkt sich dieses Gefühl des Fremdartigen auf die Mutter. Es ist dem Kranken (15jähriger Knabe), als ob er die Mutter erst suchen müßte, als ob seine Mutter eine ihm fremde Person sei. Andere Kranke haben dieses Gefühl des Fremden auch in bezug auf leblose Objekte, auf die Wohnung, auf die Straße, durch die sie gehen, und die sie verändert finden, insbesondere in bezug auf Richtung und Anordnung. Diesen Zuständen ähnlich, aber meiner Ansicht nach durchaus nicht identisch sind jene Zustände, in denen der Neurotiker — um solche handelt es sich ja immer in diesen Fällen — die Empfindung hat, er lebe in einem Traume, es sei nicht das wirkliche Leben, in dem er sich befindet.

Löwenfeld bemerkt, daß die bisherigen Erklärungen dieses Zustandes nicht ausreichen. Raymond und Janet nehmen eine Funktion des Reellen an und führen diese Störung natürlich auf eine Schädigung oder einen Verlust dieser Funktion des Reellen zurück. Die Kranken befänden sich in einem Zustande der „herabgesetzten psychologischen Spannung". Strohmayer faßt den Zustand als Mangel des Hervortretens des Ichgefühles im Ablaufe der Ideen-Assoziationen auf, also als eine Störung des Ichgefühls. Am tiefsten in der Erkenntnis dieses Zustandes ist Jung gekommen, der sich darüber folgendermaßen äußert: „Wenn wir von einem Komplexe beherrscht sind, so haben bloß die Komplexvorstellungen Farbentöne, das heißt volle Deutlichkeit. Alle anderen, von innen oder außen stammenden Trennungen unterliegen der Hemmung, wodurch sie undeutlich werden, das heißt den Gefühlston verlieren. Das ist die Grundlage, auf der es zur Unvollständigkeit der

---

[1]) Über traumartige und verwandte Zustände. Zentralblatt für Nervenheilkunde und Psych. 20. Bd. 1909.

Tätigkeitsgefühle und schließlich zur Affektlosigkeit kommt. Diese Störungen bedingen ohne weiteres das Gefühl der Fremdartigkeit."

Löwenfeld macht nun mit Recht darauf aufmerksam, daß auch ein Affekt durch Einengung des Bewußtseinfeldes dieses Gefühl des Fremden erzeugen kann und führt das Bekanntheitsgefühl auf zwei Faktoren zurück. Erstens: „Die Deutlichkeit der Wahrnehmung" und zweitens: „Die Reproduktion". Ist die Deutlichkeit der Wahrnehmung gestört, so entsteht das Gefühl der Inkongruenz des Gefühles; der frühere Eindruck, das Objekt, scheint verändert und fremdartig. Ist die Reproduktion beeinträchtigt, so erscheint das Objekt nur neu und unbekannt, aber nicht verändert. Seine Beobachtungen weisen darauf hin, daß bei beiden Modalitäten die Beeinträchtigung des Bekanntseinsgefühles vorkommt. Nun scheint bei dieser Erscheinung der Angstaffekt, wenn ich Löwenfeld recht verstehe, eine wichtige Rolle zu spielen, offenbar dadurch, daß er die Deutlichkeit der Wahrnehmung oder auch der Reproduktion stört. Der Autor gibt aber selber zu, die Rätsel des Fremdartigen und Traumartigen damit nicht gelöst zu haben.

Einige eigene Analysen solcher Fälle scheinen mir eine präzisere Erklärung dieses Phänomens zu gestatten. Sicher ist es, daß ein Affekt dabei die Hauptrolle spielt; aber daß es nicht der Angstaffekt allein ist, erscheint mir klar. Man wird den Angstaffekt in solchen Fällen wohl nie vermissen, aber mehr als Ausdruck der Verdrängung, das heißt infolge einer unterdrückten Libido und einer gewaltsam zurückgestauten Kriminalität. Der Angstaffekt ist meiner Ansicht nach nicht die Ursache, sondern eine der Begleiterscheinungen dieses Zustandes. Es handelt sich nicht um ein Nacheinander, sondern um ein Nebeneinander.

Wollen wir die pathologischen Formen dieses Gefühls begreifen, so müssen wir erst versuchen, uns klar zu machen, wann denn beim Normalmenschen ein ähnlicher Zustand eintreten kann. Wir alle haben manchmal dieses Gefühl des Fremden. Normalerweise schon beim Erwachen. Wir stehen noch unter dem Eindruck irgendeines Traumbildes und brauchen eine gewisse Zeit, um uns auf die Wirklichkeit einzustellen. Es kann da flüchtige Sekunden geben, wo uns die Wirklichkeit fremd erscheint. Das Gefühl des Fremden ist wohl zu unterscheiden von dem Gefühl des Traumhaften. Das Gefühl des Traumhaften tritt bei dem normalen Menschen immer als Begleiterscheinung unerwarteter Affektentladungen auf. Wird plötzlich irgend ein Wunsch erfüllt, der lange für unerfüllbar gegolten, so kann sich der normale Mensch die Frage vorlegen: Träume ich, oder ist es Wirklichkeit? Die Dichter haben ja derartige Situationen wiederholt verwendet. Der Betreffende trachtet sich durch irgend eine Schmerzempfindung, Kneifen, Stechen, Zwicken davon zu überzeugen, daß es kein Traum ist. Ein erfüllter Wunsch des Unbewußten wird sich manchmal als traumhafter Zustand durchsetzen. Aber auch die Erfüllung einer heimlichen Angst. Eine Frau, die ihrem Gatten felsenfest vertraut, erfährt plötzlich von seiner Untreue. Im Unbewußten mußte sie derartiges gefürchtet und vielleicht sogar gewünscht haben mit der bekannten Motivierung, um sich dann revanchieren zu können. Wie die Ereignisse auf sie einherstürmen, kann sie nicht fassen und glaubt, „es müsse nur ein Traum sein".

Ein jeder Affekt engt das Bewußtseinsfeld ein und verdrängt auf diese Weise die exakte Aperzeption der Umgebung.

Ich erinnere mich eines merkwürdigen Zustandes vor meinem ersten Rigorosum. Ich hatte mich sehr früh gemeldet, vielleicht früher, als es meiner Vorbereitung entsprochen, und trachtete nun mit allen Kräften, die vorhandenen Lücken des Wissens auszufüllen. Ich hatte keine freie Minute für mich übrig. Machte ich nun die notwendigen Gänge durch die Stadt, so kam mir alles fremd vor. Die ganze Stadt erschien mir viel schöner, die Mädchen liebreizender, der Himmel blauer, die Gebäude prachtvoller, die Stimmung der Menschen fröhlicher. Selbstverständlich war es der innere unbewußte Vorwurf: „Alles das kannst du nicht genießen, weil du fortwährend studieren mußt." Ich freute mich kindisch darauf, die Freiheit nach dem Rigorosum auszunützen zu können, diese Schönheit mit vollen Zügen zu genießen; es war, als setzte ich mir eine Prämie aus, um mich zu noch intensiverem Studium anzueifern. In solchen und in ähnlichen Affekten können uns Menschen plötzlich fremd und schöner vorkommen, und manche blitzartig auftretende Liebe ist auf solche Affektwirkung und verändertes Ansehen des Objektes zurückzuführen.

Neurotiker haben häufig das Gefühl, daß sie im Traume handeln. Das ist ja nichts Wunderbares; stehen sie doch unter der Herrschaft unbewußter Komplexe, und der Durchbruch eines solchen Komplexes ins Bewußtsein kann entweder mit Angst oder mit dem Gefühl, ein fremder, anderer Mensch [1]) zu sein, einhergehen. Doch betrachten wir einmal einige solcher Fälle näher und versuchen wir, uns über den psychischen Mechanismus klar zu werden [2]).

Tiefere Schichten führen in diesem Falle auf ein infantiles Trauma mit einer roten Schwester. Er kommt sich selber als ein Fremder vor. S e i n i n n e r e r M e n s c h, d e r i n i h m w o h n e n d e V e r b r e c h e r, i m p o n i e r t i h m a l s F r e m d e r. Die Affekte dieses „A n d e r e n" nach außen projiziert machen die Objekte ebenfalls „fremd". Man sieht mit „andern" Augen, d. h. mit den Augen des Unbewußten.

Fall A. legt sich auf der Straße die Frage vor: „I s t d a s e i n e S t r a ß e? N e i n, d a s i s t j a g a r k e i n e S t r a ß e! I s t d a s e i n H a u s? S c h a u t s o e i n H a u s a u s? N e i n, d a s i s t j a k e i n H a u s." Die Erklärung dieses Phänomens ist sehr einfach. Der Mann leidet an Straßenangst, aber allerdings, weil die Straße für ihn nicht die Straße ist. Die Straße ist für ihn das Symbol des Lebensweges und schließlich die Vagina. Das Haus ist für ihn eine Frau. Was hier vor sich geht, ist e i n e V e r w e c h s l u n g v o n S y m b o l u n d R e a l i t ä t, ein Mechanismus, der eine der Wurzeln des Zweifels ist. Herr A. hat wirklich recht. Die Straße ist ja für ihn gar keine Straße, wenn er symbolisch denkt. Sie wird es erst, wenn er imstande ist, von den Symbolen zu abstrahieren. Daß er das nicht kann, macht eben seine Neurose aus.

Fall B. sagt sich, wenn er aus der Elektrischen steigt: „P a ß a u f! d u b i s t a u f d e r S t r a ß e! N i m m d i c h z u s a m m e n, d a ß d u n i c h t e i n s c h l ä f s t, n i c h t u m f ä l l s t u n d n i c h t e t w a s m a c h s t, w o d u r c h e i n S k a n d a l e n t s t e h t." Will ein Angstgefühl auftauchen, so sagt er sich: „W o v o r f ü r c h t e s t d u d i c h? V o r d e n v i e l e n f r e m d e n M e n s c h e n? D i e s i n d d o c h d a z u d a, u m d i r z u h e l f e n. A l l e M e n s c h e n

[1]) Häufig setzt dann der Zweifel ein: Bin ich das wirklich? Bin ich ein anderer? Ist alles wirklich?

[2]) Der Zustand des „Tagtraumes" ist von diesem Zustande verschieden und wird bei Besprechung der hypnagogen Bilder abgehandelt werden.

sind dazu da, um dir Hilfe zu leisten. Sie werden dich aufheben, wenn du umfällst, dir Erfrischungen reichen, sie werden einen Wagen rufen, dich hineinsetzen und dich nach Hause führen." Wir bemerken die auffallende Häufung der Infantilismen. Er benimmt sich wie ein kleines Kind, das allein auf der Straße herumgeht. Mit dem Aufheben und mit dem Wagenhineinsetzen verrät sich der Typus des „ewigen Säuglings". Dabei hat er das Gefühl, daß die Straße verändert ist. Er sagt sich wieder: „Das ist unglaublich! Das ist ja gar nicht der Schottenring. Die Straße ist ja ganz fremd und verändert. Sie ist ja viel enger!" Da dieser Kranke sehr häufig seine Geburt spielt, so ist schon das Verlassen des Tramwaywagens von Angstempfindungen begleitet (Mutterleibsphantasie). Wir begreifen, warum die Straße eng sein muß, warum sie ihm enger erscheint; die Symbolisierung der Straße erfordert diese Veränderung. Er gibt sich mit den Worten: „Paß auf, du bist auf der Straße" gewissermaßen einen Befehl, einen Imperativ. Alle Imperative, die sich die Neurotiker geben (Zwangsvorstellungen sind ebenfalls nur Imperative), gehen auf alte Imperative der Erzieher zurück. Hier ist es die Stimme der toten Mutter, die ihn auf der Gasse begleitet. Er geht nie allein, da überall die warnende Stimme seiner besorgten Erzieherin, die seine ersten Schritte geleitet hat, mitgeht. Er benimmt sich, als wäre er ein kleines Kind, und spielt zugleich die Rolle von Mutter und Kind. Das Gefühl des Fremden beruht hier auch auf einem Verwechseln zwischen Symbol und Realität.

Viel tiefer in die Psychologie des Gefühls des Fremden führt uns der nächste.

Fall C. Es handelt sich um einen 36jährigen, an Zwangsneurose erkrankten Reisenden, der den ersten derartigen Anfall von Fremdsein in Rotterdam erlitt. Dort bemerkte er zu seinem Erstaunen, daß die ganze Stadt fremd und verändert war. „Die Straße", sagte er sich, „ist doch enger, die Leute sehen ganz anders aus und benehmen sich anders als früher. Bei der Analyse dieses Falles ergaben sich folgende Tatsachen: In Holland lernte er einmal als Reisender ein auffallend schönes, rotblondes Mädchen kennen. Sie gefiel ihm ganz außerordentlich, und er hätte sie gerne zu seiner Frau gemacht, wenn nicht neben seiner Liebe eine zweite psychische Instanz, seine Geldgier, ein gewichtiges Wort gesprochen hätte. Er wählte deshalb jenes Mädchen, das ihm seine Eltern empfahlen, eine reiche, minder hübsche Dame, die er zu seiner Frau machte und mit der er sehr unglücklich lebt. Er schwärmte immer für rote Haare. Seine Frau ist schwarz. Rotterdam ist die erste Stadt, die er besucht, wenn er nach Holland fährt. Ihm fällt ein Witz aus seiner Heimat ein. Wenn sie eine rote Dame sahen, so sagten sie, die kenne ich, die ist aus Oberrot. Oberrot ist ein Ort in der Nähe seiner Heimat. Rotterdam hat ihn an die rote Dame erinnert, das heißt an seine erste Liebe und mußte Affekte in ihm wachrufen. Rotterdam führt aber auch andererseits zum roten Damm. In der Brautnacht hatte er seiner Frau vorgeworfen, das Hemd sei nicht sanguinolent, sie sei keine Virgo. Wenn er nach Hause kommt, erscheint ihm alles fremd, auch die Stadt, nur nicht die Frau und sein Kind. Eine wichtige Person, der er sich entfremdet hat, ist seine Schwester. Obwohl er in derselben Stadt mit ihr lebt, verkehrt er nicht mit ihr, da sie infolge Erbschaftsstreitigkeiten auseinander gekommen sind. Diese Schwester war seine Lieblingsschwester. Auch wenn er seine Mutter sieht, hat er die Empfindung, daß er ihr fremd geworden ist. Es kommt ihm vor, als ob sie sich weniger freundlich benehme und als ob sie sich ihm „entfremdet“ hätte.

Was geht in dem Manne vor? Er sieht die Welt mit anderen Augen an, da er sich verändert hat; deshalb erscheint ihm auch die Welt verändert. In Rotterdam ist ihm die rote Dame, seine Geliebte eingefallen, und es tauchte mächtig der Wunsch auf: könnte ich das rote Mädel vergessen; könnte sie mir fremd sein, ebenso wie die Schwester und die Mutter. Es ist also der Wunschaffekt, die Liebe los zu werden, sich von einer bestimmten Person zu differenzieren. Diese bestimmte Person ist hier das rote Mädchen; in Wirklichkeit sind ihm seine Frau und sein Kind fremd geblieben. Er verschiebt seine Empfindungen von diesen Menschen auf gleichgültige Personen und Gegenstände, auf die Stadt. Der Wunsch, die rote Dame möge ihm eine Fremde sein, läßt ihm Rotterdam fremd erscheinen. Es geht hier eine Ablehnung der Realität aus unbewußten Motiven vor sich. Man kann das mit Freud folgendermaßen definieren: „Die endopsychische Wahrnehmung einer Affektablösung (Differenzierung) kommt in dem Gefühl des Fremden zum Ausdruck. Diese Affektablösung kann nur eine gewünschte, eine vollkommene oder teilweise gelungene sein.“ Die Neurotiker arbeiten eben nach der alten Lustwährung mit Phantasien, nicht mit Realitätsprinzipien (Freud). Das Gefühl des Fremden kann auch der Durchbruch des Wunsches sein, zu vergessen und das Mädchen zu einer Fremden zu machen. Während das Gefühl des déjà vu einem Identifizierungsprozesse, das heißt einer Affektübertragung entspricht, entspricht das Gefühl des Fremden einer Affektablösung, also einer Differenzierung. Wenn eine Liebe stirbt oder gestorben ist, oder wenn der Wunsch vorhanden ist, eine Liebe sterben zu lassen, so tritt das Gefühl des Fremden auf. Es ist eine einst teure Person entfremdet und zur Fremden geworden, wobei aber auch die Störung des Ichgefühls durch Erschütterung des Selbstbewußtseins, das heißt das Schuldgefühl, eine gewisse Rolle spielt.

Fall D., eine junge Dame, drückt das besonders deutlich aus. Plötzlich auf der Straße hat sie die Empfindung, als ob sie in falscher Richtung ginge. Sie müßte einen anderen Weg einschlagen! Es kommt ihr die Straße verändert vor. Aber merkwürdigerweise differenziert sie zwischen Männern und Frauen. Einmal scheinen ihr die Männer verändert, das andere Mal die Frauen. Die ausgesprochen bisexuelle Patientin ändert ihre Richtung immer nach ein paar Wochen. Auf eine homosexuelle folgt eine heterosexuelle Periode, so daß sie genötigt ist, ihre Identifizierungen zu ändern und zu differenzieren. Sie muß eben immer ihre Neigung wechseln und die Affektübertragung auf das andere Geschlecht vornehmen; deshalb erscheint ihr die Richtung dann verändert.

Und nun wollen wir das Gefühl des Fremden im Traume an zwei Beispielen besprechen, die beide außerordentlich instruktiv sind und geeignet erscheinen, das vorher Ausgeführte zu bestätigen.

Frau Alpha (vgl. Träume Nr. 14, 36, 154, 155) träumt:

(430.) „Ich bin eine ganz fremde Person, . . . eine Türkin, verschleiert in seidenen Gewändern. Ein Eunuche war mein Diener. Er sah meinem Manne sehr ähnlich . . . . war fett, gedunsen und asthmatisch. Er mußte mich überall hinbegleiten. Ich hatte rasendes

Kopfweh. Da hat mir jemand geraten, zu Dr. Stekel zu gehen. Ich fuhr nun in einem Wagen hin. Dort saß ich im Vorzimmer. Der Name Dr. Stekel kam mir ganz fremd vor. Die Wohnung des Arztes war Parterre. Ich dachte: „Gort sei Dank, daß ich nicht den Eiffelturm besteigen muß.“ Im Vorzimmer hing das Bild von Dr. Stekel. Ich habe es nicht erkannt und dachte: „Aha! das ist der Ordinarius.“ Der Eunuche starrte mich unterdessen unausgesetzt an. Er war mir sehr zuwider. Ich dachte wieder: „Der ekelhafte Kerl! Wenn ich den nur los bin! Wenn ich ihm nur eine herunterhauen könnte!“ Er aber saß behäbig mit gekreuzten Beinen auf einem Stuhle.“

Analyse: Die Dame stand mehrere Monate mit einer schweren Angsthysterie in meiner Behandlung. Sie war sehr herabgekommen, vollkommen schlaflos, ging keinen Schritt allein. Sie fürchtete sich vor Stiegen, vor offenen Fenstern und ganz besonders vor Schlaganfällen. Sie glaubte an „erhöhtem Blutdruck“ zu leiden. Sie trug immer ein Fläschchen Valeriana, Brompulver und Opium bei sich. Der Zustand besserte sich im Verlaufe der Analyse sehr rasch. Nach einigen Wochen konnte sie die weitesten Wege allein machen; die Schlaflosigkeit verlor sich; der Appetit stellte sich wieder ein, so daß sie sehr rasch an Gewicht und Kräften zunahm.

Genesen fuhr sie in die kleine Stadt in der Umgebung Wiens zurück, wo sie wohnte. Sie nahm unter Dankesworten Abschied, und ich versprach ihr, sie einmal des Sonntags zu besuchen, wenn mein Weg mich durchs Städtchen führen sollte.

Nun traten verschiedene Umstände ein, die mein Vorhaben verhinderten. Überdies erkrankte eines ihrer Kinder an einem schweren Scharlach, so daß ich naturgemäß das Haus längere Zeit meiden mußte, da ich die Ausflüge immer mit meiner Familie unternahm. Da saß die Patientin einmal in ihrem Boudoir, wo sie mein Bild neben das ihres Vaters aufgestellt hatte. Sie bekam plötzlich einen Zorn auf den Arzt, den sie so verehrt hatte. Warum hatte er ihr versprochen, sie zu besuchen? Jetzt waren drei Monate vergangen, und er hatte sein Versprechen nicht gehalten. Da dachte sie: Nun! mein Vater hätte das nicht getan. Wenn er etwas versprochen hätte, so hätte er es auch gehalten.

In diesem Momente fühlte sie sich wie verändert. Alles kam ihr fremd vor. Fremd das Zimmer, fremd die Umgebung und besonders fremd mein Bild.

In der Nacht träumte sie den oben angeführten Traum und brachte ihn mir den nächsten Tag mit der Bitte, sie von der unangenehmen Vorstellung, daß alles fremd und verändert sei, zu befreien.

Schreiten wir nach dieser Einleitung zur Analyse. Die Szene spielt im Orient. Die Hauptsache ist, daß es dort einen Harem gibt, wo ein Mann mehrere Frauen haben darf. Diese Phantasie gilt scheinbar meiner Person. In Wirklichkeit einem anderen verheirateten Mann, dem ihre Liebe gehört. An diesem Konflikt erkrankte sie. Aber auch ihr Vater war verheiratet und nannte sie scherzhaft seine „zweite Frau“. Sie ist im Traume eine Türkin und trägt kostbare seidene Gewänder. Sie, deren Leben strenger Pflichterfüllung galt, die alle Sinnlichkeit verabscheute, die in hysterischer Grausamkeit ihrem Manne den Koitus verweigerte, ist Haremsdame und teilt die Liebe eines Sultans mit vielen anderen Favoritinnen. Ihr Mann ist ein Eunuche. Sie hat es nicht mehr nötig, sich vor seinen sexuellen Aggressionen zu fürchten. Mit was für Listen wußte diese Frau den Zärtlichkeiten ihres allzu bedürftigen Gatten zu entgehen! Die Menstruation dauerte scheinbar immer einige Wochen; dazwischen kamen Migränen, Ohnmachten, Krämpfe, Erbrechen usw. Ihre Ehe war ein ewiger Kampf gegen die Begierden ihres Mannes.

Ihre Träume jedoch strotzten von den gewagtesten erotischen Situationen. (Vgl. den Traum Nr. 14.) Je größer die Neigung zu ihrer „ersten Liebe" auftrat, desto stärker wurde die Abneigung gegen den Gatten. Im Traume ist er entmannt und außerdem fett, gedunsen und asthmatisch. Er ist der Diener ihrer Launen und muß sie überall hin begleiten. Natürlich hat sie wieder einmal „rasende" Kopfschmerzen.

Jetzt kommt die große Wunscherfüllung. Sie ist noch gar nicht in meiner Behandlung gewesen. Sie hat noch die vier Monate Aufenthalt in Wien bei ihrer Mutter, wo sie kein Gatte stören konnte, vor sich. Vier Monate der Analyse, der schönen Zeit, da ihre Kräfte täglich wuchsen, und ihr schwer geknicktes Selbstbewußtsein sich langsam aufrichtete. Sie ist in meinem Wartezimmer. Fremd ist ihr mein Name, fremd mein Bild, fremd meine Methode.

Ich wohne jetzt im zweiten Stock. Das war für sie im Anfang eine schwere Aufgabe; sie blieb oft stecken und konnte nicht weiter. Sie nannte meine Wohnung besuchen „den Eifelturm besteigen". (Natürlich auch eine Phantasie auf einen enormen Penis.) Ich wohne jetzt im Traume Parterre. Meine Wohnung ist Parterre, hat noch eine zweite Bedeutung. Es gehörte zu ihren gangbaren Gepflogenheiten in den Träumen, meine Frau umzubringen. Meine Wohnung ist hier in zweiter Bedeutung (Überdetermination) meine Frau, die ganz hin (parterre) ist.

Doch auch gegen meine Person werden arge Schmähungen vorgebracht. Ich bin ein ordinärer Geselle (Ordinarius). Überhaupt, ich bin ja der Eunuch. Ich habe nichts mit ihrem teuren Vater gemein; ich gehöre zur Kategorie ihres Gatten. Meine Sprödigkeit ihrem stillen Werben gegenüber erklärt sie nicht mit ärztlicher Pflicht, sondern mit Impotenz. Ich sitze bei der Kur mit gekreuzten Beinen, eine häufig vorkommende Situation. Ich bin der ekelhafte (st—ekelhafte) Kerl! Mich möchte sie los sein! Mir möchte sie eine herunter hauen.

Was sie sucht, ist ein zweiter Dr. Stekel. Ein ganz anderer. Der sie verehrt, ihr schmeichelt, seine Versprechungen hält und sie aus den Banden der verhaßten Ehe befreit. Daß der Eunuch „dem Manne sehr ähnlich sah", soll den wahren Trauminhalt verbergen. Ich soll glauben, es handle sich um eine neue Schmähung auf den Gatten, wie sie deren zahllose vorgebracht. Ich bin ihm ja auch ähnlich — ihrer neuesten Auffassung nach. Ich war ihr ein lieber Freund und bin ihr ein Fremder geworden. Und sie kam zu mir, um mir diese Tatsache mitzuteilen und mir diese Schmähungen an den Kopf zu werfen!

Der Traum war ihr Absagebrief; er war das Ende der Übertragung ihrer Liebesgefühle auf meine Person.

Dieser Traum wirft interessante Streiflichter auf das Problem des Fremden und Neuartigen. Eine neue Liebe läßt uns die alte Welt fremd erscheinen, zeigt uns eine neue Welt. Das Sterben einer Liebe zeitigt das gleiche seelische Phänomen. Auch ein starker Durchbruch des Unbewußten ins Bewußtsein, das Aufflackern verdrängter Komplexe kann dieses seelische Phänomen hervorrufen. Immer steht eine neugeborene und neugestorbene Liebe, ein neu entdecktes oder eben begrabenes Sexualobjekt im Zentrum der seelischen Veränderung [1]).

Einen weiteren Einblick in das Gefühl des Fremden im Traume gewährt uns der nächste Fall. Ein der Heilung entgegengehender Patient, ein Arzt träumt:

(431.) „Ich komme nach Hause. Alles kommt mir fremd und verändert vor. Mein Assistent Dr. L. kommt mir entgegen und umarmt mich, ohne mich zu küssen. Ich sage: „So kühl? Warum küssen Sie mich nicht?" Er antwortet: „Es wird auch so gehen."

Der Träumer steht am Ende der Behandlung. Die Einengung seines Gesichtsfeldes ist behoben. Er sieht jetzt außer seinen Angehörigenauch die anderen Menschen. Die Konflikte, die er zu Hause hatte, kommen ihm kleinlich und unbegreiflich vor. Er fühlt die Wandlung und weiß, daß er ein anderer Mensch geworden ist. Seine Schwester ist ihm jetzt nichts mehr als eine Schwester. Sein Bruder nur ein Bruder und sein Vater nur ein Vater. Vorher waren alle Sexualobjekte und alle Konkurrenten. Er ist also der Fremde und Veränderte. Er hat kein Bedürfnis mehr, seinen Assistenten zu umarmen und zu küssen. Eine weitere viel wichtigere Determinierung bezieht sich auf die Übertragung in der Kur. Seine Liebe zu mir war eine unglückliche. Ich habe ihn nie umarmt und geküßt. Das ist sein geheimer Schmerz. Ich bin der Assistent, denn ich habe bei Freud die Psychanalyse gelernt. Ich bin aber sein Meister. Er hat bereits einige kleine Analysen gemacht und kostet den süßen Rausch der ersten Erfolge. Er wird diese Wissenschaft bald besser ausüben können als sein Lehrer (ich), dessen Assistenten er darstellt.

Es ist der typische Schülertraum. Der Schüler, der sich vom Lehrer lösen will und dem der Lehrer erst ein Fremder und dann vielleicht ein Gegner wird [2]).

Er ist der Assistent, der mir so kühl entgegentreten will. Tatsächlich hatte er Tagesphantasien, in denen ein alter Lehrer von ihm so kühl behandelt wird. Mit diesem Lehrer, den er einst heiß geliebt hat, ist er jetzt fertig. Auch ich soll zu den Toten geworfen werden.

Der Traum kündigt das Ende der Übertragung an. Ich werde jetzt nur mit Leuten identifiziert, mit denen er „fertig ist".

„Es wird auch so gehen." Er hat noch einige kleine Reliquien seiner Neurose. Die will er mit nach Hause nehmen. Er will die Behandlung abbrechen: „Es wird auch so gehen." Es sind meine Worte bei anderer Gelegenheit gesprochen.

Dieser Traum enthält eigentlich ein großes Sterben von Idealen und Liebesobjekten. Er will seine Affekte frei haben. Er hat jetzt einen glühenden Lebensdurst. Er will leben und genießen. Und er will nirgends mehr mit seiner Liebe und mit seinem Herzen gebunden sein. Er hat zu traurige Erfahrungen gemacht mit den Fixationen seiner Gefühle. Er zieht sich auf den „affektlosen Egoismus" zurück.

---

[1]) Im Verlaufe der Psychanalyse ließ sie ihren ersten Liebhaber und ihren Vater sterben. Sie wurden für sie Tote und Fremde. Nun, da der trügerische Zauber der Übertragung zu Ende ist, werde ich zu den Fremden geworfen, und der entthronte Vater wird wieder zum Herrscher ihrer Psyche gemacht.

[2]) „Der echte Schüler lernt aus dem Bekannten das Unbekannte entwickeln und nähert sich dem Meister" (Goethe).

Auch hier kündigt „Das Gefühl des Fremden“ das Ende der Liebe an. Wieviel davon wirklich zu Ende geht und wieviel Wunsch ist, das kann ich im gegenwärtigen Momente nicht entscheiden. Ich möchte glauben, daß beide Faktoren eine Rolle spielen.

Zum Schluß ein Traum des Frl. Dora:

(432.) „Es war Sommer und durch die geöffneten Fenster eines großen Zimmers schien hell die Sonne und Bäume nickten herein. In dem Zimmer stand ich mit meinen Eltern und hatte heftigen Streit. Beide waren wütend auf mich und riefen: „Immer läufst du herum wie eine verwunschene Prinzessin, niemand kann dir geistig genügen bei uns; wie kommst du überhaupt her?“ Sie erschienen mir total fremd und feindselig, ich kam mir unsäglich verlassen vor und rief zitternd vor Erregung: „Ich gehe überhaupt aus dem Hause, ich bleibe nicht mehr da“, und während ich das sagte, dachte ich unablässig: „Wohin soll ich denn gehen? — und dann bin ich ja noch krank.“

Und nun war ich im Freien und saß auf der Mauer eines großen, sonnigen Gartens; ein Mann gab mir Zeichenunterricht und ich empfand große Dankbarkeit für ihn. Von ferne sah ich meinen Papa gehen und fürchtete mich.

Dann kam ich in unsere frühere Wohnung, wo sich mein Bruder und meine Tante befanden; ich war ganz hell gekleidet und fühlte mich sehr wohl und glücklich. Alles, was ich erblickte, war von der Sonne überflutet, Bruno war auch dort, ich sah ihn aber nicht und empfand kein Bedürfnis danach. Das Gefühl der Zusammengehörigkeit war vollkommen geschwunden. Er kam mir wie ein Fremder vor.“

Analyse: Die Träumerin, Frl. D., hat eine neue Bekanntschaft gemacht. Einen Zeichenlehrer, für den sie sich lebhaft interessiert. Auch in der Analyse lernt sie die Deutung von Zeichen, die ihr bisher unklar waren. Ein neues Licht geht ihr auf. Was ihr bisher dunkel war, wird ihr jetzt verständlich.

Die Vergangenheit hält sie mit ehernen Banden. Der Vater, die Mutter, der Bruder und ihre letzte Liebe Bruno haben noch Macht über sie. Der Ruf des Lebens kämpft mit den Imperativen der Moral, die ihr die Eltern auf den Lebensweg mitgegeben haben. Sie will sich jetzt von den Eltern emanzipieren. Sie will die alten Werte umwerten. Sie will frei werden. Der Traum beginnt mit diesem Vorsatze.

„Es war Sommer“: Das heißt, es ist hohe Zeit — höchste Zeit, daß du zu lieben und zu leben anfängst. Sie will auch die Früchte des Lebens genießen. Sie will die Fenster öffnen und Licht hereinlassen. (Nächste Assoziation: Lona Hessel in „Stützen der Gesellschaft“.)

Die Eltern sind damit nicht einverstanden. Natürlich ist sie es selber, die sich die Reden des Vaters und der Mutter wiederholt. Es sind Bruchstücke aus Reden, die ihr wirklich gehalten wurden. Die Stimme der Mutter ist es, die sehr eifersüchtig ist, wenn ihr Kind mit anderen Leuten verkehrt, und sich beklagt, daß die Familie ihr nicht genüge. „Wie kommst du überhaupt her?“ enthält die Frage, die sich selbst tausendmal gestellt hat. Sie enthält den ganzen Zweifel an ihrer Abstammung, den ganzen Familienroman: Sie ist eine Prinzessin, nicht die Tochter ihres Vaters, nicht die Tochter ihrer Mutter. Sie ist in der Jugend vertauscht worden. Zigeuner haben sie geraubt. Eines Tages werde die Goldkarosse kommen und man werde die Prinzessin abholen usw. Der

Roman ist gedichtet, um ihr Verhältnis zu den Eltern auf eine andere Basis zu stellen. Die Eltern sind Fremde. Sie darf den Vater lieben und die Mutter hassen. Oder auch umgekehrt, wenn sie sich gerade als Mann fühlt.

Hier sehen wir eine neue wichtige Wurzel des Gefühls des Fremden im Traume: Den Wunsch und die Phantasie, es mögen die Eltern Fremde sein. Der Familienroman erfordert diese Situation. Neben dem Wunsche der Differenzierung, dem Wunsche, die Liebe los zu werden, wirkt der Wunsch: Die Liebe behalten zu dürfen, weil es sich um Fremde handelt. Sie will das Recht haben, die Eltern zu hassen. Der Vater soll ein Fremder sein, dann kann er auch mehr als ein Vater sein, ein Heißgeliebter. Es handelt sich um den Wunsch, Kindesliebe in Geschlechtsliebe umwandeln zu dürfen.

Das alles drückt der schöne Traum aus: „Sie erschienen mir total fremd und feindselig". Sie sind nicht nur fremde, die teuren Eltern, sie sind „total Fremde". Sie sind Feinde. „Ich kam mir unsäglich verlassen vor." Sie steht allein in der Welt. In diesem jammervollen Ausruf steckt ein tiefer Wunsch. Vielleicht ihr stärkster Wunsch.

In der nächsten Rede bricht der Wunsch durch, selber eine Fremde zu sein und nicht zur Familie zu gehören. „Ich gehe überhaupt aus dem Hause, ich bleibe nicht mehr da!"

Allein der unselige Zwiespalt ihrer Empfindungen dringt auch in die Traumgedanken und Wunscherfüllungen. Sie hat ja keine Liebe, die sie von den Eltern und dem Bruder frei macht. Wer soll sie befreien? Ihre erste Liebe, der Bräutigam Bruno, hat sie verlassen. Der Zeichenlehrer steht noch im Zeichen des Flirts. Und der Arzt? Sie ist sich des Scheines dieser Liebe, des Spieles der Übertragung zu gut bewußt. Sie weiß, daß sie jetzt nur die Familie hat. Wir merken es aus dem wichtigen Satze: „Wohin soll ich denn gehen? — und dann bin ich ja noch krank, daß die Krankheit sie an einem großen Entschlusse verhindert. Die Krankheit hemmt ihre Freiheit.

Aber die Analyse hat noch mehr ergeben. Die Krankheit ist eine „Flucht in die Krankheit". Die Krankheit ermöglicht ihr die Befolgung der Imperative des Vaters, der ihr noch am Totenbette sagte: „Tu's nicht!" Er meinte: „Gehe nicht zur Bühne! Werde keine Schauspielerin." Er war ja immer dagegen.

Der Drang zur Bühne war zu groß, als daß er durch diese Hemmungen allein hätte überwunden werden können. Sie wollte wenigstens auf der Bühne die Prinzessin spielen, wenn sie schon keine sein konnte; sich in Leidenschaft verzehren, retten, toben, fallen und genießen, schlecht sein und sich zu strahlender Höhe erheben.

Trotzdem versagte sie — die beste aller Schülerinnen, beim ersten Auftreten in der Schule; versagte bei jedem Auftreten in der Öffentlichkeit. Der Atem versagte, die Worte stockten, sie wurde schwach und hilflos wie ein kleines Kind. Sie wollte und konnte nicht. Es war etwas in ihr, das stärker war als ihr bewußter Wille: der nachträgliche Gehorsam. Auch der gegenwärtige Gehorsam der Mutter gegenüber. Dann wurde sie „krank" und alles Kämpfen hatte ein Ende. Sie war wirklich eine Kranke und brauchte die Krankheit nicht zu spielen.

Im Traume geht es anders. Sie findet den Weg ins Freie. Sie ist in der Analyse und lebt ihre Jugend wieder, das „Paradies der Kindheit". Der große sonnige Garten ist aber auch ein Friedhof. Die Mauer ist die Friedhofsmauer. Hier spielen in die heiterste Szene des Traumes die Todesgedanken hinein. Deshalb erscheint am Schlusse des Absatzes der tote Vater und sie fürchtet sich. Sie ist mir für die Befreiung aus dem „Friedhof ihrer begrabenen Wünsche“ dankbar. Aber sie hat doch Angst. Die Imperative des Toten verfolgen sie.

Doch sie überwindet dieses Angstgefühl. Sie fühlt sich rein und schuldlos. Sie ist hell gekleidet. Vergessen und vergeben die Vorfälle mit dem Bruder. Vergessen die Vorfälle mit der Gouvernante, für welche die T—ante dasteht. Und ein zweiter Wunsch: Sie hat gar nichts zu vergessen! Sie ist noch jung! Sie ist beim Bruder und der Gouvernante. Sie ist im Nachtkleide (hell gekleidet). Sie brennt vor Leidenschaft. (Alles ist von der Sonne überflutet.)

Zum Schlusse die große Wunscherfüllung. Bruno, der Bräutigam, ist ein Fremder. Das große Wunder ist geschehen: Sie liebt ihn nicht mehr! Die Affektübertragung ist vollkommen gelungen. Er kann ihr nichts mehr anhaben.

Allerdings merkt man wieder eine neue Affektverschiebung. Bruno hat den Bruder ersetzt. Er befreite sie aus den Inzestbanden der Familie. Die Loslösung war aber nicht dauernd. Sie kehrte bald reuig zur Familie und zum Bruder zurück. Bruno hatte aus dem Bruder einen Fremden gemacht. Sie rächte sich jetzt und machte aus dem Geliebten einen Fremden und aus dem Bruder wieder den Geliebten, denn dazu war ja der Familienroman besonders gut geeignet. Ist sie nicht die Tochter ihrer Eltern, dann ist auch der Bruder ein Fremder.

Wir sehen an diesem schönen Beispiele besonders deutlich die psychologische Wurzel des Gefühls des Fremden im Traume. Es steht im Dienste der Differenzierung, wie ich das Gefühl der Affektablösung im Gegensatze zur Identifizierung nenne. Bruno ist nicht mehr der Bruder. Die Identifizierung ist aufgehoben und durch die Differenzierung ersetzt.

Andererseits sehen wir als Überdetermination den Familienroman, den Wunsch, die Qualität der Liebe zu ändern, den Wunsch, das teuerste Wesen zu einem fremden zu machen, um es noch heißer lieben zu können. Endlich lernen wir einen Mechanismus kennen, der in der Entstehung der Neurosen eine große Rolle spielt. Der Neurotiker versucht die Loslösung von der Familie. Er sucht seinen Roman außerhalb der Familie. Geht dieser Roman gut aus, so kann es zu einer Art Selbstheilung der Neurose kommen, zumindest zu einer Art Waffenstillstand. Ist diese erste Liebe (oder gar die Ehe!) unglücklich, so verfällt der Neurotiker unbedingt der Macht der Familie. Er empfindet sein Unglück als gerechte Strafe für seine Treulosigkeit seinen ersten Idealen gegenüber. Er kehrt reuig zu den infantilen Lustquellen und seinen infantilen Sexualobjekten zurück. Die Krankheit gibt ihm die Möglichkeiten, sich krank, hilflos, schwach, als pflegebedürftiges Kind zu fühlen. Die Krankheit verschafft ihm die Liebe der Umgebung in Form von Mitleid. Daraus schöpft er so viel neue (eigentlich alte!) Lust, daß er auf den Lustgewinn in der Welt da draußen verzichten kann. Auch auf dem Friedhofe blühen die Bäume und singen die Vögel. Und der Kampf hat ein Ende. Man weiß, wo man hingehört. (Vgl. die Träume 38 und 212.)

Das ist wohl der tiefe Sinn dieses schönen Traumes. Sie kehrt eigentlich nach einem kurzen Ausfluge ins Freie freiwillig in den Kerker der Familie und Neurose zurück.

XLI.

Stereotype Träume.

Wir haben verschiedene Formen der „typischen" Träume kennen gelernt. Ich verweise nur auf die Flugträume, die Zahnträume, die Tierträume usw. Ebenso wichtig ist die Kenntnis der für das Individuum typischen Träume, der sog. „stereotypen Träume".

Fast jeder Mensch hat Träume, die sich in gewissen Zwischenräumen wiederholen. Manchmal mit kleineren oder größeren Variationen. Gerade diese Träume sind sehr wichtige Schlüssel zum Verständnisse der unbewußten Ziele und Wünsche [1]). Sie verraten uns einen sich hartnäckig wiederholenden Wunsch, der nach Erfüllung drängt; oder eine geheime Angst, die sich immer wieder entladen muß, weil sie einen verdrängten, verbrecherischen Wunsch darstellt.

Ein Mädchen kommt in meine Ordination und klagt über Magenschmerzen, Appetitlosigkeit, Brechreiz, Mattigkeit, Kopfschmerzen usw. Wir haben bald Grund genug zur Annahme, daß es sich um eine Angstneurose handelt. Wir fragen sie nach ihren Träumen. Sie sind für den Zustand typisch: Sie wird von großen schwarzen Pferden verfolgt, unheimliche Männer wollen sie berauben usw. Aber sie gibt an, daß sie einen Traum fast in jeder Nacht träumte. Er lautet:

(433.) „Ich stehe vor einem großen Berge. Die Straße geht steil in die Höhe. Ich soll hinaufsteigen und denke: „Das kann ich nicht erreichen. Das bringe ich nicht zustande. Das ist zu hoch für mich."

Eine Analyse dieses Traumes war unmöglich. Gewöhnlich fällt den Träumern zu den stereotypen Träumen gar nichts ein. Aber ihre Krankengeschichte erklärt uns den Traum in einwandfreier Weise. Das Mädchen hat sich in einen „hohen Herrn" verliebt, der noch dazu verheiratet ist. Das war der Anlaß zum Ausbruche der Neurose. Die Aussichtslosigkeit ihrer Wünsche kommt in dem schönen Gleichnis des Berges, der zu hoch ist, wundervoll zum Ausdruck. Eine andere Bedeutung: Ihre Lebensaufgabe ist ihr zu schwer.

Freilich, der Traum läßt noch Vertiefungen und Überdeterminierungen zu. Wir hören, daß der Berg im Traume hie und da mit Schnee bedeckt ist. Das Objekt der Liebe muß ein alter Herr sein. Ja — es ist in der Tat ein General. Wir vermuten, daß hinter dieser Liebe noch eine andere stecken müsse, da sie im Traume so versteckt auftritt, während die erste bewußt ist. Auch diese Vermutung bestätigt sich. Der General ist eine Ersatzliebe. So nenne ich jene Formen der Neigung, wo an Stelle einer gewissen, heiß begehrten Person eine mit ähnlichen Eigenschaften, mit gleichem Vornamen, ähnlichem Äußern usw. gewählt wird....

---

[1]) „Von öfters wiederkehrenden Traumgesichten, wenn sie in kleinen Zwischenräumen wiederkehren, halte, daß sie immer dasselbe bedeuten und daß man sie deswegen öfters schaue, damit man auf sie mehr acht gebe und ihnen eben Glauben schenke. Wir pflegen ja auch im gewöhnlichen Umgange, wenn wir etwas Wichtiges sprechen, dasselbe mehrmals zu wiederholen. Auf diese Weise zeigt auch die Seele dasselbe mehrmals, entweder weil sie wichtige und bedeutsame Dinge weissagt, die nicht als Nebensachen betrachtet werden können, oder weil sie sich lange vor der Erfüllung mit ihnen beschäftigt und fortwährend dasselbe schaut." (Artemidoros S. 256 bis 257 l. c.)

Ein anderer stereotyper Traum. Ein junger Bursche von 14 Jahren mit einer vollkommen ausgebildeten Zwangsneurose träumt fast jede Nacht einen Ausflugstraum. Einer dieser Träume lautet:

(434.) „Wir sollen einen Ausflug machen. Der Wagen wartet vor der Türe. Plötzlich kann ich die Türe nicht öffnen. Ich höre, wie die anderen wegfahren und erwache mit Angst."

Eine Variation dieses Traumes:

(435.) „Wir sollen alle auf den Schneeberg fahren. Wir kommen auf den Bahnhof und hören, daß die Eisenbahn heute nicht verkehrt. Es ist eine Störung auf der Strecke."

Oder:

(436.) „Wir wollen mit der Elektrischen nach Neuwaldegg fahren. Plötzlich bleibt die Elektrische stehen. Der Kondukteur sagt: „Aussteigen, der Wagen geht nicht weiter."

Diese stereotypen Träume zeigen eine einfache Struktur. Es verrät sich in ihnen ein Wunsch und eine Hemmung. Der gemeinsame Wunsch ist der Ausflug. Ich will hier die weiteren Analysen außer acht lassen und mich nur auf das für unser Thema Wichtige beschränken. Der Träumer hat mehrere Ausflüge im Sinne: Nächtliche Exkursionen zu seinen Hausgenossen. Wieder neben anderen Motiven das uns sattsam bekannte Inzestmotiv. Dieser Ausflug wird in der Tat nie zustande kommen. Aber der stereotype Traum hat uns mit seinen wichtigsten geheimen Gedanken bekannt gemacht. Eine einfache Maßregel, die Entfernung des Knaben aus dem Hause, bewirkte eine auffallende Besserung seiner Beschwerden.

Ein Neurotiker, der an psychischer Impotenz leidet, träumt immer wieder: Er vollbringe einen Koitus, die Ejakulation gehe noch ante portas vor sich, er zeige eine mangelhafte Erektion. Er hat die Empfindung, es werde nicht gehen usw. Es war nicht schwer nachzuweisen, daß diese Hemmung von einer Verschiebung herrührt. Er ist in seine Schwester verliebt. Ihr gegenüber muß eine starke Hemmung herrschen. Diese Hemmung überträgt sich auf alle Frauen, d. h. „er sieht Helena in jedem Weibe". Jede Frau ist für ihn die Schwester. Sie wird im Unbewußten für die Schwester substituiert. Jede Liebe ist nur eine Ersatzliebe [1]).

Jedenfalls bringt der stereotype Traum die typische Konstellation der Neurose. Er zeigt uns den einfachsten psychischen Konflikt. Den Kern, um den herum sich der Kristall gebildet hat.

Ein Angsthysteriker träumt immer wieder:

(437.) „Ich bin noch in der Schule. Ich bin nicht gut vorbereitet. Ich will zur Matura oder zu einem Rigorosum gehen und fühle, daß ich durchfallen werde."

Etwas seltener:

(438.) „Ich komme zu einer Brücke oder einem Geländer und habe die Zwangsvorstellung, daß ich herunterfalle oder herunterspringe."

Diese beiden stereotypen Träume enthüllen uns seinen ganzen Jammer. Er leidet an Platzangst. Er kann über keine Brücke gehen. Er hat Angst, sich beim Weibe zu blamieren. Er hat Selbstmordideen

---

[1]) Es gibt eigentlich keine andere Liebe als die Ersatzliebe. Beim Neurotiker tritt sie nur mit besonderer Stärke und mit der ihm typischen Hemmung auf. Die Neurose ist der Bankerott der Realität vor den Forderungen der Phantasie.

(herunterspringen) — also Angst vor sich selber. Er will sich töten; folglich hat er nach dem Prinzip der Talion einen anderen töten wollen.

Sein Konflikt lautet, auf den Kern reduziert: Er hat eine häßliche Frau geheiratet, bloß des Geldes willen. Er lebt in unglücklicher Ehe. Er leidet unter den Befreiungsgedanken. (Tod der Frau — Tod des Kindes — dann Scheidung usw.) Er liebt seine Schwägerin, die ebenso schwerkrank ist wie er selber. Der Konflikt drückt sich durch infantile Konstellationen aus. Das verstehe ich so: Aus seiner Jugend bringt jeder Mensch den typischen Konflikt der Familie mit. Der Gesunde überwindet ihn. Eigentlich: Der eine überwindet ihn und wird gesund. Der andere wird vor neue Konflikte gestellt, die sich um den alten Komplex gruppieren. Alte Affekte finden neue Resonanz...

Deshalb lassen sich diese stereotypen Träume bis auf die ersten Konflikte der kindlichen Seele zurückführen.

Stereotype Träume eines an Angsthysterie mit Absenzen leidenden Neurotikers:

(439.) „Ich bin bei der Matura und werde gefragt. Meistens in der Geschichte, wo ich in Wirklichkeit gut beschlagen war. Ich habe das Bewußtsein, daß ich gelernt habe, es gut weiß, und kann es doch nicht sagen. Das Endergebnis ist dann immer gut."

Oder:

(440.) „Ich ertappe mich auf der Gasse, daß ich in der Unterhose bin. Ich gehe nach Hause und suche die Hose und finde sie nicht. Infolge dieses ergebnislosen Suchens wache ich mit Herzklopfen auf."

Eine andere Form:

(441.) „Ich soll rasch irgendwohin gehen. Ich komme nicht von der Stelle. Die Straße ist gebirgig. Ich erreiche die Elektrische nicht und erwache mit Herzklopfen."

Zuerst der typische Maturitätstraum. Ihm stehen schwere Prüfungen bevor. Die „Geschichte" deutet auf sexuelle Dinge.

Diesen Zusammenhang beweist auch ein bekannter Witz: Ein einfacher Mann kommt zu einem Arzt mit der Klage, seine Frau habe ein schweres Leiden, sie sei historisch. „Sie meinen hysterisch!" sagt der Doktor, „Nein, historisch", antwortete der Mann. „Aber", erwidert der Doktor, „historisch heißt ja geschichtlich". „Das ist es ja", meint der Mann, „sie leidet eben an der „Geschichte". „Die Geschichte haben" heißt menstruieren. — Zu den Prüfungsträumen im allgemeinen ist nachzutragen: Es handelt sich um sexuelle Prüfungen und Prüfungen des Lebens. Auch der mächtige religiöse Komplex verbirgt sich hinter dem Prüfungstraum. Die heilige Dreieinigkeit des Neurotikers ist ja der Vater, hinter dem sich der Lehrer verbirgt, der Landesvater (Kaiser usw.) und Gott Vater. Diese drei Autoritäten haben das Recht zu prüfen. Die Angst vor der Prüfung ist also mehrfach determiniert. Auch die verschiedenen Gegenstände, aus denen man geprüft wird, sind von Bedeutung. Man wird immer in Fächern geprüft, in denen man die Prüfung bereits überstanden hat. Es ist ein geheimer Trost in der Angst: Du hast dich vor dem Latein so gefürchtet und bist durchgekommen, du wirst auch diese Prüfung gut überstehen. Die „Religion" deutet auf die Prüfung vor Gott hin. Gott prüft die Sünder und bestimmt ihr Schicksal. Latein und Griechisch sind alte Fächer und gehen auf das Infantile. Mathematik (Ma-ma!) auf Inzestgedanken und Geldsünden. Physik auf das Physische, und Naturgeschichte auf das grob Erotische. Doch das sind nur einige Determinationen. Wir werden bei der Analyse eines ersten Traumes nachweisen, was für individuelle Determinationen gerade beim Prüfungstraum eine Rolle spielen.

Jede Prüfung ist die Prüfung, d. h. vor Gott — und die Geschichte ist die Geschichte seines Lebens.

Im zweiten Traum verraten sich sein Exhibitionismus und sein psychischer Hermaphroditismus. Er sucht vergeblich seine Hosen, d. h. er ist ein Weib.

Der dritte Traum zeigt die neurotische Hemmung. Er kann die Hindernisse nicht überwinden. Er fühlt sich dem Leben nicht gewachsen. Er leidet an Straßenangst. Er liebte ein Mädchen. Ein anderer nahm sie ihm weg, weil er nicht den Mut fand, um sie anzuhalten. So fährt ihm die Elektrische vor der Nase weg. In diesen drei Träumen verrät sich der schwächliche, ängstliche, unterdrückte, verzagte Neurotiker, der die Forderungen des Lebens nicht erfüllen kann.

Der sehr sonderbare stereotype Traum eines Impotenten lautet:

(442.) „Mein Penis ist eine Gummifatsche, die eine Riesenvagina, die ober ihr liegt, nicht ausfüllen kann."

Dieser Traum kommt fast jede Woche. Er ist die Erinnerung an ein Trauma seiner Jugend. Es ist sein erstes Erlebnis, das sich immer wieder dem Gedächtnisse aufdrängt. Die sonderbare Form „Gummifatsche" zeigt mehrfache Determinationen. Gummi für Penis ist sehr häufig. Beide zeigen eine sehr merkwürdige Eigenschaft. Sie können sich vergrößern. Die Fatsche resp. die Gummifatsche ist ein Attribut einer seiner Pflegepersonen. Der Traum bringt das Gefühl der persönlichen Minderwertigkeit glänzend zum Ausdruck. Er ist unten — das drückt seinen weiblichen Charakter aus. Schließlich identifiziert er sich mit einer Gummifatsche, die das Bein seiner Mutter umschnürt, die an Krampfadern leidet. Der Traum spricht hier, wie die Dichter sprechen, welche Gegenstände beneiden, die die Liebste bedecken oder ihr nahe kommen. Dieser stereotype Traum vereinigt zwei Situationen zu einer: Das Trauma, das er mit einem Kindermädchen erlebte, wobei sich sein kleiner Penis für den „Riesenraum" als minderwertig bewies, und die Gummifatsche der späteren Jahre.

Ein stereotyper Traum eines anderen Patienten, der zugleich ein typischer Traum ist, lautet:

(443.) „Ich will laufen wegen einer Gefahr, die hinter mir ist und ich kann nicht. Die Beine sind wie gelähmt. Es liegt mir bleischwer in den Knien."

Dieser Traum des Herrn Beta wiederholt eine Situation, bei der ihn der Vater „erwischt" hat. Wir werden diese Situation in den Besprechungen der „ersten Träume" eingehend schildern. Sie ist andererseits der häufigste Ausdruck neurotischer Hemmung. Der Träumer will vor sich selber davonlaufen und kann es nicht. Wir können jedenfalls aus diesem Traume, der eine historische Szene und eine gegenwärtige Tendenz zu einem Bilde zusammenschweißt, erkennen, daß der Träumer mit bösen Trieben im Kampfe ist, gegen die seine Kraft nicht ausreicht. Eine Flucht ist unmöglich [1]). Das Leitmotiv seines Lebens: „Ich kann nicht".

[1]) Die Wunscherfüllung drückt sich in dem Umstande aus, daß die Gefahr „hinter" ihm ist. Auch die unterdrückte Homosexualität.

Es folgen nun einige stereotype Träume einer „unbefriedigten" Frau:

(444.) **„Ich habe einem nackten Kinde die Füße gewaschen, einem fremden Kind. Mit einer Bürste. Endlich habe ich es abgewaschen. Es war schmutzig, ganz mit Kot bedeckt. Voller Krusten."**

Die Deutung ergibt sich aus: fremdes Kind = Phallus, Bürste = Vagina, Kot = moralischer Schmutz. Dieser stereotype Traum ist eine nackte Wunscherfüllung. Ebenso wie die nächste, fast jede Woche geträumte Begebenheit. (Kind auch ein Symbol der Neurose.)

(445.) **„Ich bin neben einem Pferd gelegen. Das Pferd stampfte mich in einem fort mit den Hufen."**

Analyse überflüssig.

Etwas tiefer in ihre neurotischen Gedanken leuchtet der nächste stereotype Traum hinein:

(446.) **„Mein Sohn hat keinen Posten. Er will auf den alten Platz zurückgehen."**

Sie war die Amme ihres Sohnes. Sie möchte das selbständige, ihr entfremdete Kind wieder an ihrem Busen haben.

Wieviel tiefer und dunkler ist ein stereotyper Traum eines Zwangsneurotikers!

(447.) **„Ich bin auf der Straße und treffe Menschen, welche zu den Eltern gehen, die heute gerade empfangen."**

Dieser Traum wiederholt sich sehr häufig. Er enthält eine schwere Verdächtigung der Mutter, die angeblich verschiedene Menschen „empfängt". Die „Straße" und der Ausdruck „Mensch" als Neutrum enthalten den Vorwurf der Dirne. Der Träumer spricht sehr viele Frauen auf der Straße an. Jedesmal muß er eine Angst überwinden, die er als „weiblich" empfindet. Er identifiziert sich mit der Mutter und sucht sich einen Mann im Weibe: hohe, blonde, kräftige Gestalten. Er trägt sich weiblich. Immer glatt rasiert, einen langen Rock, einen niederen Kragen und einen Plüschhut, wie ihn auch Frauen im Gebirge zu tragen pflegen....Er zweifelt an sich und an allem. Auch an der Treue seiner Mutter. (Natürlich vollkommen grundlos.) Der Traum bringt ihm die Wahrheit. Er sieht die Menschen, die die Mutter empfängt.....

Stereotyper Traum eines jungen Mädchens:

(448.) **„Ich stehe auf dem Balkon. Unten geht ein Herr vorbei in schwarzem Anzug, Zylinder und einer roten Rose im Knopfloch; er winkt mir zu. Es soll irgend ein Familienfest gefeiert werden."**

Das Familienfest ist der Tod der Mutter. Der Herr mit der roten Rose ist der Tod. Andererseits ist es ihre Hochzeit: Der Herr mit der roten Rose ihr Bräutigam. (Tod ihrer Unschuld!)

Ein anderer stereotyper Traum dieses Mädchens:

(449.) **„Das Dienstmädchen brachte mir drei winzig kleine Hunde, die ich liebkoste. Ich glaube, es waren zwei kleine Hunde, die braun waren, und ein kleiner weißer Spitz."**

Die Symbole sind uns bekannt! Die Dreizahl verrät uns das männliche Genitale. Die zwei braunen Hunde sind die Testikel, der kleine weiße Spitz ist eine Spitze, mit der sie gern spielen möchte....

Nicht immer sind die stereotypen Träume so einfach. Manchmal werden komplizierte Situationen vorgebracht.

Ich bringe jetzt einige stereotype Träume von verschiedenen Mädchen. Die meisten bedürfen keiner Analyse. Sie sollen uns nur zeigen, welche Unmenge von Variationen eines Themas im Traume möglich sind.

Frl. L. N., 16 Jahre:

(450.) „Ich besitze ein stolzes Schloß. Jemand will eintreten. Sie schreien mir zu: „Nicht öffnen! Nicht öffnen!“ Ich öffne doch. Ein großer, schwarzer Mann tritt herein, mit einem großen Dolche in der Hand. Ihm folgen eine lange, schier unübersehbare Reihe von großen, kräftigen Gestalten.“

Analyse überflüssig! Der schwarze Mann zugleich der Tod.

Frl. B. C., 20 Jahre:

(451.) „Ich bin auf der Straße. Zu meinem Schrecken bemerke ich, daß ich ganz nackt bin. Ein großer Mann mit wildem Blick kommt auf mich zu und stößt mir ein Messer in den Bauch.“

Frl. H. J., 19 Jahre:

(452.) „Ich habe mir in der Leihbibliothek ein Buch geholt. Meine Freundin sagte mir: „Mit diesem Buche kannst du dir Süßigkeiten einkaufen.“ „Wo?“ frage ich. „Da will ich gleich hinlaufen.“ Ein junger, blonder Herr will mir den Weg zeigen. An einer dunklen Straßenecke umarmt er mich so stürmisch, daß ich laut aufschreiend erwache.“

Stereotyper Traum eines 25jährigen Mädchens:

(453.) „Ich gehe mit einem älteren Offizier, welcher mich nach Hause bringt. Wir haben einen nicht sehr beschwerlichen, aber rutschigen Weg zu nehmen, denn man glitschte sehr leicht aus und wäre somit an schmalen Stellen den Abhang hinuntergerutscht.“

Ein einfacher symbolischer Traum. Der ältere Offizier ist ein alter Mann, der mit ihr schlüpfrige Gespräche führt. Im Traume verwandelt sie die Situation in eine andere, in der ihrer Unschuld größere Gefahren drohen. Sie kann einen Fehltritt machen und in die Tiefe fallen. Daß es ein Offizier ist, hat seine guten Gründe. Er soll einen langen Säbel haben. Auch das Alter ist ihre Bedingung der Liebe. Sie schwärmt nur für die alten Onkels, besonders wenn sie schon verheiratet sind. Ohne Hemmung durchgesetzte Wunscherfüllung.

Ein stereotyper Exhibitionstraum des Herrn B. H. lautet:

(454.) „Ich war in einer Gartenrestauration und war unangezogen. Ich ging überall vorbei, kam auch zu der Musik. Es waren sehr wenig Menschen. Meine Nacktheit fiel nicht auf. Nur mir war es sehr unangenehm. Auf einmal erhob ich mich von der Erde und konnte fliegen. Da war ich wieder angezogen. Ich steuerte auf einen Baum zu und dachte: An diesem Baum mußt du zerschellen. Ganz dicht vor dem Baum wurde ich seitwärts abgetrieben.“

Er ist nackt. Eine doppelte Wunscherfüllung. Er darf den wahren (nackten) Menschen zeigen. (Er ist unangezogen!) Er kann wieder nackt mit sich spielen lassen. (Musik!) Er ist ein Kind. An der Homosexualität droht sein stolzer Flug zu zerschellen. Er rettet sich noch im letzten Momente.

Ein stereotyper Pollutionstraum desselben Träumers lautet:

(455.) „Ich sehe einen Knaben, der mir sehr ähnlich ist, auf dem Schulhof. Derselbe onanierte, den Kopf auf den Boden liegend. Der

Samen fließt wie ein Bach unaufhaltsam. Eine Gestalt, die vor mir stand, sagte: „Das kommt von der Onanie.“ Ich erwache mit einer Pollution.“

Er hat die Angst, daß sein Rückenmark durch die Onanie „ausgeronnen“ ist. Die warnende Gestalt ist sein Vater. (Der Bach als Symbol der ausrinnenden Kraft ist gar nicht selten!)

Bei Pollutionsträumen ist besonders darauf zu achten, ob sie stereotyp sind. So träumt Herr Dalton immer:

(456.) „Ich schlafe meiner Gouvernante bei und erwache mit einer Pollution.“

Der Traum wiederholt sich fast jede Woche. Die heißgeliebte Gouvernante ist noch immer nicht vergessen. Andere stereotype Träume des Herrn Dalton behandeln das Thema, daß er mit der Gouvernante verheiratet ist, z. B.:

(457.) „Ich bin in einem vornehmen Schlosse. Ich bin der Herr des Schlosses und die Gouvernante ist meine Frau. Wir lieben uns und sind sehr glücklich.“

Auch die wichtigen kriminellen Phantasien der Kindheit kommen in stereotypen Träumen wieder. Ein Angsthysteriker, der als Knabe das Haus anzünden wollte, träumt fast jeden Monat:

(458.) „Es ist ein großer Brand. Man läuft durcheinander und alles schreit. Ich rette mich in Unterkleidern und frage einen Wachmann: Wer ist der Täter?“

Ein anderer kranker Mann, Herr Xandi, kämpfte als Knabe gegen die Phantasien, Gas ausströmen zu lassen, um seine Geschwister umzubringen. Er hat folgenden stereotypen Traum:

(459.) „Ich erwache, weil ich einen intensiven Gasgeruch fühle. Dann bemerke ich, daß ich geträumt habe. Der Gasgeruch verfolgt mich oft stundenlang, so daß ich schließlich aufstehe, um nachzusehen, ob kein Gashahn offen ist. Dann erinnere ich mich erst, daß wir ja gar kein Gas in der Wohnung haben.“

Eine Analyse erscheint überflüssig. (Vgl. den Traum Nr. 210.)

Herr K. L. träumt fast jede Nacht:

(460.) „Ich erwache und befinde mich in einem finsteren Raume. In der Angst, in einem Sarg eingesperrt zu sein, springe ich aus dem Bett. Ich eile zum Fenster und suche nach Licht. Nachdem ich mich überzeugt habe, daß dies nur ein Angstanfall war, lege ich mich zu Bette und schlafe weiter.“

Er ist eine Verbrechernatur und fürchtet den Kerker. Andererseits erkennen wir die typische Mutterleibsphantasie. Er muß sich jede Nacht überzeugen, daß er noch frei ist. Er spielt noch immer den Mörder, den der Arm der Gerechtigkeit ereilt.

Manche stereotype Träume sind zugleich typische Träume; z. B. der stereotype Mädchentraum des Frl. K. S. (20 Jahre):

„Der Mann im Dunkel.“

(461.) „Wir wollten uns in G. in unserem Hause zur Ruhe legen. Ich ging nochmals nach dem Vorgarten, um zu sehen, ob das Tor auch fest zu sei. Als ich vorne hinkam, sah ich zu meinem Schrecken, daß die Lampe dort noch hell brannte. Ich griff sie rasch auf und wollte ins Haus hinein eilen, damit mich niemand sähe, weil ich nur mein Nachthemd anhatte. Aber auf der Straße hatte im Dunkel ein Mann gestanden, dessen Augen mich verfolgt hatten; als ich nun zurücklief, stürzte er mir nach. Nur mit Mühe erlangte ich die Haustüre und sprang ins Haus; indem ich zuschließen wollte, kam Beruhigung über mich, denn Mutter hatte innen die Zimmertüre aufgemacht, um nach mir zu sehen.“

Ein typischer Mädchentraum. Der Vorgarten bedarf keiner Deutung. Sie zweifelt mit Recht, ob die Türe auch fest zu sei. Dort brennt eine Lampe. (Lampe = Vagina.) Sie brennt vor Verlangen. Dann naht die Versuchung in Form eines Mannes, vor dem sie sich zur Mutter als Hüterin der Moral flüchtet. Diese Türsymbolik ist ungemein häufig; wir sind ihr ja mehrere Male begegnet. Die Türe soll die Leidenschaften fest zurückhalten.

Außerdem zeigen sich deutliche exhibitionistische Gelüste. Sie ist im Nachthemd auf der Straße und wird in diesem Aufzuge von einem Manne gesehen.

Der Mann im Dunkel ist natürlich auch der Tod. Das Brennen der Lampe ist ein Gleichnis für das Leben. (Vgl. das Volkslied: „Freut Euch des Lebens — So lang' noch das Lämpchen glüht — Pflücket die Rose — Eh' sie verblüht.“)

Stereotyper Einbrechertraum einer 60jährigen Dame:

(462.) „Ich habe das Gefühl gehabt, daß sich jemand in meiner Nähe zum Bette schleicht. Ich wollte schnell Licht machen. In dem Moment entreißt mir jemand die Zündhölzchen und ich fühle die warme Hand, die mir die Zündhölzchen weggenommen hat. Eine nackte Hand, die ich bis zum Ellbogen sah. Ich fange an, aus Leibeskräften zu schreien und bin nach einigem Schreien erwacht.“

Ein anderer Traum derselben Dame:

(463.) „Ich sah einen schwarzen, großen Mann im Zimmer stehen. Er war dunkel gekleidet. (Angst vor dem Herzschlag — Visitkarte —.)“

Analyse: Ein typischer Einbrechertraum. Die gemütvolle, etwas rührselige Dame hat in einem Jahre ihre drei Töchter verheiratet, die sie nach dem frühen Tode ihres Mannes mit übertriebener Zärtlichkeit auferzogen hatte. Vor der Heirat der dritten Tochter trat eine schwere Melancholie ein, die im wesentlichen einen Widerstand gegen den Verlust des liebsten (jüngsten) Kindes bedeutete. Sie wiederholte immer wieder: „In diesem Zustande kann ich keine Vorbereitungen zur Hochzeit meines Kindes treffen. Ich muß mich erst beruhigen. Ich kann jetzt nur an mich denken!“ Auf meinen Rat wurde die Hochzeit trotz der Erkrankung am festgesetzten Termine abgehalten. Die Melancholie klang dann sehr rasch ab. Eine Angsthysterie besteht noch heute. Die Kranke kann nicht allein ausgehen, hat Schwindelanfälle usw. Am Vortage des Traumes sah sie einen großen Mann durch den Korridor gehen, der „so verdächtig“ um sich blickte. Sie hatte Angst, er könnte durch das Fenster einsteigen. Im Traume wird dieser zur Angst gewandelte Wunsch erfüllt. Der Einbrecher will ihr das Feuer „der alten (Zündhölzchen-) Schachtel“ entreißen.

Die bis zum Ellenbogen sichtbare Hand (statt Arm!) bezieht sich auf die Onanie. Sie kämpft seit Monaten einen siegreichen Kampf gegen die Versuchung, zu onanieren.

Eine homosexuelle Bedeutung dieses Traumes geht auf ein zweites Erlebnis des Vortages zurück. Ein Weib aus der Nachbarschaft sah in ihr Fenster hinein. Sie hatte Angst, auch diese könnte bei Nacht zu ihr kommen. Der Traum bezeichnet den Einbrecher als „jemand" — läßt also das Geschlecht in Frage. Ein deutlich bisexueller Traum. Denn eine Hand haben sowohl Mann als Frau.

Auch der zweite Traum ist die Wunscherfüllung einer unbefriedigten Frau Eine weitere Beziehung zeigt dieser Traum zu ihren Todesgedanken. Die Frau fürchtet Tag und Nacht den „Herzschlag". Wie wundersam doppelsinnig ist die Angst! Sie fürchtet den heißen Schlag ihres Herzens. Sie fürchtet den Tod, weil sie das „Leben" wünscht. Sie trägt immer eine Visitkarte bei sich, weil sie seit der analytischen Behandlung schon kleine Wege macht. Wenn man sie tot findet, soll man wissen, wer sie ist und wo sie wohnt. Sie hat aber gehört, daß Dirnen ihre Visitkarten geben. Auch sie möchte am liebsten ihre Adresse geben. So verbinden sich Todesangst und Lebenslust in sonderbarer Weise. Alle Symptome der Neurose sind bipolar.

Die Hand, die das Licht (des Lebens) auslöscht, ist die Hand des Todes. Gestern las sie in der Zeitung von einem Roman „Erloschenes Licht" und hatte dabei Todesangst. Beim Erlöschen der Kerze denkt sie immer: So wirst du erlöschen.

Auch der dunkle schwarze Mann ist der Tod. Wir haben ja öfters Gelegenheit gehabt, darauf hinzuweisen, daß der Tod in jeden Traum hineingezeichnet ist.

Die Träume vom Einbrecher, von der nackten Hand, dem schwarzen großen Mann sind bei dieser Dame stereotype Träume. Die Szenerie und die Form des Traumes wechseln je nach den Anregungen des Vortages.

Wiederholt geträumter Traum eines 27jährigen Mädchens. Frl. S. H.:

(464.) „Ich stand im Nachthemd im Badezimmer. Da kam, ohne zu klopfen, der Installateur herein. Ich sagte ihm, was ihm denn einfiel, einfach so hereinzukommen, worauf er erwiderte, daß er nach dem Badeofen sehen müßte, an dem etwas nicht in Ordnung sei, und einfach auf denselben zueilte. Dann sah er den Ofen auf dem Gang nach. Da ich gerade vesperte, strich ich ihm auch Brot und belegte es mit Salami. Es schmeckte ihm so gut, daß ich noch ein zweites Brot zurecht machte."

Analyse: Ein typischer Exhibitionstraum. Der Installateur ist ein Mann, der sich bei ihr installieren will. Erst will er nur nach dem Badeofen (Vagina) sehen. Die Exhibition ist ja auf das „Sehen" angewiesen. „Da ich gerade vesperte" bezieht sich auf ihr Alter. Sie fürchtet, die Zeit zu versäumen. Es naht der Abend ihres Lebens. Die Salami hat eine merkwürdige Erklärung. — Sie zerfällt in Sale und ami — schmutzig und Freund. „Butterbrot reichen" in der Bedeutung von „sich koitieren lassen" ist gar nicht selten. Hier ist es ein Salamibrot, das dem Installateur so gut schmeckt, daß er noch ein zweites Mal sein Glück versucht.

Das Stereotype in ihren Träumen ist der Handwerker. Ein anderes Mal sind es ein Tapezierer, Schuster, Schlosser usw. Das hängt mit ihren infantilen Sexualtheorien zusammen. Feine Leute machen „so etwas" nicht. Deshalb träumt sie von ordinären Gesellen, denen sie alles „Gemeine" zutraut [1]).

[1]) **Kinder, die von Kameraden sexuell aufgeklärt werden, reagieren sehr häufig in ähnlicher Weise. Sie pflegen zu sagen: „Das mag für andere Geltung haben. Unsere Eltern sind nicht so „gemein". Oder: „Unsere Eltern machen so etwas nicht."**

Dasselbe Fräulein träumt in verschiedenen Variationen den gleichen Traum:

(465.) „Ich sah viele junge Damen mit entblößten Nacken, Armen und Beinen in reizenden, farbigen Trikotkostümen in einem großen Saale Turnübungen machen. Ich wunderte mich, daß bei jeder, wo sie stand, eine große Wasserlache auf dem Boden war, die erst allmählich verschwand, indem sie bei ihren Übungen darüber rutschten. Endlich fiel mir ein, daß sich alle den Unterkörper hatten waschen müssen, ehe sie turnten und daher die Wasserlachen gekommen waren."

Analyse: Wieder ein Bordelltraum eines unschuldigen Mädchens. Die Damen, die sie an Ballettänzerinnen erinnern, müssen erst durch Schmutz waten (Urin = Wasserlache!). Eine Beschäftigung, die ein Spiel mit Feuer (Wasser) ist, bei dem man in die Hoffnung kommen kann (dritte Bedeutung des Wassers). Eine andere Determination: Sie müssen sich rein halten, um keine Infektion zu erleiden.

Das Trikot wird gerne als bisexuelles Kleid benutzt — ebenso wie das lange Kleid des Priesters usw. Eine weitere Bedeutung Kot (Trikot) als Ergänzung zum Urin. Daß die Kostüme reizen, Männer reizen sollen, ist wohl ihre wichtigste Aufgabe.

Ihre anderen stereotypen Träume bringen immer die gleiche Situation — aber mit verschiedener Ausschmückung. Eine andere Art ihrer stereotypen Träume zeigt die Buße für ihre sexuellen Expansionsgelüste.

So zeigt uns der nächste Traum ein charakteristisches Moment, das immer wieder kommt: die Schuld.

(466.) „Das Milchmädchen wartete auf die Zahlung. Ich wußte nicht, welche Tage bezahlt waren und ärgerte mich, daß das Mädchen so gleichgültig gewesen, es sich auch nicht zu merken."

Der Traum vom Milchmädchen ist ein stereotyper Traum. Die Patientin ist in allen ihren Träumen eine Zahlung schuldig. Das deutet auf Schuld im doppelten Sinne. Sie hat eine Schuld ihren Eltern gegenüber. Sie sich ist auch das Leben schuldig. Das Milchmädchen symbolisiert ihr Genitale, und sie ärgert sich, daß sie bisher so keusch gelebt hat. Diese Kranke litt lange Zeit an der Zwangsvorstellung, sie habe ihrem Schneider die Rechnung nicht bezahlt. Die Wurzel der Zwangsvorstellung ist die gleiche wie im Traume.

Sie ist selber das Milchmädchen. (Ein ewiger Säugling! Sie kann ohne die Mutter nicht leben!) Sie wartet noch immer auf die alten infantilen Genüsse. Sie ärgert sich, daß sie die schöne Zeit des Säuglings vergessen habe. Ein falscher Vorwurf. Sie ärgert sich, daß sie diese Zeit nicht vergessen kann.

Das Thema der Schuld wird dann in unzähligen Träumen variiert... Wir erfahren ihr Ideal. Sie möchte sich für die Liebe bezahlen lassen, also eine Dirne sein. Die Dirnenträume sind bei ihr stereotype Träume. Es ist dies eine Erscheinung, die wir oft bei Frauen beobachten können. Unsere Patientin ist eigentlich geizig und möchte jede Summe, die sie bezahlen soll, am liebsten nicht bezahlen oder mit Liebe zahlen.

Eine ihrer stereotypen Träume handelt davon, daß sie wieder in einer Pension ist. Endlos wird dies Thema der Pension variiert und kombiniert. (Vgl. den Traum Nr. 470.)

Ich bringe hier ein Beispiel, in dem die stereotype Situation nach einer Reihe von Vorträumen gebracht wird.

Wir wollen einmal versuchen, diese Reihe von hintereinander geträumten Träumen zu analysieren. Sie lassen sich wie ein zusammenhängender Traum deuten. Freud sagt: „Die Kausalbeziehungen darzustellen, hat der Traum zwei Verfahren, die im Wesen auf dasselbe hinauslaufen. Die häufigere Darstellungsweise, wenn die Traumgedanken etwa lauten: Weil dies so und so war, mußte dies und jenes geschehen, besteht darin, den Nebensatz als Vortraum zu bringen und dann den Hauptsatz als Haupttraum anzufügen. Wenn ich recht gedeutet habe, kann die Zeitfolge auch die umgekehrte sein. Stets entspricht dem Hauptsatz der breiter ausgeführte Teil des Traumes." (Traumdeutung.)

In der nun folgenden Traumreihe ist die Kausalbeziehung besonders klar ausgedrückt. Der Haupttraum ist in der Tat der dritte Traum; der erste bringt die Begründung.

Die Träume unserer Patientin lauten:

(467.) „1. Es war gefährlich, über die Straße zu gehen, das Volk war rebellisch geworden, in Eile sah man einen Offizier einherschreiten."

(468.) „2. Ich sah lauter kleine Lederriemen vor mir, mit denen ich die Bücher zusammenschnallen wollte."

(469.) „3. Ich schälte die Haut von meinen Füßen, an dem einen blätterte sie sich immer weiter ab, daß ich auf einmal ein tiefes Loch im Fuße hatte; ich lief davon, denn ich war nicht allein und schämte mich plötzlich vor den anderen."

(470). „4. Ich sah lauter Damen in buntgestreiften Morgenkleidern in einer großen Pension auf dem Flur umhergehen."

Analyse: Sie wurde zu Hause sehr strenge gehalten. Der Vater erlaubte ihr nicht, nach acht Uhr allein auf die Straße zu gehen. Das sei nicht „anständig", passe sich nicht und sei sehr gefährlich. Diese Gefahr reizte sie am meisten. Sie wollte gerne allein über die Straße gehen. Sie rebellierte innerlich gegen die drakonischen Maßregeln des Vaters. Das Volk symbolisiert die geheimen Gedanken, auch die Leidenschaften. Die Leidenschaften rebellierten, und sie ging doch über die Straße. Ein Offizier war ihre erste Liebe. Es hatte sie einmal sehr aufgeregt, daß er ihr sagte, er wäre ein sehr schlechter Mensch [1]). Sie traute ihm „alles" zu. In dem ersten Traume passierte der Offizier die gefährliche Straße. Es ist eine Ausschreitung. Sie verliert ihre Virginität. (Man beachte die Symbolisierung der Bewegungsvorgänge auf der Straße als sexuelle Akte. „Einherschreiten." „Auf der Straße gehen." Diese Symbolisierung geht durch den ganzen Traum!)

Die Straße leitet immer zum Dirnenkomplex. Sie ist durch den Offizier zur Dirne geworden. Wir müssen die Bedeutung des Traumes so auffassen: Weil ich damals gefallen bin, muß ich jetzt weiter sinken.

Der zweite Traum führt den Gedanken des Falles weiter. Nach dem einen Offizier kommen viele andere. Zu Lederriemen fällt ihr die Haut ein, aus der sie gemacht werden; ferner das Einschnüren. Sie wollte sich gestern einen Lederriemen kaufen, um ein Buch einzuschnüren. Es ist von der Gabriele Reuter und heißt „Aus guter Familie". Es schildert ein leidenschaftliches Mädchen, das sich auf der Straße einen Mann sucht, um ein Kind zu haben. Die „kleinen Lederriemen" sind lauter Membra. Sie stellt sich Umarmungen vor. Sie ist das Buch,

---

[1]) Also ein ordinärer Geselle wie ein Handwerker! (Vgl. Traum Nr. 464.)

das von Hand zu Hand gehen soll, in dem viele Leute blättern sollen. Schnallen, Leder und Riemen[1]) gehören zu den Utensilien eines Offiziers.

Der dritte Traum ist sehr stark verdichtet und schildert zuerst eine Entkleidungsszene. Der Fuß steht für den Schenkel. Sie zieht sich aus (schälen = ausziehen; Haut = Kleider. Kleider sitzen ja wie eine Haut — wie angegossen. Ferner die Assoziation: aus der Haut fahren. Sie kann es in diesem Traume, nachdem sie tags vorher gesagt hatte, sie würde niemals kokettieren, sie könne nicht aus ihrer Haut fahren.) Sie blättert sich ab — wie von einer Knospe die Blätter fallen müssen, ehe die Frucht daraus wird. Dann kommt die Vagina (tiefes Loch) zum Vorschein. Jetzt läuft sie davon, da sie sich schämt. Warum?

Die Analyse ergibt dafür einen tieferen Sinn. Sie hat verkrüppelte Zehen. Die Mutter legte ihr oft Watte zwischen die Zehen. (Das ermöglicht das Bild: penis inter femora.) „Ich lief davon" gehört eigentlich an den Anfang des Traumes. Wir merken schon, daß wir es mit einer Fußfetischistin zu tun haben! Gehen, schreiten, laufen, das Loch im Fuß. Doch auch der dritte Traum enthält Elemente, die das Davonlaufen und Schämen verständlich machen. Ihr Bruder hatte einmal eine schwere Infektion am Fuße. Ein Nagel hatte ihm ein Loch gebohrt. Die Wunde infizierte sich, so daß er lange Zeit sehr gefährlich erkrankt war. Das „Blättern" (Blattern!) führt zum „Blättern in dem Buche". Das Schälen auch zum „Beschäler" aus der Sprache der Tierzucht, was ihr als Tochter eines Landwirtes sehr geläufig ist. Weitere Assoziationen ergeben die Angstvorstellung, daß sie eine Syphilis akquiriert habe und sich deshalb schämen muß.

Der vierte Traum bringt die stärkste Wunscherfüllung und den Trost. Die Pension ist ein Bordell. (Klanglich schon im „rebellisch" vorbereitet.) „Die buntgestreiften Morgenkleider" beziehen sich auf Herumstreifen (weitere Variation des Fußkomplexes) und auf eine bunte Gesellschaft. (Buntes Tuch = Offizier.)

Sie kann sich trösten. Sie ist nicht die einzige. Sie teilt das Los vieler Schwestern. Sie ist nur eine unter vielen Prostituierten, als wollte der Traum sagen: „Wenn es alle diese „Damen" aushalten, wirst auch du nicht daran zugrunde gehen."

Träume dieser Art, die gehäuft auftreten, um schließlich in einem stereotypen Traum zu enden, sind bei dieser Dame sehr häufig. Diese Beobachtung kann man oft machen, wenn man mehrere Träume einer Nacht analysiert. Unter den verschiedenen Szenen findet sich eine, die stereotyp ist. Die anderen Träume dienen nur dazu, den stereotypen Traum vorzubereiten und zu motivieren. Das gilt, wie gesagt, nicht nur für diese Dame. Auch bei anderen Träumern ist die Situation das Stereotype — die Darstellung wechselt.

So hat ein uns bekannter Träumer, der Urolagnist, Herr Lambda, stereotype Überraschungsträume. Sie sind keineswegs appetitlich, wie man a priori voraussetzen kann.

Führen wir so ein Beispiel an:

(471.) „Ich bin in einem Herrenabort, der durch eine Holzwand von dem Damenabort abgetrennt ist. Durch ein Loch dieser Holzwand blicke ich in kniender Stellung hindurch. Inzwischen tritt ein jüngeres, schwarz-

[1]) Wir kennen die Riemen natürlich auch als Phallussymbole. (Vgl. S. 113 Anmerkung.)

gekleidetes Mädchen ein und schickt sich an, die Mictio zu machen. Sie dreht sich dabei nicht um, wie es ja natürlich wäre, sondern hebt sich vorn die Röcke auf und steigt auf das Sitzbrett, bemerkt mich und ruft: „Jetzt ist's schon genug mit dem Herüberschauen!" Sie stößt mit dem rechten Fuße gegen das Loch. In demselben Augenblicke tritt auch ein Wachmann in den Damenabort und macht dort gleichsam Eskorte, um mich abzuführen. Ich verlasse sofort den Herrenabort und bemerke zu meinem Entsetzen, daß ich beim Verlassen unbedingt den Damenabort passieren, also an dem Wachmann vorbei muß. Während ich in den Damenabort eintrete, uriniert gerade das Mädchen. Ich sehe den Strahl durch einen schwarzen Organtin. Ich verlasse den Abort und will das Gasthaus verlassen, da ruft mir der Wachmann, der an einem der Tische des stark überfüllten Gasthauses sitzt, zu: „Sie, Herr Nachbar, das geht nicht so einfach. Da kommen Sie mir nicht so geschwind aus." Ich mußte mich nolens volens zum Tische setzen, wartete mit Ängsten auf den Augenblick, da er der Gesellschaft seine Beobachtungen publik machen würde. Er hat das aber nicht getan. Ich vermutete, er wolle seinen Bericht für die vorgesetzte Behörde aufheben. In meiner Unruhe suchte ich durch heimliche Fragen Gewißheit zu erlangen. Er gab mir ausweichende Antworten, so daß mir der Aufenthalt höchst ungemütlich war. Erwachen mit Alpdrücken."

Solche Träume kommen bei diesem Patienten fast jede Woche vor. Das Stereotype ist: 1. Der Aufenthalt in einem Abort. 2. Die Überraschung durch eine vorgesetzte Person. 3. Ein längerer Zustand martervoller Ungewißheit.

Wir kennen ja einzelne Elemente dieser Phantasie. Wir erkennen die Mutterleibsphantasie (das Einsperren in dunkle Räume), wir erkennen in dem Wachmann den Vater. Wir wissen, daß schon das Gasthaus auf das Elternhaus hindeutet. Wir erfahren ferner, daß er ähnliche Situationen bereits erlebt hat. Er ist schon in Aborten bei urolagnistischen Akten überrascht worden. Er läuft offenbar einer gewissen Szene nach und spielt sie immer wieder. Er ist auf dem Lande aufgewachsen und hat bei den Dienstleuten wiederholt die Mictio in der vom Traume gebrachten Situation gesehen.

Seine stark masochistische Triebrichtung zeigt sich in der Situation, in der er sich am Schluß des Traumes befindet.

Es folgt ein anderer sterotyper Traum desselben Herrn.

Manche Träume wiederholen die wichtigsten traumatischen Ereignisse des Lebens in endlosen Varianten oder typisch in derselben Form. Der nachfolgende, höchst obszöne Traum des Urolagnisten wird uns in dieser Hinsicht interessieren. Hier werden wir aber das Trauma kennen lernen, das sich in diesem Traumbilde wiederbelebt....

(472.) „Ich sitze in einem größeren Saal, der so wie ein Schlafsaal in einem Konvikt aussieht, sitze Sessel an Sessel mit Frau N. An den beiden Wänden sind noch die Betten offen. Die Frau N. ist in legerem Hauskleid und allmählich rückt sie mir näher, so daß sich unsere Schenkel berühren. Ich fühle daraufhin schon eine libidinöse Anwandlung und die Berührung wird immer inniger, schließlich besteigen wir zwei das nächste Bett. Da war ich in Unterkleidern.

„Da sieht man, was man von Frauen halten kann", dachte ich. „Er (Herr N.) stellt sie so hoch und nun bin ich so weit mit ihr." Dann verschwinde ich im Bette unter der Decke, was sich sehr bewährte, weil dieser Saal von fremden Herren betreten wurde. Mir wurde die Situation unbehaglich, während Frau N. sich nicht genierte. . . . . . Das Ende war, daß sich Frau N. über mich beugte, dabei zeigte es sich, daß die Geschlechtsteile infantilen Charakter hatten, wenig Krines, enge Rima pudendi. Der Anus war blaßrot, und während ich das noch anblicke, öffnet sich der After und ein Flatus (ohne Geruch) kam zum Vorschein. Empfindung, daß ich mich etwas verächtlich behandelt gefühlt habe, weil meine speziellen sexuellen Gelüste so ad absurdum geführt wurden."

Der erste Traum enthält die Vermengung einer Phantasie und eines Erlebnisses. Die Phantasie bezieht sich auf seine Mutter. Frau N. ist die Frau seines Vorstandes. Er reproduziert eine wirkliche Szene aus der Kindheit, da er bei der Mutter lag und unter die Decke kroch, wenn der Arzt oder der Vater hereinkam. Nur spielt er die Rolle des Vaters. Die Transformation der Mutter in die Schwester beweist, daß die Schwester die Mutterkomplexe übernommen hat und daß auch die Frau N. für die Schwester steht. Nun fällt ihm eine wichtige Begebenheit der Kindheit ein. Sie waren kleine Kinder und spielten Doktor. Das Spiel war sehr merkwürdiger Natur. Die Schwester war die Kranke. Er der Doktor, der Bruder der Apotheker. Dann nahmen sie einen Sprayapparat und pumpten der Schwester Luft in den Anus, so lange, bis sie schrie, worauf sie die Luft zum allgemeinen Gaudium mit großem Geräusch von sich gab. Alter: Er 6 Jahre — der Bruder 5 — die Schwester 4 Jahre.

Es folgt nun ein stereotyper Traum des Herrn Beta:

(473.) „Jemand stößt mir einen Finger in den Bauch. Ich hatte Schmerzen und schrie: „Aufhören!"

Dieser Traum kommt in verschiedenen Variationen vor. Statt des Fingers ein Messer. Die Stelle, wo er gestoßen wurde, ist immer der Nabel.

Seine Engländerin rühmt sich damit, sie hätte ihn vor einem Nabelbruch gerettet, da sie ihm täglich bis zum vierten Lebensjahre den Nabel eingedrückt hatte. Dieser infantile Eindruck wird hartnäckig wiedergebracht.

Damit verquickt ist die Mutterleibsphantasie. Seine Liebe wurde von der Erzieherin auf den Vater übertragen. Dabei wurde die lustbetonte Situation des Nabeleindrückens gefordert. Schließlich führt das zur Phantasie, daß er während des Kongressus durch den Penis des Vaters in den Nabel gestoßen werde.

Ein zweiter stereotyper Traum des Herrn Beta. Er nennt ihn: Mein Ur-Angsttraum:

(474.) „Ich sah die Engländerin mit uns beiden und dem Kindsmädchen Ecke Himmels- und Milchgasse. Ich hatte Angst: Als ob ich mit den Händen etwas machen sollte, was durch seine Elastizität, Schleimhaltigkeit immer mir entgeht, wenn ich es fassen sollte. Eine gallertige Masse, die immer entschlüpft und sich nicht fassen läßt. Wie längliche Ballons, ... wie der Hodensack. Manchmal ist das Ganze auf einem Schachbrett . . . Ein anderes Mal soll ich das abwägen. Es gelingt mir nicht. Ich verliere das Vermögen und muß mich umbringen. Besonders im Fieber. Ich habe dann keinen Ausweg.

Immer dabei die Idee, daß ich Fieber habe. Im Fieberzustand wurde ich auch immer von meinem Ur-Angsttraum gequält."

Vorher das letzte Mal ein hypnagoges Bild.

(475.) „Eine Aschenschale, aus vier Schalen bestehend, wurde hereingebracht. Mit einem Stock. Sie war ruiniert. Es läßt sich nicht mehr gut machen."

Das hypnagoge Bild von vier Schalen erkennt er als Eiterschalen. Von Eiter kommt er auf Euter. Es sind die vier Euter der Kuh, die ihm wie vier Penisse imponiert haben. (Vgl. Traum Nr. 184.)

Das Milchgeschäft der Amme ist ruiniert worden. Er ist auch ein ewiger Säugling. Er möchte wieder an die Ammenbrust.

Sein Ur-Angsttraum bezieht sich auf seine Urlust. Er ist am Busen, wo er die Pforte zum Himmel sieht. (Ecke Himmelstraße und Milchgasse.) Was er greift, was sich wie ein Hoden, ein Ei anfühlt, ist der Busen. Der Milchreichtum der Amme verschmilzt mit dem Geldreichtum (symbolische Gleichung: Milch = Geld) zu einem Bilde. Er verliert die Amme, seinen ganzen Reichtum. Die beiden Brüste sind auch die Schalen einer Wage. (Schwere, gewichtige Brüste.) Sie haben das Aussehen von Gewichten. Das Schachbrett bezieht sich auf das Kleid der Amme, die immer schwarz-weiß gekleidet war. Auch auf den „Turm". In seinem Lieblingsliede, dem Hohenliede Salomons, heißt es: „Ich bin wie eine Mauer und meine Brüste sind wie Türme."

Ein anderer stereotyper Angsttraum des Herrn Beta ist uns ja bekannt.

(476.) „Ich soll eine steile Straße hinauffahren. Ich habe immer die Idee: Ich falle zurück und erwache mit Herzklopfen und Angstgefühl."

Die Straße führt in den Himmel. Er wird immer wieder rückfällig. Die Lebensaufgabe wird ihm zu schwer, er fällt immer in die Kindheit zurück.

Die stereotypen Träume sind eigentlich Zwangsträume und Äquivalente der Zwangsgedanken, z. B.: Ein anderer Träumer träumt stereotyp vom Wohnungswechsel. Er ist offenbar mit seiner Frau nicht zufrieden und will ein anderes Frauenzimmer. Einer seiner Wohnungswechselträume:

(477.) „Ich habe eine neue Wohnung bezogen und freue mich über die frisch eingerichteten, neuen Zimmer. Ein rotes, tapeziertes Heim gefällt mir sehr gut. „Hier will ich immer arbeiten", sage ich entzückt. „Das wird ja herrlich sein." Ich versuche dann, das Fenster zu öffnen. Irgend jemand hindert mich daran . . . . ."

Ein anderer Herr träumt immer, daß er noch in einem Geschäfte als Buchhalter angestellt ist. Jetzt ist er reich, damals war er arm. „Wo soll da die Wunscherfüllung sein?" fragt er mich. Die Analyse ist einfach genug. Er ist mit einer reichen älteren Dame verheiratet, die ihn eifersüchtig bewacht. Er ist offenbar nicht glücklich. Damals war er arm — aber frei und glücklich.

Bei einzelnen Träumen sehen wir auch Kombinationen von zwei stereotypen Träumen. Jemand träumt beispielsweise immer wieder: er stehe vor einer Prüfung und falle dann aus dem betreffenden Gegenstand (Mathematik) durch. Er hat auch einen zweiten stereotypen Traum: Er befindet sich auf einem Schiffe, plötzlich bekommt das Schiff ein Leck, es droht unterzugehen, und die Wasser schlagen über seinen Kopf zusammen:

Einmal erzählte er mir folgenden Traum:

(478.) „Ich befinde mich auf dem Hinterteil eines Schiffes, woselbst ich vor einer Prüfungskommission die Prüfung aus Latein machen soll. Plötzlich schreit jemand: „Rette, wer sich retten kann!“ Das Schiff beginnt sich zu drehen und sinkt mit unheimlicher Schnelligkeit. Ich hielt mich an einem vorspringenden Balken fest, um nicht zu ertrinken und erwache mit einem fürchterlichen Schrei.“

Dieser Traum verbindet seine beiden stereotypen Träume zu einer Situation, wie ja überhaupt das Bestreben des Träumers dahingeht, möglichst viele Situationen zu einer einzigen zu verdichten.

Manche Träumer träumen überhaupt nur in stereotypen Träumen, d. h. ihre Träume lassen sich in ein Konglomerat von kleinen Träumen auflösen, die alle für den Träumer stereotyp sind und wiederholt geträumt werden. Beschäftigt man sich jahrelang mit Träumen eines Menschen, so merkt man, daß diese Erscheinung eigentlich die Regel ist; einzelne stereotype Traumelemente kehren immer wieder und erleichtern, da sie schon aufgelöst und bekannt sind, die Deutung. Besonders bei Zwangsneurotikern mit einer sehr häufig vorkommenden Einengung des seelischen Gesichtsfeldes zeigen die Träume diesen eintönigen, ziemlich monotonen Charakter; es wechseln nur Namen und Orte, und die Situationen sind eigentlich die gleichen. Sehen wir uns den diesbezüglichen Traum des Herrn Gino an:

(479.) „Ich hätte die Matura machen sollen, aber habe gemerkt, daß ich aus Griechisch und Latein ja gar nichts kann. Ich habe dann, da ich Privatist war, mit Rudolf etwas übersetzt, und zwar aus einem Schriftsteller, der nie im Gymnasium gelesen wird, aber sehr interessant war. Ich saß mit Rudolf beim Klavier und wir haben dann übersetzt. Da dachte ich mir, ich brauche noch ein Wörterbuch, nehme es vom Bücherschrank und dachte mir, dieses wird gewiß auch durch den Bücherschrank vergiftet werden. Jetzt ist es noch nicht vergiftet, sobald ich es aber in Gebrauch genommen habe (dann schon).

Ich habe eine ganze Menge Sachen im Spitalzimmer von Rudolf, das aber viel größer zu sein schien als in Wirklichkeit (es hatte zwei Fenster). Auch eine Handtasche von mir war dort, die ich aber nur zum Teil ausgeleert hatte. Ich hörte dann, daß Rudolf den Nibelungenschatz erworben hat durch ein Los oder einen Zufall. Rudolf kam, mir zu sagen, er brauche daher sein Zimmer notwendig. Vielleicht möchte ich ihm auch mein Rad leihen. Ich packte so schnell als möglich meine Sachen zusammen, damit meine Sachen nicht mit dem Nibelungenschatz zusammenkommen und sich vermengen, denn dieser sei mit einem Fluch belastet und daher vergiftet. Es kam dann auch ein Stubenmädchen, mit dem ich italienisch sprach. Die Leute sollten es aber nicht erfahren, daß Rudolf den Schatz erworben hat. Ich trachte auch, daß das Stubenmädchen nichts davon merkt, warum ich da bin. Dann merke ich, daß ich zu warm angezogen bin, als ich meine Sachen gepackt habe und allein war; ich habe ein fäfbiges Hemd noch unter meinem Flanellhemd gehabt. Daß Mama mich so verweichlichen wollte und mir das gegeben hat! Ich zog es aus, es war mir bedeutend angenehmer. Ich schaute, daß ich weiter komme.

Ich bin in einem Ballsaal oder auf einem Eislaufplatz, wahrscheinlich in einem Ballsaal. So viele Leute sind da, auch Rudolf. Ich hörte, man werde schon einem verbrecherischen Menschen auf die Spur kommen, worauf ich mich schleunigst wegbegab und auch Rudolf warnen wollte, da er ja den Schatz hat, und niemand außer mir etwas davon weiß."

Gleich der Anfang ist ein für ihn stereotyper Traum: „Ich hätte die Matura machen sollen, aber ich habe bemerkt, daß ich aus Griechisch und Latein gar nichts kann."

Er hat bis heute die Prüfung beim Weibe noch nicht bestanden, wenn man die billigen Erfolge bei Publicis nicht in Rechnung stellt. Mit dieser Prüfungsangst leitet er den Traum ein. Dann liest er mit dem Bruder gemeinsam einen Schriftsteller, der nie im Gymnasium gelesen wird, aber sehr interessant ist. Die Übersetzung geht bei einem Klavier vor sich. Die Reihe Schriftsteller und Klavier führt einerseits zu mir (er hat mit seinem Bruder gemeinsam meine Bücher gelesen), andererseits zur Mutter. Und sofort setzt wieder ein stereotypes Traumstück ein. Die Zwangsvorstellungen vom vergifteten Bücherschrank (infiziertem Frauenzimmer) fehlen selten in einem Traume. (Vgl. den biographischen Traum von der Diphteritis Nr. 429, 91, 403.)

Wir finden auch in diesem Traume das Spitalzimmer des Rudolf, d. h. ein im Spital infiziertes Frauenzimmer, ebenfalls eine Stereotypie seiner Träume, und auch die Handtasche, die in jenem Traume eine so große Rolle spielt. Was neu ist, ist die Variante vom Nibelungenschatz, vom Rheingold, auf dem ein Fluch haftet. Dieser Nibelungenschatz ist die Geliebte, die sich sein Bruder Rudolf erobert hat. Allein Rudolf will auch, daß er ihm sein Rad (sein jetziges Stubenmädchen), das ihm sehr gut gefällt, leihen soll. Die Szene mit dem Stubenmädchen, das italienisch spricht, ist ebenfalls eine Stereotypie (Italien = gen-Italien). Das farbige Hemd, das er angezogen hat, ist blau wie ein Arbeiterhemd, es ist das Hemd der Treue. Er legt die Liebe zur Mutter ab, um dem Stubenmädchen als freier Mensch entgegenzukommen. Er ist zu warm angezogen, d. h. er hat viel zuviel Liebe für seine Mutter. Der letzte Absatz ist wieder eine Stereotypie. Man sucht einen Verbrecher, der ist natürlich er selber. Wir kennen ja seine geheimen Mordgedanken. (Vgl. den Tellertraum Nr. 89). Im Traume ist der Bruder derjenige, der den Schatz geraubt hat. Jener hätte ja eigentlich Grund, sich zu fürchten. Er ist unschuldig und sehr edel und fürchtet für den Bruder. Prüfungsangst, Vergiftungsangst, die leere Handtasche, das italienische Stubenmädchen, die Verfolgung eines Verbrechers sind stereotype Träume, die hier zu einem Ganzen verbunden sind. Die Tendenz des Traumes geht dahin, aus dem Bruder einen Verbrecher zu machen und ihn zu beseitigen. Das Motiv ist der Sexualneid wegen seiner Erfolge bei den Frauen.

Der ganze Traum ist ein aus Zwangsvorstellungen gebildetes Dichtwerk. In der Zwangsvorstellung ist ein infantiler Imperativ mit einem kriminellen Wunsche zu einem Gebilde verschmolzen. Aus diesem Traume kann man das ganze infantile Todesprogramm des Traumes herauslesen. Die Prüfung in den alten Sprachen findet natürlich auch vor Gott statt. Es werden ihm alle Sünden vorgehalten. (Wörterbuch!) Diese Sünden sind: Vergiftungsphantasien (Bücherschrank), ein giftiges Nessushemd, Infektionen des Bruders (Spital, Nibelungenschatz), der Fluch, das Rad (Sturz vom Rade, Strafe des Räderns), ein Duell (Ballsaal), ein Bein- oder Schädelbruch (Eislaufplatz!).

Alle diese Phantasieverbrechen hat nicht er, sondern sein Bruder begangen. („Ich hörte, man werde einem verbrecherischen Menschen schon auf die Spur kommen.")

Man wird mich jetzt verstehen, wenn ich sage: Die Zwangsneurose ist der Imperativ der Reue! Alle diese kriminellen Wünsche wandeln sich in die Angst, einem andern zu schaden.

Zum Schluß dieser Sammlung ein sehr charakteristischer stereotyper Traum eines anderen Träumers:

(480.) „Ich war in unserem Garten und spielte. Plötzlich kam ein Mann, vor dem ich große Angst hatte, und ich begann auszureißen. (Ich weiß nicht, ob der Mann eine Sense hatte?) Er wollte mir meinen Kopf abschneiden. Ich konnte nicht rennen und wachte im Augenblick, wo er mich fassen wollte, mit Schrecken auf. Manchmal wollte mich der Mann aufhängen."

Deutlicher Kastrationskomplex. Der Mann mit der Sense ist der Tod. Er verlor viele Geschwister durch den Tod, was seinem geheimen Wunsche entsprach. Er war sehr eifersüchtig.... Jetzt kommt im Traume die Strafe. (Spielen — ausreißen — deutliche Hinweise auf die Onanie.)

Auch in diesem stereotypen Traume des Neurotikers, den wir aus der originellen Mutterleibsphantasie und aus der Zahlenanalyse (Nr. 427) kennen, verraten sich die infantilen kriminellen Phantasien. Er wollte seinen Geschwistern den Kopf abschneiden oder sie aufhängen. Jetzt ängstigt er sich vor seinen eigenen Wünschen. Die Wiedervergeltung spielt bei allen Angstträumen eine große Rolle. Unsere verbrecherischen Wünsche sind die Gespenster, welche uns im Traume der Nacht schrecken. Wie in Richards des Dritten Traume schweben die blutigen Gestalten vor den großen Entscheidungsschlachten des Lebens an dem Lager der ängstlichen Träumer vorbei und schreien nach Rache und Buße. In solchen Nächten träumen die Neurotiker auch den stereotypen Prüfungstraum. Sie wägen und prüfen sich und finden sich zu leicht.

XLII.

Die ersten Träume in der Psychanalyse.

Beabsichtigt man, einen Neurotiker längere Zeit zu behandeln, so tut man gut daran, alles, was er in den ersten Tagen sagt, sorgfältig zu notieren oder sich wenigstens zu merken. Besonders die ersten Träume, die uns ein Neurotiker erzählt, sind von großer Bedeutung. Sie enthalten nach meinen Erfahrungen den wichtigsten psychischen Konflikt und das wichtigste Trauma.

Manchmal beziehen sie sich auf das Verhältnis zum Arzte. Aber auch in diesem Falle erscheint der Arzt in einer Rolle, die nach einem infantilen Vorbild zugeschnitten ist.

Die ersten Träume sind niemals in den ersten Stunden glatt zu deuten. Meistens bleiben sie dunkle Rätsel, und erst viele Monate nach der ersten Sitzung erscheint ihre Lösung möglich.

Es ist sehr lehrreich, nach längerer Traumdeutungsarbeit die alten Träume hervorzusuchen. Plötzlich erscheinen dunkle, unverständliche Stellen aufgeklärt. Man merkt mit Erstaunen, wie wunderbar gearbeitet ein erster Traum ist. Er schließt fast alle Beziehungen der Neurose in eine Begebenheit zusammen.

Ich will es versuchen, an einigen Beispielen die Wichtigkeit dieser ersten Träume darzulegen. Betrachten wir zunächst den ersten Traum des uns schon bekannten Zwangsneurotikers, des Herrn Gino.

(481.) „Ich hatte eine Prüfung aus Kirchenrecht zu machen. Der Examinator wäre ein Skriptor aus der Hofbibliothek. Dann hatte ich mich sehr aufgeregt. Ich dachte, es sei unmöglich, die Prüfung zu bestehen, weil ich die Kirchenrechtsquellen schon so lange nicht wiederholt habe. Dann bin ich mit dem Papa auf einem Weg gegangen, der so ähnlich war wie der Weg vom Schloß N. . . ., serpentinartig, nur nicht so abschüssig."

Die gewöhnliche Deutung dieses Prüfungstraumes ginge auf Impotenz. Das stimmte in diesem Falle auffallend. Herr Gino fürchtete immer eine Blamage. (Vgl. die Träume Nr. 89, 91, 403, 429, 479.) Doch das Kirchenrecht verrät uns schon den religiösen Komplex. Der Prüfer ist der liebe Gott. Der examiniert alle Sünder und schreibt alle ihre Vergehen (Skriptor) in sein großes Buch. Der Skriptor heißt Engel. Der sagt alles. Der zweite Teil des Traumes, der Spaziergang mit dem Papa, fand auch die gebräuchliche, naheliegende Erklärung. (Inzestmotiv.)

Nach längerer Analyse kamen wir erst darauf, daß dieser Traum das wichtigste Trauma des Herrn Gino enthielt. Trotzdem war die Neurose schon fast geheilt. Denn es war schon nach einigen Monaten gelungen, das seelische Gleichgewicht des Schwerkranken herzustellen. Professor H. hatte der armen Mutter erklärt, für diese Formen der „neurasthenischen Entartung" gäbe es keine Hilfe. Nun, die Hilfe kam durch die Analyse und machte den Kranken lebensfähig und lebensfreudig. Er hatte an Zwangsvorstellungen, er könnte Gift weiterverbreiten, gelitten. Bald war ein Buch, bald der Schreibtisch, bald der Bücherkasten vergiftet..... Die Zwangsvorstellungen schwanden allmählich und blaßten ab.

Doch zuweilen gab es wieder Rezidiven und immer wieder war schwere analytische Arbeit notwendig. Eines der letzten und hartnäckigsten Rezidive trat auf, als der Patient sich beeidigen lassen sollte.

Erst Monate nachher kam die Erklärung. Gino hatte mit 5 Jahren ein Kindermädchen, an dem er mit großer Liebe hing. Dieses leichtsinnige Mädchen nahm den Knaben zu sich ins Bett und wußte seine Liebe durch verschiedene Manipulationen zu erwerben. (Auch Fellatio!) Sie blieb viele Jahre im Hause, bis man ihr auf eine Unredlichkeit kam und ihr kündigte. Der kleine Knabe machte alle Anstrengungen, ihre Entlassung rückgängig zu machen. Er flehte und bat seine liebe Mama, sie möge doch die Anna nicht wegschicken. Vergebens.

Gino war eigentlich die Ursache ihrer Entlassung. Das Mädchen war sehr abergläubisch und hatte den Knaben zu einer Kartenaufschlägerin mitgenommen. Sie hatte ihm eingeschärft, nicht ein Sterbenswörtlein von diesem Besuche daheim zu verraten. Doch Gino schrie aus dem Schlafe: „Die schwarze Frau — die schwarze Frau — ich fürchte mich!"

Er wurde ins Gebet genommen und erzählte den ganzen Vorgang. Daraufhin kam die Entlassung [1]).

Einen Tag vor ihrem Austritt war Anna mit dem Knaben allein. Dieser weinte heftig. Er wolle mit ihr gehen. Er wolle nicht bei den garstigen Eltern bleiben. Sie ließ ihn dann bei einem Kruzifix ewige Liebe und Treue schwören. Er dürfte keinen anderen Menschen lieben als sie. Dies tat er und fluchte sogar seinen Eltern... [2]) Er sann auf Mittel, die Eltern umzubringen. Man hatte davon gesprochen, daß Grünspan giftig ist. Er wollte das ganze Haus mit Grünspan vergiften.

Die Folgen dieses Traumas waren für den kleinen Gino furchtbar. Sein ganzes Leben leidet er an „Angst vor Verrat". Kein Wunder! Er hat seiner stärksten Liebe durch den Verrat ein Ende bereitet. Er könnte auch die Mordgedanken verraten, die jederzeit in seiner Seele auf Erfüllung warten.

Der erste Traum erzählt uns diese Geschichte. Er soll eine Prüfung im Kirchenrecht machen. Er ist ja ein Meineidiger. Er hat später seiner Mutter, die sein ganzes Herz bald wiedererobert hatte, tausende Male Liebe geschworen. Das Kirchenrecht geht auf das Kruzifix und seinen Eid zurück. Der Examinator der Hofbibliothek ist Anna, deren Namen zum Namen des Skriptors gewisse Beziehungen hat. Beide sind „Engel". Wir verstehen auch seine Aufregung vor jeder neuen Beeidigung. Er kann überhaupt keinen Eid schwören, selbst keinen Handschlag geben. Die krummen Wege, die er gegangen, sind im Serpentinenweg angedeutet. Dieser Weg ist steil und abschüssig. Er will den Vater in den Abgrund stürzen. Er ist ein Vatermörder. Schloß und Hof weisen auf das Elternhaus.

Die Prüfung soll er bei mir machen. Er hat Anna geschworen, vom Eide kein Wort zu verraten. Mir muß er alles sagen. Er hat im Traume die Kirchenrechtsquellen vergessen. Er hat sie so lange nicht wiederholt. Er hat von der Eidszene keine Ahnung. Sie ist vergessen...

Ein ähnliches Rezidiv brach einmal aus, als er ein Dienstmädchen entlassen mußte. Auch dieses Rezidiv wird uns durch das Trauma der Entlassung verständlich.

Ich habe schon erwähnt, daß die Entwöhnung von der Amme oft ein schweres Trauma ist. Auch die Entlassung von Dienstmädchen, an denen das Herz der Kinder hängt, ist ein solches Trauma. Sie ist eine Quelle dumpfen Hasses gegen die Eltern. O — wir wissen noch immer nicht, wie unauslöschlich die ersten Eindrücke der Kinderzeit sind! Wie sie das ganze künftige Leben bestimmen. Wir wären sonst vorsichtiger mit unseren Kindern.

Jetzt möchte ich den ersten Traum des Herrn Beta mitteilen, der mir auch erst nach vielen Monaten verständlich wurde. Er lautet:

(482.) „Ich sah ein Stück im Burgtheater. Ich war nicht allein. Jedenfalls mit ein paar Bekannten (M. R. und K. L.). Da ist ein Stück aufgeführt worden; da waren zwei Personen. Der eine war der Kainz,

---

[1]) Eine spätere Erinnerung motiviert den Verrat anders. Anna hatte sich einen Geliebten genommen und der Knabe fühlte sich verraten und zurückgesetzt. Er war maßlos eifersüchtig und brütete Rache. Der Besuch bei der Kartenschlägerin gab ihm den willkommenen Anlaß, sich an Anna für die vermeintliche Treulosigkeit zu rächen. Solch schwere Konflikte machen kleine Kinder durch. Wir haben noch keine Ahnung von der Tiefe der Kinderseele!

[2]) Vgl. Traum 479. („Der Nibelungenschatz ist mit einem Fluch belastet.")

der andere, glaube ich, der Gregori. Das Stück spielte, ich glaube, im Altertum, weil wir alle in togaartigen Gewändern wie in Bademänteln gingen. Ich weiß nur, daß wir alle darüber gelacht haben. Auf einmal hat der eine Schauspieler viel geredet und ist davon gelaufen (Gregori), nachdem er fürchterlich laut geredet hat. Der andere hat jetzt weiter geredet und auf einmal mit dem Rufe: „Jetzt müssen alle herschauen!" hat er seine Toga ausgezogen und ist folgendermaßen dagestanden: Am Oberkörper nackt, wie ein Handtuch um die Lenden [1]), und jetzt kommt das merkwürdigste. Vor dem Penis ein keilförmiges, braunes Stück Holz. Auf das hin waren wir alle entsetzt und sind davongegangen. Der Akt war aus.

Jetzt weiß ich noch, daß wir gesagt haben, der nächste Akt beginnt in zehn Minuten, und daß wir noch etwas länger in einer langen Gasse gegangen sind und dann zurückkehren wollten."

Von der Verdichtungsart dieses Traumes kann man sich kaum eine Vorstellung machen. Die bedeutsamen Vorfälle des Lebens sind in den einzelnen Traumstücken enthalten. Wer die Träume des Herrn Beta aufmerksam gelesen hat, wird schon ohne Analyse viele unbewußte Traumgedanken finden können. Bevor ich die wichtigste Bedeutung dieses Traumes, nämlich das Erlebnis mitteile, möchte ich nur einige Bruchstücke der Traumanalyse wenigstens andeutungsweise wiedergeben.

Das Stück im Burgtheater weist, wie wir schon wissen, auf das Elternhaus hin. Er war nicht allein; das stimmt, denn die wichtigsten Akteure bei diesem Stück waren außer ihm sein Bruder, die Erzieherin und der Erzieher. Die zwei Personen des Stückes, Kainz und Gregori, gehen zuerst auf die Spaltung in seiner Brust. Er sah die beiden Schauspieler zuerst im „Faust". Gregori gab den Faust, Kainz den Mephisto. Beide Seelen wohnen in seiner Brust; der Teufel und der nach dem Höchsten strebende Faust sind Inkarnationen seiner eigenen Person. Gregori erinnert ihn zuerst an das griechische ἐγρεγορεῖν (Erwachen); auch an Gregorius, den Säulen-Heiligen, den Papst Gregor usw. Kainz spielt auf „keins" (keines) und auch auf den biblischen „Kain" an. Daraus ergeben sich die verschiedensten Beziehungen. Die Szene spielt im Altertum, d. h. in seinem Altertum, in der Kindheit. Die Schauspieler agieren in Bademänteln, was ihm komisch vorkommt und ihn einigermaßen an die römischen Toga erinnert. Jetzt kommt diese merkwürdige Szene mit dem Stück Holz, die lange nicht erklärt werden konnte. Die wichtigste Beziehung ist wohl die, daß das Holz den Kastrationskomplex ausdrückt, über den wir speziell bei diesem Fall so viel gesprochen haben. Er ist, wie wir wissen, psychisch impotent gewesen.

Doch nun zum Trauma, das sich dahinter versteckt. Einmal nach einem Bade, schlichen er und sein Bruder sich vor das Zimmer der Engländerin. Sie waren beide in Bademänteln. Sie holten nun einen Sessel, bestiegen ihn abwechselnd und konnten durchs Schlüsselloch verschiedene ergötzliche Situationen (Koitus!) zwischen den Personen, denen ihre Erziehung anvertraut war, beobachten. Plötzlich bekam der Bruder Angst und lief schreiend davon. Er begann auch fürchterlich zu schreien und wollte davonlaufen, blieb aber wie gelähmt im nächsten Zimmer stehen. Der Bruder war in seinem Bette schon in Sicherheit, als auch er

---

[1]) Nachtrag: Erinnerte ihn an einen Künstler, den er im Trikot in einem Varieté gesehen hatte. Dieser Künstler hieß Silvester Schäffer.

den sicheren Hafen erreichen wollte. Er wurde schließlich erwischt und bekam Ohrfeigen und Schläge, die er sich für sein Leben lang gemerkt hat. Es waren die empfindlichsten Schläge seines Lebens..... Diese Szene des Erwischtwerdens, wobei er den sicheren Port, das ist sein Schlafzimmer, nicht erreichen kann, spielt er jetzt auf der Straße immer wieder, sie erweist sich als eine der wichtigsten Wurzeln seiner Straßenangst. Wir werden in dem Kapitel über verschiedene Darstellungen eines Traumas auf diese Szene noch zurückkommen. Die zweite Bedeutung des Traumes geht über Kain und Abel zum Brudermord. Er war immer der Prügelknabe für den Bruder. Auch in diesem Falle heimste er die Schläge ein, während sein Bruder sich ins Fäustchen lachte. Daher rühren seine finsteren Rachegedanken auf den Bruder. Eine zweite Bedeutung geht noch über Abel. Sie waren in der Kindheit beim Ballett „Sonne und Erde", in welchem eine bekannte Mimikerin, Frau Abel, die Sonne darstellte. Sie war nackt im Trikot, und monatelang vergnügten sich die Knaben daran, einander die Konstatierung zuzurufen: „Die Abel hat kein Pipi". Aber auch der Abel, das heißt der Bruder, sollte kein Pipi haben. Seine sadistischen Rachephantasien gingen dahin, am Bruder die Kastration zu vollziehen. Als Strafe trägt er nun seine psychische Impotenz. Bemerkenswert ist auch der bisexuelle Charakter des Traumes. Die Schauspieler tragen Bademäntel, die eigentlich ein weibliches Kleidungsstück darstellen. (Wie schon oft betont, werden in ähnlicher Bedeutung auch der Talar, die Soutane, der Schlafrock usw. verwendet.) In einem Bade haben sich zwischen ihm und seinem Bruder verschiedene homosexuelle Szenen abgespielt. Dieses Stück führte er mit seinem Bruder „allein" auf. Jetzt ist er der Kainz, der Mann, der „keins" hat. Er möchte das Weib sein. Das nächste Trauma spielt sich 10 Jahre später ab, als die Engländerin mit einem anderen Hofmeister ein Liebesverhältnis hatte, das so offen betrieben wurde, daß der betreffende Hofmeister das Haus verlassen mußte. Der letzte Absatz von der langen Gasse, in der er längere Zeit herumgeht, der „unendlich lange Weg", ist von mir in der Analyse des Traumes Nr. 324, auf die ich überhaupt hier verweise, genau beschrieben worden. In der Verlegung von unten nach oben finden sich Beziehungen zur Amme [1]), nach deren Entlassung er fürchterlich geschrien hatte und viele Wochen nicht zu beruhigen war.

Nach einigen Monaten brachte mir Herr Beta die letzte Lösung dieses Traumes. Die Geschichte mit dem beobachteten Koitus war richtig, bezog sich aber auf andere Personen. (Ein Soldat und sein Kindsmädchen.) Aus Rache wurde sie auf seinen Erzieher und Vater umgedichtet. Die traumatische Szene spielte sich folgendermaßen ab: Die beiden Burschen waren nach dem Bade in einem Bette gemeinsam. Sie spielten Mann und Frau. Beta lag unten und wurde in den Nabel gestoßen. Dann trieben sie allerlei Allotria. Da kam unvermutet der Vater herein und gab jedem eine tüchtige Tracht Prügel.

Es folgt der erste Traum einer Dame, die wir bisher noch gar nicht kennen gelernt haben. Er lautet:

(483.) „**Ich habe in einem Tanzsaale eine Unzahl in schwarzem Frack gekleideter Herren gesehen, die haben alle mit einer Frau getanzt.**

---

[1]) Das Holz statt des Busens. Die Erzieherin hatte nur ein **Brett**, wo er eine runde volle Brust erwartete. Eine andere Determinierung geht auf den Hosenlatz, den die steierischen Hosen haben.

Ich ging auf einen älteren Herrn zu und fragte: „Sie tanzen nicht?“ Er sagte: „Nein, ich bin schon zu alt dazu.“ Dann sah ich einen Leichenzug, wo alles schneeweiß war. Ich habe mich zu spät bekreuzigt, deshalb wurde ich von den Leuten beanstandet. Später löste sich alles in Wohlgefallen auf.“

Die 32 Jahre alte, mich wegen Angsthysterie konsultierende Patientin gibt an, glücklich verheiratet und Mutter zweier reizender Kinder zu sein und keinen seelischen Grund zur Nervosität zu haben. Ihr jetziger Zustand sei bei ihr akut aufgetreten. Bei einer Promenade im Prater kam ihr dieser plötzlich sehr verändert vor, als wenn er fremd wäre. Auch hatte sie das Gefühl, sie sei gar nicht im Prater; es kam ihr alles so weit, so entfernt vor. In der darauffolgenden Nacht erwachte sie (ohne sich an einen Traum erinnern zu können) mit einem quälenden Angstgefühl und begann heftig zu zittern. Die Knie schlotterten ihr, die Oberschenkel bebten; dann ging das Zittern über den ganzen Körper, ein heftiger Schweiß brach aus. Ein Gefühl übermannte sie, als ob ihr das Herz brechen müßte, als geschehe ihr etwas Schreckliches. Sie werde jetzt sterben oder verrückt werden. Die nächsten Tage war sie in todunglücklicher Stimmung, hatte wieder einige Angstanfälle und mußte abends Veronal nehmen, um Schlaf zu erzwingen. Seit damals ein unbegreifliches und unerklärliches Gefühl, daß sie unglücklich sei; fürchterliche Angstgefühle. Sie kann nicht eine Sekunde allein bleiben. „Wenn es so weiter geht“, sagt sie sich, „mußt du dir etwas antun! Du hältst es nicht aus.“ Sie verließ Wien und ging ins Hochgebirge in ein Sanatorium; dort litt sie an Schlaflosigkeit und wilden Träumen, von denen besonders solche Träume, in denen sie vergewaltigt wurde, stereotyp wiederkehrten; sie erkrankte auch an Schwindel, sah manche Person doppelt; Diarrhöe, Weinkrampf, Urindrang, Ekel vor Fleisch; sie hatte keinen Geschmack im Munde, alles war ihr fad, allgemeine Reizbarkeit, Kongestionen zum Kopfe, Flimmern vor den Augen; sie wurde gleichgültig gegen Komplimente, gegen ihren Mann, gleichgültig gegen die Kinder und magerte in kurzer Zeit ca. 10 kg ab. Bald traten auch sonderbare Zustände auf. Sie legte sich die Frage vor: „Ist alles wirklich? Es ist alles nicht wahr, was um mich herum vorgeht. Es ist ein Traum.“ Ein Gefühl, als ob ihr das Rückgrat abgesägt werden würde, war besonders quälend. Die Angst vor dem Verrücktwerden steigerte sich, so daß sie sich immer prüfte, ob sie denn noch logisch denken könne.

In diesem Zustand kam sie in meine Behandlung. Sie gibt an, ihren Mann aus Liebe geheiratet zu haben und trotzdem während des Kongressus keine Libido zu empfinden. Sie kann die Libido nur erzwingen, wenn sie Phantasien zu Hilfe nimmt, welche immer Vergewaltigungsphantasien sind. Sie wird von mehreren Männern überfallen usw. Das erzählt uns der Traum in Form der Szene im Ballsaale. Die Szene mit dem älteren Herrn, der nicht tanzen will, enthüllt ihr streng gehütetes Geheimnis. Sie hatte ein Verhältnis mit einem älteren Herrn, der an ihr den Kunnilingus vollzog. Notabene vor der Ehe. Sie war eine typische Demi-vierge. An dem Tage, da sie im Prater den ersten Anfall hatte, hatte sie diesen Mann wie einen Schatten ihrer Vergangenheit gesehen. Ein weiteres Trauma ihrer Jugend verbirgt sich hinter dem schwarzen Frack. Ihr Bruder war einmal angeheitert von einem Balle gekommen und hatte den Versuch gemacht, ihr Gewalt anzutun. Sie konnte sich seiner nur mit Mühe erwehren. Sie fühlte damals seine Ejakulation und kam sich unsäglich beschmutzt vor. Das Wichtigste ist aber der Leichenzug. In diesem läßt sie ihren Mann und ihre Kinder, gegen die sie auffallend gleichgültig geworden ist, sterben.

Das akute Auftreten der Neurose läßt aber auf ein rezentes Erlebnis schließen. Tatsächlich ergibt die Analyse, daß sie sich in den Chef ihres Mannes verliebt hat. Die Frage, ob der ältere Herr nicht tanzen will, geht an den Chef. Die tieferen Traumgedanken verlangen, daß die Frau dieses Chefs sterben soll. Beim Ausbruch ihrer Neurose erkrankte diese Dame an einer Lungenentzündung. „Die Auflösung in Wohlgefallen" ist die Hochzeit mit dem angebeteten Chef. Das Gefühl, daß alles so weit und so fern sei, entspricht dem Gefühl, daß ihr Ideal von ihr so weit entfernt ist. Im Prater hatte sie ihren Mann kennen gelernt, ihren Mann, der ihr jetzt gleich den Kindern entfremdet ist. Deshalb hat sie das Gefühl des Fremden. Sie hat die Affekte von ihrem Mann auf den Chef übertragen. So enthält dieser Traum alles, was die Neurose auslöste. Er erscheint wie der kondensierte Extrakt ihrer unbewußten Phantasien. Durch die Aussprache trat eine rasche Besserung schon nach 14 Tagen ein; sie fühlte sich gesünder, nahm an Gewicht zu und war wieder heiter, glücklich, bis nach einem Jahre die Frau des Chefs starb. Da gab es eine kleine Erschütterung, die sich zu einer Neurose steigerte, als sich der Chef mit der Schwester seiner Frau verlobte. Nach einer Woche weiterer Aussprache vollkommene Beruhigung.

Ein an einer akuten Angsthysterie erkrankter Advokat bringt mir folgenden ersten Traum:

(484.) „Ich habe mit einem Bienenstand zu tun gehabt. Ein Blatt Papier flog auf den Bienenstand. Auf der Öffnung, wo die Bienen herausfliegen, lag es. Einige Bienen gingen auf das Papier los, wollten es durchstechen; sie machten dabei ein so unangenehmes, scharf summendes Geräusch, daß ich erwachte."

Bienen bedeuten, wie wir schon wissen, Vorwürfe. Der Mann hat sich durch ein Blatt Papier um seine Stellung gebracht. Eine Wechselgeschichte, bei der es nicht mit rechten Dingen zuging, beraubte ihn seiner Stellung und seines Vermögens. Weitere Vorwürfe gehen auf seine Ehe [1]) zurück. Er ist ein typischer Don Juan, der es, trotzdem er ein Ehemann ist, verstanden hat, unerfahrene Mädchen in sein Garn zu locken. Ihn reizten nur Virgines, unbeschriebene Blätter Papier. Die letzte dieser Geschichten führte zu einer Gerichtsaffäre, so daß seine Frau auf seine Streiche kommen mußte und sich von ihm scheiden ließ. Der erste Traum bringt die ganze Geschichte seiner Neurose in einem Bilde: Die Gewissensbisse, die Wechselgeschichte, die Deflorationen und auch Mordgedanken (Durchstechen!).

Ein an Platzangst leidender Angsthysteriker bringt als ersten Traum:

(485.) „Ich ging mit Frau Dr. Frieda Blaß hinaus hinter die Stadt. Wir kamen zu einem Geländer, an dessen Seite sich eine Art Abgrund befand, weshalb ich umkehrte. Da sich ein Unwetter erhob, rannte Frau Dr. Frieda Blaß im Eilschritt voraus, doch holte ich sie ein; sie gab mir ein Päckchen zu tragen."

---

[1]) Das Papier ist noch: der Ehekontrakt, eine Vollmacht, ein Brief an eine Dame, eine Tausendguldennote und ein Testament. Lauter Sünden!

Dieser Mann hat des Geldes halber eine ungeliebte Frau geheiratet und ist jetzt sehr unglücklich. In dem Traume macht er sie zu einer Toten. (Häufung zweier Todessymbole Frieda und Blaß.) Die Frau wird deshalb mit Frau Frieda Blaß identifiziert. Er hat permanent Todesgedanken auf die Frau, die auch ins Bewußtsein durchbrechen. Der Abgrund ist der Abgrund seiner Seele; aber auch der Abgrund, in den er sie stürzen möchte. Das Unwetter ist der Sturm der Leidenschaften in seinem Innern. Die Frau gab ihm ein Päckchen zu tragen, das heißt ihr Kind, und außerdem trägt er schwer an ihrer Anwesenheit. Sie eilte voraus im Eilschritt, das heißt, sie starb vor ihm. Hinter der Stadt draußen liegt der Friedhof, wo er sie am liebsten sehen möchte. Im nächsten Traum gibt ihm seine Schwägerin eine rote Rose. Wir erfahren, daß die Schwägerin die einzige Frau ist, die er wirklich geliebt hat.

Ein 18jähriger Schüler, der trotz großen Talentes plötzlich in der Schule versagte und allerlei leichtsinnige Streiche macht, bringt als ersten Traum:

(486.) „Ich mache mit einem Kollegen, den ich in Wirklichkeit nicht leiden kann, einen Ausflug, auf dem es zu einem sexuellen Verkehr kommt.“

Der kurze Traum bringt als eine wichtige treibende Kraft seiner Neurose die Homosexualität. Das bedeutsamste Moment jedoch ist, daß der Kollege, den er in Wirklichkeit nicht leiden kann, seine Schwester ist, an der er leidenschaftlich hängt. Er gibt bewußte Inzestgedanken und Inzestversuche zu.

Ein anderer erster Traum eines an Depressionen leidenden 40jährigen Mannes:

(487.) „Mir träumte, daß wir im Hause eine Familiengruft haben. Da standen offene Särge. Obwohl ich nicht hineingeschaut habe, hatte ich das Gefühl, als ob die Toten offen, wie im Bette liegen würden. In der Gruft war auch eine kleine ewige Lampe, die war ausgelöscht, ich wollte sie anzünden. Die Zündhölzchen haben nicht gebrannt, weil es lauter gebrauchte waren. Das hat mir zu lange gedauert, ich habe eine Art Grauen gehabt, daß ich in der Gruft allein im Finstern war. Ich habe ungeduldig angezündet, da bewegte sich etwas in der Nähe, was mir Schrecken verursachte. Wie ich hinsehe, war es ein kleiner, lebender Hahn. Ich verjagte den Hahn, und gleich darauf begann der Tote im Sarge sich zu bewegen, streckte sich und erwachte. Wie ich näher komme, erkenne ich den Bruder meiner Frau.“

Auch dieser Mann macht aus seinem Hause eine Familiengruft. Er läßt seine Frau sterben, das ewige Licht ist verloschen. Er liebt sie nicht. Sie lebt ihm zu lange. („Das hat mir zu lange gedauert.“) Er hat bei ihr keine rechte Potenz! „Die Zündhölzer wollen nicht brennen, weil es lauter gebrauchte sind.“ Er läßt aber auch den Schwiegervater sterben, den er beerben will. Selbst vor seinen Kindern macht seine verbrecherische Phantasie nicht halt. Er will frei sein. Alle Lebenden sollen sterben und nur ein Toter soll lebendig werden: Seine Mutter. Der Tote im Sarge, der lebendig wird, ist auch sein Schwager, mit dem er gebrochen hat. Er war seine stärkste Liebe. Der einzige, bei dem jetzt sein Hahn lebendig wird. Ferner verrät der Traum kriminelle Brandstifterideen (Zündhölzchen, Lampe und der Hahn, als roter Hahn). Auch dieser Traum schließt alle Konflikte ein, erzählt zugleich ein Trauma aus seiner Jugend, das sich im Keller zugetragen, verrät seinen psychischen Hermaphroditismus und seine starke Neigung zu seinem Schwager.

Oft bezieht sich, wie ich schon erwähnt habe, der erste Traum auf das Verhältnis zwischen Arzt und Patienten und verrät die Einstellung zur Analyse. Gewöhnlich gehen die ersten Gedanken des Patienten auf den Arzt, auf die neue Kur. Das zeigt uns der Traum eines an psychischer Impotenz leidenden Mannes:

(488.) „Ich war in Gesellschaft Dr. Stekels und seiner Frau. An die übrigen Personen kann ich mich nicht erinnern. Frau Dr. Stekel sprach von der Heilmethode ihres Mannes und rühmte seine glänzenden Erfolge. Da sagte ich: „Ich werde dem Herrn Doktor sehr verbunden sein, wenn er mich auch unter diese glänzenden Erfolge einreihen wird." Die Frau Doktor fragte darauf: „Fehlt Ihnen denn etwas?" Da bemerkte ich, daß ich mich unwillkürlich verschnappt hatte. Ich antwortete: „Ich bin nur ein bißchen nervös." Da klopfte es an die Türe und ich wurde geweckt."

Dieser Patient fürchtet offenbar, daß ich Dinge, die er mir erzählt, meiner Frau und anderen Leuten mitteile. Er weiß auch noch nicht, daß absolute Diskretion das wichtigste und selbstverständlichste Gebot für den Psychotherapeuten darstellt. Aber durch diese Gedanken des Mißtrauens schimmert das Problem seiner Neurose. Ich stehe für seinen Vater und meine Frau für seine Mutter. Man merkt unschwer, wohin die Wünsche streben. Im Falle eines glänzenden Erfolges soll seine Potenz im Dienste neurotischer Zielvorstellungen verwendet werden.

In geistreicher Weise tritt ein anderer Herr mit einem ersten Traume vor mich:

(489.) „Es schien mir, als ob es eine Art Schacht wäre. Ich glaube, eine Leiter. Ich hatte hinaufzusteigen. Ich bin aber nicht hinauf gestiegen. Ich stand am Fuß der Geschichte und weiß nicht, ob ich die Leiter hinaufsah. Dann war etwas von einem Professor.

Es ist dies der erste Traum eines Patienten, der selber Psychanalyse betreibt und in seinen Komplexen stecken bleibt. Er ist einige Tage in meiner Behandlung und mächtig aufgewühlt. Im Traume äußert er seinen Widerstand gegen die Aufdeckung seiner Geheimnisse. Der Schacht ist der Schacht seiner Seele. Er soll eine Höhe erklimmen, der er nicht gewachsen ist. Er will nicht in die Höhe. Er will nicht sehen. Er will sich bei Prof. Freud beklagen. Er will oben stehen und mit Hilfe Prof. Freuds über mich triumphieren. Er will nicht unten bleiben. Andererseits ist die Leiter, wie so häufig, die Himmelsleiter und der strenge Professor der liebe Gott. Der Schacht ist die Hölle. Oben oder unten? heißt meistens: „Himmel oder Hölle!" Er ist der tiefreligiöse Patient, der die geistigen Wiedergeburten mitgemacht hat. (Vgl. Traum Nr. 427.)

Das sind die rezenten Anlässe und die religiösen Komplexe. Das Infantile des Träumers lautet ganz anders. Es läßt sich unschwer auf eine Mutterleibsphantasie deuten, bei der der Vater (Professor) zugegen ist. Er ist der Träumer, der sich erinnert, noch im 13. Lebensjahre solche Phantasien gehabt zu haben. Er dachte, wenn es ungeheuere Riesinnen gäbe, könnte er da unten hinein und alles visitieren. Er will das alte Verhältnis „Fötus und Mutter" in neuer Proportion herstellen. Gestern hatte er einen Angstanfall. Er besuchte ein Panoptikum. Bei den Fötuspräparaten brach die Angst aus.

Die Stelle „am Fuße der Geschichte" bezieht sich auf die Menstruation und seinen stärkstverdrängten Komplex: den Sadismus.

So drückt dieser Traum den Widerstand mit solchen Elementen aus, die aus den zu behütenden Komplexen stammen.

Es war mir nicht möglich, dieses Thema der ersten Träume genügend breit zu behandeln. Ich mache die Kollegen nur aufmerksam, damit sie im Falle einer Analyse sich diese ersten Träume genau merken sollen. Stehen sie dann am Ende ihrer Arbeit, so werden sie mit Staunen gewahr werden, daß ihnen der Kranke in den ersten Tagen „alles" gesagt hat. Sie waren nur nicht imstande, die Hieroglyphen zu entziffern, da der Schlüssel in den Händen des Kranken war. Erst nachdem er ihnen den Schlüssel gegeben hatte, wird die Analyse, das heißt die vollständige, lückenlose Analyse — so weit eben ein Traum lückenlos gedeutet werden kann — möglich.

Die Ursache, daß die ersten Träume so bedeutsam sind, scheint mir folgende zu sein: Die Träumer wissen noch nicht, daß der Arzt mit Hilfe seiner Deutekunst aus den Träumen ihre geheimen Gedanken erraten oder besser gesagt entziffern kann. Sie sind noch nicht auf die Traumdeutung eingestellt. Man kann sich daher bei manchen Träumern des Kunstgriffes bedienen, sie eine längere Reihe von Träumen aufschreiben zu lassen, ohne diese zu deuten. Man erhält auf solche Weise ein sehr gutes Traummaterial. Denn man würde es nicht glauben, was für Finessen intelligente Träumer anwenden, um den Deuter zu verwirren. Sie bilden sich eine eigene Kunst der Traumentstellung, die einmal einer zusammenfassenden Darstellung würdig wäre.

Die Kranken spielen mit der Kur wie mit allen anderen Ereignissen. Sie spielen auch in der Behandlung ihr Leben! Auch da waren die ersten Erlebnisse die wichtigsten.

XLIII.

Verschiedene Darstellungen eines Traumes.

„Unsere Darstellungsfähigkeit im Traum übertrifft die unserer Einbildungskraft himmelweit." *Schopenhauer.*

Wir haben bei der Besprechung der ersten Träume den fundamentalen ersten Traum des Herrn Beta besprochen. Ich erinnere kurz an den Inhalt: (Traum Nr. 482). Zwei Schauspieler Kainz und Gregori auf der Bühne des Burgtheaters.

Ich habe das wichtige Trauma, das dort behandelt wird, mitgeteilt. Ich möchte nun einige Auszüge aus anderen Träumen des Herrn Beta bringen. Sie sind lehrreich. Denn sie zeigen, wie einzelne wichtige Elemente immer wiederkehren. Andererseits werden wir verschiedene Darstellungen dieses Traumes kennen lernen.

Zuerst einen kleinen Traum seines Bruders:

(490.) „Ich sollte in einem Variété als Frau auftreten. Ich sah zu meinem Entsetzen, daß ich nur einen Bademantel anhatte und fürchtete, daß dieser aufgehen könnte und alle mich sehen. Ich setzte mich dann in den Zuschauerraum.“

Auch der Bruder ist ein schwerer Neurotiker. Wir sehen, wie das gleiche Milieu, die gleichen Erziehungsfehler und das gemeinsame Trauma einen fast identischen Traum zeitigen. Wir finden die Schaubühne (Silvester Schäffer!), den Bademantel, das Entsetzen, das Teilnehmen an einer Vorstellung im Zuschauerraum.

Der nächste Traum stammt von Beta und bringt eine Darstellung der Koitusszene in Form einer Rauferei:

(491.) „Es fand hinter dem Grand-Hôtel und der Akademiestraße eine große Rauferei statt. Vor allem gaben sich verschiedene Leute Ohrfeigen. Ich fand das sehr eklig und sagte, daß das ein Skandal sei, wie man sich so benehmen könne. Auf einem Wagen saß ein Offizier, rechts vom Kutscher, und hatte vom Bock aus einen Dienstmann gepackt, dem er unzählige Ohrfeigen gab. Der hieb nun zurück und sagte, er hätte neun Ohrfeigen zurückzugeben. Er aber wollte 59 zurückerhalten haben.“

Die Szene im Zimmer spielte sich zwischen der Engländerin (Grand Hôtel = das große Haus) und der Akademiestraße, dem akademischen Lehrer, ab. Das Benehmen der beiden schuldtragenden Personen wird charakterisiert: eklig und skandalös. Seine Schläge (unzählige Ohrfeigen) kommen wieder ins Gedächtnis, nur daß er im Traume zurückschlägt. Die wichtige Szene im Bade wird hier deutlich reproduziert. Damals bekam er die traumatische Ohrfeige. Die Zahlen 9 und 54 haben eine wichtige Bedeutung. Er war damals 4 Jahre — sein Bruder 5 Jahre ($4 + 5 = 9$), 54 Jahre war damals ungefähr das Alter des Vaters (des Kutschers). Der Lehrer war Reserveleutnant (Offizier).

Viel dunkler erscheint das Trauma im nächsten Traumbilde:

(492.) „Ein Freund, Herr N., sollte die Tochter eines Verpflegsverwalters heiraten. Mein Bruder sollte auch zur Hochzeit kommen, hatte aber zu tun. Ich sollte auch zur Hochzeit hinschauen, sagte aber, ich müsse nach Asserbeidschan verreisen. Nun kam der Brautvater in Feldwebelsuniform. Wir gingen in ein Landhaus, da sollten wir essen. Es war nur ein Tisch für fünf Personen. Zunächst kamen verschiedene Bonbons in rosa, weißen und lichtbraunen Papieren. Ich aß ein „Crème de noix“, das sehr gut schmeckte, und nun aß ich eines nach dem anderen.“

Am Morgen nach dem Traume hatte er eine Halluzination:

(493.) „Einen Stock wie ein Pfeifenrohr, mit dickem Mundstück und eine Stimme: „Das brauchst du ja nicht mehr.“

Diesmal wird die Koitusszene als Hochzeit zwischen einem Freunde (dem verhaßten Erzieher) und einer Tochter eines Verpflegeverwalters (der Haushälterin, Verwalterin, Pflegerin und Engländerin; Tochter = Vagina) geschildert. Der Bruder macht sich wieder aus dem Staube. Der Brautvater als Feldwebel entspricht der Vorstufe des Offiziers. Die ganze Szene spielte in einem Landhause in Aussee. Die Familie bestand aus fünf Personen. Das rätselhafte Wort Asserbeidschan erklärt er als „Ausseer Beischlaf“. Ein anderer Einfall sagt: Aussa peitschen! —

und der dritte Einfall lautet: Aussee — dabei — Scham. Sehr sonderbar ist die Auflösung der Bonbons „Crème de noix". Er übersetzt sie mit Kopfnüssen. Die „Crème de noix" ist mit Schlag—obers gefüllt. Schlag und Kopfnüsse gehen auf die Kopfstücke, die er nach der Badeszene erhalten hatte (Ohrfeigen!).

Die Halluzination ist die Stimme des Vaters, der ihm sagt: „Jetzt bist du schon über die Schläge hinaus." Eine andere Determination geht zu Fellatio (Mundstück) und zu der Szene im Bade mit seinem Bruder. (Obers — essen — Mundstück — Pfeifenrohr.) Asserbeidschan löst er noch in eine Frage auf: „Ass er bei Jean?" Zu Jean führt er Assoziationen an: Jean — Diener — Johann — Gêne — géant — Genre — Genrebild, genieren, Wut, Rache, Tod.

Wir sehen, wie mächtig auf ein Kind, das nie Schläge erhalten hatte, die einzige Prügelszene seines Lebens gewirkt hat. Allerdings erfolgte diese unter schweren traumatischen Verhältnissen. Wenn infantile Aggression mit Unlust (Strafe!) enden, wirken sie für das ganze Leben als drohende Warnung.

Der Lehrer ist längst gestorben. Daß er für ihn lebt, zeigt der nächste Traum, der wieder die Szene in anderer Form bringt:

(494.) „Ich war in einer Kinematographenvorstellung [1]). Da sah man einen Gletscher, darauf kam ein Ehepaar und ein Führer herunter. Zuerst ging die Frau in einem langen Touristenmantel wie in einem Bademantel, dann kam der Mann mit einer Kapuze. Dann verschwand der Führer und an seiner Stelle war ein Kreuz. Das Kreuz verwandelte sich in einen weißen Geist. Ich wollte aus dem Kinematographen entfliehen. Ich blieb plötzlich stecken, der Geist mir nach. Ich erwachte mit Schrecken."

Der Erzieher war ein erzklerikaler Römling. Das Kreuz dient zu seiner Charakterisierung. Nebenbedeutungen: Führer = Verführer.

Auch die Christusphantasien, die wir aus den Träumen des Herrn Beta kennen, tauchen hier auf. Die beobachtete Szene, als ein „Bild" aufgefaßt, erscheint im nächsten Traume wieder.

(495.) „Ich war Artillerieleutnant und hatte nie einen Dienst getan und stand in Uniform in einer Bildergalerie, als plötzlich der Kaiser kam. Ich wollte fliehen, konnte aber nicht und fand alle Türen versperrt. Der Kaiser zeigte mir dann ein Bild, das eine Badeszene behandelte und entpuppte sich als brillanter Bilderkenner. „Dies Bild," sagte er, „ist ein Schlager".

Hier ist der Vater der Kaiser. Beta ist Artillerist. (Er hat aus Angst etwas in die Hosen gemacht!) Ferner sehen wir die Badeszene und das Bad wieder, ebenso die Erinnerung an die Schläge.

Zum Schlusse dieser gemeinsamen Reihe ein außerordentlich deutliches hypnagoges Bild, das uns zum Thema des nächsten Kapitels führt.

Hypnagoger Traum.

(496.) „Ich wünschte, mein Leben sei eine Buße. Zuerst käme eine öffentliche Beichte in der Franziskanerkirche, darüber eine lange Buße,

---

[1]) In einem anderen Traum ist Beta in einer Vorstellung von „König Lear". Eine sehr interessante Variation ist ein Bad, bei dem ein Feuerwehrmann ins Badezimmer dringt. Der Feuerwehrmann ist sein strenger Vater, der ihm das Feuer verwehrt.

bei den Mönchen, besonders öffentliche Durchpeitschungen, wobei ich auf ein Kreuz gespannt wurde. Darauf fragte ich, warum ich so leiden müsse? Ja, ich beichtete, ich hätte Mutter und Vater getötet. Erstes wurde mir verziehen, letztes aber nicht. Nun fragte ich, wie hätte ich den Vater töten wollen? Ja, wurde gesagt, ich hätte ihn töten wollen, weil ich ihm das Hineinstecken mißgönnt hätte. Mir fiel die Ausseer Szene ein und ich hörte Gott Vaters donnernde Worte: „Zur Strafe, daß Du ihn andern nicht hineinstecken ließest, sollst Du ihn nie hineinstecken können! Dein Samen soll nutzlos auf den Boden spritzen! Deine Strafe soll sein, Deinen Penis immer abzuschneiden, und er soll Dir immer wieder nachwachsen, eine ewige Qual! Denn Du wünschtest dem Vater den Penis abzuschneiden!" Nun bekam ich zur Strafe bei der Züchtigung konstant Pollutionen, die als ein Opfer aufs Kreuz fielen. Aber ich war zu schlecht für die Mönche und wurde zu ärmeren Teufeln, den Soldaten gesteckt; mit diesen zog ich in den Krieg und wurde in Afrika von Schwarzen gefangen und zu Tode gemartert. Im letzten Moment kommt Rettung, aber ich sehe die Heimat nicht mehr. Doch Christus schwebt herbei in den Wolken und nimmt mich zu sich. Er ist ewig rein und sagt mir: „Du bist Sieger, Du hast das Fleisch getötet."

Dieser hypnagoge Traum spricht so beredt für sich und faßt alle Elemente der Christusneurose zu einem so deutlichen Bilde zusammen, daß ich mir füglich die Analyse ersparen kann.

Alle diese vorgebrachten Träume variieren das eine Thema von der großen traumatischen Szene seines Lebens: Sein Vater überraschte ihn im Bade, als er gerade mit seinem Bruder spielte. Deshalb bringen alle Träume ein Spiel. (Theater, Varieté, Kinematograph, Kartenspiel, Wettrennen usw.)

Diese Szene war das große Unglück seines Lebens. Bei jeder Aggression meldete sich die Erinnerung an die Schläge, die er damals erhalten hatte. Eine innere Stimme rief ihm zu: „Nicht anrühren!" Die Zeichnung auf S. 236 erklärt sich sehr einfach. Das Rechteck stellt die Badewanne dar, wo er den Penis des Bruders gezogen hat. (Zug = Eisenbahn.) Die Holzwanne (vgl. Traum Nr. 482, das Holz vor dem Penis, Holzen = schlagen) stand auf Holzklötzen.

Am nächsten Tage nach der Badeszene kam der Vater zu den Knaben und sprach mit ihnen ruhig und freundlich über die schrecklichen Folgen der Onanie. Davon sterbe man und werde gelähmt, das Rückenmark rinne aus usw. Man könne dann nicht gehen und müsse im Wagen geführt werden. In dieser Belehrung sieht Herr Beta das schwerste Trauma seines Lebens und die Wurzel seiner Straßenangst. Er kann nicht gehen. Die Prophezeiung des Vaters ist eingetroffen....

Der Vater ist der Unglücksrabe, der ihm sein Schicksal prophezeit hatte. Aus diesem Grunde, und weil der Vater der Störenfried gewesen, der ihn und den Bruder an den erotischen Spielen verhinderte, setzten sich die finsteren Rachegedanken in seiner Seele fest. (Vgl. die Mörderträume, besonders den Rabenvatertraum Nr. 396—399 und 411—417.) Jetzt verstehen wir erst seinen Fußfetischismus. Er ist Lust und Buße zugleich. Auch die fetischistischen Erscheinungen können durch kriminelle infantile Phantasien fixiert sein. Vielleicht ist das überhaupt der reguläre Mechanismus. Darüber können nur weitere Analysen, die das kriminelle Moment berücksichtigen, entscheiden. Im Falle Beta war das folgendermaßen: Nach einem Bade (!) lief er mit nackten Füßen ohne Pantoffel im Zimmer herum. Seine Engländerin kam schreiend ins Zimmer und rief: Du wirst dich erkälten, dir eine Lungenentzündung holen und sterben! Das Barfußgehen erhielt so eine Assoziation zum Tod. Seine (passiven) kriminellen Wünsche waren dann: O, möge der Vater sich erkälten! Das war seine Rache für die Badeszene und die Drohung wegen der Onanie. Dieser Wunsch wandelte sich dann zur Angst. Der teuere, vergötterte Vater durfte nie ohne Pantoffel durch das Zimmer gehen. Immer peinigte Beta der Gedanke, der Vater könnte sich erkälten. Eine zweite Angst war die Vorstellung, sich durch einen Schiefer eine Infektion zuzuziehen. Auch diese Angst entsprach einem verdrängten kriminellen Wunsche. Die Neurose brach nach dem Tode des Vaters aus und war eine Folge seines schweren Schuldbewußtseins.

XLIV.

Traumartige Zustände, Halluzinationen und hypnagoge Bilder.

„Mein Leben war immer ein Traum, und zwar nicht nach jenem griechischen Spruche der eines Wachenden, sondern in der Tat eines, der schläft.“ *Grillparzer.*

Vor dem Einschlafen gibt es einen Moment, da das halbtrunkene Bewußtsein die Träume noch zu überwachen scheint. Wir haben ja einige solcher Beispiele bei den Zahnträumen S. 185) angeführt. Bevor wir uns eingehend mit der Psychologie dieser Erscheinung beschäftigen, wollen wir noch einige ähnliche Zustände besprechen. Es sind dies die Tagträume, die Traumzustände und die Halluzinationen.

An Tagträumen reich ist das Leben der Kinder. Ich erinnere mich lebhaft an die Zeit meiner Tagträume. Sie reicht von den ersten Kinderjahren bis in die Pubertät. Ich gehe auf der Straße. Marschierend bin ich in Gedanken der Anführer eines großen, nur aus tapferen Knaben gebildeten Heeres. Die Feinde dringen in das Land. Das Heer der Großen ist geschlagen. Der Kaiser ist in Gefahr, diese Provinz und vielleicht sein Reich zu verlieren. Da dringe ich mit meinen feurigen Knaben vor und richte unter den Feinden ein furchtbares Blutbad an. Während dieser Szene fange ich an schneller zu gehen. Ich mähe auf einer Wiese die Distelköpfe mit einem Stocke. Die Feinde fliehen. Hurra! Ich habe gesiegt. Der Kaiser kommt mit einem großen Gefolge, um mir zu danken.

Ich neige nicht mehr zu Tagträumen. Aber die Neurotiker, die ich behandle, bauen alle Luftschlösser. So nennen viele die Eigenschaft zu phantasieren. Die Phantasien sind ähnlich gebaut wie die Träume im Sinne einer Wunscherfüllung oder einer Angstvorstellung, die den unterdrückten Wunsch erraten läßt. Die Analyse dieser Tagträume ist von größter Bedeutung. Denn die Phantasien spielen eine ungeheuere Rolle im Mechanismus der Neurose. Um nur ein Beispiel eines Tagtraumes zu geben.

Herr N. geht an einem Kruzifix vorbei. Zehn Schritte später muß er ausspucken. Er phantasiert, Herr X. hätte ihn beobachtet und ihn angezeigt. Er ist nun wegen Beleidigung der katholischen Kirche angeklagt. Er hält eine Rede, die Aufsehen macht. Er wird trotzdem verurteilt. Alle Zeitungen bringen große Berichte über den Prozeß und seine großartige Rede. Er ist der Held des Tages usw.

Diese Tagträume können im masochistischen Sinne mit einer ungerechten Strafe enden. Bruchstücke dieser Phantasien finden sich in den Träumen regelmäßig wieder. Sie verraten die Stereotypie der Phantasien.

Andere Traumzustände sind von vielen Autoren, auch von Löwenfeld in der schon erwähnten Schrift[1]) beschrieben worden. Der Durchbruch unbewußter Gedanken kann leicht dies Gefühl des Traumhaften hervorrufen.

Eine die Psychologie dieser Erscheinung fast erschöpfende Arbeit verdanken wir Abraham[2]). Er unterscheidet bei diesen Zuständen vier Stadien:

1. Das Stadium der phantastischen Exaltation.
2. Das Stadium der traumhaften Entrückung.
3. Ein Stadium mit Schwinden des Bewußtseins.
4. Ein Stadium der Depression mit Angstaffekten.

Die Traumzustände dienen nach Abraham der Ersatzbefriedigung im Sinne infantiler Lustquellen.

Die Analyse dieser Traumzustände ist leicht, da man es mit logisch aufgebauten, wenig maskierten Gebilden zu tun hat.

Eine gewisse Verwandtschaft zu diesen Tagträumen und Traumzuständen zeigen die Halluzinationen. Sie gestatten oft sehr interessante Analysen. Ich verweise auf das von mir in „Nervöse Angstzustände“ (S. 646) publizierte Beispiel.

Die Halluzination ist gleich dem Traume eine Wunscherfüllung. (Die Angsthalluzination ist ein unterdrückter Wunsch.)

Betrachten wir eines der schönsten Beispiele von Halluzinationen, das ich kenne, etwas näher, und heben wir besonders jene Momente hervor, die sich auf die Wunscherfüllung beziehen. Es handelt sich um eine Reihe von Halluzinationen, die der bekannte preußische General-Feldmarschall von Steinmetz in einem Briefe an einen Freund schildert. (General-Feldmarschall von Steinmetz, aus den Familienpapieren dargestellt von Hans von Krosik. Berlin 1900.) Am 10. Oktober 1854 starb ihm seine innigstgeliebte Tochter Selma, das letzte am Leben verbliebene seiner Kinder, an Typhus. Sein Schmerz war unermeßlich und drohte seine gesunde, nüchterne, eiserne Soldatennatur aus dem Gleichgewicht zu bringen. (Die nachfolgende Schilderung ist vom 14. April 1855 — also noch frisch unter den ersten Eindrücken und sicherlich durch keinerlei Erinnerungstäuschung getrübt.) 14 Tage nach dem Tode des Kindes fing Steinmetz an, sowohl im Hellen als im Dunkeln Erschei-

---

[1]) Über traumartige und verwandte Zustände. Zentralblatt für Nervenheilkunde und Psych. 1909, Nr. 15.

[2]) Über hysterische Traumzustände. Jahrbuch für psychanalyt. Forschungen. 2. Band.

nungen zu haben. „Wenn ich am Tage meine beiden Hände vor die Augen hielt, also im Dunkeln saß, so erblickte ich in meinen Händen das Köpfchen meines heimgegangenen Kindes, doch nicht wie ein Porträt oder eine Büste, sondern als hätte ich es lebend vor mir. Ihre schönen, reinen Augen blickten mich an, wie sie es im Leben taten. Die Augen bewegten sich nach oben, unten, rechts, links, kurz wie lebende Augen, das Köpfchen drehte sich ebenfalls, als ob es sich allen Lagen anschmiegen wollte. Aber dieses Köpfchen war mehrfach vorhanden, eines nach dem anderen, kurz ich sah immer und immer mein lebendes Kind, nur daß es nicht sprach. Alles, worauf sich mein Blick richtete, besonders im Zwielicht oder im Dunkeln nahm Gestalt an, wenn irgend möglich die meines Kindes." Auch fremde Gestalten umschwebten Steinmetz, der nicht beunruhigt wurde, sondern sich der Sache freute, insofern sie ihm sein Kind darstellte. Auch bemerkte er, wenn er im Abendgebet seines Kindes gedachte, „dies nicht nur im Bilde an der Decke, sondern auch in seinem Nachtanzuge als Nebelgestalt vom Fußboden auf mich zuschwebend und meine Füße umfassend und endlich sich mit dem Köpfchen auf meinen linken Fuß legend, wovon ich ordentlich eine gewisse Wärme verspürte. Wenn ich auf mein Kopfkissen blickte, so sah ich dicht neben mir wieder das Köpfchen meines Kindes liegen und ihre lebendigen Augen blickten mich sowohl da, wie von anderen Stellen meines Bettes an — kurz, ich war von mehrfachen, meinem Kinde ähnlichen Erscheinungen umgeben, die alle mir die Liebe und Anschmiegsamkeit meines geliebten Kindes bewiesen." Wenn sein Herz schwer wurde, hielt er sich die Hände vors Gesicht und labte sich an der holden Täuschung. Es war freilich nur wie ein Geist, „aber ihre liebe Gestalt ruhte doch an meinem Körper, ihre Arme umfaßten mich, das konnte doch nicht schreckhaft sein, es war ja lieblich!" Er nennt sich einen forschenden, klaren Geist, frei von Illusionen, frei von Aberglauben, der die Sache kritisch beobachtet habe und sich wiederholt die Frage vorgelegt habe: Was soll mir das? — — Trotzdem erlebte er alles, was die Welt an Wundern bietet. Der Geist seiner Tochter umarmte ihn, strich über die müde Stirne, zeigte ihm verschiedene Gegenstände. Auch häßliche Larven, Molche erschienen. Endlich auch eine Erscheinung eines Knaben oder jungen Mannes, von schlichtem, nicht unangenehmem Aussehen, jedoch nicht dem höheren Stande angehörig, zum wenigsten einer idealen Welt, mit glatt herunterhängendem Haar, wie es wohl Kinder niederer Stände tragen, der eine kurze, inhaltsvolle Phrase mit der akzentuierten Schärfe der Taubstummen sprach: „Beim — (das Wort ist Steinmetz entfallen) schwöre — noch zwei Vierteljahre, so bist du tot."

Die Erscheinung des geliebten Kindes [1]) ist die reinste Wunscherfüllung — sie tröstete den armen Vater und brachte ihn über die schwerste Zeit hinweg. Wir bemerken auch eine Halluzination des Tastsinnes. Der linke Fuß spielt da eine große Rolle. Steinmetz erklärte das sehr richtig damit, daß seine verstorbene Tochter, als sie einmal scherzweise ihren Körper an die Lieben verteilte, ihm den linken Fuß abtrat. Auch in der Halluzination trat sie ihm seinen linken Fuß ab.

---

[1]) Paul Heyse, der ein inniggeliebtes Kind verloren hat, schreibt an Gottfried Keller: „Immer bin ich noch von den Stimmen des Verlorenen umklungen und von fast spukhaften Gestalten auf Schritt und Tritt begleitet."

Sehen wir uns einige Halluzinationen berühmter Männer an, die in klarer Weise den Typus der Wunscherfüllung manifestieren. Wohlbekannt ist das Eudämonium des Sokrates. Malebranche, der zweitgrößte Metaphysiker Frankreichs, soll die Stimme Gottes gehört haben. (Seine Weltanschauung gipfelt in der vision en dieu.) Martin Stephan, der Begründer der religiösen Sekte der Stephaniten, sah den Himmel offen; Descartes wurde von einer unsichtbaren Person verfolgt, die ihm zurief, in seinem Streben nach Wahrheit fortzufahren. Die Jungfrau von Orleans, der bestbekannte Typus der so häufig vorkommenden religiösen Visionärinnen, sah und hörte unzählige Male die Jungfrau Maria; Luther widerstand kräftig den Verlockungen des Teufels [1]) und schleuderte sein Tintenfaß auf den Bösen; Francois Coppée hörte bei wichtigen Anlässen eine bald warnende, bald lobende Stimme, die seinen Namen rief. Alles zum Teil deutliche, zum Teil maskierte Wunscherfüllungen, Projektionen der eigenen Gedankenwelt nach außen.

Zahllos sind die Beispiele von Halluzinationen und Illusionen, die uns die Geschichte erzählt. Psychologisch besteht eigentlich zwischen Illusion und Halluzination kein großer Unterschied. Illusionen sind Sinnestäuschungen mit Bezug auf ein existierendes Objekt, die sich durch die Vernunft entschuldigen lassen. Ein berühmtes Beispiel der Illusionen bietet uns Goethe in seinem „Erlkönig". Der Nebelstreif wird in den Erlkönig mit Kron' und Schweif verwandelt, die alten Weiden zu Erlkönigs Töchtern an düsterem Ort umgedichtet; endlich steigert sich die Illusion infolge der fürchterlichen Erregung des Knaben zur Tasthalluzination: „Mein Vater, mein Vater, jetzt faßt er mich an, Erlkönig hat mir ein Leid's getan." Halluzinationen sind also Sinnestäuschungen, wobei das halluzinierte Objekt vollkommen psychisch erzeugt wird — ohne Anlehnung an die Außenwelt [2]).

Die Halluzination ist ein plastisch gewordener Tagtraum. Eigentlich sind ja alle Träume Halluzinationen. Einen vom Bewußtsein kontrollierten Traum nennen wir Halluzination. Die Kritik der Halluzination durch das Bewußtsein geht im Wahnsinn verloren. Der Wahnsinn ist die Überwältigung des Bewußtseins durch den Traum.

Eine reiche Phantasie ist die Grundbedingung zur Entstehung von Halluzinationen. Und gerade deshalb haben gerade die größten Geister unter den Künstlern viele Halluzinationen erlebt, weil ihre Phantasie üppiger, blühender ist als die anderer Menschen, weil sie auch sonst gewohnt sind, aus Gedanken Gestalten zu formen. Goethe brauchte bloß die Augen zu schließen und sah allerlei Blumen und bunte Gebilde. Ferner sah er sich einmal, als er von Sesenheim nach einem aufregenden Abschied von seinem Liebchen fortritt, in einem merkwürdigen Anzuge entgegenreiten, in dem er tatsächlich fünf Jahre später denselben Weg zu Pferde zurücklegte. Hier hätten wir also ein historisches Beispiel einer prophetischen Halluzination, wie sie uns die Dichter häufig schildern, wie sie in ähnlicher Weise Prosper Mérimée von Karl XI. erzählt, der

[1]) Charakteristisch ist der Umstand, daß Luther den Teufel so oft von hinten sah und speziell bei den analen Funktionen, die bei ihm sehr lustbetont waren („Die Krankheit Martin Luthers" von Epstein, Verlag Enke), verschiedene Halluzinationen hatte.

[2]) Eine Ausnahme bilden wohl die Illusionen, an denen die Amputierten leiden. Sie fühlen Schmerzen, Kälte und Hitze in dem amputierten Beine; also eine Illusion ohne existierendes Objekt. Eigentlich eine falsche Projektion eines Nervenreizes.

in einer Vision das ganze Schicksal seines Geschlechtes bis ins vierte Glied miterlebt hatte [1]) Leider hat Goethe seinen Zeitgenossen von dieser Vision nichts erzählt, sie schwebte ihm nur im Alter als Erinnerung vor, und so ist es immerhin wahrscheinlicher, daß wir es hier mit einer jener häufigen Erinnerungstäuschungen zu tun haben, denen wir uns so gerne hingeben und die Freud so treffend „Deckerinnerungen" genannt hat. Goethe soll ferner, wie Natalie von Eschtruth (Spuk, Leipzig, Paul List) erzählt, in Gemeinschaft mit einem jungen Freunde die gleichen Halluzinationen einer französischen Schildwache auf dem Schlachtfelde von Jena gehabt haben. Er soll damals sogar auf die Erscheinung geschossen und sich wie ein Löwe auf dieselbe gestürzt haben [2]).

Bei manchen Halluzinationen kommt es zu symbolischen Darstellungen, die uns aus unseren Traumanalysen bekannt und leicht verständlich sind. So z. B. erzählte ein Neurotiker, sein Ofen sei lebendig geworden und habe merkwürdig schaukelnde Bewegungen gemacht.

Viel interessanter ist die Analyse der hypnagogen Bilder.

In einer kurzen, aber bedeutsamen Arbeit hat Herbert Silberer (Jahrbuch f. psychoanalytische Forschungen. I. Bd., II. Hälfte, 1909, Franz Deuticke) über eine Methode berichtet, „gewisse symbolische Halluzinationserscheinungen hervorzurufen und zu beachten". Ich lasse hier einige Beispiele von Silberer folgen, die den Übergang vom Gedanken zum Symbol in vortrefflicher Weise illustrieren.

Beispiel Nr. 1. Ich denke daran, daß ich vorhabe, in einem Aufsatz eine holprige Stelle auszubessern.

Symbol: Ich sehe mich ein Stück Holz glatt hobeln.

Beispiel Nr. 2. Ich denke an das Vordringen des menschlichen Geistes in das schwierige, dunkle Gebiet des Mütter-Problems (Faust, II. Teil).

Symbol: Ich stehe auf einer einsamen, in ein dunkles Meer weit vorgeschobenen Steinestrade. Die Wasser des Meeres verschmelzen am Horizont fast mit der ebenso tief getönten geheimnisvoll schweren Luft.

Deutung: Das Vorgeschobensein ins dunkle Meer entspricht dem Vordringen ins dunkle Problem.

Das Verschmelzen von Luft und Wasser, das Verwischtsein von oben und unten dürfte symbolisieren, daß bei Müttern (wie Mephistopheles schildert) alle Zeiten und alle Orte miteinander verschmelzen, daß es dort keine Grenzen zwischen einem „hier" und „dort", einem „oben" und einem „untern" gibt, und daß daher Mephistopheles zu dem reisefertigen Faust sagen kann:

„Versinke denn! — Ich könnt' auch sagen: steige!"

---

[1]) Entnommen dem sehr interessanten Buche von Dr. Benno Diederich: „Von Gespenstergeschichten, ihrer Technik und ihrer Literatur." Leipzig 1903.

[2]) Merkwürdig ist es immerhin, daß Goethe sich im Faust über die Halluzinationen Nikolais, des Buchhändlers und Schriftstellers, lustig macht. Nikolai war auf ähnliche Weise wie General von Steinmetz zu seinen Halluzinationen gekommen; er hatte seinen innigstgeliebten Sohn verloren; im Vereine mit anderen Gestalten erschien ihm das liebe Kind wieder als Vision; zu diesen Visionen gesellten sich auch später Gehörshalluzinationen. Die Ärzte kurierten ihn auf seltsame Weise, indem sie ihm Blutegel an den Hinterteil setzten. Goethe rächte sich nun an Nikolai für seine mißgünstigen Kritiken und für seine Satire „Freuden seines jungen Werther" durch die Verse über den Proktophantasmisten in der Blocksberg-Szene:

„Er wird sich gleich in eine Pfütze setzen,
Das ist die Art, wie er sich soulagiert,
Und wenn Blutegel sich an seinem Steiß ergetzen,
Ist er von Geistern und von Geist kuriert."

Auch bei Nikolai sehen wir den merkwürdigen Zusammenhang zwischen analen Funktionen und Halluzinationen, die wir schon bei Luther erwähnt haben. Es scheint mir, daß die meisten Propheten und Religionsgründer ähnliche Züge aufweisen.

Beispiel Nr. 4: Ich nehme mir vor, jemanden von der Ausführung eines gefährlichen Entschlusses dringend abzuraten. Ich will zu ihm sagen: „Wenn Sie das tun, wird schweres Unglück über Sie hereinbrechen."

Symbol: Ich sehe über ein düsteres Feld unter schwerem Himmel drei Reiter, furchtbar anzuschauen, auf schwarzen Rossen daherstürmen.

Beispiel Nr. 5: Ich suche mir den Zweck gewisser metaphysischer Studien, die ich eben zu bestreiten vorhabe, zu vergegenwärtigen. Dieser Zweck besteht, so denke ich mir, darin, daß man sich auf der Suche nach den Daseinsgründen zu immer höheren Bewußtseinsformen oder Daseinsschichten durcharbeitet.

Symbol: Ich fahre mit einem langen Messer unter eine Torte, wie um ein Stück davon zu nehmen.

Deutung: Meine Bewegung mit dem Messer bedeutet das „Durcharbeiten", von dem die Rede ist. Zum näheren Verständnis des anscheinend albernen Symbols ist eine etwas ausführlichere Erklärung des Symbolgrundes, d. h. der Beziehung notwendig, welche das von der autosymbolischen Darstellung gewählte Bild zum Symbol tauglich macht oder berechtigt. Die Erklärung des Symbolgrundes ist hier die folgende. Es fällt mir bei Tisch hie und da das Zerschneiden und Vorlegen einer Torte zu, ein Geschäft, welches ich mit einem langen biegsamen Messer verrichte, was einige Sorgfalt erheischt. Insbesondere ist das reinliche Herausheben der geschnittenen Tortenteile mit gewissen Schwierigkeiten verbunden; das Messer muß behutsam unter die betreffenden Stücke geschoben werden (das langsame „Durcharbeiten", um zu den „Gründen" zu gelangen). Es liegt aber noch mehr Symbolik in dem Bild. Die Torte des Symboles war nämlich eine Dobos-Torte, also eine Torte, bei welcher das schneidende Messer durch verschiedene Schichten zu dringen hat (die Schichten des Bewußtseins und Daseins).

Beispiel Nr. 8: Ich will vor dem Einschlafen einen Gedankengang, der mir kurz vorher eingefallen ist, rekapitulieren, um ihn nicht zu vergessen.

Symbol: Es steht alsbald ein großer livrierter Lakai vor mir, gleichsam meine Befehle erwartend. (Analogon zu dem mürrischen Sekretär von früher.) Diesmal fühle ich nicht jene Denkschwierigkeit wie damals und rechne auf eine günstige Erledigung der gestellten — leichteren — Aufgabe: daher das Bild des dienstfertigen, nicht des überdrüssigen Helfers.

Beispiel Nr. 10: Ich denke über irgend etwas nach, gerate jedoch, indem ich mich in gedankliche Nebenwege einlasse, von meinem eigentlichen Thema ab. Als ich nun zurück will, stellt sich die autosymbolische Erscheinung ein.

Symbol: Ich klettere mitten in Bergen herum. Die näheren Berge verdecken meinem Blick die ferneren, von denen her ich gekommen bin, und zu denen ich zurückgelangen möchte.

Riklin erzählt: „Ein junger Mann hat zum erstenmal das Mädchen gesehen, das später seine Frau werden sollte. Bald darauf hatte er beim Einschlafen folgenden, optisch ungemein plastischen, symbolischen Traum:

(497.) „Er steht vor einem großen, mit dicken, blumigen Guirlanden behangenen Portal, wobei zwei Guirlanden an einem oberhalb des Portals befindlichen Knopf befestigt, nach unten auseinandergehend, vorhangartig herabfallen. Während das Portal zuerst etwa Mundgröße hatte, wird es zu einem Kirchenportal, in welches er selbst als winziges Männlein feierlich einzieht, wobei es ihm scheint, als ob er noch jemanden hineinführe."

(Wunscherfüllung und Symbolik im Märchen, Riklin, Leipzig und Wien, Franz Deuticke, 1908, S. 7 l. c.)

Die Sexualsymbolik ist zu durchsichtig, um noch einer Erklärung zu bedürfen.....

„Die elementaren hypnagogen Visionen", sagt Sante de Sanctis, „sind nicht bei allen Personen, die sie haben und davon wissen, nach Form und Lebhaftigkeit gleich. So habe ich oft gefunden, daß bei dem einzelnen eine besondere hypnagoge Gestalt überwiegt. Mir erscheint z. B. immer eine Art Rhombus in grüngoldig glänzendem Felde. Diese Figur phosphoresziert und ist gedrängt mit glänzenden Punkten besetzt, die an Größe und Glanz um so mehr zunehmen, als sie allmählich gegen die Mitte vorrücken. Die Figur erscheint mir niemals im Raume fest, im Gegenteil sehr beweglich, kommt und verschwindet, hat immer eine mäßig rasche Bewegung nach den äußersten Teilen des Gesichtsfeldes hin und verschwindet, wenn das Auge sie direkt fixieren will. Ich kann die Vision des Rhombus fast nach Belieben hervorrufen, indem ich nur die Augen zu schließen und ein wenig zu warten brauche; aber in der Zeit vor dem Einschlafen ist sie lebhafter und glänzender."

Ähnliche Phänomene erzählen mir die Neurotiker sehr häufig. Bekannt ist ja, daß Goethe über solche hypnagoge Lichterscheinungen berichtete.

Die Analyse solcher unbestimmter Bilder ist fast unmöglich. Doch glaube ich, daß sie eine gewisse Bedeutung haben. Das Rhombus des italienischen Traumforschers würde ich als Ersatz des bekannten Rautensymbols ansehen (vgl. Traum Nr. 378).

Das scheint mir das nächste hypnagoge Bild Sanctis zu beweisen. Er sagt an anderer Stelle:

„Manchmal sind offenbar visionäre Träume mehr von äußeren Gesichtseindrücken, die man vor dem Einschlafen gehabt hat, als von hypnagogen Visionen bestimmt. In der Nacht vom 9. zum 10. Februar 1896 las ich, bereits im Bette liegend, in der Tribuna etwas über die Konversion des Prinzen Boris von Bulgarien. Nachdem ich das Blatt beiseite gelegt und das Licht gelöscht hatte, sah ich noch immer in meinem Gesichtsfeld das weiße Blatt, hie und da mit Worten bedruckt. Im Augenblick des Einschlafens erkannte ich deutlich die 3. Seite der Tribuna mit den Worten: „der Prinz Boris von Bulgarien" — und träumte einen langen höchst verwickelten Traum, in welchem ich den ganzen Vorgang meines Übertritts zur mohammedanischen Religion mit allen entsprechenden Zeremonien und in der psychischen Stimmung eines glühenden Neophyten sich abspielen sah."

Der „glühende" Neophyte verrät seine Motive. Sollte nicht der Harem, die Sammlung von Rhomben, die Wunscherfüllung dieses Traumes bedeuten?

Ein wunderschönes hypnagoges Traumbild erzählt Grillparzer in seinem Tagebuche:

(498.) „Neulich, nachts, vor dem Einschlafen, als ich einem eifersüchtigen Zwist nachdachte, den ich mit Katti gehabt hatte, stellte sich dieser mir unvermerkt nach und nach als eine verwickelte Schachpartie mit einem Abzugschach dar. Beide Vorstellungen hoben sich, aber nicht eine die andere, wechselseitig auf, sondern ich dachte sie nebeneinander und untereinander auf die wunderbarste Weise fort, so daß bald eine, bald die andere die Oberhand behielt, bis sich alles verwirrte und ich einschlief."

Der bekannte Wunsch des Dichters, Katti los zu werden (oder sie schach-matt zu setzen), verrät sich im Abzugschach. Der Kundige erkennt sofort als konsequente Folge des Kampfes der Geschlechter den Todeswunsch.

Ich bin gleichfalls in der Lage, einige Beispiele zur Symbolisierung unbewußter Gedanken im Einschlafen zu bringen. Ich verweise diesbezüglich auf die bereits analysierten Beispiele, da der während der

[1]) Der Maure ist ein Mohammedaner!

Kur Einschlafende statt des analytischen forschenden Arztes den Zahnarzt sieht, der ihm auf den Zahn fühlt. Bemerkenswert ist, daß mit der Symbolisierung sofort die Sexualisierung eintritt. Ich kann nach meinen Erfahrungen nicht immer einen Zusammenhang zwischen dem hypnagogen Bild und den Wachgedanken herausfinden. Abweichend von Silberer habe ich oft (auch bei mir selbst!) Bilder konstatieren können, die keine Assoziation an die Wachgedanken erkennen ließen. Ich glaube, der Unterschied der Beobachtung läßt sich leicht aufklären. Nur affektbetonte Wachgedanken gehen in den Traum über. Schlafe ich vor Langeweile ein, so melden sich ganz andere, fremde, aber affektreiche Bilder, die ich zurückgedrängt habe. Ich habe vielleicht aus diesem Grunde mich gelangweilt und keine Aufmerksamkeit aufbringen können. Ich möchte nun einige Beispiele anführen, die uns mancherlei lehrreiche Folgerungen gestatten.

Ein Analytiker teilt mir mit: „Ich sitze hinter einem Patienten. Er bringt verschiedenes Material vor, das mich nicht interessiert. Ich muß mich zusammennehmen, um nicht einzuschlafen, und kann es nicht verhindern, daß ich doch hie und da für eine Sekunde das Bewußtsein verliere".

„In einer solchen Traumsekunde sehe ich eine Halluzination oder einen Traum. Es läuft ja schließlich auf dasselbe hinaus."

(499.) „Eine Reihe von schwarzen und weißen Pfählen. Immer wechselt ein blendend weißer Pfahl mit einem ebenholzschwarzen ab."

„Ich erwache, erfasse das Traumbild. Es kommt mir vor, als ob es elfenbeinweiß und ebenholzschwarz gewesen wäre. Sofort fällt mir ein Somalineger ein, den ich gestern im Prater gesehen habe. Seine herrlichen „elfenbeinweißen" Zähne und seine feine, samtartige ebenholzschwarze Haut waren mir aufgefallen. Er war ein überraschend hübscher, schlanker Junge von seltener Gutmütigkeit und Liebenswürdigkeit. Ich kaufte ihm gerne verschiedene Kleinigkeiten ab, gab ihm ein „Bakschisch" und überdies noch ein „Federmesser". (Wohl ein symbolisches Geschenk!)"

„Meine homosexuelle Komponente ist eigentlich sehr schwach ausgebildet. Ich erinnere mich während meines ganzen Lebens bloß zweier homosexueller Träume. Ich stehe dem „homosexuellen Problem" vollkommen affektlos gegenüber, als ein rein Unparteiischer. (Ekel halte ich schon für ein verdächtiges, jedenfalls für eine starke (unbewußte) homosexuelle Komponente sprechendes Symptom.)"

„Ich kann aber nicht leugnen, daß der schwarze freundliche Junge einen gewissen Eindruck auf mich gemacht hat. Mit dem Bewußtsein konnte ich keine erotische Färbung konstatieren. Vielleicht eine gewisse Anregung, ein Mitgefühl mit seinem Lose, sich für Geld so fern von der Heimat wie ein Tier anstaunen zu lassen."

„Die Episode war bald vergessen! Aber trotzdem. Sie lauerte wie ein Raubtier im Hintergrunde meines Bewußtseins. Ich brauchte nur eine Sekunde das Bewußtsein auszuschalten und schon stürzte sich der unbefriedigte Wunsch vor und nahm von meiner Seele Besitz. Ja — vielleicht war die ganze Schläfrigkeit nur die Folge eines permanenten Kampfes zwischen Bewußtem und Unbewußtem. Vielleicht der Mangel an Interesse und die Folge eines nicht abreagierten Affektes, der mich die ganze

Zeit über beschäftigte und als Schlaf unbeschränkte Herrschaft verlangte?"

„Ich teile vollkommen Ihre Ansicht, daß ich von den in „permanenter Affektbereitschaft" harrenden Vorstellungen überrumpelt wurde."

So weit der analytisch geschulte Kollege. Ich dringe darauf, daß die schwarzen und weißen Pfähle noch eine weitere Erklärung finden müssen. Er sinnt eine Weile und sagt:

„Sie haben recht. Ich war vor einigen Jahren bei einem Ringkampfe. Es rang ein herkulisch gebauter Neger mit einem riesigen Weißen. Dieser Ringkampf muß mich gewaltig aufgeregt haben. Ich schlief die darauffolgende Nacht sehr schlecht und hatte Angstträume, eine Erscheinung, die bei mir sehr selten ist. Ich muß doch mehr Homosexuelles in mir besitzen, als ich vermutet habe. Auch gestehe ich Ihnen freimütig, daß mir ein schwarzgelockter Knabe sehr gut gefällt. Ich sah ihn vor einigen Tagen im Bade. Der Gegensatz zwischen seinen ebenholzschwarzen Haaren und seinen elfenbeinweißen Gliedern fiel mir deutlich auf. Ich begreife jetzt mein Traumbild. Ich analysierte gerade eine ältere, nicht intelligente Dame. Das Traumbild will wohl besagen: Der schöne Knabe wäre mir lieber. Es wäre eine Assoziation über das Gegenteil."

Ein zweites Beispiel wurde mir ebenfalls von einem Kollegen erzählt. Er lernt bei mir die Analyse und bespricht mit mir täglich seine Erfahrungen, die er mit den ihm zugewiesenen Fällen gemacht hat. Auch berichtete er über ein hypnagoges Traumbild. Er sei während der Analyse eines an Platzangst leidenden Studenten für eine Sekunde eingenickt und habe eine Halluzination festhalten können.

(500.) „Einen dunklen, schwarzgefleckten Gang, vor dem Eingang liegt ein Pelz . . . ."

Vor einigen Tagen wurde er einer kleinen, dunkeläugigen Dame vorgestellt, die ihm sehr gefallen hatte. Besonders ihr dunkler Teint und ihre lebhaften Augen, ihre prächtigen schwarzen Haare hatten es ihm angetan. Sie war ziemlich kokett und er hatte einen flüchtigen Gedankenblitz: „Die könntest du dir eigentlich beibiegen...." Doch da es die Schwester eines Freundes war, wechselte er trotz des herausfordernden Benehmens nur ein paar freundliche Worte und verabschiedete sich bald. Er hatte an die Dame nicht mehr gedacht.

Er wußte sofort, daß das Traumbild zur Dame eine innige Beziehung hatte. Sie trug bei der ersten und einzigen Begegnung einen schwarzen Pelz um dem Hals... Die Höhle erkannte er sofort als die Symbolisierung der Vagina, das Pelzwerk als die Crines pubis.

Die Flecken waren seine Erfindung. Er lebte in beständiger Angst vor Infektionen. Auch dieses schöne Mädchen, hatte er damals gedacht, kann infiziert sein. Er wußte, daß sie etwas leichtsinnig war und es nicht sehr genau nahm, wenn es galt, sich einen lustigen Abend zu machen. Die Flecken erinnerten ihn an Morbus Adisonii, die bekannte Erkrankung der Nebennieren. Die Dame hieß mit dem Vornamen Sonja (sonii--sonja). Auch hier war das plötzliche Hereinbrechen der unbewußten Begehrungs- und Angstvorstellungen ungemein verblüffend.

Man sollte annehmen — und ich habe es mir früher so vorgestellt — daß die Traumgedanken an den letzten wachen Gedanken anschließen und nun die Assoziationsreihen so lange abgehaspelt werden, daß sie schließlich auf die wichtigsten unbewußten Komplexe kommen und daß es einer Assoziation bedarf, um den Zugang zum Unbewußten zu finden. Vielleicht waren die Assoziationen in diesen beiden Fällen als Gegensatz vorhanden. Im ersten Falle können auch die Pfähle über den „Marterpfahl“, an den der Arzt gebunden ist, wenn er einem ungelehrigen, renitenten Kranken die Grundbegriffe der Analyse beibringen muß, die Assoziation ergeben haben. (Beachte den Pfahl[1]) als Symbol des Penis!) Immerhin ist es verblüffend, wie rasch die unbewußten Komplexe die wachen Bilder und Gedanken verdrängt haben.

In beiden Fällen wurde das Bewußtsein von erotischen Zielvorstellungen überrumpelt. Die verdrängten Wünsche erzwangen sich den Schlaf, weil sie dem Bewußtsein peinlich waren. Der schöne Knabe und die dunkeläugige Dame waren dem Arzte für diese Sekunde wichtiger als die Erzählungen der Kranken. Das Unbewußte hatte alle seine Affekte aufgebraucht.

So scheint es in jedem Fall zu sein. Wir können nicht einschlafen, wenn das Bewußtsein genügende Affektmengen zur Verfügung hat, um unsere Aufmerksamkeit zu erregen. Wo das nicht der Fall ist, versinken wir in das schier endlose Meer der unbewußten Wünsche. Die Müdigkeit mag auch hier eine aktive Komponente haben, den Drang aller unbewußten Wünsche, sich des Seelenlebens zu bemächtigen.

Aus diesen Ausführungen erhellt, daß ich der Ansicht bin, der Mensch träume vom Moment des Einschlafens bis zum Erwachen. Ja, er träumt sogar — möglicherweise — auch während des Wachens.

Nur jene Träume kommen uns zum Bewußtsein, welche sehr stark mit Affekt geladen sind. Überschreitet der Affekt eine bestimmte Reizschwelle, so werden wir wach, d. h. das Unbewußte muß eine gewisse Affektladung an das Bewußtsein abgeben. An diese Affekte knüpfen sich dann die Traumbilder. Diese Affekte können verschiedener Art sein: Angst, Sorge, Verwunderung, Freude, Wut, Scham, Ekel, Zweifel usw.

Die starke Nachwirkung mancher Träume beruht eben auf diesem Überspringen unbewußter Affekte ins Bewußtsein. Das Bewußtsein muß sich erst dieser Affekte nach mehr oder minder hartem Kampfe erwehren. Wir träumen, ein Freund, Herr N., habe uns betrogen, und sind furchtbar entrüstet. Wir erwachen und müssen so lange mit dem Zorne kämpfen, bis der Intellekt mit der Überlegung siegt: Es ist ja nur ein Traum. Wir schwanken einige Sekunden zwischen Traum und Wirklichkeit. Die Rückverwandlung der Symbolismen in die Sprache des Bewußtseins ist durch die Einmengung der Affekte erschwert.

Sonst ist das Erwachen aus dem Schlafe und somit aus dem Traume das Ende des symbolischen Spukes. Die unterdrückten Wünsche fliehen vor dem Licht des Bewußtseins und lauern wieder auf die erste Gelegenheit, um sich in symbolischer Form durchzusetzen.....

Das beweist der hypnagoge Traum des Frl. F. E.:

(501.) „Im Halbschlummer hatte ich plötzlich den Gedanken, als ob ich an einem gewissen hinteren Körperteil eine Kordel mit einem Bleisiegel hängen hätte.“

Sie ist rückwärts versiegelt. Das hypnagoge Bild verrät ihren stärksten Wunsch, der nicht nach einem normalen Koitus geht. Kordel

---

[1]) Vergleiche den Traum (Nr. 242), in dem der Pfahl eine so wichtige Rolle spielt.

= ein Faden = eine Leine = Penis. Siegel in der Bedeutung von koitieren.

Sie denkt, wie ihre Symptomhandlungen verraten, immerwährend an ihren Wunsch.

Mit anderen Themen ist momentan das Frl. Bertha beschäftigt, die mir auch einen Traum erzählt. Es ist ein hypnagoges Bild beim Einschlafen nach dem Mittag. Eigentlich kein Schlaf. So ein leichter Halbschlummer. Ein tiefes In-Gedanken-Sein:

(502.) „Ich sah meine Cousine im Brautkleid. Aber ich sah sie nur von rückwärts. Sie stand mit vorgeneigtem Kopf und der dichte, breite, weiße Spitzenschleier fiel mir am meisten auf. Um den Hals ein schwarzes Samtband. (?) Es störte mich etwas an der Brauttoilette.“

Die Träumerin hatte an diesem Tage die Todesanzeige eines Onkels erhalten. Diese Cousine ist verheiratet und hat schon vier Kinder. Es fällt ihr aber eine Freundin ein, die auch vier Kinder hat. Es ist die Freundin, in deren Mann sie leidenschaftlich verliebt ist. Das Brautkleid ist ein Totenkleid der anderen und ihr Brautkleid. Die Cousine ist auch ihre Vagina und ihre Neurose. Vorher dachte sie intensiv an den Mann ihrer Sehnsucht. Die Übersetzung in ein symbolisches Traumbild ging in einer Sekunde vor sich.

Ich analysiere gerade mit Herrn Beta einen interessanten Traum. Derselbe lautet:

(503.) „Obwohl mein Schnurrbart kurz war, schnitt ich ihn noch mehr ab, und zwar mit einer Schere. Da war er so kurz, daß ich so gut wie ganz rasiert aussah.“

Er bringt selber die Deutung. Er will ein Weib sein und keinen Penis haben. Schnurrbart ist ein bekanntes Phallussymbol. Die Frauen fliegen auf einen großen Schnurrbart. Er verspricht gleich einer großen Nase einen großen Phallus. (Blaubart, der große Frauenverzehrer, heißt nach Grimm ein Mann mit großem schwarzen Barte.)

Beim Schneiden der Nägel hat Herr Beta Lustempfindungen. Er träumt auch häufig vom Schneiden der Nägel. Wozu soll die Kastration dienen? Mitten in der Analyse schläft er für eine Sekunde ein. Er hat ein merkwürdiges Traumbild. Eine Mandoline, in der er einen Menschen sieht. Dann merkt er, daß er der Mensch in der Mandoline ist. Er zeichnet sein Traumbild folgendermaßen auf:

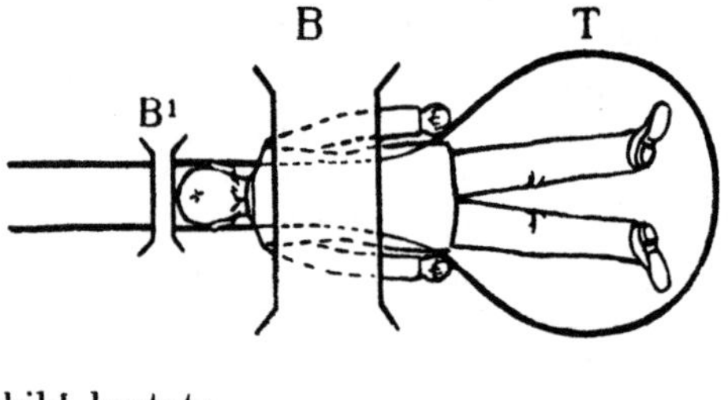

Das Traumbild lautet:

(504.) „Ich stand ober dem runden Teich T. Dann fiel ich nach vorn mit dem Kopf zwischen Brücke B und Brett B¹ und konnte nicht heraus. Vorher dachte ich an einen Herrn Triasangoli, der einen bösen Raufhandel mit einem Diener hatte.“

Nach allem, was wir gelernt haben, merken wir, daß es sich um eine Mutterleibsphantasie handelt. Einzelne Bestandteile des Traumbildes sind uns wohlbekannt. Die Brücke, das Holz (siehe Traum Nr. 482). Der runde Teich ist der Mutterleib; die Brücke, die Vagina — der Weg ins Leben. Das Brett verstellt den Ausgang.

Nun ist Herr Beta der Träumer, der seine Mutter bei der Geburt getötet hatte.

Er phantasiert sich in die Lage zurück — nur mit einer Variation. Er kann nicht heraus.... Eine seiner infantilen Geburtstheorien (seiner eigenen Geburt) ging dahin, er habe der Mutter den Leib mit einem großen Nagel der großen Zehe aufgerissen.

Nun wird alles klar. Der große Nagel der großen Zehe ist der Penis. Er hat die Phantasie, er habe seine Mutter durch den erigierten Penis verletzt. Deshalb kann er bei keinem Weibe den Penis hineinstecken [1]). Sofort verschwindet die Erektion unter Angstgefühlen.

Seine Angst auf der Gasse ist die Angst in der Scheide. Auf dem Lande, im Freien hat er keine Angst. Im Freien (außerhalb der Vagina) steht auch sein Penis.

Der Raufhandel deutet auf die Verletzung. Zu Triasangoli assoziierte er Trias und Angel. Das heißt die charakteristische Dreizahl, die wir so oft als Genitale entschleiert haben, und eine Angel, womit man Fische verletzt. Er hält seinen Penis für eine Angel, sie hat einen Widerhacken, und er könnte jede Frau damit verletzen. Deshalb will er sich kastrieren! Deshalb die Schere, die ihm den Schnurrbart abschneidet. Diese sadistischen Phantasien brechen auch unverhüllt ins Bewußtsein. Er möchte ein Weib mit dem Penis wie mit einem Dolche oder Messer durchbohren.

Das „Nichthineinstecken können" hat auch eine deutliche kriminelle Wurzel. Beta wollte ja seinen Vater erstechen! Um eines Weibes willen (wegen seiner Engländerin) und, um mit seinem Bruder ungestört spielen zu können, wollte er seinen Vater entfernen. Die Ohrfeigen und die Störung nach dem Bade hatten seinen Haß aufgepeitscht. Jetzt leidet er den Imperativ der Reue. Deshalb entfernt er die Spitzen seines Schnurrbartes; deshalb ist der Herr Triasangoli, der einen bösen Raufhandel hatte, in dem hypnagogen Traumbilde erwähnt. Der sexuelle Akt des Hineinsteckens ist mit dem kriminellen Komplex zu innig verbunden. Jeder sexuelle Akt ist ein Mord! Jeder Mord ist verboten!

Die psychische Impotenz ist die Strafe für seine kriminellen Gedanken. Auf diese Weise ist manche Impotenz zu erklären. Aus diesem Grunde träumen alle diese Kranken von Gewehren, Revolvern, die nicht losgehen. Aus diesem Grunde ist der Selbstmord junger Leute eine so häufige Erscheinung. Wenn der Revolver schon losgehen soll, so kann er nur gegen die eigene Brust gerichtet werden.

Das hypnagoge Bild hat zu diesen Gedanken eine innige Beziehung.

Die zwei B in der Zeichnung: B die Brücke und B^1 das Brett geben bezeichnenderweise BB — das ist eine Bebé. Als solches steckt er ja

---

[1]) Nach Adler stammt diese Angst von der Beobachtung der sich begattenden Hunde, welche häufig nach dem Akte nicht auseinander können. Beta behauptet bestimmt, dieses Bild noch nie gesehen zu haben; dagegen will er es schon in frühen Kinderjahren häufig an Maikäfern, Fliegen und Schmetterlingen gesehen haben.

noch im Mutterleibe. Er macht seine Geburt rückgängig und kommt als Mädchen (ohne Penis) zur Welt. Folglich kann seine teure Mutter am Leben bleiben. Er ist kein Muttermörder. (Er will aber auch kein Vatermörder sein.)

Der runde Teich ist der Mutterleib. Der Diener symbolisiert den Vater. Er mußte als Kind vor dem Vater eine Verbeugung machen, was man einen „Diener machen" nannte. Das böse Holz, das wir aus dem großen Traume von Kaiser und Gregori (Nr. 482) kennen, hat hier noch eine weitere Bedeutung. Sein Kopf ist mit einem Brett vernagelt. Die bösen Folgen der Onanie (Spielen der Mandoline) haben seine Neurose verursacht. Ein Weib kann sich durch die Onanie nicht schwächen, weil es keine Samenverluste hat. Dies hypnagoge Bild beweist uns, wie rasch sich die komplizierten und verworrenen Gedankengänge eines Neurotikers in ein Traumbild verwandeln. Die Mutterleibsphantasie setzte sich für einige Sekunden durch, als wollte er dem dringenden Wunsche Ausdruck geben: „O könnte ich mein Leben noch einmal beginnen!"

XLV.

Künstliche Träume.

Man kann ruhig den Versuch wagen, jeden Menschen einen Traum dichten zu lassen. Dieser Traum wird häufig alle wichtigen Komplexe zum Ausdruck bringen und eine von den normalen Träumen sehr wenig abweichende Struktur zeigen. Man erhält so mühelos einen Tagtraum, der oft das wichtigste Material für die Analyse zutage fördert. Ich lasse einige solcher „künstlicher Träume" folgen. Dem ersten verdanke ich sogar einen tiefen Einblick in das unbewußte Seelenleben des Träumers. Es war gerade eine Stunde, da dem Kranken nichts einfallen wollte. Ich forderte ihn auf, einen Traum zu „dichten". Ich stellte nur eine Bedingung: Er möge nicht nachdenken und sofort zu erzählen beginnen. Der Tagträumer schloß seine Augen und sprach — ohne zu überlegen, so rasch, daß ich kaum folgen konnte:

(505.) „Ich war in einem Labyrinth mit ungezählten Gängen. Da war irgendwer vor mir — so sehr ich mich bemühte, ich konnte ihn nicht erreichen. Ich bin viel später hingekommen und mit Mühe und Not herausgekommen. Es kommt mir vor, als wäre ich zu rasch herausgekommen Ich war auf Kreta und sah den Minos. Ich sah ihn mit einer Krone und einer furchtbar großen, dicken Schlange um den Leib. Mit der Schlange haut er auf das Labyrinth, so daß es zusammenstürzt. Ich steige auf ein kleines Schiff und werde im ganzen Mittelländischen Meer von einem Sturm herumgejagt, bis ich beim Papst Ruhe finde, der mich beauftragt, barfuß nach Jerusalem zu pilgern. Dann werde ich gesund."

Von einem wirklichen Traume unterscheidet sich dieses psychische Gebilde durch eine gewisse logische Struktur — es fehlt das Groteske und Unsinnige mancher Träume — und durch einen siegreichen Optimismus. Der uns wohlbekannte Träumer — es ist Herr Beta — setzt hier mit einer Mutterleibsphantasie ein. Der Mann, der vor ihm war, ist der Bruder, den er um die Erstgeburt beneidet. Er läuft ihm immer nach und kann ihn nie einholen. Er hat aber eine andere Empfindung: Er wollte diesem „Jemand" so rasch als möglich nachlaufen und hatte dabei mit einem Fußtritt seine Mutter umgebracht. Wir kennen ja diese Phantasien des unschuldigen Muttermörders, bei dessen Geburt die Mutter starb. Die Mutterleibsphantasie setzt sich im nächsten Bild fort. Der Vater erscheint hier als Minos (vgl. „Der Erlkönig mit Kron' und Schweif'"), mit einem riesigen, dicken Membrum. „Mit der Schlange haut er" usw. . . . verrät die Vorstellung einer Kohabitation, wobei die Mutter zugrunde geht. Nicht er ist schuld an dem Tode der Mutter, sondern der Vater, der sie durch die Befruchtung und durch seine furchtbar dicke Schlange umgebracht hat. Auch direkte Phantasien, der Vater habe die Mutter umgebracht, um mit anderen Frauen zu leben und ihr Geld zu erben, sind ja bei diesem Träumer nachzuweisen [1]).

Noch einmal taucht die Mutterleibsphantasie auf (kleines Schiff — Mittelländisches Meer!). Aber auch Motive der Erlösung, der fliegende Holländer, Ahasver und Tannhäuser, gestalten sich zu einem Bilde. Die religiösen Reuegedanken verdichten sich zu einem Bußgang zum Papst, der auch den Vater (Papa) repräsentiert. Der Weg nach Jerusalem hat mehrfache Determination: 1. die heilige Stätte, 2. der Arzt, 3. er liest einen Roman, „Der heilige Scarabäus" von Else Jerusalem, der von Dirnen handelt. Religion, Medizin und die käuflichen Frauen sollen ihn heilen. Dabei soll die Buße, die der Papst ihm auferlegt, seine höchste Lust sein. Mit nackten Füßen wandern ist ein permanenter Kitzel, eine immerwährende Lust. (Vgl. die Vorstellung des Paradieses und die Mutterleibsphantasie, Traum Nr. 280.) Die Erde ist die Mutter — Mutter Erde. Er will wieder mit nackten Füßen die Mutter Erde immerwährend berühren — d. h. er will wieder im Mutterleib sein, er will sterben.

Sterben und Leben sind die beiden Möglichkeiten seiner Heilung.

Der Labyrinth ist der Irrgarten seiner Seele.

Der nächste „künstliche Traum" des Herrn J. H. kommt einem echten Traumbilde sehr nahe. Ja — man könnte fast gar keinen Unterschied angeben. Er ist außerordentlich „verdichtet", wie die Analyse einzelner Stellen beweist.

(506.) „Ich steige über eine Stiege hinauf. Oben ist eine große Halle mit einer Fülle von Menschen. Die Versammlung hat einen kirchlichen Charakter. Im Vordergrunde steht ein alter Geistlicher in einer sehr reichen, kirchlichen Tracht, schwere Brokatstoffe, drapfarben, mit Gold geschmückt. Es dürfte wohl der Papst sein. Es ist anzunehmen, daß ich der Kaiser bin, der einen Römerzug unternommen hat und dem die Kaiserkrone aufgesetzt werden soll. Der Papst geleitet mich zum Hochaltar. Ich bleibe plötzlich stehen, weil ich sehe, daß unmittelbar vor dem Altar ein großes Loch im Boden ist, aus dem ein grüner Teufel herausschaut. Der steigt aus dem Loch hervor und hat ein kleines Beil (Axt?) in der Hand, mit dem er auf meinen Kopf losschlagen will. Die Chorherren fahren von den Bänken auf, um mich zu schützen, stürzen sich auf den Teufel, um ihn festzuhalten. Es entsteht ein großer Tumult. . . .

[1]) Wegen dieser grundlosen Verdächtigungen macht er sich heftige Vorwürfe. Viele seiner Bußhandlungen sind nachträglicher Gehorsam und tiefe Reue.

Plötzlich erhebe ich mich in die Luft, fliege schief nach oben, über den Hochaltar weg, der Teufel hinter mir her. Ich fahre zum Fenster der Kuppel hinaus, so daß der Teufel mir nicht nachkommen kann. Oben komme ich in einen Garten, wie auf dem Dache der Engelsburg (Peterskirche). Der Garten ist sehr eigentümlich: viele Bäume, die in Töpfen stehen; kein Gras. Bloß Wege. In diesem Garten sitzen, gehen auf und ab verschiedene Unteroffiziere, Invaliden, welche den Garten bewachen. Dort ist eine tiefe Schlucht (der Tarpejische Felsen?), in die die Verbrecher geworfen werden. Ich habe eine leise Angst, dasselbe Schicksal erdulden zu müssen.

Ich finde dann in einer Ecke einen Steg, der mich aus diesem Garten in eine Gebirgsgegend führt, an deren Fuße ein großer Wasserfall rauscht. Italienische Mädchen, mit Krügen auf dem Kopf, kommen mir vom Berge entgegen. Eigentümlich ist bei manchen, daß sie über die Krüge Stoffe haben, die herabwallen. Einige reiten auf Eseln. Ich schicke mich an, den steilen Berg hinaufzusteigen, auf jenem Stege, den die Mädchen heruntergehen."

Der Tagträumer ist ein „schwieriger Fall" und hat mir manche harte Nuß zu knacken gegeben. (Vgl. Nr. 64, 133, 134, 202, 203, 204.) In dieser Zeit kamen gerade einige optimistische Träume. Auch dieser Tagtraum ist außerordentlich optimistisch und bewegt sich in aufsteigender Höhe. Es geht immer höher und höher und nur an zwei Stellen (Teufel und Tarpejischer Fels) taucht die Angst auf, in die Tiefe zu stürzen oder gerissen zu werden. Der Tagtraum setzt mit den bekannten Traumsymbolen, deren Auflösung ich mir ja ersparen kann, ein. Der Vater (Papa) als Papst und „Geistlicher", was, wie wir ja wissen, einen Todeswunsch enthält. Der Vater ist es, der ihn zum Kaiser krönen soll. Leicht verständlich. Er soll die Herrschaft über das Haus erhalten und die Mutter übernehmen.

Ein wirklicher Traum (zwei Monate vorher) zeigt die gleichen Elemente:

(507.) „In einer hohen Kuppelkirche, katholisch, 17. Jahrhundert, Rubenszeit. Ein Altaraufsatz, der aus Papageiflügeln besteht. Plötzlich zum Empfang von Anhängern einer anderen Konfession (Protestanten) bereit. Merkwürdige Toleranz. Das Ergebnis meiner (dreijährigen? sechsjährigen?) Arbeit und Vorbereitung."

Die Kuppel (Beziehungen zu Kupplerin und Gravidität) soll auch heute eine Rolle spielen. Allein zwischen seinen Wünschen und deren Erfüllung steht der grüne Teufel, der einem dunklen Loche entsteigt. Der grüne Teufel entstammt einem Bilde, der Maria Santa Novella von Orcania, ferner einer Novelle von Bocaccio, bei dem der Penis als Teufel in die Hölle (Vagina) geschickt wird und endlich dem Romane von Gottfried Keller „Der grüne Heinrich".

Die Mutterleibsphantasie, die ja den Anfang des Traumes erklärt, hat hier eine besondere Bedeutung. Sie vermengt sich mit Vorstellungen des Besessenseins. Er ist der Satan, er ist ein Inkubus. Er denkt an ein Bild von Rubens in der Wiener Gemäldegalerie, auf dem die Teufel beim Anus herausfahren. Offenbar ist das Loch der Anus. (Der Teufel stinkt; „Analerotik" und Religionsneurose hängen immer innig zusammen.)

Die Szene mit dem Beil des Teufels ist der Vatermord als Talion an ihm vollbracht. Auch zum Tarpejischen Felsen ist ihm „Vatermord" eingefallen. Frühere Träume lassen dieselbe Deutung zu.

Über all das kommt er hinweg, wird den Teufel los und kommt in einen Garten, wo kein Gras wächst. (Wo sein Fuß hintritt, da wächst kein Gras.) Ist es der Friedhof? (Gottfried). Er identifiziert sich so oft mit der Mutter. Ist er in diesem Tagtraum wieder die Mutter und der Vater der Invalide? Jedenfalls deuten die Unteroffiziere auf sein böses Gewissen, auf Angst vor Verhaftung usw. Auf der Engelsburg wurden auch politische Verbrecher eingesperrt.

Er entkommt durch einen engen Steg. Er rettet sich vor einem Inzest, vor Verbrechen und Strafe durch viele entgegenkommende (gen-) italienische Mädchen, die alle gefallen sind und heruntersteigen. Aber sie zeigen ihm den Weg in die Höhe — den Weg zur Genesung. Er war oft ein Esel, ein goldener Esel, der ihnen ein „Eselein streck dich" vorgemacht hat, wenn der Knüppel aus dem Sack kam. Es haben ihm diese Episoden viel Geld gekostet. Jetzt geht er seinen steilen Berg hinauf — zum Frieden — zur Ehe. Er wird endlich „oben" sein und triumphieren!

Verblüffend war die Schnelligkeit, mit der er auf meine Aufforderung das Traumbild unvorbereitet in einigen Minuten produzierte, so daß ich kaum folgen konnte. Die ganze Phantasie lag vorbereitet im Unbewußten und harrte lauernd — ich weiß mir kein besseres Bild — auf den Moment, um sich in den Vordergrund der Aufmerksamkeit zu drängen. Meine Aufforderung war wie das Aufziehen eines Vorhanges. Das Bild auf der Bühne stand schon fertig gestellt, die Drahtpuppen des Marionettentheaters, die unbewußten Gedanken harrten in bestimmten Kostümen auf das Signal. Sofort begann die unsichtbare Hand des unbewußten Ich die Drähte zu ziehen. . . . . .

Der nächste künstliche Traum ist eigentlich eine reine Phantasie. Ein Vorwegnehmen der Zukunft. Es handelt sich um den Herrn L. K. (Nr. 150, 340, 423—425), der vor dem Ende der Kur steht.

Auch sein Traumbild sprudelt in heiteren Bildern ans Licht des Bewußtseins. Es lautet:

(508.) „Es ist 7 Uhr früh. An einem wunderbaren Augustmorgen. Ich nähere mich der Station M., steige aus, begrüße mit Rührung und Freude die mir wohlbekannten Wege, Wälder und Wiesen, erfrage die Villa meines Vaters, trete unbemerkt in den Hof. Die Dienstboten meiner Schwester erkennen mich nicht. Ich ersuche, niemanden zu wecken. Das ganze Haus liegt in tiefem Schlummer. Auf den Rosen liegt der morgendliche Tau. Ich setze mich auf die Veranda und betrachtete die ganze Gegend. Ich kann den Augenblick nicht erwarten, bis die Fensterläden sich öffnen und ich die Stimme meines Vaters höre. Auf die Veranda springen, nur von einem Hemdchen bekleidet, meine zwei Neffen. Sie erkennen mich im ersten Momente schlaftrunken nicht, dann aber umarmen und küssen sie mich. Ihr Jubelgeschrei weckt das ganze Haus. Ich werde mit Freuden begrüßt. Ich umarme meinen Vater, meine Schwester und erkläre auf ihr Drängen und Fragen: „Ich bin vollständig gesund. Ich gönne mir nur eine Frist von drei Tagen und dann will ich mit frischen Kräften an die Arbeit herantreten."

Das Leitmotiv dieses Traumes ist die Überraschung. Er will die Seinen überraschen. Er macht mir einige überraschende Mitteilungen aus der Kindheit. Sie beziehen sich auf das Jahr 1879. (Um 7 Uhr 9 Minuten trifft aber der Zug in der Station ein, die merkwürdigerweise den Vornamen seiner Mutter enthält.) In diesem Jahre überraschte er die Wirtschafterin seines Vaters einmal mit einem Geliebten, als er des Nachts zu ihr ins Bett kam. Allein noch viel traumatischere Erlebnisse und Phantasien tauchen auf. Die „wohlbekannten" Wege, die Villa des Vaters — o welches eintönige Wiederholen! — verraten wieder die durch den Namen der Mutter gekennzeichnete Phantasie.

Trotzdem enthält jeder Satz eine fast unglaubliche Verdichtung; z. B. „die Dienstboten der Schwester erkennen mich nicht". Seine Schwester hat ein Dienstmädchen, die er nicht erkennen (im Sinne der Bibel begatten) will. Die weitere Bedeutung des Dienstmädchens der Schwester ist unbekannt. Er kann den Augenblick nicht erwarten, da die Fensterläden sich öffnen. Und so geht es immer weiter — immer in zweideutigen Anspielungen bis zum Schlusse. Doch was soll die Frist von drei Tagen am Schlusse? Ihm fällt sofort die „Bürgschaft" ein:

„Doch möcht ich dich bitten drei Tage Zeit —
Bis ich die Schwester dem Gatten gefreit."

Hinter diesem Phantasma voll Sehnsucht nach dem Vater taucht der Plan auf, den Tyrannen Dionys zu ermorden. Mit dem Dolch im Gewande schleicht er in die Königsburg. Motive aus Turgeniew's: „Väter und Söhne", und aus Macbeth verdichten sich und spielen in den Tagtraum hinein. Die bildende Kraft ist die Sehnsucht nach der geliebten Schwester. (Näheres ist aus der Analyse des Traumes Nr. 340 zu ersehen.)

Alle drei künstlichen Träume zeigten merkwürdigerweise die Mutterleibsphantasie und eine intensive Beschäftigung mit dem Vater, der im Mittelpunkte des Traumgebildes stand. Gott — Vater und Richter fließen zu einer Person zusammen, die unser Seelenleben beherrscht in einer intensiven Art und Weise, wie wir es uns bisher kaum vorgestellt haben. Jung hat wohl auf die „Bedeutung des Vaters für das Schicksal des einzelnen" aufmerksam gemacht. Wie groß diese Bedeutung ist, das können wir jetzt noch kaum ermessen. Wir ahnen nur eine große Gewalt, die uns durchs Leben begleitet, bedrückt, hemmt, antreibt, fesselt und anfeuert, bis wir ins Grab sinken und dann wieder das Schicksal unserer Kinder darstellen [1]).

Etwas weniger poetisch tritt der dritte Neurotiker, der Urolagnist Lambda, auf den Plan:

(509.) „Ich sehe eine Fayenceschale, die sich zum oberen Teil einer Hirnschale verwandelt. In dem durch die Abnahme dieser Hirnschale aufgedeckten Schädel ist das Gehirn weiß, blutleer zu sehen, wie bei einer Leiche. Das Gehirn kommt in Bewegung und bildet sich um zu Meerschaum, aus dem eine Venus geboren wird. Die besteigt einen Sockel und wird zur bekannten knydischen Venus ohne Arme, welche in dem Boudoir eines amerikanischen Millionärs steht. Das Boudoir ist leer. Die seidenen Gardinen des Himmelbettes sind zurückgeschlagen. Das Bett macht den Eindruck, daß es erst kürzlich von der Schläferin verlassen worden ist. Die Eindrücke des Körpers sind noch auf Lager und Polster zu sehen. Ein Neger betritt das Boudoir, nimmt vom

---

[1]) Fast alle Imperative stammen von der Dreieinigkeit des Neurotikers. (Gott, Kaiser und Vater resp. die Eltern.)

Waschtisch ein Trinkgefäß und hält es der Marmorstatue zwischen die Beine. Die Marmorstatue uriniert. Der Neger trinkt den Urin und dann begibt sich der Neger zum Lager der Milliardärin und steckt den Kopf hinter die Decke. Er wird während der Prozedur von seiner Herrin überrascht, die innerlich geschmeichelt ist, doch nach außen hin die Gestrenge spielt und den Neger mit einer Hutnadel attackiert und sticht. Der Neger läßt sich ganz passiv alles gefallen, sinkt auf die Knie. Sie hält plötzlich in der Attacke inne und beginnt, von den wunden Stellen des entblößten Oberkörpers des Negers das hervorquellende Blut zu saugen. Sie springt wieder auf: „Pfui Teufel, Du stinkst!" Sie jagt ihn dann hinaus und steht, vor Aufregung noch wütend, bei ihrem Toilettentisch. Ihr Mann kommt herein und sagt: „Was hat denn der Neger? Der blutet ja! Sogar Zahnabdrücke hat er auf seinem Fleisch! Hast du ihn vielleicht gebissen? So bist ja eine Megäre. Gelt? Bei diesem ekelhaften Kerl machst du das. Aber mir nicht. So ein perverser Geschmack."

Sie: „Du bist ein Waschlappen! Du bist kein Mann! Ja, wenn du auch solche Muskeln hättest, etwas leisten könntest, dann wäre es der Mühe wert, sich mit dir abzugeben. Mit so einer Jammergestalt will ich nichts zu tun haben. Kusch dich!"

Er: „Ah! — so steht die Sache. Ja — weißt du — du hast seinerzeit zu viel von mir verlangt. Ich hätte mir ja auch das alles gefallen lassen, was du mit dem gemacht hast. Aber du hast dich nicht getraut und ich habe mich auch nicht getraut, dir solche Anerbieten zu machen."

Der Anfang klingt traumhaft. Er ist eine Umdichtung der Geburt der Pallas Athene aus dem Haupte des Zeus. Alte sadistische Mordinstinkte tauchen auf. Eine eingeschlagene Hirnschale soll ihm den Weg zum Weibe frei machen. (Der Vergleich mit den Träumen Nr. 283, 284 ergibt die nähere Erklärung.)

Der Millionär, der im Laufe der Phantasie zum Milliardär wird, der Besitzer des großen Geldes ist natürlich sein Vater, der überdies noch als ein Waschlappen geschildert wird. Er selber spielt die Rolle des Negers, der hier die Symbolisierung des Satanismus darstellt.

Er ist der böse Schwarze und gewinnt bei diesen Erniedrigungen hohe Lust. Dieser künstliche Traum ist eigentlich eine seiner zahllosen Tagesphantasien:

Künstlicher Traum des Herrn **Gino:**

(510.) „Ich sehe eine Gegend. Fahre auf der Eisenbahn. Es sind viele Tunnels (Semmering?). Es kommt ein Zug entgegen. Ich fürchte ein Eisenbahnunglück. Ich sehe nichts wie Blut. Eine wilde Gegend. Ich sehe den Friedrich, wie er durch eine Landstraße geht. Ich sehe seinen Kopf und Haare. Es geht zur rechten eine Allee. Ein Automobil kommt dahergerast. Es ist so, als ob der Bruder vom Automobil überführt wurde. Schrecken! Nicht hinschauen können!

Neugierde, was durch das Unglück geschehen ist. Um nicht meine Herzlosigkeit und Schadenfreude zu verraten, schaue ich weg.

Ein Zimmer im Elternhause. Ich liege im Bette, Mama bei mir. Ich habe Kinderbücher. Ein englisches zeigt einen Hühnerstall mit Hendeln. Ein Hahn gefällt mir sehr gut. Sehe die Mama, wie sie strickt und frage mich, ob das immer dauern wird, da die anderen Menschen doch sterben. Ein eigentümliches, schwermütiges Gefühl."

Seine große haßgeborene Liebe ist die Mama. Sein permanenter Haß der Vater und die Brüder. Diese sollen sterben; deshalb das Eisenbahnunglück. Er träumt jede Nacht von der Eisenbahn. Hier haben wir die Aufklärung. Besonders auf seinen Bruder Friedrich, den Liebling der Mutter, hat er es scharf. Er will die Mama allein haben. Mama soll „ewig" leben. „Hendeln" sticht man ab. Er kämpft fortwährend mit Mordinstinkten. Er möchte am liebsten die ganze Familie — abstechen. Auch die Mama ermorden. (Die Bedeutung einer sadistischen infantilen Sexualtheorie, die soviel wie besitzen heißt und die Rache für die Entlassung des geliebten Kindsmädchens. Vgl. Traum Nr. 481.) Alle Geschwister und der Vater sollen „Engel" werden. (Englisches Kinderbuch.)

Der ganze Traum wurde unvermutet nach einem heiteren Gespräche in zwei Minuten produziert. Der Mordkomplex liegt bereit und wartet nur darauf, angeschlagen zu werden. In der Sprache verrät Gino häufig den Mordkomplex. Er sagt immer: „Mordsgeschichte" — mörderischer Lärm — mordsmäßiger Ärger usw. Er leidet an Spitzenangst, d. h. er sieht in allen Spitzen Dolche, welche ja wieder Penisse bedeuten.

Zum Schluß ein wunderschöner künstlicher Traum des Fräulein H. N.:

(511.) „Auf einer Höhe steht ein einsamer Mann. Aus seinen Augen strahlt überirdischer Glanz; er blickt in weite Fernen. Langsam naht ein müdes Weib. Ihre Füße bluten vom langen Wandern, mit Wunden bedeckt ist ihr Leib. Sie kann die Augen nicht erheben; gesenkten Hauptes schleppt sie sich zu dem Manne hin.

„Rette mich", wehklagt sie. „Gib mir den Frieden! Sieh, mich treibt das harte Leben rastlos umher, ich bin es müde. Rette mich!" — „Nimm den grauen Schleier von deinem Haupte, der dir die Augen verhüllt, wirf die heuchlerischen Kleider ab und werde rein!" — „Ich kann nicht", stöhnt das Weib. Böse Gedanken durchzucken sie. Mühsam erhebt sie sich, um weiter zu gehen; aber heftig schmerzt ihr Körper bei jedem Schritt. Da ertönt von neuem des Mannes Stimme. „Kannst du mir nicht vertrauen?" fragt er mild. Sie horcht auf; ein kurzer, harter Kampf, dann löst sie langsam Hülle um Hülle. Und sieh, ihre Wunden schließen sich! Zögernd greift sie nach dem Schleier, der ihr Antlitz bedeckt und streift ihn ab. Nun hebt sie das Haupt, mit weit geöffneten Augen blickt sie zu dem Manne auf und sieht, versteht den leuchtenden Glanz auf seinem Antlitz. „Du Retter, vergib", flüstert sie und sinkt weinend vor ihm nieder. Er legt die Hand auf den gesenkten Scheitel, und eine Welt voll reiner, erbarmender Liebe strahlt aus seinen Augen."

Diese Rettungsphantasie ist das Verlangen nach einem Koitus mit dem Retter. Deshalb muß Hülle um Hülle fallen. Wenn er sie nackt sehen wird, wird er nicht widerstehen können. Die „reine" Liebe ist hier die sinnliche Liebe. Das Zerreißen des Schleiers ist ein uraltes Symbol.

Andererseits ist das ganze Bild seelisch zu begreifen. Sie besitzt eine wahrhaft keusche Seele, die sich scheut, ihre inneren Geheimnisse preiszugeben. In der inneren Wahrheit der Ereignisse liegt für sie der neue Begriff der Reinheit. Diese innere Wahrheit lernt sie bei ihrem Arzte, der der Retter aus den Qualen der Neurose werden soll. Das Phantasiestück zeigt die Übertragung in höchster Ausbildung . . . .

Mit diesem schönen Dokument schließt die kleine Reihe der künstlichen Träume. Sie sind für das Verständnis des Traumes von fundamentaler Bedeutung. Sie beweisen uns, gleich den wichtigen hypnagogen Traumbildern, daß die Traumelemente immer bereit liegen. Sie geben uns ein neues Mittel in die Hand, bei der Psychanalyse hie und da wertvolles psychisches Material aus dem Unbewußten zu heben. Das letzte Phantasiestück zeigt uns, wie der Traum und die Dichtung identische Prozesse sind. Das Wort von Hebbel: „In den Dichtern träumt die Menschheit", sagt das wichtigste, was man über diese Zusammenhänge sagen kann [1]).

XLVI.

Telepathische Träume.

„Denn es sind zwo Pforten der nichtigen Traumgebilde.
Diese von Elfenbeine gebaut und jene von Horne.
Die nun geh'n aus der Pforte geschnittenen Elfenbeines,
Solche täuschen den Geist durch wahrheitslose Verkünd'gung,
Aber die aus des Hornes geglätteter Pforte herausgeh'n,
Wirklichkeit deuten sie an, wenn der Sterblichen einer sie schauet."

Homer, Odyssee 19, 561 ff. (Voß).

Wir haben schon in den ersten Kapiteln dieses Buches über die prophetischen Träume gesprochen. Ich habe bis heute noch kein einwandfreies Beispiel eines prophetischen Traumes analysieren können, obwohl meine Erfahrung über 10 000 Träume umfaßt. Es ist ja klar, daß wir uns im Falle einer Wunscherfüllung sagen können: „Das hast du einmal geträumt", was uns ja soviel sagen sollte, als: „Das hast du dir schon einmal gewünscht." Ähnlich geht es mit den Angstträumen. Hie und da trifft die ängstliche Befürchtung zu. Daraus haben wir noch keine Berechtigung, einen Schluß auf die Existenz eines prophetischen Traumes zu ziehen. Die verschiedenen wunderbaren Erzählungen, die bei alten Autoren und bei den Mystikern zu lesen sind, bedürfen der objektiven Bestätigung. Sie sind meistens Erinnerungsfälschungen, die nachträglich konstruiert wurden.

Es gibt eine Reihe prophetischer Träume, die sich sehr leicht erklären lassen. So erzählt z. B. Sanctis:

„Ich gebe einige andere Tatsachen wieder, die ich ebenfalls bei Gebildeten fand: Frl. X. hat eine Eigentümlichkeit mit ihrer Mutter gemeinsam. Der Anblick kleiner, nackt und meist abgezehrt dastehender Kinder im Traum kündigt ihr untrüglich den Verlust einer lieben Person an, auch wenn diese fern weilt und kein Grund vorliegt, um sie besorgt zu sein. Ihre Mutter gibt an, daß ihre Träume vor einem Unglück oft den Charakter von Vorahnungen annehmen. Beispiele: Träumen von nackten, verhungerten, fast zum Skelett abgezehrten Kindern, die sie zu säugen meint, meldet immer den Verlust einer teueren Person an."

Diese Anmeldungen kommen ohne Wunder zustande. Meist handelt es sich um schwerkranke Personen, die schon im Sterben liegen. Einen solchen Traum, in dem ebenfalls ein abgemagertes Kind vorkommt, haben wir ja analysiert. Die Träumerin wußte jedoch, daß die Tante in einigen Tagen sterben werde. Solche Tatsachen beweisen nicht das

---

[1]) Vergleiche Stekel: „Dichtung und Neurose". Grenzfragen des Nerven- und Seelenlebens. J. F. Bergmann, Wiesbaden 1909.

Wunder im Traume. „Das Schattenreich", sagt Kant, „ist das Paradies der Phantasten. Hier finden sie ein unbegrenztes Land, wo sie nach Belieben anbauen können. Hypochondrische Dünste, Ammenmärchen und Klosterwunder lassen es ihnen an Bauzeug nicht mangeln."

Auch einige bekannte Tatsachen, die in den verschiedenen Traumbüchern erzählt werden, gestatten eine einfache Erklärung. „So träumte Armand de Villeneuve, daß er von einem Hunde ins Bein gebissen wurde; einige Tage darauf brach an dem Beine ein Krebsgeschwür aus. Geßner träumte, es verwunde ihn eine Schlange, an der linken Körperseite, und auch bei ihm entstand nicht lange nachher an der betreffenden Stelle ein bösartiges Geschwür, an dem er starb. Macario glaubte im Traume ein starkes Halsleiden zu haben; er erwachte noch gesund auf, aber einige Stunden später wurde er von einer heftigen Mandeldrüsenentzündung befallen. Ein anderer, der im Traume einen Epileptischen gesehen hatte, wurde bald darauf epileptisch, und eine Frau, welche geträumt hatte, sie unterhalte sich mit einem Stummen, fand beim Erwachen, daß sie ihre eigene Stimme verloren hatte." (Das Buch der Wunder und der Geheimwissenschaften von Dr. med. H. G. Berndt, Verlag Oswald Mütze, Leipzig.)

In diesen Fällen handelt es sich um Organgefühle, die in der Ruhe der Nacht zu Traumreizen werden. Auch daß Aufgaben im Traume gelöst werden, ist kein Wunder . . . Das Gehirn arbeitet fortwährend und zwischen dem Einfallen einer Lösung im Traume und am Tage sehe ich keinen Unterschied. Ich habe also trotz gewissenhafter, unvoreingenommener Prüfung noch kein einziges Beispiel eines prophetischen Traumes konstatieren können.

Das einzige Beispiel, über das ich verfüge,, will ich gleich mitteilen. Ein an Pseudoepilepsie, d. h. an hysterischen, fälschlich für Epilepsie gehaltenen Anfällen, leidender Mann tritt taumelnd in mein Zimmer, wankt auf ein Fauteuil zu und verliert das Bewußtsein. Er kommt bald zu sich und überreicht mir einen Traum, den er in der letzten Nacht geträumt hat:

(512.) „Ich komme ins Zimmer von Dr. Stekel. Dort sehe ich einen Mann in einem Sessel, der einen epileptischen Anfall hat. Dr. Stekel beugt sich über ihn und sucht ihn zum Bewußtsein zu bringen."

Dieser Traum verrät uns einfach die Absicht des Kranken, mir einen Anfall vorzuspielen. Diese Absicht hat er aus verschiedenen Motiven, die ich hier nicht erörtern will, durchgeführt.

Schließlich muß man noch eine Tatsache bedenken: Man träumt so mancherlei. Kann nicht der eine oder andere Traum zufällig in Erfüllung gehen? Das beweist ja noch nicht, daß es wirklich prophetische Träume gibt.

Ganz anders steht es mit den telepathischen Träumen. Freud will auch diese nicht anerkennen. Ich nehme einen abweichenden Standpunkt ein. Ich habe viele einwandfreie Fälle, in denen ein telepathischer Einfluß zu erkennen war.

Das über telepathische Träume vorliegende Material ist geradezu überwältigend. Ich brauche hier nur auf die große englische Sammelforschung hinzuweisen, die von Gurney, Myers und Podmore unter dem Titel „Phantasmas of Living" herausgegeben wurde. Ich kenne nur die französische (gekürzte) Ausgabe, die Ch. Richet mit einem Vorwort eingeleitet hat[1]). „Wir sind stolz auf unsere Wissenschaft", sagt Richet. Sehr schön. Haben wir denn das Recht anzunehmen, daß wir schon alles erschöpft haben, was es zu lernen gibt?" Auch Camille Flammarion bringt in seinem Buche „L'Inconnu" ein reiches, etwas weniger kritisch gesichtetes Material.

Telepathische Phänomene zugestehen, heißt noch nicht an das Wunder glauben. In der Zeit der Röntgenstrahlen, der Telegraphie ohne Draht ist die Fernwirkung kein unverständliches Wunder mehr. Sie ist eine natürliche Erscheinung.

Mein Material zeigt aber eine gewisse Einseitigkeit. Die telepathische Einwirkung geht in den meisten Fällen von Sterbenden oder Schwerkranken aus. Solche Fälle sind es auch, welche das große Material der Sammelforschung ausmachen. Löwenfeld meint, zum Zustandekommen einer telepathischen Wirkung sei eine außerordentliche Konzentration des Denkers oder eine außergewöhnliche Situation (Lebensgefahr) die wichtigste Bedingung. Dies scheint in der Tat der Fall zu sein. Doch habe ich schon einen Fall von Übertragung eines großen Affektes beobachten können.

Ich hatte einmal zwei Brüder in Behandlung, die mir beide (unabhängig voneinander) einen fast identischen Traum erzählten. Sie schliefen in demselben Zimmer. Es handelte sich um eine homosexuelle Phantasie, aber so originellen Inhalts, daß man da wohl kaum von einem Zufall sprechen kann. Ich habe die Träume damals nicht fixiert und muß sie ungefähr nach dem Gedächtnisse (dem ach so trügerischen Gedächtnisse) rekonstruieren:

(513.) „Der erste Bruder träumte, er sei beim Militär und müsse an der Frühjahrsparade auf der Schmelz teilnehmen. Auf dem Exerzierplatz bemerkte er, daß an seiner Hose etwas nicht in Ordnung war. Bevor er sein Gewand in Ordnung bringen konnte, war schon der Kaiser da und sprach mit ihm sehr freundlich. Die ganze Zeit hatte er nur die eine Empfindung: „Wenn der Kaiser nur nicht auf deine Hosen sieht." Dann sah er eine Menge nackter Husaren, die alle vor dem Kaiser vorbeiritten. Es sollte dies ein Bravourstück sein. Der Kaiser applaudierte. Da dachte er, das mache ich auch mit und zog die Hosen herunter. Ein Korporal wollt ihn mit Gewalt von der Schmelz entfernen. Er schrie und begann zu rufen, so daß er erwachte."

Der Traum des Bruders lautete:

(514.) „Ich bin beim Militär und soll vor dem Kaiser ein neues Pferd vorführen. Auf der Schmelz bei der Frühjahrsparade. Ich habe Angst, daß ich mich blamiere. Wie ich am Pferd sitze, fällt mir meine Hose zu Boden. Ich will sie aufheben und bemerke, daß eine Menge Frauen und Kinder mir zu schauen. Ein Offizier sagt mir: „Das ist wirklich eine Unverschämtheit", und faßte mein Pferd am Zügel, um mich fortzuführen. Ich wehrte mich mit aller Kraft dagegen."

Man kann ja einwenden, die gleichen Einflüsse des Militärs bei beiden Söhnen habe eine ähnliche Neurose gezeitigt, die ihre Abhängigkeit vom Vater (Kaiser) verrät. Das stimmt ja. Immerhin ist das gleiche Bild (Frühjahrsparade, Kaiser, Schmelz, Exhibition) bemerkenswert.

---

[1]) Les Hallucinations telepathiques. Paris, Felix Alcan, 1899.

Die Analyse währte nur einige Wochen. Ich kann daher nicht sagen, ob hinter dem gemeinsamen Traume nicht ein gemeinsames Trauma steckt. (Vgl. den Traum von Beta Nr. 482 und den Traum seines Bruders Nr. 491.)

Ähnliche Phänomene in geringerer Deutlichkeit habe ich bei anderen Geschwistern und Ehepaaren beobachtet. Ich habe die Vermutung, daß sich gewisse Affekte auf telepathischem Wege übertragen können.

Einen „falschen" telepathischen Traum, den ich bei den Todessymbolen schon besprochen habe, teilt mir eine Dame mit. (Traum Nr. 341.) Sie schreibt mir:

„Vor Jahren war ich mit meiner 17jährigen Tochter, Pianistin, während der „Saison" in London, wo wir im Hause meines Schwagers wohnten. Nun wurde ich aber vor Schluß der Saison abgerufen. Obwohl meine Tochter bei der Schwester meines Mannes gut aufgehoben war, ließ ich sie doch nicht gerne zurück. Bevor ich abreiste, hatte ich folgenden Traum:

(515.) „Ich ging mit meiner Tochter und einem bekannten Fräulein im Hydepark spazieren, da kam uns von weitem ein Herr entgegen, gehüllt in einen schwarzen Pelz, die gleiche Pelzmütze tief in die Stirne gedrückt. Als er näher kam, schlug er den Pelz ein wenig auseinander, es war der Tod. Schon früher hatte ich eine unbestimmte Furcht: nun aber versuchte ich voller Entsetzen meine Tochter auf den anderen Weg in die Nebenallee zu drängen; endlich gelang es mir mit Hilfe des Fräuleins, sie in dem Moment auf den anderen Weg zu bringen, als der Tod knapp mit einem bösen Blick auf mich, vorüberging. Ich atmete erleichtert auf und erwachte.

Zur gleichen Zeit lag meine Mutter krank zu Bett in Wien. Eines Morgens, als sie erwachte, bat sie meine Schwester voll Angst, sofort nach London zu schreiben, sie hätte geträumt, es stehe meiner Tochter ein Unglück bevor. Meiner Tochter ist jedoch nichts Schlimmes zugestoßen."

Es waren offenbar gleiche Gedankengänge der Besorgnis, die die gleichen Träume hervorgerufen haben.

Einen einfachen telepathischen Traum kann ich von meiner Mutter berichten. Sie wachte eines Morgens auf und sagte: „Merkwürdig! Ich habe heute von Onkel J. geträumt. Zehn Jahre vielleicht habe ich an ihn nicht gedacht und plötzlich träumt mir, daß er gestorben ist." Wer beschreibt unser Erstaunen, als uns am nächsten Tag ein Brief das traurige Gesicht bestätigte. Der Onkel war in der Nacht gestorben....

Ein interessanter Vorfall in meiner Familie hat zahlreiche Zeugen. Eines Morgens kam die Amme meiner Tochter weinend ins Zimmer. Sie hätte einen bösen Traum gehabt. Ihr Kind sei schwer erkrankt und liege im Sterben. Sie müsse nach Hause reisen. Sie ließ sich nicht zurückhalten. Meine Tochter war damals schon im 8. Monate und mußte plötzlich entwöhnt werden. Als die Amme in dem Dorfe eintraf, in dem ihr Kind bei Verwandten in Kost war, begegnete sie einem kleinen Leichenzuge. Es war der Leichenzug ihres Kindes.

Ein anderes Beispiel stammt aus der jüngsten Zeit und wurde mir von einer Dame erzählt und von Zeugen bestätigt. Es handelt sich um eine gesunde, zirka 30 Jahre alte Sprachlehrerin, die in Wien wirkt, während ihr Bräutigam in Lemberg weilt. Dieser ist der einzige Sohn einer noch nicht bejahrten Dame. Die Lehrerin träumt also:

(516.) „Ich befand mich für einige Stunden in Lemberg und ging in den Straßen spazieren. Plötzlich kam mir die Idee, das Haus aufzusuchen, wo mein Bräutigam wohnt. Ich irrte durch die Straßen und sah dann aus einem Hause zwei Männer kommen, die einen Sack in der Hand trugen, dann zwei Bäuerinnen, die ich um die A . . . . . . straße befragte. Die Bäuerinnen antworteten mir nicht, aber die beiden Herren wiesen mir die Richtung. Plötzlich war ich in Wien in meiner Wohnung. Daselbst fand ich eine sehr blaße Dame, die Mutter meines Freundes. Ich sage ihr „Guten Tag!" und frage, wie sie in meine Wohnung eintreten konnte. Sie antwortet erst nicht. Dann spricht sie: „Ich gehe auf eine lange, sehr lange Reise. Mein Sohn Franz bleibt ganz allein. Er hat keinen Menschen, der ihm gutgesinnt ist, Sie ausgenommen. Ich beschwöre Sie, ihn nie zu vergessen und ihn treu zu beraten. Ich bin Ihnen nicht mehr böse, daß Sie mir das Herz meines Kindes geraubt haben. Leben Sie wohl! Erhören Sie meine Bitte! Verlassen Sie meinen Sohn nicht." Sie drückte mir die Hand und ich sagte ihr weinend Adieu."

Am nächsten Tag erhält die Träumerin, die ihren Traum mehreren glaubwürdigen Personen erzählt hatte, ein Telegramm, das sie vom Ableben der betreffenden Dame verständigte.

Die Schriftstellerin Ella Hruschka erzählte mir, sie habe geträumt, ihre Freundin, die bekannte Berufsgenossin Kapf-Essenther, hätte sich vom vierten Stocke eines Hauses in selbstmörderischer Absicht aufs Pflaster geworfen und sei gestorben. Sie teilte diesen Traum ihrer Freundin Frau M. E. und Herrn A. L. mit. Frau Kapf-Essenther hatte in Venedig ungefähr zur Stunde des Traumes ihrem Leben auf solche Weise ein Ende gemacht.

Ein Volksschullehrer, Herr F. P., teilt mir einen telepathischen Traum mit, der mit zahlreichen Wunscherfüllungen kunstvoll durchwebt ist. Lassen wir ihm das Wort:

(517.) „Einst sah ich auf der Straße ein stattliches Mädchen dahinschreiten, dessen Gestalt und gesamtes Wesen solchen Eindruck machte, daß ich von dem Augenblicke an sie hochverehrte. Ich sah sie aber stets nur in einer gewissen Entfernung; da ich Weib und Kind besaß, hätte es ganz und gar keinen Zweck gehabt, mich zu nähern; ich wollte sie nur so oft wie möglich sehen. Sie hatte keine Ahnung von meiner stillen Verehrung. Da sie nur einige Häuser weit, schräg gegenüber wohnte, fand mein Wünschen reichlich Erfüllung. Dann mußte ich Wien verlassen, um meine Sommerferien auf dem Lande zu verbringen. Da träumte mir anfangs August, ich wäre in meiner Wohnung in der Blindengasse. Ich sah von meinem Fenster in ihr Zimmer (was in Wirklichkeit nicht der Fall war). Ich beobachtete, wie sie nach Hause gekommen, sich entkleidete. Jetzt hob sie das Haupt, wandte mir das Antlitz zu und sah mit einem Blick herüber, den ich noch heute fühle, und der mich eindringlicher als Worte, aber ernst traurig, einlud, zu ihr zu kommen. Ich konnte mich aber nicht dazu entschließen, trotz des Sehnens, das mich jedoch erfüllte. Da nahm sie ein Tuch um die schönen Schultern, stieg die Treppe herab und ging an meinem Fenster unten vorbei, — kehrte wieder um, immer denselben Blick heraufgerichtet. Dann verschwand sie.

Nach Wien zurückgekehrt, sah ich das geliebte Fenster leer. — Sie hatte, wie ich später erfuhr, in der Zeit des oben berichteten Traumes die alte Wohnung verlassen."

Der nächste telepathische Traum wurde mir von einer geistig sehr hochstehenden Persönlichkeit berichtet. Es handelt sich um das telepathische Gesicht vom Selbstmord eines Freundes in Italien. Mehrere Unterschriften mir bekannter, vertrauenswürdiger Personen bestätigen, daß ihnen Herr X. diesen Traum erzählte, ehe die Nachricht aus Italien eingetroffen war.....

Frau P. F. erzählte mir: „Ich träumte einmal, meine Mutter stehe vor meinem Bette und winke mir, aufzustehen. „Wenn du mich noch sehen willst, mußt du gleich zu mir kommen," sprach sie und verschwand. Ich wachte mit Schrecken auf und weckte meinen Mann. „Unsinn!" sagte er und schlief weiter. Ich konnte aber vor Erregung keinen Schlaf finden. Am nächsten Morgen meldete mir ein Telegramm ihren Tod."

Eine Ausnahme in meinem Material bildet der Bericht des Dr. F. Z., eines zuverlässigen Beobachters:

„Ich befand mich auf einer längeren Reise in Rußland. Ich lernte daselbst eine Dame kennen, in die ich mich sofort verliebte. Sie war nicht sehr spröde und brach meine Abstinenz, die schon 2 Monate gedauert hatte. Ich füge hinzu, daß ich aus Liebe geheiratet habe, meine Frau noch immer liebe und ihr nie die Treue gebrochen habe. Nach einigen Tagen erhalte ich einen Brief von meiner Frau. Sie müsse mir einen schrecklichen Traum mitteilen. Ich wäre zu Hause gewesen und hätte ihr mitgeteilt, daß ich mich von ihr scheiden lassen müsse. Ich liebte sie nicht mehr. Dann hätte ich vor ihr eine hohe, starke, blonde Frau umarmt und geküßt. Die Geliebte war tatsächlich hoch, stark und blond."

Der erste mir bekannte telepathische Traum in der Literatur findet sich bei Artemidoros:

(518.) „Jemand, der im Auslande weilte, träumte, er wäre nach Hause zurückgekehrt und da wäre die Gattin zu ihm getreten und habe gesagt: „Die kleine Musa ist gestorben." Es langte ein Schreiben von seiner Frau ein, worin ihm mitgeteilt wurde, das jüngste seiner Kinder sei gestorben. Es war das nämlich ein holdes Kind, voll Liebreiz wie die Musen." (Artemidoros S. 308 l. c.).

Sante de Sanctis hat 18 telepathische Träume sammeln können. Sehr merkwürdig ist folgender Traum:

(519.) „Als einmal der Vater von Fräulein C. R. auf Reisen war, erwachte letztere eines Morgens tieftraurig und teilte ihrer Schwester mit, sie habe im Traume den Vater tot auf einem Tische eines Hotelzimmers mit einem seidenen Taschentuch am Hals und andere Einzelheiten gesehen. Bald darauf bekam die Familie ein Telegramm aus der Stadt, wo sich ihr Vater zur Zeit aufhielt, mit der Nachricht, daß er wirklich gestorben sei. Der Bruder eilte hin und fand die Leiche im gleichen Zustande, wie ihn die Schwester gesehen hatte. Der Verunglückte war zum Zwecke der wegen des plötzlichen Todes notwendigen Autopsie auf den Tisch gelegt worden."

Ich habe seit der ersten Auflage viele Erfahrungen über den telepathischen Traum gesammelt und mich überzeugt, daß es unzweifelhaft außerordentlich bedeutungsvolle Fernträume gibt. Ich habe meine Erfahrungen in einem kleinen Büchlein niedergelegt [1]).

Ich teile hier vier neue interessante telepathische Träume mit, die mir von einem Gewährsmanne mitgeteilt wurden.

Folgenden Fall berichtete ein im hiesigen Kreise amtierender Pfarrer einem befreundeten Arzte:

(520.) „Meine Schwiegermutter, die einen Umzug zu dieser Zeit unternahm, träumte, daß mein Schwiegervater beim Auspacken einer Kiste über diese stürzte und starb. Sie erzählte diesen Traum am Morgen. Einen Tag darauf wurde ihr Mann in der Tat beim Auspacken von heftigem Schüttelfrost gepackt und starb wenige Tage darauf an einer infektiösen Pneumonie."

(521.) „Eine ältere Verwandte erzählte mir, sie sei im Kriege von ihrem Mädchen geweckt worden, da sie so jämmerlich stöhnte. Sie hätte, sagte sie, dem Mädchen, ihrem im Felde als Flieger stehenden Sohn kläglich: „Mutter, Mutter!" rufen hören. Am selben Tag kam ein Telegramm, daß dieser Sohn um diese Zeit tödlich abgestürzt war.

(522.) „Dieselbe Dame, die in der Nachbarschaft wohnt, besuchte uns neulich abends. Sie erzählte mir, sie träume sehr selten. Aber heute Nacht hätte sie ihren Mann im Traume gesehen. Und zwar sei dies in der Strafanstalt Z. gewesen, wo er vor etwa 6 Jahren dienstlich bestaltet war. Ihr Mann hätte im Traum einen großen Ärger gehabt. Sicher hätte dieser Traum etwas zu bedeuten. Ich bestritt es und machte mich anheischig, den Versuch zu machen, diesen Traum zu analysieren. Es kam aber an diesem Abend nicht mehr dazu. Am nächsten Tage erhielt die Dame einen Brief, in dem von einer Behörde ihr mitgeteilt wurde, der Dienstnachfolger ihres Mannes in Z. hätte gesagt, daß ihr Mann reglementswidrig Strafgefangene zu häuslichen Arbeiten herangezogen hätte. Was nebenbei schnell als unrichtig aufgeklärt werden konnte."

(523.) „Eine Dame, die sehr telepathisch ist und sich deshalb vor ihren Träumen fürchtet, hatte nun folgenden Traum: Das kleine Töchterchen einer bekannten Familie, die am Lande wohnt, wurde an einer Straßenecke von einem Automobil überfahren. Sie erwacht angsterfüllt aus diesem Traum und verbringt den ganzen Vormittag in der größten Aufregung. Das Kind ist der erklärte Liebling aller und auch ihr sehr ans Herz gewachsen. In den Mittagsstunden trifft die Nachricht ein, daß das Kind von einem Automobil überfahren und getötet worden war. Es hatte sich alles so zugetragen, wie sie es im Traume gesehen hatte."

---

[1]) „Der telepathische Traum." Meine Erfahrungen über die Phänomene des Hellsehens im Wachen und im Traume. Johannes-Baum Verlag, Berlin NW 87. 3.–4. Auflage.

XLVII.

Die Technik der Traumdeutung.

Wer die lange Reihe meiner Kapitel aufmerksam gelesen hat, könnte nun zum Glauben verleitet werden, er sei ein fertiger Traumdeuter und beherrsche diese neue Wissenschaft vollkommen. Nun habe ich mich wohl bemüht, eine unserem heutigen Stande des Wissens entsprechende Darstellung der Symbolik zustande zu bringen. Allein mit der Kenntnis der Symbolik ist noch nicht alles erreicht. Es gibt sicherlich Träume, die so einfach sind, daß man sie ohne Hilfe des Träumers übersetzen kann. Aber auch diese Träume haben ihre Überdeterminierung, ihre persönlichen Beziehungen, die man ohne die aktiven Beiträge des Träumers nie finden kann. Je länger man mit einem Menschen arbeitet, desto genauer kennt man ihn. Man wird dann ohne Kenntnis des Traummateriales oft zwei und auch mehr Beziehungen allein herausfinden können. Man kann manchen Traum auf den ersten Blick durchschauen. Doch mitunter kommen dem geübtesten Traumdeuter Träume unter, die ihm dunkel bleiben. Man ist auf die Hilfe des Träumers angewiesen....

Der normale Weg der Traumdeutung ist der von Freud vorgezeichnete: Wir müssen die Einfälle des Träumers gewissenhaft registrieren und mit unserer eigenen Deutung hinter dem Berge halten. Wir lassen uns also den Traum erzählen. Es ist vorteilhaft, diese Erzählung noch ein zweites Mal wiederholen zu lassen. Wie Freud mit Recht betont, sind die Abweichungen von der ersten Fassung sehr wichtig. Sie enthalten die Stellen, welche der größten Verdrängung unterlegen sind. Mitunter wird die Wiederholung gleichlautend gebracht. Wir beginnen also mit der Deutung.

Wir fragen den Träumer, was ihm zu dem Traume einfällt. Ist er ein Neuling, so wird er immer antworten: „Gar nichts. Was soll mir denn einfallen?" Wir bestehen darauf, daß der Traum Einfälle bringen muß. Ist der Widerstand oder der Unverstand groß, so beharrt der Träumer darauf, daß ihm nichts einfalle.

Nun gibt es verschiedene Hilfsmittel, um ihn doch zum Reden zu bringen. Wir fragen, an welches aktuelle Erlebnis der Traum erinnern kann. Dafür haben die meisten Menschen ein leichtes Verständnis. Sie halten den Traum für die verzerrte Reproduktion verschiedener Erlebnisse und sind gerne bereit, mit diesen aufzuwarten. Man merkt dann, daß die Darstellung des Traumes das Erlebnis verändert oder gefälscht hat, daß sich fremde Elemente eingeschlichen haben — und kommt so unversehens in die Analyse. Oder man fragt, was diese oder jene im Traume agierende Person denn für eine Bedeutung für das Leben des Träumers habe und bringt so die Träumer zum Sprechen. Gewöhnlich sprechen sie dann weiter und verraten bald ihr verdrängtes Material.

Versuchen wir einmal den Gang einer solchen Traumanalyse darzustellen und wählen wir uns für unsere Schulaufgabe ein recht schweres Thema. Es handelt sich um einen ca. 40jährigen Herrn, der an die Traumdeutung nicht glaubt und mir einen Traum erzählt. Ich ersuche ihn, den Traum aufzuschreiben, was er ausführt. Beide Fassungen unterscheiden sich nicht wesentlich.

Der Traum ist absonderlich genug. Er gestattet uns keine Deutung mit Hilfe unserer Symbolik. Wir sind dem guten Willen des Träumers ausgeliefert. Doch hören wir uns erst das Traumgebilde des P. F. an:

Der Traum von der Krämpe.

(524.) „Ich sage dem Mechaniker, er solle mir das Rad meiner Frau geben. Wie ich es ansehe, bemerke ich, daß es eine große Krämpe hat. Ich führe es in die Werkstatt. Dorten sind eine Menge Arbeiter, die an Tischen stehen wie die Setzer. Einer, ein freundlicher junger Mann, fragt mich, was ich will.

Dann rede ich über den deutschen Kaiser. „Er ist ein energischer, tatkräftiger Mann", sage ich zu meinem Begleiter. Hoch oben steht der Kaiser Franz Joseph. „Man kann sagen, was man will", bemerke ich, „unser Kaiser ist ein lieber, alter Herr." Der Begleiter stimmt zu.

Vorher oder nachher: Zwei Frauen, wenig bekleidet, liegen am Boden. Die eine älter, die andere jünger. Ich bewundere den tadellosen Wuchs der jüngeren und sage zu der älteren Dame: „Sie sind ja auch herrlich gewachsen. Aber diese tadellosen Beine." Dabei streift mein Blick die fast herkulisch gebauten, leicht behaarten Beine der älteren Dame."

Ich belehre den Träumer über das Wesen der Traumarbeit und sage: „Schließen Sie vielleicht die Augen, damit die Außenwelt Sie nicht ablenkt. Teilen Sie mir alle Gedanken mit, die Ihnen durch den Kopf gehen."

P. F.: „Mir geht gar nichts durch den Kopf."

„Das gibt es ja nicht. Unser Gehirn arbeitet fortwährend. An etwas müssen Sie ja denken!"

P. F.: „Nun gut! Ich denke eben an den Traum."

„Was denken Sie von dem Traum?"

P. F.: „Daß er ein Unsinn ist. Wie man nur solch einen Stiefel träumen kann. Komisch."

„Was ist komisch?"

P. F.: „Der ganze Traum ist komisch. Die Geschichte mit dem Rade, mit den beiden Kaisern Wilhelm und Franz Joseph und die Sache mit den beiden Frauen."

„An wen erinnern Sie die Frauen?"

P. F.: „An niemanden. Es sind fremde, mir vollkommen unbekannte Frauen."

„Haben Sie zu keinem Menschen eine Bemerkung über den Wuchs gemacht! Zu keiner Dame?"

P. F.: „Nicht, daß ich mich erinnere. Halt — da fällt mir etwas ein. Ich war in einem Seebade. Es war wirklich ein Seebad. Man sah dorten viele auffallend schöne Frauen. Da sah ich eine nicht sehr hübsche, aber sehr kokette, ziemlich herausfordernde Person. Die legte sich in den Sand und blinzelte zu mir hinüber, obwohl ihr Mann bei ihr lag und ihr leise Kosenamen zuraunte. Mir fielen die herrlich gebauten, herkulischen Glieder der Dame auf. Sie erregten meine Sinnlichkeit. Ich dachte: „Mit der könnte man was anfangen."

„Welche der beiden Damen des Traumes war es?"

P. F.: „Die ältere. Diese hatte diese wunderbaren, vielleicht sogar zu muskulösen Oberschenkel. Für die Größe der Dame waren die Glieder viel zu stark...."

„Und was fällt Ihnen zu der jüngeren Dame ein?"

P. F. schweigt lange und sagt dann zögernd: „Niemand!"

„Sie sagen das so schwankend, daß ich annehmen kann, es sei Ihnen doch jemand eingefallen."

P. F.: „Nein! Nein! Bestimmt niemand!"

„Vielleicht doch! Sagen Sie es doch aufrichtig!"

P. F.: „Es ist mir jemand eingefallen. Aber ich glaube, die gehört nicht hierher. Die hat mit dem Traume nichts zu tun."

„Das wollen wir ja sehen. Jetzt haben Sie die Verpflichtung, mir den Einfall mitzuteilen. Oder wollen Sie auf die Traumdeutung verzichten?"

P. F.: „Keineswegs! Obwohl ich nicht daran glaube. Also hören Sie: Es handelt sich um meine Geliebte. Ich habe schon seit einigen Jahren ein Verhältnis mit einer Witwe. Diese hat eine Tochter. Noch ein unschuldiges Kind, 14 Jahre alt. Neulich sagte ich zur Mutter: „Die Mizzi ist herrlich gewachsen. Die wird einmal eine wunderschöne Gestalt haben."

„Wie ist denn die Mutter gewachsen?"

P. F.: „Sehr groß und üppig. Sie ist ein herrliches Weib. Ich werde allgemein um sie beneidet."

„Ist diese Dame auffallend behaart?"

P. F.: „Nein! Im Gegenteil! Sie hat einen schneeweißen, tadellosen Körper. Sie rühmt wiederholt ihren Teint und ihre Haut und sagt: „Ich habe nie ein Wimmerl am Körper gehabt." Im Gegensatz zu mir. Ich bin schrecklich stark behaart."

„Und die Wimmerl"......

„Sie wissen ja: Mein alter Schmerz. Seit ich die Lues überstanden habe, fürchte ich bei jedem Wimmerl, es wäre ein Rezidiv. Ich leide sehr viel unter Ausschlägen. Die Ärzte sagen immer: „Ein unschuldiger Ausschlag: Akne." Ich fürchte trotzdem. Jetzt fällt mir ein Erlebnis der Jugend ein. Ich war noch ganz klein, da nahm mich mein Vater ins Dampfbad mit. Dort war ein Masseur, der über und über mit Wimmerln bedeckt war. Ich hörte, wie mein Vater dem Badeleiter Vorstellungen machte und glaubte etwas wie „Ansteckung".... und „ekelhaft" zu vernehmen. Der Badeleiter sagte: „Das macht nichts. Das ist ein unschuldiger Ausschlag. Der Mann hat zu viel unverbrauchte Säfte.... Doch was hat das mit dem Traume zu tun?"....

„Vielleicht doch... Was ist's denn mit den unverbrauchten Säften?"

P. F.: „Im Vertrauen. Ich habe noch eine Geliebte. Mein Stubenmädchen. Ein herrliches Weib. Aber riesig sinnlich. Sie stellt Anforderungen an mich, die ich nicht erfüllen kann. Ja — wenn ich jünger wäre."

„Fühlen Sie sich denn alt? Sie sind ja ein Mann in den besten Jahren....."

P. F.: „Ja — aber trotzdem. Ich komme mir alt vor. Sehen Sie.... meine riesige Glatze. Kein Haar auf der kahlen Platte. Meine Zähne sind locker. Meine Spannkraft läßt nach. Ich kann nicht mehr so viel arbeiten...."

Jetzt kam eine große Pause. Man wird mir zugeben, daß die Rätsel des Traumes noch nicht erhellt sind. Nicht einmal der letzte Abschnitt vom älteren und jüngeren Weibe. Doch wir bemerken, daß wir auf eine wunde Stelle im Innern des Herrn P. F. gestoßen sind. Er möchte gerne jung sein, wie alle Menschen. Es muß aber einen bestimmten Grund haben, der in dem Traume verborgen ist. Die Haare, die ihm ausgefallen sind, zieren die Geliebte, um sie noch weniger begehrenswert zu machen. Zu den Haaren fällt dem Träumer noch etwas ein.

P. F.: „Das ist eine eigentümliche Sache mit den Haaren. Meine Geliebte hat einen kleinen Schnurrbart. Sie sagt mir oft:: „Sonderbar! Wo sie nicht hingehören, da bringt man die Haare nicht weg. Wo sie aber hingehören, da fallen sie aus."

„Fällt Ihnen noch etwas zu dem Thema „Behaarung" ein?

P. F.: „Ich schwärme für schönes blondes Haar. Die Mizzi, die Tochter meiner Geliebten, hat ein herrliches, hellblondes Haar, das sie immer offen trägt. Auch hat sie ein behaartes Muttermal."

„Woher wissen Sie das?"

P. F.: „Die Mutter hat es mir gezeigt. Es ist am Oberschenkel. Die Mutter hat mich gefragt, was man dagegen machen könnte. Sie möchte zu einem Spezialisten, einem Kosmetiker gehen. Ich sagte: „Wozu denn? Da unten dekolletiert man sich ja nicht." Darauf haben die Mutter und Mizzi sehr gelacht."

„Damit war die Episode zu Ende?"

P. F.: „Eigentlich ja. Nur später sagte die Mutter: „Man kann ja nicht wissen, ob sich Mizzi nicht einmal unten dekolletieren muß. Es entstellt das Mädel." Ich protestierte dagegen und meinte, so ein kleines Muttermal sei sogar sehr pikant; worauf die Angelegenheit erledigt war."

„Sie scheint aber doch nicht erledigt zu sein; denn Sie haben davon geträumt. Sie haben die häßlichen Haare der Mutter angehängt, um die jüngere, die Tochter fleckenlos erscheinen zu lassen."

P. F.: „Das ist ja ein Unsinn. Was geht mich das kleine Mädchen an? Die wird schon einem anderen gehören."

Er sagte das fast in einem Tone des Bedauerns. Dann fuhr er fort:

P. F.: „Ich gestehe Ihnen sogar, daß mir der Anblick der entblößten Oberschenkel der Mizzi einen gewissen Eindruck gemacht hat. Ich schwärme eigentlich für die halbentwickelten, zarten Wesen. Fidusgestalten. Kennen Sie „Ahasver in Rom" von Hammerling? Die Szene, in der das kindlich junge Mädchen — ich glaube sie ist 13 oder 14 Jahre — seiner Unschuld beraubt wird, hat auf mich einen großen Eindruck gemacht. Ich schätze das Werk außerordentlich und lese diese Szene immer mit großem Genusse...."

Hier entschleiert sich der Ansatz einer Perversion: die Liebe zu den Kindern. Doch hören wir die weiteren Einfälle. Ich frage: „Also gefällt Ihnen eigentlich die Geliebte nicht. Sie muß ja eine üppige Frau in reifen Jahren sein!"

P. F.: „Aufrichtig gestanden: Sie ist nicht mein Goût. Sie ist mir zu stark. Dann hat sie einen Fehler. Sie hat von der Geburt der Tochter einen großen Dammriß zurück behalten...."

„Wissen Sie, daß das im Traume angedeutet ist?"

P. F.: „Wo?"

‚Sie geben ja das Rad Ihrer Frau wegen einer Krämpe zur Reparatur."

P. F.: „Ja, aber die Geliebte ist ja nicht meine Frau. Von der bin ich seit vielen Jahren geschieden...."

„Das heißt — jetzt ist die Geliebte Ihre Frau. Sie ersetzt Ihre Frau. Stimmt das?"

P. F.: „Ja — das stimmt. Noch mehr. Ich habe ihr eine Operation empfohlen. Dr. Fleischmann (ein Wiener Gynäkologe) hatte ihr gesagt:

„Da hilft nur eine Operation.“ Ich machte da einen Witz und sagte: „Nur eine kleine Reparatur. Geh ins Sanatorium und laß’ dir das L.... flicken.“

Hier brach die erste Analyse ab. Sie währte eine volle Stunde. Am nächsten Tage setzten wir fort. Wir hatten ja ein Thema: die Krämpe.

P. F.: „Sie wollen wahrscheinlich wissen, was eine „Krämpe“ ist. Ein verborgenes, untaugliches Rad. Nach einem Zusammenstoß oder einem heftigen Fall verliert das Rad seine schöne kreisrunde Form.... es entsteht eine Krämpe. Ich bin in den letzten Jahren ziemlich viel Rad gefahren. Auch meine Geliebte und deren Tochter. Die Geliebte hatte tatsächlich einmal eine Krämpe.“

„Fällt Ihnen nicht der Zusammenhang zwischen dem letzten Abschnitt des Traumes und dem verbogenen Rade auf? Geflicktes Loch — geflicktes Rad?“

P. F.: „Ja — es ist merkwürdig. Ich habe auch jede Geliebte ein Rad genannt. Ich hab’ jetzt ein neues Radel, heißt eine neue Liebe. Meine Frau, die wirkliche, von der ich mich habe scheiden lassen, hatte ein Radl zu viel im Kopfe. Es hat den Anschein, als ob ich mich im Traume mit den alten Rädern beschäftigen würde. Als wollte ich lauter schöne tadellose Räder haben. Ich bin ja eigentlich ein Don Juan. Ich wollte jede Woche eine andere Geliebte haben. Am liebsten eine unberührte, junge....“

„Was fällt Ihnen denn zum Mechaniker ein?“

P. F.: „Ein Mann namens Schlager. Wieso mir gerade der einfällt, das ist mir rätselhaft. Er ist in einer Druckerei beschäftigt — als Leiter. Ich habe ihn viele Jahre lang nicht gesehen. Ich korrigierte früher verschiedene Drucksachen und wandte mich an ihn.“

„Es handelt sich um die Reparatur eines Fehlers. Dann stimmt es ja.“

P. F.: „Aber noch etwas stimmt. Ich warte schon lange auf einen „Schlager“. Meine letzten Sachen haben nicht eingeschlagen. Ich habe jetzt zwei Theaterstücke vollendet. Ich hoffe, das eine wird bestimmt ein Schlager. Dann hat Schlager eine Beziehung zu meiner Frau. Ich habe sie bei einer Untreue erwischt und im Zorne geschlagen. Da war ich wirklich ein „Schlager“. Ich habe es nachträglich sehr bedauert...“

„Das war dann der Grund der Scheidung?“

P. F.: „Wenn es nur der eine Fall gewesen wäre. Wie ich später erfahren hatte, hatte meine Frau eine ganze Menge von Geliebten, die sozusagen „mitgearbeitet“ haben.... Sie war eine gewöhnliche Dirne.“

„Fällt Ihnen nicht der Satz des Traumes auf: Dorten sind eine Menge Arbeiter, die vor Tischen stehen wie die Setzer?“

P. F.: „Ja — ich verstehe schon. Das bezieht sich auf alle Leute, die mitgearbeitet haben.“

„Wer ist nun der freundliche junge Herr?“

P. F.: „Da fällt mir mein Sohn ein. Halt — eine Szene taucht jetzt vor mir auf. Als ich einmal auf die Frau im Zorne losging, sagte der Knabe: „Was willst du von der Mama?“ Ich denke oft an diese Begebenheit. Einmal sagte der Knabe: „Wenn du mich von der Mama wegnimmst, so werde ich sterben.“ Das hatte ihm seine Mutter eingedrillt. Denn er befindet sich jetzt sehr wohl bei seiner Erzieherin und verlangt gar nicht, seine Mutter zu sehen. Vor einigen Jahren wollte ich mich wieder verheiraten. Ich bin Katholik. Die katholische Ehe in Österreich löst nur der Tod...."

„Sie haben doch noch einmal das Experiment einer Ehe wagen wollen?"

P. F.: „Ja — es war ein reizendes junges Mädchen. Ich war wahnsinnig in sie verliebt. Schließlich habe ich auch aus Rücksicht auf meine Kinder das Projekt aufgegeben. Damals war meine Frau schwerkrank. Man zweifelte an ihrem Aufkommen. Ich gestehe Ihnen, daß in irgend einem Winkel meiner Seele der Wunsch vorhanden war, sie möge sterben. Dann hätte ich ja die Junge nehmen können."

„Ob jetzt gegen Ihre Geliebte nicht ähnliche Wünsche vorhanden sind?"

P. F.: „Eigentlich offen gesagt: Ja. Ich kann sie schwer loswerden. Als ich von der Operation des Dammrisses sprach, fiel mir zu meinem Erstaunen der Fall eines Freundes ein, der seine Frau bei dieser unschuldigen Operation verloren hatte...."

„Es ist ja so, als ob der Traum Mutter und Tochter vergleichen würde und sagen wollte: „Die Tochter ist viel schöner. Wenn die Mutter stirbt, fängst du etwas mit der Tochter an. Und der Schlager?"

P. F.: „Ist vielleicht der schwere Schlag, der mich treffen soll, der Tod der Geliebten. Übrigens — ihr Vater ist voriges Jahr an einem Herzschlag gestorben."

„Also, der Mechaniker, der alles richten soll, der selbst die katholischen Ehen löst, ist der Tod."

P. F.: „Ich beschäftige mich sehr viel mit dem Tode. Ich spiele eigentlich immer mit Todesgedanken. Selbst in bezug auf meine Kinder. Manchmal empfinde ich sie als eine Last. So ein brutaler Egoist ist der Mensch. Ich, der ich mir einbilde, ein Gemütsmensch zu sein! Doch ich bin Philosoph genug, mir darüber keine grauen Haare wachsen zu lassen."

„Der freundliche junge Mann im Traume — Ihr Sohn, stellt offenbar die edle Gegenströmung Ihres Innern dar. Er fragt Sie, was Sie wollen."

P. F.: „Ja — als wollte er sagen: „Alter Esel, hast du noch nicht genug Dummheiten in deinem Leben gemacht?"

„Einen Abschnitt des Traumes haben Sie noch gar nicht erklärt, den von den beiden Kaisern."

P. F.: „Ich habe das letzte Jahr unseren Kaiser einige Male gesehen. Die Bemerkung, die der Traum enthält, ist mir von irgend jemanden gesagt worden. Von wem?...."

Hier bricht der Träumer ab. Es kommen keine weiteren Einfälle. Ein großer Widerstand macht jede weitere Deutung unmöglich. Wir brechen also die Deutung ab.

„Die Deutung eines Traumes", sagt Freud, „vollzieht sich auch nicht immer in einem Zuge; nicht selten fühlt man seine Leistungsfähigkeit erschöpft, wenn man einer Verkettung von Einfällen gefolgt ist, der Traum sagt einem nichts mehr an diesem Tage; man tut dann gut, abzubrechen und an einem nächsten zur Arbeit zurückzukehren. Dann lenkt ein anderes Stück des Trauminhaltes die Aufmerksamkeit auf sich, und man findet den Zugang zu einer neuen Schicht von Traumgedanken. Man kann das die „fraktionierte" Traumdeutung heißen." (Traumdeutung S. 322.)

Am dritten Tage kommt er wieder und meint, er habe die Stelle von den beiden Kaisern nicht richtig wiedergegeben. Er fände da nicht den richtigen Ausdruck. Jedenfalls sei es nicht so im Traume gewesen, wie er es mir erzählt habe.

Auch dieser Zweifel gehört zum Traummaterial. Es handelt sich um wichtige, verdrängte Komplexe.

Bei der nächsten Sitzung ist der Träumer sehr verschlossen. Er bringt auch lange keine Einfälle, bis ich ihn auf ein Moment aufmerksam mache. Der ganze Traum behandelt den Gegensatz von jung und alt.

Der Mechaniker alt — der Arbeiter jung.

Das alte Rad — das neue Rad.

Die alte Geliebte — die junge Tochter.

Der alte Kaiser (Fr. J.) — der jüngere Kaiser (Wilhelm).

P. F.: „Sie haben recht. Der Gegensatz ist auffallend. Als ob unser alter Kaiser die alte Geliebte und Kaiser Wilhelm die Tochter repräsentieren sollte. Doch da fällt mir etwas ein. Ich hatte vor einigen Tagen den verrückten Gedanken: Wenn ich jünger wäre, könnte ich die Tochter meiner Geliebten heiraten. Dann dachte ich: „Du alter Esel. Die wird dir ja Hörner aufsetzen.“ Und dann dachte ich: „Du könntest die junge zu deiner Maitresse machen.“ Doch ich habe Mitleid mit meiner „Alten“. Man kann sagen, was man will, sie ist doch ein lieber Kerl.“

„Merken Sie nicht, daß Sie dieselbe Redewendung wie im Traume gebraucht haben? „Man kann sagen, was man will....usw.“

P. F.: „Wirklich! Sie haben recht. Doch ich bitte Sie, was soll ich mit der Jungen anfangen? Es könnte mir so gehen wie meinem Vater!“

„Inwiefern?“

P. F.: „Mein Vater war schon ein älterer Herr, als er die Mutter heimführte. Man munkelte allerlei. Im Vertrauen! Ich soll der Sohn eines Vetters meiner Mutter sein....“

„Der Wilhelm heißt....“

P. F.: „Woher wissen Sie das?“

„Ich habe es nur zufällig erraten. Weil der jüngere Kaiser „Wilhelm“ heißt.“

P. F.: „Merkwürdig! Er heißt auch W i l h e l m — er ist schon gestorben, und mein Vater hieß F r a n z.“

„Sie haben also zwei Väter gehabt.“

P. F.: „Eigentlich ja. Denn Wilhelm hat mich nach seinem Tode zu seinem Universalerben eingesetzt. Ihm verdanke ich meine ganze Existenz....in jeder Hinsicht.“

Jetzt ist der Widerstand erklärt. Es handelte sich um eine Belastung seiner Mutter. Die zwei Kaiser sind die zwei Väter. Der liebe alte Herr — sein impotenter Vater. „Man kann sagen, was man will“ ..... die Leute munkelten ja. Der t a t k r ä f t i g e, energische Mann ist sein eigentlicher Vater. Das Verhältnis von jung und alt ist eine Konstellation aus der Jugend. Er identifiziert sich mit der Mutter. Er möchte auch neben der Alten eine Junge haben....

Der Traum enthält noch eine Menge Rätsel. Vor allen Dingen taucht im zweiten Abschnitt ein Begleiter auf, der zustimmt. „Wer fällt Ihnen zum Begleiter ein?“

P. F.: „Niemand.“

„Sie fangen schon wieder an. Irgend jemand wird Ihnen schon einfallen."

P. F.: „Ja — ein Doktor Spiegelglas, der schon lange tot ist. Er war klein, glatzköpfig, hatte Glotzaugen, eine Brille und häßliche, rachitische Zähne. Wir nannten ihn nach einer Romanfigur von Arne Gaborg den „Tod von Lübeck".

„Mit anderen Worten: Der Begleiter ist der Tod. Der geheime Sinn des Traumes ist doch der: der Tod möge Ihre Geliebte und Ihre Frau holen, damit Sie die Junge heiraten können. Auch der Schlager war ja der Tod. (Der Schlag soll sie treffen! — ist ja ein bekannter Fluch.)

P. F.: „Meine Geliebte ist sehr fett und sagt neulich: „Ich sterbe gewiß bald an Herzschlag"...

Doch ich will jetzt die Analyse in dieser Form abbrechen. Die Beziehungen dieses Traumes zum Infantilen sind mannigfacher Art. Er glaubt Anhaltspunkte zu haben, daß seine Mutter den Tod des nominellen Vaters kaum erwarten konnte... Kurz, es kommt der typische Familienroman zum Vorschein, diesmal mit einer reellen Grundlage. Der Träumer hat sich überzeugt, daß der Traum kein Unsinn ist. Er war die Quelle einer vertraulichen Mitteilung und einer großen psychischen Entlastung....

Ist diese Traumanalyse vollständig? Kein Kenner der Traumdeutung wird das bejahen können. Wir haben die oberste Schichte der Traumgedanken bewußt gemacht: Seine Liebe zum unreifen Mädchen und die Todeswünsche auf deren Mutter. Wir haben Bruchstücke aus den tieferen Schichten hervorgeholt: die Zweifel an seiner Abstammung, die sich als Zweifel an der richtigen Wiedergabe des Traumes geäußert haben.

Ein weiteres Vordrängen in die Traumgeheimnisse erfordert ein längeres Verweilen bei diesem Traume. Da der Träumer ein Neurotiker ist, der sich an mich gewandt hat, um von einem unbestimmten Angstgefühl, Schlaflosigkeit und leichter melancholischer Verstimmung geheilt zu werden, ist es sogar unsere Pflicht, in tiefere Schichten vorzudringen. Wir merken schon: Er fürchtet sich vor sich selbst und seinen geheimen Gedanken: er schläft nicht, weil er in Ermangelung seines jetzigen Sexualzieles immer unbefriedigt ist; er leidet an Depressionen, weil er auf einen starken Wunsch (das Mädchen zu besitzen) verzichtet.

Wir setzten unsere Arbeit fort. Wir legen dem Träumer Satz für Satz vor und lassen ihn weitere Einfälle bringen. Es zeigt sich, daß jedes Wort noch eine mehrfache Determination hat. Die Analyse dauert schon eine Woche und wir sind noch nicht fertig. Die ganze Neurose ist in diesem Traume enthalten. Es ist eigentlich die Regel. Der Traum ist ein Mikrokosmos, der den ganzen psychischen Makrokosmus verkleinert wiederbringt.

Ich müßte ein ganzes Buch schreiben, die Geschichte seines Lebens und die Geschichte seiner Neurose, um den Traum zu erschöpfen [1]. Nur an zwei Beispielen will ich die ungeheuere Kompressionsarbeit des Traumes erläutern. Es sind dies die Worte „Mechaniker" und „Krämpe".

---

[1]) Diese Absicht will ich einmal ausführen. Ein Gegenstück zu diesem Werke, das sich mehr mit der Oberfläche des Traumes beschäftigt. Eine Analyse, die vollständig ist und — soweit dies eben möglich ist — alle Überdeterminationen und Beziehungen enthält.

Zum Mechaniker hat er mir eine Menge Material zu erzählen. Er ist selber der Mechaniker. Er macht die Sache bei der Geliebten rein mechanisch. Er muß sich die Tochter vorstellen, um eine Erektion zu ermöglichen. (Dies die Wurzel seiner Angstneurose!) Ein Mechaniker hat ihm einmal sein Rad schlecht gerichtet. Er wäre fast umgekommen. Er stürzte und lag einige Wochen im Spitale. Jetzt hat seine Frau so ein schlechtes Rad. Sie soll stürzen und ums Leben kommen, damit er frei ist. Sie hatte einen Leistenbruch und ein Orthopäde (Mechaniker) hatte ihr das Maß genommen. Er war damals eifersüchtig. Heute läge ihm nichts daran. Im Gegenteil, er wäre froh, wenn sie sich trösten würde. Doch auch sein Mißtrauen bricht durch den Traum. Seine Geliebte hat ja auch vielleicht eine Menge von Liebhabern. Sie betrügt ihn („dorten sind eine Menge Arbeiter, die vor Tischen stehen"). Er hat das Recht, sich schadlos zu halten.

Doch zum Mechaniker fällt ihm noch ein junger Setzer ein, der ihm sehr gut gefallen hat. Er ist so geschickt, daß er ihm auf einer Partie einen Schaden des Rades besser behob als ein Mechaniker. Der Setzer scheint ihm ein Homosexueller zu sein. Denn er war noch nie bei einer Frau. Er errötet immer, wenn er ihn trifft. Er will offenbar seine Geliebte gegen den Setzer umtauschen. Der Setzer heißt „Wilhelm" gleich dem deutschen Kaiser.

Wir sehen also, von unseren Forderungen sind schon zwei erfüllt. Wir haben die Todessymbolik und die Bisexualität entdeckt. Wir sind noch immer in oberen Schichten. Weitere Forschungen ergeben auch Beziehung zur Onanie. „La machine" nennt der Träumer seiner Geliebten gegenüber seinen Penis. Er leidet an Ejaculatio praecox, besonders wenn der Reiz des Objektes ein geringer ist. Es ist dies eine nur relative Ejaculatio praecox, wie die meisten dieser Formen. Vor einigen Monaten war er mit einer alten Dame, die noch sehr schön war, allein. Es kam zu einem Koitus. Er spielte den Succubus [1]). Da staunte er über seine Potenz. Er konnte die Dame dreimal befriedigen und sie, die eine sehr große Erfahrung hatte, sagte ihm, so etwas an männlicher Kraft sei ihr im Leben nicht vorgekommen [2]). Er war in der Jugend starker Onanist. Er onanierte eigentlich vom achten Lebensjahre kontinuierlich bis zum 18. Dann war er mehrere Jahre hindurch psychisch impotent. Er hatte in einem Werke gelesen, die Onanie sei die Quelle der Impotenz. Er ist also der Mechaniker, der den Mechanismus seiner Maschine ruiniert hat. Er hat sich eine Krämpe gemacht. Ja, er denkt jetzt milder über seine erste Frau. Sie wurde ihm untreu, weil er sie nicht befriedigen konnte. Sie mußte sich dann statt des Mechanikers eine „Menge Arbeiter" nehmen.

Zum Mechaniker fällt ihm auch ein Mechaniker Schneider ein, der irgend eine Affäre mit einer Stampiglie (Penis!) hatte und deshalb Stampiglius genannt wurde. Er ist mager und wurde in der Jugend oft wegen des Schneidergewichtes gehänselt. Er kam sich immer schwach vor. Er war impotent, weil er zu schwach war. Er beneidete die großen starken Männer (Schlager), die ordentlich „stempeln" konnten.

---

[1]) Man nennt das in Wien „Das Bubi machen". Ich weiß nicht, aus welchem Grunde.

[2]) Das gibt zu denken! Es geht bei den meisten psychischen Impotenzen ähnlich zu. Kommt es einmal zu einer spezifisch-adäquaten Befriedigung dann ist die psychische Impotenz verschwunden.

Aber vom Schneider geht ein Schacht in die Jugend und enthüllt eine Reihe von Unredlichkeiten, die er begangen hatte. Er war ein Lügner, Dieb, Fälscher in seiner Jugend und entwickelte sich zu einem übermoralischen Menschen. Ein Muster von Wahrheitsliebe, Rechtlichkeit und Korrektheit.

Die Diebstähle richteten sich meistens gegen seinen Vater. Die Mutter jemals bestohlen zu haben, erinnert er sich nicht. Hier kommen wir auf das wichtigste Verhältnis zu seinem Vater.... Eine Szene taucht ihm plötzlich auf: Sein Vater hatte ihn erwischt und ihm sehr kräftige Prügel verabreicht. Sogar mit den Füßen. Der Vater hatte blind hingeschlagen und geschrien: „Du mißratener Sohn. Du endest noch gewiß im Zuchthaus oder am Galgen!" Wir merken, daß der „liebe alte Herr" ironisch gemeint ist. Er ist ja der „Schlager", und solche Prophezeiungen hätte er nicht aussprechen dürfen. („Man kann sagen, was man will.") Er ist übrigens an Herzschlag gestorben. Einen Schlag in den Bauch hatte ihm sein junger Bruder versetzt. Er verlor eine Sekunde lang das Bewußtsein [1]).

Jetzt kommt es erst hervor, daß sich hinter dem jungen Setzer ein anderes Sexualobjekt seiner Jugend, der Bruder, verbirgt.

Doch wir können hier nicht mehr folgen. Wir wollen nur noch einige Bedeutungen der „Krämpe" zum besten geben. Seine Geliebte leidet an Herzkrämpfen. Ihm fällt ein, daß er den alten Bodenkram verkauft hat. Auch die Geliebte ist ein alter Krampen. Noch wichtiger ist die Rampe der Universität, die bei den letzten Krawallen zerstört wurde. Er beneidete damals die jungen Leute... Ja, wer noch raufen und schwärmen konnte! Da fiel ihm ein Fräulein Krämer ein, die er heimlich oft geküßt hatte. Sie wurde später eine Dirne. Für Dirnen hat er immer eine gewisse Neigung. Er hat da eine freiere Moral. Er ist nicht engherzig wie ein Krämer. Von Krämer führt eine Assoziation zu Kramer; so hieß ein Verehrer seiner Schwester. Jetzt fällt ihm etwas Wichtiges ein. Seine Schwester hat in der Jugend an heftigen Krämpfen bei der Menstruation gelitten. Er war damals sieben Jahre alt und wurde zu dem Arzt geschickt. Im Hause wohnte ein Krämer, der hatte einen Sohn, der Wilhelm hieß. Der sagte ihm: „Sage deiner Schwester, sie soll sich von mir das Geschäft ausbürsten lassen. Ich habe ein kleines Bürstchen." Ein kleines Bürstchen hatte sich seine Frau vor einigen Tagen zum Putzen des Rades gekauft. „Ein kleines Bürstchen" ist sein Penis, mit dessen Größe er ungerechterweise sehr unzufrieden ist.

Nun fallen ihm eine Menge Szenen aus der frühesten Kindheit ein. Eine aus dem späteren Alter. Er war 16 Jahre, als er des Nachts zu den Dienstboten schlich. Die Mutter erwachte und fragte, wo er gewesen. Er erwiderte stockend, er wäre „draußen" gewesen, er habe solche heftige Bauchkrämpfe gehabt. Da stand die arme Mutter auf und machte ihm warme Umschläge. Dabei sah er ihre auffallend starken Beine...

Doch genug von dieser Analyse. Ich glaube den Leser überzeugt zu haben, daß mit der symbolischen Überzeugung nur ein Sinn des Traumes herausgelesen wird und daß das wichtigste Material vom Träumer selber zu bringen ist. Auch halte man sich vor Augen, daß die Symbolik nicht

[1]) Die wichtigste Wurzel ist die kriminelle. Er ist kein energischer, tatkräftiger Mann, sonst würde er den alten „Krampen" (Wiener Ausdruck für ein altes Roß) erschlagen. Er will der Schlager sein.

unbedingt das gleiche bedeuten muß. Es heißt in jedem Falle strenge individualisieren.

Bischof Synesios, ein berühmter Traumforscher des IV. Jahrhunderts, sagt sehr treffend:

„Es gibt Menschen, die sich kleine Bibliotheken über Traumdeutung anschaffen. Ich für mein Teil lache über alle diese Abhandlungen und halte sie für völlig wertlos. Die Phantasie der Menschen ist einmal nicht so gleichartig wie der Bau und die Physiognomie ihrer Leiber, welche immerhin noch den Gegenstand einer allgemeinen wissenschaftlichen Beobachtung bilden kann. — Wenn eine Phemonoe oder ein Melampus oder sonst ein Wahrsager allgemeine Regeln der Traumdeutung aufzustellen wagt, möchte ich fragen, ob denn etwa auch konvexe und konkave Linsen, oder Spiegel aus verschiedenem Stoffe die Gegenstände auf gleiche Weise widerspiegeln. Da jeder von uns seine ganz besondere Sinnesart hat, ist es unmöglich, daß dieselbe Traumvision für alle dieselbe Bedeutung habe.“ (Cod. Theodos. XVI. 10/17. Edikt vom Jahre 392.)

Diese Worte kann ich nur bestätigen. Alle Symbolik ist relativ und gilt für den großen Durchschnitt. Ausnahmen sind aber immer möglich, wenngleich sie eigentlich selten sind.

Manchmal hilft die Kenntnis der Krankengeschichte, den Traum begreifen.

Ich will hier eine interessante Reihe von kriminellen Träumen einer Nacht bringen, die ich ohne Einfall des Träumers deuten konnte:

(525.) „Ich band einen Strauß von Herbstblättern zusammen. Dann hatte ich eine wunderschöne rote Rose, die wollte ich dazu tun, aber während ich sie festbinden will, fallen alle Blätter bis auf eines ab und dann das auch noch. Nachher brachte ich den Strauß einer Dame und dachte, der paßt gerade in diese Vase.“

(526.) „Hans war krank. Das Mädchen von Dr. St. wusch seinen Unterkörper, seine Genitalien aber spülte ich in Vaters Teetasse in Tee aus. Die sahen wie Herz und Nieren aus und hielten durch Fettfäden zusammen. Während ich sie spülte, dachte ich immer, das Band würde zerreißen.“

(527.) „Papa lag krank im Bett und man mußte ihm dasselbe machen, während er darin lag.

Nachtrag: Papa hockte im Bett, sah armselig aus und hatte unter seinem Körper eine große, weiße Moltondecke liegen“.

(528.) „Das Mädchen brachte mir einen Zettel, welcher im Briefkasten gelegen hatte. Auf dem Zettel stand: Shary sei heute bei uns im Hause gewesen. Dr. St. hatte Rezepte unten in der Apotheke machen lassen. Auf mich machte der Zettel den Eindruck, daß Dr. St. mir sagen wollte, etwas von mir ist bei dir gewesen.“

(529.) „Ich ging aus. Da begegnet mir der Apotheker, der wie Onkel Friedrich aussah, und küßte mich heftig.“

(530.) „Später ging ich in den Wald. Da kamen mir Trude und Erich entgegen, die mit dem Apotheker im Walde gewesen waren.“

(531.) „Ich war unwohl und badete. Da sagte ich zu Mutter, hoffentlich sei es nicht schlimm gewesen, aber dann sagte ich: „Ach, nein, im Müller steht ja, daß man baden dürfe.“

(532.) „Von meinem Zimmer aus sah ich Leute schwimmen. Neben mir stand mein Bett aufgedeckt."

(533.) „Ich lief über Fluren und zu den Leuten in die Häuser. Dabei war ich immer daran, meine Unterröcke zu verlieren. Dann sah ich auf einer Straße Dr. St. mit seiner Frau und den Kindern und nun kamen sie an mir vorbei und ich dachte immer, wenn er nur nicht sieht, daß du deine Röcke verlierst."

Zu diesen neun Träumen bringt die Träumerin, um eine solche handelt es sich, gar keinen Einfall. Ich kenne ihre Liebesbedingung. Sie liebt nur verheiratete Männer und phantasiert sich dann die Zufälle, welche ihr diesen verheirateten Mann freimachen und zum Freier und ihrem Ehemann machen können. In der Übertragung bin ich das letzte Ideal in einer langen Reihe, deren Anfang auf den Vater zurückgeht. Der letzte Traum (Nr. 595) zeigt mir an, daß sie im Begriffe ist, ihre Röcke zu verlieren. Auch tauchen da meine Frau und meine Kinder auf, ihre letzten Hindernisse zum Glücke. Ihr Sinnen und Trachten geht dahin, diese Hindernisse zu beseitigen. Wie stellt sie das im Traume an? Das verraten die Träume 531 und 532. Sie badet während der Periode, weil es im Müller („Geschlechtsmoral und Lebensglück") empfohlen ist.

Da kam mir der Einfall. Ein Bad während der Menstruation ist... ein Blutbad. Im nächsten Traume (532) schwimmen die Leute. Natürlich... sie schwimmen im Blute. Daneben steht ihr Bett aufgeschlagen. Das Blutbad bringt ihr das Brautbett.

Noch blutrünstiger sind die Phantasien aus den Träumen 530 und 526. Die beiden Kinder im Walde sind häufiges Vorkommnis in Märchen. Aus früheren Analysen wußte ich, daß das Märchen vom Schneewittchen in ihrer Phantasie eine große Rolle gespielt hatte. Sofort fiel mir die Szene ein, wo der Jäger dem armen Schneewittchen die Eingeweide herausschneiden soll, damit die böse Königin sie verzehren kann. (Nekrophile Instinkte!) Der ganze Traum ist überhaupt eine Häufung der unglaublichsten sadistischen Phantasien.

Jeder Strauß in ihren Träumen ist ein Totenkranz. So auch hier. Im Traume 525 verraten die Todesgedanken die „Herbstblätter" und die entblätterte Rose, deren rote Farbe schon auf das Blutbad hinweist. Dieses ominöse Geschenk soll meine Frau erhalten, während meine Kinder von dem Apotheker (Todesbote!) aus der Welt geschafft werden. In Traum 526 wird mein Sohn Erich mit ihrem Bruder Hans identifiziert, dem infolge ihrer maßlosen Eifersucht das gleiche Los bestimmt war, wie dem armen Schneewittchen. Sie zerreißt das Band, das sie mit ihm verbindet. Sie zerreißt aber auch das Band, das den geliebten Mann mit einer anderen verbindet. Auch den Vater hat sie in ihren Phantasien sterben lassen, als er ihren Plänen hinderlich im Wege stand (Nr. 527).

Der nächste Traum (528) bringt die romantisch-kriminelle Phantasie von einem geheimen Einverständnis zwischen ihr und mir. Ich habe meine Frau umgebracht! (Rezept und Apotheke lassen meistens auf den Giftkomplex schließen.) Diese Verständigung lasse ich ihr zukommen (Zettel). Der letzte Traum ist eigentlich Nr. 529. Da ist das Ziel erreicht. Der heißgeliebte „Onkel" küßt sie. Dieser Onkel bin ich (Arzt statt Apotheker; beide sind in diesem Traume und im boshaften Volkswitze „Giftmischer"). Doch der Arzt und der Apotheker sind auch Todessymbole. Sie erleidet die gerechte Strafe und erhält den „Todeskuß". Sie kämpft ja unausgesetzt mit Selbstmordimpulsen.

Die weitere Analyse dieses Falles bestätigte die volle Richtigkeit dieser Traumdeutung, die mir allerdings durch die Kenntnis ihrer Krankengeschichte ermöglicht wurde. Den Schlüssel lieferte der Einfall des „Blutbades".

Das war ein Traum mit einer individuellen Symbolik, die ein nicht Eingeweihter kaum durchblicken kann.

Der nächste Traum zeigt eine allgemeine typische Symbolik.

Bei mancher Traumdeutung können wir mit Hilfe der Symbolik den Sinn eines Traumes rasch erkennen. Das weitere hängt von den Einfällen des Träumers ab. Ein kurzer Traum kann eine komplizierte Analyse verlangen. Ein großer Traum läßt sich oft auf einen einzigen Gedanken zurückführen.

Nehmen wir zur Illustrierung dieser Tatsache zwei Träume vor. Einen sehr langen und einen fragmentarischen, der nur aus zwei Worten besteht. Der lange Traum ist von der Dame Frau Alpha und lautet:

(534.) „Schauplatz der Handlung: Das neue Ordinationszimmer am Schottenring. Ein großer, schöner Raum, mit einer Menge Turn- und Elektrisierapparaten angefüllt. Dr. Hochstetter steht in sehr mangelhafter Toilette auf einer Art Automatenwage und macht ein mockiges Gesicht, so etwa wie ein unartiges Kind, das sagt: „Jetzt spiel ich aber nicht mehr mit." Herr Doktor gehen zu ihm und sagen: „Schämen Sie sich, Doktor, Sie benehmen sich ja wie ein ungezogener Junge." Keine Wirkung, Dr. Hochstetter verharrt weiter in seiner Störrigkeit. Wie ich den Gescholtenen näher betrachte, bemerke ich, daß er nichts weiter als eine tadellos reine Unterhose und ein von Schmutz geradezu starrendes Hemd anhat, das außerdem noch zahlreiche Flecke und Risse aufweist. Nebstbei merke ich auch, daß an seiner Wäsche kein Knopf vorhanden ist. Ich denke mir: „Wie unappetitlich dieser Dr. Hochstetter ist, er verliert entschieden bei näherer Bekanntschaft." Dabei sehe ich an mir herunter und entdecke, daß ich nicht angezogen bin; ohne mich im geringsten zu genieren, ziehe ich seelenruhig meine Kleider an, wobei ich plötzlich zu Boden falle. Sie fragen mich, weshalb ich dabei so geschrien habe, worauf ich antwortete: „Meine ganze linke Körperhälfte hat mir so wehe getan." Sie lachen und es ist mir sehr unangenehm, das Wort links gesagt zu haben, da dies sicher etwas Ungehöriges bedeutet. Ich verbessere mich schnell; „vielleicht die rechte, ich weiß es nicht." Darauf ziehe ich mich fertig an. Sie sprechen einstweilen mit meinem Mann und erklären ihm alle die vielen Apparate. Dann setzen Sie sich und packen einen neu angekommenen Apparat aus, wobei Sie mir erzählen, daß Sie ihn bei mir anwenden werden. „Wird mir das gut tun?" fragte ich, worauf sie antworteten: „Ich sage Ihnen, in solchen Fällen wirkt Elektrizität wahre Wunder. Ich elektrisiere alle meine Patienten, bevor ich sie aus der Kur entlasse."

Ich frage Sie dann, weshalb Dr. Hochstetter noch immer so krampfhaft auf seinem Sockel steht. „Er wird ja elektrisiert", sagen Sie. „Ja, aber", frage ich, „muß er denn dabei ausgezogen sein?" „Natürlich, weil er seidenes Futter in seinen Kleidern hat, das würde stören", erhalte ich zur Antwort. „Nein", denke ich, „sonderbar, daß der Mensch seidenes Futter hat, bei solcher Wäsche. Darauf wache ich auf."

Für den Kundigen erklärt sich der Traum von selber. Die Dame soll aus der Psychanalyse treten. Vorher will sie noch elektrisiert werden. Der „neue" Apparat mit dem sie bearbeitet werden soll, ist ein für sie neuer Apparat, mein Penis. Schon der arme Doktor Hochstetter dient der Symbolisierung dieser Zielvorstellung. (Hochstetter = Hoch steht er.) Der Widerstand des Doktor Hochstetter, sein Schmutz sind alles Vorwürfe, die sich gegen mich richten. Dann beachte man die ungeheuere Potenz meines Phallus, der „noch immer" — also eine sehr lange Zeit — krampfhaft auf dem Sockel steht.

Zum Schluß erleidet die bis dahin leidliche Logik einen argen Stoß. Auf die Frage, warum der Dr. Hochstetter ausgezogen sein muß, erfolgt die absurde Antwort: „Weil er seidenes Futter hat; das würde stören".

Wir fordern die Dame auf, uns diesen Passus zu erklären. Sie hüllt sich in Schweigen und meint, dieser Teil des Traumes sei unsinnig und absurd.

Wir machen nun die Träumerin darauf aufmerksam, daß sich die Vorwürfe, wie lächerlich und absurd, auch gegen eine Person des Traumes und gegen irgend ein Verhalten derselben richten müssen.

Wir können nichts darüber erfahren, weil die Träumerin uns nicht verstehen will. Sie will in der letzten Stunde — es ist einer ihrer letzten Träume — nicht mehr gehorchen.

Nun, wir können zufällig den Sinn des Vorwurfes verstehen. Er richtet sich gegen mich. Sie supponiert, daß ich sie durch die ganze Zeit der Psychanalyse glühend begehrt habe. (Permanente Erektion.) Jetzt sagt sie mir: „Das ist doch absurd! Das ist einfach lächerlich! Du weißt, welche Behandlung mir helfen würde, also hilf mir" [1]).

Und die Einfälle zum „seidenen Futter"? Sie bringt keine Einfälle. Aus früheren Träumen kenne ich ihr Schwanken zwischen glühendem Sexualbegehren (seidenes Futter) und strikter Sexualablehnung (Ekel vor schmutziger Wäsche). Wir können auch Vermutungen anstellen: Futter — Futt usw. Es bleiben Vermutungen.....

Erst später wurde mir klar, daß diese Stelle eine Schmähung auf mein rechtmäßiges Futter bedeutet. Immerhin ist der große Traum für die Kenntnis der tieferen Schichten unbrauchbar, weil das Material vorenthalten ist. Wir erfahren nur die oberflächlichsten Relationen.

Wie ganz anders ist die Analyse des nächsten Traumes! Der Träumer, Herr B. D., gibt an, er habe beim Erwachen nur zwei Worte im Ohre gehabt: „Schlange" und „Mesopotamien". Er produziert gleich seine Einfälle: In Mesopotamien war das Paradies. Es müsse auch eine Beziehung zum weiblichen Genitale haben, denn Meso nannten sie in den Jünglingsjahren die Vagina. Der Euphrat und der Tigris bilden ein Delta, das erinnere ja an die Schenkel eines Weibes.

Weitere Einfälle stocken. Ich mache ihn auf den Zusammenhang von Schlange und Paradies aufmerksam. Es handle sich wohl um die Erbsünde. Er hat gestern einen Moment lang geschwankt, ob er zu einer Meretrix gehen sollte. Er tat es schließlich nicht. Er war ferner eine Zeitlang sehr fromm und ist jetzt ein Freigeist.

Allein er ist nicht imstande, weitere Einfälle zu den zwei Worten zu bringen. Ich fordere ihn nun auf, einen Satz zu bilden, in dem die

[1]) Ich verweise auf den Eunuchentraum, in dem diese Patientin mich aus Rache, weil ich ihr nicht ihren Willen erfüllt habe, zu einem impotenten Kastraten macht.

beiden Worte vorkommen. Er kann das nicht und sagt: „Es geht nicht. Eine andere Frage beschäftigt mich viel mehr. Ich denke immer darüber nach, ob es in Mesopotamien überhaupt Schlangen gibt. Ob die Schlangen nach Mesopotamien hingehören. Ich glaube, die kämen erst in Indien vor. In Vorder- oder in Hinterindien."

Wir beharren auf Bildung eines Satzes. Er sagt: „Die Schlange ist die Quelle alles Übels" und „In Mesopotamien lag einmal vielleicht das Paradies".

Wir merken, daß er auf seine religiösen Komplexe zurückkommt. Er erzählt uns, mit welchem Interesse er eine kleine illustrierte biblische Geschichte gelesen habe. Er erinnert sich an Bilder und plötzlich an eine Szene bei einer Kindstaufe. Er war sieben Jahre alt, da sang nach der Taufe seiner Schwester in vorgerückter Stunde eine Dame ein Couplet, dessen Refrain eine ungeheuere Heiterkeit aller Anwesenden entfesselte. Der Refrain hat sich ihm unauslöschlich eingegraben. Er lautet:

„Als Adam in den Apfel biß
Vor Angst . . . ihm seine Hose riß."

Das hatte ihn damals viel beschäftigt. Was bedeutet der Apfel? Wegen so einer Dummheit weist der liebe Gott die Menschen aus dem Paradiese? War er nicht zu strenge? Dann schweigt er und seine Einfälle stocken.

Wir haben uns gemerkt, daß er einen Satz mit Schlange und Mesopotamien nicht bilden konnte. Wir kommen auf den Zweifel zurück. Der Zweifel bezieht sich anscheinend nur wissenschaftlich auf die Verbreitung der Schlangen.

„Sie meinen," sagt er plötzlich, „daß ich nicht weiß, wohin mein Penis gehört? Ob ich zu Frauen oder Männern gehen soll? Nach Vorder- oder Hinterindien?

So bringt er selber die Lösung, indem er sie mir supponiert. Doch die Analyse ist noch nicht beendet. Sie wendet sich zu dem Worte Mesopotamien. Er beginnt es französisch zu erklären. Pot wäre der Topf. Er denkt sofort an den pot de chambre. Da fallen ihm eine Menge Szenen aus dem paradiesischen Zustand seiner Jugend ein, da sich alle im Zimmer voreinander nicht genierten. Er sah verschiedenes und unterschied auch die verschiedenen Geräusche. Er schloß aus der Stärke des Tones auf die Größe des Foramens. Er kommt auf seine Phallusstudien daheim und in den Aborten und landet schließlich bei der Frage, ob auch „amien" eine Bedeutung haben könne. Er zerlegt in à mien, la mienne die meinige und le mien der meinige. Doch das wichtigste sieht er nicht (ami = der Freund). Daß nämlich amien die bange Frage enthält: Mann oder Weib? (Wohin gehört die Schlange? Nach Vorder- oder Hinterindien, un ami oder une amie?)

Schließlich fällt ihm noch ein, daß Amiens eine Stadt in Frankreich ist, in der die Jungfrau von Orleans geboren wurde. (Das typische bisexuelle Symbol — wie die Amazone und die Walküre: das Weib mit der Lanze.) Das erweist sich als falsche Erinnerung. Dagegen hat er vergessen, daß dort ein heißer Kampf zwischen Engländern und Franzosen stattgefunden hat. Die beiden Nationen repräsentieren ihm die „keusche Moral" und die „lockeren Sitten". Paris ist für ihn das Sündenbabel... Der Engel siegt über den Teufel. Doch das wichtigste von Amiens ist, daß dort der General Manteufel die Franzosen aufs Haupt geschlagen hatte. Das hatte er sehr genau gewußt und ebenso gründlich vergessen.

Wir kommen zum Ergebnis: Der Mann ist für ihn der Teufel. Er fürchtet sich vor der Homosexualität. Er ist keusch den Dirnen gegenüber, weil sie ihn eigentlich nicht reizen.

Wir haben aus einem geringfügigen Material, aus zwei Worten, wichtige Schlußfolgerungen ziehen können [1]), während uns der große Traum von den Turnapparaten bei weitem nicht so tief in die Probleme der Neurose geführt hat.

Oft bringen Träumer nur ein einziges Wort, das sie aus einem Traume behalten haben. Ein solches Beispiel ist das Wort „Ronacher", der Name eines Wiener Vergnügungsetablissement. Die Analyse ergab, daß es für „Acheron" und Charon stand und dazu diente, die Angst vor der Hölle und ihren Strafen zu symbolisieren.

Diese Wortumstellungen begegnen dem meisten Widerstand von seiten der Uneingeweihten. Und doch erzählt schon Artemidoros ein klassisches Beispiel, das vor Jahrtausenden berühmt war. „Es scheint mir", sagt er, „auch Aristandros dem Alexandros von Makedonien eine gar glückliche Auslegung gegeben zu haben, als dieser Tyros eingeschlossen hielt und belagerte, und wegen des großen Zeitverlustes, unwillig und betrübt, das Gesicht hatte, er sehe einen Satyros auf seinem Schilde tanzen; zufällig befand sich Aristandros in der Nähe von Tyros und im Geleite des Königs, der die Tyrier bekriegte. Indem er nun das Wort Satyros in *Σὰ* und *Τύρος* („Dein ist Tyros") zerlegte, bewirkte er, daß der König die Belagerung nachdrücklicher in Angriff nahm, so daß er Herr der Stadt wurde."

Heute nach über 2200 Jahren ist man auf die geniale Technik des Aristandros zurückgekommen. An Beispielen ähnlicher Art fehlt es ja in diesem Buche nicht. Die Mittel der Traumdeutung sind reicher, als man glauben sollte.

Die Einfälle des Träumers, seine Reden, seine Affekte, seine Hemmungen, sein Widerstand und seine Übereinstimmung — alle gehören sie zum Material des Traumes. Die Kenntnis der Symbolismen ist unbedingt notwendig, weil man den Träumer auf manches aufmerksam machen und eine tiefer gehende Analyse durchführen kann. Je überzeugter der Träumer von der Kunst der Traumdeutung ist, desto williger geht er bei der Deutungsarbeit mit. Zur Überzeugung des Träumers ist die genaue Kenntnis der Traumsprache unerläßlich. Auch läßt sich bei den besten Einfällen ohne entsprechende Technik kein Traum deuten. Der Psychanalytiker bekommt nur Rohmaterial. Er muß daraus die entsprechenden Gebilde formen können.

Auch haben wir die verschiedene Struktur der Träume kennen gelernt. Der Traum von den „Turnapparaten in der Sprechstunde" ist eine Traumphantasie, welche die Wiederholung einer vielleicht bewußt gewesenen Tagesphantasie im Sinne der Wunscherfüllung darstellt. Sie zeigt eine minimale sekundäre Bearbeitung, wie Freud die rationalisierende Tätigkeit des Traumes nennt. Der Traum bestrebt sich, durch Verlötungen und Begründungen aus dem Unsinn einen Sinn zu machen. Aber auch diese sekundäre Bearbeitung darf meiner Ansicht

---

[1]) Vergleiche meine Analyse eines Beispieles von Versprechen im „Zentralblatt für Psychoanalyse". 1910, Heft 1—2.

nach, nicht gering geachtet werden. Sie verrät wie die hysterischen Symptome oder die Zwangsvorstellungen gerade so viel von dem verdrängten Material, als sie verhüllen will. Die Träumerin des Turntraumes hat sich nicht die Mühe genommen, eine sekundäre Bearbeitung vorzunehmen. Der Träumer der zwei Worte jedoch, dessen Träume eine intensive sekundäre Bearbeitung zeigen, hat selbst diese Fassung nicht verraten wollen. Bloß zwei Worte konnten den Widerstand des Unbewußten überwinden und ins Bewußtsein dringen.

Natürlich ist die Traumdeutung viel leichter, wenn man längere Zeit mit einem Träumer an der Analyse arbeitet. Gewisse Symbole kehren wieder; die Art der Traumentstellung ist meistens typisch und zeigt bei einfachen Naturen wenig Variationen; man kennt die Deckmarken seiner wichtigen Liebesobjekte; man kennt seine Konflikte und kann sie viel leichter herauslesen. Die ersten Träume sind eigentlich immer die schwersten (vgl. das Kapitel „Erste Träume"). Mißlingt eine Deutung, so sei man nicht verlegen. Das Thema kommt in verschiedenen Variationen wieder, bis die Deutung gelungen ist. Ich habe schon erwähnt, daß allzu viele Träume manchmal Widerstandssymptome sind und nur dazu dienen, den Psychanalytiker zu beschäftigen und von den wichtigen Komplexen abzulenken. Man kann sich davor hüten, wenn man konsequent bei einem Traume bleibt oder die Träume überhaupt beiseite läßt. Nun entwickeln manche Patienten eine unglaubliche Virtuosität in der Fabrikation interessanter Träume, die eine glatte Deutung zu ermöglichen scheinen. Sie bringen Träume, Erklärungen, Geständnisse, auf die der Analytiker wartet. Man läßt sich verleiten, doch zu deuten und befindet sich bald wieder in einer Sackgasse. Der geübte Analytiker kann da kaum unterscheiden, ob er der Gefoppte oder der Erkennende ist... In solchen Fällen lohnt es sich, bei einem Traume zu bleiben, bis es absolut nicht weiter geht....

Manchmal jedoch bringt der Traum eine langgesuchte Lösung. Er erklärt uns einen vorausgegangenen Traum. Er macht sich über uns lustig. Kurz, er steht im Dienste der Traumdeutung. Wie interessant ist es z. B., daß die Träumerin im „Elektrisiermaschinentraum" sich korrigiert und die linke Seite in die rechte verwandelt. Den Unterschied von links und rechts hat sie schon bei mir gelernt. Sie verwendet diese Kenntnisse, um ihre Wünsche anzudeuten. Sie will mir zur rechten Seite angetraut sein.

So kann uns ein Traum auch auf Fehler in der Traumdeutung und der Psychanalyse aufmerksam machen. Ich will hier ein solches Beispiel anführen, weil es uns die Technik der Neurotiker verständlich macht. Es zeigt uns, wie das Unbewußte sich nicht einfach preisgeben, sondern sich fangen lassen will. Man wird an die Spiele des Brautraubes gemahnt. Der Bräutigam soll sich erst seine Braut erobern. So verlangt auch das Unbewußte, der Arzt soll die Rätsel selber lösen. Wozu ist er denn der Traumdeuter?

Frl. Etha träumt:

(535.) „Mit Bruno kam ich vom Lande in unsere frühere Stadtwohnung zurück. Dort wartete seine große, blonde Französin auf ihn, die ihm Unterricht gab und mit der er ein Verhältnis hatte. Er stellte mich ihr als seine Cousine vor und ließ uns dann eine Weile allein. Die Französin war sehr traurig und schien auf mich eifersüchtig zu sein. Mir war sie sehr sympathisch und ich dachte: „Wozu ist denn diese

Cousinenkomödie notwendig? Wenn ich ihr sagte, daß ich seine Schwester bin, wäre sie gleich beruhigt." Aber ich wollte es gegen seinen Willen nicht tun. Dann war Bruno wieder da und die Französin fragte: „Sind Sie nahe verwandt?" „Ja", rief ich lachend, „wir sehen einander doch so ähnlich! Wir haben dieselben Hände, dieselbe Profillinie" und dachte: „Nun wird sie doch begreifen." Aber sie merkte nichts. Dann ging ich vergnügt und ruhig in mein Zimmer und legte mich schlafen. „Merkwürdig, daß es mich so fröhlich macht", dachte ich, „Dr. Stekel wird sicher sagen: Weil ich mich dadurch, daß Bruno ein Verhältnis hat, befreit fühle."

II. „Dann sah ich einen Garten mit einigen Menschen und dann war ich im Gang eines Hauses, lehnte starr an einem geöffneten Schrank und wartete auf den Tod. Meine Glieder waren steif, aber im Kopf kreiste es mir herum und ich dachte: „Mimi ist doch auch gestorben, die könnte mir sagen, wie es ist", und ich fürchtete mich vor einem großen Schmerz und dachte, es müsse ein Gefühl sein, wie wenn man sich erhängt und alles Blut gewaltsam zum Kopfe strömt. Ich wollte trotzdem den Tod herbeizwingen, er kam aber nicht, — da gab ich es vorläufig auf zu sterben."

Dieser Traum kam nach einer Reihe von Träumen, die ich nicht deuten konnte. Wir wissen schon: Die Träumerin hat mit ihrem Bruder verschiedenes zu tun gehabt. Aber die Lehrerin der Kinder war eine Französin. Ich sollte doch erkennen, daß die Französin auch ihre Lehrerin gewesen.

Das ist wohl von sekundärer Bedeutung. Dieser Traum soll mich aufklären, daß sie von mir eine ganz andere Belehrung erwartet, als die analytische. Sie liebt mich und ich merke nichts. Darüber ist sie glücklich. Doch glückliche Leute wollen nicht sterben. Ich behandle sie wie eine Schwester. Sie will aber wie eine Fremde behandelt werden. Sie will auch von ihrem wahren Verhältnis zum Bruder nichts erzählen. Sie war ihm mehr wie eine Schwester.

Nach diesem Traume kam das Erlebnis mit dem Bruder und der Französin zutage. Ich erkannte sofort, daß der Vorwurf: „Aber sie merkte nichts" an meine Adresse ging. Schließlich gehen ja die Traumgedanken auf das, was Dr. St. sagen wird. Sie will sich von diesen Dingen befreien.

Der Schluß klingt in eine Deflorationsphantasie aus, die sich im Bilde des Sterbens ausdrückt. (Steife Glieder, großer Schmerz. Mimi ist die Mama, die ihr sagen könnte, wie es ist.)

Der Traum warnt mich vor der Übertragung; tadelt mich, daß ich sie nicht merke; tadelt, daß ich die letzten Träume nicht richtig gedeutet habe. Er bringt nach einigen mißglückten Deutungen schließlich die richtige. Ja, er erzwingt die richtige Deutung. (Gewaltsam — herbeizwingen — ich wollte es gegen seinen Willen nicht tun usw.)

Der Einwand, man lege etwas in die Träume hinein, was nicht drinnen wäre, erledigt sich durch solche Tatsachen. Die Träumer akzeptieren die falschen Deutungen nicht. Man möge mich nicht mißverstehen. Sehr viele Deutungen werden von den Träumern abgelehnt. Aber schon der nächste Traum bringt eine neue Bestätigung derselben. Oder die Träumer bringen anderes Material, das gerade das beweist, was sie vorher heftig bestritten haben.

Ist eine Deutung falsch, so kommt ein nächster Traum, der uns eines Besseren belehrt. Die Gefahr, falsche Deutungen vorzunehmen, ist keine allzu große, wenn man sich vom Träumer leiten läßt. Doch auch da gibt es Ausnahmen. Ich kenne überkluge Menschen, die aus bewußten oder unbewußten Motiven durch Einfälle absonderlichster Art die Deutungsarbeit verhindern; oder wo ein oberflächlich assoziiertes Massenmaterial ein Eingehen in die Tiefe illusorisch macht. Besonders Träumer, die gute Kenntnis der analytischen Literatur haben, sind sehr gefährlich und machen sich oft in ihren Träumen über den Traumdeuter lustig. Sie träumen dem Arzte zu Gefallen und verlocken ihn auf Irrwege, um desto sicherer über ihn triumphieren zu können.

Schließlich hängt alle Traumdeutung von der Selbsterkenntnis des Analysierenden ab. Ich habe erfahrene Kollegen gesehen, die einfache Träume nicht deuten konnten.

Jeder Psychanalytiker hat auch seine eigenen Komplexe, für die er dann in der Psychanalyse kein Verständnis hat, wenn sie ihm nicht bewußt worden sind. Ich nenne diese Erscheinung „Das psychanalytische Skotom." Es ist daher notwendig, an eigenen Traumanalysen zu lernen und in erster Linie sich selbst zu erkennen.

Wir sind selbst nicht besser als die Träumer! Diese Erkenntnis sollte uns durch das Dunkel der Irrwege des Traumes leuchten. Auch wir sind mit einer Brust voll Haß ins Leben getreten und haben unsere wilden Triebe und Instinkte mühsam überwunden.

Auch wir haben erst Liebe lernen müssen. Das ist die große Erkenntnis, welche mir die Beschäftigung mit den Träumen gebracht hat. Der Haß ist das Primäre im Menschen. Die Inzestliebe oder die Liebe, welche uns als Inzestliebe imponiert, wenn sie durch übertriebene Reaktionen auf feindselige Regungen fixiert wird, soll das Kind lehren, den Haß zu überwinden. Das Kind lernt an seiner Familie lieben. Es lernt den Verbrecher in sich überwinden. Nicht nur aus Angst vor den höheren Gewalten. Nein! Aus Liebe zum Guten, zum Schönen, aus ethischen Antrieben. Dabei leistet ihm der Sexualtrieb, der infolge seiner Stärke alle anderen Triebe unterjocht, die wertvollsten Dienste.

Die Bedeutung des Kriminellen im Menschen erhellt aus diesem Buche. Zur Heilung einer Neurose ist die Kenntnis des „inneren Verbrechers" unbedingt notwendig. Wer könnte ihn leichter entlarven, als die Kunst der Traumdeutung?

Die Traumdeutung erfordert langjähriges Studium und Übung. Nicht jeder ist dieser Aufgabe gewachsen. Sie ist die Aufgabe eines Künstlers und kann nie Handwerk werden. Der Analytiker muß sich auf das Unbewußte seines Träumers einstellen können. Er muß mit ihm denken können und wie er denken können.

Dann kommen blitzartige Erkenntnisse und Zusammenhänge, die etwas von Inspirationen an sich haben. Dann ist die Traumdeutung ein Miterleben. Das ist ja eigentlich die schwere Aufgabe des Seelenarztes.

XLVIII.

Rückblicke.

> „Wenn ich etwas geschrieben habe und noch einmal überlese, ist mein hauptsächlicher Eindruck, über diese Sache wäre noch viel zu sagen." *Multatuli.*

Ich bin mit meiner Aufgabe fertig. Wir haben die kleine und die große Welt der Träume durchforscht und uns bemüht, den geheimen tiefen Sinn des scheinbaren „Unsinns" zu enträtseln. Es drängt mich, noch einige allgemeine Bemerkungen, die mir unerläßlich scheinen, hinzuzufügen.

In erster Linie verdient die Symbolik, von der wir ja bei unseren Forschungen ausgegangen sind, eine besondere Betrachtung. Wir haben es ja immer geahnt, daß die Symbolik im bewußten und unbewußten Geistesleben der Menschen eine große Rolle spielt. Wir haben aber diese Bedeutung immer unterschätzt. Erst die Traumanalysen decken die überragende Macht der Symbolik auf. Scheint doch alles primitive Denken ursprünglich symbolisch gewesen zu sein. Auch das Kind beginnt wahrscheinlich sein Vorstellungsleben mit „symbolischen Gleichungen".

Es ist deshalb selbstverständlich, daß die Kinder die gleiche Symbolik anwenden wie die Großen. Es scheint, daß die Symbole sich vererben, zumindest die symbolischen Vorstellungen.

Wenn auch jede Symbolik individuell ist, so konnten wir doch konstatieren, daß eine Reihe von Symbolen allgemein gültig sind und im gleichen Sinne gebraucht werden. Wir haben aber auch konstatieren können, daß die Symbole in größeren Komplexen zusammengefaßt sind und haben uns genötigt gesehen, die sogenannten „symbolischen Gleichungen" aufzustellen. Ich erinnere nur an die Gleichung der verschiedenen Leibesöffnungen, an die Gleichung der paarigen Organe, der Sekrete und Exkrete, wie an die symbolische Gleichung der Affekte. Ich bin überzeugt, daß wir noch viele solcher symbolischer Gleichungen finden werden.

Wir erhalten dadurch erst ein tieferes Verständnis für manche Erscheinungen des Lebens. So gibt es z. B. im Leben und im Traume eine symbolische Gleichung, die eine kaum zu ermessende Rolle spielt. Es ist dies die Gleichung, welche die Begriffe des „Könnens" umfaßt. „Ich kann nicht" heißt in der Sprache des Traumes und der Neurose bald: ich kann nichts leisten, bald: ich kann nicht begatten, ich kann nicht verdauen oder allerlei andere „Ich kann nicht". Forscht man dann nach der tieferen Ursache, so findet man immer eine bestimmte Form des Nichtkönnens, eine bestimmte Hemmung als Grundlage der allgemeinen Störung. Solche Menschen haben nicht nur Träume, daß sie nicht können, sondern ihre Handlungen stehen unter derselben Hemmung. Immer werden sie im Leben in entscheidenden Momenten versagen; zu mindesten sich vor dem „Nichtkönnen" fürchten.

Dieser unbewußte Symbolismus in vikariierenden Gleichungen macht uns die Erscheinung des „psychischen Parallelismus" verständlich. Der Kranke, der impotent ist, also nicht koitieren kann, der versagt auch sonst im Leben, wenn er sein Können beweisen soll [1]). Aber die symbolischen Gleichungen zeigen noch weitere überraschende Zusammenhänge. Von der Vorstellung, ‚Ich kann nicht" gehen Verbindungen zu den Vorstellungen „Ich darf nicht" und „Ich soll nicht".

Treten diese Hemmungen nicht als Imperative, sondern in Form von Fragen auf, z. B. „Kann ich?" „Darf ich?" „Soll ich?", so werden wir die verschiedenen Phänomene des Zweifels beobachten können, die noch viel zu wenig in ihren psychologischen Wurzeln erforscht wurden.

Diesen Problemen in den Träumen nachzuforschen, wird meine weitere Aufgabe sein. Die bekannten typischen Hemmungsträume, in denen der Träumer nicht von der Stelle kommt, sind die beste Illustration der Wichtigkeit dieser Auffassung. Der Träumer „kann" wirklich nicht. Solche Menschen träumen aber parallele Situationen, in denen sie nicht können. Sie wollen schießen und das Gewehr geht nicht los oder sie wollen über einen Bach setzen und es geht nicht. Das Pferd kann nicht weiter, die Elektrische kommt nicht von Fleck, sie können nicht essen usw. So zieht die Vorstellung vom „Nicht können" durch ihre Träume wie durch ihr ganzes Leben. Das ist nur ein Beispiel. Weitere wären mühelos zu erbringen. Sie alle beweisen uns, wie fruchtbar sich die Anwendung der symbolischen Gleichungen in der Praxis erweist.

Eine zweite Erscheinung, die uns durch unsere Analysen klar wurde, ist die „Bipolarität aller psychischen Phänomene". Darin unterscheidet sich meine Auffassung von der Freuds, der den manifesten Trauminhalt zugunsten des latenten vernachlässigt. Das Gesetz der Bipolarität macht uns erst die Erscheinungen der Traumentstellung verständlich. Zugegeben: Wir enträtseln manchen Traum erst, wenn wir ihn umkehren oder von rückwärts lesen. Aber er muß auch in der direkten Form einen Sinn haben! Die Umkehrung soll uns nur zeigen, daß zwei Seelenströmungen um die Herrschaft der Seele ringen. Alles ist in den Träumen bipolar. Den männlichen Regungen entsprechen weibliche, den stolzen demütige, den guten böse usw. Der manifeste Trauminhalt zeigt einen dieser Pole, er muß sie zeigen und er hat uns in vielen Fällen in der Tat das Wichtigste des Traumes verraten. Wo es nicht der Fall war, handelte es sich um geistig sehr hochstehende Individuen, deren Traumsprache wir auf direktem Wege nicht „dechiffrieren" konnten. Wir können ruhig ein allgemein gültiges Gesetz aufstellen: Je einfacher der Mensch ist, desto einfacher sind seine Träume. Die Kinder im Geiste träumen wie die wirklichen Kinder. Sie bieten uns die wenigsten Rätsel. Bei ihnen muß schon der manifeste Trauminhalt dem Kundigen die wichtigsten Traumgedanken verraten.

Die wichtigsten Ergebnisse verdanken wir jedoch der Aufdeckung der feindlichen Regungen des Hasses, die wir als Grundlage alles seelischen Geschehens nachweisen konnten. Wir kommen so zu einer neuen Auffassung des Lebens, welche den Haß als das Primäre und als Grundlage der altruistischen Regungen anspricht. Die Neurose ist die endopsychische Wahrnehmung dieses Hasses durch die Brille des Schuldbewußtseins.

Das Kind tritt mit Gefühlen des Hasses in die Welt, ist absolut egoistisch und „universell kriminell". Während wir jetzt gewöhnt

[1]) So kannte ich einen Dichter, der so lange nichts leisten konnte, als er impotent war. Nach der Heilung der psychischen Impotenz errang er große literarische Erfolge.

waren, das Inzestproblem, den sogenannten Ödipuskomplex, als das Kernproblem der Neurose zu betrachten, zeigt sich nach meiner Auffassung die Inzestliebe als eine notwendige, ich möchte sagen, soziologische Einrichtung. Das Kind lernt an den Objekten der Umgebung den Haß überwinden und verzichtet auf feindliche Regungen zugunsten einer geliebten Person. Es lernt lieben und den Haß überwinden.

Für diese Anschauung spricht auch der Umstand, daß der Prozentsatz von unehelichen Kindern unter Verbrechern und Anarchisten ein auffallend hoher ist. Diese Apostel des Hasses haben eben in ihrer Kindheit die Schule der Liebe nicht mitgemacht. Beim Kinde treten die Regungen des Hasses erst ganz offen zutage. Das Kind hat ja noch kein Motiv, den Haß zu verbergen. Es beißt, es stößt, es spricht offen Todesdrohungen aus, es spricht fortwährend vom Tode in Redensarten, an denen wir bisher achtlos vorübergegangen sind. Seine Äußerungen werden als „kindlich" und „unverständlich" ignoriert oder mit Hemmungen korrigiert. Dadurch lernt es erst allmählich das Verbrecherische verhehlen und drückt es dann in der versteckten Form des Spieles aus. Eisenbahn, Luftballon, Aeroplan, Automobil, Pferde, Wagen, Gewehre, Pistolen, Kindersäbel sind alles „Mordinstrumente". Wird diese Kriminalität infolge der religiösen und ethischen Hemmungen als verbrecherisch empfunden, so tritt dann der feindliche Impuls als Angst in konvertierter Form auf, und die Poena talionis treibt den Schuldbewußten dazu, sich auf gleiche Weise das Leben zu nehmen, wie man es anderen rauben wollte Unter die Lokomotive wirft sich nur der Neurotiker, der einen anderen auf diese Weise zermalmt sehen wollte; erhängen wird sich nur der Unglückliche, der einen anderen erdrosseln wollte; aus einer Höhe stürzt sich, wer andere hinunterstürzen wollte. Genug der Beispiele. Die Religion dient dazu, diese Regungen des Hasses in Form von Angst zu binden und unschädlich zu machen. Die Hemmungen steigern sich zum Schuldbewußtsein, wenn es dem Individuum nicht gelingt, mit seinem Hasse fertig zu werden, dadurch, daß er ihn rationalisiert, in Liebe konvertiert oder sublimiert.

Da der Neurotiker dem psychischen Infantilismus verfallen ist, so übernimmt er auch die infantile „Affektbereitschaft des Hasses". Sein Schwanken zwischen Haß und Liebe äußert sich in bipolarer Form als Identifizierung mit Gott (Christusneurose) oder als Differenzierung von der Gottheit im Teufelsglauben (Satanismus).

Das Schuldbewußtsein wird vergeblich durch satanische, atheistische und autotheistische Regungen zu überwinden gesucht. Ich habe wiederholt betont, daß die Ungläubigkeit der Neurotiker nur eine scheinbare ist und daß das Schuldbewußtsein mit dem religiösen Komplexe eine Verlötung eingegangen ist, die infolge ihrer übermäßigen affektativen Besetzung fast unlösbar erscheint. Aus dieser Empfindung der eigenen Verbrechernatur erwächst das Gefühl der Minderwertigkeit, Kleinheit, Schwachheit, das sich vielleicht in einzelnen Fällen, aber sicher nicht immer durch Organminderwertigkeiten im Sinne Adlers verstärkt. Wird die Kriminalität, wir können sagen die infantile Kriminalität nicht direkt verwertet, d. h. in den Dienst der Menschheit gestellt (z. B. aus dem blutgierigen Sadisten wird ein segenspendender Chirurg), so wird alles Verbrecherische als peinlich empfunden, ins Unbewußte verdrängt und es kommt zu einer Spaltung der Persönlichkeit, wie sie uns einzelne Dichter (Hoffmann, Pöe, Wilde, Maupassant, Grillparzer, Goethe u. a.) mit großer Meisterschaft, die eigentlich nur Selbsterkenntnis ist, geschildert haben.

Die Inzestliebe erhält ihre Fixierung durch das Schuldbewußtsein. Sie ist aus dem Hasse geboren worden, half den Haß überwinden und zeigt zeitlebens dem Kundigen ihren Ursprung. Im Traume verrät sich diese Verbindung aus der Identifizierung von Töten und Besitzen in besonders klarer Weise.

Der erste Fall, der mir diesen Zusammenhang besonders klar gemacht hatte, war folgender: Ein Bruder, der mit abgöttischer Liebe an seiner Schwester hing, erzählte mir, daß er diese Schwester jahrelang gehaßt und ihr den Tod gewünscht hatte, weil sie ihn in der Liebe der Eltern verkürzte. In vielen Fällen haben wir ja auf ähnliche Verbindungen hingewiesen.

Deshalb ist keine Inzestliebe durch Analyse zu beseitigen, wenn nicht auch der primäre Haß berücksichtigt wird. Nun mag es auf den ersten Blick befremdend erscheinen, daß das ursprüngliche Verhältnis zwischen Verwandten, zwischen Mutter und Kind, zwischen Bruder und Schwester, zwischen Vater und Sohn und selbst zwischen Vater und Mutter ein feindseliges ist. Hier hat die Kultur eine furchtbare Wahrheit so verschleiert, daß es kaum gelingen dürfte, sie ganz zu erblicken. Durch Verkehrung in das Gegenteil haben Affektverschiebungen stattgefunden, die selbst den Analytiker täuschen. Hier verhindert das „psychanalytische Skotom" die meisten Menschen, das ganze endoskopische Gesichtsfeld des Hasses zu überblicken.

Allein die Schleier sinken einer nach dem anderen. Die Neurotiker zeigen uns in den Analysen, daß der Haß auch in den „heiligsten" Verhältnissen die Hauptrolle spielt. Wir sehen Mütter, die ihre Kinder hassen. Wir hören von Zwangsideen, daß Mütter ihre Kinder zu ermorden fürchten. Sind diese Beispiele gar so selten? Ist nicht jeder Abortus ein Kindesmord? Und wie manches übermäßig geliebte Kind wurde, bevor es auf die Welt kam, ingrimmig gehaßt. Auch die ewigen Kindermißhandlungen und die Zwei- und Einkinderehe beweisen, daß die Liebe zu den Kindern nicht so groß ist, als man uns glauben machen möchte.

Ein Beispiel für viele: Eine Patientin träumt immer von Geburtstagen. Die Analyse ergibt, daß diese Geburtstage Todestage bedeuten. Diese Symbolik ist uns ja bekannt. Wir haben sie mit dem „Gegensinn der Urworte" erklärt. Die Analyse ergab eine zweite, viel tiefer gehende Erklärung. Die Patientin liebte einen verheirateten Mann. Bei jeder Geburt, welche die Konkurrentin mitmachte, wünschte sie sich bewußt: „Wenn die Frau nur bei der Geburt samt dem Kinde sterben würde!" Diese Wünsche (passive Kriminalität), denen sich Vergiftungsideen hinzugesellten (aktive Kriminalität), führten dann zu einer schweren Zwangsneurose. Aber die Symbolik, Geburt = Tod, hatte eine typische Begründung. Die Träume hatten auch in der direkten Form einen wahren Sinn.

Und sicherlich wird manche elterliche Züchtigung, die auf Rechnung der Erziehung gestellt wird, von den unbewußten Motiven des Hasses geleitet. Die Kindermißhandlungen sprechen eine beredte Sprache.

Alle Liebe ist Eigenliebe und fängt bei der eigenen Person an. Dieser Egoismus der Liebe äußert sich in dem Umstande, daß wir immer in dem anderen uns selber lieben. Wir können es einfach nicht anders. Und darin erblicke ich eine zweite Wurzel der Inzestliebe und die Möglichkeit der Liebe überhaupt.

Alle Zeichen der Liebe verraten ihren Ursprung aus dem Reiche des Hasses. Der Kuß ist die milde (mitigierte!) Form des Bisses; auf der Höhe der leidenschaftlichen Erregung gelangt die ursprüngliche Kraft zum Durchbruche. Die Umarmung ist das Analogon des Erdrosselns, das Streicheln der entartete verfeinerte Erbe des Schlagens. Tätscheln, Zwicken, Kneifen verraten ihren sadistischen Ursprung. Deshalb gehen Sadismus und Masochismus immer Hand in Hand. Immer ist der Sadismus das Primäre und der Masochismus erscheint als Buße für die übermächtigen kriminellen Phantasien. Die Libido, die sich an die aktive Form, das Leidzufügen, geknüpft hat, überträgt sich auf das Passive, auf das Erleiden.

Noch eine andere Erfahrung haben wir bei unseren Traumanalysen gemacht. Wir haben die ungeheuere Macht der Übertragung kennen gelernt. Ich meine darunter im Sinne Freuds jene Liebe, die der Kranke dem Arzte zuwendet. Allein Freud betont mit Recht: „Die Psychoanalyse schafft nicht die Übertragung, sie deckt sie nur auf.“ Sie bezieht sich, wie wir ja gesehen haben, nicht nur auf den Arzt; sie bezieht sich auf alle Menschen. Es ergibt sich daraus eine merkwürdige Tatsache: Das Verhältnis aller Menschen ist von Haus aus affektativ gestimmt. Die erste Regung, die wir fremden Menschen gegenüber empfinden, ist die des Hasses. Diese erste Regung ist meist so flüchtig, daß sie nicht zum Bewußtsein kommt. Von Jugend auf gewohnt, Haß in Liebe zu verwandeln, schlägt diese Neigung in das Gegenteil um. Es gibt zwischen zwei Menschen keine andere Beziehung als die erotische. Natürlich spreche ich nur von unbewußten Regungen. Die Übertragung in der Psychanalyse enthüllt nur jenes Verhältnis, wie es zwischen Menschen auftreten muß, wenn sie einander näher treten. Sie müssen einander lieben oder hassen.

Diese Erkenntnisse mögen für den ersten Blick erschreckend scheinen. Zeigen sie uns doch, daß die Menschheit sich auf eine Kulturhöhe gestellt hat, der sie noch nicht gewachsen ist. Und doch hat sie etwas unendlich Tröstendes und Erhabenes. Sie zeigt uns die Menschheit im vollen Kampfe gegen die verborgene Kriminalität. Es ist gar kein Zweifel, daß dieser Kampf mit dem Siege der ethischen Bestrebungen enden wird und enden muß. Aber bilden wir uns nicht ein, die Bestie im Menschen ganz überwunden zu haben. Hüllen wir uns nicht in Sorglosigkeit und seien wir vor ihr auf der Hut. Es ist hier nicht der Ort, aus unseren Erfahrungen die nötigen Schlußfolgerungen für die Pädagogik zu ziehen. Aber sie werden einmal gezogen werden müssen.

Die Kunst der Traumdeutung ist dazu bestimmt, uns den Menschen, wie er wirklich ist und nicht wie wir uns ihn träumen, zu enthüllen. Sie scheint mir zu großen Taten berufen zu sein. Wenn es einmal gelungen sein wird, jenen Dämon, der als Schuldbewußtsein am Herzen der Edelsten der Menschheit frißt und die besten Kräfte brach legt, unschädlich zu machen, wenn wir endlich einmal zu jener inneren Freiheit gelangen werden, die wir alle vergeblich erstreben, so wird der Traumdeutung der erste Dank abzustatten sein.

VERLAG VON J. F. BERGMANN IN MÜNCHEN

Individuum und Gemeinschaft

Schriften der Internationalen Gesellschaft für Individualpsychologie

Herausgegeben von

Dr. Alfred Adler
Wien

Dr. Leonhard Seif
München

Otto Kaus
Berlin

Bisher erschienen die Hefte:

1. **Inhalt und Wandel der Idee der Mütterlichkeit.** Von Ada Beil, Berlin. Mit einem Holzschnitt von Käte Kollwitz. 57 Seiten. Steif broschiert RM. [illegible].70

2. **Die Gefühle und das Ich.** Von Johannes Neumann, Alt-Ruppin. IV, 85 Seiten. Steif broschiert RM. 3.60
   Inhalt: I. Das Wesen des Gefühls: Das Problem des Gefühls · Die Theorie des Gefühls. II. Minderwerdigkeitsgefühl Gemeinschaftsgefühl. III. Das Ich und das Es. IV. Das „Wandlungserlebnis" Psychotherapie und Religion.

3. **Mut und Entmutigung.** Die Prinzipien der Psychologie Alfred Adlers. Von Dr. Alexander Neuer, Wien. 32 Seiten. Steif broschiert RM. 1.50

4. **Die Träume in Dostojewskys „Raskolnikoff".** Von Otto Kaus, Berlin. IV, 77 Seiten. Steif broschiert RM. 3.30
   Inhalt: Traumdeutung und Traumdichtung · Der Traum von der erschlagenen Stute · Der Traum von der Oase und der Traum von der Wirtin · Der geträumte Mord · Der Traum Swidrigailoffs.

5./6. **Das Schöpfertum der Frau.** Von Ada Beil, Berlin.
   I. Theoretischer Teil: Ein Versuch zum Problem der Persönlichkeit.
   II. Praktischer Teil: Dargestellt am Leben der Bildhauerin Emma Cotta.
   IV, 110 Seiten mit 6 Tafeln. Steif broschiert RM. 5.10

7. **Individualpsychologie und Schule.** Von Elisabeth Bellot. 66 Seiten. Steif broschiert RM. 2.70
   Inhalt: Elternhaus und Schule · Der Lehrer · Gemeinsame Erziehung · Die Strafe · Lob und Ermutigung · Begabung · Der Ehrgeiz · Trotz und Lüge · Erziehung zur Gemeinschaft.

8. **Die Ehe von heute und morgen.** Von Sofie Lazarsfeld, Wien. 73 Seiten. Steif broschiert RM. 3.—
   Inhalt: Ethnologischer Rückblick · Betrachtung der Gegenwart · Vorbereitung zur Ehe · Das Problem der Treue · Gefährdung der vollen Liebesfähigkeit (Frigidität, Perversion, Homosexualität) · Der Alltag und die Familie · Eifersucht · Ausblick in die Zukunft.

9. **Die nervöse Erkrankung als sinnvolle Erscheinung unseres gegenwärtigen Kulturzeitraumes.** Eine Untersuchung über die Störungen unseres heutigen Soziallebens. Von Dr. Folkert Wilken, Privatdozent an der Universität Freiburg in Br. 101 Seiten. Steif broschiert RM. 4.20

Weitere Hefte befinden sich in Vorbereitung.

GPSR Compliance

The European Union's (EU) General Product Safety Regulation (GPSR) is a set of rules that requires consumer products to be safe and our obligations to ensure this.

If you have any concerns about our products, you can contact us on ProductSafety@springernature.com

In case Publisher is established outside the EU, the EU authorized representative is:

Springer Nature Customer Service Center GmbH
Europaplatz 3
69115 Heidelberg, Germany

Batch number: 10684222

Printed by Printforce, the Netherlands